SCHRIFTEN ZUR ANGEWANDTEN WIRTSCHAFTSFORSCHUNG

Herausgeber

WALTHER G. HOFFMANN

18

SOZIALE MARKTWIRTSCHAFT

Wirtschaftspolitik zwischen Neoliberalismus und Ordoliberalismus

von

REINHARD BLUM

1969

J. C. B. MOHR (PAUL SIEBECK) TÜBINGEN

Als Habilitationsschrift auf Empfehlung der Rechts- und Staatswissenschaftlichen Fakultät der Universität Münster gedruckt mit Unterstützung der Deutschen Forschungsgemeinschaft

J. C. B. Mohr (Paul Siebeck) Tübingen 1969

Printed in Germany
Satz und Druck: Buchdruckerei Eugen Göbel, Tübingen
Einband: Großbuchbinderei Heinr. Koch, Tübingen

Best.-Nr. 32 934

Vorwort

In den „Schriften zur angewandten Wirtschaftsforschung“ sind bisher vorwiegend theoretische und ökonometrische Abhandlungen erschienen. Das habe ich immer als einen gewissen Mangel empfunden, da die „angewandte Wirtschaftsforschung“ auch die Wirtschaftspolitik umfassen sollte. Deshalb habe ich die vorliegende Untersuchung angeregt. Sie ist geeignet, die angedeutete Lücke zu füllen.

Die Arbeit macht klar, warum in Deutschland, wie oft beklagt, „Ordnungspolitik“ eine so große Rolle spielt und im Vergleich zu anderen Ländern ein Mangel an gemeinsamen Grundvorstellungen festgestellt wird[1].

Gerade die Diskussion dieser „Grundvorstellungen“ oder der „großen gedanklichen Modelle“, wie *Müller-Armack* es ausdrückt[2], scheint in der distanzierten, „wertfreien“ Betrachtung der ökonomischen Theorie und der sich als „Theorie der Wirtschaftspolitik“ verstehenden wissenschaftlichen Wirtschaftspolitik etwas zu kurz gekommen zu sein. So beklagt *Müller-Armack* rückblickend die pragmatische Einstellung zu seinem Gedanken der *Sozialen Marktwirtschaft*[3]: „Ich hätte mir gewünscht, daß die geistige Durcharbeitung dieses Gedankens auch in einem weiteren Kreise gründlicher erfolgt wäre. Nur zu häufig begnügte man sich mit dem Hinweis auf das politische Gewicht dieser Konzeption, ohne bereit zu sein, an ihrer gedanklichen Fassung weiterzuarbeiten.“

Sicher ist dies auch eine Erklärung dafür, warum die Wirtschaftswissenschaft auf der anderen Seite die *„rationale Wirtschaftspolitik“* erfunden hat – als Alternative der Wissenschaft zu einer doch offensichtlich als *„irrational“* empfundenen praktischen Wirtschaftspolitik. In der wirtschaftswissenschaftlichen Literatur scheint diese Situation zur Wiederentdeckung der Wirtschaftswissenschaft als *„politischer Ökonomie“* zu führen (siehe *Salin*, *Liefmann-Keil*, Joan Robinson und last not least mein verehrter Lehrer Adolph Löwe[4]).

---

[1] *G. Gäfgen* in seiner Einleitung zu dem Sammelband „Grundlagen der Wirtschaftspolitik“. In: Neue Wissenschaftliche Bibliothek 11. Köln, Berlin 1966, S. 11.

[2] Vorwort zu *E. Dürr*, Probleme der Konjunkturpolitik. Freiburg i. Br. 1968, S. 12.

[3] *A. Müller-Armack*, Wirtschaftsordnung und Wirtschaftspolitik. Freiburg i. Br. 1966, S. 11.

[4] *A. Lowe*, Politische Ökonomik, Wien 1965.

Am Beginn zu einer neuen Etappe der Wirtschaftspolitik in der Bundesrepublik, unübersehbar eingeleitet durch das „Gesetz zur Förderung der Stabilität und des Wachstums der Wirtschaft“ vom 8. Juni 1967, ist es ein wichtiger Beitrag zur angewandten Wirtschaftsforschung, das beherrschende Konzept (oder Schlagwort, wie die anderen meinen) der westdeutschen Wirtschaftspolitik, die Soziale *Marktwirtschaft,* auf ihren politischen, empirischen und wirtschaftstheoretischen Ursprung zurückzuführen.

Damit wird gleichzeitig eine Grundlage für die Beurteilung des gegenwärtigen wirtschaftspolitischen Konzepts der Bundesregierung gegeben – ein Konzept, von dem man noch nicht genau weiß, ob es noch *Soziale Marktwirtschaft* ist oder „aufgeklärte Soziale Marktwirtschaft“ oder noch einschränkender *„aufgeklärte Marktwirtschaft“ (Schiller)* oder gar nur ein neues Schlagwort.

Gerade der abschließende Versuch des Autors, die Wirtschaftspolitik der Vergangenheit mit der der Gegenwart und den Problemen der Zukunft zu verbinden, scheint mir besonders bemerkenswert. Die mehrjährige Tätigkeit des Autors im Bundeswirtschaftsministerium in Bonn und die anschließende Tätigkeit als mein Mitarbeiter in der empirischen Wachstumsforschung geben eine ausreichende Garantie dafür, daß vor dem Leser ein realistisches Bild von den Ursprüngen der Sozialen Marktwirtschaft entworfen wird. Der Autor ist gegenwärtig Dozent für Volkswirtschaftslehre an der Universität Münster.

Münster, März 1969

W. G. Hoffmann

Inhaltsübersicht

Teil II

Das politische Gewicht der deutschen Ordnungsvorstellungen in den ersten Jahren der Nachkriegszeit

Einleitung

Der Ausgangspunkt der folgenden Untersuchung ist die praktische Erfahrung mit der westdeutschen Wirtschaftspolitik im Bundeswirtschaftsministerium. Es zeigte sich hier immer wieder, daß die staatliche Wirtschaftspolitik gezwungen war, sich an einem Leitbild zu orientieren – nämlich der „vollständigen Konkurrenz" –, in dem der Staat überhaupt nicht vorkommt. Deshalb mußte es so scheinen, als ob keine Wirtschaftspolitik die beste Wirtschaftspolitik sei. Zudem ließ schon ein flüchtiger Blick auf die internationale Literatur und die Wirtschaftspolitik erkennen, daß in keinem anderen Land eine besondere Art der Wirtschaftspolitik, die „Ordnungspolitik", eine so große Rolle spielte wie gerade in Deutschland.

Dem mit dem von der Wirtschaftstheorie zur Verfügung gestellten wirtschaftspolitischen Instrumentarium vertrauten Ökonomen, für den das „Planen" in der Wirtschaft eine Selbstverständlichkeit ist, war es kaum verständlich, warum der Staat – der durch seine Einnahme- und Ausgabepolitik den gesamten Wirtschaftsablauf entscheidend beeinflußt – nicht planen, sondern zur Alternative Marktwirtschaft *oder* „Planwirtschaft" verurteilt sein sollte. Eine Entscheidung für die Marktwirtschaft schien gleichzeitig einen Verzicht auf das von der modernen Wirtschaftswissenschaft bereitgestellte Instrumentarium zu bedeuten, weil es auf der Vorstellung von der „Rechenhaftigkeit" des wirtschaftlichen Geschehens beruht und – bereits in der Form der volkswirtschaftlichen Gesamtrechnung – „nur allzu leicht an Stelle eines Erkenntnismittels zur Rechengrundlage dirigistischer Wirtschaftsplanung (wird)" *(Ludwig Erhard).*

Diese von einer grundsätzlichen Abneigung staatlicher Eingriffe in die Wirtschaft bestimmte Haltung erwies sich als eine schlechte Grundlage für eine dem Ordoliberalismus verpflichtete „aktive Wirtschaftspolitik". Da es außerdem immer leichter ist, den Dingen ihren Lauf zu lassen, fand die ordoliberale „Politik der Wirtschaftsordnung", die eines „starken Staates" bedarf, nicht sehr günstige Voraussetzungen, zumal der wirtschaftliche Wiederaufbau gute Fortschritte machte.

Bei der Frage nach dem erforderlichen Maß an Ordnung in der und für die Wirtschaft richtet sich der Blick zunächst auf die Soziale Marktwirtschaft als politischem Ausdruck ordoliberaler Wirtschaftsgesinnung. Die Abneigung gegen staatliche Eingriffe in die Wirtschaft kann Ausdruck der üblichen Abweichung zwischen Theorie und Wirklichkeit sein, aber auch Ausdruck grundsätzlicher Mängel im wirtschaftspolitischen Konzept der Sozialen Marktwirtschaft.

Beim Studium der entsprechenden Literatur stellt sich überraschenderweise heraus, daß nicht nur innerhalb des Ordoliberalismus Widersprüche im wirtschaftspolitischen Konzept und ein weiter Fächer von Meinungen vorhanden sind, sondern es ergibt sich auch ein grundsätzlicher Unterschied zwischen dem Ordoliberalismus und seiner angeblichen Realisierung in der Sozialen Marktwirtschaft, die zunächst auch kein einheitliches wirtschaftspolitisches Konzept darstellt.

Die größte Überraschung bringt das Studium der übrigen deutschen Ordnungsvorstellungen der Nachkriegszeit zutage. Entgegen der vorherrschenden Meinung, daß die Deutschen auf Grund der Erfahrungen mit Nationalsozialismus und Kriegswirtschaft nichts sehnlicher wünschen als eine freie Wirtschaft und eine freiheitliche Wirtschaftsordnung, stellt sich heraus, daß das Vertrauen der Bevölkerung in den Staat keineswegs gebrochen, sondern eher noch größer geworden ist. Nur ihm traut man zu, die erforderlichen Opfer und Einschränkungen beim Wiederaufbau sowie seine Erfolge gerecht zu verteilen. Deshalb scheint den meisten der Weg in die Zukunft ein „sozialistischer Weg" zu sein.

Gerade die liberalen Autoren führen bittere Klage über diese „sozialistischen" Sympathien bei der Masse der Bevölkerung. Diese sozialistische „Zeitströmung" findet in den Parteiprogrammen der Nachkriegszeit einen deutlichen Niederschlag. Das Wort Sozialismus kommt bei allen Parteien, die den Ehrgeiz haben, „Volksparteien" zu sein, in irgendeiner Form vor. Dem Wunder des deutschen wirtschaftlichen Wiederaufbaus im Zeichen der Sozialen Marktwirtschaft muß deshalb in den ersten Jahren der Nachkriegszeit ein „ordnungspolitisches Wunder" vorausgegangen sein, das das Vertrauen der Bevölkerung vom Staat auf den freien Wettbewerb, das heißt auf die Soziale Marktwirtschaft, übertragen hat. Diese Durchsetzung der Sozialen Marktwirtschaft als Leitbild für die westdeutsche Wirtschaftspolitik ist Gegenstand der folgenden Untersuchung.

Sie geht aus von der Erfahrung in der wirtschaftspolitischen Praxis, daß man bei wirtschaftspolitischen Ideen – ähnlich wie es *Schumpeter* im Bereich der Technik tut – zwischen „invention" und „innovation", „sozialer Erfindung" und „sozialer Neuerung" unterscheiden muß. Über die Realisierung wirtschaftspolitischer Einsichten – die Verwandlung „sozialer Erfindungen" in „soziale Neuerungen" – entscheidet nicht nur die dem Gesamtwohl verpflichtete volkswirtschaftliche Logik – zur Not geht es auch ohne sie –, sondern es bedarf vor allem einer politischen Kräfteverteilung, die diese Logik zum Erfolg führt.

Auch die Durchsetzung der Sozialen Marktwirtschaft als Leitbild für die westdeutsche Wirtschaftspolitik ist demnach nur auf dem Hintergrund der politischen Kräfteverteilung in den ersten Nachkriegsjahren richtig zu beurteilen. Diese Kräfteverteilung läßt aus dem Angebot an Ordnungsvorstellungen („sozialen Erfindungen") „soziale Neuerungen" werden. Es ist – gerade weil die marktwirtschaftliche Ordnung als Folgerung aus der nationalsozialistischen Wirtschaftsordnung sowie aus dem wirtschaftlichen Chaos einer „Planwirtschaft" nach 1945 so selbstverständlich erscheint – notwendig, dieses Angebot an Ordnungsvorstellungen in den ersten Nachkriegsjahren so umfassend wie möglich wiederzugeben.

Was die politischen Kräfte angeht, so genügt ein flüchtiger Blick auf die politische Lage in den ersten Nachkriegsjahren, um angesichts der Ost-West-Spannung die Vereinigten Staaten und die Sowjetunion als die beherrschenden Machtblöcke zu erkennen. Alles politische Leben in Deutschland muß sich mit ihnen als unabänderlich abfinden. Die Siegermächte werden im Potsdamer Abkommen geradezu verpflichtet, die Deutschen „umzuerziehen". Wenn das schon notwendig ist, dann gewiß nicht ohne die entsprechende Autorität. Für diesen „Umerziehungsprozeß" – verbunden mit der „Entmilitarisierung" und „Demokratisierung" – ist die sowjetische Besatzungszone ein typisches Beispiel. Um die Durchsetzung der Sozialen Marktwirtschaft als Leitbild für die westdeutsche Wirtschaftspolitik zu verfolgen, ist es aber auch notwendig, sich ein Bild darüber zu machen, inwieweit auch die westdeutsche Entwicklung von den Besatzungsmächten geformt wird.

Am bemerkenswertesten in der Besatzungspolitik von Ost und West ist die Feststellung, daß diese Politik zu einem wesentlichen Teil Wirtschaftspolitik ist. Angesichts der vorrangigen wirtschaftlichen Probleme im Nachkriegsdeutschland braucht dies noch nicht zu überraschen. Die Konsequenz, mit der jedoch scharf zwischen wirtschaftspolitischen Prinzipien der beiden gesellschaftlichen Systeme von Ost und West unterschieden wird, zwingt dazu, der Wirtschaftspolitik in der Ordnungspolitik der Besatzungsmächte das Hauptgewicht beizumessen. Ganz offensichtlich soll die Wirtschaft zum Prüffeld der Systeme von Ost und West gemacht werden. Somit würde sich die große Bedeutung der Ordnungspolitik in der deutschen Wirtschaftspolitik bereits hier als Hypothek aus den ersten Jahren der Besatzungszeit erweisen. Was an Ordnungsvorstellungen in Deutschland vorhanden ist, muß sich in die Ost-West-Spannung einordnen.

In den westlichen Besatzungszonen ist nicht ohne weiteres abzusehen, welche der deutschen Ordnungsvorstellungen sich behaupten werden. Die sozialistischen Neigungen der Bevölkerung treffen sich zum Bespiel in der britischen Besatzungszone mit einer Besatzungspolitik, die von einer sozialistischen Regierung gemacht wird. Das ordnungspolitische Ergebnis in den westlichen Besatzungszonen insgesamt wird nicht unwesentlich davon abhängen, welche Besatzungsmacht das politische Hauptgewicht erhält. Es fällt nicht schwer, bereits jetzt den Vereinigten Staaten diese Rolle zuzuerkennen. Sie entscheiden über die Zukunft der liberalen Ordnungsvorstellungen.

Sowohl in der sowjetischen Besatzungszone als auch in den westlichen Zonen ergibt sich für den wirtschaftlichen Wiederaufbau eine große Chance – trotz der zunächst in Potsdam festgelegten Beschränkungen. Eine Ordnungspolitik der politischen Systeme, die sich auf wirtschaftspolitische Prinzipien stützt, braucht den wirtschaftlichen Erfolg, um das eigene System als überlegen erscheinen zu lassen. Der wirtschaftliche Bereich muß dann in der Besatzungspolitik eine Schlüsselstellung erhalten. Inwieweit dies gerechtfertigt ist, hängt entscheidend davon ab, ob sich die Anforderungen, die die „Sachgesetzlichkeit" oder die „Sachlogik" der Wirtschaft stellt, mit den ordnungspolitischen Vorstellungen decken.

Das macht es erforderlich, einige Bemerkungen darüber vorauszuschicken, wie im folgenden das Zusammenwirken von Ordnung, Politik und „Sachgesetzlichkeit" gesehen wird. Die Aufgabe einer Gesellschaftsordnung besteht darin, Grundsätze und Regeln aufzustellen, nach denen die Abstimmung zwischen individuellen und gesellschaftlichen Interessen erfolgen soll. Auch eine Diktatur kann auf eine solche Ordnung des Verhältnisses zwischen dem Einzelnen und dem Staat nicht verzichten. Als Extremfall wäre einmal denkbar, daß der Staat überflüssig ist, weil die bestehende Ordnung zusammen mit dem natürlichen Verhalten der Individuen dafür sorgt, daß keine Interessenkollision zwischen dem Individuum und der Gesellschaft auftritt. Zum anderen wäre denkbar, daß der Einzelne ein willenloses Instrument des Staates darstellt und lediglich sein Befehlsempfänger ist. In beiden Alternativen gäbe es nichts zu koordinieren. Die Wirklichkeit liegt zwischen den beiden Extremen. Hier muß es ständige Bemühungen geben, die Interessen der Individuen und der Gesellschaft aufeinander abzustimmen. Die Gesamtheit dieser Bemühungen könnte man als „Politik" bezeichnen.

Ordnungspolitik sind dann alle jene Bemühungen, die darauf abzielen, die Koordinierung der Interessen durch Verbesserung der Gesellschaftsordnung zu erreichen. Das wird jedoch nicht genügen, wie die Erfahrung zeigt: Auch die besten Gesetze und Verhaltensregeln vermögen den Richter nicht zu ersetzen. In Analogie zu ihm ließe sich auch der Staat interpretieren, dessen Funktionäre in Konfliktsituationen das Wohl der Gesellschaft als Ganzes gegenüber den Interessen Einzelner zu verteidigen haben. In den westlichen Wirtschaftswissenschaften hat sich für diese fallweise Politik im Bereich der Wirtschaft die Bezeichnung „Ablaufpolitik" oder „Prozeßpolitik" eingebürgert.

Natürlich ist jede Gesellschaft bemüht, die Prinzipien ihrer Gesellschaftsordnung in allen Bereichen des gesellschaftlichen Lebens durchzusetzen. Das wird sich aber nicht immer in gleichem Maße verwirklichen lassen. Die Bedingungen in einzelnen Bereichen und deren Aufgaben im Rahmen der Gesellschaft werden Abweichungen bzw. Spezifizierungen erforderlich machen. So leuchtet es ein, daß der militärische Bereich nicht nach denselben Prinzipien gestaltet werden kann wie zum Beispiel der kulturelle Bereich. Während er in erster Linie der freien Entfaltung der Persönlichkeit dient, ist es Hauptaufgabe des Militärs, die Gesellschaft vor Angreifern zu schützen. Um dies so wirksam wie möglich geschehen zu lassen, müssen alle Bemühungen mehr auf ein Optimum an Verteidigungskraft als auf freie Entfaltung der Persönlichkeit der einzelnen Soldaten ausgerichtet werden. Dieser Tatbestand soll als Vorrang einer „Sachgesetzlichkeit" interpretiert werden.

Damit sind Ausgangspunkt und Rahmen der folgenden Überlegungen abgesteckt. Die Untersuchung zerfällt in zwei Teile: Um zu verfolgen, wie sich die Soziale Marktwirtschaft in den ersten Nachkriegsjahren als Leitbild der westdeutschen Wirtschaftspolitik durchsetzt, sind die Ordnungsideen der Sozialen Marktwirtschaft zunächst in den gesamten Fächer der in der Nachkriegszeit vorhandenen deutschen Ordnungsvorstellungen – als Vorrat an „sozialen Erfindungen" – einzuordnen. Hieraus muß sich insbesondere ergeben, daß die Soziale Marktwirtschaft angesichts weit verbreiteter „sozialistischer" Neigungen der Bevölkerung durchaus keine günstige politische Ausgangsbasis hat (Teil I der Arbeit).

Ein Bild der politischen Kräfteverteilung, die darüber entscheidet, welche deutschen Ordnungsideen zu „sozialen Neuerungen" werden, soll im Teil II entworfen werden. Diese Analyse der politischen Kräfte bestimmt gleichzeitig das politische Gewicht der deutschen Ordnungsvorstellungen während der ersten Nachkriegsjahre und ist der Schlüssel für die Durchsetzung der Sozialen Marktwirtschaft als Leitbild der westdeutschen Wirtschaftspolitik.

Die Darstellung der vorhandenen Ordnungsideen im Teil I versucht, die in den ersten Nachkriegsjahren diskutierten Ordnungsvorstellungen – soweit sie in irgendeiner Weise für die Beurteilung der zukünftigen Entwicklung relevant sein könnten – möglichst vollständig vor dem Leser auszubreiten, um ein realistisches Bild der Situation in den ersten Nachkriegsjahren zu vermitteln. Dabei wird von der Vermutung ausgegangen, daß diese Situation sich in der Literatur der ersten Nachkriegsjahre widerspiegelt. Um ein vollständiges Bild der Ordnungsvorstellungen zu erhalten, läßt es sich nicht umgehen, den gesamten Ordnungsrahmen anzudeuten, dem einzelne, wirtschaftspolitisch relevante, Ordnungselemente entstammen. Dies gilt insbesondere für den Ordoliberalismus, für den Wirtschaftspolitik und Gesellschaftspolitik eine untrennbare Einheit darstellen.

Es ergibt sich, daß Ordnungselemente bei mehreren Autoren gleichzeitig auftauchen, aber politisch ein anderes Gewicht erhalten, weil eine Einordnung in traditionelle Schemata (wie sozialistisch oder liberal) schlecht möglich ist. Insoweit müssen, der Vollständigkeit des ordnungspolitischen Bildes wegen, zuweilen Wiederholungen in Kauf genommen werden. Sie sind geradezu ein Mittel der Darstellung; denn je öfter Ordnungselemente bei den einzelnen Autoren gleichzeitig erscheinen, desto mehr kann davon ausgegangen werden, daß so etwas wie eine „opinio communis" über die zukünftige wirtschaftliche Ordnung in Deutschland vorhanden gewesen ist. Nicht zu übersehen ist der Wunsch nach einem „dritten Weg zwischen Washington und Moskau".

Der Titel der Untersuchung legt bereits nahe, daß sich die Soziale Marktwirtschaft gegen eine solche „opinio communis" durchzusetzen hat – das heißt, wie bereits erwähnt worden ist, gegen sozialistische Ordnungsvorstellungen. Die anerkannte Alternative zum Sozialismus ist in der Nachkriegszeit der Ordoliberalismus. Da die Soziale Marktwirtschaft sich auf ihn beruft, muß sich zeigen, inwieweit dies gerechtfertigt ist. Sie erweist sich als „dritter Weg" neben Ordoliberalismus und Sozialismus, weil sie auf die von beiden geforderte Veränderung der deutschen Wirtschaftsstruktur weitgehend verzichtet.

Bei der Darstellung der politischen Kräfte steht die Besatzungspolitik der Alliierten im Vordergrund, insbesondere der westlichen Alliierten. Die sowjetische Besatzungspolitik findet nur Erwähnung, soweit es zum Verständnis der Entwicklung in den westlichen Zonen notwendig erscheint. Das Potsdamer Abkommen ist zunächst die gemeinsame Grundlage der Besatzungspolitik. Es geht zurück auf amerikanische, mit dem *Morgenthau*-Plan verbundene, Vorstellungen. Daneben aber gibt es auch Leitbilder für eine Friedensordnung in der Atlantic-Charta von 1941 sowie den Abkommen von Bretton Woods.

Die Ablösung des *Morgenthau*-Plans durch die *Truman*-Doktrin und den *Marshall*-Plan gibt das Startzeichen für einen von der Sowjetunion unabhängigen Aufbau des wirtschaftlichen und politischen Lebens in den westlichen Besatzungszonen. Der Preis jedoch ist die Einbeziehung in den Ost-West-Konflikt. Die Vereinigten Staaten übernehmen die führende Rolle in der Besatzungspolitik der westlichen Alliierten.

Diese Entwicklung und ihre Auswirkungen auf die westlichen Besatzungszonen steht im Mittelpunkt des Teils II der folgenden Überlegungen. Träger des politischen Willens der deutschen Bevölkerung sind die neu erstehenden politischen Parteien. Es wird sich zeigen, daß auch sie durch die Spannung zwischen Ost und West geformt werden und damit dem ursprünglichen Wunsch der deutschen Bevölkerung nach einem „dritten Weg" zwischen Ost und West immer weniger Rechnung tragen können. Der der Ost-West-Spannung entspringende Versuch, die Überlegenheit der politischen und gesellschaftlichen Systeme durch wirtschaftliche – einer bestimmten Wirtschaftsordnung zugeschriebene – Erfolge zu beweisen, verlangt nach „reinen Ordnungsideen".

Die Soziale Marktwirtschaft zeigt sich dieser Situation durch die Alternative Wirtschaftslenkung *oder* Marktwirtschaft am besten gewachsen. Durch die Anknüpfung an die vorhandene Wirtschaftsstruktur in Deutschland werden weiterhin politische Schwierigkeiten vermieden, die die politische Stoßkraft des Ordoliberalismus beeinträchtigen. Diese politischen Vorteile lassen die Soziale Marktwirtschaft geeigneter erscheinen als Leitidee für eine politische Sammlungsbewegung gegen die „sozialistische Zeitströmung". Mit dem *Marshall*plan sowie der Währungs- und Wirtschaftsreform wird schließlich die entscheidende – materielle – Grundlage geschaffen, um der Sozialen

Marktwirtschaft auch das Vertrauen der westdeutschen Bevölkerung zu gewinnen.

Da eine Analyse der Vergangenheit ihren eigentlichen Reiz erst erhält, wenn sie zu besserem Verständnis der späteren Entwicklung sowie der Gegenwart beiträgt und die Lösung der Zukunftsaufgaben erleichtert, soll ein Ausblick auf die weitere wirtschaftspolitische Entwicklung die Untersuchung abschließen. Er vermittelt einen Eindruck von der entstehenden Unzufriedenheit mit der Sozialen Marktwirtschaft bei den Ordoliberalen. Diese Unzufriedenheit wird durch das Gesetz gegen Wettbewerbsbeschränkungen, das der Bundestag nach jahrelangen politischen Auseinandersetzungen 1957 verabschiedet, nur teilweise beseitigt und schließlich durch die Forderung nach einer „zweiten Phase" der Sozialen Marktwirtschaft als gesellschaftspolitischer Ergänzung der Marktwirtschaft neu belebt. Denn die Ordoliberalen, die Wirtschafts- und Gesellschaftspolitik als untrennbare Einheit auffassen, sehen sich in ihren mit der Sozialen Marktwirtschaft verbundenen Hoffnungen durch eine zweite Phase, die die Gesellschaftspolitik nachholen soll, getäuscht.

Schließlich deutet sich in der jüngsten, durch das „Stabilitätsgesetz" charakterisierten, wirtschaftspolitischen Entwicklung eine viel bedeutsamere wirtschaftspolitische Phase an, in der die für die Nachkriegsjahre bezeichnende Alternative „Marktwirtschaft oder Planwirtschaft" verblaßt und die „Sachlogik" der Wirtschaft gegenüber ordnungspolitischen Erwägungen Vorrang zu erhalten scheint. An dieser Stelle bietet es sich an, auch einen Blick in die DDR zu werfen, in der die andere „reine Ordnungsidee" verwirklicht werden sollte. Das „Neue Ökonomische System der Planung und Lenkung" hat jedoch zum Einbau marktwirtschaftlicher Elemente geführt – ebenfalls im Interesse der wirtschaftlichen Effizienz.

Der Vorrang der „Sachlogik" der Wirtschaft entbindet den Ökonomen von der Verantwortung für die Überlegenheit politischer Systeme. Auf diese Weise könnte wieder mehr Raum entstehen für eine Neubesinnung auf die – außerökonomischen – Wurzeln der ordnungspolitischen Spaltung und das Gewicht von Staat und Wirtschaft in der Gesellschaft.

Teil I

Die Überwindung des wirtschaftlichen Liberalismus als Aufgabe in den ersten Nachkriegsjahren

Es scheint charakteristisch zu sein für die Bevölkerung in allen Ländern Europas, die unter dem zweiten Weltkrieg gelitten haben, daß jeder Einzelne angesichts der Zerstörungen und persönlichen Leiden zunächst bereit ist, Opfer zu bringen, sich einzuschränken zugunsten einer besseren Zukunft. Hinzu kommt in Deutschland noch ein weit verbreitetes und von den Siegern im Potsdamer Abkommen auch gefordertes Bewußtsein der persönlichen Schuld an den Greueln des Nationalsozialismus. Im politischen Bereich äußert sich dieses Schuldgefühl vielfach in Resignation, aus der heraus jedes neue politische Engagement zunächst abgelehnt wird. Denn die Entnazifizierung gilt vielen, die in ehrlicher Begeisterung und Hoffnung, eine neue Ordnung zu schaffen, sich dem Nationalsozialismus angeschlossen hatten, als Bestrafung ihres „Idealismus". Der derart demoralisierten Bevölkerung[1] bleibt zunächst nur der Wunsch, so schnell wie möglich – durch harte und entsagungsvolle Arbeit – wieder die materielle Grundlage für ihr Dasein aufzubauen. Das zerstörte Selbstbewußtsein scheint in der materiellen Sphäre einen neutralen Zufluchtsort zu finden. Im Unterbewußtsein existiert sicher das Gefühl, daß auch in den übrigen gesellschaftlichen Bereichen ein neuer Anfang notwendig sein würde.

Konkrete Konturen dieser Neuordnung aus eigener Kraft glaubt *Stolper* aber noch im Frühjahr 1947 nicht erkennen zu können, als er den amerikanischen Expräsidenten *Hoover* auf seiner Deutschlandreise begleitet. Denn *Stolper* schließt die Darstellung seiner Eindrücke mit der Bemerkung: „Das neue Deutschland hat noch keine Stimme, es spricht die Außenwelt noch nicht an und gewinnt ihr gegenüber keinen Ausdruck. Alles was zu hören ist, ist ein gedämpftes chaotisches Orchester, das mit mattem Ton seine verwirrten Instrumente stimmt."[2]

---

[1] Diese Demoralisierung der Deutschen schildert *G. Stolper* (Deutsche Wirklichkeit. Ein Beitrag zum künftigen Frieden Europas – Aus dem Englischen übersetzt von *Toni Stolper* – Hamburg 1949, S. 73 ff.) mit bewegten Worten.

[2] *G. Stolper*, Deutsche Wirklichkeit, aaO, S. 292.

Die Literatur der späteren Jahre sieht diese Zeit nicht so pessimistisch. Man geht von der allgemeinen Vermutung aus, daß die Menschen sich nach Beendigung des Krieges vor allem nach Freiheit sehnen. Obgleich ein überwältigendes Verlangen nach Sicherheit die Regierungen in vielen am zweiten Weltkrieg beteiligten Staaten veranlaßt, der Bevölkerung mehr soziale Sicherheit zu versprechen, liegen in Westdeutschland die Verhältnisse – aus verschiedenen Gründen – offenbar anders: „Eine der in Betracht kommenden Erklärungen liegt wohl darin, daß es außer der nackten Existenz so wenig gab, das der Sicherung wert schien, und daß die meisten sich zunächst einmal nach der langentbehrten Freiheit von staatlicher Bevormundung sehnten, um sich selber helfen zu können.“ [3] Daraus ließe sich als Reaktion auf die Vergangenheit eine „antistaatliche“ Tendenz ableiten, allerdings zunächst mit dem entscheidenden Merkmal, „daß das eigentliche ‚Befreiungserlebnis‘ kein politisches, sondern ein wirtschaftliches war“ [4].

Das leuchtet ohne weiteres ein, wenn man das Freiheitsbedürfnis anerkennt; denn, wie bereits festgestellt, dient die materielle Sphäre dem Selbstbewußtsein der deutschen Bevölkerung als bevorzugter Zufluchtsort. So erscheint es als ganz natürlich, „daß trotz unterschiedlicher Auffassungen über die wünschenswerte Wirtschaftsordnung in den Westzonen alle maßgeblichen Persönlichkeiten und wirtschaftspolitischen Instanzen einer relativ freien Marktwirtschaft zuneigten“ [5]. Noch deutlicher heißt es in einer Darstellung der Wirtschaftsgeschichte über die Nachkriegszeit [6]: „Endlich war das Vertrauen in den wohltätigen Staat, die weise Obrigkeit, das bisher den Verlauf der deutschen Wirtschaftsgeschichte charakterisiert hatte, gründlich erschüttert. Die Bevölkerung wünschte nun nichts sehnlicher als die Befreiung von jeglicher Bevormundung, den Abbau der staatlichen Reglementierung, die Möglichkeit zur Entfaltung der eigenen Kräfte, kurz eine liberale Wirtschaftsordnung.“

Der Hinneigung „aller maßgebenden Persönlichkeiten und wirtschaftspolitischen Instanzen“ zu einer „relativ freien Marktwirtschaft“ steht andererseits aber auch die Tatsache gegenüber, daß die politische Verwirklichung des Konzepts der Sozialen Marktwirtschaft „entgegen herrschenden Zeitströmun-

---

[3] Vgl. *Herbert Giersch,* Allgemeine Wirtschaftspolitik. Erster Band, Grundlagen. In: Die Wirtschaftswissenschaften. Wiesbaden 1961, S. 82 f., insbesondere Anmerkung 33, S. 83.

[4] Vgl. *Horst Ehmke,* Wirtschaft und Verfassung. Die Verfassungsrechtsprechung des Supreme Court zur Wirtschaftsregulierung. In: Berkeley-Kölner Rechtsstudien. Kölner Reihe, Bd. 2, Karlsruhe 1961, S. 17.

[5] *Heinz Lampert,* Die Wirtschafts- und Sozialordnung der Bundesrepublik Deutschland. In: Geschichte und Staat, Bd. 107/108. München, Wien 1965, S. 49.

[6] Siehe *Gustav Stolper, Karl Häuser, Knut Borchardt,* Deutsche Wirtschaft seit 1870 (fortgeführt von *K. Häuser* und *K. Borchardt).* Mit einem Vorwort von *Toni Stolper,* Tübingen 1964, S. 234.

gen" erfolgen muß[7]. *Von Beckerath*[8] spricht in einem Rückblick auf die Tätigkeit des Wissenschaftlichen Beirats beim Bundeswirtschaftsministerium von „einer Umwelt, deren geistige Bereitschaft, sich von der Planwirtschaft abzulösen, im ganzen groß war, deren ökonomische Struktur (Agrarsektor, Wohnungs- und Kapitalmarkt usw.) aber noch in sehr hohem Grade durch ‚bewirtschaftende' Maßnahmen geprägt wurde". Aber es scheinen mit dem Verblassen der Erinnerung an die „Katastrophe der Zwangswirtschaft" latente Kräfte stärker zu werden, „welche an der Konservierung oder Erneuerung grobdirigistischer Lenkungen interessiert sind". Aufgrund der „bürokratischen und planwirtschaftlichen Tradition" sei es in Deutschland „nicht gerade leicht", so klagt *von Beckerath*, „die Wettbewerbsidee am Leben zu halten".

Entgegen den Vermutungen über den Drang zu einer „liberalen Wirtschaftsordnung" bietet die Literatur der ersten Nachkriegsjahre das Bild einer deutschen Bevölkerung, die sich angesichts der Zerstörungen des Krieges, dem Elend und der Not einen Wiederaufbau der Wirtschaft nicht anders vorstellen kann, als daß der Staat die erforderlichen Opfer und Erträge der Aufbauarbeit gerecht verteilt. Die liberale Wirtschaft der Vergangenheit mit ihrer Unsicherheit, ihren Depressionen und Inflationen, ihrer als ungerecht empfundenen Verteilung von Einkommen und Vermögen gilt als ein Weg, der mit Sicherheit für die zukünftige Ordnung in Deutschland nicht beschritten werden kann. Hinzu kommt der von allen Siegermächten gestützte Schuldspruch gegen die deutsche Großindustrie, die für die nationalsozialistische Herrschaft verantwortlich gemacht wird.

Die Überlegungen kreisen um eine Alternative zum traditionellen wirtschaftlichen Liberalismus. Seine traditionelle Antithese ist der Marxismus. Er hat in der orthodoxen Form wenig Chancen; einmal, weil seine Lehren als überholt und nicht mehr zeitgemäß gelten, zum andern, weil die Versuche in Rußland, ihn zu verwirklichen, abschreckend wirken. Damit sind die Grenzen abgesteckt, in denen sich die Vorstellungen für eine zukünftige Ordnung in Deutschland bewegen werden.

Dazwischen ist es aber nicht einfach, eine typische Auswahl zu treffen, weil ein weites Spektrum von Ideen und Meinungen vorhanden ist, die sich nicht ohne weiteres in traditionelle Schemata einfügen lassen. Wirklichkeitsnah dürfte es sein, zwischen einer Alternative zum Liberalismus zu unterscheiden, die einen liberalen Ausgangspunkt hat, und einer Alternative von einem sozialistischen Ausgangspunkt, als traditioneller Antithese zum wirtschaftlichen Liberalismus.

Diese Versuche lassen sich folgendermaßen charakterisieren: Die Sozialisten bemühen sich, *Marx* zu überwinden und den Sozialismus aus der verbreite-

---

[7] *H. Lampert*, aaO, S. 53 f.

[8] *Erwin von Beckerath*, Der Einfluß der Wirtschaftstheorie auf die Wirtschaftspolitik. In: Logik der Sozialwissenschaften. Herausgegeben von *Ernst Topitsch*. Neue Wissenschaftliche Bibliothek (Soziologie). Köln, Berlin 1965, S. 505.

ten Verbindung mit Bolschewismus und Stalinismus in der Sowjetunion, das heißt mit Unfreiheit und Zwang, zu lösen. Den Liberalen wäre die Aufgabe gestellt, den wirtschaftlichen Liberalismus so zu modifizieren, daß er dem Bedürfnis nach sozialer Sicherheit, stabiler, von Depressionen und Inflationen befreiter Wirtschaft Rechnung trägt. Diese Wirtschaft darf nicht den Eindruck erwecken, der Willkür und Anonymität eines – von „Kapitalisten" zu ihrem eigenen Vorteil beherrschten – Marktes unterworfen zu sein, sondern einer von der Öffentlichkeit, das heißt letztlich vom Staat, kontrollierten *„Ordnung"*.

Dieses Bedürfnis nach Ordnung kann in der Nachkriegszeit sicher vielfach an Gefühle anknüpfen, die dem Nationalsozialismus nach Depression und Wirtschaftskrise der zwanziger Jahre zum Sieg verholfen haben – einem politischen Leitbild aus einer Kombination von Ordnung und einem, wenn auch nationalen, „Sozialismus". Viele Deutsche haben sich – zumindest eine Reihe von Jahren – unter diesem Regime geborgen gefühlt. Eine sozialistische Ordnung für die Nachkriegszeit findet in diesen Erfahrungen – trotz des schrecklichen Endes des Nationalsozialismus – vielleicht einigen Widerhall, wenn es gelingt, den neuen Sozialismus von den Eindrücken über den Bolschewismus und Stalinismus zu differenzieren und mit dem Wunsch nach Freiheit und der Ablehnung jeder politischen Willkür zu verbinden.

Nicht so gute Anknüpfungspunkte in der Masse der Bevölkerung an Erfahrungen der Vergangenheit dürfte der als Kapitalismus abgestempelte wirtschaftliche Liberalismus vorfinden. In der Wirtschaftswissenschaft allerdings haben bereits während des Krieges Diskussionen über eine Friedensordnung nach dem Kriege eingesetzt[9], die von einem liberalen Standpunkt ausgehen. Charakteristisch daran dürfte der Versuch sein, mehr Freiheit der Wirtschaft ohne Verzicht auf Lenkung der Wirtschaft durch den Staat zu erreichen.

Dieses Bemühen ist typisch für die Suche nach einem „dritten Weg" sowohl aus liberaler als auch aus sozialistischer Perspektive. Der Wunsch nach einem „dritten Weg" wird noch dadurch gesteigert, daß es eine weitverbreitete Furcht gibt, Deutschland könnte durch die Spannungen zwischen den beiden

---

[9] Siehe Günter Schmölders (Herausgeber), Der Wettbewerb als Mittel volkswirtschaftlicher Leistungssteigerung und Leistungsauslese. In: Schriften der Akademie für Deutsches Recht. Gruppe Wirtschaftswissenschaft, Heft 6. Berlin 1942. Zwischen 1941 und 1944 erörtert auch ein Kreis von Wirtschaftswissenschaftlern unter dem Vorsitz von *Erwin von Beckerath* in Freiburg Probleme des Übergangs von einer Kriegs- zur Friedenswirtschaft. Siehe dazu: Zur Vorgeschichte der Gründung des „Vereins für Sozialpolitik – Gesellschaft für Wirtschafts- und Sozialwissenschaften". In: Schriften des Vereins für Sozialpolitik. Gesellschaft für Wirtschafts- und Sozialwissenschaften. Neue Folge. Bd. 1. (Verhandlungen auf der Tagung der Volks- und Betriebswirte in Marburg/Lahn 15. und 16. 9. 1948). Herausgegeben von *Gerhard Albrecht* und *Helmut Arndt*. Berlin und München 1949, S. 118; siehe auch *Heinrich von Stackelberg*, Möglichkeiten und Grenzen der Wirtschaftslenkung. In: Ordo. Bd. 2 (1949), S. 193, Fußnote. Dieser Beitrag *von Stackelbergs* beruht auf einem Vortrag, den er im Jahre 1943 vor dem *„Beckerathausschuß"* in Freiburg gehalten hat.

mächtigsten Siegern des zweiten Weltkrieges und ihren gegensätzlichen Gesellschaftssystemen zerrissen werden. Deshalb erscheint es als besonders wichtig, einen dritten Weg zwischen „Washington und Moskau" als „deutschen Weg" zu wählen.

Für diesen Weg gibt es zwischen den markierten Grenzen immer noch einen weiten Raum. Die Bausteine bestehen aus alten Prinzipien, pragmatischen – vielleicht auch opportunistischen – Überlegungen sowie aus Zukunftsvisionen, die alle zusammen ein Reservoir von „sozialen Erfindungen"[10] darstellen, über deren Realisierung das Spiel der politischen Kräfte der Nachkriegszeit entscheidet. Bei diesem politischen Ausleseprozeß läßt sich keineswegs voraussetzen, daß er auf traditionelle Abgrenzungen (wie sozialistisch und liberal) Rücksicht nimmt. Elemente dieser traditionellen Gruppierungen können auch zu neuen Einheiten kombiniert werden. So ist es – je nach politischer Kräfteverteilung – möglich, daß zunächst unbeachtete Elemente an Gewicht gewinnen und zunächst gewichtige Elemente in Vergessenheit geraten.

Schließlich soll jedoch keineswegs übersehen werden, daß es auch „soziale Erfindungen" geben könnte, deren Realisierung nicht so sehr von der politischen Umwelt abhängt, sondern die vielmehr diese Umwelt entscheidend prägen. Bei der unverwüstlichen Lebensdauer der alten These Liberalismus und ihrer Antithese Sozialismus ist jedoch zu vermuten, daß „soziale Erfindungen", die ihre Umwelt prägen, nicht gerade häufig sind.

Für die Charakterisierung der Ordnungsvorstellungen der ersten Nachkriegsjahre sollen folgende Kriterien zugrunde gelegt werden: einmal der liberale oder der sozialistische Ausgangspunkt; zum anderen eine dritte Gruppe, deren Vorstellungen zwar auch vom wirtschaftlichen Liberalismus geprägt sind, die ihm aber für die Zukunft keine Chance gibt. Man fügt sich zum Teil resignierend der Zeitströmung und dem – wie man zu erkennen glaubt – weltweiten „Ruck nach links"; zum Teil spielt die Überzeugung eine Rolle, daß sowohl der wirtschaftliche Liberalismus als auch der ihm zugrundeliegende extreme Individualismus durch die Erfahrungen der Vergangenheit überholt sind. Da sich jedoch – vielleicht aus einer gewissen geistigen Befangenheit in der traditionellen These und Antithese – keine andere „soziale Erfindung" anbietet, erscheint die notwendige Überwindung des wirtschaftlichen Liberalismus nur durch die Antithese, den Sozialismus, möglich. Deshalb dürfte es gerechtfertigt sein, auch diese Gruppe unter den sozialistischen Ordnungsvorstellungen einzureihen.

Das Gewicht in der Darstellung der einzelnen Gruppen richtet sich nach der Bedeutung, die sie für die westdeutsche Wirtschaftspolitik der Nachkriegszeit gehabt haben. Damit erhalten die Ordnungsvorstellungen mit libe-

---

[10] Vgl. „soziale Erfinder" bei *Bernhard Pfister*. Siehe Alfred *Müller-Armack*, Stil und Ordnung der sozialen Marktwirtschaft. In: *E. Lagler* und *J. Messner* (Herausgeber), Wirtschaftliche Entwicklung und soziale Ordnung. *Ferdinand Degenfeld-Schonburg* zum 70. Geburtstag gewidmet. Wien 1952, S. 36.

ralem Ausgangspunkt – Ordoliberalismus und Soziale Marktwirtschaft – den größten Raum. Gemäß der Bedeutung in den ersten Nachkriegsjahren gebührt aber jenen Ordnungsvorstellungen der erste Platz, die die zukünftige Ordnung in irgendeiner Weise mit dem Sozialismus verbinden.

1. Der Sozialismus als zukünftige Ordnung

Nach Ende des zweiten Weltkriegs geht es weniger darum, ob die Entwicklung der künftigen Wirtschafts- und Sozialordnung in sozialistischer Richtung verläuft. „Vielmehr steht im Vordergrund... die Frage, *wie* der Sozialismus aussehen wird und soll“ [1]. Er ist 1945 in Deutschland und Europa die „Tagesforderung“ [2]. Dieser Sozialismus entspringt aber nicht nur traditionellen sozialistischen Überzeugungen, sondern ein „sozialistischer Etatismus“ gilt als anerkannte politische Philosophie des Kontinents [3].

Von den sozialistischen Vorstellungen ist eine Gruppe bereits erwähnt worden. Sie entsteht aufgrund einer gewissen Verlegenheit gegenüber der Aufgabe der Nachkriegszeit, den wirtschaftlichen Liberalismus zu überwinden, und sieht den Ausweg nur in der Antithese des Liberalismus. Dieser Sozialismus soll hier „Liberaler Sozialismus“ genannt werden. Dem traditionellen Marxismus am nächsten stehen die „Neomarxisten“, während der Freiheitliche Sozialismus sich bemüht, nicht nur den Liberalismus, sondern auch den Marxismus zu überwinden.

1.1. Der Liberale Sozialismus

„Sozialismus“ meint hier lediglich die Vorstellung, daß die Wirtschaft der Zukunft ohne staatliche Lenkung und Steuerung nicht auskommen wird oder auskommen kann – in gewissem Umfang sogar über eine Sozialisierung des Eigentums an Produktionsmitteln. „Liberal“ steht als Ausdruck einer Resignation über eine bestimmte Entwicklung (als ein „liberales Vorurteil“) oder als Ausdruck einer Distanzierung von dem „geistigen Überbau“ des Sozialismus, wie es zum Beispiel im „Christlichen Sozialismus“ geschieht.

Typisch für die erste Gruppe dürfte eine im Jahre 1946 erschienene Arbeit über das „Ende der kapitalistischen Rechtsordnung“ sein [1]. Der Verfasser lei-

[1] Siehe *Heinz-Dietrich Ortlieb,* Wandlungen des Sozialismus. Fünf Aufsätze zur Gegenwartslage des Sozialismus. Hamburg 1947, S. 9. Siehe auch *Edgar Salin,* Wirtschaft und Wirtschaftslehre nach zwei Weltkriegen. „Kyklos“. Internationale Zeitschrift für Sozialwissenschaften. Bern. Vol. 1 (1947), S. 41.

[2] Vgl. *Ossip K. Flechtheim,* Dokumente zur parteipolitischen Entwicklung in Deutschland seit 1945. Drei Bände. Berlin 1962, Bd. 1, Vorwort S. XVI.

[3] Vgl. *G. Stolper,* Die deutsche Wirklichkeit, aaO, S. 287.

[1] *Harold Rasch,* Das Ende der kapitalistischen Rechtsordnung. Heidelberg 1946.

tet aus der Entwicklung der deutschen Wirtschaftsverfassung bis 1945 nicht nur eine „weitgehende Sozialisierung des Wirtschaftslebens" ab[2], sondern gibt auch der Überzeugung Ausdruck, daß die „Entwicklung, wenngleich mit Unterbrechungen, unaufhaltsam einer sozialistischen Zukunft entgegengeht"[3]. „Der Ruf nach Sozialisierung zum mindesten der Urproduktion, der Schwer- und sonstiger Schlüsselindustrien, des Bank- und Versicherungswesens hallt ... weit stärker noch als nach dem ersten Weltkrieg, durch ganz Europa."[4] Alle Versuche, die Wirtschaftsverfassung nach vergangenen Prinzipien neu zu gestalten, könnten „keinesfalls Ausgangspunkt einer Neuordnung" des Wirtschaftslebens sein[5]. „An die Stelle des unechten und versteckten Sozialismus der jüngsten Vergangenheit wird ein echter und offener Sozialismus treten."[6]

Wirtschaftliche Maßnahmen allein gelten jedoch als unzureichend. Notwendig seien ganz allgemein „neue soziale Lebensformen ..., die den Menschen wieder zum Herrn statt zum Sklaven der Technik machen". Damit erwächst der Nachkriegsgeneration in der Perspektive von *Rasch* eine ungeheure erzieherische Aufgabe. Erst wenn die Forderung nach einer „sozialistischen Gestaltung des Wirtschaftslebens" erfüllt, „ohne Rücksicht auf die Lokkungen von West[7] und Ost *im deutschen Sinne erfüllt* ist, bedeutet das Ende der kapitalistischen Rechtsordnung... den Beginn einer neuen, besseren Zukunft"[8].

Der Sozialismus der Zukunft, wie ihn *Rasch* sieht, hat jedoch ein verändertes Gesicht. Die traditionelle Hauptforderung nach Verstaatlichung der Produktionsmittel tritt gegenüber der Forderung nach „planender, ordnender und lenkender Tätigkeit des Staates im Wirtschaftsleben" in den Hintergrund[9]. „Nicht in einer Flucht in die Vergangenheit, nicht in einer Beseitigung, sondern nur in einer Verbesserung planwirtschaftlicher Methoden besteht die Aufgabe der Zukunft."[10] Die Verstaatlichung als Mittel zur Beseitigung wirtschaftlicher Machtpositionen und zur Verhinderung von Fehlinvestitionen hat um so weniger Bedeutung, „je mehr die Staatsgewalt in der Lage ist, jeden wünschenswerten Einfluß auf ein Unternehmen auszuüben, auch ohne im Besitz seiner Aktien zu sein".

Überall, wo die „Voraussetzungen für die Aufrechterhaltung oder Wiederherstellung eines gesunden Wettbewerbs gegeben sind", sollte er zum Zuge kommen. Auch in einer weitgehend vom Staat gelenkten Wirtschaft spiele der Wettbewerb keine untergeordnete Rolle. Die sozialistische Wirtschaft brauche

---

[2] Ebenda, S. 113. [3] Ebenda, S. 8.
[4] Ebenda, S. 117. [5] Ebenda, S. 114.
[6] Ebenda, S. 119.
[7] Im Original heißt es offensichtlich sinnentstellend „Welt" statt „West".
[8] Ebenda, S. 119.
[9] Vgl. ebenda. Siehe auch S. 105 der folgenden Ausführungen.
[10] *H. Rasch,* Das Ende der kapitalistischen Rechtsordnung, aaO, S. 116.

ebenfalls persönliche Initiative und Verantwortungsfreudigkeit. Deshalb sei eine Beteiligung der leitenden Persönlichkeiten der Betriebe an deren Erfolg auch in Zukunft erforderlich. Kann er nicht auf Grund von Daten des Marktes ermittelt werden, könnte ein Betriebsvergleich die notwendigen Maßstäbe liefern [11].

Diese, wenn man so will, „liberale“ Ausprägung des sozialistischen Zeitgeistes wirkt wie ein Versuch, diesem Zeitgeist noch so viel liberale Wirtschaftsordnung abzugewinnen wie möglich. Dies wird noch deutlicher bei einem anderen Autor [12]. Er geht von dem „Ruck nach links“ in der „Wirtschafts- und Gesellschaftsordnung der Welt“ aus, der sich fortsetzen wird – „vor allem durch die Verstaatlichung notleidender Grundindustrien“. Echte Demokratie sei aber nur möglich „bei Anerkennung des Privateigentums und des privaten Erwerbsstrebens als oberste Leitregel für die Gestaltung der materiellen Welt“. Damit seien aber „soziale Kontrollen durch einen die Wirtschaft lenkenden Staat ... durchaus vereinbar“. Die „gesunde Demokratie“ habe dem „Einbau des lenkenden und kontrollierenden Staates nie im Wege gestanden“. Bedenken müßten jedoch gegen „die Sucht nach dem Staat als Repräsentanten der Masse“ erhoben werden. Als warnendes Beispiel dient der Nationalsozialismus [13].

Aus der Lage Deutschlands zwischen Ost und West wird nüchtern die Folgerung gezogen, daß der Westen „das Interesse an einer gesunden Unternehmungswirtschaft auf privater Grundlage fördern werde, der Osten aber „aus ideologischen Gründen und wegen der sozialen Anforderungen die Staatswirtschaft“. Die Aufgabe der deutschen Wirtschaftspolitik wird darin gesehen, „eine wirtschaftliche Ordnung zu finden, in der sich die Initiative des privaten Unternehmertums und die sozialen Aufgaben des Staates zu einer Synthese verbinden“, das heißt zu einer „Synthese zwischen den beiden Elementen der unternehmerischen Initiative und der staatlichen Einflußnahme“ [14].

Als eine solche Synthese erscheint die *„gelenkte Unternehmungswirtschaft* oder die gelenkte Verkehrswirtschaft [15]. Der Einfluß des Staates soll hier letztlich „durch die Mängel bestimmt sein, die sich aus der Unternehmungswirtschaft selbst ergeben“. Im Falle einer „echten politischen Demokratie“ sei der staatliche Eingriff geeignet, „die von der politischen Willensbildung gewünschten wirtschaftlichen Ziele durchzusetzen und das Privateigentum sowie das private Unternehmertum mit denjenigen Aufgaben zu belasten, die von der demokratischen Mehrheit gefordert werden“ [16].

Um das zu erreichen, sind lenkende und zuteilende Eingriffe des Staates der notwendige Überbau, „der eine risikofreudige und möglichst frei operie-

[11] Vgl. ebenda, S. 117 ff.

[12] *Herbert Gross*, Die Zukunft der Wirtschaft. Gedanken zu den Formen des Wirtschaftslebens. Recklinghausen 1946.

[13] *H. Gross*, Die Zukunft der Wirtschaft, aaO, S. 6 f.

[14] Ebenda, S. 16 f.

[15] Siehe ebenda, S. 19 und S. 109 ff.

[16] Ebenda, S. 19.

rende Unternehmungswirtschaft startet, fördert und zusammenhält[17]. Diese Einsicht wird aus einer Darstellung des wirtschaftlichen Kreislaufs gewonnen. An ihm hätten „alle führenden Nationalökonomen aller Länder und Zeiten mitgearbeitet", angefangen bei *Say* über *Ricardo* und *Marx* bis zu den „modernen Theorien von *J. M. Keynes*". Hier soll das Werkzeug zu finden sein, um „die Behandlung einiger grundlegender Fragen der deutschen Wirtschaft zu erleichtern"[18].

Als Ergebnis aus diesen Überlegungen ergibt sich, daß die beiden Extreme der westlichen „freien Unternehmungs- oder Marktwirtschaft" und der östlichen „Staatswirtschaft" als Ideal für Deutschland ungeeignet sind[19]. Seiner Tradition entspreche es am besten, wenn die Wirtschaftspolitik auf den „weltanschaulichen Grundlagen des Westens" fuße, aber „bestimmte staatliche Funktionen in die Wirtschaftsordnung" einbaue und so zu einer „Synthese von freiem Unternehmertum und Staat" komme[20]. Diese Aufgabenstellung für die Wirtschaftspolitik läßt sich aus liberaler Sicht vielleicht am besten mit „ein deutscher Weg zur Marktwirtschaft" charakterisieren.

Beflügelt von den sich eröffnenden Möglichkeiten einer durch die Wirtschaftswissenschaft unterstützten Wirtschaftspolitik sowie von Eindrücken in den Vereinigten Staaten entsteht bereits im Frühjahr 1946 – angesichts der unvorstellbaren Not, der Verwüstungen und Zerstörungen – die Vision einer „reichen Volkswirtschaft", in der es sinnvoll ist, das Problem der Vollbeschäftigung durch einen „Abbau der Wirtschaft" zu lösen. Er besteht in einer „Umwandlung technischen Fortschritts in Muße, ein Problem, das beispielsweise durch die etwaige Verwirklichung der Atomkraft als Energiequelle geradezu unausbleiblich würde". Der Staat erhält dabei eine ganz neue Aufgabe. Er wird zum „Verkleinerer des Wirtschaftlichen, zum Träger einer neuen Idee, die die Erfüllung menschlichen Schicksals in dem weiten und durch den Kapitalismus verschütteten Bezirk des Nichtwirtschaftlichen sieht"[21].

Hier werden deutlich Zweifel an dem „liberalen Vorurteil" von der Unerschöpflichkeit der menschlichen Bedürfnisse geäußert, das seine Wurzeln in

[17] Ebenda, S. 120.

[18] Ebenda„ S. 116. Hier wird *Keynes* recht deutlich als Chance des wirtschaftlichen Liberalismus gesehen.

[19] Selbst amerikanische Beobachter der deutschen Verhältnisse hielten eine Rückkehr zur „freien Unternehmerwirtschaft" („pre-war free-enterprise capitalism") für praktisch unmöglich und gaben einer sozialistischen „gemischten Wirtschaft" nach dem Vorbild Englands und Schwedens die größte Chance. Siehe *James P. Warburg*, Germany-Nation or No-Man's Land. With an Article by *George N. Shuster*. Foreign Policy Association. Headline Series, No. 60. New York 1946, S. 49 f.

[20] Siehe *H. Gross*, aaO, S. 109.

[21] Vgl. ebenda, S. 113 f.: „Kommen neue Produkte auf und steigt der Bedarf nach ihnen, so würde Mehrproduktion gewiß nicht verhindert werden. Aber die Vision des ‚Nichtstuns' ist ein großes Niemandsland menschlicher ‚Betätigung', das der ethischen und kulturellen Ausfüllung noch harrt."

der jahrhundertealten Erfahrung des Menschen mit der wirtschaftlichen Not hat. Darüber hinaus wird der Blick geöffnet für eine weitere Etappe des Liberalismus, die die Sonderstellung des wirtschaftlichen Liberalismus und der wirtschaftlichen Freiheit beendet. Nicht die Freiheit *in* der Wirtschaft wird das Ziel, sondern die Freiheit *von* der Wirtschaft: eine „Ära des nichtwirtschaftlichen Zeitalters, als Ablösung unserer heutigen Zeit übertriebener wirtschaftlicher Betätigung“ [22].

Ein anderer – gewiß ebenso „liberaler“ [23] – Kritiker scheint die „Synthese von freiem Unternehmertum und Staat“ weit weniger mit einer zukünftigen marktwirtschaftlichen Ordnung zu verbinden. Nicht nur dem „historischen Liberalismus“ wird jegliche Zukunft abgesprochen, sondern auch dem „ihm verschwisterten Individualismus“; denn beide haben „alle überkommenen Ordnungen von Staat und Gesellschaft aufgebraucht, in jedem Sinn des Wortes ‚verwirtschaftet‘ “ [24]. Für eine Wiederbelebung des „Liberalismus“ [25] fehlen – wie *Salin* es sieht – die ökonomischen und soziologischen Voraussetzungen. Als „klar und beweiskräftig“ gelten demgegenüber die Zeichen dafür, daß die Entwicklung zum Sozialismus – „auch in der eigentlichen Domäne des Kapitalismus, in den Vereinigten Staaten“ [26] – ihren „unausweichlichen Fortgang nehmen wird“ [27]. Das Rad der Geschichte werde auch kaum durch Versuche rückwärts gedreht werden können, die „Unterlassungssünden des 19. Jahrhunderts“ nachträglich gutzumachen.

Anhänger und Gegner des Kapitalismus stimmen nach *Salin* darin überein, daß die „Zusammenballung und Proletarisierung großer Arbeitermassen in den Wüsteneien der Großstädte“ in diesem Umfang nicht nötig war. Es handele sich vielmehr zu einem Teil um „eine Folge der vom pseudoliberalen Staat zugelassenen, oft geförderten privaten Monopolpolitik“ [28]. Eine „historisch einzigartige Epoche“ gehe zu Ende, in der „die Wirtschaft Selbstzweck und Selbstziel ist und sich nach eigenen Gesetzen regelt“ [29]. Ihre Glanzzeit erlebt diese Epoche während der unbestrittenen Vorherrschaft Englands auf dem Weltmarkt. Das „kunstvoll-künstliche System, das die Pax Britannica ermöglichte“, bricht mit Beginn des ersten Weltkrieges zusammen.

---

[22] *H. Gross,* Die Zukunft der Wirtschaft, aaO, S. 114.

[23] Hierbei wird deutlich, daß es zweckmäßig sein könnte, zwischen Liberalismus und Wirtschaftsliberalismus zu unterscheiden.

[24] *Edgar Salin,* Wirtschaft und Wirtschaftslehre, aaO, S. 34.

[25] Deutlicher müßte es hier wohl heißen „Wirtschaftsliberalismus“.

[26] Diese Schlußfolgerung scheint sich auf *Joseph A. Schumpeter* (Capitalism. Socialism, and Democracy. New York 1942) zu stützen. Siehe *Edgar Salin,* Nochmals: ein dritter Weg? (Bemerkungen zu *Joseph A. Schumpeters* Capitalism. Socialism, and Democracy). „Zeitschrift für Schweizerische Statistik und Volkswirtschaft“. Bern. Jg. 80 (1944), S. 117. Als weiterer Zeuge dient offenbar *Abba P. Lerners* Buch „The Economics of Control. Principles of Welfare Economics“. New York 1944. Siehe dazu *E. Salin,* Wirtschaft und Wirtschaftslehre, aaO, S. 51.

[27] Ebenda, S. 44. [28] Ebenda, S. 36. [29] Ebenda, S. 27.

In den Zwischenkriegsjahren wird noch versucht, eine „Weltwirtschaft des Als-Ob" zu errichten, in der die englische Vorherrschaft nicht mehr besteht und die Vereinigten Staaten sich weigern, die ihrer Macht entsprechende Rolle zu übernehmen. Die fehlende politische und wirtschaftliche Führung ersetzen – wie *Salin* es sieht – die Zusammenarbeit der Notenbanken, der Finanzminister, der Industriellen und Bankiers[30].

Der zweite Weltkrieg hat das politische und gesellschaftliche Gesicht der Welt entscheidend geändert. Die Vereinigten Staaten und die Sowjetunion erheben einen Führungsanspruch für die gesamte Welt. Angesichts dieser neuen Situation hält *Salin* auch in der Wirtschaftswissenschaft einen Wandel für unvermeidlich[31]. Die Fortschritte auf dem Wege zu einer „reinen Ökonomie", die sich von der „politischen Ökonomie" löst, haben ein den Forschern der verschiedensten Nationen verständliches Werkzeug geschaffen. „Aber während es in der Zeit des liberalen Staats und der englischen Weltwirtschaft vielleicht möglich gewesen wäre, dieses ‚reine' Werkzeug praktisch anzuwenden, ohne sich des politischen Charakters der Anwendung und ihrer Wirkungen bewußt zu sein", ist „eine solche blinde Selbsttäuschung nicht mehr möglich"[32].

Ein „eigentliches System der Volkswirtschaftslehre", wie es der klassische Liberalismus und der Marxismus im 19. Jahrhundert entwickelt haben, hält *Salin* nicht mehr für möglich. Die Theorie werde aufhören, „allgemeingültige Rezepte der Wirtschaftspolitik" zur Verfügung zu stellen. Die Lösungen für die verwüsteten Länder des europäischen Kontinents müßten anders aussehen als die für Schweden, die Schweiz, für England oder die Vereinigten Staaten[33]. Eine pauschale Ablehnung jedes Sozialismus gilt als „gefährliche Blindheit"[34]. Von der „politischen Machtverteilung in den einzelnen Ländern und von der intellektuellen Reife der kapitalistischen Bourgeoisie" werde es abhängen, ob die Entwicklung zu einer neuen Ordnung sich mehr evolutionär oder revolutionär vollziehe[35]. Für die zerstörten europäischen Länder sieht *Salin* nur die Alternative „autochthoner Sozialismus" oder „Kolonialunternehmung ausländischen Kapitals"[36].

[30] Vgl. ebenda, S. 30 f.

[31] Siehe ebenda, S. 47 ff.

[32] Ebenda, S. 55.

[33] Vgl. ebenda, S. 53.

[34] Siehe ebenda, S. 41. Im bolschewistischen Rußland erkennt *Salin* auch marktwirtschaftliche Elemente: Die das Ablieferungs-Soll überschreitende Produktion der Landwirtschaft wird auf dem „freien Markt" abgesetzt.

[35] Vgl. ebenda, S. 44.

[36] Ebenda, S. 43. Wörtlich heißt es zu der Alternative: „entweder aus eigener Kraft zunächst einmal den dringendsten Bedarf an Nahrungsmitteln, Kleidern, Häusern usw. zu decken (wobei die hierfür erforderlichen Produktionsgüter nicht aus kapitalistischen Vermögen und a-kapitalistischen Horten bezahlt, sondern nur durch langjährige Konsumeinschränkung finanziert werden könnten), oder aber von ausländischen Kapitalisten sich das Kapital, bzw. die Produktionsmittel vorstrecken zu lassen und als Kolonie des ausländischen Finanzkapitals den Neuaufbau der Wirtschaft zu beginnen."

Die eigentliche Überwindung der – nur in gedanklicher Abstraktion – antithetischen Prinzipien von Liberalismus und Sozialismus – in Gestalt eines „monistischen" marktwirtschaftlichen *oder* planwirtschaftlichen Wirtschaftssystems[37] – macht *Salin* jedoch von „geistigen Quellen" abhängig, „die jenseits der Wirtschaftslehre liegen"[38].

Die liberale Resignation vor dem Sozialismus in Deutschland wäre unvollkommen charakterisiert, wenn nicht abschließend noch auf *Schumpeters* gründliche Analyse von Kapitalismus, Sozialismus und Demokratie[39] verwiesen würde. Hier wird der Nachweis versucht, daß sowohl die Selbstzerstörung des Kapitalismus[40] als auch der „Sieg des Sozialismus" unvermeidlich sind[41]. Besondere Mühe verwendet *Schumpeter* darauf, die Vereinbarkeit von Sozialismus und Demokratie darzulegen[42] – eine Vereinbarkeit, die die liberale „Wirtschaftsphilosophie" energisch bestreitet[43].

Dem „Grundplan des sozialistischen Wirtschaftssystems erkennt *Schumpeter* eine „höhere Stufe der Rationalität" zu[44]. Die Überlegenheit sieht er[45] in einer effizienteren Nutzung der wirtschaftlichen Kapazität durch Vermeidung von konjunkturellen Schwankungen, in einer schnelleren Durchsetzung des technischen Fortschritts bei allen Unternehmen sowie im Wegfall von Reibungen zwischen privater und öffentlicher Sphäre. Ein großer Teil der besten Köpfe der Gesellschaft brauche seine Kräfte nicht mehr „im Kampf der Geschäftswelt gegen den Staat"[46] zu verschwenden; ein großer Teil des Verwaltungsapparates könnte entfallen, weil die Steuern überflüssig werden. Hier liegt nach *Schumpeter* einer der bedeutendsten Ansprüche auf Überlegenheit[47].

---

[37] Siehe dazu ebenda, S. 44 f. [38] Siehe ebenda, S. 53 f.

[39] *Joseph A. Schumpeter*, Kapitalismus, Sozialismus und Demokratie. Einleitung von *Edgar Salin*. Übersetzung aus dem Englischen (Capitalism. Socialism, and Democracy. New York 1942) von *Susanne Preiswerk*. In: Mensch und Gesellschaft Bd. VII. Bern 1946.

[40] Siehe hierzu auch *Eugen Schmalenbach*, Der freien Wirtschaft zum Gedächtnis. Zweite Auflage. Köln und Opladen 1949: Wegen der steigenden „fixen Kosten" der modernen Betriebe sagt er das Ende der „freien Wirtschaft" voraus. Die „Unternehmerfreiheit" allein kennzeichne noch keine „freie" Wirtschaft (vgl. S. 7).

[41] Dies gilt auch für die Vereinigten Staaten. Siehe dazu besonders *Joseph A. Schumpeter*, The March into Socialism. Beitrag zu: „American Capitalism: Where are we going?" „The American Economic Review". Menasha, Wisc. Papers and Proceedings of the Sixty-second Annual Meeting of the American Economic Association (New York 27.–30. 12. 1949). Vol. XL (1950), S. 446 ff.

[42] Siehe *J. A. Schumpeter*, Kapitalismus, Sozialismus und Demokratie, aaO, S. 371 ff.

[43] Siehe *Friedrich A. v. Hayek*, The Road to Serfdom. Chicago 1944. (Der Weg zur Knechtschaft. Übersetzt von *Eva Röpke*, herausgegeben und eingeleitet von *Wilhelm Röpke*. Erlenbach-Zürich 1945).

[44] Siehe *J. A. Schumpeter*, Kapitalismus, Sozialismus und Demokratie, aaO, S. 314.

[45] Vgl. ebenda, S. 310 ff. [46] Vgl. ebenda, S. 310 ff.

[47] Ebenda, S. 318.

Weite Kreise der Bevölkerung sind sich in den ersten Nachkriegsjahren mit *Marx* einig über die „Ausbeutung der Arbeiterschaft durch das Kapital" und über die „Anarchie der Produktion"[48]. Der Weg in die zukünftige Ordnung kann nicht „an *Marx* vorbei", soll aber über ihn hinausführen[49]. Da die christliche Lehre – und nicht die „materialistische Geschichtsauffassung" von *Marx* – als Orientierungsmaßstab dienen soll, hält man für eine solche „christliche Politik" die Bezeichnung „christlicher Sozialismus" für „sachgerecht"[50].

Er knüpft zwar an die christlich-soziale Bewegung an, die der staatlichen Sozialpolitik wesentliche Impulse gegeben hat. Sie bietet jedoch nur „Fürsorge, aber stößt nicht durch zur Selbsthilfe, die der Arbeiterschaft allein eine angemessene Mitwirkung bei der neuen Ordnung sichert". Was der christlich-sozialen Bewegung aus der Sicht des „christlichen Sozialismus" fehlt, ist der Mut zur „vollen Planung", zur „notwendigen Einschränkung des Privateigentums", zur „Revolution", die von „kleinen Einzelmaßnahmen" zur „umfassenden Reform" führt[51].

Es geht um eine „neue geistige Haltung", die das Schwergewicht des gesellschaftlichen Lebens von Staat und Wirtschaft wieder „nach der Seite des Geistes" hin verlagert, um die „Vermassung" der Menschen zu überwinden und die „Einheit des Lebens" wieder herzustellen[52]. Eine solche Politik darf „nicht im Antikapitalismus stecken bleiben". Als eigentliche Gefahr gilt der „totale Staat". Um ihm zu entgehen, sollen die sozialistischen Grundsätze (Gemeineigentum, Wirtschaftsplanung und Mitbestimmung) durch die Forderung ergänzt werden, „das Eigenleben der Familie zu achten, die zweckmäßigste Versorgung auf die Dauer zu sichern, allen Mitarbeitenden Raum für die Entfaltung ihrer Initiative im Beruf zu geben". Wenn die arbeitstätigen Menschen „Befriedigung in ihrer Arbeit" finden, dann gilt die Ordnung als „sozialistisch"[53].

Das Wirtschaften muß zur „verantwortlichen Naturgestaltung" werden. „Eine vorsorgliche Wirtschaftsplanung" bedarf der „Rahmenplanung" durch eine „Zentralbehörde"[54]. Das „Notprogramm" für die erste Phase des Wie-

[48] Siehe *Otto Heinrich von der Gablentz.* Über *Marx* hinaus. Berlin 1946. S. 29.

[49] Vgl. ebenda, S. 29 f.

[50] Ebenda, S. 18. Damit ergeben sich Anknüpfungspunkte an die christlichen „Soziallehren". Siehe dazu den Überblick bei *A. Christmann,* Wirtschaftliche Mitbestimmung im Meinungsstreit. Bd. 1. Herausgegeben und eingeleitet von Otto Kunze. Köln 1964, S. 91 ff. (katholische Soziallehre) und S. 193 ff. (evangelische Sozialethik).

[51] Siehe O. *H. v. d. Gablentz,* aaO, S. 27 ff.

[52] Vgl. ebenda, S. 7 f.

[53] Vgl. *Joachim Tiburtius,* Christliche Wirtschaftsordnung, ihre Wurzeln und ihr Inhalt. Berlin o. J., S. 82. Bei den Plänen eines „christlichen Sozialismus" bezieht sich der Verfasser auf Entwürfe, „die teils in einer Zusammenarbeit von Theologen und Nationalökonomen in kirchlichen Arbeitskreisen, teils in der Christlich Demokratischen Union" bearbeitet wurden und keineswegs abgeschlossen waren (S. 39). Sie setzten eine Tradition fort, die schon vor 1914 ihre Wurzeln hat, so bei *Bleier* und *Tillich* (S. 29).

[54] Vgl. O. *H. v. d. Gablentz,* aaO, S. 30 ff.

deraufbaus der deutschen Wirtschaft „muß weiterhin mit den Methoden staatlicher Zwangswirtschaft durchgeführt werden". Die Erfahrung soll lehren, wo das „neue Gleichgewicht zwischen dem öffentlichen Eingreifen und der privaten Initiative" liegt. Die staatliche Planung muß auf jeden Fall „Höhe und Richtung der Investitionen" festlegen[55]. Der Staat soll sich zur Koordinierung der Interessen auch der verschiedenen Verbände bedienen[56].

Das Gemeineigentum als Mittel, „die öffentliche Wirtschaftslenkung zu sichern" ist keine „Frage des Grundsatzes, sondern des Maßes" und abhängig von den zeitlichen und örtlichen Verhältnissen. Eine Sozialisierung empfiehlt sich bei den Schlüsselindustrien, bei Kraftwerken und Fernverkehrseinrichtungen sowie bei den Großbanken und Versicherungsunternehmen. Im übrigen gilt der Grundsatz der Dezentralisierung, der Schaffung „neuer selbständiger Existenzen"[57]. Der Staat hat für eine geeignete Ordnung des Wettbewerbs zu sorgen[58].

Bei der Umsetzung dieser Grundsätze in „christliche Politik" scheinen pragmatische Überlegungen noch mehr in den Vordergrund zu rücken. Es entsteht der Eindruck, daß dieser Pragmatismus nicht nur wirtschaftlich, sondern auch politisch verstanden werden muß. Die deutsche Bevölkerung, insbesondere der deutsche Arbeiter wird auf seine Vorstellungen hin abgehorcht[59]. Daraus wird gefolgert, „daß auch das Privateigentum an Produktionsmitteln, soweit es zu lauterem Wettbewerb genutzt wird, Arbeitern, und zwar gerade auch solchen mit ausgeprägten geistigen und sittlichen Ansprüchen, Möglichkeiten zu innerer Befriedigung in ihrer Arbeit läßt, daß die Hingabe der Arbeitskraft ihren Ausgleich im Lohn und in der Durchsetzung der eigenen Persönlichkeit finden kann. Diese Ziele müssen in einer sozialistischen Wirtschaftsordnung über individuelle Träume hinaus durch Gerechtigkeit der Verträge und ihrer Durchführung sozialpolitisch gesichert werden".

Eine der Hauptsorgen der so verstandenen sozialistischen Wirtschaftsordnung ist es, den *„sozialen Bedarf"* derart mit der kaufkräftigen Nachfrage in Übereinstimmung zu bringen, „daß nicht Gewinne aus einer Produktion erzielt werden, die wesentliche Bedürfnisse unbefriedigt läßt"[60]. Der Staat muß seinen Einfluß geltend machen, daß die Bedürfnisse gemäß ihrer Dringlichkeit befriedigt werden[61].

---

[55] Vgl. ebenda, S. 48 f.

[56] Vgl. *J. Tiburtius,* aaO, S. 78 ff.

[57] Vgl. ebenda, S. 40 f.

[58] Vgl. ebenda, S. 50 ff. *Tiburtius* beruft sich hierbei (S. 54) ausdrücklich auf *Leonhard Miksch* (Wettbewerb als Aufgabe. Grundsätze einer Wettbewerbsordnung. 2. erw. Auflage. Godesberg 1947 – 1. Auflage 1937).

[59] Siehe *J. Tiburtius,* aaO, S. 83 ff.

[60] Vgl. ebenda, S. 53. Als Beispiel für eine staatliche Initiative wird die Herstellung von Serienmöbeln für Siedler vorgeschlagen.

[61] Vgl. ebenda, S. 57, Fußnote.

Es ist nicht einfach, bei dem Konzept des Christlichen Sozialismus zu entscheiden, was daran christlich und was sozialistisch ist[62]. Vorherrschend scheint zunächst das Streben gewesen zu sein, die sozialistischen Ideen von der materialistischen Geschichtsphilosophie zu trennen[63], also ein außerökonomisches Anliegen. Das gilt aber auch für das Ziel, „sozialistisch" zu sein, aber nicht „kollektivistisch"[64]. Ein Zusammengehen von „Christen und anderen Sozialisten" erscheint als möglich. Gemeinsam ist beiden sicher der Zorn auf „Unternehmer und ihre Ideologien", die schon zu Beginn des Jahrhunderts soziale Überlegungen als den „eigenen Gesetzen der Wirtschaft" widersprechend ablehnten[65]. Schließlich kann man sich des Eindrucks nicht erwehren, daß das „Sozialistische" am Christlichen Sozialismus auch in dem Bemühen gesehen werden könnte, sich ein Bild von den „Wünschen der Arbeiterschaft" zu machen.

1.2. Der Neomarxismus

Die Vertreter des traditionellen Marxismus wollen keineswegs als „orthodoxe Marxisten" gelten, die nichts aus der Diskrepanz zwischen den *Marx*schen Lehren des vorigen Jahrhunderts und der Wirklichkeit der Gegenwart gelernt haben. Die Neubesinnung hat es rückblickend als zweckmäßig erscheinen lassen, den Marxismus der ersten Nachkriegsjahre als *„Neomarxismus"* zu kennzeichnen[1].

Neu ist an ihm[2], daß zwei Aspekte der *Marx*schen Theorie anders, wirklichkeitsnäher interpretiert werden: die von *Marx* zum Ausgangspunkt gewählte „Entfremdung" des Menschen und der – vom kapitalistischen System selbst hervorgebrachte – Übergang vom Kapitalismus zum Sozialismus.

Bei *Marx* ist die „Entfremdung" des Menschen durch den arbeitsteiligen Produktionsprozeß und die Eigentumsverfassung ein mit physischem Zwang und Verelendung verbundener Prozeß. Er schafft das „Klassenbewußtsein".

---

[62] Deshalb stellt auch *Tiburtius* am Schluß seiner Ausführungen diese Frage (aaO, S. 82 ff.).

[63] In der katholischen Kirche wurde die Begriffsbildung „christlicher Sozialismus" meistens abgelehnt, weil Sozialismus als gleichbedeutend mit Materialismus und Atheismus empfunden wurde (siehe ebenda, S. 39). Darin ist gleichzeitig ein Hinweis zu sehen, daß die Verbindung von Christentum und Sozialismus Kräften außerhalb der christlichen Kirchen ihre eigentliche Anziehungskraft verdankt, die vielleicht darin bestehen könnte, daß die „sozialistische Zeitströmung" mit traditionellen Werten verbunden wird.

[64] Vgl. *Tiburtius*, aaO, S. 82.

[65] Vgl. ebenda, S. 4: Als Hitler aber der Wirtschaft seine Rüstungspläne aufzwang, sei dagegen ähnlicher Widerspruch nicht zu hören gewesen.

[1] Siehe *Alfred Christmann*, aaO, S. 337 ff.

[2] Vgl. ebenda, S. 334 ff.

Die Neomarxisten glauben nun zu erkennen, daß die – keineswegs aufgehobene – „Entfremdung" dem Arbeiter durch die „bürgerlichen" Ideologien verborgen bleibt, begünstigt durch die wirtschaftliche Entwicklung der Industrieländer. Sie hat die Lage der Arbeiter ständig verbessert. Die „Ausbeutung" erfolgt nicht mehr durch unmittelbaren Zwang wie im Frühkapitalismus. Es ist eine „ideologische Entfremdung", die dem Arbeiter nicht richtig bewußt wird. Das ist für den von *Marx* – gemäß den Gesetzen der kapitalistischen Produktion – erwarteten Übergang zum Sozialismus von Bedeutung.

Hinzu kommt, daß *Marx* die Bedeutung der wirtschaftlichen Monopole nicht richtig gesehen hat. Sie haben sich im „Monopolkapitalismus" mit dem Staat verbunden und auf diese Weise eine Machtfülle erreicht, die das autonome Entwicklungsgesetz des kapitalistischen Systems unwirksam macht.

Aus diesen Mängeln der *Marx*schen Lehre folgert der Neomarxismus, daß es seine Hauptaufgabe sein muß, den Arbeiter aus seiner ideologischen Verstrickung zu befreien und sein Klassenbewußtsein wieder zu wecken. Aber auch dann ist der Übergang zum Sozialismus im „Monopolkapitalismus" kein zwangsläufiger Prozeß, sondern erfordert unter den gegebenen Umständen einen ständigen politischen und sozialen Kampf [3] und eine „totale Umgestaltung" der kapitalistischen Ordnung [4]. Die Sozialisierung bleibt Voraussetzung einer freiheitlichen Entwicklung der Menschheit [5].

In der Überzeugung vom sozialen und politischen Kampf treffen sich die Neomarxisten mit *Lenin,* folgen ihm aber nicht in seiner Schlußfolgerung: der Diktatur durch die revolutionäre Elite. Hier halten die Neomarxisten die „demokratische Republik" für die beste Staatsform zur Verwirklichung des Sozialismus *(Kautsky)* [6]. Sie orientieren sich an *Rosa Luxemburgs* Gedanken von der „Massenaktion" sowie am „Rätesozialismus". Er erhofft sich eine schrittweise Befreiung des Arbeiters durch den Aufbau einer demokratischen „Arbeiterselbstverwaltung" [7].

---

[3] Eine solche Situation scheint aber auch *Marx* selbst keineswegs übersehen zu haben, so daß der Neomarxismus in diesem Punkte nicht unbedingt eine Revision von *Marx* darstellt (siehe in diesem Abschnitt Fußnote 17).

[4] Vgl. *Christmann,* aaO, S. 347 f.

[5] Vgl. ebenda, S. 349 f.

[6] Siehe dazu auch ebenda, S. 249 ff. (Freiheitlicher Sozialismus) insbesondere S. 252, Anmerkung 4.

[7] Vgl. *A. Christmann,* aaO, S. 343 f. Dieser Einstellung entspringt auch die Forderung nach „Wirtschaftsdemokratie". Siehe dazu *Fritz Naphtali* (Herausgeber), Wirtschaftsdemokratie, ihr Wesen, Weg und Ziel. Im Auftrage des Allgemeinen Deutschen Gewerkschaftsbundes herausgegeben von *Fritz Naphtali.* Berlin 1928; *H.-D. Ortlieb,* Das Problem der Wirtschaftsdemokratie und seine Wandlung. „Gewerkschaftliche Monatshefte". Köln Jg. 1 (1950), S. 54 ff.; *Otto Kunze* (Herausgeber), Wirtschaftliche Mitbestimmung im Meinungsstreit. 2 Bände. Köln 1964. Bd. 1: Bearbeitet von *A. Christmann.* Bd. 2: Dokumentation. Bearbeitet von *A. Christmann* und *G. Leminsky.*

Für eine totale Umgestaltung der Gesellschaft bieten die ersten Jahre der Nachkriegszeit günstige Voraussetzungen in dem bestehenden wirtschaftlichen und gesellschaftlichen Chaos, in der Besetzung Deutschlands auch durch sowjetische Truppen und in der „sozialistischen Zeitströmung". Das erklärt vielleicht zu einem Teil, warum die ersten sozialistischen Aktionsprogramme in Deutschland nach 1945 den „revolutionären Charakter" nicht so sehr zu betonen brauchen.

Für die „sozialistische Wirtschaftspolitik" der Nachkriegszeit ist der Nationalsozialismus ein „historisches Stadium des Kapitalismus"[8]. Die „bürgerlichen Revolutionen" haben nur die „staatsrechtliche Befreiung" des Individuums gebracht. „Es ist die Aufgabe der sozialistischen Epoche, neben der rechtlichen auch die wirtschaftliche Freiheit durchzusetzen."[9]

Das kann nicht nur durch Eingriff in die volkswirtschaftlichen Verteilungsvorgänge geschehen, sondern muß in erster Linie durch Änderungen in der „kapitalistischen Organisation der Erzeugung" erfolgen[10]. Ein Hinweis auf bereits bestehende Beschränkungen der Eigentumsrechte ist bei dieser Grundeinstellung kein Anlaß zum Verzicht auf Verstaatlichung, sondern eher eine Ermunterung dazu. Hauptregulator der sozialistischen Wirtschaft ist die staatliche Planung, die das „kapitalistische Gewinnstreben" ersetzt. Über Umfang, Richtung und Verteilung der Produktion hat „nur noch der demokratische Rechtsstaat" zu entscheiden. Deshalb kann – „wie vielfach die Auffassung vorherrschend ist" – die staatliche Planung keinesfalls durch Mitbestimmung ersetzt werden[11]. Sie erscheint nur als Glied in einer demokratischen wirtschaftlichen Selbstverwaltung. Das wirtschaftliche Ziel soll nicht ein Maximum, sondern ein Optimum an Versorgung sein[12].

Neben dieser grundsätzlichen Haltung zur Herstellung „demokratischer Verhältnisse"[13] auch in der Wirtschaft gibt es eine Reihe von Einschränkungen. Sie mögen zu einem Teil der „bürgerlichen Tradition", zum andern aber doch auch der wirtschaftlichen und politischen Zweckmäßigkeit Rechnung tragen. Diese Einschränkungen sind es, die die Unterschiede zum „liberalen Sozialismus" wieder verwischen: Die Verstaatlichung von Unternehmen darf nicht mehr „als das alleinige, sondern nur noch als ein Mittel neben anderen zur Bestimmung von Umfang, Richtung, Verteilung der Produktion angesehen werden"[14]. Die einzelnen Wirtschaftsbereiche haben eine unterschiedliche Sozialisierungs-Reife. Besonders hoch sei sie in der kapitalinten-

[8] Siehe *Victor Agartz*, Sozialistische Wirtschaftspolitik. In: Schriftenreihe Volk und Zeit. Karlsruhe o. J., S. 3 und S. 3 ff. Diese wirtschaftspolitischen Grundsätze entsprechen im wesentlichen auch denen des SPD-Parteitages von Hannover im Mai 1946 (siehe S. 247 ff.). Deshalb dient *Agartz* hier als Quelle.

[9] *V. Agartz*, aaO, S. 4.

[10] Ebenda, S. 6.

[11] Ebenda, S. 7.

[12] Vgl. ebenda, S. 8.

[13] Vgl. ebenda, S. 8 ff.

[14] Damit wird die zunächst zum Prinzip erhobene Sozialisierung doch zu einem „Mittel der Gesellschaftspolitik" degradiert.

siven Grundstoffindustrie. Deshalb sei dieser Bereich – auch wegen seiner „kriegstreiberischen Rolle" der letzten hundert Jahre – zur Verstaatlichung besonders geeignet. Das gilt auch für die verarbeitende Industrie dort, „wo die bestmögliche Versorgung der Verbraucher zur kapitalintensiven Massenproduktion in einigen wenigen großen Unternehmungen drängt".

Hier tritt jedoch das Interesse an einer Verstaatlichung in den Hintergrund. Wichtiger ist, „die vorhandenen Großbetriebe bei strenger Kontrolle der Löhne und Preise zu einem ständigen Wettbewerb um Qualitätsverbesserung und Kostensenkung durch technischen Fortschritt zu zwingen". Ob im Verbrauchsgüterbereich die „privatwirtschaftliche Produktionsweise" noch zweckmäßig ist, soll sich aus der Bereitschaft ergeben, „die Risiken eines durch staatliche Überwachung in bestimmte Schranken verwiesenen Wettbewerbs auf sich zu nehmen". Es wird auch davor gewarnt, den Großbetrieb zu überschätzen: „Insbesondere nicht bei der Anwendung neuester betriebstechnischer Entwicklungsformen und in der Schaffung hochwertiger individueller Verbrauchsgüter." Die sich hieraus ergebenden Chancen für kleinere und mittlere Betriebe „sind planmäßig wahrzunehmen".

Wie die Sozialisierung soll auch die wirtschaftliche Planung kein Selbstzweck sein. Staatliche Eingriffe sind deshalb auf das jeweils erforderliche Maß zu beschränken. „Unter Einbau marktwirtschaftlicher Elemente des Wettbewerbs muß die Planung unbeschadet ihres umfassenden Charakters mehr und mehr zu den Methoden der indirekten Lenkung übergehen." Sie muß immer von unten nach oben erfolgen und kann sich unter Umständen, vor allem im Bereich der weniger kapitalintensiven Fertigwarenindustrie, wo das private Unternehmen sich immer noch am besten den Verbraucherwünschen und dem technischen Fortschritt anpassen kann, auch staatlicher Produktionsauflagen bedienen. Die Investitionstätigkeit unterliegt jedoch ausschließlich der staatlichen Kontrolle. Als ein „besonders wirksames und zugleich elastisches Mittel der zentralen Steuerung der Investitionen" gilt die Kreditpolitik.

Die in der Sowjetunion auf ihre Aufgaben im besiegten Deutschland vorbereiteten Kommunisten[15] müssen sich zunächst bei der Verfolgung sozialistischer Ziele die größte Zurückhaltung auferlegen. Es entsteht der Eindruck, als bestimme noch die Hoffnung des orthodoxen Marxismus auf den notwendigen Untergang des kapitalistischen Systems das politische Handeln. Diese deutschen Kommunisten sollen – nach sowjetischem Willen – ihre Aufgabe nicht darin sehen, „in Deutschland den Sozialismus zu verwirklichen oder eine sozialistische Entwicklung herbeizuführen". Solche Bestrebungen sollen sogar als „schädliche Tendenz" verurteilt und bekämpft werden. Die erwartete „bürgerlich-demokratische Umgestaltung" Deutschlands soll die „bürgerlich-demokratische Revolution von 1848" vollenden. Für diese Vollendung gelte

---

[15] Siehe dazu auch S. 146 f. und 219 f.

es, aktiv einzutreten, sich aber allen sozialistischen Losungen zu widersetzen, da diese unter den bestehenden Verhältnissen „reinste Demagogie" seien und die „Idee des Sozialismus" diskreditierten[16].

Die Hoffnung auf einen eigenen deutschen Weg zum Sozialismus ist unter den führenden deutschen Kommunisten stark verwurzelt. Bereits im Februar 1945 nennt *Anton Ackermann* in dem von Moskau aus operierenden Sender „Freies Deutschland" den Bolschewismus das „innerpolitische System der Sowjetunion". Die Entwicklung im einzelnen sei in den Ländern sehr unterschiedlich. Das beweise, daß nicht eine „landfremde Gewalt bestimmend wirkt". Als Leiter der „Abteilung Kultur, Presse, Erziehung, Volksbildung und Parteischulung" im Zentralsekretariat der KPD versucht *Ackermann* im November 1945, seine früheren Thesen neu zu beleben und zu einer grundsätzlichen Konzeption der KPD über die Möglichkeiten eines „deutschen Weges zum Sozialismus" auszubauen – unter Berufung auf *Marx* und *Lenin*[17]. Im Dezember 1945 erscheint in der Parteizeitschrift „Einheit" ein Artikel *Ackermanns* unter dem Titel „Gibt es einen besonderen deutschen Weg zum Sozialismus". Diese Thesen beginnen einen Siegeszug durch die kommunistische Partei und knüpfen an die herrschende Stimmung in Deutschland an. Erst im Herbst 1948 wird das Konzept vom „besonderen deutschen Weg zum Sozialismus" offiziell verbannt[18].

1.3. Der Freiheitliche Sozialismus

Die Überwindung von *Marx* ist nicht nur ein Problem für diejenigen, die aus christlicher Überzeugung zu sozialistischen Forderungen kommen. In den Reihen der Sozialisten selbst werden Folgerungen aus den Erfahrungen der Vergangenheit gezogen. Diese Erfahrungen betreffen einmal die Wandlungen, die sich durch die fortschreitende wirtschaftliche Entwicklung und politische Demokratisierung im „kapitalistischen System" vollzogen haben. Zum andern beziehen sich die Erfahrungen auf die Sowjetunion, in der versucht worden ist, sozialistische Prinzipien zu verwirklichen. Viele Sozialisten neigen dazu – nicht selten auf Grund persönlicher Eindrücke vom Stalinismus während der Emigration[1] –, sich von der bolschewistischen Ausprägung und Ver-

[16] Vgl. dazu *Wolfgang Leonhard*, Die Revolution entläßt ihre Kinder. Köln 1955, S. 332 f. Diese opportunistische Einstellung, daß „ein Scherbenhaufen nicht sozialisiert werden könne", wird von *Agartz* (aaO, S. 4) heftig kritisiert – als eine Auffassung, die auch der „neueren marxistischen Forschung" widerspreche.

[17] Siehe dazu *W. Leonhard*, aaO, S. 429 f. *Marx* hielt einen friedlichen Übergang dann für möglich, wenn die „Bourgeoisie" nicht über einen bürokratischen und militärischen Gewaltapparat verfügt. *Lenin* warnte davor, die russische Revolution über einige Grundsätze hinaus zu verallgemeinern.

[18] Vgl. ebenda, S. 432 f.

[1] Siehe *Wolfgang Abendroth*, Aufstieg und Krise der deutschen Sozialdemokratie.

wirklichung sozialistischer Prinzipien entscheidender zu distanzieren als von den – durch die wirtschaftliche und politische Entwicklung gewandelten – Verhältnissen in den „kapitalistischen“ Ländern[2]. Ein Sozialismus ohne Freiheit und Demokratie gilt als Verrat an den sozialistischen Prinzipien. Die Freiheit soll aber „echter“ sein „als die des alten oder neuen Liberalismus“[3].

Deshalb erscheint es wichtig, sich gegenüber dem „Kollektivismus“ abzugrenzen, der die Gesellschaft, das „Kollektiv“ verabsolutiert. Die „Sozietät“, die im Mittelpunkt jedes sozialistischen Programms steht[4], ist nur Mittel zur Vervollkommnung des Individuums[5]. Der Sozialismus, der aus der Negation der als unzulänglich empfundenen liberalen Ordnung des wirtschaftlichen Bereichs entstanden ist[6], hat es schwer, in einer Welt politisches Gewicht zu gewinnen, die in liberalen Kategorien denkt. Dieselben liberalen Ziele sollen mit unterschiedlichen, eben sozialistischen Mitteln erreicht werden[7] – Mittel jedoch, die aus der Negation der wichtigsten liberalen Ordnungselemente entstanden sind.

1.3.1. Die geistige Überwindung des wirtschaftlichen Liberalismus

Die Befreiung aus der „antithetischen Denkform“, die als „Anti“ der freien, liberalen Marktwirtschaft die unfreie, sozialistische „Zentralverwaltungswirtschaft“[8] geschaffen hat, kann als das eigentliche Anliegen derjenigen – bezeichnenderweise vorwiegend Professoren – gelten, für die der Sammelbegriff „freiheitlicher Sozialismus“ geprägt worden ist[9]. *Marx* ist auch hier der Aus-

---

Das Problem der Zweckentfremdung einer politischen Partei und die Anpassungstendenz von Institutionen an vorgegebene Machtverhältnisse. Frankfurt a. M. 1964, S. 70.

[2] Siehe dazu auch *H.-D. Ortlieb,* Wandlungen des Sozialismus, aaO, S. 4.

[3] *Alfred Weber,* Sozialistische Marktwirtschaft. „Gewerkschaftliche Monatshefte“. Köln Jg. 1 (1950), S. 395.

[4] Vgl. derselbe, Freier Sozialismus. Ein Aktionsprogramm. In: *Alexander Mitscherlich* und *Alfred Weber,* Freier Sozialismus. Heidelberg 1946, S. 31.

[5] Vgl. *H.-D. Ortlieb,* Wandlungen des Sozialismus, aaO, S. 18.

[6] Vgl. auch ebenda, S. 12.

[7] Vgl. ebenda.

[8] Zum Begriff selbst siehe *Walter Eucken,* Die Grundlagen der Nationalökonomie. 5. veränderte Auflage. Godesberg 1947, S. 126 ff. Zur Kritik siehe vor allem *Gerhard Mackenroth,* Sozialistische Wirtschaftsverfassung (Möglichkeiten, Formen und Grenzen). „Weltwirtschaftliches Archiv“. Zeitschrift des Instituts für Weltwirtschaft an der Universität Kiel. Hamburg. Bd. 63 (1949/II), S. 181 ff.

[9] Als erste wissenschaftliche Begründung gilt im allgemeinen *Oskar Langes:* On the Economic Theory of Socialism. In: *Oskar Lange* and *Fred M. Taylor,* On the Economic Theory of Socialism. Herausgegeben von *B. Lippincott.* Minneapolis (Minnesota) 1938 (Second Printing 1948), S. 55 ff. Unter den deutschen Sozialisten gibt es jedoch in der Zwischenkriegszeit auch eine Reihe von Überlegungen über eine Verbindung von marktwirtschaftlichen und sozialistischen Prinzipien als einer Verbindung von „Freiheit und Ordnung“ (siehe dazu *Eduard Heimann,* Sozialistische Wirtschafts- und Arbeitsordnung. Zweite Auflage. In: Schriften zur Zeit. Offenbach

gangspunkt, aber weniger in Gestalt des von den Epigonen geschaffenen „Marxismus" – *Marx* selbst hatte sich ja weitsichtig dagegen gewehrt, ein „Marxist" zu sein –, sondern vielmehr in der Opposition gegen den die Freiheit bedrohenden wirtschaftlichen Liberalismus und den von ihm getragenen „Kapitalismus" [10]. Diese Neubesinnung auf *Marx* soll jedoch nicht auf der Grundlage der Wirklichkeit des 19. Jahrhunderts und seinen Voraussetzungen erfolgen – das war nur für *Marx* realistisch und wissenschaftlich vertretbar –, sondern auf der Grundlage der wirtschaftlichen und geistigen Situation der Nachkriegszeit.

Als Hauptaufgabe ergibt sich daraus die „geistige Überwindung" des wirtschaftlichen Liberalismus; denn nur weil sie bisher gescheitert war, konnte der „neoliberalen Wirtschaftstheorie" dasselbe widerfahren wie dem Liberalismus im 19. Jahrhundert: „Sie wurde als *Interessenideologie angeeignet und mißbraucht*" [11] und war ein wirksames Machtmittel der kapitalistischen Gesellschaft. Dieser Einsicht entspringt eine Geringschätzung, ja geradezu eine geistige Verachtung, derjenigen [12], die versuchen, der Öffentlichkeit einen „neuen", „geordneten" wirtschaftlichen Liberalismus als gesellschaftliches Leitbild anzubieten.

Weil es „um die *gesellschaftliche* Freiheit – oder anders ausgedrückt: um die Freiheit des einzelnen *in* der Gesellschaft" geht [13], steht die Gesellschaft im Mittelpunkt, und zwar als Mittel zur Sicherung der individuellen Freiheit. Dieser Ausgangspunkt verbietet, weil die Freiheit unteilbar ist, eine besondere wirtschaftliche Freiheit – zumal als unveränderliches, die Zeiten überdauerndes Recht. Ein Blick in die Wirklichkeit und Geschichte lehrt nämlich, daß „Wirtschaftsordnungen" zu verschiedenen Zeiten auch verschiedene Gestalt haben [14].

---

a. M. 1948; erste Auflage 1932). Deshalb wird auch versucht, den Freiheitlichen Sozialismus gegenüber dem „Konkurrenzsozialismus" von *Oskar Lange* abzugrenzen, der der Mechanik der liberalen Wirtschaft nur eine „Mechanik der sozialistischen Wirtschaft gegenüberstellt. Danach wurzelt der Freiheitliche Sozialismus bei *F. Oppenheimer, E. Heimann, A. Löwe, P. Tillich* auf der einen und *J. M. Keynes* auf der anderen Seite (siehe *Karl Schiller*, Sozialismus und Wettbewerb. In: Grundfragen moderner Wirtschaftspolitik. Herausgegeben von *C. Schmid, K. Schiller* und *H. Potthoff*, Schriftenreihe der Gesellschaft zur Förderung der politischen Wissenschaft. Bd. 1. Frankfurt a. M., o. J., S. 228 f., insbesondere S. 231).

[10] Vgl. dazu auch *A. Christmann*, aaO, S. 249.

[11] *Hans Ritschl*, Wirtschaftsordnung und Wirtschaftspolitik. „Weltwirtschaftliches Archiv". Hamburg. Bd. 65 (1950/II). S. 240. Hervorhebung im Original.

[12] Siehe dazu insbesondere *G. Mackenroth*, Sozialistische Wirtschaftsverfassung, aaO, S. 181 ff.; *H. Ritschl*, Wirtschaftsordnung und Wirtschaftspolitik, aaO und *derselbe*, Zur Kritik des Neuliberalismus. „Gewerkschaftliche Monatshefte". Köln. Jg. 1 (1950), S. 58 ff. (Teil I) und S. 125 ff. (Teil II); *H.-D. Ortlieb*, Wandlungen des Sozialismus, aaO.

[13] Vgl. *A. Christmann*, aaO, S. 249.

[14] Vgl. *H. Ritschl*, Wirtschaftsordnung und Wirtschaftspolitik, aaO, S. 219.

Auf diese Weise, so könnte man folgern, versucht der Freiheitliche Sozialismus, sich unabhängig zu machen von den *Marx*-Epigonen, den „Marxisten", auf der einen Seite und den „Liberalisten" – wie der Gegenpol verächtlich genannt wird – auf der anderen Seite. Derart gegenüber der Denktradition der Vergangenheit emanzipiert, möchte der Freiheitliche Sozialismus sich den brennendsten Problemen und dringendsten Aufgaben der Gegenwart widmen. Als Lösung ausgeschlossen ist auf jeden Fall der traditionelle, liberale Weg.

Die Vorrangigkeit wirtschaftlicher Aufgaben liegt nach 1945 auf der Hand. Es gilt, sie pragmatisch, aber aus dem Blickwinkel der gesamten Gesellschaft und nicht einzelner Interessengruppen, zu lösen – nicht ohne die Erfahrungen der Vergangenheit zu berücksichtigen. Die Erinnerung an die Konjunkturen und Krisen der kapitalistischen Wirtschaft, insbesondere an die große Depression der zwanziger Jahre, ist dabei die wichtigste Triebkraft für wirtschaftspolitische Aktivität. Daneben ist die – gerade in den ersten Nachkriegsjahren wichtige – Forderung nach gerechter Verteilung des Sozialprodukts ein immer wiederkehrendes Thema.

Sozialistisch könnte man die Vertreter des Freiheitlichen Sozialismus nennen, weil ihr Ausgangspunkt ähnlich wie bei *Marx* die Überwindung des den „Kapitalismus" stützenden wirtschaftlichen Liberalismus ist. Freiheitlich nennen sie sich, um den wesentlichsten Bestandteil des Sozialismus wieder zu betonen, nämlich die Freiheit; denn in der Fortentwicklung der *Marx*schen Lehre im *Marxismus* sowie im Bolschewismus und Stalinismus sei die Freiheit in den Hintergrund getreten. Das „dem Sozialismus inhärente Freiheitspathos" hat die Errichtung eines „totalitären Staates" in der Sowjetunion nicht verhindern können[15]. Deshalb erweist es sich als notwendig, „die echte Idee des Sozialismus wiederzuentdecken"[16].

„Freiheitlich" könnte man diesen Sozialismus auch deshalb nennen, weil er sich befreit von der sozialistischen Entwicklung seit *Marx* und der Zwangsläufigkeit der Entwicklung, die er aus dem kapitalistischen System – seiner Zeit – ableitet. Der Freiheitliche Sozialismus fühlt sich frei in der bewußten Gestaltung der Gesellschaft von irgendwelchen „Entwicklungsgesetzen". Diese Grundhaltung hat *Ritschl*[17] am überzeugendsten formuliert: „Aus einem Gesetz des Widerspruchs ... schreiten die geistigen Systeme von Antithese zu Antithese, die realisierten Ordnungen aber aus einem Gesetz der Konstanz der Gestaltungsweisen von Synthese zu Synthese."

Deshalb gilt es als selbstverständlich, daß die realisierten Wirtschaftsordnungen – im Gegensatz zu den monistischen „Wirtschaftssystemen" Gemeinwirtschaft *oder* Marktwirtschaft – „dualistische" Ordnungen sind, weil sie

---

[15] Vgl. *A. Christmann*, aaO, S. 255 f.

[16] Vgl. *Eduard Heimann*, Wirtschaftssysteme und Gesellschaftssysteme. Tübingen 1954, S. 41.

[17] *H. Ritschl*, Wirtschaftsordnung und Wirtschaftspolitik, aaO, S. 276.

ähnlich wie der Sozialismus dem „Dualismus" von Individuum und Gesellschaft entspringen[18]. Die Überzeugung von einer Entwicklung der tatsächlichen Ordnungen von Synthese zu Synthese läßt weiterhin am anschaulichsten klarwerden, warum eine demokratische Ordnung für den Freiheitlichen Sozialismus eine selbstverständliche Voraussetzung sein muß[19].

Schließlich erklärt die Betonung der „Synthese" auch, warum es gerechtfertigt ist, den Freiheitlichen Sozialismus eine „weltanschaulich offene Gruppe" zu nennen, bei der sich sogar die Frage stellt, ob der Freiheitliche Sozialismus überhaupt ein „eigenständiges Leitbild" besitzt oder ob er sich nicht nur noch als „zufälliges Aggregat von Denkelementen präsentiert, die aus verschiedenen, teilweise auch nicht-sozialistischen Quellen stammen"[20]. Sowohl die weltanschauliche Offenheit[21] als auch die Zweifel in das „eigenständige Leitbild" bestätigen eigentlich nur die Vermutung, daß der Freiheitliche Sozialismus sich bei der Überwindung des wirtschaftlichen Liberalismus sogar die Freiheit nimmt, selbst bisherige, „sozialistisch" genannte Lösungen in Frage zu stellen.

1.3.2. Freiheitlicher Sozialismus als „Methode der Gesellschaftsgestaltung"

Das „Leitbild der Gesellschaftsgestaltung"[22] gilt als Kern des Freiheitlichen Sozialismus. Er bezeichnet dabei lediglich die „Methode der Gesellschaftsgestaltung"[23]. Die Ziele, auf die hin gestaltet werden soll, treten demgegenüber in den Hintergrund. Denn es ist „keine wissenschaftliche Entscheidung darüber möglich, welche Werte und Prinzipien für die Menschen die erstre-

---

[18] Vgl. ebenda, S. 171 ff. Mit der Betonung des Dualismus behält *Ritschl* die „antithetische" Konstruktion bei. Seine Unterscheidung von Wirtschaftssystem (Gemeinwirtschaft und Marktwirtschaft) und der realisierten („dualistischen", d. h. gemischtwirtschaftlichen) Wirtschaftsordnung (vgl. ebenda, S. 271 ff.) entspricht der Unterscheidung von *Eucken* (siehe Grundlagen der Nationalökonomie, aaO, S. 126 ff. und S. 253 ff.). *Mackenroth* dagegen vermeidet diese dualistische Betrachtung (siehe Sozialistische Wirtschaftsverfassung, aaO, S. 178 ff.) Für ihn gibt es einmal den „Rechtsrahmen" und die „faktische Ordnung", die sich beide täglich ändern. Dann jedoch gibt es „relativ unveränderliche Ordnungselemente von grundsätzlichem Charakter", die *Mackenroth* „Wirtschaftsverfassung" nennt. Seine *Kritik* richtet sich gerade gegen das von *Eucken* als Antithese zur Marktwirtschaft konstruierte Wirtschaftssystem der „Zentralverwaltungswirtschaft" (aaO, S. 181 ff.) – „begrifflich ein ziemliches Unding" (S. 182).

[19] Deshalb auch die Begriffsbildung „Demokratischer Sozialismus" (siehe dazu *A. Christmann,* aaO, S. 256).

[20] Vgl. *A. Christmann,* aaO, S. 257 und S. 262.

[21] Das hier relevante weltanschauliche Problem ist erst mit dem „Marxismus" entstanden. Für *Marx* selbst – der kein „Marxist" sein wollte – gab es als weltanschauliche Alternative den „Liberalismus" – als geistige und politische Emanzipationsbewegung der Menschen.

[22] Siehe Art. Freiheitlicher Sozialismus *(Gerhard Weisser).* In: Handwörterbuch der Sozialwissenschaften. Bd. 9. Stuttgart, Tübingen, Göttingen 1956, S. 509.

[23] Siehe *A. Christmann,* aaO, S. 257.

benswertesten sein sollten"[24]. Der „ethische Gehalt einer Gesellschaftsordnung" soll sich nicht in den Organisationsformen der Gesellschaft beweisen, sondern in dem „Geist und den Gesinnungen" derer, die in der Gesellschaft zusammen leben[25].

Für die Wirtschaft bedeutet dies die Betonung einer bestimmten „Wirtschaftsgesinnung", eines bestimmten „Wirtschaftsstils" gegenüber einer konkreten Wirtschaftsordnung[26]. Diese „pragmatische Methode" grenzt den Freiheitlichen Sozialismus gegenüber ordnungspolitischem Denken ab, das sich nur auf der Skala „Zentralverwaltungswirtschaft – Marktwirtschaft" bewegt[27]. Wichtig für die „Gesellschaftsgestaltung" ist, daß kein gesellschaftlicher Bereich – etwa die Wirtschaft – davon ausgenommen wird[28]. Es gibt keine eigenen, „letzten" Ziele für die Wirtschaft; es gibt „kein Naturrecht der Wirtschaftspersonen auf absolute Freiheit bei ihren Dispositionen". Die staatliche Wirtschaftspolitik soll von der generellen Interdependenz aller gesellschaftlichen Bereiche ausgehen (Prinzip der universellen Orientierung)[29].

Sozialismus bedeutet nicht die Durchsetzung ökonomischer Forderungen, sondern die Beschäftigung mit den „immateriellen Nöten" der Zeit[30]. Es geht um eine „‚optimale Kombination' von Freiheit und Sicherheit", „Freiheit und Gerechtigkeit"[31] – nicht in einem „Zukunftsland", sondern in der gegebenen

---

[24] *H.-D. Ortlieb*, Wandlungen des Sozialismus, aaO, S. 63. Als Ziel nennt *Ortlieb* für den wirtschaftlichen Bereich Vollbeschäftigung, gerechte Einkommensverteilung bei einem Minimum an Zwang (Die Krise des Marxismus. In: Wirtschaftsordnung und Wirtschaftspolitik ohne Dogma. Fünfzehn Vorträge und Aufsätze. Veröffentlichungen der Akademie für Gemeinwirtschaft Hamburg. Stuttgart und Düsseldorf, 1954, S. 79 f.).

[25] Vgl. *A. Christmann,* aaO, S. 265.

[26] Siehe dazu auch *Gerhard Weisser,* Die Überwindung des Ökonomismus in der Wirtschaftswissenschaft. In: Grundfragen der Wirtschaftsordnung. Ein Vortragszyklus veranstaltet von der Wirtschafts- und Sozialwissenschaftlichen Fakultät der Freien Universität Berlin. Sommersemester 1953. Wirtschaftswissenschaftliche Abhandlungen. Volks- und Betriebswirtschaftliche Schriftenreihe der Wirtschafts- und Sozialwissenschaftlichen Fakultät der Freien Universität Berlin. Heft 2. Berlin 1954, S. 39; *H.-D. Ortlieb,* Die Krise des Marxismus, aaO, S. 76. Trotzdem hält es *Gerhard Mackenroth* für wichtig genug, sich mit der „sozialistischen Wirtschaftsverfassung" zu beschäftigen (Sozialistische Wirtschaftsverfassung, aaO, S. 178 ff.); siehe auch *Alfred Weber* und *Erik Nölting,* Sozialistische Wirtschaftsordnung. Beiträge zur Diskussion. Hamburg 1948.

[27] *Karl Schiller,* Sozialismus und Wettbewerb, aaO, S. 231.

[28] Vgl. *A. Christmann,* aaO, S. 264 f.

[29] Siehe *G. Weisser,* Leitsätze zur Ordnung der Wirtschaft nach der Währungssanierung. „Finanzarchiv". Neue Folge Tübingen. Bd. 11 (1949, S. 472 ff.). An anderer Stelle heißt es bei *Weisser,* der Freiheitliche Sozialismus ersetze das Denken in „Abhängigkeiten" des menschlichen Verhaltens von gesellschaftlichen Institutionen durch das Denken in „Interdependenzen" (menschliches Verhalten und Institutionen bedingen sich gegenseitig). Siehe Art. Freiheitlicher Sozialismus, aaO, S. 511.

[30] Siehe ebenda, S. 512.

[31] *H.-D. Ortlieb,* Wandlungen des Sozialismus, aaO, S. 52 und 54.

Wirklichkeit[32]. Dazu bedarf es eines Programms, dessen Verwirklichung angestrebt werden muß[33].

Dabei stellt sich dem wissenschaftlichen Sozialismus das „Zentralproblem" auf ökonomischem und soziologischem Gebiet, wie eine „zentral gelenkte, planvolle Wirtschaft in einer Form möglich [ist], die die Erfüllung der eigentlich wirtschaftlichen Aufgabe gestattet und gleichzeitig einen soziologischen Rahmen ermöglicht, der dem Bilde von der ‚klassenlosen Gesellschaft' in ihrem realistischen Sinne entspricht"[34]. Die Lösung kann gemäß der „Grundabsicht des Sozialismus" nur heißen: „die Brechung, ja Beseitigung der politischen und persönlichen Einflüsse des Kapitals"[35].

Für das pragmatische „sozialistische Programm" wird die Forderung aufgestellt, es solle ein „soziales und wirtschaftliches Programm sein, das nicht nur auf die Verbesserung des Lebensstandards der gesamten Bevölkerung gerichtet ist, „sondern ebensosehr auf die geistige Entfaltungsmöglichkeit aller Einzelnen, die Förderung ihrer Spontaneität und Freiheit"[36]. Die sozialistische Wirtschaftspolitik soll eine gesonderte „Sozialpolitik" überflüssig machen[37]. „Bloße Sozialreform" gilt als Ablenkung von der eigentlichen Aufgabe, nämlich die „Grundstruktur des Wirtschaftskörpers" zu ändern. Der Freiheitliche Sozialismus will „die gesamte Wirtschaft in den staatlichen Lenkungs- und Ordnungsrahmen einspannen"[38].

1.3.3. Die staatlich gelenkte Marktwirtschaft als Alternative zur liberalen „freien Marktwirtschaft"

Schon die Betonung der „dualistischen", gemischtwirtschaftlichen Wirtschaftsordnung weist darauf hin, daß der – vom Wirtschaftsliberalismus herausgestellte – „Markt" für den Freiheitlichen Sozialismus ein selbstverständ-

---

[32] Vgl. dazu auch *H. Ritschl*, Wirtschaftsordnung und Wirtschaftspolitik, aaO, S. 276.

[33] Vgl. Art. Freiheitlicher Sozialismus *(G. Weisser)*, aaO, S. 509. Aufstellung und Verwirklichung des Programms scheinen die Hoffnung zum Ausgangspunkt zu haben, „daß die Sozialwissenschaften für die Lösung der Gesellschaftsprobleme angewandt werden und gegensätzliche Meinungen über die zweckmäßigen Mittel sich gegenseitig befruchten können" *(H.-D. Ortlieb,* Wandlungen des Sozialismus, aaO, S. 63).

[34] *H.-D. Ortlieb*, Wandlungen des Sozialismus, aaO, S. 63.

[35] *Alfred Weber*, Freier Sozialismus, aaO, S. 74 f. Die Lösungsversuche der liberalen bürgerlichen Sozialreformer sowie der Kathedersozialisten hält er für ungenügend, weil sie die Arbeiter nur beschwichtigen, aber nicht „emanzipieren" (siehe *derselbe*, Bürokratie, Planwirtschaft und Sozialismus (Vortrag anläßlich eines Empfangs beim „Hamburger Echo" am 7. 6. 1947). In: *A. Weber* und *E. Nölting*, Sozialistische Wirtschaftsordnung, aaO, S. 5 f.).

[36] Vgl. *A. Weber*, Freier Sozialismus, aaO, S. 40.

[37] Vgl. dazu *G. Mackenroth*, Sozialistische Wirtschaftsverfassung, aaO, S. 194 ff.

[38] Vgl. *Erik Nölting*, Freiheit und Bindung in der sozialistischen Wirtschaft (Referat auf der wirtschaftspolitischen Tagung am 19./20. 6. 1947 in Bad Wildungen). In: *Alfred Weber* und *E. Nölting*, Sozialistische Wirtschaftsordnung, aaO, S. 20.

licher Bestandteil einer jeden Wirtschaft ist. Dem wirtschaftlichen Liberalismus wird deshalb energisch bestritten, die Bedeutung des Marktes und Wettbewerbs für die Wirtschaft entdeckt zu haben. Die Marktwirtschaft „war da in der Dorfwirtschaft und handwerklichen Stadtwirtschaft, lange ehe es einen Kapitalismus gab, der nur einen besonderen historisch bedingten Faktor in sie eingefügt hat, und sich in ihr auswirken läßt; die auf organisierter Kapital-Akkumulation ruhende Profitunternehmung“ [39].

Der wirtschaftliche Liberalismus hat dazu die Vorstellung beigetragen, die gesamte Wirtschaft würde durch die Wünsche der Verbraucher über den Markt gesteuert. Aber gerade darin sieht der Feiheitliche Sozialismus das Mißverständnis des Wirtschaftsablaufs – gerade in einer modernen durch Großbetriebe gekennzeichneten Wirtschaft. Die Steuerung der Wirtschaft erfolgt über die Einkommensverteilung. Sie aber entspringe reiner Willkür [40], die dadurch unerträglicher wird, daß die – im Sinne des Wirtschaftsliberalismus – sich selbst überlassene Wirtschaft über keine Stabilität verfügt. Nicht genug damit, daß die Einkommensverteilung den Vorstellungen über die Gerechtigkeit in der menschlichen Gesellschaft wiederspreche, stürze die sich selbst überlassene Wirtschaft den Menschen in eine ständige Angst vor Verlust des Arbeitsplatzes und damit der Existenzgrundlage. Wichtige Voraussetzung für eine Demokratie und eine freie Ordnung sei aber „ein erträglicher Lebensstandard und ausreichende wirtschaftliche Mittel, dies Lebensniveau aufrecht zu erhalten und weiter zu entwickeln“ [41].

Hier ergibt sich für den Freiheitlichen Sozialismus die wichtigste Aufgabe der „Gesellschaftsgestaltung“. Die Gesellschaft stellt in einem eigener Souveränität entspringenden umfassenden Programm für die zukünftige Entwicklung im wirtschaftlichen und sozialen Bereich (Prinzip der universellen Orientierung [42]) der Wirtschaft, dem Markt die für wichtig erachteten Aufgaben und Ziele. Sie schlagen sich in einem zentralen Plan für die Wirtschaft nieder.

Dieser Plan kann sich nur auf Schwerpunkte der wirtschaftlichen Entwicklung stützen, um die zentrale Planung nicht vor unlösbare Probleme zu stellen. Dabei gilt die Regulierung und Abstimmung von „Wachstumsproportionen“ als einfacher als die Abstimmung „stationärer Quoten“. Die Begrenzung der wirtschaftlichen Expansion – etwa durch den „Industrieplan“ der Siegermächte in den ersten Nachkriegsjahren – macht die Wirtschaft jedoch zu einer „restriktiven Planwirtschaft“ [43]. Hier ist der Rückgriff der Wirtschaftspolitik auf „Zwangsmaßnahmen“ abhängig von der Selbstdisziplin der Menschen im wirtschaftlichen Bereich [44]. Eine weitere Schwierigkeit für eine

---

[39] Siehe *A. Weber*, Sozialistische Marktwirtschaft, aaO, S. 393 f.
[40] Vgl. auch *G. Mackenroth*, Sozialistische Wirtschaftsverfassung, aaO, S. 187 f.
[41] Siehe *H.-D. Ortlieb*, Wandlungen des Sozialismus, aaO, S. 89.
[42] Vgl. *G. Weisser*, Leitsätze zur Ordnung der Wirtschaft, aaO, S. 472 f.
[43] Vgl. *G. Mackenroth*, Sozialistische Wirtschaftsverfassung, aaO, S. 225 f.
[44] Vgl. *H.-D. Ortlieb*, Die Krise des Marxismus, aaO, S. 80.

sinnvolle Planung der wirtschaftlichen Schwerpunkte wird in einem föderalistischen Staatsaufbau gesehen: Der „höhere Sinn einer regionalen Wirtschaftspolitik ... in einer Zeit, in der gerade im Wirtschaftlichen die Räume und Ordnungen, mit denen wir rechnen, immer größer werden, ist unerfindlich“ [45].

Die Ziele der zentralen wirtschaftlichen Planung zu verwirklichen, ist Aufgabe der staatlichen Wirtschaftslenkung. Ihr Umfang wird von der Dringlichkeit und Übersichtlichkeit der wirtschaftlichen Aufgaben abhängig gemacht. Eine noch „weitgehend unbekannte Nachfrage“ ist auch in einer sozialistischen Wirtschaft einer zentralen Regelung nicht zugänglich und muß der „freien Marktwirtschaft“ überlassen bleiben, solange die sozialistische Wirtschaft „die *Freiheit* will und nicht offene oder verkappte Bürokratie“ [46]. Deshalb wird – unter Berufung auf die „Ansätze des Liberalismus“ – für den Freiheitlichen Sozialismus der „Lehrsatz“ aufgestellt [47], „daß die Vermutung für Dispositionsfreiheit der Teilnehmer der Wirtschaftsgesellschaft spricht, und der Politiker, der Eingriffe für geboten hält, beweispflichtig für Art und Maß der für erforderlich gehaltenen Eingriffe ist“ [48].

Solange „Vergesellschaftung der Produktionsmittel“ mit „Verstaatlichung“ gleichgesetzt wird und die Vorstellung über den Sozialismus mit einer „zentral geleiteten Wirtschaft“ verbunden ist, „muß die Freiheit auf der Strecke bleiben“ [49]. Damit ist zunächst die für den Sozialismus entscheidende Frage nach dem Eigentum an Produktionsmitteln gestellt und dann die für den Wirtschaftsliberalismus immer ausschlaggebende Frage nach der Rolle des Wettbewerbs.

Für den Freiheitlichen Sozialismus verliert die Beseitigung des *Privateigentums* an Produktionsmitteln ihre zentrale Bedeutung – kann sie auch verlieren, weil einmal die wirtschaftspolitischen Möglichkeiten der Lenkung der Wirtschaft ohne Gemeineigentum größer geworden sind [50], zum andern ein Rückzug des Privateigentums an Produktionsmitteln auf eine reine „Rentnerfunktion“ [51] festgestellt wird. In dieser grundsätzlichen Neubewertung des Gemeineigentums an Produktionsmitteln liegt ein entscheidender Unterschied

---

[45] *G. Mackenroth*, Sozialistische Wirtschaftsverfassung, aaO, S. 226.

[46] *A. Weber*, Sozialistische Marktwirtschaft, aaO, S. 395.

[47] Siehe *G. Weisser*, Die Überwindung des Ökonomismus, aaO, S. 38. Siehe aber auch die im „Neo-Marxismus“ geforderte „Planung von unten nach oben“ (S. 25 der bisherigen Ausführungen).

[48] Zitat im Original gesperrt.

[49] *Alfred Weber*, Bürokratie, Planwirtschaft und Sozialismus, aaO, S. 6; vgl. dazu auch *G. Mackenroth*, Sozialistische Wirtschaftsverfassung, aaO, S. 183: Den Sozialisten ist es nicht gelungen, „die ideologische Verbindung von Zwang und Mangel einerseits und Sozialismus zu lösen“.

[50] Vgl. *H.-D. Ortlieb*, Wandlungen des Sozialismus, aaO, S. 28; *derselbe*, Krise des Sozialismus? „Gewerkschaftliche Monatshefte“, Jg. 1 (1950), S. 543.

[51] Vgl. *G. Mackenroth*, Sozialistische Wirtschaftsverfassung, aaO, S. 194 ff.

zu den Neomarxisten[52]. Das wird besonders deutlich auch an der Einstellung zur Frage der wirtschaftlichen Mitbestimmung der Arbeitnehmer. Sie soll einen Teil der Aufgaben übernehmen, die bei *Marx* das Gemeineigentum hatte[53]. Die Schlüsselindustrien gelten jedoch im allgemeinen als „sozialisierungsreif"[54].

„Dynamische Gesellschaftsgestaltung" und Wirtschaftslenkung setzen einen starken und demokratischen *Staat* voraus, der über den Interessen einzelner Gruppen steht[55]. Ihm gegenüber gilt die traditionelle Opposition der Arbeiter gegen den – „liberalen" – Staat als überholt. Der demokratische Staat kann sogar – dank des Gewichts der Arbeiterschaft in ihm – in eine „Kampfstellung gegen eine Wirtschaft getrieben werden, die noch weiterhin im Zustand privatkapitalistischer Organisation verharren möchte und vom Profitstreben einer kleinen Kapitalistengruppe beherrscht wird". Die „Wirtschaftseroberung" setzt die „Staatseroberung" voraus. Hier werden auch im „kapitalistischen" Staat bereits Fortschritte anerkannt, weil das „Prinzip der Demokratie" – im Gegensatz zur Wirtschaft – im Staat schon angewendet wird[56]. Die Weiterentwicklung der Demokratie ist auch aus diesem – politischen – Blickwinkel eine wichtige Voraussetzung für den Freiheitlichen Sozialismus. Eine sozialistische Regierung könnte natürlich das Vertrauen zum Staat – von dem man sich betrogen fühlt[57] am schnellsten herstellen. Aber auch der „kapitalistische" Staat hat sich im Laufe der Zeit auf sozialistische Ziele hin gewandelt – zum Beispiel durch Sozialreformen –, so daß eine Zusammenarbeit mit ihm als durchaus vertretbar erscheint.

Für seine Aufgaben muß der Staat mit einem zweckmäßigen Instrumentarium ausgestattet sein, das eine „pragmatische Mittelwahl"[58] und damit eine „Wirtschaftspolitik ohne Dogma"[59] erlaubt. Da sie nur ein Mittel einer dynamischen Gesellschaftsgestaltung ist, kann diese Wirtschaftspolitik es nicht – im

---

[52] Obgleich auch sie in ihrer „sozialistischen Wirtschaftspolitik" Einschränkungen ihrer Prinzipien vornehmen.

[53] Vgl. *H.-D. Ortlieb*, Die Krise des Marxismus, aaO, S. 80.

[54] Vgl. *A. Weber*, Freier Sozialismus, aaO, S. 76 f.

[55] Vgl. dazu auch *A. Christmann*, aaO, S. 269 ff.

[56] Vgl. *E. Nölting*, aaO, S. 20 f.

[57] Vgl. *Alexander Mitscherlich*, Entwicklungsgrundlagen eines freien Sozialismus. In: *A. Mitscherlich* und *A. Weber*, Freier Sozialismus, aaO, S. 10. Einen Eindruck von dieser Enttäuschung über den Staat mag das folgende Zitat vermitteln: „... er hat uns vergewaltigt, mißhandelt; wie in einer ungeheuren Reuse sind wir in ihm gefangen, er hat Ungezählte der Unseren getötet und erniedrigt, beraubt, verdummt, Er hat aus uns eine verrohte und vergrämte Masse gemacht, in der jeder dem anderen mißtraut."

[58] Vgl. *G. Weisser*, Leitsätze zur Ordnung der Wirtschaft, aaO, S. 472; *A. Christmann*, aaO, S 272.

[59] Vgl. *Heinz-Dietrich Ortlieb*, Dogmatismus unser wirtschaftspolitisches Schicksal? In: *derselbe* (Herausgeber), Wirtschaftsordnung und Wirtschaftspolitik ohne Dogma, aaO, S. 103 ff.

Gegensatz zu den neuen liberalen Vorstellungen, bei einer – auch noch „marktkonformen", Konjunkturpolitik bewenden lassen; denn für sie dient immer noch der anonyme Markt als Orientierung, nicht aber ein umfassendes gesellschaftliches Programm. Wirtschaftspolitik kann hier nur systematische Steuerung gemäß den Daten des zentralen „Schwerpunkt-Planes" bedeuten.

Der Spielraum für eine Koordinierung der individuellen Interessen mit den Interessen der Gesellschaft über den Markt, das heißt den *Wettbewerbsmechanismus,* hängt ab von der Priorität und der Dringlichkeit, mit der die wirtschaftlichen Aufgaben in das „gesellschaftliche Programm" eingehen. Da der zentrale Plan im wesentlichen nur Schwerpunkte festlegen soll, bleibt ein mehr oder weniger breiter Bereich der Wirtschaft, wo die am Wirtschaftsprozeß Beteiligten nach eigenem Ermessen entscheiden können. Der Wettbewerb sorgt für eine geräuschlose Koordinierung der Interessen – auf der Grundlage der durch den staatlichen Plan fixierten Daten. In den „noch in viele kleinere Unternehmen aufgespaltenen Industrien" gilt die „freie Konkurrenz" nach staatlich anerkannten und kontrollierten Spielregeln für durchaus geeignet. Voraussetzung ist jedoch ein Verbot von Kartellen, Syndikaten und reinen Holding-Gesellschaften[60]. Eine bewußte „Dezentralisierung" der Wirtschaft wird teilweise als ökonomisch und sozialpolitisch sinnvoll anerkannt[61], teilweise aber auch sehr zurückhaltend beurteilt[62] und als „föderalistische Ideologie" kritisiert[63].

Wo die Anonymität des Marktes infolge Monopolbildung unzureichend ist, muß versucht werden, die Monopole zu beseitigen, wenn die ökonomische Effizienz[64] darunter nicht leidet. Die Monopole, die sich als unvermeidlich

---

[60] Siehe *A. Weber,* Freier Sozialismus, aaO, S. 76 f.

[61] Siehe *H.-D. Ortlieb,* Wandlungen des Sozialismus, aaO, S. 39 ff. *Ortlieb* setzt sich mit den Vorstellungen *Röpkes* auseinander. *Alfred Weber* kritisiert den „Größenwahn der Großbetriebe, dem auch der deutsche Sozialismus verfällt, wenn er nicht die allverschlingende zentralistische Verstaatlichung" so weit wie möglich vermeidet und in den verstaatlichten Wirtschaftszweigen der Bürokratisierung Widerstand leistet. Es gilt zu begreifen, „daß auch die Riesengebilde etwa der Ruhrschwerindustrie, wenn sie sozialistisch umgeformt werden sollen, wohl einen zentralen technischen Erfahrungsaustausch, technische gemeinsame Forschungsstellen übriglassen müssen, im übrigen aber in freie, miteinander konkurrierende Einzelunternehmungen aufgelöst werden können" (Sozialistische Marktwirtschaft, aaO, S. 395). *A. Weber* denkt an die Schaffung von „sozialistischen Marktunternehmungen" durch Umwandlung von Monopolen in Stiftungen (Bürokratie, Planwirtschaft und Sozialismus, aaO, S. 10).

[62] Siehe *A. Weber,* Freier Sozialismus, aaO, S. 51.

[63] Siehe ebenda, S. 79 (siehe aber auch Fußnote 61).

[64] Diesen Maßstab scheint *K. Schiller* (Sozialismus und Wettbewerb, aaO, S. 250) anzulegen. Siehe dagegen aber *H.-D. Ortlieb,* Wandlungen des Sozialismus, aaO, S. 45 f.: *Ortlieb* betont, daß für die Sozialisten – im Gegensatz zu den „Liberalisten" – die Aufgabe der Wirtschaft nicht in der maximalen Güterversorgung zu sehen ist, „sondern in der optimalen Verbindung des quantitativen Wirtschaftseffektes mit mit der sozial richtigen Wirtschaftsform". *Ortlieb* sieht jedoch auch bei dem „Liberalisten" *Röpke* einen gemeinsamen Ansatzpunkt.

erweisen, sind auf jeden Fall staatlicher Kontrolle zu unterstellen oder zu sozialisieren, um sicherzustellen, daß den Zielen des gesellschaftlichen Programmes Rechnung getragen wird[65]. Wenn es sich zur Verwirklichung dieses Programmes, das heißt für eine effiziente Wirtschaftslenkung, als zweckmäßig erweist, darf vor einer Verstaatlichung von Produktionsmitteln nicht zurückgeschreckt werden[66]. Wo man es nur bei einer Kontrolle bewenden läßt, muß der Staat die Preise korrigieren oder sogar setzen[67]. Dabei gibt es die Möglichkeit staatlich – by trial and error – gesteuerter „Gleichgewichtspreise" oder staatlicher „Verrechnungspreise". Vergleichbare Aufgaben erhält die staatliche Wirtschaftspolitik auch in Zeiten wirtschaftlicher Not. Da lebensnotwendige Güter nicht in ausreichendem Umfang zur Verfügung stehen, müssen sie zu „Verrechnungspreisen" an die Verbraucher verteilt werden. Mit zunehmendem Güterstrom hat der Staat für einen allmählichen Übergang zu „Gleichgewichtspreisen" des Marktes zu sorgen[68].

Der Mangel erweist sich demnach als Kennzeichen der „Zwangswirtschaft" oder der „Planwirtschaft" in diesem negativen Sinn. Sie aber kann es sowohl in einem kapitalistischen als auch in einem sozialistischen System geben[69]. Da ein demokratischer Staat jedoch – wie bereits gezeigt – eines erträglichen Lebensstandards als Voraussetzung bedarf, sieht der Freiheitliche Sozialismus[70] für das zerstörte Deutschland in ausländischer Kapitalhilfe – die nur aus den Vereinigten Staaten kommen kann – eine Chance, aber zugleich auch die Gefahr, daß die wirtschaftliche Freiheit und Selbständigkeit Deutschlands bedroht werden könnte.

Für die Gefühle bei der Mehrheit der deutschen Bevölkerung dürfte der Freiheitliche Sozialismus in den ersten Nachkriegsjahren einen wirklichkeitsnahen „geistigen Überbau" geliefert haben, der die Tradition als Quelle der Erfahrungen und Grundlage der noch vorhandenen Ordnungselemente nicht leugnet, sich aber für die dynamische Gesellschaftsgestaltung der Zukunft an diese Tradition nicht unbedingt gebunden fühlt – wie etwa der Christliche Sozialismus[71]. Diese Verbindung mit der sozialistischen „Zeitströmung" müßte

---

[65] Oder der maximalen wirtschaftlichen Effizienz, wenn eine sozialistische Wirtschaftspolitik ihr gegenüber der „sozial richtigen Wirtschaftsform" den Vorzug gibt.

[66] *Alfred Weber* (Freier Sozialismus, aaO, S. 77 ff.) aber erscheint selbst eine Sozialisierung in der „Bank- und Kreditsphäre" als problematisch.

[67] Vgl. *K. Schiller*, Sozialismus und Wettbewerb, aaO, S. 250 f. sowie *derselbe*, Aufgaben und Versuche zur neuen Ordnung von Gesellschaft und Wirtschaft. Reden und Aufsätze. Hamburg 1953, S. 146.

[68] Vgl. dazu *G. Weisser*, Leitsätze zur Ordnung der Wirtschaft, aaO, S. 476 f.

[69] Vgl. *A. Weber*, Bürokratie, Planwirtschaft und Sozialismus, aaO, S. 8 f.; *G. Mackenroth*, Sozialistische Wirtschaftsverfassung, aaO, S. 219 f.

[70] Siehe *H.-D. Ortlieb*, Wandlungen des Sozialismus, aaO, S. 88 ff. Siehe dazu auch S. 18.

[71] Es scheint dem Freiheitlichen Sozialismus auch ein gewisser opportunistischer Zug zu fehlen, der beim Christlichen Sozialismus anklang (siehe S. 20 ff.): Der Arbeiter wird nicht auf seine Vorstellungen hin abgehorcht, um dem „Sozialismus" einen

eigentlich auch ein gutes Fundament für eine „sozialistische Politik" abgeben[72].

Für die politische Auswertung des Freiheitlichen Sozialismus bieten die einzelnen Autoren eine Palette von Namen für ein „freiheitlich-sozialistisches" wirtschaftspolitisches Konzept. In diesen Namen[73] werden die Akzente durchaus unterschiedlich gesetzt: Dem sozialistischen Ausgangspunkt am nächsten wäre die „freiheitliche Planwirtschaft"[74]. Weniger „planwirtschaftlich" klingen „geplante Marktwirtschaft", „sozialistische Marktwirtschaft[75], „gelenkte Marktwirtschaft"[76], „gesteuerte Marktwirtschaft[77], „regulierte Marktwirtschaft", „Marktwirtschaft von links"[78].

2. *Der Neoliberalismus*

Der „neue Sozialismus" der ersten Nachkriegsjahre scheint sich in seinen „letzten Zielen", nämlich Freiheit und Unabhängigkeit des Einzelnen zu sichern, vom „neuen Liberalismus" kaum zu unterscheiden. Der Unterschied – soweit er ökonomisch relevant ist – liegt dann in der Beurteilung des wirtschaftlichen Bereichs als politische Kraft und als Raum zur Sicherung der individuellen Freiheit. In sozialistischer Sicht ist die wirtschaftliche Macht eine ständige Bedrohung der Unabhängigkeit und Freiheit des Individuums. Sei-

wirklichkeitsnahen Inhalt zu geben, sondern die „freiheitlich-sozialistischen Stilelemente im Leben der Arbeiterschaft" werden vorausgesetzt (siehe dazu *Gerhard Weisser*, Freiheitlich-sozialistische Stilelemente im Leben der Arbeiterschaft. Eine soziologische Untersuchung. Göttingen 1948).

[72] Dieser Blickwinkel führt dazu, den „Weg des Freiheitlichen Sozialismus" als den Weg zu sehen, „der noch übrigbleibt, wenn man, anknüpfend an die Lehre von *Marx*, sich um eine humanitäre Gesellschaftsordnung bemühen will: den Weg, den die Sozialdemokratie, wenn auch zunächst sehr zögernd, eingeschlagen hat" (siehe *H.-D. Ortlieb*, Die Krise des Marxismus, aaO, S. 75).

[73] Vgl. dazu auch *K. Schiller*, Aufgaben und Versuche, aaO, S. 148.

[74] Dieser Name gilt aber als kaum empfehlenswert, weil er in der „Vulgärdebatte" immer wieder mit der Zentralverwaltungswirtschaft" verwechselt wird (vgl. ebenda).

[75] Siehe *A. Weber*, Sozialistische Marktwirtschaft, aaO.

[76] Siehe *H.-D. Ortlieb*, Die Krise des *Marxismus*, aaO, S. 79.

[77] Das Wort „steuern" bevorzugt *Alfred Weber* für seine „Sozialistische Marktwirtschaft" (siehe Sozialistische Marktwirtschaft, aaO, S. 394 f.) und bedauert, daß die „Idee der ‚sozialen Marktwirtschaft'" nicht von den Sozialisten gekommen ist.

[78] Siehe *K. Schiller*, Sozialismus und Wettbewerb, aaO, S. 249. Die „Marktwirtschaft von links" wird aus Kreisen des Freiheitlichen Sozialismus selbst als „opportunistischer" Versuch gebrandmarkt, das ordnungspolitische Problem auf den „Unterschied einer Marktwirtschaft von rechts zu einer Marktwirtschaft von links" zu reduzieren (siehe *Gisbert Rittig*, Sozialismus und Liberalismus. Annäherung oder Distanz ihrer wirtschaftspolitischen Anschauungen? „Die Neue Gesellschaft". Herausgegeben von *F. Bauer*, *W. Eichler*, *E. Potthoff* und *O. Stammer*. Bielefeld. Jg. 1 (1954) Heft 1, S. 47); siehe dazu auch *K. Schiller*, Sozialismus und Wettbewerb, aaO, Anmerkung 29, S. 263 f.

ner politischen Befreiung durch den demokratischen Staat muß deshalb notwendigerweise die wirtschaftliche Befreiung folgen. Das glaubt man jedoch letztlich nicht anders zu erreichen, als durch staatliche Wirtschaftslenkung sowie durch Übertragung des Eigentums an Produktionsmitteln auf den demokratischen Staat. Damit findet die Demokratisierung der Gesellschaft und die Befreiung des Individuums erst ihren Abschluß.

Demgegenüber erscheint die Wirtschaft aus liberaler Sicht als ein wichtiger Garant individueller Freiheit und Unabhängigkeit des Individuums. Die politische Freiheit ist unvollkommen, ja ständig gefährdet, wenn sie sich nicht auf die wirtschaftliche Freiheit stützen kann. Denn die Wirtschaft ist der „für den Alltag wichtigste Bereich"[1]. Das Fundament der Freiheit in der Wirtschaft ist das Privateigentum an Produktionsmitteln. Jede Aufhebung oder Beschränkung dieses Eigentums ist deshalb ein Schritt auf dem Weg zum Kollektivismus, der „tödlichen Gefahr" für die Unabhängigkeit des Individuums.

2.1. Der Kampf gegen den Kollektivismus

Die Furcht vor dem „Kollektivismus" ist die unübersehbare Triebkraft der liberalen Stimmen nach 1945. Angesichts des Rufs nach einer sozialistischen Ordnung, dem Streben nach Sicherheit, das die Freiheit verdrängt und über Vollbeschäftigungspolitik und Wohlfahrtsstaat direkt in den Kollektivismus führt[1], fühlt man sich als Bollwerk gegen eine kollektivistische Flut. Denn es gibt „keine Sicherung wirtschaftlicher Existenz, es sei denn um den Preis der Freiheit"[2]. Dabei gilt der „Vollkollektivismus" als weniger gefährlich als die „schrittweisen und gelegentlichen Konzessionen" in den „demokratisch-liberalen" Ländern[3]. Als Motive für diesen Kollektivismus nennt *Röpke*[4] die „bloßen Privatinteressen", „Ehrgeiz und Herrschsucht" – eine besondere Versuchung für „geltungshungrige Intellektuelle", die zusammen mit Angehörigen der Mittelschichten „den proletarischen Kollektivismus geschaffen und angeführt haben" –, eine bestimmte Mentalität des „einseitig technisch, naturwissenschaftlich oder mathematisch gebildeten Menschen", die geistige Anziehungskraft des „zu einem System Geschlossenen" und schließlich der

---

[1] Vgl. *Wilhelm Röpke*, Civitas Humana. Grundlagen der Gesellschafts- und Wirtschaftsreform. Dritte Auflage (1. Auflage 1944). Erlenbach-Zürich 1949, S. 34. Es wird im folgenden in der Hauptsache auf dieses Werk *Röpkes* Bezug genommen, weil es in dem hier zu untersuchenden Zeitraum die größte Ausstrahlungskraft gehabt haben dürfte und außerdem auch weitgehend fußt auf *Röpkes* „Die Gesellschaftskrisis der Gegenwart". Erlenbach-Zürich 1942.

[1] Siehe dazu *F. A. Hayek*, aaO.

[2] *Harold Rasch*, Grundfragen der Wirtschaftsverfassung. Godesberg 1948, S. 142. Im Original gesperrt. *Rasch* hat sich hier bereits vom „liberalen Sozialismus" zum „neuen Liberalismus" gewandelt. Siehe dazu S. 139 f.

[3] Vgl. *Röpke*, Civitas Humana, aaO, S. 47.

[4] Ebenda, S. 70 ff.

„humanitäre Kollektivismus", „der dem Sehnen der Menschen nach Gleichheit, Gerechtigkeit und Menschlichkeit entspringt".

Im ökonomischen Bereich ist es vor allem das Streben nach Sicherheit, das für den Kollektivismus verantwortlich gemacht wird. Hauptangriffspunkt sind die Vertreter der „Vollbeschäftigungspolitik". Ihnen wird vorgeworfen, einem „Irrlicht" nachzulaufen[5] und alles zu tun, um die Vollbeschäftigung zu einer „Parole der Massen zu machen, und sich hinterher auf dieses Verlangen der Massen als ein durchschlagendes Argument" zu berufen[6]. Die Vollbeschäftigungspolitik kranke an einem „mechanisch-mathematischen Denken in Gesamtheiten"[7] und sei „durch eine angelsächsische Theorie *(Keynes)* und durch die Praxis des deutschen Nationalsozialismus" populär geworden[8]. Dem Proletariat fehle zwar „Sicherheit und Stabilität"[9], die Vollbeschäftigungspolitik sei aber ebenso ein Irrweg wie die herkömmliche Sozialpolitik, die nur eine „kurzfristige Linderungspolitik" betrieben[10] und durch den *„Beveridge-*Plan"[11] in England neue Ausstrahlungskraft gewonnen habe. Die einzig realistische Lösung liege darin, die „Proletarier" zu Eigentümern zu machen[12]. Demgegenüber sieht *Röpke*[13] in der „weltweiten Diskussion" über die Vollbeschäftigung eine „gigantische Kraftprobe zwischen Demagogie und ruhiger Besinnung".

Aber nicht nur gegen einen vom Staat geförderten Kollektivismus gilt es wachsam zu sein, sondern auch gegen den „privaten Kollektivismus"[14] in Gestalt von Kartellen und Großunternehmen. Die Dezentralisierung der Industrie wird deshalb zu einer wichtigen Aufgabe[15]. Die Konzentration des Eigentums bedeutet seine Negation[16]. Zwar scheint es so, als ob in einigen Bereichen die technische Entwicklung den Großbetrieb begünstige. Das sei jedoch kein Grund für die Verfechter des Großbetriebs zu frohlocken, denn es gäbe auch Anzeichen genug, „daß in mehr als einem Lande die durchschnittliche Betriebsgröße in den letzten Jahrzehnten gefallen statt gestiegen ist"[17]. „Worauf es ankommt, ist..., daß man sich rücksichtslos von der Monströsität unserer Verhältnisse – der Großstadt, der Riesenbetriebe, der Wurzellosigkeit, der Eigentumslosigkeit, der Entpersönlichung, der Devitalisierung, der Naturentfremdung – Rechenschaft gibt und daraus immer und überall ebenso rücksichtslose Konsequenzen zieht." Sie deuten in eine einzige Richtung: *„weg* von der Zentralisierung in jeder Beziehung, von den Zusammenballungen,

---

[5] Ebenda, S. 366 ff.

[6] Ebenda, S. 366.

[7] Ebenda, S. 370.

[8] Vgl. *W. Röpke,* Civitas Humana, aaO, S. 337 f. und 375.

[9] Ebenda, S. 255.

[10] Siehe ebenda, S. 265 und S. 251.

[11] Vgl. ebenda, S. 257 ff. sowie *William H. Beveridge,* Full Employment in a Free Society. New York 1945.

[12] Vgl. *W. Röpke,* Civitas Humana, aaO, S. 265 und 279 ff.

[13] Ebenda, S. 375.

[14] Vgl. ebenda, S. 214 f.

[15] Siehe ebenda, S. 297 ff.

[16] Ebenda, S. 280.

[17] Vgl. ebenda, S. 300 f.

von der Pferchung der Menschen in Großstadt und Großbetrieb, von der Häufung des Eigentums und der Macht, die die einen korrumpiert und die anderen zu Proletariern macht, von der Entseelung und Entwürdigung der Arbeit durch mechanische Produktion“ [18].

Der Kampf gegen den Kollektivismus offenbart somit noch eine andere, nicht nur ökonomische Wurzel, die als ordnungspolitischer Hintergrund nicht unerwähnt bleiben sollte: Es scheint so, als diene der Liberalismus auch jenen als Zuflucht, die im Grunde die durch ihn ausgelösten oder beschleunigten Umwälzungen in den Lebensbedingungen noch nicht richtig bewältigt haben und deshalb zu leicht in die Gefahr geraten, Erinnerungen an eine noch nicht „demokratisierte“ und industrialisierte Welt zum Vorbild einer zukünftigen Ordnung zu machen. Dies könnte sich zum Beispiel hinter dem Hinweis verbergen, daß wir alle bereits so sehr Opfer von Verhältnissen sind, „die uns vom Natürlichen und vom Wirklichen entfernen, daß wir Mühe haben, uns auf das Natürliche und Wirkliche zu besinnen, auf das, was die einfache Natur der Dinge und der gesunde Menschenverstand erfordern“.

Das wäre, wenn man *Röpke* folgt[19], eine Entwicklung *„hin* zur Dezentralisierung im weitesten und umfassendsten Wortsinne ..., zur Verlagerung des sozialen Schwerpunkts von oben nach unten ..., zur Korrektur von Übertreibungen in Organisierung, Spezialisierung und Arbeitsteilung mit einem Minimum von Selbstversorgung aus eigenem Boden, zur Rückführung aller Dimensionen und Verhältnisse vom Kolossalen auf menschliches Maß, zur Herausbildung neuer nicht-proletarischer, d. h. solcher Industrieformen, die der bäuerlichen und handwerklichen Existenz angeglichen sind, zur natürlichen Förderung der kleineren Einheiten der Betriebe und Unternehmungen sowie der soziologisch gesunden Lebens- und Berufsformen nach dem in vieler Beziehung idealen Grenzfall des Bauern und Handwerkers ..., zur Auflösung der Großstädte und Industriereviere“. In diesen Formulierungen ist eine Abneigung gegen Errungenschaften der modernen Zivilisation nicht zu übersehen[20].

---

[18] *W. Röpke,* Civitas Humana, aaO, S. 275 f. Dies erinnert an den Ausgangspunkt von *Marx* in der „Entfremdung“ des Arbeiters (siehe dazu auch S. 22 f. und S. 86 der folgenden Ausführungen). Die Lösung ist – ebenso radikal – die Negation von *Marx:* Eigentum für alle.

[19] Ebenda, S. 276 f.

[20] Es drängt sich beim Studium von *Röpkes* Gedankengebäude geradezu auf, die Wurzeln dieser Abneigung in der Einsamkeit eines Dorfes in der Lüneburger Heide (siehe Civitas Humana, aaO, S. 70) oder der Beschaulichkeit eines „gewerbereichen schweizerischen Dorfes“ (siehe ebenda, S. 80 f.) zu suchen. Dies wird noch deutlicher an anderer Stelle (Klein- und Mittelbetriebe in der Volkswirtschaft. In: Ordo, Jahrbuch für die Ordnung von Wirtschaft und Gesellschaft. Herausgegeben von *F. Böhm, F. W. Meyer* und *F. A. Hayek.* Godesberg. Bd. 1 (1948), S. 171 f.). Hier wird auch die häufig zitierte Frage gestellt: „Ähneln nicht Großbetrieb und Kaserne einander so unheimlich wie der ihnen korrespondierende Sozialismus und Nationalismus?“ (S. 169).

Es bleibt jedoch nicht nur bei dem Unwillen gegenüber den materiellen Veränderungen. Auch die geistigen Umwälzungen, die der Liberalismus vor allem in Gestalt einer umfassenden Demokratisierung der Gesellschaft und ihrer Einrichtungen gebracht hat, bilden den Ausgangspunkt für den Kampf gegen den Kollektivismus. Die Entwicklung einer zukünftigen Ordnung muß deshalb auch hinführen „zum Neuaufbau einer kulturellen Hierarchie, die der ehrgeizigen Unruhe der Menschen ein Ende macht und jeder geistigen Stufe den ihr zukommenden Platz wiedergibt“ [21].

Vertieft man sich in den Hintergrund dieser Ordnungsvorstellungen, so öffnet sich ein Abgrund gegenüber den landläufigen Ansichten über eine demokratische Ordnung der Gesellschaft. Es offenbart sich eine erschreckende Intoleranz und Arroganz [22] gegenüber jenen, die man als „Masse“ charakterisiert und die davor vielleicht als „gemeines Volk“ gegolten haben mögen. Der Kampf gegen den Kollektivismus richtet sich nämlich auch gegen „eine falsch verstandene Demokratisierung des Geisteslebens . . ., die Verallgemeinerung einer technisch-szientistisch-utilitaristischen Bildung, die auf Kosten der historisch-philosophisch-literarischen Bildung erfolgt ist“.

Dadurch hat man „die Kulturpyramide in einer Weise eingeebnet [23], die den Lesern von *Ortega y Gassets* „Aufstand der Massen“ vertraut ist und deren Ergebnisse heute offen zutage liegen: eine erschreckende Verflachung und Verdummung, Mangel an Ehrfurcht und Distanzgefühl, das allgemeine Dreinreden, die Anmaßung des Massenmenschen in allen geistigen Bereichen und die Schaffung eines geistigen Proletariats als des gefährlichsten Dynamits für jede Gesellschaft“ [24]. Deshalb erscheint es als das eigentliche Übel des Kollektivismus, daß die Masse ihre Meinungen nicht mehr von den „Autoritäten“ in Kirche und Staat, von weithin sichtbaren Führern oder aus Büchern übernimmt, sondern „von Menschen, die der Masse selbst angehören“ [25]. Jeder

---

[21] *W. Röpke,* Civitas Humana, aaO, S. 276.

[22] Vgl. dazu auch *Egon Edgar Nawroth,* Die Sozial- und Wirtschaftsphilosophie des Neoliberalismus. In: Sammlung Politeia. Veröffentlichungen des Internationalen Institutes für Sozialwissenschaft und Politik. Universität Freiburg/Schweiz. Herausgegeben von *A. F. Utz,* Bd. XIV, Heidelberg und Löwen 1961, S. 12.

[23] *Röpke* erläutert diese Einebnung mit dem Schwinden der Lateinkenntnisse. Umfangreiche lateinische Zitate ohne jede Übersetzung wurden noch im vorigen Jahrhundert den Lesern als selbstverständlich zugemutet (siehe Civitas Humana, aaO, S. 269 f.). Ebenso sei „auch jenes Mindestmaß von Vertrautheit mit den Figuren der Bibel und der antiken Mythologie“ geschwunden. Diese Entwicklung mag man mit Recht beklagen. Jedoch müßte vor dem grundlegenden Mißverständnis der menschlichen Bildungstätigkeit gewarnt werden, Autofahren, Flugzeuge fliegen und Knöpfe drücken als mechanisch abzutun, weitverbreitete Lateinkenntnisse jedoch als Ausdruck von Bildung zu werten. Sie können genau so „mechanisch“ erworben worden sein.

[24] Ebenda, S. 247.

[25] *Röpke* zitiert hier (ebenda, S. 242) *J. St. Mill* (Essay on Liberty) als einen der „frühen Warner, Pessimisten und Propheten, die schon vor Generationen die Gefahr

Rechtsstaat erreicht sein unvermeidliches Ende, „wenn er der Kopfzahl und ihren Konsequenzen verfallen ist“ [26]; denn die Massen sind „ohne wahre innere Bindung, ohne tiefere Verwurzelung des einzelnen mit seinem sozialen Standort und seinem Willen, ohne echte Gemeinschaft und ohne Führung durch echte, innerlich berufene und über der Masse stehende Autoritäten“.

Die diesem Gefühl entspringende Ordnungsvorstellung scheint die vergangene feudalistische Ordnung zu idealisieren, als eine Hierarchie „im Sinne jener vertikalen Schichtung der Gesellschaft und ihrer Führung durch eine als Elite legitimierte Minderheit, die eine organische, gesunde, stabile und wohlausgewogene Gesellschaft von einer vermaßten und schließlich der Tyrannis anheimfallenden unterscheidet“. Halt und Festigkeit vermitteln einer solchen Gesellschaft die Stammfamilien, „in deren Kern sich Beruf und Familienbesitz vererben ..., die den Gegenpol der Vermassung, Entwurzelung und Kollektivierung bilden“. Nur „eine Art von demokratischer Prüderie“ vereitelt es, solche Wahrheiten auszusprechen [27].

Diese Stammfamilien – in einer gesunden Gesellschaft in der Hauptsache Bauern, Handwerker, Gewerbetreibende, Angehörige der freien Berufe, durchsetzt von Gutsbesitzern und Familien mit größerem Besitz sowie entsprechenden Eliteeigenschaften – sollen den für den Bestand der Gesellschaft erforderlichen Sinn für Verantwortung garantieren gegenüber „dem durch das allgemeine (insbesondere das auf dem Proporzsystem beruhende) Wahlrecht begünstigten übermäßigen Einfluß derjenigen, denen dieser Sinn nun einmal abgeht“.

Das gilt vor allem für eine Ausdehnung des Wahlrechts auf die jüngsten Altersklassen, „von denen man schlechterdings weder Reife noch Verantwortungssinn erwarten kann“. Demgegenüber kommt es nicht nur darauf an, „den Verantwortungssinn aller zu heben, sondern auch darauf, den Einfluß der Verantwortlichen zuungunsten der Unverantwortlichen zu verstärken, wenn der demokratische Staat nicht schließlich unterliegen soll“. Auf die Dauer lassen sich deshalb in manchen Ländern Verfassungsreformen kaum umgehen, „die den ehrlicherweise nicht zu leugnenden Gefahren des allgemeinen Wahlrechts entgegenwirken und eine wirkliche Regierung der Verantwortlichen ermöglichen“. Neben einer weitgehenden politischen Dezentralisierung denkt *Röpke* auch an andere Maßnahmen, wie eine vernünftige Festsetzung des Wahlalters und „möglicherweise sogar eine Differenzierung des

---

mehr oder weniger deutlich bezeichneten und manches Unglück hätten verhüten können, wenn man beizeiten auf sie gehört hätte: vom alten *Goethe* und *Wilhelm von Humboldt* bis zu *J. St. Mill, Dostojewski, Tocqueville* und *Jacob Burkhardt*“. Müßte das Erschrecken vor der „amorphen Masse“ nicht eigentlich geringer werden, wenn man sieht, daß sie selbst auch Menschen hervorbringt, die der „Masse“ als Vorbild dienen?

[26] *Jacob Burkhardt*, zitiert ebenda, S. 242 f.

[27] Vgl. *W. Röpke*, Civitas Humana, aaO, S. 210 f.

Wahlrechts, die etwa den Familienvätern und den in ihrem Beruf Bewährten mehrere Stimmen geben würde“ [28].

Dieser Kampf gegen den Kollektivismus im Zeichen des Liberalismus zeigt überraschenderweise Züge konservativer Geisteshaltung, Züge der „Rechtgläubigkeit“ und Unduldsamkeit, der Erhabenheit gegenüber der Mehrheit der Bevölkerung, die man als „amorphe Masse“ empfindet. Die den „Kollektivisten“ zugeschriebene Intoleranz [29] findet offenbar ein Pendant im liberalen Lager [30]. Der Kampf gegen den Kollektivismus entpuppte sich darüber hinaus als ein Kampf gegen den Sozialismus, „die eigentliche und möglicherweise tödliche Krankheit unserer Zeit“ [31].

Damit deutet sich in den ordnungspolitischen Auseinandersetzungen eine Tendenz an, die traditionelle Alternative „Kapitalismus oder Sozialismus“ zu ersetzen. Der Kampf gegen den Kapitalismus vereint zunächst alle ordnungspolitischen Vorstellungen [32] – die der Siegermächte eingeschlossen [33]. Bei den Mitteln, den Kapitalismus zu überwinden, tritt jedoch der traditionelle, an dem Privateigentum an Produktionsmitteln ausgerichtete Gegensatz wieder in Erscheinung.

2.2. *Der liberale Antikapitalismus*

Die deutschen Liberalen sind nach 1945 davon überzeugt, daß „mit oder ohne Potsdam“ gegenüber dem Wirtschaftssystem in Deutschland und der Struktur der deutschen Industrie „etwas Drastisches“ geschehen muß; denn diese Struktur hatte es *Hitler* leicht gemacht, auch die Wirtschaft gleichzuschalten. Die deutsche Großindustrie, soweit sie den Krieg übersteht, belastet der Makel, sich mit dem Nationalsozialismus verbunden zu haben. Er fördert sie – aus militärischen Gründen –, so daß 1936 die „goldene Zeit der Großindustrie“ beginnt [1].

Bei ihrem Bündnis mit dem Nationalsozialismus wird aber nicht nur „Profitgier“ unterstellt, sondern vor allem auch ein politisches Interesse. Der Faschismus gilt als Versuch, „durch eine politische Bewegung eine Brücke zwischen der Arbeiterschaft und dem Kapital zu schlagen“. Dabei ist nicht zu übersehen, „daß gerade das faschistische Experiment in Deutschland von Anfang an durch die industrielle, finanzielle und landwirtschaftliche Oberschicht

[28] Siehe *W. Röpke,* Civitas Humana, aaO, S. 186 ff.

[29] Siehe ebenda, S. 368.

[30] Allerdings ist zweifelhaft, ob *Röpke* nach den üblichen Kriterien noch als „Liberaler“ bezeichnet werden könnte (siehe dazu auch S. 88). Es erwiese sich dann auch hier die Unterscheidung zwischen Wirtschaftsliberalismus und Liberalismus als sinnvoll.

[31] *W. Röpke,* Civitas Humana, aaO, S. 186.

[32] Vgl. auch ebenda, S. 47.

[33] Siehe S. 155 ff.

[1] Vgl. *G. Stolper,* Die deutsche Wirklichkeit, aaO, S. 225 f.

mit Beschlag belegt wurde, mit dem Ziel, die von der sozialen Revolution, d. h. von den Massen bedrohte Herrschaftsstellung durch eine staatliche Machtorganisation künstlich zu stützen".

Die Industrie behält die durch Monopole und Kartelle „manipulierten" Preise; die Arbeiterschaft erhält zwar Vollbeschäftigung – jedoch bei einem niedrigen durch die Krisenjahre geprägten Lohn – und verliert ihre gewerkschaftliche Organisation, für die sie als Ersatz die „fragwürdige Einrichtung der von der Partei tyrannisierten Arbeitsfront" bekommt. Das „Unternehmertum" unterstützt gerade deshalb den Faschismus, weil es sich durch ihn „die Abtötung einer selbständigen Arbeiterbewegung erhoffte" und nicht eine Fortführung der „sozialen Revolution". „Gerade weil sich der Faschismus einem echten, auf demokratischen und liberalen Grundsätzen aufgebauten *Sozialismus*[2] versperrte, mußte er die Rettung seines künstlichen Herrschaftssystems im Kriegskapitalismus suchen"[3].

Dies ist noch ganz „sozialistisch" gedacht. Auf der Anklagebank erscheint aber nicht das „kapitalistische System" wie im Sozialismus[4], sondern der Faschismus, der die „Staatsgewalt und die in der Staatswirtschaft begründet liegenden Möglichkeiten des sozialen Aufstiegs" mißbraucht und aus dem staatlichen Apparat „eine Geißel nicht nur der Arbeiterschaft, sondern auch der Oberschicht selbst machte"[5]. Als Schuldiger bleibt in liberaler Sicht letztlich der Staat auf der Anklagebank, der sich in zunehmendem Maße der Wirtschaft bemächtigt hat, so daß *Hitler* schon fast eine Wirtschaft des „Staatssozialismus" vorfindet, die es ihm leicht macht, auch die Wirtschaft in die Allmacht des nationalsozialistischen Staates einzubeziehen[6]. Als Schlußpunkt dieser verderblichen Entwicklung erscheint die Katastrophe von 1945. Die Lehre aus der Geschichte kann nur sein, den Staat von der Wirtschaft fernzuhalten[7].

Sozialistischer und liberaler Antikapitalismus treffen sich wieder im Kampf gegen den „privaten Kollektivismus", ja es scheint angesichts der den Kommunisten von der Sowjetunion auferlegten Mäßigung sogar so, als beflügelten Radikalismus und revolutionärer Geist vor allem den Liberalismus. *Röpke*

---

[2] Hervorhebung nicht im Original.

[3] Siehe *H. Gross*, Die Zukunft der Wirtschaft, aaO, S. 9 f.

[4] Siehe S. 24 f. und *V. Agartz*, aaO, S. 4.

[5] *H. Gross*, aaO, S. 10. Der marxistischen Dialektik wird es keine Schwierigkeit bereiten, aus diesem Schuldspruch gegen den Faschismus auch einen Schuldspruch gegen das „kapitalistische System" abzuleiten.

[6] Siehe dazu *G. Stolper*, in: *Stolper, Häuser, Borchardt*, aaO, S. 49 f. und S. 143. Dies entspricht ganz der Überzeugung des „neuen Liberalismus" (siehe z. B. *Franz Böhm*, Die Aufgabe der freien Marktwirtschaft. In: Schriftenreihe der Hochschule für Politische Wissenschaften. München. Heft 14. München 1951, S. 46 f.). *Böhm* sieht eine Verbindung von den privaten Kartellen der Vorkriegszeit zu den Zwangskartellen des Dritten Reichs.

[7] Siehe *K. Häuser*, in: *Stolper, Häuser, Borchardt*, aaO, S. 234 sowie die bisherigen Ausführungen auf S. 9.

fordert, wie bereits erwähnt[8], nicht nur „rücksichtslose Konsequenzen" aus der „Monstrosität unserer Verhältnisse" zu ziehen, sondern verlangt von den Vertretern des Liberalismus sogar, daß sie sich in ihrem „antikapitalistischen Radikalismus nicht von den Sozialisten übertreffen lassen". Es dürfe kein Zweifel darüber bestehen bleiben, daß der Kapitalismus als „historische Form" der Marktwirtschaft „mit schweren Passiven belastet ist, und ... daß das Schuldkonto, das hier aufgehäuft ist, dringend einer Bereinigung bedarf"[9].

Der Kapitalismus als historische Erscheinungsform der Marktwirtschaft im 19. und 20. Jahrhundert gilt jedoch als unabhängig von dem marktwirtschaftlichen Prinzip. Dieses ist gut. Die Erscheinungsform des Sozialismus bleibe jedoch der Kollektivismus[10]. Deshalb sollte die ebenso entschiedene Ergänzung des „antikapitalistischen Radikalismus" der „Konservatismus sein, mit dem wir am Wesentlichen, nämlich am Prinzip der Marktwirtschaft, festhalten". Er sei auch „eine Art von Radikalismus". Das bewiesen am besten „diejenigen, die ihn für utopisch erklären", weil die Liberalen „die Kühnheit haben, gegen den Strom zu schwimmen"[11]. Denn die Wirklichkeit sei das Gegenteil des liberalen Ideals, nämlich eine „Welt des Monopolismus und Kollektivismus"[12]. Ihm muß durch eine Antimonopolpolitik begegnet werden, „und zwar eine solche der echten und radikalen Art, die Monopole nicht tolerieren und überwachen, sondern abschaffen will". Eine solche Politik hat „nicht etwa einen konservativen, sondern einen durchaus revolutionären Charakter"[13]. Er soll jedoch im Ziel, nicht in den Methoden liegen[14].

Diesem Ziel sieht sich der Liberalismus nach 1945 in Deutschland sehr nahe, denn der Kampf gegen wirtschaftliche Machtstellungen wird „von weit stärkeren Kräften getragen als je zuvor", weil er gleichzeitig die Alliierten, die Sozialisten und die Liberalen vereint. Darüber hinaus hat die Rolle, „die manche Kartelle und Konzerne bei der Entstehung der nationalsozialistischen Diktatur und bei der Vorbereitung des zweiten Weltkrieges durch *Hitler* gespielt haben, die Bekämpfung der deutschen Monopole zu einer internationalen Forderung werden lassen"[15]. Die Vereinigten Staaten werden im übrigen geradezu aufgefordert, sich um Stimmungen in Deutschland selbst nicht zu kümmern, sondern ihre Wirtschaftspolitik zu betreiben, nämlich die, die nach liberaler Auffassung allein Erfolg verspricht[16].

Dieser konsequente Antikapitalismus der Liberalen nach 1945 verlangt eine Revision traditioneller liberaler Vorstellungen, insbesondere für den Be-

---

[8] Siehe S. 40 f.

[9] *W. Röpke*, Civitas Humana, aaO, S. 45.

[10] Vgl. ebenda, S. 40 ff.

[11] Ebenda, S. 45.

[12] Vgl. ebenda, S. 49 und S. 74.

[13] Vgl. ebenda, S. 75 und S. 279.

[14] Ebenda, S. 282.

[15] Siehe Leonhard Miksch, Wettbewerb als Aufgabe, aaO, S. 210 f.

[16] Siehe *Walter Eucken*, Deutschland vor und nach der Währungsreform. In: Vollbeschäftigung, Inflation und Planwirtschaft. Herausgegeben von *Albert Hunold*. Erlenbach-Zürich 1951, S. 180.

reich der Wirtschaft. Dieses Bewußtsein, auf den Trümmern, die der Nationalsozialismus hinterlassen hat, eine neue Ordnung für eine bessere Zukunft zu errichten, entspringt der Grundstimmung aller jener, die sich nach 1945 in Deutschland über die materiellen Sorgen hinaus auch Gedanken über die zweckmäßige Ordnung im neuen Deutschland machen. Sie erscheint als ein „atemberaubendes Unterfangen, der erste Schritt zur Schaffung einer neuen Weltordnung“ [17]. Neu an der liberalen Ordnung soll die entschlossene Beseitigung der Mängel des „historischen Kapitalismus“ auf der einen Seite sein und die „energische Bejahung des Ordnungsprinzips der Marktwirtschaft auf der anderen Seite“ [18].

2.3. Der Ordoliberalismus

Bereits die Weltwirtschaftskrise in den zwanziger Jahren hat den wirtschaftlichen Liberalismus alter Prägung endgültig diskreditiert. Die zahlreichen Versuche in allen Ländern, der wirtschaftlichen Krise durch stärkere Eingriffe des Staates in das Wirtschaftsleben Herr zu werden, drängen die liberalen Kräfte mehr und mehr in die Defensive. Mit der „Allgemeinen Theorie der Beschäftigung, des Zinses und des Geldes“ liefert *Keynes* 1936 ein umfassendes theoretisches Gebäude, das der staatlichen Intervention auch eine theoretische Grundlage geben kann. Denn die klassische ökonomische Theorie ist dazu ungeeignet. Die durch *Keynes* ausgelöste Revolution [1] im theoretischen Denken der Wirtschaftswissenschaft läßt ihn in der Ahnengalerie neben *Adam Smith* und *Karl Marx* rücken [2]. Der eine erreicht eine Ordnung auf der im Privateigentum an Produktionsmitteln wurzelnden wirtschaftlichen Freiheit, der andere negiert mit dem Blick auf die Auswüchse der Wirtschaftlichen Freiheit das Privateigentum an Produktionsmitteln, um auf diese Weise eine Grundlage für die wirkliche Freiheit und Unabhängigkeit der Menschen zu schaffen.

Keynes eröffnet [3] – unabhängig davon, ob er das selbst so sieht [4] – einen Weg, zwischen Kapitalismus und Sozialismus die abstoßenden Züge der kapi-

---

[17] *G. Stolper,* Die deutsche Wirklichkeit, aaO, S. 283.

[18] *W. Röpke,* Civitas Humana, aaO, S. 45.

[1] Siehe *Lawrence R. Klein,* The Keynesian Revolution. New York, London, Toronto 1947.

[2] Vgl. *L. J. Zimmermann,* Geschichte der theoretischen Volkswirtschaftslehre (Ins Deutsche übertragen nach der dritten holländischen Auflage 1953 von *Wilhelm Hankel.)* Köln-Deutz 1954, S. 220; *Joseph A. Schumpeter,* Ten Great Economists from *Marx* to *Keynes.* New York 1951. London 1952.

[3] Vgl. dazu *E. Salin,* Wirtschaft und Wirtschaftslehre, aaO, S. 54.

[4] *Salin* weist darauf hin (ebenda, S. 49), daß *Keynes* in den Zwischenkriegsjahren seinen Standpunkt häufig wechselt. Am aufschlußreichsten ist vielleicht *Keynes* selber in seiner Antwort auf die Frage, ob er ein Liberaler sei. Siehe *John Maynard Keynes,* Bin ich ein Liberaler? Ansprache an die liberale Sommerschule in Cambridge 1925. In: Politik und Wissenschaft. Männer und Probleme. Ausgewählte Aufsätze

talistischen Entwicklung zukünftig zu umgehen, ohne den sozialistischen Weg zu beschreiten. Der vom Liberalismus verachtete und vom Sozialismus verabsolutierte Staat erhält die Chance, neben Arbeitern und Unternehmern anerkannter *„dritter Partner“* im Wirtschaftsleben zu werden – als zusätzliches Gewicht zugunsten des Allgemeinwohls. Von den Vertretern des wirtschaftlichen Liberalismus sind diese Möglichkeiten, die das *Keynes*sche Gedankengebäude eröffnet – aus traditioneller Abneigung gegen den Staat, die keinen Unterschied zwischen dem traditionellen autoritären und dem neuen demokratischen Staat zu machen scheint –, weniger beachtet worden als die Gefahr einer erneuten Unterwerfung der Wirtschaft unter das Diktat des Staates und damit die Gefahr der Zerstörung einer wichtigen Bastion der Freiheit und Unabhängigkeit des Individuums.

Andererseits können die Vertreter des wirtschaftlichen Liberalismus ihre mißliche Lage angesichts der zunehmenden Kritik am „Kapitalismus“ nicht übersehen. Deshalb überrascht es keineswegs, wenn sie in einem für die wirtschaftliche Freiheit weniger umwälzend erscheinenden Gedanken, der seit *Adam Smith* dem wirtschaftlichen Liberalismus nicht fremd, jedoch angesichts der Fortschritte der wirtschaftlichen Entwicklung offenbar unbeachtet geblieben ist, einen Ausweg zu erkennen glauben: Dies ist der Gedanke, daß auch die wirtschaftliche Freiheit, um segensreich zu sein, einer konsequenten Ordnung bedarf[5]. Damit wird im wirtschaftlichen Bereich eigentlich nur etwas nachgeholt, was der Liberalismus für die Gesellschaft insgesamt genau be-

---

von *J. M. Keynes.* Übertragen durch *Eduard Rosenbaum.* Tübingen, Zürich 1956, S. 246 ff.

[5] *Adam Smith* sieht deutlich die Neigung der Wirtschaft, sich der Kontrolle durch den Wettbewerb zu entziehen. Direkte gesetzliche Eingriffsmöglichkeiten, die „mit Freiheit und Gerechtigkeit“ vereinbar wären, sieht er zwar nicht. Er fordert aber, alles zu vermeiden, was solche Praktiken erleichtert oder gar notwendig macht (vgl. Der Reichtum der Nationen. Nach der Übersetzung von *Max Stirner* und der englischen Ausgabe von *Cannan* (1904) herausgegeben von *Heinrich Schmidt* (Jena). 2 Bände, Leipzig 1924. 1. Band, S. 133). Auch scheut er sich nicht, zum Schutz des Einzelnen vor Unterdrückung und Betrug durch andere, dem Staat aufzuerlegen, Qualitätserzeugnisse (z. B. für Textilien) einzuführen, sowie Preiskontrollen bei Monopolstellungen (zum Beispiel bei Brot). Siehe dazu auch *H. Giersch,* aaO, S. 143 f. Es wäre überhaupt einmal interessant, *A. Smith* nicht im Hinblick auf seine Aussagen über die Vorteile des freien Handels zu lesen, sondern im Hinblick auf die Wettbewerbsbeschränkungen, die *Smith* anschaulich beschreibt (siehe insbesondere aaO, Bd. 2, S. 328 ff.). Man wird erstaunt feststellen, daß die moderne „Wettbewerbsphilosophie“ – trotz der Unvollkommenheiten, auf die schon *Smith* aus den Erfahrungen seiner Zeit hinweist – über die „Wirtschaftsphilosophie“ des 17. und 18. Jahrhunderts nicht wesentlich hinausgekommen ist. Daran ließe sich die Frage knüpfen, ob die staatliche Wirtschaftspolitik mit den Waffen von *A. Smith* im 20. Jahrhundert wirklich noch als gut ausgerüstet gelten darf. *Keynes* warnt schon 1925: „Die Hälfte der Schulbuchweisheit unserer Staatsmänner beruht auf Annahmen, die zu einer Zeit einmal wahr oder halbwahr gewesen sind, nun aber von Tag zu Tag immer weniger wahr werden. Wir müssen für ein neues Zeitalter neue Weisheit erfinden“. (Bin ich ein Liberaler?, aaO, S. 254).

sehen nie geleugnet hat, nämlich daß „Freiheit ohne Bindung" jede Gesellschaft zerstört[6].

Die Einsicht in die Nützlichkeit einer Beschränkung des freien Wettbewerbs taucht im „liberalen", auf *Adam Smith* fußenden wirtschaftswissenschaftlichen Lehrgebäude im Bereich des Geldwesens zum ersten Mal auf. Die englischen „Currency-Theoretiker", allen voran *Ricardo* mit seinen „Proposals for an economical and secure currency" aus dem Jahre 1816, erkennen die Notwendigkeit einer Ordnung des Wettbewerbs im Geldwesen durch eine staatlich kontrollierte zentrale Notenbank[7].

Noch viel deutlicher taucht der Ordnungsgedanke jedoch später im außenwirtschaftlichen Bereich auf[8], als *Friedrich List* die *„reine* Freihandelstheorie" als national – im Interesse der bereits industrialisierten englischen Wirtschaft – deklassiert. Mit seinem Erziehungssoll-Argument setzt er der wirtschaftlichen Freiheit zwischen einzelnen Ländern Grenzen und plädiert gleichzeitig für

---

[6] Als Maßstab für diese Bindung hat bereits die Naturrechtslehre das „Leitbild" einer „natürlichen Ordnung" eines „ordre naturel" entwickelt. Nach ihr hat sich die tatsächliche Ordnung, der „ordre positif" auszurichten. Diese Unterscheidung ist bereits von den deutschen Merkantilisten und später von den Physiokraten auf die Wirtschaft übertragen worden. Der absolutistische Fürst ist hier der „Hüter des Gemeinwohls", der den Bürgern, die als „Konkurrenten" erscheinen, eine Ordnung setzt. Bei *Smith* tritt der Gedanke der Wirtschaftsordnung wieder in den Hintergrund. (Vgl. dazu *H. Ritschl,* Wirtschaftsordnung und Wirtschaftspolitik, aaO, S. 220 ff.).

[7] Die „neoliberalen" Autoren lehnen interessanterweise eine solche Analogie ab (siehe z. B. *Leonhard Miksch,* Die Wirtschaftspolitik des Als Ob, „Zeitschrift für die gesamte Staatswissenschaft. Tübingen, Bd. 105 [1949],S. 324) oder sehen überhaupt nur gebannt auf die wirtschaftliche Freiheit (siehe z. B. *Albert Hunold,* Sir *Robert Peel* und *Ludwig Erhard.* Bahnbrecher einer neuen liberalen Aera. In: Wirtschaftsfragen der Freien Welt. Zum 60. Geburtstag von Bundeswirtschaftsminister *Ludwig Erhard.* Herausgegeben von *Erwin v. Beckerath, Fritz W. Meyer, Alfred Müller-Armack.* Frankfurt a. M. 1957, S. 57 ff.). Für die „neue liberale Aera" könnte diese Blickrichtung ebenso verhängnisvoll werden wie für die alte. Diese Gefahr sieht dagegen *Müller-Armack* (siehe S. 114).

[8] Einen solchen Schluß legt auch *W. G. Hoffmann* nahe (vgl. Die Idee der internationalen wirtschaftlichen Interessensolidarität. In: Gestaltungsprobleme der Weltwirtschaft. *Andreas Predöhl* aus Anlaß seines 70. Geburtstages gewidmet. Herausgegeben von *Harald Jürgensen.* Göttingen 1964 (Gleichzeitig Aufsatzteil von Heft 3 des „Jahrbuch für Sozialwissenschaft", Bd. 14 (1963), S. 41. Es ist auch hier interessant bei *A. Smith* nachzulesen. Für ihn ist der Schutz des eigenen Handels immer ein „wesentlicher Teil der Staatsverteidigung" gewesen (aaO, Bd. 2, S. 327). Der Export ist auf die Dauer nicht ohne ein Handelsmonopol für eine Gesellschaft aufrechtzuerhalten (ebenda, S. 353), – trotz der schlechten Erfolge solcher Monopole (ebenda, S. 338). Generell folgert *Smith,* daß für einen „neuen Handel" auf „eigene Gefahr und Kosten" einer privaten Gesellschaft vorübergehende Handelsmonopole unerläßlich sind: „Dies ist der leichteste und natürlichste Weg, wie der Staat sie für einen gefährlichen und kostspieligen Versuch, zu welchem das Publikum später die Früchte einzuernten haben wird, zu entschädigen vermag" (ebenda, S. 352). Interpretiert man die Industrialisierung als einen solchen „neuen Handel", so ist das Schutzzoll-Argument von *List* nur eine Fortsetzung der Argumentation von *A. Smith.*

größere Freiheit innerhalb dieser Grenzen, indem er zum Zusammenschluß der deutschen Staaten aufruft[9]. Seine Charakterisierung und Kritik des „Imperialismus“ [10] ist in dieser Sicht eine Kritik an der *Monopol*stellung Englands im Welthandel, die den Freihandel zerstört[11].

In bezug auf das Inland erscheint dieser Gedanke in der amerikanischen *„Antitrust-Philosophie“*. Sie führt bereits 1890 zur *„Sherman* Act“ als Antwort auf sehr robuste Geschäftsmethoden der Erbauer und Herrscher über große Wirtschaftsimperien, die über ihrer eigenen wirtschaftlichen Freiheit die Freiheit der anderen mißachten[12].

In Deutschland findet der „Antitrust-Gedanke“ – sicher nicht unbeeinflußt von der staatlichen „Gewerbeordnung“ [13] und der frühen“, in der Welt vorbildlichen Sozialgesetzgebung – zunächst keinen Widerhall. Das Reichsgericht erklärt in seiner bedeutenden Entscheidung vom 4. Februar 1897 die Bildung von Kartellen noch für grundsätzlich zulässig[14]. Erst der Zusammenbruch des Deutschen Reiches nach dem ersten Weltkrieg schafft ähnlich wie der von 1945 eine Situation, in der neue Gedanken – vor allem auch sozialistische – zur gesellschaftlichen Ordnung in Deutschland viel Anklang finden. Mit der Kartellverordnung vom 2. November 1923 erscheint zum ersten Mal in Deutschland eine ernst zu nehmende liberale Alternative zur sozialistischen Ordnung – aber wohl mehr als Kompromiß liberaler und sozialistischer Kräfte

[9] Dagegen versucht der Neoliberalismus nach 1945, die Marktwirtschaft mit dem föderativen Prinzip zu verbinden. Davon wird noch zu sprechen sein.

[10] Siehe dazu *Günter Schmölders,* Geschichte der Volkswirtschaftslehre. Überblick und Leseproben. In: rowohlts deutsche enzyklopädie, Bd. 163/164. Reinbek bei Hamburg 1962, S. 43.

[11] *Lists* „National-Ökonomie“ würde man darüber hinaus mißverstehen, wenn man sie mit dem „Nationalismus“ im heutigen Sinn in Verbindung bringt. Das während der französischen Revolution entstehende „Nationalgefühl“ entspringt einem Gefühl der Gemeinsamkeit und der gemeinsamen Verantwortung, das über alle Schranken hinweg Menschen verbindet. Dieser „Nationalismus“ ist ausgesprochen liberal und demokratisch und beherrscht die erste Hälfte des 19. Jahrhunderts. Deshalb ist er autokratischen Herrschern verdächtig. Sie unterdrücken ihn, weil sie um die bestehende Ordnung fürchten (vgl. dazu *G. Stolper,* in: *Stolper, Häuser, Borchardt,* aaO, S. 8). *Lists* eigenes Schicksal ist ein anschaulicher Beweis dafür.

[12] Auch hier ist es sehr aufschlußreich, was *A. Smith* über die Erfahrungen mit den „Kapitalgesellschaften“ des 18. Jahrhunderts zu berichten weiß (aaO, Bd. 2, S. 328 ff.), die die Regierung finanzierten und sich von ihr durch „Wettbewerbsbeschränkungen“ fördern ließen. Für Beschwerden von Konkurrenten gegen solche Beschränkungen wurde eine Institution geschaffen, die Vorläufer der amerikanischen „Federal Trade Commission“ sein könnte: der „Board of Trade and Plantations“ (ebenda, S. 331). Es fehlt nicht der Hinweis, daß auch ohne gesetzliche Maßnahmen die „Monopolisten“ durch Klage der Konkurrenten bereits eingeschüchtert würden (ebenda, S. 329).

[13] Die deutsche Gewerbeordnung von 1869 verbindet „Gewerbefreiheit“ mit „Gewerbeordnung“.

[14] Siehe *Franz Böhm,* Das Reichsgericht und die Kartelle. In: Ordo, Jahrbuch für die Ordnung von Wirtschaft und Gesellschaft. Bd. 1, Godesberg 1948, S. 197 ff.

und weniger als Versuch des Liberalismus selbst zu einer neuen liberalen Ordnung.

Solche Versuche sind jedoch auf wissenschaftlicher Ebene in Deutschland bereits sehr früh vorhanden. Bezeichnenderweise sind sie nicht beachtet worden, sondern in der pauschalen Geringschätzung des „Kathedersozialismus" untergegangen und als „sozialistisch" gebrandmarkt worden[15]. Sehr zu Unrecht, wie es heute scheinen will; denn die *„moderne freie Concurrenz"* von *Adolph Wagner* enthält bereits die wesentlichsten Grundgedanken des neuen wirtschaftlichen Liberalismus: eine an das „Prinzip der persönlichen Freiheit" und die Rechtsordnung gebundene freie Konkurrenz[16]. Diese Wurzeln des „neoliberalen" Gedankens zeigen, daß er historisch mit der ständigen Kritik an den „Entartungen des Kapitalismus" gewachsen ist. In diesem Rahmen muß demnach auch der Gedanke der „Wirtschaftsordnung" gesehen werden, der nach 1945 in Deutschland eine so große Rolle spielt.

2. 3. 1. Die Wirtschaftsordnung als Mittel der Gesellschafts- und Sozialpolitik

Den Gedanken der „Wirtschaftsordnung" bezeichnet *Eucken* als das eigentlich Neue am Liberalismus nach 1945. Die Wirtschaftspolitik hat danach die Formen zu gestalten, in denen gewirtschaftet wird; der Wirtschaftsprozeß muß frei bleiben[17]. Das ist der Leitgedanke des „neuen Liberalismus", der im übrigen die liberale Vorstellung von der automatischen Koordinierung der Wirtschaft über den Markt so weit wie möglich aufrecht zu halten sucht. Zerstören will man jedoch die Vorstellung von dem Eigenleben der Wirtschaft auf der einen Seite, als Antwort auf den traditionellen wirtschaftlichen Liberalismus des „laissez-faire", sowie auf der anderen Seite „das Dogma von der Zwangsläufigkeit" der wirtschaftlichen Entwicklung, das seit *Marx* weit verbreitet ist[18].

[15] Dabei deutet sich bereits an, daß auch das Wort „sozialistisch" ein ähnliches Schicksal zu erleiden scheint wie das Wort „national" (siehe oben Fußnote 11).

[16] Siehe *Adolph Wagner*, Allgemeine oder theoretische Volkswirtschaftslehre. 2. vielfach verbesserte und stark vermehrte Ausgabe. Leipzig und Heidelberg 1879, S. 225. *Wagner* umreißt den der Wirtschaft verbleibenden Raum folgendermaßen: „Innerhalb dieser Schranken darf jede Privatwirtschaft ihr wirtschaftliches Selbstinteresse im Verkehr, also namentlich im Prozeß der Preisbildung für Sachgüter und Dienstleistungen ... so weit geltend machen, als es ihr beliebt und als sie es vermag".

[17] Vgl. *Eucken*, Deutschland vor und nach der Währungsreform, aaO, S. 181 f.; *derselbe*, Die Wettbewerbsordnung und ihre Verwirklichung. In: Ordo, Bd. II (1949), S. 93.

[18] Vgl. *derselbe*, Grundsätze der Wirtschaftspolitik. Herausgegeben von *Edith Eucken* und *K. Paul Hensel*. Bern und Tübingen 1952, S. 325 und *Franz Böhm*, Die Ordnung der Wirtschaft als geschichtliche Aufgabe und rechtsschöpferische Leistung. Nebst Einleitung der Herausgeber. In: Ordnung der Wirtschaft. Herausgegeben von *Franz Böhm*, *Walter Eucken*, *Hans Großmann-Doerth*. Heft 1, Stuttgart und Berlin 1937, Einleitung, S. XII f. Siehe auch *Walter Eucken*, Staatliche Strukturwandlungen und die Krisis des Kapitalismus. „Weltwirtschaftliches Archiv". Hamburg. Bd. 36 (1932, II), S. 297 ff.

Ausgangspunkt ist die Gesellschaft als Ganzes und ihre Ziele, denen sich die Wirtschaft unterzuordnen hat[19]. Die Konkurrenz als solche kann, „da ausschließlich an den Eigennutz als Triebkraft appellierend, weder individuell versittlichend noch sozial integrierend wirken“[20]. Der „neue Liberalismus“ will damit gleichzeitig an das beste Erbe des 18. Jahrhunderts anknüpfen[21]. Eine besondere Stellung der Wirtschaft innerhalb der Gesellschaft ergibt sich aus der Tatsache, daß die Wirtschaft der „für den Alltag wichtigste Bereich“ ist[22]. Er hat aber auch einzig und allein dem „vollen, sinnerfüllten und der Menschennatur angemessenen Leben“ zu dienen.

In der „städtisch-technischen Zivilisation“ wird es jedoch aufs äußerste bedroht“[23]. Deshalb ist eine umfassende Politik erforderlich, „die sich bemüht, die Empfindlichkeit und Labilität unserer vermaßten, proletarisierten und zentralisierten Gesellschaft durch *Dezentralisierung, Entproletarisierung, Verankerung der Menschen in Selbstversorgung, Bauerntum, Handwerk* und *Eigentum* und durch eine *Stärkung* der *gesunden Mittelschichten* zu mildern und so eine innere Abfederung der Gesellschaft zu erreichen, mit deren Hilfe sie auch den stärksten Schocks der Wirtschaft ohne Panik, Verelendung und Demoralisierung widerstehen kann“[24].

Damit wird ein Gedanke angesprochen, der für das Verständnis des Ordoliberalismus von entscheidender Bedeutung ist: Die Wirtschaftsordnung gilt als allein geeignetes Mittel einer sinnvollen Sozialpolitik[25]. Sie soll nicht mit den Mitteln des 19. Jahrhunderts betrieben werden[26]. Damit meint *Eucken* einmal die sozialistische Lösung durch Verstaatlichung der Produktionsmittel und zentrale Wirtschaftslenkung, zum anderen die Sozialpolitik *Bismarcks*. Für ihn bedeutet sie: „Festigung des Reichs durch Interessierung des Arbeiters am Bestand“ dieses Reiches[27]. Der „Staatsräson“ hatten sich sowohl Wirtschafts- als auch Sozialpolitik unterzuordnen.

Nach *Bismark* jedoch sieht *Eucken* die Führung im Staat an die Wirtschaft übergehen[28]. Die natürliche Reaktion der Arbeiter hierauf sind sozialpoli-

---

[19] *Eucken* spricht von der „Interdependenz der Wirtschaftsordnungspolitik“ (siehe Grundsätze der Wirtschaftspolitik, aaO, S. 304 ff.).

[20] *Alexander Rüstow*, Das Versagen des Wirtschaftsliberalismus, Düsseldorf 1950, S. 50.

[21] Vgl. *W. Röpke*, Civitas Humana, aaO, S. 13.

[22] Siehe S. 39.

[23] Siehe *W. Röpke*, Die Lehre von der Wirtschaft. 9. durchgesehene Auflage. Erlenbach-Zürich und Stuttgart 1961, S. 323.

[24] Ebenda, S. 292.

[25] Vgl. dazu *Walter Eucken*, Die soziale Frage. In: Synopsis. Festgabe für *Alfred Weber*. Heidelberg 1948, S. 111 ff.; *W. Eucken*, Grundsätze der Wirtschaftspolitik, aaO, S. 304 ff. (Die Interdependenz der Wirtschaftsordnungspolitik), insbesondere 312 ff. (Die Sozialpolitik); *Franz Böhm*, Freiheitsordnung und soziale Frage. In: Grundsatzfragen der Wirtschaftsordnung, aaO, S. 71 ff.

[26] Vgl. *W. Eucken*, Die soziale Frage, aaO, S. 120 ff.

[27] Vgl. *derselbe*, Staatliche Strukturwandlungen, aaO, S. 303.

[28] Siehe S. 60 f.

tische Forderungen, die denselben Motiven entspringen wie die Forderungen der Unternehmer an den Staat[29]. Die Position der Arbeiter in diesem „Interessenkampf" ist jedoch schwach.

Während „Freiheit und Gleichberechtigung der Menschen politisch und rechtlich gesichert erschienen, waren wirtschaftlich und sozial die Industriearbeiter unfrei", was *Marx* auch nach *Euckens* Meinung ganz zu Recht mit der Eigentumsordnung in Verbindung bringt und zum Gegenstand der Kritik macht[30]. Der Irrtum von *Marx* liege jedoch in seiner Lösung, die das Privateigentum durch seine Antithese, das Kollektiveigentum, ersetzt. Der richtige Weg sei der über die Wirtschaftsordnung[31]. Die „Politik der Wirtschaftsordnung" wird so gleichzeitig zur besten Sozialpolitik.

Ganz in diesem Sinne spricht *Röpke* davon, daß durch eine entsprechende „Strukturpolitik" die *„sozialen Voraussetzungen* der Marktwirtschaft – die Einkommens- und Besitzverteilung, die Betriebsgröße, die Bevölkerungsverteilung zwischen Stadt und Land, zwischen Industrie und Landwirtschaft und zwischen den einzelnen Ständen" – zu schaffen und auf diese Weise ein „Wirtschaftshumanismus" zu verwirklichen sei[32]. Das Privateigentum soll zur eigentlichen Basis der materiellen Sicherheit des Einzelnen werden und ihm bei Konjunkturschwankungen und „im Wirbelsturm der Gegenwart ein höheres Maß an wirklicher und echter Sicherheit" geben[33]. Als sinnvolle Ergänzung wird noch eine Wachstumspolitik empfunden, um „durch Anspannung aller Kräfte der Produktion und der Kapitalbildung den allgemeinen Wohlstandsspiegel zu heben". Auch der dann noch verbleibende „Restbestand an Versorgungs- und Fürsorgeproblemen" ist „vornehmlich unter diesem Gesichtspunkt zu betrachten"[34].

Dieses Ziel kann man als „soziale Schwärmerei" abtun. Zu übersehen ist jedoch nicht die Folgerichtigkeit der Gedanken und die Entschlossenheit, die dahinter steht. Der Ordoliberalismus ist zu rücksichtslosen, revolutionären Konsequenzen bereit und will sich im Radikalismus nicht von den Sozialisten übertreffen lassen[35]. Dabei geht man nicht fehl, der Eigentumspolitik bei *Röpke* dieselbe Rolle zuzubilligen wie sie heute die Vollbeschäftigungspolitik hat. Diese Analogie legt *Röpke* selbst nahe, wenn er gegen die Vollbeschäftigungspolitik mit dem Argument polemisiert, er wolle etwas viel Radika-

[29] Vgl. *W. Eucken*, Staatliche Strukturwandlungen, aaO. Wettbewerbsbeschränkungen werden auf diese Weise zu „sozialpolitischem Produzentenschutz" (siehe *Hans Willgerodt*, Die Krisis der sozialen Sicherheit und das Lohnproblem. In: Ordo, Bd. VII (1955), S. 156).

[30] Vgl. *W. Eucken*, Die soziale Frage, aaO, S. 133 f.

[31] Vgl. ebenda, S. 129 ff.

[32] Siehe *W. Röpke*, Civitas Humana, aaO, S. 79 f.

[33] Ebenda, S. 337. [34] Ebenda, S. 262. [35] Siehe S. 46.

[36] *W. Röpke*, Civitas Humana, aaO, S. 337. Vgl. dazu auch *Erich Preiser*, Die soziale Problematik der Marktwirtschaft. In: Schriftenreihe der Hochschule für Politische Wissenschaften. München. Heft 15. München 1951, S. 6.

leres, nämlich Ordnungspolitik[36]. Damit erhält dann auch die „Antimonopolpolitik" eine im wesentlichen soziale Aufgabe.

Die eigentliche Wurzel des „Ordnungsgedankens" ist ein allgemeines Unwohlsein darüber, daß Rechts- und Wirtschaftswissenschaft „die grundsätzlichen Entscheidungen rechts- und wirtschaftspolitischer Art nicht mehr wesentlich beeinflussen". Das sei den bedauerlichen Auswirkungen des „Historismus" in beiden Wissenschaften zuzuschreiben. „Massive, wirtschaftliche Machtgruppen größten Ausmaßes" seien entstanden und hätten das Recht „in höchst einseitiger Weise" gestaltet. Mit Hilfe von „gewandten und sachkundigen Geschäftsjuristen" habe sich ein „selbstgeschaffenes Recht der Wirtschaft" gebildet, das wichtige Teile des geltenden Rechts für den Bereich der Wirtschaft ausschaltet, so zum Beispiel durch die Schaffung von „Lieferungs- und Zahlungsbedingungen"[37] und durch das Aktienrecht[38].

Man glaubt in den Krisen der zwanziger und dreißiger Jahre nichts weiter zu erkennen, „als eine kaum überbietbare Bankerotterklärung der Methode, volkswirtschaftliche Probleme größten Ausmaßes aus der Froschperspektive privatwirtschaftlicher Erfahrungen" zu lösen[39]. Dem freien Unternehmer wird zwar ein „privatwirtschaftlicher", aber kein „volkswirtschaftlicher Sachverstand"[40] zugebilligt.

Es gilt als „Kardinalfehler des alten liberalen, kapitalistischen Denkens und Handelns . . ., die Marktwirtschaft als einen in sich selbst ruhenden und automatisch abschnurrenden Prozeß zu betrachten". Sie muß vielmehr „verrotten und mit ihren Fäulnisstoffen alle anderen Bereiche der Gesellschaft vergiften, wenn es neben diesem Sektor nicht noch andere gibt: den Sektor

---

[37] Siehe dazu *Hans Grossmann-Doerth*, Rechtsfragen vertragswidriger Andienung. Marburg 1934.

[38] Siehe *Franz Böhm*, Die Ordnung der Wirtschaft, aaO, S. VII ff. Das Erscheinen dieses Buches gilt als die Geburtsstunde des „neuen Liberalismus", der sich dem Ordnungsgedanken besonders verpflichtet fühlt (Freiburger Schule). Siehe dazu auch *derselbe*, Wettbewerb und Monopolkampf. Berlin 1933. Im übrigen lassen sich auch hier Anknüpfungspunkte an *A. Smith* finden. Er sieht die Gefährdung der freien Wirtschaft durch die die persönliche Haftung begrenzenden „Aktiengesellschaften" und macht sich Gedanken über die Voraussetzungen, unter denen diese Gesellschaften zugelassen werden könnten (aaO, Bd. 2, S. 355 f.).

Ob es gerechtfertigt ist, diesen *„Ordo-Liberalismus"* allgemein mit dem *„Neoliberalismus"* als Unterscheidung zum *„Paläoliberalismus"* zu identifizieren, wie es unter anderem *Lampert* tut (aaO, S. 52; einen Literaturnachweis findet man auf S. 53), wird noch zu erörtern sein (siehe S. 116 ff.). *Giersch* differenziert in seiner knappen, aber übersichtlichen Darstellung vorsichtig zwischen „Neoliberalismus" und „Ordo-Liberalismus", der das geschlossenste wirtschaftspolitische Programm aufzuweisen habe (aaO, S. 182). Diese Unterscheidung trifft auch *Ernst-Wolfram Dürr* (Wesen und Ziele des Ordoliberalismus. Winthertur 1954, S. 5 ff.). Er weist im übrigen darauf hin, daß auch die Vertreter des Ordoliberalismus selbst die Bezeichnung „neoliberal" als tendenziös und nicht zutreffend ablehnten.

[39] Siehe *F. Böhm*, Die Ordnung der Wirtschaft, aaO, S. VIII.

[40] Vgl. ebenda, S. 70.

der Selbstversorgung, der *Staatswirtschaft*, der *Planung*, der Hingabe und der schlichten ungeschäftlichen Menschlichkeit"[41].

2.3.2. *Die Bedeutung der „Wirtschaftslenkung"*

Diese Unterscheidungen weisen deutlich darauf hin, daß der Ordnungsgedanke mehr umfaßt als nur den „anthropologisch-soziologischen Rahmen[42], für die freie wirtschaftliche Betätigung. Der Gesellschaft als Ganzes – also letztlich dem Staat – wird auch das Recht und die Pflicht zugestanden, die „Froschperspektive" durch eine gesamtwirtschaftliche Perspektive zu ersetzen, das heißt letztlich, das Recht zur *Wirtschaftslenkung*. Denn die wirtschaftspolitischen Mißerfolge der meisten Länder während des letzten halben Jahrhunderts werden auf eine Nichtbeachtung der generellen Interdependenz des wirtschaftlichen Geschehens, auf eine „mangelnde Koordination der wirtschaftspolitischen Einzelentscheidungen" zurückgeführt.

Dem Staat wird nicht vorgeworfen, daß er in die Wirtschaft eingegriffen, sondern daß er es nur punktuell, von Interessengruppen getrieben, getan hat, ohne sich an einer festumrissenen Wirtschaftsordnung zu orientieren[43]. Auf diese Weise konnten Interessentengruppen mit dem Hinweis auf „Eigengesetzlichkeiten der Wirtschaft" ungehindert eigennützige Ziele verfolgen[44]. Jede Volkswirtschaft braucht demnach eine „zweckmäßige Wirtschaftslenkung". Dem muß die Wirtschaftsordnung durch eine „ausreichende Lenkungs*mechanik*" Rechnung tragen[45].

Als Orientierungsmaßstab für diese Lenkung ist *Euckens* Faustregel „Staatliche Planung der Formen – ja; staatliche Planung und Lenkung des Wirtschaftsprozesses – nein"[46] am bekanntesten geworden. Bereits nach den bisherigen Überlegungen wird jedoch deutlich, daß diese Forderung bestenfalls ein am Idealfall ausgerichtetes „Leitbild" sein kann. Es ist nur dann Orientierungsmaßstab, wenn die „Marktform der vollständigen Konkurrenz" herstellbar ist[47]. Nur dann besteht die „strenge Lenkung des Wirtschaftsprozesses"[48] über den Markt. Im übrigen ist diese Lenkung je nach Marktform unterschiedlich[49].

[41] *W. Röpke*, Civitas Humana, aaO, S. 82 f. Hervorhebung nicht im Original.

[42] *W. Röpke*, Civitas Humana, aaO, S. 83.

[43] Vgl. *Walter Eucken*, Nationalökonomie wozu? 2. erweiterte Auflage. Godesberg 1947, S. 69 und 73.

[44] *Derselbe*, Grundsätze der Wirtschaftspolitik, aaO, S. 251.

[45] Vgl. *F. Böhm*, Die Ordnung der Wirtschaft, aaO, S. 12. Siehe *W. Eucken*, Deutschland vor und nach der Währungsreform, aaO, S. 147.

[46] Siehe *derselbe*, Die Wettbewerbsordnung und ihre Verwirklichung, aaO, S. 93 sowie Grundsätze der Wirtschaftspolitik, aaO, S. 336.

[47] Aber auch wenn diese Marktform vorhanden wäre, gibt es nach *Eucken* Aufgaben, die der Lenkungsmechanismus des Marktes nicht lösen kann (siehe dazu S. 59 und S. 66).

[48] *W. Eucken*, Die Wettbewerbsordnung und ihre Verwirklichung, aaO, S. 21.

[49] Vgl. *derselbe*, Die soziale Frage, aaO, S. 125 ff.

So ist es „Pflicht des Staates", für „zureichende Marktformen" zu sorgen; eine Aufgabe, der er gewachsen ist, während er bei der Lenkung des *alltäglichen* Wirtschaftsprozesses[50] scheitert"[51]. Demgegenüber wird es als selbstverständlich angesehen, daß der zusammenhängende, überaus komplizierte und vielfältige „*Wirtschaftsprozeß*" der „modernen, industrialisierten Wirtschaft" der „Lenkung" bedarf[52]. Dieser „Grundtatbestand" wird insbesondere gegenüber jenen geltend gemacht, die, um die sozialen und wirtschaftlichen Gefahren einer „Zentralverwaltungswirtschaft" und eines „konzentrierten Kollektiveigentums" zu vermeiden, die „zentrale Planung" durch „Dekonzentration" von Planung und Kollektiveigentum in Gestalt von „Selbstverwaltungskörpern" einzelner Industriezweige auflockern wollen.

Das „Gesamtproblem der Lenkung der industriellen Wirtschaft" wird auch wieder in den Vordergrund gestellt, um die „in der Antithese ‚zentral gelenkte Wirtschaft' wider ‚freie Marktwirtschaft'" festgelaufenen wirtschaftspolitischen Diskussionen[53] der ersten Nachkriegsjahre durch die „Arbeit am gegebenen konkreten Objekt eine solide und fruchtbare Basis" zu geben[54]. Die große Aufgabe der Wirtschaftspolitik sieht *Eucken* darin, „die Kräfte, die aus dem Einzelinteresse entstehen, in solche Bahnen zu lenken, daß hierdurch das Gesamtinteresse gefördert wird, daß also eine sinnvolle Koordination der Einzelinteressen stattfindet"[55].

Bei einem solchen pragmatischen Ausgangspunkt überrascht es keineswegs, wenn für die „alltägliche Wirtschaftspolitik" das „Nebeneinander von politischer Wirtschaftssteuerung und Privatinitiative" nicht wegdiskutiert, sondern überlegt wird, „ob es möglich ist, die Pläne unzähliger Marktbeteiligter mit dem staatlichen Aufsichtsplan[56] sinnvoll zu koordinieren, und wie diese Möglichkeit aussieht". Das Ergebnis lautet: „Nur der Staat kann in einer

---

[50] Siehe zu dieser Begriffsbildung auch *derselbe,* Die Wettbewerbsordnung und ihre Verwirklichung, aaO, S. 18.

[51] *Derselbe,* Die soziale Frage, aaO, S. 129 f. Die Hervorhebung von „alltäglichen" entspricht nicht dem Original.

[52] Siehe ebenda, S. 127 f. Die Begriffe werden hier offensichtlich nicht so klar getrennt, wie es die spätere, auf den Ordoliberalismus aufbauende Wirtschaftswissenschaft tut. Das Problem scheint hier – ähnlich wie bei *A. Smith* (siehe S. 48 Fn. 5) darin zu liegen, daß es nicht gleichgültig ist, unter welchem Blickwinkel die Aussagen eines Autors gelesen und wiedergegeben werden. In diesem Abschnitt – das sei noch einmal betont – geht es aber darum, die Vorstellungen des Ordoliberalismus über die Wirtschaftslenkung zu umreißen und nicht nur den liberalen, am Wettbewerbsmechanismus orientierten Ausgangspunkt zu charakterisieren.

[53] Vgl. dazu *W. Eucken,* Die Wettbewerbsordnung und ihre Verwirklichung, aaO, S. 18.

[54] Dieses pragmatische Denken rühmt *Böhm* aufgrund der Erfahrungen im Wissenschaftlichen Beirat beim Bundeswirtschaftsministerium an *Eucken* (siehe *F. Böhm,* Freiheitsordnung und soziale Frage, aaO, S. 72).

[55] *W. Eucken,* Grundsätze der Wirtschaftspolitik, aaO, S. 360.

[56] Die Äußerung bezieht sich auf Märkte, deren Monopolstruktur sich nicht beseitigen läßt und die deshalb einer „straffen Staatsaufsicht" zu unterstellen sind.

kombinierten Wirtschaftsordnung die Einheit der zwei gewählten Steuerungstechniken (nämlich des Wettbewerbs und des staatlichen Marktbefehls) herstellen und gewährleisten", indem er auf den von ihm kontrollierten Märkten versucht, das „Steuerungsergebnis des Wettbewerbs nachzuahmen"[57]. Bei dem Stand des herrschenden „theoretischen Wissens" erscheint diese Aufgabe zwar als schwierig, aber lösbar[58].

Dieses Bild über den Ordoliberalismus und seine Vorstellungen zur Lenkung der Wirtschaft wird schließlich abgerundet durch eine von *Miksch* überlieferte Feststellung[59]: „Nicht, ob wir lenken oder nicht lenken sollen, ist der Unterschied zwischen Neuliberalisten und Sozialisten. Die Unterschiede treten erst auf, wenn man fragt, nach welchen Zielen soll gelenkt werden, mit welchen Mitteln und Methoden". Somit kann *Weisser*[60] wohl schlecht widersprochen werden, wenn er folgert, daß es eine „zu primitive" Auslegung des Liberalismus darstelle, so zu tun, „als ob der Liberalist den Verlauf der Gesellschaftswirtschaft ausschließlich am tatsächlichen Interesse der Konsumenten orientieren wolle".

Eine Bestätigung dafür findet man dann schließlich auch noch bei *Röpke*[61], der in „Notzeiten" – eine Charakterisierung, die ja für die ersten Jahre der Nachkriegszeit zutreffend ist –, „in denen ein Volk beinahe die Gemeinschaftsdichte einer Familie vorübergehend erreichen kann", einen „Kollektivismus auf demokratischer Grundlage" für möglich hält, „weil hier dem Plan ein eindeutiges und allgemein angenommenes Ziel gesetzt werden kann".

Es erscheint nach den bisherigen Überlegungen nicht abwegig zu sein, das Hauptanliegen der vom „neuen Liberalismus" geforderten Wirtschaftsordnung auf dem Hintergrund der wirtschaftspolitischen Diskussionen der ersten Nachkriegsjahre – entgegen der geläufigen, an der wirtschaftlichen Freiheit orientierten Interpretation – mit dem Titel einer von *Stackelberg* hinterlassenen Abhandlung in Verbindung zu bringen: „Möglichkeiten und Grenzen der Wirtschaftslenkung"[62].

---

[57] Dies entspricht der „Wirtschaftspolitik des Als Ob" von *Miksch* (siehe S. 65).

[58] Siehe *Franz Böhm*, Recht und wirtschaftliche Macht. „Der Wirtschaftsspiegel". Wirtschaftspolitische Halbmonatsschrift. Herausgegeben von *Hans W. Doeblin*. Wiesbaden. Jg. 1 (1946), Heft Nov./Dez., S. 4 f. Zur Kritik an der vorausgesetzen Lösbarkeit siehe *Theodor Pütz*, Wirtschaftspolitik, Wirtschaftsordnung und Wirtschaftsplanung. In: Wirtschaftliche Entwicklung und soziale Ordnung. Herausgegeben von *J. Messner* und *E. Lagler*, aaO, S. 291: Dem Staat werden bei der „Wirtschaftspolitik des Als Ob" Fähigkeiten zugemutet, die man der „Zentralverwaltungswirtschaft" bestreitet.

[59] *G. Weiser* zitiert sie als Äußerung von *Miksch* im Wissenschaftlichen Beirat beim Bundeswirtschaftsministerium (siehe *G. Weisser*, Die Überwindung des Ökonomismus, aaO, S. 36).

[60] Ebenda, S. 37.

[61] *W. Röpke*, Civitas Humana, aaO, S. 64.

[62] Siehe *H. v. Stackelberg*, Möglichkeiten und Grenzen der Wirtschaftslenkung. In: Ordo. Bd. 2 (1949), S. 193 ff. Dieser Band folgt, wie es im Vorwort heißt, der Auf-

Dabei ist es selbstverständlich, daß eine vom Prinzip der Freiheit auch in der Wirtschaft ausgehende Ordnung im Unterschied zur „zentralistischen Planwirtschaft" ihre besondere Aufmerksamkeit auf diejenigen Ordnungsgrundsätze zu richten hat, „die auch verhältnismäßig selbständigen und freien Mitwirkenden gegenüber Erfolg versprechen, also insbesondere auf den Grundsatz der *mittelbaren Lenkung*"[63]. Jedoch wird es für unbedingt notwendig erachtet, „daß die staatliche Wirtschaftspolitik das wirtschaftliche Geschehen geistig und machtmäßig in den Griff bekommt"[64].

Für einen Liberalen kann sich hierbei allerdings die Frage stellen, ob ein solcher Ausgangspunkt der Wirtschaftspolitik nicht unweigerlich in die „zentralistische Planwirtschaft" führt. Die Ordoliberalen sehen diese Gefahr, glauben aber gerade, einen „dritten Weg" zwischen der, durch die vergangene wirtschaftliche Entwicklung kompromittierten, „freien Verkehrswirtschaft" und der „zentralistischen Planwirtschaft" weisen zu können, ein kombiniertes wirtschaftspolitisches System, „das ein gleichzeitiges Wirksamwerden von Zentralplan und von selbständigen Wirtschaftsplänen der Einzelwirte möglich macht, ohne daß darüber die Ordnung des Zusammenwirkens zerbricht". Dabei muß von der „Ordnungsstruktur des Wettbewerbs" ausgegangen und die Frage gestellt werden: „Wie müssen staatliche Lenkungsmaßnahmen beschaffen sein, wenn es gelingen soll, eine Wettbewerbswirtschaft auf politische Ziele auszurichten?"[65]

Jede wirtschaftspolitische Aktivität des Staates erfordert somit einen bestimmten *Plan*. Das gilt als keine neue Erkenntnis. Auch Ordnungspolitik bedürfe des Planes[66]. So ist es ganz selbstverständlich, daß es einen „Wirtschaftsplan der Gesellschaft"[67] gibt. Der Unterschied zur „kollektivistischen Planwirtschaft" wird darin gesehen, daß hier an die Stelle des entscheidenden Konsumenten die Staatsleitung tritt und den „spontanen Reaktionsmechanis-

---

gabe dieses Jahrbuches, die „Idee der Wettbewerbsordnung" nicht nur grundsätzlich darzulegen, sondern auch durch „positive Beiträge über die Probleme der Verwirklichung einer Wettbewerbsordnung" – allerdings daneben auch durch kritische Auseinandersetzungen „mit unhaltbaren und gefährlichen ordnungspolitischen Ideen und Versuchen". Daß der Beitrag *von Stackelbergs* hierzu – zumindest gemessen an seinen Anknüpfungspunkten zu *Euckens* „vollständiger Konkurrenz" – nicht gehören dürfte, wird später noch deutlicher werden (siehe S. 63ff.). *Von Stackelberg* prägt den Begriff „gelenkte Verkehrswirtschaft auf der Basis der vollständigen Konkurrenz" (aaO, S. 205). Siehe auch S. 67ff.

[63] Trotzdem wird die Wirtschaft gern mit einem Heer verglichen (siehe *F. Böhm,* Die Ordnung der Wirtschaft, aaO, S. 45 f.; *W. Röpke,* Die Lehre von der Wirtschaft, aaO, S. 279 f. und *Walter Eucken,* Grundsätze der Wirtschaftspolitik, aaO, S. 305.

[64] *E. Böhm,* Die Ordnung der Wirtschaft, aaO, S. 9.

[65] *Derselbe,* Der Wettbewerb als Instrument staatlicher Wirtschaftslenkung. In: Der Wettbewerb als Mittel volkswirtschaftlicher Leistungssteigerung und Leistungsauslese. Vorgelegt von *Günter Schmölders,* aaO, S. 54 f.

[66] Vgl. *W. Röpke,* Die Lehre von der Wirtschaft, aaO, S. 305 f.

[67] *Derselbe,* Civitas Humana, aaO, S. 37.

mus des Marktes" durch das „behördliche Kommando" ersetzt[68]. Der vorhandene Spielraum ist weit. Man bemüht sich, ihn auszuloten. *Böhm*[69] unterscheidet drei Bereiche: Aus „nationalen Gründen" kann es erforderlich sein, da auf *„staatliche Wirtschaftslenkung"* zurückzugreifen, wo der Staat bestimmte Wirtschaftszweige entwickeln, fördern oder zurückdrängen will und deshalb der „normalen Entwicklung", wie sie sich auf Grund der Marktkräfte ergeben würde, entgegenzuwirken sucht. Die „normale Konstellation" besteht, wenn der Staat bei seinen Eingriffen in den Markt „kein anderes Ergebnis anstrebt als die Verwirklichung derjenigen Ordnung der Wirtschaftsabläufe, die sich bei der Anwendung des Wettbewerbs eingespielt haben würde[70], die sich aber deshalb nicht einspielen kann, weil der Wettbewerb eben aus bestimmten Gründen praktisch nicht anwendbar ist". Der Staat handelt hier als „Platzhalter des Wettbewerbs", weil die „mittelbare Lenkungsmethode" über den Wettbewerb nicht zum Erfolg führt[71]. Im dritten Bereich schließlich erfolgt die Lenkung des Wirtschaftsablaufs über den Wettbewerb.

Eine ähnliche Dreiteilung findet man auch bei *Miksch*[72] und in etwas abgeschwächter Form, was die staatliche Lenkung angeht, auch bei *Eucken*. Er hält neben der Lenkung über den Wettbewerb und wie bei Wettbewerb wirtschaftspolitische Maßnahmen für notwendig, die Schäden und Unvollständigkeiten auszugleichen, die bei einer Lenkung des Wirtschaftsablaufs über den Wettbewerb auftreten wie „Erfahrungen und wissenschaftliche Analyse zeigen". Die Wirtschaftsordnung bedarf deshalb der „konstituierenden Prinzipien", die die Wettbewerbsordnung herstellen und der „regulierenden Prinzipien", die die Wettbewerbsordnung funktionsfähig erhalten[73].

Inwieweit jedoch die Wirtschaftslenkung tatsächlich wesentlicher Bestandteil des Ordoliberalismus wird, ist erst zu beurteilen, wenn die wichtigsten Pfeiler der Wirtschaftsordnung – Staat, Wettbewerb und Eigentum – auf ihre Tragfähigkeit untersucht und der Spielraum für die Wirtschaftspolitik ausgelotet worden ist.

2.3.3. Die Grundpfeiler der Wirtschaftsordnung

Das Verlangen nach einer Ordnung in der Wirtschaft führt unweigerlich zu der Frage, wer für die Ordnung verantwortlich sein soll. Es läßt sich nicht vermeiden, diese Verantwortung dem Staat aufzubürden. Dies ist für einen

---

[68] Vgl. *W. Röpke*, Die Lehre von der Wirtschaft, aaO, S. 306 f. und *derselbe*, Civitas Humana, aaO, S. 343.

[69] *F. Böhm*, Die Ordnung der Wirtschaft, aaO, S. 161 f.

[70] Zitat bis hierher im Original gesperrt gedruckt.

[71] Dies ist der Fall, den *Miksch* als „Wirtschaftspolitik des Als Ob" charakterisiert (siehe Die Wirtschaftspolitik des Als Ob, aaO, sowie im folgenden S. 65.

[72] *L. Miksch*, Der Wettbewerb als Aufgabe, aaO, S. 16 f.

[73] *W. Eucken*, Grundsätze der Wirtschaftspolitik, aaO, S. 253 und 254 ff.

Liberalen alter Schule sicher ein ungeheuerlicher Gedanke, denn der wirtschaftliche Liberalismus hat sein Verdienst ja gerade darin, die Wirtschaft vom Staat befreit zu haben. Er ist zum „Nachtwächter-Staat" degradiert worden.

2.3.3.1. Die Rolle des Staates

Aus der historischen Sicht kann man ermessen, daß das eigentlich Neue am Liberalismus der Nachkriegszeit die Wiederentdeckung des Staates für die Wirtschaft ist[74]. Eine Möglichkeit, ihn zu umgehen, sieht man zwar in einer „ständischen Ordnung", in der Selbstverwaltungskörperschaften der Wirtschaft die Ordnungsaufgabe übernehmen. Dieser Ausweg wird jedoch im allgemeinen abgelehnt. Denn das Hauptanliegen ist ja gerade, die Wirtschaftsordnung aus den Verstrickungen mit den mächtigen wirtschaftlichen Interessengruppen zu befreien, weil eine private Marktregelung nicht von volkswirtschaftlichen, sondern von privaten Interessen ausgeht. Deshalb kann eine zweckmäßige Ordnung in der Wirtschaft nur vom Staat kommen[75]. Da es sich um ein revolutionäres Ziel und radikale Veränderungen handelt, kann nur ein starker Staat dieser Aufgabe gewachsen sein, „der unparteiisch und machtvoll über dem wirtschaftlichen Interessenkampf steht, ganz im Gegensatz zu der verbreiteten Auffassung, daß dem ‚Kapitalismus' eine schwache Staatsgewalt entsprechen müsse"[76].

Eine „freie Wirtschaft" kann nur eine vom Staat unter freiheitlichen Prinzipien organisierte Wirtschaft sein. Die Wirtschaftsfreiheit darf nicht zum „Schlachtruf gegen den Staat" werden, der dann nur noch planlos auf Wunsch der Interessenten tätig wird und ins „Schlepptau anonymer Wirtschaftsmächte" gerät[77]. Die „Zunahme der Staatstätigkeit nach Umfang und Intensität verschleiert den Verlust der Autorität des Staates, der mächtig scheint, aber abhängig ist"[78]. Um dieser Abhängigkeit von Interessengruppen zu entgehen, fordert *Rüstow* eine „systemgerechte Ausrichtung staatlicher Eingriffe und einen Staat, der sich durch „Autorität und Führertum" auszeichnet[79].

Die Wurzeln dieser Neubesinnung auf den Staat legt *Eucken* frei[80]: Im merkantilistischen Staat sieht er ein Gebilde, das neben dem Volke, neben

[74] Siehe z. B. die Kritik von *A. Rüstow* (Das Versagen des Wirtschaftsliberalismus, aaO, S. 79 ff.) an der „pluralistischen Entartung des Staates".

[75] Vgl. *L. Miksch,* Wettbewerb als Aufgabe, aaO, S. 27 f. und *W. Eucken,* Grundsätze der Wirtschaftspolitik, aaO, S. 325 f.

[76] *W. Röpke,* Die Lehre von der Wirtschaft, aaO, S. 303.

[77] *L. Miksch,* Wettbewerb als Aufgabe, aaO, S. 12 f. *Miksch* beruft sich hierbei auf *Alexander Rüstow, Walter Eucken* und *Erich Welter.*

[78] *W. Eucken,* Grundsätze der Wirtschaftspolitik, aaO, S. 327.

[79] *Alexander Rüstow,* Diskussionsbeitrag auf der Tagung des Vereins für Socialpolitik in Dresden 1932. Siehe Verhandlungen des Vereins für Socialpolitik in Dresden 1932. In: Deutschland und die Weltkrise. Herausgegeben von *F. Boese.* Schriften des Vereins für Socialpolitik. Bd. 187. München und Leipzig 1932, S. 62 ff.

[80] Siehe *W. Eucken, Staatliche* Strukturwandlungen, aaO, S. 301 ff.

den „Bürgern" ein Eigenleben führt. Die völlige Beseitigung der ständischen Struktur gelingt den europäischen Monarchien nicht. Die Überbrückung dieser Spaltung vollzieht sich in zwei Etappen: Der „liberale Staat des neunzehnten Jahrhunderts" verknüpft durch demokratische Einrichtungen Volk und Staat, trennt aber klar zwischen den „Sphären von Staat und Wirtschaft". Er überläßt die Wirtschaftsführung fast völlig den privaten Unternehmern und schafft den Boden, „auf dem der Kapitalismus kräftig heranwachsen konnte".

Die zweite Epoche kennzeichnet das Zusammenwachsen von Staat und Wirtschaft und ihre Politisierung. Zunächst unterwirft *Bismarck* auch die Wirtschaft der „Staatsraison", das heißt den Leitgedanken seiner Gesamtpolitik. Dann kehrt sich das Verhältnis von Staat und Wirtschaft langsam um. Die Wirtschaft beginnt, die Führung in dem Verflechtungsprozeß beider zu übernehmen. Das Ergebnis ist der *„Wirtschaftsstaat"*. Die einzelnen „Wirtschaftsgruppen, Unternehmer und Arbeiter", versuchen, ihre Position zu stärken.

Das führt dazu, daß „staatliche Wirtschaftspolitik und Vertretung von Unternehmerinteressen verschmelzen". Die „Selbständigkeit der Willensbildung des Staates ..., auf der seine Existenz beruht"[81] wird unterhöhlt[82]; die Fesselung des Staates durch die Wirtschaft zeigt sich am besten an der Abhängigkeit der staatlichen Autorität vom „jeweiligen Stand der Konjunktur". So erklärt *Eucken*, daß „jede schwere wirtschaftliche Depression" auch eine „Erschütterung des Staates" bewirkt.

„Der Wirtschaftsstaat beschränkt sich gerade in der Wirtschaftspolitik meist darauf, die Forderungen der Machtgruppen, von denen er abhängig ist, gegeneinander abzustimmen und durchzuführen". Auf diese Weise ist aus dem freien, durch das Preissystem sinnvoll geordneten, ein „staatlich gebundener Kapitalismus geworden, der einer brauchbaren Steuerung entbehrt"[83].

Die neue Einstellung zum Staat, die der Ordnungsgedanke verlangt, wird jedoch überwuchert von der traditionellen Abneigung der Liberalen gegenüber dem Staat[84]. Dieser Zwiespalt wird bei *Rüstow*[85] recht gut deutlich. Der Staat wird einmal bezichtigt, der „fortschreitenden Degeneration der

---

[81] Zitat im Original gesperrt.

[82] Es läßt sich nicht übersehen, daß dieser „Wirtschaftsstaat" dem „Monopolkapitalismus" der Neomarxisten ähnelt (siehe S. 23).

[83] *W. Eucken*, Staatliche Strukturwandlungen, aaO, S. 309.

[84] Diese Gefahr erkennt *Miksch* recht deutlich. Er sieht das Mißtrauen gegenüber dem Staat als berechtigt an, fügt aber warnend hinzu, das Mißtrauen gegen „staatliche Lenkungsmaßnahmen darf keinesfalls so weit gehen, daß die Einheit der Wirtschaftsverfassung dadurch wieder gefährdet wird. Daraus könnte sich leicht ein Rückfall in die Fehler der liberalen Wirtschaftsverfassung ergeben" (Wirtschaftspolitik des Als Ob, aaO, S. 334, Fußnote 1).

[85] *A. Rüstow*, Das Versagen des Wirtschaftsliberalismus, aaO, S. 69 f.

Marktwirtschaft" tatenlos zugesehen, ja sogar durch Gesetzgebung, Rechtsprechung, Verwaltung und Wirtschaftspolitik gefördert zu haben, begünstigt durch die Unkenntnis der „öffentlichen Meinung und der sie tragenden Massen" über die Funktionsweise der Marktwirtschaft sowie durch versteckten und offenen Einfluß „geldmächtiger Interessentengruppen auf Staat, Politik und öffentliche Meinung".

Aus Furcht, so könnte man vermuten, ein solches Ergebnis einer mit dem Liberalismus verbundenen Wirtschaftspolitik würde den Liberalismus selbst endgültig richten und verurteilen, wird aus der geschichtlichen Entwicklung im selben Atemzug gefolgert, „daß die letzte und entscheidende Entartung der Marktwirtschaft direkt und indirekt durch gehäufte subventionistische, protektionistische und monopolfördernde Maßnahmen des Staates herbeigeführt worden war, d. h. aber durch einen flagranten Verstoß gegen die alte Grundmaxime des Liberalismus: Laissez faire, laissez passer"[86].

Daraus wird klar, daß es den Vertretern des Liberalismus sichtlich schwerfällt, dem Staat die Rolle zuzubilligen, die der Gedanke der Wirtschaftsordnung verlangt. Die alte liberale Tradition, einer „unsichtbaren Hand" Lenkung und Ordnung des Wirtschaftsablaufs zu überlassen[87], liegt in ständigem Widerstreit mit der von Menschenhand bewußt geschaffenen Wirtschaftsordnung[88]. Die Zukunft wird lehren, ob der Ordnungsgedanke stark genug ist, um sich gegenüber der Tradition durchzusetzen.

Die zwiespältige Haltung gegenüber dem Staat entspringt offenbar auch der alten liberalen Vorstellung von der „freien Wirtschaft" als einem notwendigen Gegengewicht zum Staat. Das führt dazu, daß die Marktwirtschaft praktisch als Opposition zum Staat für unbedingt notwendig erachtet wird[89]. Eine solche Haltung könnte von vornherein die Stärke gefährden, die der neue Liberalismus von dem Staat gegen „Machtgruppen unterhalb und außer-

---

[86] Ebenda.

[87] Das Fortbestehen dieses Grundgedankens des traditionellen Wirtschaftsliberalismus auch im Ordoliberalismus nimmt *Edgar Egon Nawroth* („Die Sozial- und Wirtschaftsphilosophie des Neoliberalismus". In: Sammlung Politeia. Veröffentlichungen des internationalen Instituts für Sozialwissenschaft und Politik Universität Freiburg/Schweiz. Herausgegeben von *A. F. Utz*, Bd. XIV. Heidelberg und Löwen 1961, sowie „Die Wirtschaftspolitischen Ordnungsvorstellungen des Neoliberalismus". In: FIW – Schriftenreihe (Forschungsinstitut für Wirtschaftsverfassung und Wettbewerb e. V. Köln). Heft 3. Köln, Berlin, Bonn, München 1962) zum Anlaß, dem Neoliberalismus zu bestreiten, daß er etwas Neues gebracht hat. Über die Berechtigung dieser an *O. v. Nell-Breuning* anknüpfenden Kritik wird noch zu sprechen sein (s. S. 116 ff.).

[88] Auf einen solchen Widerstreit auch bei *Eucken* weist *Erik Boettcher* hin (Phasentheorie der wirtschaftlichen Entwicklung. Ein Ansatz zu einer dynamischen Theorie der Wirtschaftsordnung. In: Hamburger Jahrbuch für Wirtschafts- und Gesellschaftspolitik. 4. Jahr (1959). Festgabe für *Eduard Heimann* zum 70. Geburtstage. Tübingen 1959, S. 27, Fußnote 9.

[89] Vgl. dazu *W. Röpke*, Civitas Humana, aaO, S. 213 f.

halb des Staates", vor allem gegenüber dem „privaten Kollektivismus" erwartet[90].

In einer solchen Haltung gegenüber dem Staat scheint weiterhin zum Ausdruck zu kommen, daß ein wichtiges Merkmal des liberalen Einflusses in der Gesellschaft, die politische Befreiung des Einzelnen durch die Demokratisierung des Staates, ignoriert wird. Gerade auf dem Hintergrund des ordoliberalen Anliegens erscheint es höchst zweifelhaft, so zu tun, als ob der demokratische Staat noch der zusätzlichen Kontrolle durch eine eigenen Gesetzen folgende Wirtschaft bedürfte. Das wäre doch ein offensichtliches Mißverständnis der Wirtschaftsordnung. In ihr kann man dem Staat die ihm zugedachte Rolle mit gutem Gewissen erst zuteilen, wenn er als Gesamtheit der frei entscheidenden Bürger aufgefaßt werden kann. Der Ordoliberalismus braucht also nicht nur einen „starken", sondern auch einen demokratischen Staat.

2.3.3.2. Die Bedeutung des Wettbewerbs

Je größer das Zwielicht ist, in dem der Staat erscheint, je unklarer muß auch die Rolle des Wettbewerbs bleiben. Er soll „primäres Ordnungsprinzip" der Wirtschaft[91] und „staatliche Veranstaltung"[92] zugleich sein. Einmal ist er eine selbstverständliche Konsequenz aus dem Prinzip der Freiheit, zum andern eine Frage der Zweckmäßigkeit. Das entspricht noch der traditionellen liberalen Vorstellung, nach der die wirtschaftliche Freiheit auch gleichzeitig die maximale Güterproduktion garantiert. Dann wiederum wird auch festgestellt, daß nichts unrichtiger wäre, als wirtschaftliche Freiheit mit bloßer Zweckmäßigkeit zu verbinden[93]. Trotzdem wird gerade die wirtschaftliche Zweckmäßigkeit betont und die höhere Effizienz des Wettbewerbsprinzips gegenüber dem Sozialismus herausgestellt[94].

Der von allen als wichtigste Aufgabe anerkannte Wiederaufbau der deutschen Wirtschaft trägt verständlicherweise dazu bei, die Zweckmäßigkeit eines Ordnungssystems vor allem auch danach zu beurteilen, inwieweit es sich dazu eignet, die wirtschaftliche Basis in Deutschland so schnell wie möglich neu erstehen zu lassen. „Absolute Wettbewerbsfreiheit" gilt als sinnlos. „Es hat dagegen sehr wohl einen Sinn, wenn man sagt, daß der Staat immer dann einen freien Wettbewerb veranstalten soll, wenn Grund zu der Annahme besteht, daß im Rahmen allgemeiner wettbewerbsrechtlicher Vorschriften eine echte Leistungskonkurrenz durchgeführt werden kann"[95].

---

[90] Ebenda, S. 214 f.

[91] Vgl. *L. Miksch,* Wettbewerb als Aufgabe, aaO, S. 16.

[92] Ebenda, S. 12.

[93] Vgl. *W. Röpke,* Civitas Humana, aaO, S. 51; *W. Eucken,* Grundsätze der Wirtschaftspolitik, aaO, S. 250 ff.

[94] Vgl. *W. Röpke,* Civitas Humana, aaO, S. 52 f.

[95] *L. Miksch,* Wettbewerb als Aufgabe, aaO, S. 221.

Dies ist nach Ansicht der Ordoliberalen nur unter ganz bestimmten Bedingungen möglich, nämlich denen in der *Marktform* der vollständigen Konkurrenz[96]. Ihr fällt nicht nur die Aufgabe zu, die Leistung zu steigern, sondern sie ist die Marktform, deren Preise den Wirtschaftsprozeß lenken"[97].

Unabhängig von der Marktform kann nun allerdings das Ergebnis der Marktform der vollständigen Konkurrenz, nämlich daß der Preis für die Marktteilnehmer ein Datum ist, noch auf andere Weise erreicht werden – zumindest in der Sicht von *Eucken*. Hier liegt eine gewisse Gefahr für Mißverständnisse über die Wirklichkeitsnähe des ordoliberalen Konzepts der vollständigen Konkurrenz, das nur im Falle der „Marktform der vollständigen Konkurrenz" mit der vollständigen Konkurrenz der ökonomischen Theorie[98] übereinstimmt[99]. Das erklärt, warum *Eucken* die Bemühungen der Lausanner Schule um die „Theorie der vollständigen Konkurrenz" für wirklichkeitsfremd ansieht[100].

Die vollständige Konkurrenz, wie sie *Eucken* auch für die modernen Industriestaaten als realistisch betrachtet, stützt sich auf die vorhandene Marktform, staatliche Strukturpolitik, um die Marktform der vollständigen Konkurrenz da herzustellen, wo sie nicht vorhanden ist, und staatliche Preissetzung in den Bereichen, wo eine Strukturpolitik keinen Erfolg verspricht und der Staat deshalb dafür zu sorgen hat, daß der Preis für die Marktteilnehmer ein Datum ist[101]. Aufgabe des Staates ist es in diesen Fällen, die Ergebnisse der Marktform der vollständigen Konkurrenz nachzuahmen. Als Erleichterung bei dieser Aufgabe scheint *Eucken* es zu empfinden, daß in der modernen

---

[96] Vgl. *W. Eucken,* Grundsätze der Wirtschaftspolitik, aaO, S. 245 f.; *derselbe,* Die Grundlagen der Nationalökonomie. 5. veränderte Auflage. Godesberg 1947, S. 151 ff.

[97] *W. Eucken,* Grundsätze der Wirtschaftspolitik, aaO, S. 249.

[98] Siehe dazu *Heinrich von Stackelberg,* Grundlagen der theoretischen Volkswirtschaftslehre. Mit einem Vorwort herausgegeben von *V. F. Wagner,* 2. photomechanisch gedruckte Auflage. In: Hand- und Lehrbücher aus dem Gebiet der Sozialwissenschaften. Tübingen und Zürich S. 167. *Walter Adolf Jöhr,* Das Modell der vollkommenen Konkurrenz. Seine Funktion und seine Stellung in der Nationalökonomie; *Emil Küng,* Zur Lehre von den Marktformen und Marktbeziehungen. Die Annäherung des Konkurrenzmodells an die Wirklichkeit. Beide in: Konkurrenz und Planwirtschaft. Beiträge zur theoretischen Nationalökonomie. Bern 1946, S. 19 ff. und S. 69 ff.

[99] Hier deutet sich, ähnlich wie bei der „Lenkung des Wirtschaftsprozesses" (siehe S. 56) an, daß die Begriffe keineswegs so klar getrennt werden, wie wir es heute von der Wirtschaftstheorie her gewohnt sind. Bei *Eucken* (vgl. Grundsätze der Wirtschaftspolitik, aaO, S. 247) liegt das Hauptgewicht auf der Abgrenzung gegenüber dem Laissez-faire auf der einen und der *Marx*schen Version des Wettbewerbs als Monopolkampf auf der anderen Seite: „Vollständige Konkurrenz besteht nicht im Kampf von Mann gegen Mann, sondern vollzieht sich in paralleler Richtung. Sie ist nicht Behinderungs- oder Schädigungswettbewerb, sondern ‚Leistungswettbewerb'".

[100] Siehe *W. Eucken,* Grundlagen der Nationalökonomie, aaO, S. 233 f.

[101] Dazu bedarf es einer energischen „Politik der Wettbewerbsordnung" (siehe *W. Eucken,* Grundsätze der Wirtschaftspolitik, aaO, S. 241 ff.).

Wirtschaft Preisbindung, Preisführerschaft, Wettbewerb durch Substitutionsgüter auch bereits Bedingungen schaffen, unter denen der Preis für die Marktteilnehmer ein Datum ist[102].

Für die Aufgabe des Staates, die Märkte zu organisieren, Preise zu setzen und zu überwachen, entwickelt *Miksch* ganz konkrete Vorstellungen. Es kommt darauf an[103], einen Preis zu finden, der erstens vom Willen der Unternehmer unabhängig ist, zweitens durch sein Verhältnis zu den tatsächlichen Erzeugungskosten eine rationelle Produktion erzwingt und drittens sich parallel mit der Bewegung der freien Preise entwickelt.

Dies hält *Miksch* im Oligopol für leicht erfüllbar, wenn man die Unternehmen zu einem „Leistungsverband" zusammenschließt unter einem staatlichen Treuhänder als Vertreter der Allgemeinheit. Seine Hauptaufgabe wäre es, einen durchschnittlichen Kostenpreis zu ermitteln. Der auf ihm basierende einheitliche Verkaufspreis soll bei allgemeinem Preisfall den Kosten des besten Unternehmens, bei allgemeiner Preissteigerung denen des schlechtesten Unternehmens angeglichen werden[104]. Das versteht *Miksch* unter *„gebundener Konkurrenz"*. Bei Monopolen soll ein ähnliches Verfahren angewendet werden.

Aus den bisherigen Überlegungen zur Rolle des Wettbewerbs im Ordoliberalismus ergeben sich folgende Schlußfolgerungen: Die Marktform der vollständigen Konkurrenz ist das Leitbild für die Lenkung des Wirtschaftsprozesses. Diese Marktform ist jedoch in der Wirklichkeit nur teilweise vorhanden und auch durch „Strukturpolitik" nicht überall herstellbar. Dann ist es Aufgabe des Staates, Ergebnisse zu sichern, als ob vollständige Konkurrenz[105] herrschte; das heißt im wesentlichen, dafür zu sorgen, daß für alle Marktteilnehmer die Preise ein Datum sind, wenn notwendig durch staatliche Preissetzung und Preiskontrolle.

Der ordoliberale Begriff der „vollständigen Konkurrenz" umfaßt diese staatliche Intervention und ist deshalb weiter als der entsprechende Begriff

---

[102] Vgl. *W. Eucken*, Grundlagen der Nationalökonomie, aaO, S. 151 ff. Diese pragmatische Interpretation der vollständigen Konkurrenz bei *Eucken*, die mit dem modernen Begriff der *„workable competition"* oder „funktionsfähigen Konkurrenz" durchaus vergleichbar ist, wird von den Kritikern des Ordoliberalismus in der Regel unterschätzt, bzw. ganz übersehen. So scheint zum Beispiel auch *H. Giersch* (aaO, S. 188) die vollständige Konkurrenz des Ordoliberalismus mit dem „theoretischen Modell" zu identifizieren. Siehe dazu auch *Reinhard Blum*, Der Wettbewerb im wirtschaftspolitischen Konzept. „Zeitschrift für die gesamte Staatswissenschaft". Tübingen. Bd. 121 (1965), S. 80 ff.

[103] Siehe *L. Miksch*, Wettbewerb als Aufgabe, aaO, S. 98 ff.

[104] Bei diesem Verfahren bezieht sich *Miksch* auf Erfahrungen, die die Deutsche Reichsbahn seit 1926 in der Zusammenarbeit mit der Deutschen Wagenbauvereinigung gemacht hat (vgl. ebenda, S. 127 f.).

[105] Häufig heißt es auch nur allgemein „als ob Wettbewerb" vorhanden wäre. Siehe dazu *F. Böhm*, Die Ordnung der Wirtschaft, aaO, S. 163; *L. Miksch*, Wettbewerb als Aufgabe, aaO, S. 222 f. (*Miksch* spricht hier von dem Bereich der „gebundenen Konkurrenz"); *derselbe*, Die Wirtschaftspolitik des Als Ob, aaO, S. 310 ff.

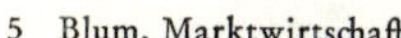

der ökonomischen Theorie. Gemäß der Logik des ordoliberalen Gedankengebäudes ist es auf diese Weise möglich, für alle Marktteilnehmer die Bedingungen der Marktform der vollständigen Konkurrenz „künstlich" herzustellen. Das rechtfertigt es aus dem Blickwinkel des Ordoliberalismus, von der vollständigen Konkurrenz als Leitbild für die Lenkung des Wirtschaftsprozesses, auch in den modernen Industrieländern, auszugehen.

Darüber hinaus ist besonders wichtig festzustellen, daß grundsätzliche Zweifel bestehen, ob auch bei Vorhandensein der vollständigen Konkurrenz die gesellschaftlich erwünschte Verteilung des Sozialprodukts zustande kommt[106]. Dies gilt zum Beispiel nicht, wenn erhebliche Unterschiede in der Verteilung der Kaufkraft bestehen; „daraus ergibt sich die Hinlenkung der Produktion auf die Deckung relativ unbedeutender Bedürfnisse, während dringende Bedürfnisse anderer Einkommensbezieher noch nicht befriedigt sind. Die Ungleichheit der Einkommen führt dahin, daß die Produktion von Luxusprodukten bereits erfolgt, wenn dringende Bedürfnisse von Haushalten mit geringem Einkommen noch Befriedigung verlangen. Hier also bedarf die Verteilung, die sich in der Wettbewerbsordnung vollzieht, der Korrektur". Das wäre somit der Ansatzpunkt für eine neben der umfassenden „Strukturpolitik" notwendige Sozialpolitik[107]. *Eucken* erwähnt weiterhin jene Fälle, wo durch private wirtschaftliche Tätigkeit gesamtwirtschaftliche Schäden entstehen, die in die private Wirtschaftsrechnung nicht eingehen, sowie das anomale Verhalten des Angebots, zum Beispiel auf den Arbeitsmärkten. Hinzuweisen wäre in diesem Zusammenhang dann auch noch auf die von *Böhm* herausgestellten „nationalen Ziele" [108].

Die Vorstellungen der Ordoliberalen darüber, welche Bedeutung nach diesen Einschränkungen die Marktform der vollständigen Konkurrenz für die Lenkung des Wirtschaftsprozesses haben kann, sind nicht genau zu fixieren. Das hängt weitgehend davon ab, welche Bedeutung die einzelnen Autoren dem Großbetrieb in der modernen, industrialisierten Wirtschaft beimessen. *Böhm, Miksch* und *Eucken* scheinen da etwas realistischer zu denken als zum Beispiel *Röpke*. Aber auch *Eucken* spricht zuversichtlich von einem „Typ der Ordnungen", in dem die Marktform der vollständigen Konkurrenz überwiegt, „die partiell in der industrialisierten Wirtschaft oft realisiert war; aber sie war nicht universal verwirklicht, und es fehlte ihr eine adäquate Geldord-

---

[106] Siehe *W. Eucken*, Grundsätze der Wirtschaftspolitik, aaO, S. 300 ff. *Eucken* weist darauf hin, daß bereits *Böhm-Bawerk* die nachteiligen Folgen des freien Wettbewerbs bei ungleicher Einkommensverteilung erkannt hätte (Nachteilige Wirkungen des freien Wettbewerbs. In: Gesammelte Schriften 1924, S. 475 ff.). *Ritschl* empfiehlt *Eucken*, bei *Rodbertus* nachzulesen, daß die Marktwirtschaft nicht für das „soziale Bedürfnis" produziert (siehe *H. Ritschl*, Wirtschaftsordnung und Wirtschaftspolitik, aaO, S. 241).

[107] Siehe *W. Eucken*, Grundsätze der Wirtschaftspolitik, aaO, S. 312 ff.

[108] Siehe S. 59.

nung“ [109]. In der angestrebten umfassenden Wettbewerbsordnung soll die vollständige Konkurrenz [110] dominieren, aber auch die „Eigenwirtschaft“ (zum Beispiel des Bauern, der zugleich Produzent und Verbraucher seiner Produkte ist) eine „weitverbreitete Ordnungsform sein“ [111].

Das ist bereits ein Hinweis auf die angestrebte Eigentumsordnung. Letztlich wird aber auch hier erst die wirtschaftspolitische Aktivität, die man dem Staat zubilligt, entscheiden, inwieweit die Lenkung des Wirtschaftsprozesses dem Wettbewerb überlassen bleiben soll. Dazu ist es zweckmäßig, die Darstellung über die Bedeutung des Wettbewerbs mit einem Blick auf das wirtschaftstheoretische Gebäude des Ordoliberalismus zu vervollständigen.

Bei der theoretischen Fundierung der ordoliberalen „Wettbewerbsordnung“ spielt die ökonomische Theorie eine entscheidende Rolle. *Eucken* [112] beruft sich auf die Arbeiten von *Menger, Walras, Jevons, Böhm-Bawerk, Marshall, G. J. Stigler* und *H. von Stackelberg*. Es läßt sich nicht übersehen, daß gerade bei von *Stackelberg* eine Reihe von Anknüpfungspunkten an ordoliberale Vorstellungen vorhanden sind [113]. Er betont genau wie *Eucken*, daß ein staatlich festgesetzter Preis für die Unternehmer ebenfalls ein Datum darstellt [114]. Wenn der Staat bei seiner Preissetzung die Freiheit des Tauschs nicht aufheben will, wird er – so *von Stackelberg* [115] – versuchen müssen, den „konkurrenzwirtschaftlichen Gleichgewichtspreis“ oder „Normalpreis“ zugrunde zu legen und damit das Ergebnis des Wettbewerbsprozesses bei „vollständiger Konkurrenz“ nachzuahmen.

Bei ihr wird vermutet, „daß sie insofern die zweckmäßigste Organisationsform ist [116], als sie für die Entfaltung der produktiven Kräfte die günstigsten Bedingungen bietet“ [117]. Auch bei unvollkommener Konkurrenz „behält die Theorie der Preisbildung bei vollständiger Konkurrenz ihre Bedeutung als erste Annäherung an die tatsächliche Preisgestaltung“. Die (theoretische)

---

[109] *W. Eucken*, Die Wettbewerbsordnung und *ihre Verwirklichung*, aaO, S. 21.

[110] Also nicht die „Marktform der vollständigen Konkurrenz“.

[111] Vgl. *W. Eucken*, Grundsätze der Wirtschaftspolitik, aaO, S. 246.

[112] *W. Eucken*, Die Wettbewerbsordnung und ihre Verwirklichung, aaO, S. 21 und S. 94, Anmerkung 11. Den eigentlichen theoretischen Hintergrund sowohl des Ordoliberalismus als auch des Konkurrenzliberalismus bilden aber offensichtlich die wohlfahrtstheoretischen Diskussionen der dreißiger Jahre. Darauf kann hier nicht näher eingegangen werden.

[113] *v. Stackelbergs* theoretisches Werk erschien zum ersten Mal 1943 als „Grundzüge der theoretischen Nationalökonomie“. Während des Krieges nahm er auch an den Diskussionen des „*Beckerath*ausschusses“ teil (siehe S. 11, Fn. 9).

[114] Vgl. *H. v. Stackelberg*, Grundlagen der theoretischen Volkswirtschaftslehre, aaO, S. 226.

[115] Vgl. ebenda, S. 226 f.

[116] Als „Organisationsprinzip der volkswirtschaftlichen Bedarfsdeckung“. Siehe ebenda, S. 335 ff.

[117] Ebenda, S. 337.

Gleichgewichtslosigkeit der Märkte bei unvollkommener Konkurrenz wird in der Wirklichkeit gedämpft oder gar ausgeschaltet, weil die „allgemeinen Preisbildungskräfte" durch „ergänzende Preisbildungsfaktoren" kompensiert werden. Bei ihnen unterscheidet *von Stackelberg* die „Trägheitsfaktoren" (mangelnde Markt- und Kostentransparenz) und die „organisatorischen Faktoren", „die sich aus bewußten organisatorischen Maßnahmen des Menschen in der Wirtschaft ergeben" [118].

Deshalb hält es *von Stackelberg* für zweckmäßig, wenn der Staat oligopolistische Märkte „durch geeignete organisatorische Maßnahmen in die Form vollständiger Konkurrenz" überführt („organisierte Konkurrenz") oder Marktformen herstellt, „die er vielleicht besser zu beaufsichtigen vermag. Er kann z. B. Oligopolisten zu einem Monopol (Kartell) zusammenschließen und dessen Preispolitik kontrollieren" [119]. *Von Stackelberg* hält es nicht für notwendig zu betonen, „daß eine Entscheidung für das verkehrswirtschaftliche System, genauer für ein System, in welchem die Findigkeit richtiger Rechnungsgrößen [120] durch die Konkurrenz erzwungen wird, in keiner Weise einen Verzicht auf staatliche Wirtschaftslenkung bedeutet. Im Gegenteil" [121].

Neben wirtschaftspolitischen Mitteln, die außerwirtschaftliche Ziele verwirklichen sollen, hält *von Stackelberg* noch eine Reihe von Eingriffen für notwendig, „die ein Funktionieren der Verkehrswirtschaft überhaupt erst ermöglichen" [122]. Die wirtschaftspolitischen Mittel, „die in der Verkehrswirtschaft eingesetzt werden könnten", unterteilt er in „regulierende" (ordnungspolitische) und „dirigierende" (ablaufspolitische) Maßnahmen. Diese wiederum lassen sich – je nach ihrer Wirkung auf den in der Verkehrswirtschaft gegebenen „Rechnungszusammenhang" – in „systemgerechte" und „systemwidrige" Mittel trennen. Staatliche Festpreise, ja sogar die Rationierung von Gütern können durchaus „systemgerechte" wirtschaftspolitische Instrumente sein, solange sie nur die „Bedarfsrangordnung" der Verbraucher verändern, nicht aber die Bildung von „Normalpreisen" beeinträchtigen [123].

Für die Beurteilung einer Wirtschaftsordnung empfiehlt *von Stackelberg* den „*finalen*" und den „instrumentalen" Maßstab [124]. Die „instrumentale Beurtei-

---

[118] Vgl. *H. von Stackelberg*, Grundlagen der theoretischen Volkswirtschaftslehre, aaO, S. 248.

[119] Ebenda, S. 229.

[120] Das ist auch der Grund, warum sich selbst eine Zentralverwaltungswirtschaft bei der Ausrichtung der Produktivkräfte auf den „staatlich anerkannten Bedarf" des Modells der vollständigen Konkurrenz bedienen müßte (vgl. ebenda, S. 346).

[121] *H. v. Stackelberg*, Möglichkeiten und Grenzen der Wirtschaftslenkung, aaO, S. 199.

[122] Siehe ebenda, S. 199 ff.

[123] Vgl. *H. v. Stackelberg*, Möglichkeiten und Grenzen der Wirtschaftslenkung, aaO, S. 201 f.

[124] Siehe *derselbe*, Grundlagen der theoretischen Volkswirtschaftslehre, aaO, S. 44 ff.

lung" fragt danach, wie sich ein Wirtschaftssystem dazu eignet, ein vorgegebenes Zielbündel zu verwirklichen. Die „finale Beurteilung" befaßt sich mit der Bewertung des Zielbündels selbst und überschreitet damit den Rahmen der ökonomischen Theorie. Die Entscheidung für die vollständige Konkurrenz beruht auf der einzigartigen „produktionswirtschaftlichen, besser kalkulatorischen" Leistung dieses Systems: „Das ist die Begründung, aber zugleich auch die Begrenzung für den Rang, den wir ihm zuerkennen mußten"[125].

Diese „kalkulatorische Leistung" hat aber auch bereits Mängel, auf die hinzuweisen *von Stackelberg* nicht versäumt[126]: Das gesamtwirtschaftliche Rechnungssystem der vollständigen Konkurrenz läßt die – in moderner Terminologie – „external economies" und „diseconomies" unberücksichtigt; die von ihm gesteuerte Anpassung an plötzliche Bedarfsänderungen ist zu langsam – ein Grund, warum in Kriegszeiten regelmäßig „Elemente der zentralen Verwaltungswirtschaft" in die Verkehrswirtschaft eingebaut werden; und schließlich führen auch „Probleme des Geldwesens, des Standorts, der Außenwirtschaft und der Konjunkturbewegung" zu weiteren Einschränkungen in der Beurteilung der „kalkulatorischen Leistung".

Diese Mängel veranlassen *von Stackelberg* bei der Entscheidung für die vollständige Konkurrenz von einem *„instrumentalen Werturteil"* zu sprechen und diese Entscheidung – „wenn auch ohne nähere Begründung" – dahingehend zu relativieren, daß alle Einschränkungen der „instrumentalen Vorzüge der vollständigen Konkurrenz" jedoch nichts ändern „an der instrumentalen Rangordnung der verkehrswirtschaftlichen Systeme, an deren Spitze die vollständige Konkurrenz steht"[127].

Dieses „instrumentale Werturteil" mündet bereits ein in die „finale Beurteilung" der vollständigen Konkurrenz. Sie entzieht sich dieser Beurteilung, weil sie zur Verwirklichung ganz unterschiedlicher Zielbündel dienen kann. Die Einkommensverteilung ist dafür der „Archimedische Punkt"[128].

Nur in dem *von Stackelberg* als unrealistisch angesehenen Fall, daß die „funktionale" Einkommensverteilung der vollständigen Konkurrenz auch gleichzeitig die gesellschaftlich gewünschte „personelle" Einkommensverteilung ist („identische Transformation"), läßt sich ein eindeutiges „finales" Urteil fällen[129]. In der Regel wird jedoch die sich aus dem verkehrswirtschaft-

[125] Ebenda, S. 348.

[126] Siehe ebenda, S. 344 f.

[127] *H. v. Stackelberg,* Grundlagen der theoretischen Volkswirtschaftslehre, aaO, S. 345.

[128] Vgl. ebenda, S. 348 ff.

[129] Vgl. ebenda, S. 350 f. *Von Stackelberg* wendet sich dagegen, die „identische Transformation" als *„die* verkehrswirtschaftliche Einkommensverteilung" zu bezeichnen. Dann könnte die „finale Beurteilung" nur negativ ausfallen. „Denn es ist in keiner Weise einzusehen, wieso die dabei geltenden Knappheitsverhältnisse der Produktionsfaktoren in Verbindung mit der historisch gegebenen Vermögensverteilung einer Rangordnung des Bedarfes entsprechen sollten, die nach höheren Gesichtspunk-

lichen System ergebende funktionale Einkommensverteilung „durch bestimmte Einrichtungen der rechtlichen und sozialen Organisation" (Eigentumsordnung, Erbrecht, Finanz- und Sozialpolitik, sittliche und religiöse Anschauungen) in die personelle Einkommensverteilung „transformiert". Sie ist ein politisches Datum der Verkehrswirtschaft und bestimmt die Zusammensetzung der Nachfrage nach Gütern. Innerhalb „gewisser Grenzen", die die wesentlichen Eigenschaften des Konkurrenzmechanismus – Wirksamkeit des Erwerbsprinzips, der individuellen Initiative[130] – nicht berühren, kann die staatliche Wirtschaftspolitik die personelle Einkommensverteilung frei gestalten. Der Spielraum gilt als so groß, „daß der Staat auch in der Verkehrswirtschaft mit vollständiger Konkurrenz die politische Rangordnung des Bedarfes durchsetzen kann" [131].

2. 3. 3. 3. Die Bedeutung des Eigentums

Der Staat wird als „Veranstalter des Wettbewerbs", der die Wirtschaft lenken soll, um so weniger in Erscheinung zu treten brauchen, je bessere Voraussetzungen die Eigentumsordnung der Marktordnung der vollständigen Konkurrenz bietet. Bei der zwiespältigen Haltung der Ordoliberalen gegenüber dem Staat muß die Institution des Eigentums um so wichtiger werden – als Quelle der Unabhängigkeit und wirtschaftlichen Sicherheit des Individuums und damit als Gegengewicht gegen den „allmächtigen" Staat.

„Alle anderen Gegengewichte des Staates werden nämlich zu einem bloßen Schatten, wenn das Hauptgewicht fehlt: das *Minimum an wirtschaftlicher Unabhängigkeit* des einzelnen, das sich auf ein Mindestmaß an Eigentum, an wirtschaftlichen Freiheiten und an Existenzsicherheit gründet." [132] Das „Recht auf Eigentum"[133] erhält damit – aus den Erfahrungen und Bedingungen der Vergangenheit heraus – die Rolle, die in der modernen Gesellschaft das „Recht auf den Arbeitsplatz" besitzt. *Röpke*[134] entwirft aber bereits eine Kompromißlösung zwischen Eigentum und Arbeitsplatz, in der der Einzelne seinem Hauptberuf in der modernen als Kollektiveigentum betriebenen Industrie nachgeht, im Nebenberuf aber auf eigenem Eigentum in der Muße, die der Hauptberuf läßt, Bauer oder Handwerker ist[135].

---

ten der Gerechtigkeit, sozialen Pflicht und politischen Zweckmäßigkeit aufgestellt wird."

[130] Vgl. *H. v. Stackelberg,* Grundlagen der theoretischen Volkswirtschaftslehre, aaO, S. 349.

[131] Ebenda, S. 352.

[132] *W. Röpke,* Civitas Humana, aaO, S. 213 (Sperrung im Original). Diese Haltung entspricht ganz der *Schopenhauer*schen Philosophie, nach der nur wirklich frei und unabhängig sein kann, wer ein Landgut besitzt.

[133] Ebenda, S. 284.

[134] Ebenda, S. 283 f.

[135] In der Eigentums- und Sozialpolitik der Nachkriegszeit hat sich hierfür der Begriff „Nebenerwerbssiedlung" durchgesetzt.

Ein großes Gewicht erhält das Eigentum für das Familienleben[136], das die „Abnormität" der modernen Großstadt zerstört. Das Haus mit Garten soll ein Mittel gegen das Auto werden[137], aber auch erneut den erlahmten Willen zur Fortpflanzung stärken, indem die Kinder von einer Last zur Hilfe in der Produktion auf eigenem Eigentum werden[138]. Nur so kann die Arbeit wieder von einem reinen Mittel zur Lebenserfüllung werden und die Gesellschaft von der „Proletarisierung" befreien[139].

Daraus wird deutlich, daß das Privateigentum seine eigentliche Rechtfertigung aus der „freien Staats- und Gesellschaftsordnung"[140] erhält. Nur von hier aus bekommt man den richtigen Zugang zu *Euckens* Kernproblem: „Wie kann Privateigentum zu einem ökonomisch und sozial brauchbaren Instrument des Ordnungsaufbaus werden?"[141] Dies kann nur dadurch geschehen – wie der Ordoliberalismus einhellig feststellt –, daß nur „Arbeits- und Leistungseigentum" zugelassen und das „Groß- und Herreneigentum" zurückgedrängt wird. In dieser Form gilt es nämlich nicht als „Segen für Mensch und Gesellschaft", sondern als „Mißbrauch und Gegenstück der Eigentumslosigkeit der großen Masse"[142]. Wegen der engen Verbindung zwischen Privateigentum, Arbeit und Leistung erhält das „Produktions- und Wohnungseigentum" das Hauptgewicht. Als Ideal gilt – sicher ebenfalls aufgrund der Erfahrungen und Bedingungen der Vergangenheit – das Privateigentum an Boden, weil es einmal bis auf die Arbeitskapazität des Einzelnen dezentralisiert und zum andern mit dem Wohnungseigentum verschmolzen werden kann[143].

Hier liegt auch der Anknüpfungspunkt für die wirtschaftliche Bedeutung des Privateigentums[144]. In dem Bemühen, es zu erhalten und zu vermehren, steigern die einzelnen Eigentümer ihre Leistungskraft aufs äußerste[145]. Die für die freie Wirtschaft unerläßliche unternehmerische Initiative ist deshalb ohne Privatkapital des Unternehmers nicht denkbar. Der moderne Produktionsapparat, der täglich eine Vielzahl von Entscheidungen und Anpassungsmaßnahmen notwendig macht, erfordert das „Fingerspitzengefühl" des Unternehmers, um im Wettbewerb bestehen zu können. Gerade dieses „Finger-

136 Siehe *W. Röpke*, Civitas Humana, aaO, S. 284 ff.

137 Ebenda, S. 290. 138 Ebenda, S. 286. 139 Ebenda, S. 254.

140 Siehe auch *W. Eucken*, Grundsätze der Wirtschaftspolitik, aaO, S. 275.

141 Ebenda, S. 273. 142 *W. Röpke*, Civitas Humana, aaO, S. 280.

143 Vgl. ebenda, S. 283 f.

144 *Eucken* erweckt an anderer Stelle sogar den Eindruck, als habe das Privateigentum überhaupt nur Existenzberechtigung als Mittel, um „eine Wettbewerbsordnung zu konstituieren" (vgl. Die Wettbewerbsordnung und ihre Verwirklichung, aaO, S. 63). Siehe dazu auch *H. Ritschl*, Wirtschaftsordnung und Wirtschaftspolitik, aaO, S. 239.

145 Die Triebkräfte sind die Hoffnung auf Gewinn und die Furcht vor Verlust, die besten Waffen gegen Faulheit und Pflichtvergessenheit. *Röpke* illustriert dies u. a. mit der Erfahrung der Landärzte, daß es sich kein Bauer „leistet", in der Erntezeit krank zu sein (vgl. Civitas Humana, aaO, S. 55 ff.).

spitzengefühl" kann jedoch bei „Kollektiveigentum" nicht zur Geltung kommen. Deshalb braucht die Wettbewerbsordnung das Privateigentum an Produktionsmitteln [146].

Es wird seiner Aufgabe aber nur gerecht, wenn der Unternehmer durch den Wettbewerb gezwungen wird, „seine ganze Kraft in den Dienst der Allgemeinheit zu stellen. Dies allein bildet die sittliche Rechtfertigung des Privateigentums an den Produktionsmitteln und der unternehmerischen Dispositionsfreiheit" [147]. Die Allgemeinheit wird nach ordoliberaler Auffassung aber nur in ausreichendem Umfang berücksichtigt, wenn auf allen Märkten vollständige Konkurrenz herrscht. In „monopolistischen Marktformen" führt das Privateigentum zu „schweren Schäden" [148]. Die Eigentumsfrage ist somit „von eminenter wirtschaftspolitischer Bedeutung, nicht nur, weil Kollektiveigentum [149] an den wesentlichen Teilen des Produktionsapparates ein überaus wirksames Beherrschungsinstrument einer Führerschicht darstellt, sondern auch weil es zwangsläufig mit zentraler Lenkung des Wirtschaftsprozesses verbunden ist und soziale Probleme auslöst, die nicht zu bewältigen sind" [150].

Daraus ergibt sich nach *Eucken* [151] ein Konflikt zwischen der Notwendigkeit der Institution des Eigentums und ihrer Problematik, der in aller Schärfe gesehen werden muß. Die Verstaatlichung der Produktionsmittel gilt jedoch nicht als eine geeignete Lösung dieses Konflikts, weil dadurch die wirtschaftliche Macht nicht beseitigt, sondern nur verlagert wird. Eine wirkliche Lösung bietet sich nur in der Dezentralisierung des Eigentums [152] und in der Zerschlagung der bestehenden Eigentumskonzentration [153]. Dies ist „minde-

---

[146] Vgl. *W. Eucken*, Grundsätze der Wirtschaftspolitik, aaO, S. 271.

[147] *L. Miksch*, Wirtschaftspolitik des Als Ob, aaO, S. 334, Fußnote 1.

[148] Siehe *W. Eucken*, Grundsätze der Wirtschaftspolitik, aaO, S. 272 und 274.

[149] Dieses „Kollektiveigentum" wird vom Ordoliberalismus sehr weit gefaßt. Eine bedeutende Rolle spielt in der ordoliberalen Kritik an der bestehenden Wirtschaftsverfassung das „Sonderrecht" der wirtschaftlichen Gesellschaften mit beschränkter Haftung. Die unbeschränkte Haftung ist eines der „konstitutierenden Prinzipien" der Wettbewerbsordnung (vgl. ebenda, S. 279 ff.). *Röpke* sieht in der Entwicklung des „Aktienwesens" eine zunehmende „Sozialisierung der Verluste" (Lehre von der Wirtschaft, aaO, S. 302).

[150] *W. Eucken*, Grundsätze der Wirtschaftspolitik, aaO, S. 270.

[151] Ebenda, S. 273.

[152] *Röpke* glaubt, die Vorteile des Großbetriebs würden in vielen Fällen überschätzt. Es seien weniger technisch-wirtschaftliche Vorteile die Ursache, sondern eine „Großmannssucht", „der sich die Welt viel zu kritiklos hingibt". In einem „schmerzhaften, aber schließlich segensreichen Prozeß" müsse alles wieder auf ein „vernünftiges Maß" zurückgeführt werden, unter gebührender Berücksichtigung, daß die technische Entwicklung entgegen einer herrschenden Meinung vielfach gerade den Kleinbetrieb gegenüber dem Großbetrieb begünstigt hat (Lehre von der Wirtschaft, aaO, S. 325).

[153] Sie kann Ausgangspunkt für einen späteren Versuch sein, die Wettbewerbsordnung zu unterminieren oder zu sprengen. Nach früheren Erfahrungen wird es für zweifelhaft gehalten, „ob ein demokratischer Staat auf die Dauer dem Druck

stens so wichtig wie eine progressive Erbschaftssteuer". Die Konzentration des Eigentums bedeutet seine Negation. Deshalb kann diese Konzentration nur da hingenommen werden, wo die „technisch-organisatorischen Vorzüge des Großbetriebs eine Dezentralisierung des konkreten Produktionseigentums unmöglich machen. Hier wird man sich mit der Demokratisierung der bloßen Rechtstitel (Aktien) begnügen, dabei aber mit vielen Unzuträglichkeiten rechnen müssen"[154].

Eine Verstaatlichung der „Monopolindustrien" kann nur dann abgelehnt werden, wenn eine „unabhängige, mit streng verfassungsgemäßen Richtlinien ausgestattete Wirtschaftsgerichtsbarkeit" bei Konflikten zwischen dem staatlichen „Kartell- und Monopolamt" und diesen Industrien entscheidet und sich auf diese Weise ein befriedigendes Zusammenspiel „zwischen den privaten Interessen und den allgemeinen Gesichtspunkten" ergeben würde[155]. *Rüstow* scheint von dem Erfolg eines solchen Verfahrens keineswegs überzeugt zu sein; denn er tritt dafür ein, alle Wirtschaftszweige mit „unvermeidlicher Monopolstruktur" zu sozialisieren[156].

Das Bekenntnis zum Privateigentum an Produktionsmitteln schließt somit nicht aus, „daß sich einzelne Betriebe in der Hand des Staates befinden, so z. B. staatliche Forstbetriebe neben privaten oder staatliche Kohlenzechen oder staatliche Banken neben privaten". Voraussetzung muß jedoch sein, daß sich die staatlichen Unternehmen in die Wettbewerbsmärkte einordnen und den Wettbewerb nicht verzerren[157]. „Nur die Wettbewerbsordnung macht im Rahmen der modernen industrialisierten Wirtschaft das Privateigentum auf die Dauer erträglich."[158] So bedingen sich Privateigentum und Wettbewerbsordnung gegenseitig.

2.3.4. Die Notwendigkeit einer „aktiven Wirtschaftspolitik"

Aus der bisherigen Darstellung der ordoliberalen Vorstellungen wird ganz deutlich, daß der Gedanke der Wirtschaftsordnung unvereinbar ist mit einer Haltung, die keine Wirtschaftspolitik für die beste Wirtschaftspolitik ansieht.

---

mächtiger Interessenten gewachsen und imstande sein würde, die wettbewerbspolitischen Grundsätze, auf denen die ganze Ordnung beruhen muß, ihnen gegenüber mit jneer unnachsichtigen Strenge anzuwenden, auf die es ankommt" (*L. Miksch*, Wettbewerb als Aufgabe, aaO, S. 217).

[154] Siehe dazu *W. Röpke*, Civitas Humana, aaO, S. 281 ff.

[155] Siehe *L. Miksch*, Wirtschaftspolitik des Als Ob, aaO, S. 334.

[156] Siehe *Alexander Rüstow*, Zwischen Kapitalismus und Kommunismus. In: Ordo. Bd. 2 (1949), S. 134. Auch *Röpke* hat erwogen, die zur Machtzusammenballung neigende Eisen- und Stahlindustrie zu verstaatlichen. Hierauf weist *Friedrich Wilhelm Dörge* hin (Der neuliberale Interventionismus im Wandel zweier Jahrzehnte. In: *H.-D. Ortlieb* (Herausgeber), Wirtschaftsordnung und Wirtschaftspolitik ohne Dogma, aaO, S. 133).

[157] Vgl. *E. Eucken*, Grundsätze der Wirtschaftspolitik, aaO, S. 271 f.

[158] Ebenda, S. 275.

Weiterhin ist klargeworden, daß die Ordoliberalen keineswegs mit einer Ordnungspolitik im engeren Sinne, die nur versucht die Marktform der vollständigen Konkurrenz zu erhalten oder herzustellen, auszukommen glauben. Einmal wäre bis zur Herstellung dieser Ordnung ohnehin eine staatliche Lenkung der Wirtschaft erforderlich, um Ergebnisse zu erzielen, als ob die Marktform der vollständigen Konkurrenz vorhanden wäre. Zum andern ist man realistisch genug, davon auszugehen, daß immer Bereiche der Wirtschaft übrigbleiben werden – trotz aktivster Ordnungspolitik im engeren Sinne –, in denen diese Marktform nicht zu verwirklichen und deshalb durch staatliche Lenkung zu ersetzen ist. Darüber hinaus werden schließlich generelle Zweifel geäußert, ob die vollständige Konkurrenz immer eine sinnvolle Lenkung des Produktionsprozesses darstellt, so zum Beispiel bei den von *Böhm* herausgestellten „nationalen Zielen" und der von *Eucken* erwähnten unbefriedigenden Produktionslenkung durch die vollständige Konkurrenz, wenn starke Einkommensunterschiede vorhanden sind oder gesamtwirtschaftliche Schäden auftreten, die in der privaten Wirtschaftsrechnung unberücksichtigt bleiben.

So sind sich alle Ordoliberalen darüber einig, daß ihre Vorstellungen von der Wirtschaftsordnung nicht nur einen starken Staat, sondern auch eine *„sehr aktive Wirtschaftspolitik"* verlangen. Sie sei das, was den neuen Liberalismus von dem „Wirtschaftsliberalismus des 19. Jahrhunderts" trenne[159]. Diese „neue Wirtschaftspolitik"[160] soll eine Einheit von Ordnung und Lenkung darstellen[161]. Der eine Richtpunkt ist eine „echte Wettbewerbsordnung". Er bedeutet im wesentlichen Antimonopolpolitik der „echten und radikalen Art", die die Monopole nicht toleriert, sondern abschafft. Der zweite Richtpunkt ist die Abwendung vom „Laissez-faire-Prinzip". Daraus ergibt sich „ein umfangreiches Programm einer durchaus positiven Wirtschaftspolitik"[162].

2.3.4.1. Ordnungspolitik und Ablaufspolitik

Die Wirtschaftspolitik, wie sie *Röpke* sieht, zerfällt in zwei Hauptgruppen. Die eine umfaßt alle Maßnahmen, die den Rahmen und die Bedingungen für den Wettbewerb schaffen und überwachen. *Röpke* nennt sie *„Rahmenpolitik"*.

[159] Siehe *L. Miksch*, Wettbewerb als Aufgabe, aaO, S. 220.

[160] Vgl. *W. Röpke*, Die Lehre von der Wirtschaft, aaO, S. 321 ff.

[161] Siehe insbesondere *F. Böhm*, Die Ordnung der Wirtschaft, aaO, S. 161: „Innerhalb des autoritär zu lenkenden Bereichs der Gesamtwirtschaft hat der Staat die Aufgabe, eine *gute* und *produktive Ordnung* der Märkte zu verwirklichen, die mindestens ebenso straff und leistungsfähig ist wie die Wettbewerbsordnung und *die sich mit der Wettbewerbsordnung zu einer in sich folgerichtigen, einheitlichen und systematisch geschlossenen Gesamtordnung der Wirtschaft ergänzt*" (Sperrungen im Original).

[162] Vgl. hierzu *W. Röpke*, Civitas Humana, aaO, S. 75 ff.

Sie ließe sich durch die „konstituierenden Prinzipien" *Euckens* charakterisieren und kann einfach als *Ordnungspolitik* bezeichnet werden. Die zweite Gruppe wirtschaftspolitischer Maßnahmen soll der Tatsache Rechnung tragen, daß der neue Liberalismus sich entschieden von der „Philosophie des Laissez-faire" abwendet. Deshalb wird zugestanden, „daß auch der Ablauf der so eingerahmten und überwachten Marktwirtschaft bestimmter wohldosierter und wohlerwogener Eingriffe des Staates bedarf". Hierbei handelt es sich im Gegensatz zur Ordnungspolitik „um einen wirklichen Eingriff in die Freiheit des Marktes selbst". *Röpke* spricht deshalb von „Marktpolitik". Es ist heute üblich, von *Ablaufs-* oder *Prozeßpolitik* zu sprechen. Sie bedarf ebenfalls bestimmter Prinzipien als „Maximen rationeller Wirtschaftspolitik". *Eucken* versucht offenbar, sie in seinen „regulierenden Prinzipien" zu umreißen[163]. *Röpke* spricht in Anlehnung an *Rüstow*[164] von „liberalem Interventionismus".

Wichtig ist bei diesen Interventionen, daß die für notwendig erachteten staatlichen Eingriffe *„marktkonform"* sind, das heißt, daß der Staat „möglichst den indirekten, organischen Weg der Beeinflussung, nicht den direkten der Dekretierung" wählt. Dazu muß der Staat seine Maßnahmen „nach Möglichkeit aus dem Felde der Preisbildung herausverlegen und sie entweder davor oder dahinter schalten"[165]. Als ein bewährtes Instrument, den Wirtschaftsablauf zu regulieren, gilt die Geld- und Kreditpolitik[166].

Die entscheidende Frage wäre nun, in welchem Umfang Ordnungs- und Ablaufspolitik an einer „sinnvollen Koordination der Einzelinteressen" – wie *Eucken*[167] die Aufgabe der Wirtschaftspolitik umreißt – beteiligt sein sollen. Die Vorstellungen der einzelnen Autoren sind da kaum auf einen einheitlichen Nenner zu bringen. Die größte Sympathie gilt offenbar der Ordnungspolitik, denn sie käme den liberalen Vorstellungen von einer freien durch einen Marktautomatismus gesteuerten Wirtschaft am nächsten.

Am meisten scheint sich *Röpke* auf die Ordnungspolitik zu stützen, worauf schon seine „revolutionäre" Zielsetzung in der Eigentumspolitik hindeutet. Es wurde bereits darauf hingewiesen[168], daß man dieser Eigentumspolitik

---

[163] Daß er ihnen aber letztlich doch wieder nicht die Bedeutung einer Ablaufspolitik geben möchte (siehe S. 81 f.) ist einer der vielen Widersprüche im ordoliberalen Gedankengebäude. Vielleicht war es dieser Widerspruch, der die Herausgeber von *Euckens* „Grundsätze der Wirtschaftspolitik" als ein einen großen Leserkreis erreichendes Taschenbuch veranlaßte, gerade die „regulierenden Prinzipien" wegzulassen. Bemerkenswert erscheint es auf jeden Fall. Siehe rowohlts deutsche enzyklopädie. Bd. 81. Herausgegeben von *E. Eucken-Erdsiek* und *K. P. Hensel.* Hamburg 1959, S. 178.

[164] Vgl. *A. Rüstow,* Diskussionsbeitrag, aaO, S. 62 ff. *Rüstow* unterscheidet nicht zwischen Ordnungs- und Ablaufpolitik. Siehe dazu auch *W. Röpke,* Civitas Humana, aaO, S. 97, Anmerkung 16.

[165] *Derselbe,* Lehre von der Wirtschaft, aaO, S. 323 f.

[166] Vgl. ebenda, S. 305 f. sowie *F. Böhm,* Freiheitsordnung und soziale Frage, aaO, S. 75.

[167] Siehe S. 56.

[168] Siehe S. 53 f.

denselben Rang zubilligen könnte, wie ihn heute Vollbeschäftigungs- und Sozialpolitik besitzen. Das würde in gewissem Umfang erklären, warum die Ordoliberalen sich der Vollbeschäftigungspolitik als „kollektivistisch" verschließen[169]. Denn für sie ist die konsequente „Strukturpolitik" eine echte Alternative. Das gilt insbesondere für die „Antimonopolpolitik". *Röpke* ist hier nicht weniger radikal und hält die Marktform der vollständigen Konkurrenz für ein sehr realistisches Ziel. Das Ideal seiner Wirtschaftspolitik ist eine umfassende Mittelstandspolitik[170], die die Marktwirtschaft von ihren zwei Gebrechen befreien soll: dem Proletariat und den Monopolen[171].

Die Hauptschuld für die Monopolbildung erhält bei *Miksch*[172] die Konzentration des Bankgewerbes. Antimonopolpolitik in seinem Sinne muß deshalb hier ihren Ausgangspunkt haben. *Miksch* schwebt eine neue „Geldverfassung" vor, die zwischen Aktiv- und Passivgeschäft der Banken streng unterscheidet. Im Passivgeschäft, das die Möglichkeit zur Geldschöpfung bietet, wird eine monopolistische Verfassung für erforderlich gehalten. Das Aktivgeschäft dagegen müsse konkurrenzwirtschaftlich organisiert sein[173]. Eine Geld- und Währungsordnung, die die Stabilität des Geldwertes sichert, besitzt ein Primat für die ordoliberale Wettbewerbsordnung und ist das wichtigste unter *Euckens* „konstituierenden Prinzipien"[174]. Diese Wichtigkeit unterstreicht er mit *Lenins* Ausspruch: „Um die bürgerliche Gesellschaft zu zerstören, muß man ihr Geldwesen verwüsten".

Um günstige Voraussetzungen für die vollständige Konkurrenz in den übrigen Bereichen der Wirtschaft zu schaffen, empfiehlt *Miksch*[175] im einzelnen, die Märkte durch den Übergang zum Freihandel zu erweitern, die Standardisierung der Produkte zu fördern und die Position des Handels zu stärken[176]. Dies könne dadurch geschehen, daß Gütezeichen und Handelsmarken begünstigt, die Produzentenwerbung[177] eingeschränkt, die Preisbindung der zweiten Hand verboten würde. Als weitere Bedingung wird schließlich die Revision aller Vorschriften des Wirtschaftsrechts gefordert, die die Konzentration begünstigen. Dabei denkt *Miksch* u. a. daran, die Gesellschaftsform der Gesellschaft mit beschränkter Haftung zu beseitigen und die Aktiengesellschaft in eine Kommanditgesellschaft auf Aktien umzuwandeln, mit einer Beteiligungsgrenze für natürliche und juristische Personen.

---

[169] Siehe S. 78.
[170] Vgl. *W. Röpke,* Civitas Humana, aaO, S. 80.
[171] Siehe ebenda, S. 13.
[172] *L. Miksch,* Wettbewerb als Aufgabe, aaO, S. 135 f.
[173] Dieser Gedanke geht schon auf *Ricardo* zurück und ist – als Ausdruck ordoliberalen Bemühens um eine zweckmäßige „Geldordnung" vor und nach dem zweiten Weltkrieg im „100-Prozent-Plan" oder „Chicago-Plan" wiederbelebt worden. Siehe dazu *W. Eucken,* Grundsätze der Wirtschaftspolitik, aaO, S. 260 f.
[174] Siehe *W. Eucken,* Grundsätze der Wirtschaftspolitik, aaO, S. 255 ff.
[175] Siehe *L. Miksch,* Wettbewerb als Aufgabe, aaO, S. 223.
[176] Siehe dazu auch *H. Gross,* Die Zukunft d. Wirtschaft, aaO, S. 85 f.
H. Gross, Die Zukunft d. Wirtschaft, aaO, S. 85 f.
[177] Siehe *L. Miksch,* Wettbewerb als Aufgabe, aaO, S. 176 f.

Eine besondere Note erhält die Antimonopolpolitik bei *Miksch* noch dadurch, daß er auch *„Meinungsmonopolen"* den Kampf ansagt[178]. Sie hätten gleiche oder ähnliche Wirkung wie Monopole, seien bisher aber noch nie in eine Antimonopolpolitik einbezogen worden. Dies habe dazu geführt, daß die Produzenten mit massiver Reklame die Schwäche des Verbrauchers, Marktübersicht zu gewinnen, Preise und Qualitäten richtig zu beurteilen, ausnützen, um Meinungsmonopole für ihre Produkte zu schaffen und diese Monopolstellung beim Verbraucher durch „Markenartikel" und die Preisbindung der zweiten Hand zu festigen. Der Staat verhalte sich hier völlig indifferent. Die Folge sei eine Aushöhlung des Handels, die zum Teil auch darauf beruhe, daß der Einzelhandel sich seiner wahren Interessen nicht bewußt sei.

Je weiter entfernt die Ergebnisse der Ordnungspolitik von der Marktform der vollständigen Konkurrenz sind, desto größer müßte gemäß der Logik der ordoliberalen Vorstellungen das Gewicht sein, das die Ablaufspolitik erhält. Ihre Aufgaben ließen sich folgendermaßen umreißen: Sie wäre zunächst dafür verantwortlich, daß die von *Böhm* erwähnten „nationalen Ziele" erreicht würden. Darunter fielen heute zum Beispiel die meisten Maßnahmen der Wachstums- und Strukturpolitik[179]. Ablaufspolitik wäre weiterhin in allen jenen Fällen erforderlich, wo auch die vollständige Konkurrenz der gesamtwirtschaftlichen Zielsetzung nicht gerecht wird und deshalb staatliche Eingriffe erforderlich sind, so zum Beispiel in Form einer Einkommenspolitik, um die Benachteiligung der unteren Einkommensgruppen bei der Befriedigung ihrer Bedürfnisse nach lebensnotwendigen Gütern auszugleichen[180]. Ablaufspolitik wäre schließlich als „Wirtschaftspolitik des Als Ob" da notwendig, wo sich die Marktform der vollständigen Konkurrenz nicht herstellen läßt[181].

Eine solche Kontrolle der unvermeidbaren monopolistischen Bereiche der Wirtschaft ist für die Ordoliberalen selbstverständlich. *Miksch* wendet sich insbesondere dagegen, auf die radikalen Maßnahmen[182] gegenüber Oligopolen zu verzichten und darauf zu vertrauen, daß die Oligopolisten bei straffer Monopolkontrolle sich vor „Monopolkämpfen" hüten würden[183]. Das sei ein Mißverständnis der der gebundenen Konkurrenz zugedachten Aufgabe. Es komme nicht darauf an, die Oligopolisten zu einem friedlichen Verhalten

---

[178] Siehe ebenda, S. 158 ff.

[179] *Röpke* gebraucht diesen Begriff auch für Ordnungspolitik, die die gesamtwirtschaftlichen Daten verändert, um die „sozialen Voraussetzungen" der Marktwirtschaft zu schaffen (Civitas Humana, aaO, S. 79). Die heutige Strukturpolitik ist aber vor allem „Erhaltungs- und Anpassungsintervention" und damit auch im Sinne von *Röpke* Ablaufspolitik (vgl. ebenda, S. 77).

[180] Siehe *W. Eucken,* Grundsätze der Wirtschaftspolitik, aaO, S. 300 f.

[181] Siehe *L. Miksch,* Wirtschaftspolitik des Als Ob, aaO, insbesondere S. 333.

[182] Siehe S. 65.

[183] Eine Ansicht, zu der *Böhm* später neigte (siehe *L. Miksch,* Wirtschaftspolitik des Als Ob, aaO, S. 334, Fußnote 1).

zu zwingen, sondern zu einem Verhalten, das dem bei vollständiger Konkurrenz nahe kommt. Ebenso wird das Wesen der vollständigen Konkurrenz gemäß dem Konzept von *Miksch* verkannt, wenn man versucht, die Kartelle durch Stärkung der Außenseiterposition zu regulieren[184].

Übereinstimmung besteht weiterhin darüber, daß *Konjunkturpolitik* erforderlich ist. Hier scheinen relativ wenig Bedenken zu bestehen. Selbst *Röpke* hebt hervor, daß er in der Krise der dreißiger Jahre zu den Bahnbrechern einer „*aktiven* Konjunkturpolitik" gehört habe, mit künstlich herbeigeführter Kreditexpansion und Investitionsbelebung. Diese Instrumente müßten jedoch eine ultima ratio bleiben und dürften auf keinen Fall in falsche Hände geraten. Die „Vollbeschäftigungspolitik" sei ein klarer Mißbrauch dieser „aktiven Konjunkturpolitik"[185]. Unter *Euckens* „regulierenden Prinzipien" steht die Konjunkturpolitik an führender Stelle[186]. Er gesteht aber doch mehr resignierend zu, daß die Konjunkturpolitik zum Mittelpunkt der Wirtschaftspolitik, ja sogar der Gesamtpolitik[187] geworden ist. Das beruhe auf tiefliegenden Strukturveränderungen des Staates und der Gesellschaft sowie der „geistigen Haltung des modernen Menschen"[188]. *Eucken* möchte die Konjunkturpolitik aber wieder von dem Gewicht befreien, das sie erhalten hat. Dies hofft er durch eine intakte Wettbewerbsordnung, insbesondere eine gesunde Währungsordnung, zu erreichen. Besondere konjunkturpolitische Maßnahmen darüber hinaus hält er für nicht wahrscheinlich[189].

Die Aussichten für eine aktive Wirtschaftspolitik zur Lenkung des Wirtschaftsprozesses sind damit gering. Die inkonsequente Einstellung zur Wirtschaftslenkung, zum Staat scheint sich fortzusetzen. Es bliebe noch, einen Blick auf das Instrumentarium zu werfen, das für eine ordoliberale Wirtschaftspolitik zur Verfügung stände. Die Tatsache, daß das wirtschaftspolitische Instrumentarium nach „marktkonformen" und „nichtmarktkonformen" Mitteln unterschieden und den marktkonformen Mitteln der Vorrang eingeräumt wird, könnte sogar als Hinweis darauf gewertet werden, daß auch nicht marktkonforme ablaufspolitische Maßnahmen zulässig sind.

2.3.4.2. *Die Geldpolitik als „marktkonformes" Mittel der Wirtschaftspolitik*

Für eine „marktkonforme" Wirtschaftspolitik steht in der Geldpolitik ein geeignetes Instrument zur Verfügung. Dieser Tatsache sind sich die Vertreter des Ordoliberalismus durchaus bewußt[190]. Andererseits möchte man aber auch

184 Was die Kartellverordnung von 1923 versucht. Siehe *L. Miksch,* Wettbewerb als Aufgabe, aaO, S. 223.

185 Siehe *W. Röpke,* Civitas Humana, aaO, S. 353 ff.

186 Siehe *W. Eucken,* Grundsätze der Wirtschaftspolitik, aaO, S. 312 ff.

187 Das ist eine Folge des „Wirtschaftsstaates" (siehe S. 61).

188 Vgl. *W. Eucken,* Die Wettbewerbsordnung und ihre Verwirklichung, aaO, S. 88.

189 Vgl. ebenda, S. 91.

190 Siehe S. 75.

im Geldwesen dem Wettbewerbsmechanismus möglichst weitgehend die Lenkungsaufgaben überlassen und sich auf die Schaffung einer geeigneten Geldordnung[191] beschränken. Hier erhebt sich aber die für eine aktive Wirtschaftspolitik im ordoliberalen Sinne entscheidende Frage, ob ein weitgehend dem Wettbewerbsmechanismus überlassenes Geld- und Kreditwesen überhaupt ein wirksames wirtschaftspolitisches Instrument sein kann. Aktive Wirtschaftspolitik heißt doch letztlich nichts anderes als staatliche Lenkung des Wirtschaftsablaufs als Ergänzung der Lenkung über den Wettbewerb. Wenn jedoch das wichtigste Lenkungsinstrument des Staates auch gleichzeitig ein Ergebnis des Wettbewerbsmechanismus sein soll, so entsteht die Gefahr, daß von der „aktiven Wirtschaftspolitik" nur eine „passive" übrigbleibt. Die konsequente Verallgemeinerung „der ordoliberalen Grundidee" vom „geordneten Wettbewerbsmechanismus" könnte dem Ordoliberalismus genauso zum Verhängnis werden wie die „Koalitionsfreiheit" dem traditionellen wirtschaftlichen Liberalismus, der glaubte, man könne es dabei bewenden lassen, die wirtschaftliche Freiheit zum allgemein geltenden Prinzip zu machen.

In dieser Sicht erscheint es durchaus konsequent, wenn die ersten Versuche zur Beschränkung der wirtschaftlichen Freiheit im Bereich von Geld und Währung beginnen. Das gilt nicht nur für *Ricardo* und die Currency-Theoretiker[192], sondern auch für die Versuche einer internationalen Koordinierung der Weltwirtschaft nach Beendigung des zweiten Weltkriegs. Diese Versuche[193] beginnen ebenfalls mit einer Neuordnung des Währungssystems. Das ordoliberale Gedankengebäude liefert sogar erst den Schlüssel für die Verbindung zwischen Ordnung und Lenkung der Weltwirtschaft und Freihandel. In diesen Zusammenhang fügt sich auch *Euckens* Forderung nach dem *„Primat der Währungspolitik"* – das erste seiner „konstituierenden Prinzipien" für die „Politik der Wettbewerbsordnung"[194] – sehr gut ein.

So überrascht es weiterhin keineswegs, daß sich die Vertreter des Ordoliberalismus alter Vorstellungen von *Ricardo* und der Currency-Theoretiker zur Ordnung des Geldwesens wieder erinnern[195]. Man will den privaten

---

[191] *L. Miksch,* Wirtschaftspolitik des Als Ob, aaO, S. 322 ff. und *W. Eucken,* Grundsätze der Wirtschaftspolitik, aaO, S. 257 ff.

[192] *Miksch* wehrt sich energisch gegen eine solche Parallele. Diese frühe Revision des wirtschaftlichen Liberalismus tut er einfach als „Irrtum" ab (siehe Wirtschaftspolitik des Als Ob, aaO, S. 324 sowie S. 56, insbesondere Fußnote 7 der bisherigen Ausführungen).

[193] Siehe S. 174 ff.

[194] Siehe S. 76.

[195] Siehe *W. Eucken,* Grundsätze der Wirtschaftspolitik, aaO, S. 260 f. und *L. Miksch,* Wettbewerb als Aufgabe, aaO, S. 136 sowie *derselbe,* Wirtschaftspolitik des Als Ob, aaO, S. 324 ff. Am ausführlichsten und grundlegendsten hat sich *Friedrich A. Lutz* in seiner bereits 1936 als Band 2 der von *Böhm* begonnenen Reihe „Ordnung der Wirtschaft" erschienenen Arbeit „Grundprobleme der Geldverfassung" (Stuttgart 1936) mit dem Problem der Geldordnung befaßt. Die Arbeit ist auch enthalten in:

Banken die Möglichkeit zur Geldschöpfung (die Freiheit im Passivgeschäft) nehmen, den Wettbewerb im Aktivgeschäft aber durch Unterstellung unter die Wettbewerbsordnung um so effektiver machen. Die Geldschöpfung soll dagegen zentralisiert werden. So zumindest scheint man es sich zunächst in Übereinstimmung mit den Currency-Theoretikern vorzustellen. *Lutz* knüpft hier ausdrücklich an und möchte die von ihnen unberücksichtigt gelassene Giralgeldschöpfung ebenso zentralisieren wie die Notenausgabe[196]. Das von ihm herausgearbeitete Grundprinzip eines Leitfadens für die Geldverfassung soll darin bestehen, „daß Macht und Verantwortung über das Geld dem Staat oder seiner Zentralbank zufällt, daß aber die qualitative Kreditkontrolle Sache privater, dem Wettbewerb unterworfener Institute ist“ [197].

Am konsequentesten sieht *Gestrich* die Bedeutung der Geld- und Kreditpolitik für die Wirtschaftspolitik in einer Marktwirtschaft. *Miksch* beruft sich auch auf ihn, aber offenbar nur im Hinblick auf den Grundgedanken der Trennung von Aktiv- und Passivgeschäft. Für *Gestrich* gibt es „kein anderes Mittel der Lenkung als die mit allen Machtmitteln ausgerüstete Geld- und Kreditpolitik, wenn man die Verkehrswirtschaft mit individueller Freiheit des Verbrauchers, des Sparens und der Investition aufrecht erhalten und nicht vorwiegend Elemente zentralgeleiteter Wirtschaft verwenden will“. Daraus folgt „unausweichlich die merkwürdige Tatsache, daß eine möglichst störungsfrei ablaufende Verkehrswirtschaft eine zentralgeleitete, mit allen notwendigen Machtmitteln für Beherrschung des Geld- und Kreditsystems arbeitende Kreditpolitik braucht“ [198].

Die Ordoliberalen scheuen sich, solche – radikalen – Konsequenzen aus dem Wunsch nach „aktiver Wirtschaftspolitik“ zu ziehen; denn ein künstlich zu schaffendes „Geldmonopol“ scheint der ordoliberalen „Politik der Wirtschaftsordnung“ zuwiderzulaufen, die gegen jede Monopolbildung gerichtet ist. Einer solchen „zentralen Planung auf dem Gebiete des Geldwesens“, einer „Planung der Geldpolitik“ wird dann auch die Tendenz unterstellt, Kräfte auszulösen, die von einer „durch den Preismechanismus dirigierten Verkehrswirtschaft in eine zentralgeleitete Wirtschaft“ führen[199]. Aus dieser Befürchtung heraus entsteht dann im Ordoliberalismus die Neigung, auch für die Geldschöpfung die Lenkung durch vollständige Konkurrenz zu fordern. Das gilt für eine Wirtschaftspolitik als folgerichtig, die von der „Theorie der Marktformen“ sowie von „Wirtschaftsordnungen“ ausgeht und sich in politischer Hinsicht durch die „Übereinstimmung ihrer rationalen nicht weiter

---

F. A. Lutz, Geld und Währung. Gesammelte Abhandlungen. Tübingen 1962, S. 28 ff. (Die folgenden Seitenangaben beziehen sich auf diesen Sammelband). Siehe auch *derselbe,* Geldpolitik und Wirtschaftsordnung. In: Ordo. Bd. 2 (1949), S. 207 ff.

196 Vgl. *F. A. Lutz,* Grundprobleme der Geldverfassung, aaO, S. 99 f.

197 Ebenda, S. 101 f.

198 *Hans Gestrich,* Kredit und Sparen. 2. Auflage. Godesberg 1947. S. 155.

199 Vgl. *F. A. Lutz,* Geldpolitik und Wirtschaftsordnung, aaO, S. 215 f.

zu begründenden Zielsetzung mit den Grundlagen der abendländisch-christlichen Kultur legitimiert" [200].

Das gesamte Gebäude des Ordoliberalismus droht an der „Geldordnung" zu zerbrechen. Das Ergebnis wäre nicht die Abschaffung des „Laissez-faire", die Überwindung der angeprangerten Eigengesetzlichkeit der durch den Marktautomatismus gelenkten Wirtschaft, sondern lediglich ein staatlich geordnetes „Laissez-faire". Man erkennt die neue Aufgabe, die bedeutende Rolle des Staates, schreckt aber davor zurück, ihm ein wirksames Instrumentarium zur Verfügung zu stellen, weil man dem Staat letztlich doch mißtraut und sich wieder in den alten Marktautomatismus flüchtet.

Demselben „liberalen Vorurteil" entspringt auch die Abneigung gegen *Keynes.* Es werden alle Instrumente ignoriert, die dazu geeignet sein könnten, die gesamtwirtschaftliche Entwicklung zu steuern. Wenn schon Eingriffe in eine als „natürlich" empfundene Ordnung erforderlich sind, dann sollen sie sich auf Teilbereiche der Wirtschaft beschränken. Der Gesamtstrom der Entwicklung muß vom Marktautomatismus gesteuert werden. Dieses „liberale Vorurteil" wird bei der Geld- und Kreditpolitik besonders deutlich. Während man sich mit einem Monopol auf dem Arbeitsmarkt und auch auf Warenmärkten als lediglich von „partieller" Bedeutung abfindet[201], ebenso mit staatlichen Eingriffen in die Preisbildung, erscheint das „Geldschöpfungsmonopol" als verderblich[202], denn es soll „auf Grund des universellen Charakters des Geldes das gesamte Preisniveau bestimmen, dessen Veränderungen wegen der Überschneidungen von Geld und Kapital für sämtliche wirtschaftlichen Dispositionen entscheidend sind".

Deutlicher kann die Chance, Daten der gesamtwirtschaftlichen Entwicklung zu beeinflussen – im Gegensatz zum Laissez-faire –, dafür aber den wirtschaftlichen Prozeß im einzelnen dem Wettbewerbsmechanismus zu überlassen, gar nicht vertan werden. Wenn demnach die – wie *Miksch* zugesteht[203] – „theoretisch vorzüglich geschulten und wirtschaftspolitisch sattelfesten Männer der Currency-Theorie" sich trotzdem für das „Geldmonopol" einsetzen, so dürfte das nicht, wie *Miksch* es sehen möchte, auf einem einfachen Irrtum beruhen, sondern vielmehr gerade Ausdruck der vorzüglichen theoretischen Schulung und wirtschaftspolitischen Sattelfestigkeit sein.

[200] Siehe *L. Miksch,* Die Wirtschaftspolitik des Als Ob, aaO, S. 336 f. Zitat im Original gesperrt. Auch *Röpke* bringt für eine zentrale Geld- und Kreditpolitik kein Verständnis auf. Siehe *Wilhelm* Röpke, Zentralisierung und Dezentralisierung als Leitlinien der Wirtschaftspolitik. In: *E. Lagler* und *J. Messner* (Herausgeber), Wirtschaftliche Entwicklung und soziale Ordnung, aaO, S. 17 ff.

[201] Vgl. *L. Miksch,* Wirtschaftspolitik des Als Ob, aaO, S. 336.

[202] Siehe dazu auch *W. Eucken,* Deutschland vor und nach der Währungsreform, aaO, S. 183. Hierbei ist es von untergeordneter Bedeutung, ob es sich um ein staatliches oder „privates" Monopol handelt. Wenn es aber schon ein Monopol sein muß, würde es nach den ordoliberalen Prinzipien ein staatliches oder staatlich kontrolliertes sein müssen.

[203] *L. Miksch,* Wirtschaftspolitik des Als Ob, aaO, S. 324.

In der Haltung zur Geld- und Kreditpolitik entscheidet sich der Kampf des neuen Liberalen gegen den alten. Jeder Liberale nach 1945 scheint ständig zwei Seelen in seiner Brust zu haben. Dabei sieht es aus, als ob zunächst der alte Liberale über den neuen siegt. Die Bedeutung der Geld- und Kreditpolitik für die aktive Wirtschaftspolitik wird zwar anerkannt. Später aber lehnt offenbar auch *Miksch*[204] ähnlich wie *Eucken*[205] ein „staatliches Geldschöpfungsmonopol" und darüber hinaus sofort die gesamte „moderne Geld- und Kreditpolitik" als „Irrweg" ab.

Der Kreis um das alte liberale Denkgebäude ist wieder geschlossen mit der Forderung, zur *Goldwährung* mit ihrem Geldschöpfungsautomatismus zurückzukehren[206] oder einem zeitgemäßen Ersatz, wie zum Beispiel der *Waren-Reserve-Währung*[207]. Der *Miksch* des „Wettbewerb als Aufgabe" ist ein anderer als der der „Wirtschaftspolitik des Als Ob". Hier erhält der Staat deutlich wieder nur die Rolle, sich dem Wettbewerbsmechanismus anzupassen, ihn nachzuahmen[208], nicht aber der gesamtwirtschaftlichen Entwicklung – in Abweichung von der Politik des Laissez-faire – Daten zu setzen. Auch die Investitionen in die Infrastruktur sollen über den Markt gesteuert werden[209].

2.3.4.3. Möglichkeiten und Gefahren einer ordoliberalen Wirtschaftspolitik

Wenn es noch Zweifel daran geben sollte, daß der Ordoliberalismus den alten Harmonieglauben des traditionellen Liberalismus entscheidend korrigiert, so bliebe der Hinweis auf die Anknüpfung an den mittelalterlichen Ordo-Gedanken[210], der ja noch heute in der katholischen Soziallehre weiterlebt, auf die sich die „Ordoliberalen" gern beziehen[211]. Die Wirtschaft ist dann aber „kein gesetzlich ablaufender Naturprozeß, sondern ein dem planenden Menschen unterworfener, gesellschaftlicher Lebensprozeß ... Läßt sich dieses der Wirtschaft vorgegebene Ziel nicht mit marktkonformen Mitteln erreichen, *dann gehören auch nicht-marktkonforme Interventionen zum Instrumentarium einer verantwortungsbewußten Wirtschaftspolitik*"[212].

---

[204] Siehe ebenda, S. 328 ff.

[205] Siehe *W. Eucken*, Grundsätze der Wirtschaftspolitik, aaO, S. 259 ff.

[206] Siehe *L. Miksch*, Wirtschaftspolitik des Als Ob, aaO, S. 336.

[207] Siehe *W. Eucken*, Grundsätze der Wirtschaftspolitik, aaO, S. 261 f.; *F. A. Lutz*, Geldpolitik und Wirtschaftsordnung, aaO, S. 226 ff.

[208] Vgl. *L. Miksch*, Wettbewerb als Aufgabe, aaO, S. 333.

[209] Vgl. *W. Eucken*, Deutschland vor und nach der Währungsreform, aaO, S. 179.

[210] Siehe *W. Eucken*, Grundsätze der Wirtschaftspolitik, aaO, S. 372; vgl. auch *E.-W. Dürr*, aaO, S. XXVII und S. 148.

[211] Vgl. dazu *W. Röpke*, Civitas Humana, aaO, S. 18 und Anmerkung 15, S. 96 f.; *Fritz Ottel*, Untergang oder Metamorphose der Sozialen Marktwirtschaft. Stuttgart 1963, S. 30.

[212] *Egon Edgar Nawroth*, Die wirtschaftspolitischen Ordnungsvorstellungen des Neoliberalismus, aaO, S. 23. Hervorhebung im Original.

Diesem „Ordo-Gedanken“ könnte ein wirtschaftspolitisches Programm, wie *Miksch*[213] es für die Nachkriegszeit entwirft, noch gerecht werden. Es sollte drei Aufgaben lösen: die Beseitigung der Bewirtschaftung nach Überwindung der „übermäßigen Warenknappheit“, die Schaffung günstiger Bedingungen für die vollständige Konkurrenz und, wo es nicht möglich ist, die Sicherstellung der staatlichen Lenkung, sei es als Monopolkontrolle oder als gebundene Konkurrenz.

Die Chancen, die der Ordoliberalismus einer liberalen, aktiven Wirtschaftspolitik eröffnen könnte, scheinen jedoch an den alten liberalen Vorurteilen zu scheitern: Vorherrschend bleibt die Vorstellung von der Wirtschaft als einem sich selbst steuernden Mechanismus. Das hindert den Ordoliberalismus trotz seiner bewußten Anknüpfung an den „Ordo-Gedanken“ der katholischen Soziallehre daran, die Chancen der Wirtschaftslenkung für den neuen (Wirtschafts-) Liberalismus zu nutzen. Demgegenüber sind die Ordoliberalen fasziniert von einer nur durch revolutionäre Veränderungen von Wirtschaftsstruktur und Wirtschaftsordnung zum Erfolg führenden „Ordnungspolitik“. Ihr utopisches Leitbild ist die Marktform der vollständigen Konkurrenz.

Auf dem Hintergrund des wirtschaftspolitischen Gebäudes, an dem sich der Ordoliberalismus zu orientieren scheint, ließe sich sein wirtschaftspolitischer Ausgangspunkt folgendermaßen charakterisieren: Von einer umfassenden „Strukturpolitik“ wird erwartet, daß sie nicht nur zu einer optimalen Gestaltung des Produktionsablaufs führt, sondern auch zu einer funktionalen Einkommensverteilung, die sich mit der gesellschaftlich erwünschten, personellen Einkommensverteilung weitgehend deckt *(von Stackelbergs* „identische Transformation“). Auf diese Weise ergibt sich die angestrebte Einheit von Gesellschafts-, Wirtschafts- und Sozialpolitik.

Dieses utopische Leitbild ist schlecht dazu geeignet, das traditionelle liberale Mißtrauen gegenüber dem Staat abzubauen und ihm gar das Recht zuzubilligen, den Wirtschaftsprozeß zu lenken. Je mehr die bestehende Ordnung bereits mit der angestrebten zukünftigen Ordnung identifiziert wird, desto mehr wird ein wichtiger Teil des Gedankens der Wirtschaftsordnung wieder hinauskomplimentiert[214]. Die Kritik an einer „Wirtschaftspolitik der Mittel-

[213] Vgl. *L. Miksch, Wettbewerb* als Aufgabe, aaO, S. 223.

[214] Diese Situation des Ordoliberalismus charakterisiert *Oswald von Nell-Breuning* treffend auf folgende Weise: Der alte Harmonieglaube wird zwar fallengelassen. „Allerdings hat man den Eindruck, daß er doch immer wieder sich einzuschleichen versucht, mindestens auf dem Wege, daß die Vorstellung zugrunde liegt, diese Ordnung, wenn sie auch schon sich nicht selbst einstellt, sei doch die einzig ‚natürliche‘, d. h. richtige; man möchte wünschen, daß sie die Freundlichkeit hätte, sich von selber einzustellen“ (Gemeinsames und Trennendes in den Hauptrichtungen der Wirtschaftswissenschaft und Wirtschaftspolitik. In: Grundfragen der Wirtschaftsordnung, aaO, S. 218).

wege“[215], die sich um einen Kompromiß der beiden Extreme (Laissez-faire und Zentralverwaltungswirtschaft) durch eine „Kombination von Freiheit und zentraler Lenkung“ bemüht und für die *Keynes* und die „Vollbeschäftigungspolitik“ als abschreckendes Beispiel hingestellt werden, zeugt deutlich von einer mangelnden geistigen Bereitschaft zu einer „aktiven Wirtschaftspolitik“. Der Gedanke der „Wirtschaftsordnung“, die „Politik der Wettbewerbsordnung“ kann so zu einer Entschuldigung für wirtschaftspolitische Untätigkeit werden. Damit haben Interessengruppen gegenüber dem Staat eine günstige Ausgangsbasis – zur Abwehr staatlicher Wirtschaftspolitik, aber auch für Forderungen nach staatlichen Eingriffen, wenn der „Markt“, das heißt die eigene schlechte wirtschaftliche Lage, es ratsam erscheinen läßt.

Die Wirtschaftspolitik des Als Ob besteht in Anpassung an einen gesellschaftlicher Weisheit entrückten Marktmechanismus, nicht jedoch in wirklicher wirtschaftspolitischer Aktivität. Was zu tun ist, bestimmt er – bzw., in der Sicht der Ordoliberalen, die ihn steuernden mächtigen wirtschaftlichen Kräfte. Gerade hier setzt das Mißtrauen der Ordoliberalen ursprünglich ein – gekrönt durch die Forderung an die Nationalökonomie als die „Wissenschaft vom Wirtschaftsganzen“, sich ihrer „großen praktischen Aufgabe“ bewußt zu sein, nämlich das Verständnis der breiten Masse für den Gedanken der Wirtschaftsordnung zu fördern und die Zustimmung und Mithilfe dieser Masse zu gewinnen[216].

Die Fortentwicklung des ordoliberalen Gedankens deutet in eine Richtung, die die Ablaufspolitik gesamtwirtschaftlich wirkungslos macht und sie, auf Grund des traditionellen liberalen Vorurteils, daß der Markt den Wirtschaftsablauf lenken soll und nicht der Staat, zum Spielball der wirtschaftlichen Interessenten werden läßt – ein Alptraum des Ordoliberalismus.

Diese Gefahr für die Ablaufspolitik ist um so verhängnisvoller für die ordoliberale Wirtschaftsordnung, je längere Zeit die Verwirklichung der revolutionären ordnungspolitischen Ziele erfordert. Denn bis dahin ist der Steuermechanismus der Gesamtwirtschaft in Anbetracht der für erforderlich erachteten revolutionären Veränderungen wesentlich beeinträchtigt. Genaugenommen gilt für diese Situation dasselbe Argument, mit dem *Miksch* ein Geldmonopol ablehnt[217]: Es fehlt an dem notwendigen Maßstab für eine Politik des Als Ob, da es sich um einen global wirkenden Eingriff handelt, der sich nicht wie ein Eingriff in einem „partiellen“ Bereich an der Entwicklung in den Bereichen mit vollständiger Konkurrenz orientieren kann. Folglich erhält

---

[215] Siehe *W. Eucken*, Grundsätze der Wirtschaftspolitik, aaO, S. 140 ff.; *derselbe*, Die Wettbewerbsordnung und ihre Verwirklichung, aaO, S. 14 ff.: „Es entsteht ein Gegeneinander der lenkenden Kräfte. Zentrale Pläne und Pläne der Konsumenten wirken nicht zusammen. Es ist in der Tat so, als ob zwei Dirigenten mit zwei Kapellen in einem Raum spielen, bis die eine sich der anderen unterordnet“ (ebenda, S. 15).

[216] Vgl. *W. Röpke*, Die Lehre von der Wirtschaft, aaO, S. 325.

[217] Siehe S. 81.

Wirtschaftspolitik während der „Übergangszeit" zum revolutionären Endziel erst dadurch ihren Sinn, daß sie Ablaufspolitik mit von der Gesellschaft fixierter Zielsetzung ist[218]. Denn der Markt als Maßstab ist ungeeignet, weil niemand voraussehen kann, wie die Entwicklung der Volkswirtschaft verlaufen würde, wenn der angestrebte Endzustand der Ordnung bereits erreicht wäre.

Der Weg hierhin wird zusätzlich durch ein konservatives Vorurteil gegen Veränderungen nicht unwesentlich erschwert. Es schlägt sich zum Beispiel nieder in *Euckens* Forderung nach einer *„Konstanz der Wirtschaftspolitik"* als „konstituierendes Prinzip", damit die Investitionslust der Unternehmer nicht beeinträchtigt wird[219]. Dies ist ein für eine revolutionäre Ordnungspolitik nicht sehr förderliches Prinzip. Um ihm trotzdem in einer sich schnell ändernden Welt Rechnung zu tragen, könnte eine langfristige „Wirtschaftsplanung" den Unternehmern als Orientierung dienen und ihnen die verlangte Sicherheit für ihre Dispositionen geben. Vielleicht dachte *Röpke* auch hieran, als er feststellte, daß selbst Ordnungspolitik eines Plans bedürfte[220]. Diese Bedeutung der Wirtschaftsplanung mußte jedoch in der angedeuteten Weiterentwicklung der ordoliberalen Gedanken verlorengehen, weil zumindest die globale und langfristige Entwicklung sich aus dem Markt und nicht aus der staatlichen Wirtschaftsplanung ergeben sollte.

Die eigentliche Wurzel des konservativen wie des liberalen Vorurteils im Ordoliberalismus scheint in dem Gefühl zu liegen, die Wirtschaft könnte den Wünschen der Verbraucher, für die sie allein da ist, vorauseilen; denn die alte liberale Wirtschaftsverfassung ist von der Technik überrannt worden: „Und auch jetzt steht der technische Fortschritt vor uns als ein unheimliches Geschehen mit einem unbekannten Ziel, eine unablässige Umwälzung aller Lebensbedingungen, die keine ruhige Überlegung, keine wirkliche Pflege der menschlichen und kulturellen Werte zuläßt. Die Technik hat die Menschheit aus einer Revolution in die andere gepeitscht, hat ihre materiellen Mittel ins Ungeheuerliche gesteigert, aber ihrer Seele geschadet. Die liberale Wirtschaftsfreiheit hat, indem sie die alten Bindungen auflöste, dieser Entwicklung den

[218] Eine ähnliche Problematik gibt es in der modernen ökonomischen Theorie, die Gleichgewichtszustände *(Keynes)* oder „gleichgewichtige Wachstumspfade" (Wachstumstheorie) analysiert, während der wirtschaftspolitisch relevante Bereich gerade der außerhalb der „Gleichgewichte" ist. Aus der Fülle der Literatur zur modernen Wachstumstheorie siehe hier insbesondere *Hans-Jürgen Vosgerau*, Über optimales wirtschaftliches Wachstum. Ein Beitrag zur makroökonomischen Theorie des Investitionsoptimismus. In: Veröffentlichungen der List Gesellschaft e. V. Bd. 43. Reihe B. Studien zur Ökonomik der Gegenwart. Basel, Tübingen 1965.

[219] Vgl. *W. Eucken*, Grundsätze der Wirtschaftspolitik, aaO, S. 285 ff. Eine solche Rücksicht gilt als wesentliche Voraussetzung dafür, daß das von der *„Keynes*-Schule" propagierte Instrumentarium gegen die mangelnde private Investitionsneigung für die Wirtschaftspolitik überflüssig wird. Denn die Investitionschancen gelten wie die menschlichen Bedürfnisse als unerschöpflich. Die Abneigung gegen *Keynes* erweist sich somit stärker als die Logik des ordoliberalen Systems.

[220] Siehe S. 58.

Weg gebahnt." Aber die „Geldordnung des 19. Jahrhunderts" gilt als eigentlich schuldig daran, daß „der technische Fortschritt sich überstürzen konnte". Die Konsumenten sind des Rechts beraubt worden, „das Ausmaß der Investitionen zu bestimmen"[221].

Das gern übersehene Ergebnis solcher Politik erblickt *Miksch*[222] darin, „daß die Methode der zusätzlichen Geldschöpfung ein ganz anderes Problem von nicht geringer sozialer Bedeutung aufwirft, indem nämlich das aus der Zwangsersparnis entstehende Vermögen nicht demjenigen gehört, der den Konsumverzicht auf sich nehmen mußte, sondern den Unternehmungen, denen damit von der Gesamtheit ein Geschenk gemacht wird. Die Konzentration des Besitzes wird also ebenso gefördert wie die Ausbildung monopolistischer Machtstellungen".

Der außerökonomische Hintergrund des neuen liberalen Gedankengebäudes scheint sich mit dem der sozialistischen Zeitströmung zu berühren: Es ist die von *Marx* als „Entfremdung" charakterisierte neue „unpersönliche" Beziehung zwischen den arbeitenden Menschen und ihren Produktionsmitteln, die den Menschen beherrschen und nicht von ihm beherrscht werden. Was die Verwirklichung der neuen liberalen Ordnung betrifft, so sind die Ordoliberalen jedoch nicht sehr optimistisch. *Miksch*[223] möchte seine „wirtschaftspolitischen Grundsätze, die den Anspruch erheben, einer universellen Anwendung fähig zu sein", nicht als Beitrag zur Tagespolitik gewertet wissen. Resignierend stellt er fest, eine solche Wirtschaftspolitik sei genötigt, „ihre Zeit abzuwarten und kann sie abwarten, weil es keine wirtschaftspolitischen Zwangsläufigkeiten gibt. Diese Zeit wird kommen, vielleicht in Jahrzehnten, vielleicht noch später".

Auch wenn man berücksichtigt, daß die Resignation von *Miksch* getragen wird von der *Spengler*schen Charakterisierung des 20. Jahrhunderts als das Jahrhundert der großen kriegerischen Auseinandersetzungen, die die Errichtung einer neuen Ordnung behindern, bleibt doch rätselhaft, was einen Ordoliberalen im Jahre 1949[224] zu einem solchen Pessimismus gegenüber dem eigenen wirtschaftspolitischen Konzept veranlaßt. Das Jahr 1945 bietet doch wirklich einen guten Ausgangspunkt – auch für „revolutionäre" Veränderungen. Hinzu kommt die Entscheidung der Vereinigten Staaten, wenigstens in den Westzonen eine freiheitliche Ordnung zu errichten. Die Hoffnungen auf eine Verwirklichung des ordoliberalen Konzepts stützen sich gerade auf die Vereinigten Staaten[225]. Liberale Autoren befürworten selbst eine Beschränkung

[221] *L. Miksch*, Wirtschaftspolitik des Als Ob, aaO, S. 338.

[222] Ebenda, S. 337.

[223] *L. Miksch*, Wirtschaftspolitik des Als Ob, aaO, S. 338. Vgl. auch *W. Eucken*, Grundsätze der Wirtschaftspolitik, aaO, Vorwort *E. Eucken*, S. VI.

[224] Dem Aufsatz liegt ein Vortrag zugrunde, den *Miksch* am 17. 6. 1948 an der Wirtschaftshochschule in Mannheim gehalten hat (vgl. *L. Miksch*, Wirtschaftspolitik des Als Ob, aaO, S. 310, Fußnote 1).

[225] Siehe S. 46.

der Friedensbemühungen auf die drei Westzonen und bauen darauf, daß der wirtschaftliche Wiederaufbau Deutschlands mit Hilfe Amerikas in wenigen Jahren zu bewältigen sei[226].

Die Ordoliberalen sehen selbst die größte Gefahr ihres Programms darin, „daß die Wirklichkeit nach einem abstrakten Schema zurechtgebogen werden soll", wie *Miksch*[227] diese Gefahr charakterisiert. „Die Verankerung der Wettbewerbspolitik in der konkreten Marktform" verlange „Realismus und Detailkenntnis in einem viel höheren Grade als sie bisher in der Wirtschaftspolitik aufgewendet wurden. Nur wer Wirklichkeitsnähe mit Prinzipienlosigkeit verwechselt, kann das verkennen." Andererseits warnt *Böhm*[228] vor der Neigung, „namentlich in Wirtschaftskreisen", bei Abweichungen zwischen wirtschaftlicher Wirklichkeit und Leitbild der Wirtschaftsverfassung „die Schuld *einseitig* bei der Wirtschaftsverfassung zu suchen und anzunehmen, daß das von der Rechtsordnung autoritär aufgerichtete Idealbild entweder wirtschaftspolitisch unvernünftig oder praktisch undurchführbar oder aber beides zugleich sei".

Hinzu kommt für die ordnungspolitischen Bemühungen der Nachkriegszeit der Makel, daß sie mit dem „*Morgenthau*-Geist"[229] in Verbindung gebracht und somit als Schädigung nationaler Interessen – gerade von den Betroffenen – gebrandmarkt werden könnten. „Eine derartige äußerst bedenkliche Entwicklung" hält *Miksch*[230] nur für vermeidbar, wenn die politisch gewünschte Beseitigung wirtschaftlicher Machtstellungen gleichzeitig mit der Schaffung der Wettbewerbsordnung erfolgt, denn sie schädige die Leistungskraft der deutschen Wirtschaft nicht, sondern erhöhe sie.

In diesem Zusammenhang warnt *Röpke*[231] sehr eindringlich vor jenen „unverbesserlichen Liberalen der alten Schule", die das wirtschaftspolitische Programm billigen, aber das gesellschaftspolitische ablehnen und umgekehrt. Eine auf sich allein gestellte Marktwirtschaft nennt er „gefährlich, ja unhaltbar, weil sie dann die Menschen auf eine durchaus unnatürliche Existenz reduzieren würde, die sie früher oder später abwerfen mitsamt der ihnen verhaßt gewordenen Marktwirtschaft". Wirtschafts- und gesellschaftspolitisches Programm seien deshalb als unaufgebbare Einheit zu betrachten. Nur bei einer „widergelagerten Gesellschaftspolitik" läßt sich die Marktwirtschaft halten.

Diese Grundhaltung scheint jedoch – angesichts der beim deutschen Wiederaufbau zu lösenden Probleme – immer mehr jenem Pragmatismus zu weichen, der die Lösung konkreter wirtschaftspolitischer Aufgaben für wichtiger er-

---

[226] Vgl. dazu *G. Stolper*, Deutsche Wirklichkeit, aaO, S. 273 f. und 285.

[227] *L. Miksch,* Wettbewerb als Aufgabe, aaO, S. 209 f.

[228] *Böhm,* Die Ordnung der Wirtschaft, aaO, S. 65.

[229] Siehe S. 157 ff.

[230] *L. Miksch,* Wettbewerb als Aufgabe, aaO, S. 212.

[231] Siehe *W. Röpke,* Civitas Humana, aaO, S. 82 ff.

achtet als ordnungspolitische Grundsatzdebatten. Das zeigte sich bereits im Falle von *Eucken*[232]. Auch *Röpke*[233] zieht aus der Einsicht, daß die Marktwirtschaft ein „Objekt ständiger aktiver Politik" sein muß, im Jahre 1948 die Folgerung, daß diese Politik nicht nur „Ordnungspolitik" und „marktkonforme" wirtschaftspolitische Eingriffe erfordert, sondern – je nach der Situation – auch Eingriffe in den Wirtschaftsprozeß.

Das soll „undoktrinär" geschehen und bis zur „Schwelle zum Kollektivismus" reichen. Sie wird überschritten, „wenn die zeitliche Steuerung des Wirtschaftsprozesses durch den Staat übernommen wird"[234]. *Röpke*[235] warnt vor der Verwischung der Grenzen zum Kollektivismus, insbesondere vor der Verwischung der Grenze zwischen Monopol und Wettbewerb. Das diene nur den „Monopolinteressen" und den „Kollektivisten"[236]. In der undoktrinären Betrachtungsweise erscheint auf einmal auch *Keynes* in einem neuen Licht: Er habe sich zwar in einen „Flirt" mit sozialistischen Gedanken eingelassen, sei jedoch im übrigen dem Ideal eines liberalen Wirtschafts- und Gesellschaftssystems verpflichtet[237].

Aber sogar der Sozialismus verliert für die Ordoliberalen seinen Schrecken. Es wird zugestanden, daß eine Charakterisierung des Sozialismus als „Weg in die Knechtschaft" eine Denunziation darstellt[238]. *Röpke* stellt darüber hinaus die Frage, ob es bei der Ablehnung des Kollektivismus überhaupt zweckmäßig sei, noch von „irgendeiner Art von Liberalismus" zu sprechen, weil der Anti-Kollektivismus auch eine religiös-konservative Wurzel habe, die „antiliberal" sei, nämlich das Bekenntnis zur „natürlichen Ordnung"[239]. Hier tritt wieder der autoritäre Zug des Ordoliberalismus hervor, der bereits erwähnt worden ist[240].

Die Konfrontation des Ordoliberalismus mit den wirtschaftspolitischen „Alltags-Problemen" zwingt dazu, sich den sozialistischen Neigungen in der Bevölkerung zu stellen, ohne jedoch die Marktwirtschaft als Leitbild aufzugeben. Sie gilt als das „beherrschende", nicht das „alleinige" Prinzip. Es bleibt dem „wirtschaftspolitischen Takt" der Regierung überlassen, die Grenze der „nicht-marktwirtschaftlichen Bereiche und Eingriffe" festzulegen und die „Homogenität der Wirtschaftspolitik" zu sichern. Da jedoch eine „überaus

---

[232] Siehe S. 56.

[233] Siehe *W. Röpke,* Die natürliche Ordnung. Die neue Phase der wirtschaftspolitischen Diskussion. „Kyklos". Bern. Vol. 2 (1948), S. 216 ff.; siehe dazu auch *derselbe,* Ist die deutsche Wirtschaftspolitik richtig? Analyse und Kritik (Stellungnahme zur deutschen Wirtschaftslage und Wirtschaftspolitik. Gutachten im Auftrage der Bundesregierung). Stuttgart 1950, S. 20 ff. Auf den Wandel in *Röpkes* Haltung weist insbesondere *F.-W. Dörge* (aaO, S. 129 ff.) hin.

[234] Vgl. *W. Röpke,* Maß und Mitte. Zürich 1950, S. 150.

[235] Vgl. *derselbe,* Die natürliche Ordnung, aaO, S. 220 ff.

[236] Vgl. *W. Röpke,* Die natürliche Ordnung, aaO, S. 221.

[237] Vgl. ebenda, S. 218.

[238] Vgl. ebenda, S. 213.

[239] Siehe ebenda, S. 226 und 226 ff.

[240] Siehe S. 42 ff.

starke Tendenz" zur Verdrängung der Marktwirtschaft in Rechnung gestellt wird, „wird die Wirtschaftspolitik gut beraten sein, wenn sie sich von vornherein mit Widerstand und Mißtrauen gegenüber allen diesen Tendenzen wappnet und von Fall zu Fall den strengen Beweis dafür fordert, daß eine Beeinträchtigung der Marktwirtschaft angezeigt ist"[241].

In dieser politischen Lage verschiebt sich der Blickwinkel von der Einheit der Wirtschafts- und Gesellschaftspolitik zu der als vordringlich erscheinenden Aufgabe: „Vom Kollektivismus (der ‚zurückgestauten' Inflation) zur *freien* Marktwirtschaft"[242]. Die Frage der „wirtschaftlichen Gesamtordnung" wird getrennt von den „sozialen Fragen der Korrektur der Einkommensverteilung, der Sicherheit und des Schutzes der Schwachen", den „politischen Fragen der Machtverteilung im Staat" und den „soziologisch-anthropologischen Fragen der Entproletarisierung, Entmassung und Dezentralisation".

Die „Marktwirtschaft", so wird nun betont, beantwortet nur die Fragen nach der wirtschaftlichen Gesamtordnung, „während durchaus offen bleiben kann, auf welche Weise die übrigen Fragen am besten zu lösen sind, freilich immer unter der Voraussetzung, daß damit nicht die Funktionsfähigkeit der Marktwirtschaft in dem ihr zugewiesenen engeren Bereich des Wirtschaftsprozesses gestört oder gelähmt wird"[243]. Die Wirtschaftsordnung stellt hier nicht mehr die im klassischen Wirtschaftsliberalismus vorausgesetzte Identität der Marktwirtschaft als bestes Mittel der wirtschaftlichen Leistungssteigerung und als Konsequenz aus einer freiheitlichen Gesellschaftsordnung künstlich her[244], sondern wird zu einer Ordnung, die lediglich für die größte Leistungsfähigkeit der Wirtschaft zu sorgen hat. Andere gesellschaftliche Ziele sind außerhalb der Wirtschaftsordnung zu lösen, aber ohne die Marktwirtschaft zu beeinträchtigen. Was hier fasziniert, ist damit vor allem „die mehr oder weniger brutale Disziplin, die Wettbewerb und Marktwirtschaft uns aufzwingen"[245].

Diese Vorstellungen führen hin zu der Interpretation der „Sozialen Marktwirtschaft" von *Alfred Müller-Armack.*

---

241 Siehe *W. Röpke,* Ist die deutsche Wirtschaftspolitik richtig?, aaO, S. 30. Zu der Frage der „Beweislast" insbesondere siehe auch die bisherigen Ausführungen zum Freiheitlichen Sozialismus (S. 34).

242 Siehe *W. Röpke,* Ist die deutsche Wirtschaftspolitik richtig?, aaO, Überschrift des III. Abschnitts, S. 16 ff. Hervorhebung nicht im Original.

243 Ebenda, S. 28.

244 Siehe dazu S. 101.

245 Siehe *W. Röpke,* Civitas Humana, aaO, S. 339.

2. 4. Vom Ordoliberalismus zur Sozialen Marktwirtschaft

In der bisher verfolgten Fortentwicklung des ordoliberalen Gedankens deutet sich an, daß er an Vorurteilen des traditionellen Liberalismus zu scheitern droht. Diese Tendenz erhält noch dadurch wesentliche Impulse, daß die liberalen Kräfte im politischen Raum nach einem Gegengewicht gegen den sozialistischen „Zeitgeist" suchen, von dem sie sich ernsthaft bedroht fühlen[1]. Dieser Zeitgeist läßt sich nicht ignorieren. Es kommt aber darauf an zu versuchen, ihn in einem liberalen wirtschaftspolitischen Konzept einzufangen, das einen liberalen Weg zwischen Sozialismus und Kapitalismus weist. Diese Suche nach einem liberalen „dritten Weg" zwingt im politischen Raum gleichzeitig zu einer scharfen Abgrenzung gegen die sozialistischen Kräfte, die – wie bereits erwähnt – ebenfalls auf der Suche nach einem dritten Weg sind.

Ein solcher Zwang zur Abgrenzung birgt für den Liberalismus die Gefahr, die Unterscheidungsmerkmale eher in alten, traditionellen liberalen Ordnungsvorstellungen zu suchen als im neuen Gedankengebäude des Ordoliberalismus; denn er unterscheidet sich in einem für den „Zeitgeist" wichtigen Punkt keinesfalls von dem sozialistischen dritten Weg, nämlich in der kompromißlosen Ablehnung des Laissez-faire und der Anerkennung einer Wirtschaftslenkung durch den Staat.

Dieser für den Ordoliberalismus und den „Zeitgeist" wichtige Aspekt fällt damit als Unterscheidungskriterium aus. Das Privateigentum an Produktionsmitteln besonders herauszustellen, verbietet andererseits die Zeitströmung. Jede politische Formel auf der Grundlage des wirtschaftlichen Liberalismus muß um des politischen Erfolges willen der liberalen Tradition und dem sozialistischen „Zeitgeist" gleichzeitig Rechnung tragen, zudem in einer Weise, die den liberalen Charakter des offerierten dritten Weges betont.

Diese politische Aufgabe wird außerdem noch dadurch schwieriger, daß einerseits die liberalen Kräfte sich genötigt sehen, den Verfechtern einer sozialistischen Lösung zuzugestehen, daß man mit ihnen über Ziele und Ideale einer zukünftigen Ordnung einig sei[2]. Dies macht andererseits die sozialistischen Stimmen glaubwürdiger, die immer wieder betonen, daß auch sie eine

---

[1] Kaum eine der liberalen Stimmen versäumt es, diesen „Zeitgeist" zu beklagen. Siehe zum Beispiel *W. Röpke,* Civitas Humana, aaO, S. 50; *A. Müller-Armack,* Zur Diagnose unserer wirtschaftlichen Lage, Bielefeld 1947, S. 18; *derselbe,* Wirtschaftslenkung und Marktwirtschaft, Hamburg 1947, S. 59 f.; *derselbe,* Die Wirtschaftsordnungen sozial gesehen. In: Ordo. Bd. 1 (1948), S. 125; *L. Miksch,* Wirtschaftspolitik des Als Ob, aaO, S. 318; *H. Rasch,* Grundfragen der Wirtschaftsverfassung, aaO, S. 14 ff. Schließlich ist es auch die sozialistische Zeitströmung, die *Eucken* dazu veranlaßt, die Amerikaner aufzufordern, ihre Wirtschaftspolitik zu betreiben und sich um die Stimmung in Deutschland selbst nicht zu kümmern (siehe S. 46).

[2] Vgl. *A. Müller-Armack,* Wirtschaftslenkung und Marktwirtschaft, aaO, S. 66.

freie Wirtschaft wollen und keine „Zwangswirtschaft"[3] und sich dagegen wehren, daß das nach 1945 zunächst übernommene nationalsozialistische System der Bewirtschaftung mit der sozialistischen Wirtschaftsordnung identifiziert wird[4]. Es zeichnet sich im politischen Raum trotzdem die Tendenz ab, die Entscheidung für den liberalen oder sozialistischen dritten Weg durch die Alternative Freiheit oder Zwang zu charakterisieren. Die „marktwirtschaftliche Organisationsform" wird als „einzige Organisationsform" herausgestellt, „die es den europäischen Völkern erlaubt, ihren zentralen Werten gemäß zu leben und die von ihnen im 19. Jahrhundert gezeigte ungeheure Wirtschaftsentfaltung weiter zum Segen der Menschheit zu entwickeln"[5]. Nur eine „konstruktiv umgebildete Marktwirtschaft" verbürge jedoch die Aufrechterhaltung „politischer und geistiger Freiheit"[6].

2.4.1. Die Kritik an der sozialistischen Einstellung der breiten Masse der Bevölkerung

Gegenüber der Masse der Bevölkerung, die ihr Heil von einer sozialistischen Ordnung erhofft, zeigt sich bei den Vertretern einer liberalen Ordnung eine gewisse Erhabenheit: „Was einst das Ideal des kleien Beamten war, ein stilles Glück im Winkel ohne viel Anstrengungen, aber auch ohne Risiken, das ist die Sehnsucht von Millionen geworden." Ihnen wird der ökonomische Weitblick abgesprochen und rationale Beweggründe für ihr Verhalten. Die Masse sehe nur den Mangel und könne sich seine Überwindung nicht ohne einen starken Staat vorstellen; denn „der Deutsche ist nun einmal von jeher geneigt, der Obrigkeit nahezu unbegrenzte Fähigkeiten zuzuschreiben"[7]. Den Massen des deutschen Volkes fehle es „an jedem ideellen Ziel" und „skrupelloser Egoismus" sei „an die Stelle persönlicher Opferbereitschaft getreten"[8]. Persönliche

[3] Vgl. Wörtliche Berichte über die Vollversammlungen des Wirtschaftsrates (Wirtschaftsrat des Vereinigten Wirtschaftsgebietes. Amerikanisches und Britisches Besatzungsgebiet in Deutschland. 1.–40. Vollversammlung). Frankfurt a. M., S. 158 und 446. Dagegen berichtet der Direktor der Verwaltung für Wirtschaft, *Ludwig Erhard*, aus eigener Erfahrung, „daß es unter den Unternehmern große Kreise gibt, die sich unter der bisherigen Wirtschaftspolitik (gemeint ist die Bewirtschaftung – Ergänzung des Verfassers) sehr wohlgefühlt haben. Sie waren zu einer Art Staatspensionäre geworden, nicht auf Kosten des Staates, sondern auf Kosten des Volkes" (ebenda, S. 626). Siehe dazu auch *A. Müller-Armack*, Wirtschaftslenkung und Marktwirtschaft, aaO, S. 67 und *derselbe*, Die Wirtschaftsordnungen sozial gesehen, aaO, S. 125; *Harald Koch*, Freie Marktwirtschaft oder freie Gemeinwirtschaft? In: Jahrbuch des Zentralverbandes Deutscher Konsumgenossenschaften, Hamburg. Jg. 3 (1949), S. 30 ff. sowie *Erich Welter*, Falsch und richtig planen. Heidelberg 1954, S. 140.

[4] Siehe *Gerhard Mackenroth*, Sozialistische Wirtschaftsverfassung, aaO, S. 182.

[5] *A. Müller-Armack*, Wirtschaftslenkung und Marktwirtschaft, aaO, S. 14.

[6] *Derselbe*, Zur Diagnose unserer wirtschaftlichen Lage, aaO, S. 18.

[7] *H. Rasch*, Grundfragen der Wirtschaftsverfassung, aaO, S. 14 f.; vgl. dazu auch *A. Müller-Armack*, Wirtschaftslenkung und Marktwirtschaft, aaO, S. 64.

[8] *H. Rasch*, Grundfragen der Wirtschaftsverfassung, aaO, S. 85.

Not habe den Einzelnen zu einer „Froschperspektive“ geführt[9]. Darin sieht man die Wurzeln für den Hang zum Sozialismus.

Trotz der „unleugbar negativen Ergebnisse der Wirtschaftslenkung“ überrasche es, „mit welcher Treue und Beständigkeit gleichwohl die öffentliche Meinung am Ideal der Wirtschaftslenkung festhält“. Eine solche „versponnene Genügsamkeit“ dürfe jedoch für die wissenschaftliche Beurteilung nicht verbindlich und auch ungeeignet sein, die Probleme der Nachkriegszeit zu lösen[10]. Die sozialistischen Neigungen in der breiten Öffentlichkeit werden auch darauf zurückgeführt, daß man das Idealbild der Wirtschaftslenkung mit der „marktwirtschaftlichen Ordnung des vergangenen Jahrhunderts in einer überdies noch verzerrten Realität vergleicht“[11].

2.4.2. Soziale Marktwirtschaft als politische Kategorie

Der Wunsch der liberalen Kräfte nach politischem Einfluß verlangt jedoch, auf die Stimmungen der Masse einzugehen. Dieses Bemühen ist verständlicherweise nicht frei von opportunistischen Elementen sowie von der Gefahr, liberale Gedanken mit der Zeitströmung entlehnten Schlagworten zu umkleiden. Man sucht nach einer „neuartigen Synthese von Sicherheit und Freiheit“, die „*mehr Sozialismus* mit *mehr Freiheit*“ verbindet. Dies wird nur „auf dem Boden einer sozialen gesteuerten Marktwirtschaft“ für möglich gehalten[12].

Andererseits gilt nur ein „Sozialismus marxistischer Prägung“ als unannehmbar[13]. Zwar neigt man dazu, Marktwirtschaft mit Freiheit und Demokratie zu verbinden und jede andere Wirtschaftsordnung dem Typ der Zentralverwaltungswirtschaft zuzurechnen, die zur Diktatur führt, jedoch wird auch eine „*demokratische* Zentralverwaltungswirtschaft“[14] nicht ausgeschlos-

---

[9] *H. Rasch,* Grundfragen der Wirtschaftsverfassung, aaO, S. 34. Auch bei *Böhm* spielte die „Froschperspektive“ eine Rolle (siehe S. 54). Man beachte jedoch den Unterschied. Er verlangte die Berücksichtigung gesamtwirtschaftlicher Interessen durch den Staat. *Rasch* verlangt es vom Einzelnen. Das ist auch nicht liberal gedacht im traditionellen Sinn. Denn dann müßte der Einzelne aufgefordert werden, ruhig seinen eigenen egoistischen Interessen nachzugehen. Die Abstimmung mit dem Gesamtwohl vollzieht sich über die „unsichtbare Hand“.

[10] *A. Müller-Armack,* Wirtschaftslenkung und Marktwirtschaft, aaO, S. 60 f.

[11] Ebenda, S. 59 f.

[12] *A. Müller-Armack,* Zur Diagnose unserer wirtschaftlichen Lage, aaO, S. 15. Eine Übereinstimmung mit dem Freiheitlichen Sozialismus ist hier nicht zu übersehen (siehe S. 38).

[13] Siehe wörtliche Berichte über die Vollversammlungen des Wirtschaftsrates, aaO, S. 168, Spalte 2 (Abgeordneter Dr. *Holzapfel,* CDU).

[14] Vgl. *A. Müller-Armack,* Zur Diagnose unserer wirtschaftlichen Lage, aaO, S. 14. Dieses Zugeständnis legt offenbar der „politische Takt“ gegenüber der sozialistischen Regierung der britischen Besatzungsmacht nahe, aber auch die Stimmungen in Deutschland.

sen. Es wird durchaus eingeräumt, „daß eine zentrale wirtschaftliche Verwaltung eine sehr unterschiedliche Ausdeutung, angefangen von der totalen zentralistischen Beherrschung und Lenkung aller wirtschaftlichen Elemente bis zu jener viel lockeren, richtungweisenden ordnenden Aufgabe, zuläßt“ [15].

Diese lockere Form der zentralen Lenkung gilt darüber hinaus erst als Ordnung der Zukunft, nach Überwindung der „äußeren wirtschaftlichen Not“ sowie nach Sicherstellung von „größerer Freizügigkeit und Wettbewerb“ im wirtschaftlichen Leben. Erst dann „würde sich die wirtschaftliche Verwaltung wesentlich auf die Setzung der größeren wirtschaftspolitischen Ziele und auf die Überwachung der wirtschaftlichen Ordnung beschränken können und mit dieser Verlagerung der Schwerpunkte ihren Charakter und ihre Funktion gundlegend verändern“. Bis dahin bestehe jedoch „die Hauptaufgabe in einer zentralen wirtschaftlichen Planung, in der Gewährleistung eines wirtschaftlich sinnvollen und sozial gerechten Einsatzes der Produktivkräfte und vor allem auch in einer gerechten Verteilung des Sozialprodukts (das heißt der Einkommen und der Güter)“.

Ganz vorsichtig wird für die Zukunft schließlich die Frage aufgeworfen, „ob die Intensität und Quantität der Verwaltungstätigkeit zugleich im positiven Sinne die Qualität bestimmen oder ob die Ordnung der Wirtschaft, insbesondere auch die soziale Ordnung, nicht wesentlich von anderen Faktoren und Kräften abhängig ist, die, ohne Schaden für die Gesamtheit, der staatlichen Lenkung vielleicht auch sogar entzogen bleiben sollten“. Deshalb wird gleichzeitig – im Hinblick auf den Aufbau der wirtschaftlichen Zweizonenverwaltung – vor einer Überzüchtung bürokratischer Einrichtungen gewarnt, die gegen den Geist der Demokratie verstoßen, wenn sie zum Selbstzweck werden [16].

Die auf Wirkung im politischen Raum bedachten Formulierungen eines liberalen wirtschaftspolitischen Konzepts machen es nicht leicht, die spezifisch liberalen Elemente zu erkennen. Die geläufigen Schlagworte der Zeit werden verwendet und könnten in derselben Weise auch in einem sozialistischen wirtschaftspolitischen Konzept stehen. Es verwundert deshalb auch gar nicht, wenn einer der Fürsprecher einer liberalen Ordnung des Wirtschaftslebens [17] glaubt, die Soziale Marktwirtschaft in gewisser Hinsicht „sogar mit gutem Grunde als eine *sozialistische Ordnung*“ bezeichnen zu können. Denn sie kennt durchaus auch „wirtschaftliche Planung und Lenkung durch die Staatsgewalt. Was sie will, ist nur eine *sinnvolle, gerechte und wirklichkeitsnahe* an Stelle einer undurch-

---

[15] *Ludwig Erhard,* Politischer Föderalismus und wirtschaftlicher Zentralismus. Aufgaben und Grenzen zentraler Wirtschaftsverwaltungsstellen. „Der Wirtschaftsspiegel“. Wiesbaden. Jg. 2 (1947), Heft 1/2, S. 2.

[16] Vgl. *Ludwig Erhard,* Politischer Föderalismus und wirtschaftlicher Zentralismus, aaO, S. 2.

[17] Über seinen Weg vom Liberalen Sozialismus zur Sozialen Marktwirtschaft wird noch zu sprechen sein (siehe S. 139 f.).

dachten, unsozialen und weltfremden *Planung*". Um jedoch Zweifel am liberalen Charakter eines solchen Konzepts von vornherein auszuschließen, wird erwartet, daß jedem Kenner der Wirtschaftsgeschichte klar ist, „daß die Grundgedanken einer solchen Wirtschaftsordnung ... die der *klassischen liberalen Nationalökonomie* sind"[18]. Diese Bemühungen um eine zeitgemäße Sicht der Grundgedanken der klassischen liberalen Nationalökonomie sehen in der ordoliberalen Furcht vor einer Vermischung der Ordnungssysteme[19] kein Hindernis[20].

Für alle liberalen Stimmen ist es selbstverständlich, daß nur der Ordoliberalismus die zeitgemäße Form des wirtschaftlichen Liberalismus sein kann. Jedoch sind die politischen Kräfte, die an einem neuen Liberalismus interessiert sind, durchaus unterschiedlich. Einen Hinweis auf die Kräfteverteilung könnte aber bereits das Schlagwort geben, das sich zur Kennzeichnung einer zukünftigen liberalen Wirtschaftspolitik durchsetzt. Es ist nicht die „gelenkte" oder „gesteuerte Marktwirtschaft", die nach den bisherigen Ausführungen den ordoliberalen Geist am besten kennzeichnen würde, sondern die *„Soziale Marktwirtschaft"*.

Müller-Armack hat diesen Begriff in die Literatur eingeführt[21]. Aber auch *Rasch* scheint Wert darauf zu legen, als Vater dieser Wortschöpfung zu gelten[22]. Sie ist weder als ein wirtschaftspolitisches Programm noch als ein wirtschaftspolitisches Konzept zu betrachten, sondern hat ihre hauptsächliche Bedeutung als politisches Schlagwort, als Leitidee „mit einer geradezu leidenschaftlichen Stellungnahme gegen ihre tatsächlichen oder vermeintlichen Gegner"[23] sowie als „Gegenstoß des Liberalismus"[24]. Als Auslegungsregel müßte

---

[18] Vgl. *H. Rasch,* Grundfragen der Wirtschaftsverfassung, aaO, S. 146 ff. Hervorhebung im Original.

[19] Vgl. ebenda, S. 94.

[20] Schließlich trägt auch *Röpke* nicht zur Klarheit bei, wenn er feststellt: „Die unverfälschte Marktwirtschaft ist die funktionierende Planwirtschaft derjenigen, die es angeht, die kollektivistische Wirtschaft die nichtfunktionierende Planwirtschaft derjenigen, die es nicht angeht" (siehe *W. Röpke,* Lehre von der Wirtschaft, aaO, S. 307 f.).

[21] Vgl. *A. Müller-Armack,* Wirtschaftslenkung und Marktwirtschaft, aaO, S. 59 ff. und S. 88; vgl. auch *derselbe,* Zur Diagnose unserer wirtschaftlichen Lage, aaO, S. 23.

[22] Siehe *H. Rasch,* Grundfragen der Wirtschaftsverfassung, aaO, S. 118 ff. *Rasch* befaßt sich hier in einem ganzen Kapitel mit den „Grundzügen einer sozialen Marktwirtschaft". In einer Fußnote (Anmerkung 1, S. 170) betont er ausdrücklich, daß die Grundgedanken zu dem Kapitel bereits während seiner Tätigkeit als Stellvertretender Vorsitzender des Verwaltungsrats für Wirtschaft in Minden vorgelegt und auszugsweise in der „Zeit", Hamburg, veröffentlicht worden sind („Der Angelpunkt", Nr. 7 vom 13. 2. 1947 und „Sinnvolle Planung", Nr. 21 vom 22. 5. 1947). *Müller-Armack* wird nur am Rand als neuerer Vertreter des Neoliberalismus erwähnt (S. 153) und aus der „Fülle der Literatur" u. a. auch seine Schriften zitiert (S. 175, Anmerkung 51); neben den bereits genannten noch ein Aufsatz „Gegenstoß des Liberalismus" in der „Wirtschafts-Zeitung", Nr. 30 vom 25. 7. 1947.

[23] Vgl. dazu *Hans-Jürgen Seraphim,* Kritische Bemerkungen zur Begriffs- und

man somit auf das ordoliberale wirtschaftspolitische Konzept zurückgreifen. Es sieht zunächst so aus, als ob gerade die Vertreter des Ordoliberalismus in der Sozialen Marktwirtschaft überhaupt erst die eigentliche Konkretisierung des Ordoliberalismus erblicken möchten.

So heißt es bei einem der ältesten Vertreter des Ordoliberalismus, *Alexander Rüstow:* „Machen wir uns doch klar, daß es bis 1948 außer dem (auf Umwegen aus dem Paläoliberalismus hervorgegangenen) spätkapitalistischen Mischmasch-Pluralismus auf der einen, und der kommunistisch-bolschewistischen Planwirtschaft auf der anderen Seite überhaupt kein als praktikabel erwiesenes Wirtschaftsprogramm gab, das einem Einsichtigen die verzweifelte Wahl zwischen jenen beiden fatalen Möglichkeiten hätte ersparen können." [25]

Gerade eine solche „dritte wirtschaftspolitische Form" will *Müller-Armack* mit seiner Sozialen Marktwirtschaft kennzeichnen, „keine sich selbst überlassene, liberale Marktwirtschaft, sondern eine bewußt gesteuerte, und zwar sozial gesteuerte Marktwirtschaft" [26]. An anderer Stelle [27] spricht er von einer „gesteuerten Marktwirtschaft" als einer „die Prinzipien sozialer Planung und wirtschaftlicher Freiheit in sich vereinigenden sozialen Marktwirtschaft". Wie *Müller-Armack* jedoch rückblickend feststellt, sollte die Soziale Marktwirtschaft keineswegs ein „Wirtschaftsprogramm" sein, wie es *Rüstow* unterstellt, sondern „ein der Ausgestaltung harrender, progressiver Stilgedanke", allerdings zugleich auch „eine ausgearbeitete und durchdachte Theorie der gesellschaftlichen Gesamtordnung". Gedanken „aus dem Kreise um *Walter Eucken*" haben dabei – wie *Müller-Armack* in seinem Rückblick feststellt – nur als Anregung gedient. Die Soziale Marktwirtschaft sollte danach über die als zu eng empfundene „Wettbewerbsordnung als Gestaltungsmittel der Wirtschaftspolitik" hinaus ein „System zwar marktkonformer, aber doch sozial- und gesellschaftspolitischer Maßnahmen" vorsehen [28]. Es wäre also im folgenden zu prüfen, wo die Unterschiede zum Ordoliberalismus liegen.

2.4.3. Die Elemente der ordoliberalen Wirtschaftsordnung in der Sozialen Marktwirtschaft

Der Unterschied zwischen Ordoliberalismus und Sozialer Marktwirtschaft läßt sich vielleicht am besten an den Diskussionen um die Währungsreform

---

Wesensbestimmung der Sozialen Marktwirtschaft. In: Wirtschaftsfragen der freien Welt, aaO, S. 184 und 187 f.

[24] Siehe oben Fußnote 22.

[25] *Alexander Rüstow,* Die geschichtliche Bedeutung der Sozialen Marktwirtschaft. In: Wirtschaftsfragen der freien Welt, aaO, S. 75.

[26] *A. Müller-Armack,* Wirtschaftslenkung und Marktwirtschaft, aaO, S. 88.

[27] *Derselbe,* Zur Diagnose unserer wirtschaftlichen Lage, aaO, S. 23.

[28] Vgl. *derselbe,* Wirtschaftsordnung und Wirtschaftspolitik. Studien und Konzepte zur Sozialen Marktwirtschaft und zur Europäischen Integration. In: Beiträge zur Wirtschaftspolitik. Bd. 4. Freiburg im Breisgau 1966, Vorwort, S. 10 f.

zeigen. *Röpke*[29] betont die gleichzeitige Verbindung mit einer Wirtschaftsreform – ja hält einen Wiederaufbau wohl ohne Geldreform, nicht aber ohne Wirtschaftsreform für möglich. Anders jedoch klingt es, wenn *Müller-Armack*[30] der Währungsreform das „primäre Ziel" setzt, „den Weg zur Marktwirtschaft zu eröffnen" und davon die „so wichtige Frage der Gerechtigkeit" trennen möchte, denn es „muß doch erst einmal durch Produktion wieder ein Substanzfonds geschaffen werden, aus dem dann ein Ausgleich erfolgt".

2.4.3.1. Die Wirtschaftsordnung als Mittel der wirtschaftlichen Leistungssteigerung

Die Trennung von Marktwirtschaft und Gerechtigkeit, die der Ordoliberalismus beide in seiner umfassenden Strukturpolitik vereinen möchte, erweist sich deutlich als der wichtigste Schritt vom Ordoliberalismus zur Sozialen Marktwirtschaft. Sie trennt Marktwirtschaft und Sozialpolitik. Hier sind nicht mehr die „sozialen Voraussetzungen der Marktwirtschaft" entscheidend, von denen *Röpke* spricht, sondern die Marktwirtschaft wird ein reines Mittel der wirtschaftlichen Leistungssteigerung. Sozial wird diese Marktwirtschaft – und das erklärt die Begriffsbildung Soziale Marktwirtschaft – erst dadurch, daß die sich im Produktionsprozeß ergebende „funktionale" Einkommensverteilung durch Sozialpolitik in die gesellschaftlich gewünschte „personelle Einkommensverteilung" umgewandelt werden soll. Durch Wachstumspolitik – bei *Röpke* eine Ergänzung der Strukturpolitik[31] – kann auch diese Sozialpolitik begrenzt werden. Der beste Garant für wirtschaftliches Wachstum aber ist die Marktwirtschaft.

Eine konsequente Ordnungspolitik mit „revolutionärer Zielsetzung" ist für die Soziale Marktwirtschaft von geringerer Bedeutung. Es wird sogar als Vorteil betrachtet, an die vorhandene Wirtschaftsstruktur anknüpfen zu können[32]. Die Zielsetzung ist pragmatischer: Förderung des wirtschaftlichen Wachstums mit Hilfe der Marktwirtschaft, Ausgleich der auftretenden sozialen Ungleichheiten mit Mitteln der traditionellen Sozialpolitik und Appellen an das Verantwortungsbewußtsein der Träger wirtschaftlicher Macht[33]. Andererseits hält man bei der traditionellen Sozialpolitik eine „marktwirtschaftliche Umorientierung" für notwendig[34], um die wirtschaftliche Leistungsfähigkeit zu erhöhen.

---

[29] Vgl. *Röpke*, Das deutsche Wirtschaftsexperiment. Beispiel und Lehre. In: *A. Hunold* (Herausgeber), Vollbeschäftigung, Inflation und Planwirtschaft, aaO, S. 273 f.

[30] Vgl. *A. Müller-Armack*, Zur Diagnose unserer wirtschaftlichen Lage, aaO, S. 27.

[31] Siehe S. 53.

[32] Siehe *Alfred Müller-Armack*, Stil und Ordnung der Sozialen Marktwirtschaft, aaO, S. 32.

[33] Vgl. dazu auch *H. Giersch*, aaO, S. 181 ff.

[34] Vgl. *A. Müller-Armack*, Wirtschaftslenkung und Marktwirtschaft, aaO, S. 106 f.

Recht deutlich wird die Trennung von Marktwirtschaft und Sozialpolitik in der Sozialen Marktwirtschaft in der Betonung ihres „instrumentalen" Charakters[35]. Die Marktwirtschaft gilt „als eine variabel gestaltete Form der Wirtschaftsrechnung" und „enthält nichts spezifisch Liberales mehr in sich"[36]. Der „instrumentale Charakter" veranlaßt *Müller-Armack,* sich dagegen zu wenden, aus der Frage der Wirtschaftsordnung ein „Problem einer weltanschaulichen Option für letzte Ziele"[37] zu machen. Es handele sich im Kern um eine „fachlich wissenschaftliche Frage", die gar nicht vor das Forum der Parteien gehöre, weil es um die nüchterne Feststellung gehe, „ob die Lenkungswirtschaft oder die Marktwirtschaft besser geeignet ist[38], die uns allgemein als verbindlich vorschwebenden Ziele zu erreichen[39]. Diese „instrumentale Wirtschaftsordnung" steht in offenem Widerspruch zu dem ordoliberalen Gedanken der Wirtschaftsordnung. Gerade *Böhm,* auf den sich *Müller-Armack* ausdrücklich beruft[40], meint genau das Gegenteil, wenn er es für eine wichtige Aufgabe ansieht, die Frage der Wirtschaftsordnung „aus dem Bann der fachwissenschaftlichen Spezialisierung zu befreien"[41].

Dieser unterschiedliche Ausgangspunkt kann nicht ohne Einfluß auf den vom Ordoliberalismus als entscheidend angesehenen Zusammenhang von

---

[35] Vgl. ebenda, S. 66 f.; *derselbe,* Wirtschaftspolitik in der sozialen Marktwirtschaft. In: *Patrick M. Boarman* (Bearbeiter), Der Christ und die Soziale Marktwirtschaft. Stuttgart 1955, S. 75. *A. Müller-Armack,* Stil und Ordnung der sozialen Marktwirtschaft, aaO, S. 112 f.; *H.-J. Seraphim,* aaO, S. 186 f.

[36] Siehe *A. Müller-Armack,* Wirtschaftslenkung und Marktwirtschaft, aaO, S. 92 und S. 141: „Überzeitliches Organisationsmittel" ohne feste Form.

[37] Zitat im Original gesperrt.

[38] *Hans Albert* spricht wegen der Trennung von technischen und ethischen Problemen von einer „Ideologie der Marktwirtschaft" (Ökonomische Ideologie und politische Theorie. Das ökonomische Argument in der ordnungspolitischen Debatte. Mit einem Geleitwort von *G. Weisser,* Göttingen, 1954, S. 13).

[39] *A. Müller-Armack,* Wirtschaftslenkung und Marktwirtschaft, aaO, S. 67. Für die Marktwirtschaft sprechen die „unstreitig auf der Grundlage marktwirtschaftlicher Methoden" erzielten ungeheuren Leistungssteigerungen der Vereinigten Staaten, deren Erfahrungen nur zu sehr als Ausnahme empfunden würden, was ein Hindernis sei, sie auf Europa oder gar auf Deutschland zu übertragen (vgl. *derselbe,* Zur Diagnose unserer wirtschaftlichen Lage, aaO, S. 23). Auch die zum Teil noch vorhandene marktwirtschaftliche Verfassung des Weltmarkts wird als gutes Beispiel angesehen. Ihrer „produktionellen Leistung" sei es zu verdanken gewesen, „daß von Millionen Menschen des europäischen Kontinents die äußerste Gefahr des Verhungerns abgewendet werden konnte, während sich die Länder des östlichen Kollektivismus durchweg außerstande sahen, auch nur Nennenswertes zur Abwendung der Weltnot beizutragen" (ebenda, S. 38). In Europa wird besonders Belgien hervorgehoben (ebenda, S. 23) wegen seiner Erfolge mit der Marktwirtschaft und die Schweiz. Die Einordnung scheint aber nicht immer ganz leicht zu sein, denn *Gross* (aaO, S. 13) bezeichnet Frankreich und Belgien als Länder, die sichtbar nach links rücken.

[40] Siehe *A. Müller-Armack,* Wirtschaftslenkung und Marktwirtschaft, aaO, S. 14.

[41] *F. Böhm,* Die Ordnung der Wirtschaft, aaO, S. 12 f.

Wirtschaftsordnung und Gesellschaftsordnung bleiben. Zwar betont *Müller-Armack* auch den „unlösbaren Zusammenhang" der Wirtschaftsordnung mit der „politischen und Gesamtlebensordnung" [42]. Aber die Pflege der traditionellen geistigen Werte wird von der „formalen Ordnung" der Wirtschaft getrennt, aus der „nüchternen Einsicht" heraus, „daß alle formal wirtschaftlichen Ordnungen, die Marktwirtschaft nicht weniger als die Lenkungswirtschaft, kulturelle Substanz aufzehren". Andererseits wird jedoch nicht ausgeschlossen, daß sich der Marktwirtschaft „kulturelle Lebensüberzeugungen" bewußt „aufprägen" lassen, soweit dies möglich ist, „ohne in Konflikt mit der Eigenlogik der Marktwirtschaft zu kommen".

Das scheint nur dann gewährleistet zu sein, wenn die „Gesamtlebensordnung" lediglich den „geistigen Überbau" für die Marktwirtschaft darstellt. Dieser „Überbau" ist um so wichtiger, weil das „christlich-religiöse Erbe" des 19. Jahrhunderts gefährdet ist oder in Frage gestellt wird. Als Ersatz dafür bedarf die Marktwirtschaft einer neuen „geistigen Formung", eines neuen „Fundus kultureller Gesinnungen" als tragendes Fundament [43].

Darüber hinaus leistet auch die Marktwirtschaft selbst einen kulturellen Beitrag, weil sie von dem Glauben getragen wird, ein Mittel zu sein, „bestimmte Ideale menschlicher Kulturgestaltung, wie insbesondere soziale Reformen besonders realistisch und wirkungsvoll durchzusetzen" [44]. Diese Argumentation verführt den Leser zu dem Schluß, daß die als Ergänzung der Marktwirtschaft notwendige Sozialpolitik auch gleichzeitig als „kultureller Beitrag" der Marktwirtschaft verstanden werden soll [45].

Der unlösbare Zusammenhang zwischen Wirtschaftsordnung und Gesellschaftsordnung bleibt auf diese Weise widersprüchlich und mehr von der „Eigenlogik der Marktwirtschaft" geprägt als von der „politischen und Gesamtlebensordnung", wie es ordoliberalen Überzeugungen entsprechen würde. Die Umkehrung wird ganz deutlich in der an anderer Stelle formulierten Aufgabenstellung, „die geistige und gesellschaftliche Ordnung in eine sinnvolle Beziehung zur Wirtschaftsordnung zu setzen" [46].

Deshalb scheint es wichtiger zu sein, die Marktwirtschaft gegenüber ihrem „Anti", der Lenkungswirtschaft, abzugrenzen und die – von der sozialisti-

[42] Vgl. *A. Müller-Armack*, Wirtschaftslenkung und Marktwirtschaft, aaO, S. 62.

[43] Dabei ist in der Hauptsache offenbar an „jenes umfassende christliche Fundament" gedacht, „wie es die katholische Sozialtheorie seit langem ausgebildet hat". Als Gegenleistung für diese Zusammenarbeit mit der „liberalen Theorie" wird von der katholischen Soziallehre jedoch verlangt, sich zu einer Wirtschaftstheorie durchzuringen, die den Lenkungsaufgaben der modernen Wirtschaft besser gewachsen ist als das Leitbild der „berufsständischen Ordnung". Siehe dazu *A. Müller-Armack*, Soziale Irenik, „Weltwirtschaftliches Archiv", Hamburg, Bd. 64 (1950/II), S. 188.

[44] Vgl. *derselbe*, Wirtschaftslenkung und Marktwirtschaft, aaO, S. 104 f.

[45] Dahinter steht die Vorstellung: Die beste Sozialpolitik ist Wachstumspolitik; der beste Garant für das wirtschaftliche Wachstum ist die Marktwirtschaft.

[46] Siehe *A. Müller-Armack*, Stil und Ordnung der sozialen Marktwirtschaft, aaO, S. 33.

schen und antikapitalistischen Zeitströmung unterstellten – Mängel der Marktwirtschaft ins rechte Licht zu rücken. Dabei geht es dann weniger um die Soziale Marktwirtschaft als vielmehr um die Marktwirtschaft allgemein – über deren Mängel es zwischen Ordoliberalismus und Sozialismus kaum Zweifel gegeben hat. Beide treffen sich in einem leidenschaftlichen „Antikapitalismus“ [47]. Bei *Müller-Armack* dagegen heißt es [48] – wieder in Abgrenzung zu den „Machtstellungen der Wirtschaftslenkung“ als „Bastionen, die ständig vom Wirtschaftlichen her die Freiheit schlechthin gefährden“: „Die Marktwirtschaft entspricht dagegen schon soziologisch dem Ideal *Montesquieus*. Ihr Prinzip ist, von vornherein wirtschaftliche Übermacht aufzulösen, so daß es keinem einzelnen möglich ist, schlechthin die Herrschaft über den Menschen zu erlangen. Gewiß bleiben auch hier menschliche Abhängigkeiten, die eine seelisch empfindliche Zeit, wie sie das vorige Jahrhundert darstellte, noch überzeichnete.“ Aber die „Macht eines privaten Kapitalisten gegenüber seinen Angestellten“, selbst in der schlechtesten, Einzelfall gebliebenen Form, könne sich kaum mit der „monopolistischen Macht“ der modernen „Lenkungswirtschaft“ messen. Diese Einsicht wird besonders für Deutschland als richtungweisend betrachtet, „da hier angesichts der Übermacht eines dem Staate zugewandten Denkens die lebendige Tradition freiheitlicher Gesinnung überaus schwach ist“ [49].

Die Vermischung von Marktwirtschaft und Sozialer Marktwirtschaft ist unverzeihlich [50], wenn die Berufung auf den Ordoliberalismus glaubwürdig sein soll. Denn die von ihm sorgfältig durchgeführte Trennung zwischen – traditionellem – wirtschaftlichem Liberalismus und Ordoliberalismus wird wieder verwischt. Es entsteht die Gefahr, daß über die begriffliche Oberflächlichkeit hinaus, das ordoliberale Anliegen entweder ganz in den Hintergrund tritt oder im Zwielicht von Lenkungs- und Marktwirtschaft die scharfen Konturen eines dritten Weges zwischen „Lenkungs“- und „Marktwirtschaft“ wieder einbüßt.

Alle ordoliberalen Bezugspunkte der Sozialen Marktwirtschaft, wie zum Beispiel der Hinweis auf die „konstruktiv umgebildete Marktwirtschaft“ [51]

[47] Dies betont z. B. *A. Rüstow,* Das Versagen des Wirtschaftsliberalismus, aaO, S. 78.

[48] Siehe *A. Müller-Armack,* Wirtschaftslenkung und Marktwirtschaft, aaO, S. 63 f.

[49] *A. Müller-Armack,* Wirtschaftslenkung und Marktwirtschaft, aaO, S. 64. Vgl. dazu auch *E. E. Nawroth,* Die Sozial- und Wirtschaftsphilosophie des Neoliberalismus, aaO, S. 7.

[50] Dies gilt um so mehr, wenn diese Vermischung im Kapitel II erfolgt, das ausdrücklich mit „Soziale Marktwirtschaft“ überschrieben ist und weiterhin im Abschnitt 1 mit dem Titel „Das Grundproblem der heutigen Wirtschaftspolitik“ (vgl. *A. Müller-Armack,* Wirtschaftslenkung und Marktwirtschaft, aaO, S. 59 ff.).

[51] Siehe S. 91. *Müller-Armack* konkretisiert dies später, indem er von der „Schaffung einer echten Marktwirtschaft, der soziale und sonstige konstruktive Verbesserungen zugeführt werden“, spricht (Die Wirtschaftsordnungen sozial gesehen, aaO, S. 150).

verlieren dann an Überzeugungskraft: Die Marktwirtschaft ist nur ein Instrument zur Erhöhung des Sozialprodukts; soziale Disproportionen wieder zu beseitigen, ist Aufgabe der Sozialpolitik. Was der Sozialen Marktwirtschaft unter diesen Umständen als charakteristischer Bezugspunkt zur Gesamtordnung und als zeitgemäßes diskutables Gewand der Marktwirtschaft bliebe, wäre der Anspruch, die „einheitlichen Ziele aller Wirtschaftspolitik ebenso gut, wenn nicht gar besser zu erreichen als die Lenkungswirtschaft“ [52]. Eine weitere Rechtfertigung aus der Gesamtordnung erhält die Marktwirtschaft als Mittel zur Durchsetzung der „persönlichen Freiheit und Menschenwürde“ auch im wirtschaftlichen Bereich [53].

Das Bemühen, der „Lenkungswirtschaft“ in der Realisierung der wirtschaftspolitischen Ziele nachzueifern, ist nur eine andere Ausdrucksform für die Auflösung der ordoliberalen Einheit von Wirtschafts- und Sozialpolitik und damit von Wirtschaftsordnung und Gesellschaftsordnung. Das gilt auch für die Rechtfertigung der Marktwirtschaft als Mittel, das Prinzip der Freiheit auch in der Wirtschaft durchzusetzen.

Aus der Situation der ersten Nachkriegsjahre heraus mag das verständlich erscheinen. Als Begründung für eine neue, sich vom alten Liberalismus grundsätzlich unterscheidende Wirtschaftsordnung – im Sinne des Ordoliberalismus – deutet sich jedoch ein „Rückfall“ in die Vorstellungswelt des traditionellen Liberalismus an, erleichtert durch die relativ milde Beurteilung der Mängel des „Kapitalismus“ bei *Müller-Armack.* Aus ordoliberaler Sicht droht in dieser Einstellung die Gefahr, erneut auf den Irrweg „des traditionellen Liberalismus“ abzugleiten; denn es geht ja gerade darum, sein Ziel, die Freiheit auch im wirtschaftlichen Bereich konsequent durchzusetzen, zu beschränken und der wirtschaftlichen Freiheit Fesseln anzulegen.

So ist es gar nicht verwunderlich, daß die Betonung des Freiheitsprinzips in der Sozialen Marktwirtschaft mit der ordoliberalen Forderung nach einem „unlösbaren Gesamtzusammenhang zwischen Wirtschaftsordnung und Gesamtlebensordnung“ kollidiert. Die Marktwirtschaft – als Verkörperung des Prinzips der Freiheit in der Wirtschaft – erscheint einmal als einzige Konsequenz einer auf den Idealen „menschlicher Freiheit“ und „persönlicher Würde“ basierenden Gesamtlebensordnung [54]. Andererseits wird eindringlich an den „technischen und partiellen Charakter“ der Marktwirtschaft erinnert. Deshalb bedarf es „einer bewußten Einstellung der marktwirtschaftlichen

[52] *Derselbe,* Wirtschaftslenkung und Marktwirtschaft, aaO, S. 67. Zitat im Original gesperrt.

[53] Siehe *Müller-Armack,* Wirtschaftslenkung und Marktwirtschaft, aaO, S. 66 und S. 103 ff. sowie Art. Soziale Marktwirtschaft *(A. Müller-Armack,* Handwörterbuch der Sozialwissenschaften. Bd. 9. Stuttgart, Tübingen, Göttingen 1956, S. 390 f.). Die Soziale Marktwirtschaft soll eine Verbindung zwischen dem „Prinzip der Freiheit auf dem Markt“ und dem „Prinzip des sozialen Ausgleichs“ darstellen.

[54] Vgl. dazu *derselbe,* Wirtschaftslenkung und Marktwirtschaft, aaO, insbesondere S. 62 f.

Ordnung in eine übergreifende Lebensordnung, welche die notwendigen Korrekturen und Ergänzungen zu dem rein technisch verlaufenden Prozeß der Gütererzeugung vollzieht"[55].

Die Marktwirtschaft soll somit gleichzeitig Ausfluß der übergeordneten Lebensordnung und auch bloßes Mittel sein, das der Ausrichtung auf diese Ordnung hin bedarf[56]. Das ist ein Widerspruch. Er erklärt sich aus der oberflächlichen Übernahme der alten liberalen Vorstellung von der „prästabilisierten Harmonie"[57]. Hier fallen wirtschaftliche Freiheit als Mittel und als Organisationsprinzip der Gesellschaft zusammen. Durch den Gedanken der Wirtschaftsordnung wird diese Identität jedoch aufgelöst. Nun bedarf die wirtschaftliche Freiheit der *bewußten* Ausrichtung auf die gesamte Lebensordnung. Durch die ordoliberale Forderung nach einer einheitlichen und simultanen Wirtschafts- und Sozialpolitik – im Sinne umfassender Ordnungspolitik – wird die altliberale Identität von wirtschaftlicher Freiheit als Mittel und als Selbstzweck künstlich wiederhergestellt. Dazu bedarf es – wie der Ordoliberalismus folgert – lenkender Eingriffe in die Wirtschaft und einer Wirtschaftsplanung, die die anonyme Gestaltung des Wirtschaftsablaufs über den Markt da ersetzt, wo man sich auf befriedigende Ergebnisse des allein durch den Markt gesteuerten Wirtschaftsprozesses nicht verlassen kann oder nicht verlassen will. Das unterscheidet den Ordoliberalismus vom traditionellen Liberalismus – als dritten Weg zwischen ihm und der „Befehlswirtschaft".

In der Terminologie *von Stackelberg* könnte man die Soziale Marktwirtschaft abschließend folgendermaßen charakterisieren: Sie will streng zwischen „finaler" und „instrumentaler" Beurteilung einer Wirtschaftsordnung trennen. Das erklärt die Betonung des „instrumentalen Charakters" der Marktwirtschaft. Die Trennung gelingt aber nicht ganz, weil gleichzeitig versucht wird, die Marktwirtschaft auch – im Sinne des traditionellen Liberalismus – als die menschenwürdigste Ordnung darzustellen, die schon aus sich heraus einen „sozialen Charakter" hat, weil sie die Leistung steigert. Wachstumspolitik wird hier zur besten Sozialpolitik[58]. Damit aber ein großes Wachstum erzielt werden kann, ist die traditionelle Sozialpolitik „marktwirtschaftlich" umzugestalten. S. 103

---

[55] *A. Müller-Armack,* Wirtschaftslenkung und Marktwirtschaft, aaO, S. 85.

[56] An diesem Widerspruch setzt die Kritik der katholischen Soziallehre am Neoliberalismus ein, der sich gern auf die Übereinstimmung mit ihr beruft (siehe dazu *E. E. Nawroth,* Die wirtschaftspolitischen Ordnungsvorstellungen des Neoliberalismus, aaO, S. 22 und *derselbe,* Die Sozial- und Wirtschaftsphilosophie des Neoliberalismus, aaO).

[57] Anklänge hieran findet man deutlich wieder bei *Müller-Armack* (Wirtschaftspolitik in der Sozialen Marktwirtschaft, aaO, S. 84 ff.), wenn er der Marktwirtschaft als solcher schon eine soziale Funktion zuerkennt; denn mit ihrer produktivitätssteigernden Wirkung schaffe sie gleichzeitig „sozialen Fortschritt". Das sei schon eine „gewaltige soziale Leistung".

[58] Vgl. Art. Soziale Marktwirtschaft *(A. Müller-Armack),* aaO, S. 390 f.

Diese Verbindung von „finaler" und „instrumentaler" Beurteilung könnte dazu dienen, sich vor der Sozialpolitik zu „drücken" und den notwendigen Kompromiß zwischen wirtschaftlichem Wachstum und Gerechtigkeit zu gefährden. Hier liegt auch die Gefahr, wenn betont wird, daß es „im besten Sinne in den Stil einer sozialen Marktwirtschaft" paßt, wenn auch die „Möglichkeiten freier sozialer Initiative" genutzt werden[59]. Die Gewichtung der Sozialpolitik im Ordoliberalismus ist für die Soziale Marktwirtschaft ein falscher Maßstab[60]; denn es fehlt an entsprechender „Strukturpolitik".

Interessant ist nun, daß sich *Röpke* später offensichtlich von der ursprünglichen ordoliberalen Auffassung von der Einheit von Wirtschafts- und Gesellschaftspolitik entfernt und sich der in der Sozialen Marktwirtschaft gegebenen Interpretation anschließt[61].

2.4.3.2. Wirtschaftslenkung und Wirtschaftsplanung in der Sozialen Marktwirtschaft

Die soziale Marktwirtschaft, wie sie *Müller-Armack* konzipiert, scheint sich schon im Ausgangspunkt vom ordoliberalen Versuch eines dritten Weges zu entfernen. Aus einer – wenn auch nicht gern betonten – Einheit von bewußter Lenkung der Wirtschaft und Koordinierung über den Markt wird ganz offensichtlich die Alternative „Wirtschaftslenkung *oder* Marktwirtschaft"[62], gemildert allerdings durch das Zugeständnis, es sollte sich um eine *„bewußt gesteuerte* Marktwirtschaft" handeln[63]. Wie soll man jedoch den erklärenden Zusatz interpretieren, daß an eine *„sozial"* gesteuerte Marktwirtschaft" gedacht sei? Ist die Verbindung von „sozial" und „Marktwirtschaft" schon vieldeutig[64], so ist eine „sozial gesteuerte" Marktwirtschaft ein Pleonasmus und auch eine „soziale gesteuerte Marktwirtschaft", wie die Worte an anderer Stelle kombiniert werden[65]. Diese Wortspielerei könnte einfach

[59] Vgl. *derselbe,* Stil und Ordnung der Sozialen Marktwirtschaft, aaO, S. 36.

[60] Dies scheint zuweilen übersehen zu werden. Siehe *Detlev Zöllner,* Ordo und die Soziale Marktwirtschaft. In: „Sozialer Fortschritt". Herausgegeben von der Gesellschaft für Sozialen Fortschritt e. V. Bonn. Jg. 6 (1957), H. 4, S. 77 ff.

[61] Siehe S. 87 ff. Siehe dazu auch das erste Gutachten des Wissenschaftlichen Beirats bei der Verwaltung für Wirtschaft des Vereinigten Wirtschaftsgebietes vom 18. 4. 1948 zum Thema: Maßnahmen der Verbrauchsregelung, der Bewirtschaftung und der Preispolitik nach der Währungsreform. In: Der Wissenschaftliche Beirat bei der Verwaltung für Wirtschaft des Vereinigten Wirtschaftsgebietes. Gutachten 1948 bis Mai 1950. Herausgegeben vom Bundeswirtschaftsministerium. Göttingen o. J., S. 25 ff.

[62] Vgl. *A. Müller-Armack,* Wirtschaftslenkung und Marktwirtschaft, aaO, insbesondere S. 59 und S. 67.

[63] Siehe S. 95.

[64] Vgl. *Bruno Molitor,* Soziale Marktwirtschaft. In: Hamburger Jahrbuch für Wirtschafts- und Gesellschaftspolitik, Tübingen. Herausgegeben von *H.-D. Ortlieb,* 3. Jahr (1958), S. 59 f.

[65] Siehe S. 92.

aus dem bereits erwähnten Bemühen erklärt werden, ein politisch zündendes Schlagwort zu finden.

Es bietet sich aber noch eine andere Interpretation an: Das Zugeständnis der Steuerung der Marktwirtschaft soll – bewußt oder unbewußt – weiter eingeschränkt werden, nämlich auf den sozialen Bereich. Die Bestätigung dieser Auslegung findet man dann auch an anderer Stelle, wo die „gesteuerte Marktwirtschaft“ mit einer „die Prinzipien sozialer Planung und wirtschaftlicher Freiheit in sich vereinigenden sozialen Marktwirtschaft“ erklärt wird [66]. Wo gesteuert werden soll, muß auch geplant werden. Das ist durchaus konsequent. Die soziale Marktwirtschaft im Sinne von *Müller-Armack* möchte demnach Steuerung und Planung nur im sozialen Bereich zulassen. Das ist eine weitere Bestätigung der Tendenz zur Trennung von Marktwirtschaft und Sozialpolitik, bzw. eine Folgerung aus dieser Trennung.

Gleichzeitig ist somit auch die Frage nach der Planung in der sozialen Marktwirtschaft beantwortet. Denn die in den wirtschaftspolitischen Diskussionen der ersten Nachkriegsjahre unübliche Alternative Lenkungswirtschaft oder Marktwirtschaft könnte zusammen mit der offenbar zunächst als dritter Weg konzipierten „gesteuerten Marktwirtschaft“ [67] durchaus den Eindruck erwecken, als würden *Plan*wirtschaft und *Markt*wirtschaft – ein viel geläufigerer Gegensatz der wirtschaftspolitischen Diskussion jener Jahre [68] – nicht als Alternative empfunden. Die Reduzierung der Planung auf den sozialen Bereich legt jedoch den Schluß nahe, daß es politisch nicht opportun gewesen sein könnte, Planwirtschaft *oder* Marktwirtschaft als Alternative herauszustellen. Für diese Interpretation spricht schließlich auch eine Feststellung, die auf den ersten Blick wie eine Kritik an der „Marktautomatik“ aussehen könnte; nämlich daß es ein Irrtum wäre, dieser „Automatik des Marktes die Aufgabe zuzumuten, eine letztgültige soziale Ordnung zu schaffen“ [69].

Hiermit wird aber die Automatik selbst keineswegs abgelehnt, sondern eher als Instrument der volkswirtschaftlichen Leistungssteigerung bestätigt. Es wird lediglich zugestanden, daß eine gerechte Verteilung der produzierten Güter von dieser Automatik nicht erwartet werden sollte. Dafür gibt es in der Sozialen Marktwirtschaft die Sozialpolitik, die aber auch „marktwirtschaftlich“ umzugestalten ist.

Dahinter verbirgt sich wiederum die „finale“ und „instrumentale“ Beurteilung *von Stackelbergs* – ja es entsteht sogar der Eindruck, als werde auch das

[66] Vgl. *A. Müller-Armack*, Zur Diagnose unserer wirtschaftlichen Lage, aaO, S. 23.

[67] Vgl. ebenda. Es wird hier angekündigt, daß in Kürze in ausführlicher Form gezeigt werden soll, wie „eine solche gesteuerte Marktwirtschaft aussehen kann“.

[68] Siehe zum Beispiel den Sammelband Konkurrenz und Planwirtschaft, aaO; *H. Hunold* (Herausgeber), Vollbeschäftigung, Inflation und Planwirtschaft, aaO; *E. W. Dürr*, aaO, S. 6 f.

[69] Siehe *A. Müller-Armack*, Wirtschaftslenkung und Marktwirtschaft, aaO, S. 85 und 103 ff.

„instrumentale Werturteil“ [70] übernommen: Die Überzeugung von der Leistungsfähigkeit der Marktwirtschaft als Mittel der Produktionsgestaltung scheint auf den Vorzügen des Modells der „vollständigen Konkurrenz“ zu beruhen. Dies wird besonders deutlich, wenn *Müller-Armack* es als Vorzug seiner Synthese der „reinen Ordnungsideen“ Marktwirtschaft und „Lenkungswirtschaft“ rühmt, daß diese Synthese – anders als der „unrealistische“ Versuch des „Konkurrenzsozialismus“ [71], der beide Ordnungsideen mischen möchte – „auf dem Boden der anderen reinen Ordnung, eben der Marktwirtschaft“ erfolgt [72].

Das kann nur heißen, daß *Müller-Armack*, ähnlich wie es *von Stackelberg* in seiner Trennung von instrumentaler und finaler Beurteilung einer Wirtschaftsordnung tut, die Marktautomatik für die Produktionsgestaltung gelten lassen möchte. Lediglich im sozialen Bereich kann geplant werden [73], wenn die „freie soziale Initiative“ nicht ausreicht. Diese versteckte Orientierung am Modell der vollständigen Konkurrenz ist einmal unrealistischer als das ordoliberale Leitbild der „vollständigen Konkurrenz“ und läßt zum anderen einer liberalen – und nicht ordoliberalen – Interpretation des Wirtschaftsablaufs großen Spielraum. Die soziale Marktwirtschaft als Synthese auf dem Boden der „reinen Marktwirtschaft“ liefert ein wirtschaftspolitisches Leitbild, in dem der Staat bei der Gestaltung der Güterproduktion nicht gebraucht wird. Bei der Verteilung gilt außerdem die Maxime, ihn durch marktwirtschaftliche Umgestaltung der Sozialpolitik zurückzudrängen. Es läßt sich zumindest nicht übersehen, daß bei einem solchen Leitbild Gefahren für eine „aktive Wirtschaftspolitik“ des Staates bestehen.

---

[70] Siehe S. 69.

[71] An anderer Stelle scheint auch der ordoliberale Versuch einer „Synthese von Lenkungswirtschaft und freier Marktwirtschaft“ in ähnlicher Weise abgeurteilt zu werden, weil es notwendig ist, zu „echter Marktwirtschaft“ vorzustoßen (siehe *Alfred Müller-Armack*, Das Grundproblem unserer Wirtschaftspolitik: Rückkehr zur Marktwirtschaft. „Finanzarchiv“. Tübingen. N. F. Bd. 11 (1949), S. 64).

[72] Vgl. *derselbe*, Stil und Ordnung der sozialen Marktwirtschaft, aaO, S. 32; siehe aber auch *derselbe*, Wirtschaftslenkung und Marktwirtschaft, aaO, S. 86 ff.: Der „marktwirtschaftlichen Lenkungswirtschaft“ wird eine Absage erteilt, „da das Lenkungsprinzip wesensmäßig eine Auflösung der Marktwirtschaft bedeutet, wohingegen eine Marktwirtschaft, ohne ihr Wesen aufzugeben, sehr wohl mit einer freilich bestimmten, ... näher zu charakterisierenden Steuerung vereinbar bleibt“ (S. 88; Zitat im Original gesperrt). Dies ist ein Versuch, sich vom Freiheitlichen Sozialismus zu differenzieren, ohne die von der „Zeitströmung“ verlangte Lenkung der Wirtschaft durch den Staat aufzugeben. Die Antwort des Freiheitlichen Sozialismus hierauf könnte *Alfred Webers „sozialistische“* Marktwirtschaft sein, die auch nur *„gesteuert“* werden soll (siehe S. 38).

[73] Diesem grundsätzlichen Ausgangspunkt braucht es nicht zu widersprechen, wenn auch eine „konjunkturpolitische Planung“ zugestanden wird (vgl. *A. Müller-Armack*, Das Grundproblem unserer Wirtschaftspolitik, aaO, S. 76). Siehe auch S. 102 f.

Das mehr liberale als ordoliberale Fundament der Sozialen Marktwirtschaft, das hier sichtbar wird, scheint *Müller-Armack* auch bewußt zu werden. In den abschließenden Bemerkungen zu seinen Ausführungen über „Lenkungswirtschaft und Planwirtschaft" werden deshalb zukünftige Kritiker bereits vor dem Irrtum gewarnt, der „Forderung nach einer Marktwirtschaft" die Absicht zu unterstellen, „überwundene Zustände des liberalen Kapitalismus bedenkenlos wieder aufleben zu lassen". Dagegen soll schon die Feststellung schützen, daß diese Forderung an der „vordersten Front unserer ökonomischen Theorie laut wird". Wer die entscheidenden Fragen der Wirtschaftspolitik noch in der „Alternative von freier Marktwirtschaft und Wirtschaftslenkung" sehe, beweise damit, „wie sehr er noch jener antithetischen Denkform verhaftet ist, die das 19. Jahrhundert schuf"[74]. *Müller-Armacks* Versuch, diese Denkform durch eine Synthese der beiden „reinen Ordnungsideen" auf dem Boden der „reinen Marktwirtschaft" zu überwinden, vermag – gerade auf dem Hintergrund des Ordoliberalismus – nicht zu überzeugen.

Zu der wichtigen Frage der Lenkung und Planung der Wirtschaft zeigt sich aber bereits, daß die Soziale Marktwirtschaft selbst bei Autoren, die Anspruch auf die Urheberschaft für diesen Begriff erheben – wie *Müller-Armack* und *Rasch* –, keineswegs einheitlich interpretiert wird. Für *Rasch* scheint die *„staatliche Ordnung und Lenkung des Wirtschaftslebens"*[75] ebenso selbstverständlich zu sein wie die Planung der Wirtschaft[76]. Sie gilt als die Voraussetzung jeder sinnvollen „wirtschaftspolitischen Gesetzgebung"[77]. Die Bezeichnung *„Rahmenplanung"*[78] wird als zutreffend angesehen. Sie soll die Aufgabe haben, „gewisse langfristig maßgebende Grundsätze für die wirtschaftspolitischen Entscheidungen der Staatsführung herauszuarbeiten, die Entwicklung des Wirtschaftslebens laufend zu verfolgen und auf die Erreichung der gewünschten Ziele, z. B. hinsichtlich der Investitionstätigkeit der Industrie, hinzuwirken, indem sie die jeweils erforderlichen Maßnahmen, nach Möglichkeit indirekt wirkender Natur, vorschlägt"[79]. Die Wirtschaftsplanung ist außerdem ganz offensichtlich auch für den damaligen bayerischen Staatsminister *Ludwig Erhard* eine Selbstverständlichkeit[80]. Das muß dann konsequenterweise auch für die Wirtschaftslenkung durch den Staat gelten.

Die Planung und Lenkung der Wirtschaft wirft für die Soziale Marktwirtschaft als politische Kategorie noch ein zusätzliches „realpolitisches" Problem

---

[74] Siehe *A. Müller-Armack,* Wirtschaftslenkung und Marktwirtschaft, aaO, S. 141 f.

[75] *H. Rasch,* Grundfragen der Wirtschaftsverfassung, aaO, S. 118, Hervorhebung im Original.

[76] Siehe S. 93 und 94, Fußnote 22.

[77] *H. Rasch,* Grundfragen der Wirtschaftsverfassung, aaO, S. 150.

[78] Hier bezieht sich *Rasch* (siehe ebenda, Anmerkung 49, S. 175) ausdrücklich auf *von der Gablentz* (aaO) und knüpft damit an Vorstellungen des Christlichen Sozialismus an (siehe S. 20 ff.).

[79] *H. Rasch,* Grundfragen der Wirtschaftsverfassung, aaO, S. 150.

[80] Siehe S. 93.

auf. Wirtschaftsplanung und Wirtschaftslenkung erfordern einen einheitlichen und starken Staat. Den gibt es aber im Nachkriegsdeutschland zunächst gar nicht, sondern nur die Verantwortung der vier im Allierten Kontrollrat vereinten Besatzungsmächte. Deren einheitliche Willensbildung ist jedoch von Anfang an zweifelhaft. Außerdem ist im Potsdamer Abkommen auch eine politische Dezentralisierung verfügt worden. Die Masse der Bevölkerung denkt aber offenbar gesamtdeutsch. Damit geraten die liberalen Kräfte in folgendes politisches Dilemma: Die eigenen föderativen Neigungen treffen sich zwar mit dem von den Siegern dekretierten Föderalismus, die Masse der deutschen Bevölkerung scheint jedoch mit dem Zentralismus zu symphatisieren. Will man dem Gedanken der marktwirtschaftlichen Ordnung mehr Durchschlagskraft verleihen, müßte man den Föderalismus betonen[81], will man jedoch die Bereitschaft zur Lenkung und Planung der Wirtschaft unterstreichen, müßte man die zentrale Wirtschaftsverwaltung befürworten.

Genau diese Situation spiegelt sich auch in der Literatur wider. Einmal wird in der „Wirtschaftslenkung" die Gefahr gesehen, die deutschen Gebiete regional auseinderzusprengen; denn die „völkertrennende Wirkung, welche die Lenkung im 19. Jahrhundert ausübte, wird sie, nach innen verlegt, in den deutschen Grenzen erneut zeigen". Deshalb wird „nur bei Marktwirtschaft" eine „regionale politische Aufgliederung Deutschlands" für erträglich gehalten. Wer dies verkenne, werde „binnen kurzem die Sache des Föderalismus hoffnungslos diskreditiert sehen"[82]. Andererseits wird die Frage gestellt, „ob der wohl von der Mehrheit des deutschen Volkes gewünschte föderalistische Aufbau eines Deutschen Reiches zur Lösung der ökonomischen Probleme nicht ausreicht und darum unbeschadet der politischen Ordnungsgrundsätze die deutsche Wirtschaft unter allen Umständen einer zentralen Verwaltung bedarf". Das wird bejaht – wenn auch nicht „unter allen Umständen" – und der Nachweis versucht, daß politischer Föderalismus und wirtschaftlicher Zentralismus durchaus miteinander vereinbar seien. Dieser Nachweis ist notwendig, weil sich der wirtschaftliche Zusammenschluß zur Bizone[83] „als die einzig erfolgversprechende innerwirtschaftliche Lösung" zur Überwindung der „wirtschaftlichen Not" immer mehr aufdrängt[84].

2.4.3.3. Die Bedeutung von Staat, Wettbewerb und Eigentum

Mit der Haltung zur Lenkung und Planung der Wirtschaft ist auch das Gewicht des *Staates* in der Sozialen Marktwirtschaft festgelegt. Die entscheidende Frage ist, ob es gelingt, den alten liberalen „Harmonieglauben" nicht nur verbal, sondern in der Realität der Wirtschaftspolitik zu überwinden. Da-

[81] Vgl. dazu z. B. *W. Röpke*, Civitas Humana, aaO, S. 67 f.

[82] *A. Müller-Armack*, Zur Diagnose unserer wirtschaftlichen Lage, aaO, S. 27.

[83] Siehe S. 229 ff.

[84] *L. Erhard*, Politischer Föderalismus und wirtschaftlicher Zentralismus, aaO, S. 1.

zu könnte die „instrumentale“ Interpretation der Marktwirtschaft dienen – nämlich die Interpretation als eine besondere Form, gesamtwirtschaftliche (das heißt ja auch staatlich gesetzte) Daten wirtschaftlich zu verarbeiten[85]. Aber alle „nüchterne Einsicht“ scheint im Widerstreit von „Wirtschaftslenkung *oder* Marktwirtschaft“ und dem Bekenntnis, daß die Marktwirtschaft die einzige Konsequenz aus einer menschenwürdigen Gesamtlebensordnung ist, wieder unterzugehen. Diese Widersprüchlichkeit läßt den Staat in dem Zwielicht, das bereits beim Ordoliberalismus festgestellt worden ist, zudem mit einer Beschränkung, die der Vorstellung zu entspringen scheint, Marktwirtschaft sei *eine* Sache und Sozialpolitik eine andere, und nur hier gäbe es etwas zu steuern und zu planen.

Die Darstellung der Sozialen Marktwirtschaft auf dem abschreckenden Hintergrund der „Wirtschaftslenkung“ schwächt zusätzlich die Autorität des Staates in gesamtwirtschaftlichen Entscheidungen. Es wird geradezu der „politisch schwach fundierte Staat“ – „der heute zum westeuropäischen Grundtypus geworden ist“ – vorausgesetzt, um daran die Folgerung zu knüpfen, daß die „wirtschaftspolitische Sorge für Elastizität und Expansion … künftig im Mittelpunkt einer marktwirtschaftlichen Wirtschaftspolitik stehen (müsse)“. Der schwache Staat wird nämlich „ohne eine solche Dynamik nicht auskommen und sich bei einer Stagnation in stärkste Gruppenkämpfe verwickeln“[86]. Hier wird die ordoliberale Fortentwicklung des Liberalismus deutlich ignoriert. Wie die alte Struktur der Wirtschaft bleibt auch der von *Eucken* heftig kritisierte „Wirtschaftsstaat“[87]. Nicht der ordoliberale „starke Staat“, der über den Interessenkämpfen steht, ist der Ausgangspunkt, sondern eine „marktwirtschaftliche Wirtschaftspolitik“, die die Interessenkämpfe durch ständig steigende Umsätze beschwichtigt.

Dieser schwache Staat erweist sich in der Sozialen Marktwirtschaft als schwerwiegender als im Ordoliberalismus, weil der für eine funktionierende Marktwirtschaft unerläßliche *Wettbewerb* lange nicht so konkret umrissen wird, wie es im ordoliberalen Gedankengebäude mit der „vollständigen Konkurrenz“ geschehen ist. Es ist einfach vom „Wettbewerb“ die Rede, der das Interesse jedes Einzelnen mit dem der Gesamtheit verknüpft[88]. Das ist verglichen mit dem ordoliberalen Konzept der „vollständigen Konkurrenz“ eine sehr allgemeine Formulierung.

Müller-Armack möchte „den Wettbewerb als stimulierende Kraft und soziologisches Organisationsmittel wieder in seine Rechte zurückversetzt“ sehen; kein „unfairer“ Wettbewerb, „der sich unwahrer Angaben bedient und

[85] Vgl. *A. Müller-Armack,* Wirtschaftslenkung und Marktwirtschaft, aaO, S. 90. Siehe aber auch S. 141.

[86] Siehe *A. Müller-Armack,* Stil und Ordnung der sozialen Marktwirtschaft, aaO, S. 36.

[87] Siehe S. 61.

[88] Vgl. *H. Rasch,* Grundfragen der Wirtschaftsverfassung, aaO, S. 146.

auf falschen Kalkulationsgrundsätzen beruht", aber trotzdem ein scharfer „echter Wettbewerb" ohne „Veredelung", die seinen Sinn verkehrt und ihn „faktisch zu einem anmutigen Spiel macht". Unter Hinweis auf *Miksch* wird „die Organisierung des Wettbewerbs als eine bewußte Aufgabe öffentlicher Wirtschaftspolitik" aufgefaßt. Gegenüber *Miksch* scheint sich jedoch die Blickrichtung einer solchen Politik zu verschieben. Nach einer „Periode fast vollständiger Wettbewerbsausschaltung" kommt es nicht darauf an, einem freien Wettbewerb Bindungen aufzuerlegen, sondern ihn von Beschränkungen zu befreien; denn die Konkurrenz könne nicht – wie im Wirtschaftsliberalismus – als eine „selbstverständliche gesellschaftliche Erscheinung" angesehen werden[89]. Dies ist kein ordoliberaler Blickwinkel, wie sich noch deutlicher zeigen wird.

Ganz gewiß unvereinbar mit dem „Wettbewerb als staatliche Veranstaltung" ist die Aufgabe, die den *Kartellen* offenbar bei der Organisierung des Wettbewerbs zufällt: Sie sollen „teilweise eine berechtigte marktausgleichende Funktion ausüben, deren Erfüllung in der Marktwirtschaft durchaus erforderlich ist, während sie freilich darüber hinausgehend als Versuche grundsätzlicher Wettbewerbsausschaltung der Auflösung verfallen müssen". Es entsteht der Eindruck[90], als sollten die Kartelle und der Staat das Recht zu „Preisinterventionen" haben und als sollten sie eine wirtschaftspolitische Maßnahme sein, derer die Marktwirtschaft bedarf[91], um insbesondere Schwierigkeiten zu umgehen, die in Deutschland früher eine Verstaatlichung von Wirtschaftszweigen den Weg ebneten[92].

Wie wenig ordoliberal dies ist, kann man am besten daran ermessen, daß sich *Rüstow* für „Monopolstrukturen" sogar zu einer Verstaatlichung bereitfindet[93], das heißt den Staat „privaten Kollektivmonopolen" vorzieht. Ebenso kritisiert *Eucken*[94] die Neigung zu „Selbstverwaltungskörpern" einzelner Industriezweige. Allerdings ließe sich ein Anknüpfungspunkt im Ordoliberalismus bei dem von *Miksch*[95] vorgeschlagenen staatlich kontrollierten „Leistungsverband" für Oligopole finden. Aber er soll ja gerade ein Ersatz sein für das Kartell als „typische private Organisationsform des Oligopols"[96].

Dieser „instrumentale Charakter" der zugelassenen Kartelle[97] wird bei *Müller-Armack* nicht deutlich – im Gegenteil. Er sieht die größere Gefahr in den ersten Nachkriegsjahren nicht bei den Kartellen, sondern bei „staatlichen Stellen ..., die sich als Schützer der vorhandenen Kapitaldispositionen fühlen"[98].

---

[89] Vgl. *A. Müller-Armack,* Wirtschaftslenkung und Marktwirtschaft, aaO, S. 96.
[90] Vgl. ebenda, S. 97 ff.
[91] Vgl. ebenda, S. 94.
[92] Vgl. ebenda, S. 99.
[93] Siehe S. 73.
[94] Siehe S. 56.
[95] Siehe S. 65.
[96] Vgl. *L. Miksch,* Wettbewerb als Aufgabe, aaO, S. 118.
[97] Vgl. dazu auch *v. Stackelbergs* Vorstellungen auf S. 67 ff.
[98] Siehe *A. Müller-Armack,* Wirtschaftslenkung und Marktwirtschaft, aaO, S. 96 f.

Die Organisierung des Wettbewerbs über eine Streuung des *Eigentums* an Produktionsmitteln spielt offenbar keine Rolle. Die „Pflege des Klein- und Mittelbetriebes" wird zwar hervorgehoben. Seine Bedeutung scheint vor allem im politischen Raum zu liegen – als Alternative zur Verstaatlichung, die „als wirtschaftspolitisches Ziel das Zeitbewußtsein des 19. Jahrhunderts" bestimmt hat. Der Klein- und Mittelbetrieb soll außerdem anders gesehen werden, „als eine früher rein ökonomisch denkende Zeit" ihn sah, jedoch auch nicht in Gegensatz zu einer „Marktpolitik" treten[99].

Trotz der Betonung des Privateigentums wird das – bei der Masse der Bevölkerung sehr aktuelle – Problem der Sozialisierung geschickt umgangen. Öffentliche und private Betriebe seien keine Alternative. Als wichtiger gilt, daß sich alle an die Marktspielregeln halten. Trotzdem wird nicht ausgeschlossen, daß öffentliche Betriebe auch zur Erfüllung wirtschaftspolitischer Aufgaben herangezogen werden, zum Beispiel im Bankwesen.

Die „Vollverstaatlichung der Produktionsmittel" gilt allerdings als mit der geforderten Wirtschaftsordnung unvereinbar; „wo im einzelnen der Schnitt zwischen öffentlicher und privater Unternehmungswirtschaft anzusetzen ist, ob zum Beispiel im Kohlenbergbau die Verstaatlichung dem privaten Betriebe vorzuziehen ist[100] oder nicht", bleibt offen. Vor „voreiligen Schlüssen" wird jedoch gewarnt, und die Frage der Verstaatlichung generell als sekundär angesehen, weil der Staat heute direkte Mittel besäße, um den Wirtschaftsablauf zu beeinflussen[101].

Insgesamt entsteht der Eindruck, als sollte beim Eigentum an Produktionsmitteln der status quo erhalten bleiben. Dazu dient wohl der Hinweis auf die „geistig wie wirtschaftlich begründete Tradition" der öffentlichen Unternehmung in Deutschland, die „sich in einem bestimmten Bereiche ein Heimatrecht erworben hat"[102].

2.4.3.4. Möglichkeiten für eine „aktive Wirtschaftspolitik"

Die wirtschaftspolitische Aktivität bezieht ihren Antrieb zunächst aus der von der Öffentlichkeit sehr hoch geschätzten Aktivität der „sozialistischen" Wirtschaftspolitik und ihrer Frontstellung zur „kapitalistischen Wirtschaft". Die Marktwirtschaft wird auf drei Ebenen verteidigt: Einmal wird versucht,

---

[99] Vgl. ebenda, S. 127 f.

[100] „Die Tatsache einer hier von außen erfolgten Entscheidung soll uns nicht veranlassen, Illusionen zu hegen über die damit erreichten Vorteile" (*A. Müller-Armack*, Wirtschaftslenkung und Marktwirtschaft, aaO, S. 124 f.). Dies ist offensichtlich ein Hinweis auf die Zusage der britischen Regierung, den Kohlenbergbau zu verstaatlichen (siehe S. 227).

[101] Vgl. ebenda, S. 124 f.

[102] Ebenda, S. 125 f. Vgl. auch *H. Rasch*, Grundfragen der Wirtschaftsverfassung, aaO, S. 145.

dem Kapitalismus etwas von dem Schrecken – einer „seelisch empfindlichen Zeit“ – zu nehmen[103]. Zum andern entspringt die Reduzierung der Marktwirtschaft auf ein bloßes Mittel zur Steigerung der wirtschaftlichen Leistungsfähigkeit[104] dem Wunsch, die Marktwirtschaft von dem durch die geschichtlichen Erfahrungen diskreditierten Kapitalismus zu lösen und das geschichtlich Bedingte vom Grundsätzlichen zu trennen[105]. Schließlich erklärt sich aus der Defensive zur von der Zeitströmung bevorzugten „Lenkungswirtschaft“ auch das Bemühen, Marktwirtschaft mit Planung und Lenkung sowie mit öffentlichem Eigentum zu verbinden.

Ganz einfach macht es sich *Rasch,* indem er – auf dem Hintergrund des Ordoliberalismus verständlich – erklärt: „Schon die Wirtschaftsverfassung des freien Wettbewerbs selbst ist Planung und Lenkung“[106]. Dagegen bemüht sich *Müller-Armack* um den Nachweis, daß sich das Organisationsprinzip der Marktwirtschaft „zu überzeugender Einheit... mit echter wirtschaftspolitischer Aktivität zu verbinden vermag“[107]. Aus dieser Haltung heraus erklärt sich dann auch das widersprüchliche Bekenntnis zu „freier Marktwirtschaft *und* Wirtschaftslenkung“ als drittem Weg und als Überwindung der „antithetischen Denkform des 19. Jahrhunderts[108].

Daraus ist zu folgern, daß die Soziale Marktwirtschaft wegen der in ihr enthaltenen „liberalen Vorurteile“ zu einer „echten wirtschaftspolitischen Aktivität“ offenbar des ständigen Stimulans durch eine, von der Öffentlichkeit mit Wohlwollen bedachte, „Antithese“ bedarf.

Trotz der guten Ausgangsbasis im „instrumentalen Charakter“ der Marktwirtschaft verschlechtern sich grundsätzlich die Voraussetzungen einer aktiven Wirtschaftspolitik in der Sozialen Marktwirtschaft. Wie die Alternative „Wirtschaftslenkung *oder* Marktwirtschaft“ schon andeutet, ist das Bekenntnis zum dritten Weg, zur Einheit von Lenkung, Planung und Marktwirtschaft als überzeitlicher Organisationsform in erster Linie ein politisches Arrangement mit der „planwirtschaftlichen“ Zeitströmung. In der Erläuterung der „Prinzipien einer gesteuerten Marktwirtschaft“[109] wird trotz erneuter Betonung des instrumentalen Charakters der Marktwirtschaft, die sich selbst keine wirtschaftlichen Ziele setzt, der Widerspruch zu dem bekannten liberalen Vorurteil besonders deutlich, wenn es heißt, daß der instrumentale Charakter der Marktwirtschaft „bereits klar auf ihre Ergänzungsbedürftigkeit

---

[103] Siehe S. 99.

[104] Siehe S. 97 f.

[105] Vgl. *A. Müller-Armack,* Wirtschaftslenkung und Marktwirtschaft, aaO, S. 90. Siehe auch S. 97.

[106] *H. Rasch,* Grundfragen der Wirtschaftsverfassung, aaO, S. 148.

[107] *A. Müller-Armack,* Wirtschaftslenkung und Marktwirtschaft, aaO, S. 141.

[108] Siehe S. 105.

[109] *A. Müller-Armack,* Wirtschaftslenkung und Marktwirtschaft, aaO, Teil II, Kapitel 5, S. 90 ff.

durch ein Rahmengefüge einer marktgerechten Wirtschaftspolitik" hinweist[110]. Unbewußt werden hier die Rollen zwischen Wirtschaftspolitik und ihrem Instrument, der Marktwirtschaft, wieder – gemäß alter liberaler Tradition – vertauscht[111].

Die eigentliche Ordnungspolitik, die im Ordoliberalismus das Fundament für die Einbeziehung der Wirtschaftsordnung in die Gesamtlebensordnung darstellt – allerdings auf einer für eine moderne Industriegesellschaft utopischen Grundlage –, wird recht oberflächlich behandelt. Die „Aufteilung aller Machtpositionen" wird für „doppelt bedeutungsvoll" angesehen, „um die vom Kollektivismus geschaffene unwürdige Abhängigkeit aller vom Apparate wenigstens zu vermindern und wieder menschliche Positionen zu schaffen ... Es ist nicht so, als ob die geistige Freiheit und Unabhängigkeit schon durch die Marktwirtschaft als solche gesichert würden, in jedem Falle bedarf es dazu noch *des Mutes, der auf seiner Freiheit besteht*". Von einer „wirtschaftlich unfrei organisierten Gesellschaft" sei das auf die Dauer nicht zu erwarten[112].

Als weiterer neben der wirtschaftlichen Freiheit in der Wirtschaftsordnung zu realisierender Wert, von dem Entscheidendes abhängt, wird die „harmonische Sozialordnung" hervorgehoben. Ihr soll offenbar Rechnung getragen werden, indem der „Wirtschaftsraum und seine bauliche Gestaltung nicht dem persönlichen Belieben" überlassen wird, sondern man hegt „bestimmte Überzeugungen bezüglich eines gesunden Betriebsaufbaues" [113].

Präzisiert wird diese Überzeugung mit dem Hinweis, daß die Lenkungswirtschaft hier versagt habe und es falsch sei, der Marktwirtschaft eine „ungebührliche Bevorzugung privatkapitalistischer Unternehmungsformen" und die Ausmerzung der kleineren und mittleren Betriebe anzulasten. Der marktwirtschaftliche Prozeß bringe dagegen – wie die Erfahrung zeige – von selbst mittelständische Betriebe hervor. Der Staat habe sie jedoch als Gesetzgeber und Auftraggeber benachteiligt. Gegen das Vordringen des durch den Markenartikel begünstigten Großbetriebs „auch in die Konsumversorgung" werden „marktwirtschaftliche Gegenaktionen" in Gestalt von „Kollektivwerbung und genossenschaftlichem Vorgehen" empfohlen. Somit bestehe kein Anlaß, die sich in der Marktwirtschaft ergebende Betriebsstruktur als endgültig hinzunehmen. Das gilt vor allem für „jene Verschiebungen", die die „Wirt-

---

[110] *A. Müller-Armack,* Wirtschaftslenkung und Marktwirtschaft, aaO, Teil II, Kapitel 5, S. 93.

[111] Die Bedeutung für eine „echte wirtschaftspolitische Aktivität" macht man sich am besten klar, wenn man die selbstverständliche Zuordnung des Flugzeugs als Instrument des Piloten, des Skalpells als Instrument des Chirurgen, folgendermaßen ausdrücken würde: Das Flugzeug bedarf der Ergänzung durch den Piloten; das Skalpell bedarf der Ergänzung durch den Chirurgen.

[112] Vgl. *A. Müller-Armack,* Wirtschaftslenkung und Marktwirtschaft, aaO, S. 105. Hervorhebung nicht im Original.

[113] Ebenda, S. 105 f.

schaftslenkung" verursachte. Im Gegensatz zu ihr sollen „die ökonomischen Notwendigkeiten der Betriebsgrößengestaltung" beachtet werden[114].

„Verschiebungen der Lenkungswirtschaft" sieht man wohl vor allem in der Bau- und Wohnungswirtschaft als gegeben an[115]. Der Gegensatz zu den Befürwortern der „lenkungswirtschaftlichen" Lösung, die hier wohl in besonderem Maße die öffentliche Meinung beherrscht, führt wiederum zu recht pragmatischen wirtschaftspolitischen Vorschlägen: Sie sollen die marktwirtschaftliche Lösung den Erwartungen anpassen, die die Öffentlichkeit mit der „lenkungswirtschaftlichen" Lösung verbindet. Der Staat soll „bestimmte Umschaltungen und Richtungsänderungen an der Apparatur vornehmen, ohne in die Automatik selbst einzugreifen". Zu diesem Zweck wird u. a. eine „Planungspolitik" angeregt, „die für eine entsprechende Baugestaltung in ästhetischer, wirtschaftlicher, sozialer und hygienischer Hinsicht sorgt".

Der Staat erhält weiterhin „bestimmte rationalisierende und typisierende Aufgaben", zum Beispiel in Gestalt staatlicher „Hilfe bei einer sinnvollen Industrialisierung des Bauens", etwa durch eine Normierung von „Bauaggregaten, Installationseinheiten, Baubeschlägen usw.". Aber er könnte sich auch „in eine der Verbilligung dienende Massenproduktion einschalten, um dort, wo starke Kostendegressionserscheinungen nur bei einheitlich zusammengefaßter Produktion möglich sind, die billigste Marktbelieferung zu sichern"[116]. Bemerkenswert ist, daß der Staat hier bemüht wird, um eine *wirtschaftliche* Baugestaltung durchzusetzen und die Nutzbarmachung des technischen Fortschritts für die „billigste Marktbelieferung".

Diesen vorsichtigen Formulierungen zur Ordnungspolitik fehlt gänzlich der im Ordoliberalismus auffallende „antikapitalistische" Ton. Sie haben in der empfohlenen Kollektivwerbung und dem genossenschaftlichen Vorgehen gegen Großbetriebe einen stärkeren Bezugspunkt zu dem von *Galbraith*[117]

---

[114] Vgl. *A. Müller-Armack,* Wirtschaftslenkung und Marktwirtschaft, aaO, S. 121 ff.

[115] Vgl. ebenda, S. 110 ff.

[116] Vgl. *A. Müller-Armack,* Wirtschaftslenkung und Marktwirtschaft, aaO, S. 118 ff.

[117] Siehe dazu *John Kenneth Galbraith,* American Capitalism. The Concept of Countervailing Power. Boston 1952. Deutsche Übersetzung: Der amerikanische Kapitalismus im Gleichgewicht der Wirtschaftskräfte. Stuttgart, Wien, Zürich 1956. In den späteren Diskussionen um ein Gesetz gegen Wettbewerbsbeschränkungen wird auch dieses Konzept diskutiert. Siehe *W. Vershofen,* Wettbewerb als System der Gegenkräfte. Gutachten zum Entwurf eines Gesetzes gegen Wettbewerbsbeschränkungen. Drucksache Nr. 32 des Bundesverbandes der Deutschen Industrie, Ausschuß für Wettbewerbsordnung. Köln 1955. Die Grundgedanken eines solchen Wettbewerbskonzepts tauchen in der deutschen Literatur bereits in den zwanziger Jahren auf. Siehe *A. Lamprecht,* Wirtschaftsmacht und Wirtschaftstheorie. „Kartell-Rundschau", Monatsschrift für Recht und Wirtschaft im Kartell- und Konzernwesen. Berlin Jg. 27 (1929), S. 321 ff. Er spricht von einem „System des spontanen Machtausgleichs der Wirtschaftsgruppen" (S. 324) und von einer „Tendenz zum verhältnismäßigen Ausgleich der Wirtschaftsspannungen (S. 329).

für die Vereinigten Staaten unterstellten Konzept der „gegengewichtigen Marktmacht“ als zur „Strukturpolitik“ von *Röpke*.

Etwas anderes ist es bei *Rasch*. Er begrüßt „alle Tendenzen zur *Auflockerung der privaten Kartellmacht*“ und spricht „Kartellen im eigentlichen Sinne“ die Existenzberechtigung in einer zukünftigen deutschen Wirtschaft ab. Zurückhaltender ist er jedoch gegenüber der Entflechtung von Großunternehmungen und Konzernen. Der Konzern sei im allgemeinen, im Gegensatz zum Kartell, aus dem Wunsch heraus entstanden, Vorteile des Großbetriebs wahrzunehmen. Deshalb seien die Konzerne „entsprechend den jeweils gegebenen technischen und wirtschaftlichen Verhältnissen organisch gewachsen“. Eine Entflechtung könne in diesen Fällen mehr Schaden als Nutzen stiften und stehe vorerst noch „auf wirtschaftlich völlig unsicherem Boden“ [118].

Es ist nicht zu übersehen, daß sich zwischen *Müller-Armack* und *Rasch* deutlich unterschiedliche ordnungspolitische Ansatzpunkte ergeben. *Rasch* kommt offensichtlich der ordoliberalen Vorstellung näher als *Müller-Armack*. Das kann nicht ohne Einfluß auf die „bewußt als Einheit begriffene Wettbewerbspolitik“ [119] bleiben. Sie gewinnt bei *Rasch*[120] klarere Umrisse als bei *Müller-Armack*, wenn man den Ordoliberalismus als Maßstab zugrunde legt.

Während die Soziale Marktwirtschaft aus der Sicht des Ordoliberalismus die Grundlage für eine umfassende Ordnungspolitik verschlechtert, wird das der Wirtschaftspolitik zugebilligte Instrumentarium doch entscheidend verbessert. Dabei scheint es sich aber auch wieder um Zugeständnisse zu handeln, die gegenüber „gewissen Parteiideologen“ gemacht werden. Ihnen wird entgegengehalten, daß die Forderung nach Verstaatlichung von Betrieben überholt sei; denn die „Entwicklung der Wirtschaftspolitik hat die direkten Zugriffsmöglichkeiten des Staates auch gegenüber der privaten Wirtschaft so gesteigert, daß die dem vorigen Jahrhundert eigene Identifizierung von öffentlicher und gelenkter Wirtschaft ihr Recht verloren hat“. „Direkte Mittel“ des Staates, „um den Wirtschaftsgang zu beeinflussen“, erscheinen in diesem Blickwinkel als selbstverständliches wirtschaftspolitisches Instrumentarium [121].

Als „Prinzipien einer gesteuerten Marktwirtschaft“ erwähnt *Müller-Armack*, neben der bereits erwähnten „Ordnungspolitik“, Wettbewerbspolitik,

---

[118] Der Dekartellierungsgesetzgebung der Besatzungsmächte wird aber trotzdem, was den ordnungspolitischen Grundgedanken angeht, prinzipiell zugestimmt, jedoch bedauert, daß Grundfragen der Wirtschaftsverfassung Deutschland von außen aufgezwungen und „in wenig überzeugender Weise“ mit „rein politisch-militärischer“ und „wirtschaftspolitischen Zielsetzungen der Alliierten“ verquickt würden. „Rechtssprache und Gesetzestechnik des anglo-amerikanischen Rechts“ seien zudem „dem deutschen Juristen fremd“ (vgl. *H. Rasch*, Grundfragen der Wirtschaftsverfassung, aaO, S. 134 f.).

[119] Vgl. *A. Müller-Armack*, Wirtschaftslenkung und Marktwirtschaft, aaO, S. 96.

[120] Siehe *H. Rasch*, Grundfragen der Wirtschaftsverfassung, aaO, S. 146 f.

[121] Vgl. *A. Müller-Armack*, Wirtschaftslenkung und Marktwirtschaft, aaO, S. 124.

Preispolitik, Sozialpolitik[122], Außenhandelspolitik sowie Geld-, Kredit- und Konjunkturpolitik[123]. „Gewisse Grenzen der marktwirtschaftlichen Organisation" – wo demnach das wirtschaftspolitische Instrumentarium einzusetzen wäre – werden zugebilligt. Das geschieht im Hinblick auf die Gefahren privater Monopolbildung und „zur Sicherung gewisser Lenkungspositionen, wie bei der Zentralnotenbank". Hier setze die „marktwirtschaftliche Organisation" die „staatliche Regie" geradezu voraus[124].

Im Unterschied zum Ordoliberalismus wird somit die Bedeutung der Geld- und Kreditpolitik als wirtschaftspolitisches Instrumentarium erkannt. *Müller-Armack* knüpft an die Currency-Theorie des 19. Jahrhunderts an und hebt hervor, daß die liberale Theorie sich durchaus der Versuchung verschloß, „auch die Geld- und Kreditordnung als Kopie der Marktordnung zu gestalten"[125].

Das liberale Mißtrauen gegen zentrale „Lenkungspositionen" zeigt sich aber auch hier sofort wieder. Zwar kommt man nicht umhin, der aktuellen Forderung nach Vollbeschäftigung in der „Sorge um eine annähernde Vollbeschäftigung" als einer der „elementaren Notwendigkeiten jeglicher Wirtschaftspolitik" Rechnung zu tragen. Dieses Bekenntnis wird aber sofort durch den Hinweis auf die „nationalsozialistische Arbeitsbeschaffung", deren Erfolge diese Politik in Deutschland und im Ausland als überlegene Methode erscheinen ließen, weiter eingeschränkt[126]. Denn diese Beurteilung beruhe auf einer „nicht vollständigen Einsicht" in Voraussetzungen und Wirkungen. Es sei klar, „daß diese Form der Arbeitsbeschaffung die Wirksamkeit eines einheitlichen und robusten Lenkungsapparates voraussetzt, der heute nicht mehr vorhanden ist und nach unseren staatlichen Überzeugungen auch nicht neu geschaffen werden sollte, da ... die Existenz eines solchen Apparates zwangsläufig die Neigung zeigt, seine Zielsetzung zu erweitern und die persönliche und geistige Freiheit zu bedrohen"[127].

Die nationalsozialistische Wirtschaftspolitik, die „übergangslos in Rüstung und Kriegsvorbereitung" einmündete[128], dient als willkommener Anlaß, um auch die Autorität eines zukünftigen, demokratischen Staates zu diskreditie-

---

[122] Siehe dazu auch *derselbe*, Katalog marktkonformer Sozialmaßnahmen zur Ausgestaltung der Sozialmarktwirtschaft. Köln 1951.

[123] Vgl. *derselbe*, Wirtschaftslenkung und Marktwirtschaft, aaO, S. 90 ff.

[124] Vgl. ebenda, S. 124.

[125] Vgl. ebenda, S. 133 f. Ähnlich sieht *Müller-Armack* auch den Zusammenhang zwischen „restriktiver Goldwährungspolitik" und der „Ausgestaltung eines weltweiten Freihandels" (ebenda, S. 134). Siehe dazu auch S. 177 ff.

[126] Siehe *A. Müller-Armack*, Wirtschaftslenkung und Marktwirtschaft, aaO, S. 136 f. *H. Rasch* verbindet Vollbeschäftigungspolitik offenbar mit „unproduktiven Ausgaben" und lehnt sie ab (vgl. Grundfragen der Wirtschaftsverfassung", aaO, S. 149 und Anmerkung 42, S. 174 f.).

[127] *A. Müller-Armack*, Wirtschaftslenkung und Marktwirtschaft, aaO, S. 137.

[128] Vgl. ebenda.

ren, ungeachtet der immerhin nicht ganz unberechtigten Hinweise – gerade in den ersten Nachkriegsjahren –, daß die Wirtschaft nicht unbeteiligt an dem Siegeszug des Nationalsozialismus in Deutschland gewesen ist und weite Kreise der Wirtschaft auch in den ersten Nachkriegsjahren noch sehr viel Sympathie für das nationalsozialistische Bewirtschaftungssystem aufzuweisen schienen[129].

Die Argumentation gegen die Vollbeschäftigung scheint erneut das „liberale Vorurteil" zu offenbaren, das sich auch schon bei den Ordoliberalen feststellen ließ[130]. Das Zugeständnis „gewisser Lenkungspositionen" an die „staatliche Regie" bleibt letztlich auch im Bereich von Geld- und Währung auf den Ordnungsrahmen, einen „Geld- und Währungs*mechanismus*" beschränkt, der ein Spiegelbild der Güterströme sein soll, sie aber nicht lenken will. Die Goldwährung oder „manipulierte Währungsformen..., die sich im Rahmen des marktwirtschaftlich Möglichen halten", sind das Vorbild. Der „Währungs- und Kreditapparat" im „Dienst des Staates", „in den Händen der Wirtschaftslenkung" gefährdet die „marktwirtschaftlichen Formen"[131].

Dieses „liberale Vorurteil" macht dann letztlich das von der Sozialen Marktwirtschaft zugestandene Instrumentarium zu einer stumpfen wirtschaftspolitischen Waffe, weil dem Markt doch mehr Vertrauen entgegengebracht wird als dem demokratischen Staat und weil eine Synthese der beiden extremen Ordnungsideen (Marktwirtschaft und Wirtschaftslenkung) auf dem Boden der „reinen Marktwirtschaft" liegen soll. Dafür ist durchaus typisch, daß – wenn man sich nach den Erfahrungen der Weltwirtschaftskrise von 1929 einer Konjunkturpolitik schon nicht verschließen kann – diese Konjunkturpolitik ebenfalls „marktwirtschaftlich" sein muß und ähnliche Probleme aufwirft wie eine „marktgerechte Kreditpolitik"[132].

Damit hat sich der „geistige Überbau" für eine aktive Wirtschaftspolitik des Staates trotz eines verbesserten Instrumentariums nicht entscheidend verändert – durch die Betonung der „Synthese auf dem Boden der reinen Marktwirtschaft" sogar verschlechtert[133]. Eine Wirtschaftspolitik, die bei diesem „geistigen Überbau" marktgerecht sein soll, müßte ihre Impulse immer vom Markt erhalten, um nicht mit dem Makel der „Illegalität" behaftet zu sein; denn keine Wirtschaftspolitik, das wäre eigentlich die beste Wirtschaftspolitik. Wie sich zeigte, soll sogar der – ohnehin „politisch schwach fundierte" –

---

[129] Siehe dazu S. 91, Fußnote 3. [130] Siehe S. 82 ff.

[131] Vgl. *A. Müller-Armack*, Wirtschaftslenkung und Marktwirtschaft, aaO, S. 134.

[132] Vgl. ebenda, S. 136 ff.

[133] Ein Hinweis darauf könnte es auch sein, wenn versucht wird, der katholischen Soziallehre gegen Übernahme des „umfassenden christlichen Fundaments" für die Soziale Marktwirtschaft einen Tausch „berufsständische Ordnung" gegen „liberale Theorie" anzubieten (siehe S. 98, Fußnote 43). Hinter der „berufsständischen Ordnung" verbirgt sich aber im Hinblick auf die Wirtschaftsordnung eine Alternative zur Marktautomatik (siehe S. 117) in Gestalt einer konsequenten Wirtschaftspolitik – auch mit nicht-marktkonformen Mitteln (siehe S. 82).

Staat durch eine „marktwirtschaftliche Wirtschaftspolitik" der wirtschaftlichen Expansion kompensiert werden[134].

Die Lage, in die ein solcher Staat gerät, entspricht genau der, die der Ausgangspunkt der Ordoliberalen gewesen ist: Seine Wirtschaftspolitik besteht darin, „die Forderungen der Machtgruppen, von denen er abhängig ist, gegeneinander abzustimmen und durchzuführen"[135]. Die Gefahr, die sich bei der ordoliberalen Scheu vor einer „Wirtschaftspolitik der Mittelwege" abzeichnete[136], droht mit der Sozialen Marktwirtschaft konkrete Gestalt anzunehmen. Es bleibt jedoch nicht bei der Bedrohung, wenn es einmal nicht gelingen sollte – der Logik der Sozialen Marktwirtschaft folgend – die ständige Expansion der Wirtschaft zu sichern.

So löst sich die Soziale Marktwirtschaft in der entscheidenden Grundlage vom Ordoliberalismus, nämlich dem starken Staat, dessen Existenz auf der Selbständigkeit seiner Willensbildung beruht[137]. Weil der Ordoliberalismus auf diese Selbständigkeit vertraut, kann er eine „radikale" und „revolutionäre" Strukturpolitik zum wesentlichen Bestandteil seines Programmes machen. Dies beruht teilweise auf utopischen Zielen, ist aber in seinem Vertrauen zum demokratischen Staat ein ernsthafter Versuch, den klassischen wirtschaftlichen Liberalismus zu überwinden. Insoweit droht bei der Sozialen Marktwirtschaft ein Rückschritt.

Es ist hier jedoch nicht der Ort zu fragen, ob dies der Preis ist, der für die größere „Wirklichkeitsnähe" zu zahlen ist, die die Soziale Marktwirtschaft dem Ordoliberalismus voraus hat. Vielleicht können die sichtbar gewordenen Mängel im „geistigen Überbau" gerade durch die pragmatische Ausrichtung der Sozialen Marktwirtschaft an konkreten Problemen der Wirtschaftspolitik überwunden werden. Darauf müssen schließlich auch die Ordoliberalen vertrauen, die die Soziale Marktwirtschaft als politische Realisierung ihrer Vorstellungen akzeptieren. Es sollte jedoch – wegen der hervorgetretenen Unterschiede – in der ordnungspolitischen Diskussion die Soziale Marktwirtschaft und der Ordoliberalismus nicht unter dem gemeinsamen Begriff „Neoliberalismus" miteinander identifiziert werden.

2.4.3.5. Abgrenzung zwischen Ordoliberalismus, Soziale Marktwirtschaft und Neoliberalismus

Aus den bisherigen Betrachtungen wird deutlich, daß eine Analyse von Ordoliberalismus und Sozialer Marktwirtschaft unter dem Sammelbegriff „Neoliberalismus" keineswegs den ordoliberalen Vorstellungen gerecht wird, sondern lediglich zum Ausdruck bringt, daß es sich um eine Abwandlung des traditionellen Wirtschaftsliberalismus handelt.

---

[134] Siehe S. 107.
[135] Siehe S. 61.
[136] Siehe S. 83 f.
[137] Siehe S. 61.

Dieser Ausgangspunkt führt deshalb auch *Nawroths* Suche nach dem Neuen im Neoliberalismus [138] auf einen wenig ergiebigen Weg. Er mündet nämlich ein in die Feststellung, daß der alte „Harmonieglaube" geblieben sei und deshalb dem Neoliberalismus das Neue fehle [139]. Wer von einem „Neoliberalismus" erwartet, daß er den „Liberalismus" – da es sich hier nur um den ökonomischen Ableger handelt, ist „Wirtschaftsliberalismus" korrekter – vollständig aufgibt, wählt für seine Analyse ein zu großes Raster. Es wäre nur für eine Untersuchung zweckmäßig, die den Neoliberalismus etwa gegenüber dem Sozialismus abgrenzen wollte.

Ein solches Bemühen läßt sich in der Tat bei *Nawroth* feststellen. Er sieht in dem ordoliberalen Ordnungsgedanken, vor allem bei *Böhm,* „bemerkenswerte befehlswirtschaftliche Elemente" [140]. Dies überrascht um so mehr, als bei der vom „Neoliberalismus" behaupteten „Umorientierung grundsätzlicher Art" nach dem „dritten Weg zwischen Kapitalismus und Kommunismus" gesucht wird [141].

Zunächst verwundert, daß der „ordoliberale Harmonieglaube" vor allem von der katholischen Soziallehre her kritisiert wird – auf die sich die Ordoliberalen gern berufen – und Zweifel an einer „verantwortungsbewußten" Wirtschaftspolitik nach ordoliberalen Grundsätzen [142] geäußert werden. Der Angriffspunkt scheint das Konzept der „vollständigen Konkurrenz" im Ordoliberalimus zu sein, das offenbar dem „Ordo-Gedanken der katholischen Soziallehre nicht gerecht wird, weil es zu „mechanistisch" ist. Es wird – wohl mit Recht [143] – als Alternative zum Prinzip der „berufsständischen Ordnung" in der katholischen Soziallehre empfunden. Für sie – und damit gegen den Ordoliberalismus – streitet man deshalb mit dem Argument, der Abstraktionsgrad des Konzepts der vollständigen Konkurrenz sei größer als der der berufsständischen Ordnung [144]. Je mehr somit der Ordoliberalismus, der nicht immer von der Sozialen Marktwirtschaft getrennt wird, an der „wirklich-

---

[138] Siehe insbesondere *E. E. Nawroth,* Die wirtschaftspolitischen Ordnungsvorstellungen des Neoliberalismus, aaO, S. 17 ff.

[139] Demgegenüber sieht *Nell-Breuning* durchaus etwas „Neues" im Ordoliberalismus (siehe Gemeinsames und Trennendes, aaO, S. 218 f.). Siehe auch S. 83, Fußnote 214.

[140] *E. E. Nawroth,* Die wirtschaftspolitischen Ordnungsvorstellungen des Neoliberalismus, aaO, S. 18.

[141] Vgl. *E. E. Nawroth,* Die wirtschaftspolitischen Ordnungsvorstellungen des Neoliberalismus, aaO, S. 19.

[142] Siehe auch S. 82.

[143] Vgl. *F. Böhm,* Die Ordnung der Wirtschaft, aaO, S. 188: „Nicht die Berufsstände haben die Wirtschaftsverfassung zu schaffen, sondern die Wirtschaftsverfassung hat sich die Berufsstände heranzubilden. Das bedarf einer gewaltigen Erziehungsarbeit, die so, wie heute die Dinge liegen, *nur von der wirtschaftspolitischen Staatsführung geleistet werden kann*" (Sperrung im Original).

[144] Siehe dazu *Oswald von Nell-Breuning,* Berufsständische Ordnung und Monopolismus. In: Ordo. Bd. 3 (1950), S. 218; vgl. auch *E.-W. Dürr,* aaO, S. 50 ff.

keitsfernen"[145] Voraussetzung der vollständigen Konkurrenz zu scheitern droht, desto mehr Chancen gibt man offenbar der berufsständischen Ordnung. Hinzu kommt, daß man zwischen der „Hinwendung zum starken Staat als ordnender Potenz"[146] und dem Subsidiaritätsprinzip der katholischen Soziallehre einen Widerspruch zu erkennen glaubt. Daraus erklärt sich dann die Verbindung der ordoliberalen Wirtschaftsordnung mit „befehlswirtschaftlichen Elementen".

Einen fruchtbareren Weg, „Wesen und Ziele des Ordoliberalismus" zu erfassen, beschreitet *Dürr*[147]. *Seine* Analyse des Neoliberalismus beschränkt sich auf den Freiburger Ordo-Kreis. Damit dient der Ordnungsgedanke als Orientierungsmaßstab für die Untersuchung. *Dürr* sieht hier eine Fortsetzung des mittelalterlichen „Ordo-Gedankens", des „ordo" von *Thomas* von *Aquin*. Dann jedoch fährt *Dürr* in seinem „kurzen historischen Rückblick" fort mit der „sozialpolitischen Strömung" der Kathedersozialisten und des 1872 gegründeten „Vereins für Socialpolitik" sowie der *Bismarck*schen Sozialpolitik[148]. Die nächste Etappe ist der sozialpolitische Liberalismus *Brentanos*, der „ohne an *Neuordnung* zu denken" die gewerkschaftliche Selbsthilfe der Arbeit für einen Fortschritt hält[149]. Der Neoliberalismus wird allgemein als *„Sozialliberalismus"*[150] eingeordnet. „*Ordoliberalismus* ist eine Richtung des revisionistischen Liberalismus, fälschlich ‚neoliberal', besser ‚sozialliberal' genannt."[151] Damit ist die „Stellung des Ordoliberalismus im Neoliberalismus"[152] bei *Dürr* im Kern umrissen.

Das Wiederaufleben des mittelalterlichen „Ordo"-Gedankens im Ordoliberalismus ist nicht zu bestreiten, auch wenn die katholische Soziallehre offenbar an dieser Verknüpfung Anstoß nimmt, besonders wohl im Hinblick auf die als „mechanistisch" empfundene „Wirtschaftspolitik des Als Ob" und die vorausgesetzten „starken Tendenzen ..., die auch in der industriellen Wirtschaft zur vollständigen Konkurrenz drängen"[153]. Zweifelhaft ist aber doch gerade, ob der „ordre naturel", die gewachsene Ordnung, unbedingt mit dem Idealtyp der vollständigen Konkurrenz identisch sein muß, ganz abgesehen davon, daß man keineswegs bereit ist, sich allein auf sie zu verlassen. *Dürr*[154] weist auf den Widerspruch bei *Eucken* hin, wenn er gleichzeitig von

---

[145] Zum Teil eine ungerechte Kritik, weil übersehen wird, daß *Eucken* die vollständige Konkurrenz weiter faßt als die Marktformenlehre (siehe S. 64 f.).

[146] *E. E. Nawroth*, Die wirtschaftspolitischen Ordnungsvorstellungen des Neoliberalismus, aaO, S. 18. Zitat im Original gesperrt.

[147] *E.-W. Dürr*, aaO. [148] Vgl. *derselbe*, aaO, S. 1 f.

[149] Vgl. ebenda, S. 5.

[150] Siehe dazu *Donald G. Rohr*, The Origins of Social Liberalism in Germany. Chikago, London 1963.

[151] *E.-W. Dürr*, aaO, S. 7. [152] Vgl. ebenda, 1. Kapitel, 2. Abschnitt, S. 5 ff.

[153] *W. Eucken*, *Grundsätze der Wirtschaftspolitik*, aaO, S. 373, siehe auch ebenda, S. 374.

[154] *E.-W. Dürr*, aaO, S. 155 f.

einer allgemeinen Zunahme der „unvollkommenen" Substitutionskonkurrenz und den starken Tendenzen zur vollständigen Konkurrenz ausgeht[155].

Dieser Widerspruch könnte auch hier als einer jener vielen Widersprüche abgetan werden, die im Ordoliberalismus aus dem Widerstreit „nüchterner Einsicht" und traditioneller liberaler Vorstellungen entstehen. Jedoch sollte man sich daran erinnern, daß *Eucken* die als „ordre naturel" interpretierte vollständige Konkurrenz unter Beibehaltung des Begriffes entscheidend erweitert hat, indem er u. a. dem Staat das Recht gibt, die Konkurrenz durch eigene Preisfixierungen „vollständig" zu machen[156]. Damit würde doch vielleicht ein aus der Wirklichkeit abgeleiteter Idealtyp geschaffen, der der technischen Entwicklung, der Konzentration und der Substitutionskurrenz Rechnung trägt. Denn bei *Eucken* nehmen die „Wettbewerbsordnungen" eine Mittelstellung ein zwischen den „gewachsenen" und den „gesetzten" (zentralverwaltungswirtschaftlicher Typ) Ordnungen. „Die Planung der Ordnungen geschieht also nicht im Gegensatz zum geschichtlichen Werden, sondern die Setzung der Ordnung geschieht, indem aus den geschichtlichen Tendenzen, die da sind, Ordnungsprinzipien gewonnen werden"[157]. Aus dieser Sicht kann man *Euckens* Idealtypen die Ableitung aus der Wirklichkeit nicht einfach absprechen und sie als „Konstruktivmodelle" bezeichnen[158].

Die Anknüpfung an den mittelalterlichen „Ordo"-Gedanken müßte bei *Dürr* eigentlich Zweifel aufkommen lassen, ob er die Stellung des Ordoliberalismus im Neoliberalismus richtig erfaßt. Das „Neue" gegenüber dem „Kapitalismus" des 19. Jahrhunderts wird nur teilweise eingefangen. Die Herleitung des Ordoliberalismus aus dem mittelalterlichen „ordo" bedeutet Rückführung der Wirtschaft von ihrer aus dem Marktmechanismus abgeleiteten Sonderstellung in die Gesamtordnung der Gesellschaft und ihre Autonomie auch im wirtschaftlichen Bereich. Das ist aber offensichtlich mehr als Marktautomatik und ausgleichende Sozialpolitik.

Dies wäre in der Tat nichts „Neues" und die Kritik der katholischen Soziallehre am Ordoliberalismus wäre berechtigt. Die von *Dürr* gezeichnete Verbindung zum Sozialliberalismus und zur Entwicklung der Sozialpolitik klassifiziert die soziale Komponente im Ordoliberalismus unbewußt als Fortsetzung mittelalterlicher „Armenpflege", die in allen zivilisierten Gesellschaften zu den vornehmsten Pflichten der Besitzenden gehört. Der Ordoliberalismus wollte aber mehr, nämlich diese herkömmliche Sozialpolitik durch eine umfassende „Strukturpolitik" ersetzen.

Dieser Ausgangspunkt geht durch einen sozialpolitischen Rückblick verloren, auch wenn *Dürr* die Strukturpolitik als Charakteristikum des Ordolibe-

---

[155] Siehe dazu *W. Eucken*, Technik, Konzentration und Ordnung der Wirtschaft. In: Ordo. Bd. 3 (1950), S. 6.

[156] Siehe S. 64.

[157] *W. Eucken*, Grundsätze der Wirtschaftspolitik, aaO, S. 374.

[158] Siehe *E.-W. Dürr*, aaO, S. 157.

ralismus keineswegs übersieht[159]. Durch die Einordnung des Ordoliberalismus in den „Sozialliberalismus" wird *Dürr* auch *Franz Oppenheimer* nicht gerecht, der in der Abgrenzung des Ordoliberalismus vom Neoliberalismus nicht erwähnt wird, wohl aber der „sozialpolitische Liberalismus" *Brentanos.* Nur am Rande errscheint *Oppenheimer* als einer der Sucher nach einem dritten Weg zwischen dem Individual- und dem Sozialprinzip, dem Kapitalismus und dem Kommunismus[160].

In Wirklichkeit ist *Oppenheimerr* jedoch für den Ordoliberalismus von größerer Bedeutung als *Brentano.* Bei *Oppenheimer* ist – ganz im Sinne des Ordoliberalismus, insbesondere von *Röpke* – die Ursache der sozialen Frage, wie auch *Dürr* feststellt, die „ungerechte Verteilung des Eigentums", das heißt hier des Bodenbesitzes. Diese Verteilung aber wiederum wird zurückgeführt auf das „politische Mittel", durch das eine kleine Schicht von Bodenbesitzern die materiellen Startbedingungen für die Masse der Bevölkerung verfälsche[161]. Die Tatsache, daß *Oppenheimer* sich für eine Enteignung dieses Bodenbesitzes einsetzt und sein Programm als „Liberalsozialismus" bezeichnet, sollte nicht dazu führen, den Zusammenhang zu übersehen, der hier zum Ordoliberalismus besteht. Auch *Rüstow* hat schließlich eine Verstaatlichung von Produktionsmitteln befürwortet[162]. Das zeigt nur, daß es im sozialwissenschaftlichen Bereich keine „bruchartigen Entwicklungen" gibt. Die Übergänge sind fließend, die geistige Wirklichkeit widersetzt sich einer Schematisierung. Das Ziel, aufgetretene Mißstände zu beseitigen, bleibt jedoch dasselbe.

Der sozialpolitische Orientierungspunkt versperrt ebenfalls die Parallele zwischen *Oppenheimers* „wirklich freier Konkurrenz" und *Wagners* „moderner freier Concurrenz"[163]. *Dürr* sieht beim Kathedersozialismus nur die sozialpolitische Komponente. Unbeachtet bleibt auch der von *Ritschl* übernommene Hinweis, daß Versuche zu einer fundamentalen Neugestaltung einer liberalen Wirtschaftspolitik bereits an „frühliberale Gedankengänge" anknüpfen[164]. Wie bereits ausgeführt[165], gibt es von den Ordoliberalen selbst Hinweise auf eine Einordnung in den „Frühliberalismus", nämlich auf die Currency-Theoretiker in England.

Um ganz sicher zu sein, daß eher der mittelalterliche „ordo"-Gedanke als der sozialpolitische Blickwinkel das eigentlich Neue des „Neoliberalismus"

---

[159] Siehe *E.-W. Dürr,* aaO, S. 8.

[160] Vgl. ebenda, S. 2 f.

[161] *Franz Oppenheimer,* Kapitalismus, Kommunismus und wissenschaftlicher Sozialismus. Berlin, Leipzig 1919, S. 167 f. Siehe auch *L. J. Zimmermann,* Geschichte der theoretischen Volkswirtschaftslehre, aaO, S. 49 f.

[162] Siehe S. 73. Das macht deutlich, wie willkürlich *Dürrs* Einordnung des Ordoliberalismus in den Sozialliberalismus bleibt, da das Eigentum an Produktionsmitteln andererseits dazu dient, Liberalsozialismus und Sozialliberalismus zu differenzieren (vgl. *E.-W. Dürr,* aaO, S. 6).

[163] Siehe S. 51. [164] Siehe S. 49, Fußnote 6. [165] Siehe S. 79.

trifft, sollte man sich noch einmal in Erinnerung rufen, was die Freiburger Ordoliberalen zum Ausgangspunkt ihrer Überlegungen im Vorwort des ersten Heftes ihrer Schriftenreihe „Ordnung der Wirtschaft“ sagen[166].

Gerade das tiefe Mißtrauen gegenüber dem Harmoniegedanken des Wirtschaftsliberalismus, zu dem man in dem von *Savigny* begründeten Historismus der Rechtswissenschaft eine Parallele sieht[167], macht es zur „dringendsten Aufgabe“ – „nicht nur im Interesse der Wissenschaft, sondern weit mehr noch im Interesse des Wirtschaftslebens der deutschen Nation“ –, daran mitzuarbeiten, Rechtswissenschaft und Nationalökonomie wieder „den ihnen gebührenden Platz im Leben der Nation“ zu verschaffen[168].

Deshalb lautet die für den Ordoliberalismus charakteristische Frage[169]: „Wie kann der Geist die Tatsachen gestalten, wenn er sich selbst vor dem Gang der Tatsachen verneigt?“ Aus diesem Grunde wird gerade *Schmoller* heftig kritisiert, weil „punktuelles Fragen und Denken“ das „grundsätzliche Denken“ verdrängt. „Damit glaubten *Schmoller* und seine Anhänger eine realistische Haltung einzunehmen und einer Realpolitik die Wege zu ebnen“[170]. Als charakteristisch wird die Vernachlässigung des Monopolproblems hervorgehoben und *Schmollers* – eine natürliche Harmonie voraussetzender – Fortschrittsglaube, der „die dämonischen Leidenschaften und egoistischen Instinkte der Menschen, mit denen jede Wirtschaftspolitik zu rechnen hat“[171], verhüllt.

Wenn *Dürr* den Ordoliberalismus aus sozialpolitischem Blickwinkel zu erfassen sucht, so könnte er dazu durch die geläufige – von den Ordoliberalen selbst geförderte – Identifizierung von Ordoliberalismus und Sozialer Marktwirtschaft verleitet worden sein. Nach den bisherigen Überlegungen wird jetzt besonders deutlich, daß sie offenbar gerade den vom Ordoliberalismus kritisierten und von „realpolitischen“ Überlegungen geleiteten Weg *Schmollers* weiter beschreiten will. Die Berufung auf den Ordoliberalismus kann nur als Hinweis auf ein zukünftiges Ziel interpretiert werden und rückt mit dem wirtschaftlichen Wiederaufbau immer weiter in die Ferne, wenn die ordnungspolitische Chance der ersten Nachkriegsjahre nicht genutzt wird. Das könnte der Preis für die größere „Wirklichkeitsnähe“ sein, die nach *Giersch*[172] die Soziale Marktwirtschaft vom Ordoliberalismus unterscheidet. Sicher findet man auch hier eine Erklärung für die erwähnte Ungeduld der Ordoliberalen, die den Vereinigten Staaten raten, ihre Politik unbeeinflußt von Strömungen in Deutschland zu verfolgen.

Vom Ordoliberalismus aus gesehen, handelt es sich demnach bei der Sozialen Marktwirtschaft um einen „Revisionismus“, der es nahelegt, sie als „neo-

---

[166] Siehe *F. Böhm*, Die Ordnung der Wirtschaft, aaO.
[167] Vgl. ebenda, S. IX.
[168] Ebenda, S. VIII.
[169] Ebenda, S. XIII. Im Original gesperrt.
[170] Ebenda, S. XIV.
[171] Ebenda, S. XVI.
[172] *H. Giersch*, aaO, S. 188.

liberal", nicht aber als ordoliberal zu charakterisieren[173]. Wenn sich in der Nachkriegszeit somit eine „Wende vom historischen Kapitalismus" vollzieht, dann kann es weniger die „Wende vom ‚Laissez-faire' zur ‚sozialen Marktwirtschaft'" sein – wie *Dürr*[174] es sieht –, sondern vielmehr die Wende vom Laissez-faire zum Ordoliberalismus. Nicht seine historischen Wurzeln verfolgt *Dürr*, sondern nur die einer „modernen, sozialpolitisch bewußten Wirtschaftsordnung", nämlich der Sozialen Marktwirtschaft. Wenn sie die Sozialpolitik *Schmollers* und die Sozialgesetzgebung *Bismarcks* fortsetzen soll, so ist das nur eine zusätzliche Bestätigung der bisherigen Vermutungen, daß Ordoliberalismus und Soziale Marktwirtschaft nicht identifiziert werden dürfen. Für sie trifft die Bezeichnung „neoliberal" besser zu, eine Kennzeichnung, gegen die sich die Ordoliberalen immer verwahrt haben[175].

Will man die Ordoliberalen in eine neue liberale Strömung der Nachkriegszeit und unter dem Sammelbegriff „Neoliberalismus" einordnen, so bilden sie den einen extremen Pol dieses neuen Liberalismus. Der andere ließe sich mit *von Mises* und *Hayek* charakterisieren, die sich „von dem herkömmlichen Laissez-Faire-Liberalismus nur wenig entfernt haben"[176]. Zwischen diesen beiden Polen liegt die Soziale Marktwirtschaft. Ihre Vertreter sind keine einheitliche Gruppe[177], was das wirtschaftspolitische Konzept angeht, wohl aber einig in dem Wunsch, der Marktwirtschaft in der sozialistischen Zeitströmung eine Bresche zu schlagen. Wie bereits angedeutet, steht *Rasch* dem Ordoliberalismus näher als *Müller-Armack*[178]. Der „realpolitische" Hintergrund der Sozialen Marktwirtschaft führt dazu, daß ihre Gestalt in sehr starkem Maße von den politischen Kräften, ihrem Wandel und ihrem Zusammenspiel abhängig ist. Sie entscheiden, ob die Entwicklung mehr zum Ordoliberalismus oder zum traditionellen Liberalismus tendiert.

2.4.3.6. Die Soziale Marktwirtschaft als politische Leitidee

Wenn man der Sozialen Marktwirtschaft den Charakter eines wirtschaftspolitischen Konzeptes oder gar Programmes[179] abspricht[180] – absprechen muß, weil sie nur „ein der Ausgestaltung harrender progressiver Stilgedanke" sein

---

[173] Ihr Verhältnis zum Ordoliberalismus ähnelt dem eines Kirchendiebes zum Christentum, den sein schlechtes Gewissen dazu treibt, die Kirchen großzügig zu unterstützen.

[174] Vgl. *E.-W. Dürr*, aaO, S. III.

[175] Siehe dazu *W. Eucken*, Grundsätze der Wirtschaftspolitik, aaO, S. 374 f.

[176] *E.-W. Dürr*, aaO, S. 5.

[177] Vgl. auch *H.-J. Seraphim*, aaO, S. 191 f.; *H. Giersch*, aaO, S. 182.

[178] Siehe S. 113 f.

[179] Vgl. zu dieser Unterscheidung *H. Giersch*, aaO, S. 44 f.

[180] Vgl. auch *H.-J. Seraphim*, aaO, S. 187 f. Allerdings spricht *Molitor* (aaO, S. 59) von einem „Konzept", faßt diesen Begriff aber offensichtlich weiter als *Giersch* und *Seraphim*.

will[181] –, so bleibt aber doch die Bedeutung als „politische Leitidee“[182]. Ihr politisches Gewicht liegt vor allem – den Verhältnissen der ersten Nachkriegsjahre Rechnung tragend – in der Befreiung der Wirtschaft von staatlichen Fesseln und nicht so sehr in der staatlichen Ordnung und Lenkung der Wirtschaft, was dem ordoliberalen Anliegen mehr entspräche.

In dieser Leitidee ist die Rolle des Staates keineswegs klarer umrissen[183], ebensowenig wie der Umfang staatlicher Steuerung und Lenkung der Wirtschaft[184]. Von der ordoliberalen Forderung nach „vollständiger Konkurrenz“ bleibt das sehr allgemein gehaltene Bekenntnis zum Wettbewerb, von der „aktiven Politik der Wirtschaftsordnung“ im wesentlichen die Sozialpolitik – eingeschränkt zudem durch den Hinweis, daß Wachstumspolitik die beste Sozialpolitik sei – und die „marktwirtschaftliche Konjunkturpolitik“ sowie Wachstumspolitik.

Der größte Mangel der Sozialen Marktwirtschaft ist, daß ihre Konturen im Vergleich zum Ordoliberalismus verschwimmen. Hervortritt der Wunsch, eine Alternative zum sozialistischen Weg zu entwickeln und sich gegenüber ihm insbesondere durch Betonung der Freiheit auch in der Wirtschaft abzugrenzen. Der Föderalismus gilt als Ergänzung dieser Freiheit im politischen Raum. Die Ausgestaltung der Leitidee bleibt der Zukunft überlassen, und damit dem zukünftigen Zusammenspiel der politischen Kräfte; die „ordoliberale Revolution“, die gerade bei *Röpke* eine so große Rolle spielt, findet zunächst nicht statt. Ihm schwebt vor, daß „nach einem wohldurchdachten Programm staatlicher Lenkung“ die Wirtschaft nicht nur in einer „Friedenswirtschaft“ stabilisiert, sondern auch darüber hinaus eine Politik eingeleitet wird, die „die großen *Strukturprobleme der Wirtschaft und Gesellschaft* lenkt“, um die „Erschütterungen, die eine solche riesenhafte Umstellung mit sich bringt, auf das geringstmögliche Maß“ zu vermindern[185]. Ähnlich heißt es im Vorwort zum ersten Band von „Ordo“[186], man könne es sich nicht leisten, sich „nach vielen Fehlschlägen langsam an irgendeine Ordnung der Wirtschaft heranzutasten“. Es gelte vielmehr, „zuvor sorgfältig durchdachte, auf Erfahrung beruhende Grundsätze zur Anwendung zu bringen, die der Vermassung entgegenwirken und ein menschenwürdiges Leben ermöglichen“.

Viel deutet darauf hin, daß die Wirtschaftspolitik im Zeichen der Sozialen Marktwirtschaft den Weg des geringsten Widerstandes gehen könnte – allerdings kaum zu Kompromissen bereit in ihrem weniger ökonomischen als vielmehr politischen Ausgangspunkt: der Abgrenzung gegenüber einer „kollektivistischen Zwangswirtschaft“, in der der Staat die Wirtschaft kommandiert.

---

181 Siehe S. 95.
182 Vgl. auch *H.-J. Seraphim,* aaO, S. 195.
183 Vgl. auch *H.-J. Seraphim,* aaO, S. 188.
184 Vgl. auch ebenda, S. 192 f.
185 *W. Röpke,* Civitas Humana, aaO, S. 376 f. Hervorhebung im Original. Siehe auch S. 55 ff.
186 Ordo, aaO, Bd. 1 (1948), S. VIII.

Berücksichtigt man weiter, daß in wichtigen Fragen, den Idealen und Zielen einer neuen Ordnung zum Beispiel, Übereinstimmung zwischen den Vertretern des Liberalismus und Sozialismus zugestanden[187] und außerdem die „freie Wirtschaft" auch von den Sozialisten betont wird[188], so entsteht die Gefahr einer bloßen Politisierung der Wirtschaftspolitik unter den Schlagworten Freiheit und Zwang. Der methodologische Monismus des Ordoliberalismus, der die beiden reinen Formen der Marktwirtschaft und der Zentralverwaltungswirtschaft unterscheidet, aber für die Wirklichkeit Mischformen – das heißt einen ordnungspolitischen Dualismus – anerkennt, würde damit zu einem politischen Monismus erweitert. Hier zeigen sich deutliche Anklänge an die insbesondere von *Hayek*[189] vertretene Auffassung, daß die politische Freiheit eng mit der ökonomischen Freiheit und Unabhängigkeit verbunden ist.

Die Soziale Marktwirtschaft als „ein der Ausgestaltung harrender Stilgedanke" bleibt offen für eine pragmatische Ausfüllung, aber auch für eine politische Interpretation – als „Gegenstoß des Liberalismus"[190]. Inwieweit dieses Ziel erreicht wird, das hängt in besonderem Maße von den politischen Gewichten der ersten Nachkriegsjahre ab. Die Soziale Marktwirtschaft als Leitbild für eine pragmatische Wirtschaftspolitik könnte ergänzt werden von der liberalen Seite her, vom Ordoliberalismus, aber auch vom Freiheitlichen Sozialismus.

Beide sind als für die ersten Nachkriegsjahre in Deutschland charakteristische „ordnungspolitische Erfindungen" anzusehen – mit einer Reihe von Berührungspunkten, die sich trotz der unterschiedlichen Ausgangspunkte im Liberalismus oder Sozialismus kaum übersehen lassen[191]. Diese Gemeinsamkeiten werden jedoch interessanterweise fast ausschließlich vom Freiheitlichen Sozialismus betont[192], während der Ordoliberalismus mehr auf Unterscheidung Wert legt[193]. Aber es gibt auch die Sorge der Freiheitlichen Sozialisten, es könnten dem Namen nach sozialistische Programme Anklang finden, die jedoch nach ihrer Begründung nicht sozialistisch sind[194].

---

[187] Siehe S. 90 f. und *H.-D. Ortlieb*, Wandlungen des Sozialismus, aaO, S. 12 f.

[188] Siehe S. 90 f.

[189] *Friedrich A. von Hayek*, aaO,; *derselbe*, Freedom and the Economiy System. Chikago 1948.

[190] Siehe S. 94, Fußnote 22.

[191] Siehe dazu insbesondere *O. v. Nell-Breuning*, Gemeinsames und Trennendes in den Hauptrichtungen der Wirtschaftswissenschaft und Wirtschaftspolitik, aaO; weiterhin *F.-W. Dörge*, aaO, *H.-D. Ortlieb*, Wandlungen des Sozialismus, aaO; *G. Rittig*, aaO.

[192] Siehe dazu auch S. 36 f. und 38.

[193] Siehe dazu *Euckens* Kritik an der „Wirtschaftspolitik der Mittelwege" (S. 83 f.); *Walter Adolf Jöhr*, Ist freiheitlicher Sozialismus möglich? Bern 1948. Zur Kritik sowohl an *Jöhr* als auch am Ordoliberalismus siehe *Th. Pütz*, aaO, sowie in den bisherigen Ausführungen S. 57.

[194] Vgl. *H.-D. Ortlieb*, Wandlungen des Sozialismus, aaO, S. 12.

Was die politischen Konsequenzen angeht – die radikale und revolutionäre Strukturpolitik –, so steht der Ordoliberalismus den Neomarxisten noch näher als den Freiheitlichen Sozialisten. Das gilt auch für den Ausgangspunkt in der Eigentumsordnung (Eigentum für alle auf der einen Seite, Sozialisierung auf der andern) und in dem von wirtschaftlichen Interessengruppen beherrschten Staat („Wirtschaftsstaat" auf der einen und „Monopolkapitalismus" auf der anderen Seite).

Ordoliberalismus und Freiheitlicher Sozialismus kommen sich in der Eigentumsordnung sehr nahe, weil einmal die Sozialisierung in den Hintergrund tritt, und zum andern auch Ordoliberale, wie zum Beispiel *Rüstow*, bei „Monopolstrukturen" eine Verstaatlichung befürworten. In der Frage der Wirtschaftslenkung entfernen sich Freiheitlicher Sozialismus und Ordoliberalismus voneinander, weil der Ordoliberalismus auf seine „Strukturpolitik" vertraut, die der Marktwirtschaft wieder eine neue Grundlage geben soll, während der Freiheitliche Sozialismus – gerade weil er der Sozialisierung nur noch geringe Bedeutung beimißt – die zentrale Wirtschaftslenkung betonen muß.

Dies aber verbietet sich wiederum im politischen Raum[195] wegen der Assoziationen zu der vom Ordoliberalismus konstruierten und mit Unfreiheit und Zwang verbundenen „Zentralverwaltungswirtschaft" – ein Beispiel für die „faktische Kraft des Normativen", bzw. dafür, daß „soziale Erfindungen" die politischen Diskussionen prägen. Hier scheint wichtig festzuhalten, daß die wirtschaftspolitischen Konzepte des Freiheitlichen Sozialismus mit Namen belegt werden, die die Marktwirtschaft besonders herauszustellen scheinen – neben der Lenkung und Steuerung. Das geht so weit, daß *Alfred Weber* sein Konzept nur als „sozialistische Marktwirtschaft" zu bezeichnen scheint, weil es – wie er resignierend feststellt – der Sozialismus versäumt habe, den Begriff der „Sozialen Marktwirtschaft" für sich zu entdecken[196]. Während bei den Ordoliberalen die zentrale Planung in „Notzeiten" *(Röpke)* und wegen der „nationalen Ziele" akzeptiert wird[197], gesteht der Freiheitliche Sozialismus zu[198], daß da nicht geplant werden kann, wo der Bedarf, der Verbrauch, noch keine konkrete Gestalt angenommen hat[199].

Schließlich sind sich Ordoliberalismus und Freiheitlicher Sozialismus auch darüber einig, daß ein starker Staat erforderlich ist. Seine Befugnis möchten beide durch das Subsidiaritätsprinzip begrenzt wissen[200]. In der besonderen

---

[195] Siehe S. 38.
[196] Siehe S. 38, Fußnote 77.
[197] Siehe S. 57 und S. 59.
[198] Siehe S. 34.
[199] Die Ergänzung der Sozialen Marktwirtschaft zu einem wirtschaftspolitischen Konzept aufgrund der umrissenen Anknüpfungspunkte zwischen Ordoliberalismus und Freiheitlichem Sozialismus scheint sich am besten in einer späteren Studie von *Th. Pütz* (Wirtschaftspolitk, Wirtschaftsordnung und Wrtschaftsplanung, aaO) widerzuspiegeln. Siehe auch S. 57, Fußnote 58.
[200] Siehe S. 34 und S. 88 f.

deutschen Lage sehen beide aber auch eine Verlagerung der Entscheidungsbefugnis auf die Siegermächte, das heißt die Vereinigten Staaten: Der Ordoliberalismus[201] erwartet amerikanische Unterstützung für seine Ordnungspolitik, die Freiheitlichen Sozialisten[202] sehen in amerikanischer Kapitalhilfe eine unvermeidliche Voraussetzung zur Schaffung eines für eine freie Gesellschafts- und Wirtschaftsordnung notwendigen erträglichen Lebensstandards – erblicken jedoch auch in solcher Kapitalhilfe Gefahren für die wirtschaftliche und politische Unabhängigkeit. Die Vereinigten Staaten erhalten damit aus deutscher Sicht eine Schlüsselrolle in der Gestaltung der deutschen Zukunft – sei es wegen der erhofften materiellen oder der politischen Unterstützung.

Zur Ergänzung der Sozialen Marktwirtschaft zur liberalen Seite hin bieten sich Überlegungen an, die vorwiegend aus Kreisen der Unternehmer unterstützt werden. Hier[203] findet insbesondere die Herausstellung der Marktwirtschaft als Mittel der Leistungssteigerung und die Betonung der Wachstumspolitik als Schwerpunkt einer „marktwirtschaftlichen Wirtschaftspolitik" besonderen Anklang sowie die Trennung von Wirtschaftspolitik und Sozialpolitik: „Nicht die Verteilung des Ertrages, sondern die dauernde Steigerung der Produktion muß am Anfang jeder Wirtschaftspolitik stehen"[204].

Um dieses Ziel zu erreichen, bedarf es eines „neuen Wirtschaftsbildes", das als *„soziale Leistungswirtschaft"* charakterisiert wird[205]. Dieses „neue Wirtschaftsbild" soll kein Dogma sein, aber auch kein Kompromiß zwischen den beiden Wirtschaftssystemen (dem „Sozialismus als Staats- und Kommando-

---

[201] Siehe S. 46.

[202] Siehe S. 37; siehe dazu auch *Gerhard Mackenroth*, und *Andreas Predöhl*, Deutschland und die wirtschaftliche Einheit Europas. Ökonomisches Manifest zum Marshall-Plan. Rendsburg o. J. (1948).

[203] Vgl. dazu *Soziale Leistungswirtschaft*. Das uns fehlende Wirtschaftsbild: Durch Freiheit und Verantwortung zu sozialen und technischen Höchstleistungen. Herausgegeben vom Westdeutschen Institut für Wirtschaftsforschung e. V. Düsseldorf. Stuttgart 1949 (Mitarbeiter: *R. Görnandt, H. Hecker, F. Ottel, S. Wendt)* sowie *Wirtschaftspolitische Gesellschaft* von 1947. Frankfurt a. M., Ein Deutsches Programm. Wortlaut der Referate, gehalten auf der Kundgebung der Wirtschaftspolitischen Gesellschaft von 1947 am 20. und 21. 10. 1948 in Frankfurt a. M. (Wiedergabe der stenographischen Aufnahme) und *dieselbe*, Deutsche Initiative. Wortlaut der Referate, gehalten auf der Kundgebung der Wirtschaftspolitischen Gesellschaft von 1947 am 19. und 20. 11. 1950 in Frankfurt a. M. (Wiedergabe der stenographischen Aufnahme). Heidelberg-Ziegelhausen 1951. Die Wirtschaftspolitische Gesellschaft von 1947 entspringt einer Initiative „fortschrittlich gesonnener Persönlichkeiten aus Unternehmertum, Wissenschaft und öffentlichem Leben", die – als „eigene Konzeption künftiger deutscher Politik" – die „staats- und wirtschaftspolitische Integration der westlichen Welt" fördern wollen, „um eine Steigerung des Sozialprodukts zu bewirken, die die sozialen Gegensätze entgiftet". Damit soll die „moralische Kraft" geschaffen werden, um dem „östlichen Ansturm zu widerstehen" und dem „Expansionsdrang des Kommunismus zu begegnen" (ebenda, S. 93).

[204] *Soziale Leistungswirtschaft*, aaO, S. 13.

[205] Vgl. ebenda, S. 12 ff.

wirtschaft", dem „Liberalismus als ungeregeltes Spiel der freien Kräfte"), sondern ein *„dritter Weg"* [206], *„eine Form des Denkens und ein daraus sich ergebendes Handeln"* [207]. Es verbindet „höchste persönliche Freiheit mit höchster Verantwortung des einzelnen, des Unternehmers sowohl wie des Arbeiters". Im „Rahmen der sittlichen Verpflichtung ist deshalb die „unternehmerische Freiheit" wiederherzustellen [208].

Als Träger („Führer") einer Wirtschaftsordnung ist nur der – sittlich verpflichtete und die Verantwortung für den wirtschaftlichen Erfolg tragende – Unternehmer geeignet [209]. Der Staat hat sich darauf zu beschränken, die Grundlagen für die Wirtschaft zu schaffen und zu sichern und im übrigen die wirtschaftlichen Aufgaben den „privaten Unternehmungen oder deren Zusammenschlüssen" zu überlassen; denn der Staat habe sich um „höhere Aufgaben" (Rechtsprechung, Sicherheit, Kultur) zu kümmern [210].

Der „freie Wettbewerb" ist als Grundlage der Privatinitiative und „Antrieb zur Leistungssteigerung" zu sichern. Jedoch darf „nicht in jeder Gemeinschaftsmaßnahme der Unternehmer oder der Arbeiter eine Beeinträchtigung des Wettbewerbs [211] erblickt werden" [212]. „Koalitionsfreiheit ist ein Recht, Organisationszwang dagegen wirtschaftliche Freiheitsberaubung". Horizontale und vertikale Zusammenarbeit der einzelnen Organisationen ist dazu ausersehen, „das Eingreifen des Staates unnötig zu machen" [213].

Die Verwirklichung der „sozialen Leistungswirtschaft" wird als „Revolution" empfunden. Das „Endziel" besteht in „gegenseitiger Hilfe und Unterstützung" sowie in der Wiedergewinnung der „Freiheit in der Wirtschaft", die in eine bessere Zukunft führen soll. „Aus der Flucht aus der Freiheit wird der *Wille zur Freiheit*" [214].

Um die hieraus erwachsende Erziehungsaufgabe [215] zu bewältigen, wird vor allem an die politische Verantwortung der Unternehmer appelliert [216]. Es geht um eine „allseitige Verankerung unserer Marktwirtschaft in der Über-

---

[206] Unter Berufung auf *Röpke.* Siehe *ebenda,* S. 12. Hervorhebung auch im Original.

[207] Ebenda, S. 37. Hervorhebung im Original.

[208] Vgl. ebenda, S. 13. Zitat im Original gesperrt.

[209] Vgl. ebenda, S. 14.

[210] Vgl. ebenda, S. 23 f.

[211] Zitat bis hier im Original gesperrt.

[212] Siehe *Soziale Leistungswirtschaft,* aaO, S. 21 f.

[213] Siehe ebenda, S. 31.

[214] Siehe ebenda, S. 36 f. Hervorhebung im Original.

[215] Siehe auch ebenda, S. 36.

[216] Siehe dazu *Herbert Gross,* Moderne Meinungspflege. Für die Praxis der Wirtschaft. Mit einem Geleitwort von *Rudolf Mueller.* Düsseldorf 1951; *Wirtschaftspolitische Gesellschaft* von 1947, Deutsche Initiative, aaO, S. 94. Die Gesellschaft berichtet, daß es ihr bei der „systematischen Pflege der öffentlichen Meinung", bei der außerökonomische Impulse im Mittelpunkt stehen müßten, die letztlich im Religiösen wurzeln, gelungen sei, mit der „Frankfurter Allgemeinen Zeitung", die der Gesellschaft nahestehe, Resonanz zu finden (siehe ebenda, S. 94 f.); siehe auch *Gerhard Braunthal,* The Federation of German Industry in Politics. Ittaca N. Y. 1965.

zeugung aller Schichten"[217]. „Die sozialen Lösungen, die das Unternehmertum bieten kann, liegen in der Reform durch Steigerung der Produktion oder der Produktionssteigerung durch Reform ...; in der Ausschöpfung des Leistungswillens von Flüchtlingen und Alten, im Ansprechen der Persönlichkeit, die sich stets in der Leistung dokumentieren will statt im Versorgungsanspruch, der des freien Menschen unwürdig ist"[218].

Es wird Aufgabe des zweiten Teils dieser Untersuchung sein zu verfolgen, welche Elemente der umrissenen Ordnungsvorstellungen sich im Spiel der politischen Kräfte durchzusetzen vermögen. Zunächst sei aber noch besonders hingewiesen auf pragmatische Lösungen für die Wirtschaftspolitik der ersten Nachkriegsjahre – jenseits von Liberalismus, Ordoliberalismus und Freiheitlichem Sozialismus.

3. Pragmatische Lösungen für eine „Übergangszeit"

Je tiefer die Überzeugung verwurzelt ist, daß die ersten Nachkriegsjahre in Deutschland eine Ausnahmesituation darstellen, die Ausnahmeregelungen erfordert, desto mehr neigen auch die Vertreter des wirtschaftlichen Liberalismus dazu, für eine Übergangszeit dem Staat eine größere Bedeutung für die Steuerung des Wirtschaftsablaufs zuzubilligen. Diese Neigung wird im politischen Raum noch dadurch gefördert, daß die Masse der Bevölkerung sich den wirtschaftlichen Wiederaufbau nicht ohne entscheidende Mitwirkung des Staates vorstellen kann und deshalb sozialistische Lösungen zu bevorzugen scheint.

3.1. Das liberale Zugeständnis eines „demokratischen Kollektivismus"

Als sozialistische Lösung gilt den Liberalen der Nachkriegszeit bereits die „Vollbeschäftigungspolitik". Aber selbst *Röpke* zeigt für sie als Mittel „in verzweifelten Lagen" Verständnis[1], in denen die Arbeitslosigkeit nicht mehr als „notwendige" Vorbedingung für die „Elastizität der Volkswirtschaft" betrachtet werden kann, sondern ein „wirkliches soziales Problem" geworden ist[2]. In solchen „Notzeiten" wird ein *„Kollektivismus* auf *demokratischer Grundlage"* für möglich gehalten[3]. Eine solche Situation dürfte, wie bereits

[217] Siehe *H. Gross,* Moderne Meinungspflege, aaO, S. 8; siehe dazu auch *derselbe,* Verteidigung der freien Marktwirtschaft vom Standpunkt des Arbeiters aus. In: Schriftenreihe der Industrie- und Handelskammer Bonn. Heft 5. Bonn 1949.

[218] *H. Gross,* Moderne Meinungspflege, aaO, S. 36.

[1] Vgl. *W. Röpke,* Civitas Humana, aaO, S. 349 f. Der Leser kann nicht ganz den Eindruck übergehen, dieses Verständnis rühre daher, daß die von *Röpke* als Vorbild bevorzugte Schweiz auch zu solchen Maßnahmen gegriffen hat (siehe ebenda, S. 382, Anmerkung 12).

[2] Vgl. *Röpke,* Civitas Humana, aaO, S. 370.

[3] Siehe S. 57.

angedeutet, in der Nachkriegszeit gegeben sein, für die ein „wohldurchdachtes Programm staatlicher Lenkung“ für erforderlich erachtet wird[4].

So ist nicht nur für *Eucken* eine Übergangslösung selbstverständlich, in der Sonderregelungen vorgesehen sind für einzelne Wirtschaftsbereiche[5], sondern auch *Müller-Armack*[6] schlägt „Mischformen“ für eine Übergangszeit vor. Schließlich entspringt auch das bereits erwähnte Bekenntnis zur zentralen Wirtschaftsplanung[7] der Vorstellung von einer Übergangszeit. In ihr scheint der Wunsch nach einem „dritten Weg“ der Verwirklichung am nächsten zu kommen.

3.2. Der „dritte Weg“ der Wirtschaftswissenschaft – Marktspaltung und Kernplanung

Im wissenschaftlichen Raum wird eine solche „Übergangslösung“ jedoch auch als selbständige Ordnung der Zukunft diskutiert. Ausgangspunkt sind zunächst die Verhältnisse der Nachkriegszeit. Im Hinblick darauf werden alle Vorschläge zur Einführung der Marktwirtschaft abgelehnt. Denn auch wer Planung als etwas Unerwünschtes betrachte, müsse sich angesichts der deutschen Lage in eine Situation gestellt sehen, in der ein „Planungsminimum“ ein „unausweichliches Erfordernis darstellen wird“. Angesichts der vorherrschenden starren gegensätzlichen Meinung, daß es nur eine Entscheidung zwischen Marktwirtschaft und Planung gäbe, wird auf viele historische Beispiele einer „Symbiose“ von Planung und Marktwirtschaft verwiesen.

Auf diesem Hintergrund entwickelt *Kromphardt* sein Konzept der Marktspaltung und Kernplanung[1]. Den bestehenden „schwarzen“ und „grauen Markt“ möchte er nicht bekämpfen, sondern nur rationeller gestalten. Der Grundgedanke ist die Unterscheidung der Güternachfrage nach einem „*Kernbedarf*“ lebensnotwendiger Güter und sonstiger Nachfrage. Der Kernbedarf soll zu staatlich festgesetzten Preisen befriedigt und durch Produktionsauflagen an die Betriebe sichergestellt werden. Solche Auflagen würden zwar zunächst zwangswirtschaftliche Züge haben. Später jedoch sei zu erwarten, daß die Unternehmer sich genau so zur Einbeziehung in eine solche „Kernplanung“ drängen wie die Ärzte zur Zulassung bei der Sozialversicherung.

---

[4] Siehe S. 123.

[5] Vgl. *W. Eucken,* Deutschland vor und nach der Währungsreform, aaO, S. 158.

[6] Vgl. *A. Müller-Armack,* Zur Diagnose unserer wirtschaftlichen Lage, aaO, S. 27.

[7] Siehe S. 93.

[1] *Wilhelm Kromphardt,* Marktspaltung und Kernplanung in der Volkswirtschaft. In: Dortmunder Schriften zur Sozialforschung. Herausgegeben von der Sozialforschungsstelle an der Universität Münster zu Dortmund. Heft 3. Dortmund 1947, S. 3 ff. Die hier veröffentlichten Gedanken wurden erstmalig im Mai 1946 auf einer vom Zonenbeirat veranlaßten Tagung von Wirtschaftspraktikern, Verwaltungsfachleuten und Vertretern der Wissenschaft vorgetragen und dann vor ähnlichem Kreise wiederholt referiert.

Mit fortschreitendem Wiederaufbau ließen sich die Produktionsauflagen durch ein Vertragssystem ersetzen. Neben dem geplanten Kern der Volkswirtschaft könnte sich dann ein freier Markt entwickeln [2].

Für diese Mischung aus Planung und freiem Markt schlägt *Kromphardt* den Namen *„Verwendungssozialismus“* vor. Er habe den Vorteil, daß nur die Verwendung des Besitzes entsprechend den sozialen Erfordernissen und den Lebensnotwendigkeiten des Volkes „sozialisiert“ werde. Das System sei indifferent gegenüber der Besitz- und Eigentumsordnung; es lasse genügend Raum für eine tiefgreifende Investitionslenkung, insbesondere aber auch für eine Vollbeschäftigungspolitik. Als Dauerlösung könne dieses System von den Sozialisten durchaus akzeptiert werden, es ließe sich andererseits aber auch zu einer Ordnung „freiheitlicher Form“ ausgestalten [3].

Der der staatlichen Planung vorbehaltene „Kernbedarf“ erinnert am meisten an den „sozialen Bedarf“ im Christlichen Sozialismus [4], aber auch an Vorstellungen innerhalb des Neomarxismus [5] und Freiheitlichen Sozialismus sowie die „Übergangslösungen“ des Ordoliberalismus. Die Vertreter der Sozialen Marktwirtschaft haben die von *Kromphardt* vorgeschlagene Mischform entschieden abgelehnt [6], aber andererseits auch ähnliche Vorschläge als Übergangslösung unterbreitet [7].

Schließlich erinnert der Gedanke der Marktspaltung und Kernplanung an die Versuche zur Reorganisation des Weltmarktes [8] nach dem zweiten Weltkrieg, die ebenfalls Planung in internationalen Organisationen, Preisfestsetzung für wichtige Welthandelsgüter, nämlich Rohstoffe, und freie Märkte miteinander kombinieren. Diese Organisation ist auch nicht als Übergangslösung gedacht.

4. Entwicklungstendenzen der deutschen Ordnungsvorstellungen

Im Zusammenhang mit der Sozialen Marktwirtschaft ist bereits versucht worden, die Entwicklungsmöglichkeiten dieses wirtschaftlichen Leitbildes kurz zu umreißen. Es wäre abschließend noch zu fragen, ob sich aus der Darstellung der deutschen Ordnungsvorstellungen bereits Entwicklungstendenzen erkennen lassen. Am interessantesten scheint unter diesem Blickwinkel das Spannungsverhältnis zwischen den liberalen Ordnungsvorstellungen und den Sympathien der Masse der Bevölkerung für eine staatlich gelenkte Wirtschaft zu sein. Es führt, wie sich zeigte, zu einer gewissen Geringschätzung bei den Liberalen gegenüber der „kurzsichtigen“ Masse [1].

[2] Vgl. ebenda, S. 11 f.

[3] Vgl. ebenda, S. 17 f.

[4] Siehe S. 21.

[5] Vgl. *V. Agartz*, aaO, insbesondere S. 13.

[6] Siehe *H. Rasch*, Grundfragen der Wirtschaftsverfassung, aaO, S. 128 ff., insbesondere S. 172, Anmerkung 16.

[7] Vgl. *A. Müller-Armack*, Zur Diagnose unserer wirtschaftlichen Lage, aaO, S. 28 f.

[8] Siehe S. 174 ff.

[1] Siehe S. 91 f.

Wenn sie zunächst wenig Bereitschaft zeigt, der wirtschaftlichen Freiheit zu vertrauen, andererseits ein Drang zu individueller Freiheit und Unabhängigkeit nach Ende des Krieges trotzdem vorhanden ist, so bleibt nur der Schluß, daß im Bewußtsein der Bevölkerung offensichtlich mehr individuelle Freiheit und mehr wirtschaftliche Freiheit nicht als Einheit begriffen werden. Für die individuelle Freiheit scheint man sich mehr von staatlichen Eingriffen in die Wirtschaft zu versprechen als von der Freiheit der Wirtschaft.

Die Kritik an dem Vertrauen weiter Kreise der Bevölkerung in den Staat offenbart somit gleichzeitig unterschiedliche Annahmen über die Voraussetzungen der individuellen und der von den Vertretern des Liberalismus geforderten wirtschaftlichen Freiheit. Weiten Kreisen der Bevölkerung gilt der Staat doch offenbar als Garant der individuellen Freiheit, während jene Liberalen, die dies kritisieren, die Freiheit hauptsächlich als Freiheit der Wirtschaft vom Staat zu sehen scheinen – eine Freiheit, die gerade in der Nachkriegszeit für jene Entartungen der Marktwirtschaft verantwortlich gemacht wird, die als „Kapitalismus" in die Wirtschaftsgeschichte eingegangen sind und die Schuld daran tragen, daß die Masse im Sozialismus die einzige Alternative sieht. Dies legt die Vermutung nahe, daß die sozialistische Einstellung weiter Kreise der Bevölkerung mehr einer „antikapitalistischen" als einer echten sozialistischen Einstellung entspringt.

Man würde sich eine Analyse der ordnungspolitischen Vorstellungen in den ersten Nachkriegsjahren zu leicht machen, wie bereits wiederholt deutlich geworden ist, wenn man in dem Zusammenbruch von 1945 eine radikale und schlagartige Bewußtseinswandlung der deutschen Bevölkerung unterstellt. Eine solche unendlich große Anpassungsfähigkeit gibt es in der Wirklichkeit nicht. Selbst bruchartige Veränderungen der Umwelt können offenbar nur langsam die traditionellen Quellen der Bewußtseinsbildung zum Versiegen bringen. Das schließt nicht aus, daß Veränderungen der Umwelt einzelnen Bestandteilen des Bewußtseins ein anderes Gewicht verleihen oder bisher verborgenen Bestandteilen zum Durchbruch verhelfen, so daß insgesamt der Eindruck einer Bewußtseinsänderung entsteht. Auch Anstrengungen der Besatzungsmächte zur „Umerziehung" und „Demokratisierung" des deutschen Volkes werden deshalb in traditionellen deutschen Ordnungselementen gewisse Grenzen erreichen, und zwar um so schneller, je „demokratischer" die Umerziehung erfolgt.

4.1. Anknüpfungspunkte an die Vergangenheit

Der Staat hat in der wirtschaftlichen Entwicklung Deutschlands immer eine entscheidende Rolle gespielt[1]. Die Forderung nach Freiheit vom Staat ist jedoch ein wesentlicher Bestandteil des wirtschaftlichen Liberalismus. Er empfin-

[1] Vgl. dazu *G. Stolper*, in: *Stolper, Häuser, Borchardt*, aaO, S. 3 ff.; insbesondere S. 7, 45 und 87.

det die Wirtschaft sogar als Gegengewicht zum Staat – eine Verallgemeinerung der historischen Rolle, die das wirtschaftlich leistungsfähige Bürgertum bei der politischen Befreiung des Individuums vom autoritären Staat gespielt hat. Die politische Demokratisierung hat an dieser Stellung der Wirtschaft zum Staat nichts geändert, erforderte jedoch eine stärkere Betonung des Wettbewerbsmechanismus, der für die Kontrolle der wirtschaftlichen Macht dieselbe Bedeutung erlangt wie das Parlament für die Kontrolle der politischen Macht. Damit läßt sich beweisen, daß auch in einem demokratischen Staat die Wirtschaft mit „weniger Staat" auskommen kann, weil sie sich über den Wettbewerb selbst kontrolliert.

Nur auf diesem Hintergrund ist es sinnvoll, von einer besonderen „Wirtschaftsordnung" zu sprechen, die die Wirtschaft aus dem übrigen gesellschaftlichen Bereich heraushebt, als besondere Sphäre der – vom Staat weniger beeinträchtigten – Freiheit, als Rechtsstaat im Rechtsstaat[2]. Wie ungewöhnlich dies im Grunde genommen ist, wird am besten klar, wenn man sich vorstellt, der kulturelle Bereich wäre durch eine besondere „Kulturordnung" zu ähnlicher Unabhängigkeit vom Staat erhoben worden. Auch der Ordoliberalismus ändert im Prinzip an der Sonderstellung der Wirtschaft nichts, sondern ist insofern liberal. Es fällt dem Staat jedoch die Aufgabe zu, die „Wirtschaftsordnung" zu gestalten.

Die Wirtschaftskrise zwischen den beiden Weltkriegen hat nicht nur die unteren Schichten der Bevölkerung in ihrem „Antikapitalismus" bestätigt, sondern vielleicht auch weitere Schichten, vor allem in den unteren Gruppen des Mittelstandes, eine erneute Bestätigung für den alten Glauben an eine Verschwörung des „internationalen Finanzkapitals" geliefert, das die Schuld am deutschen Unglück trage. Einen Kristallisationspunkt findet dieser Glaube in dem auch aus religiösen Quellen gespeisten Antisemitismus. Der Ruf nach einer starken Regierung, die allein das deutsche Volk aus diesen Verstrickungen befreien könnte, ist weitverbreitet.

Der Nationalsozialismus versteht es, die Krisenstimmung der dreißiger Jahre auf seinem Weg zur Alleinherrschaft zu nutzen, und kann legal, in demokratischem Verfahren, die Demokratie abschaffen. Liest man heute, mit dem Abstand der Jahrzehnte und unbelastet von den Erfahrungen der älteren Generation, die nationalsozialistischen Wahlparolen, so ist der in ihnen zum Ausdruck kommende „Antikapitalismus" unverkennbar. Mit Ausschaltung des linken, sozialistischen Flügels in der NSDAP wird der vorhandene „Antikapitalismus" vielleicht noch mehr mit dem Antisemitismus verbunden. Auch das wirtschaftspolitische Programm des Nationalsozialismus ist keine Neuschöpfung, sondern knüpft an die Überlegungen einer Reihe von Wirtschaftswissenschaftlern zur Belebung der Wirtschaft in den dreißiger Jahren an[3].

[2] Vgl. dazu *W. Eucken*, Grundsätze der Wirtschaftspolitik, aaO, S. 250.

[3] Vgl. dazu *H. Giersch*, aaO, S. 168 ff.

Die kartellierte und in wirtschaftlicher Selbstverwaltung geübte Wirtschaft läßt sich leicht in den absoluten Staat integrieren[4]. Die Organisation der Wirtschaft nach marktwirtschaftlichen Prinzipien kann nur noch im Untergrund oder als „Friedensordnung" für die Zukunft diskutiert werden. Als Mittel der Leistungssteigerung wird der Wettbewerb jedoch auch während des Krieges erörtert[5], weil die „Entwicklung der deutschen Kriegspreispolitik einer Reaktivierung des Wettbewerbsprinzips als Mittel volkswirtschaftlicher Leistungssteigerung zuneigt"[6].

An die „Leistungssteigerung" denkt auch der Ordoliberalismus, wenn er sich zur Marktwirtschaft bekennt, möchte sie aber über die Wirtschaftsordnung mit der „Gesamtlebensordnung" und ihren Zielen verknüpfen. Diese Verbindung scheint für den Ordoliberalismus nur durch eine revolutionäre „Strukturpolitik" erreichbar zu sein. Das Gebäude der ordoliberalen Gesellschaftstheorie zu analysieren und auf seine Wurzeln zu überprüfen sowie auf seine Brauchbarkeit für die Gesellschaftspolitik, kann nicht Aufgabe des Ökonomen sein, sondern müßte der Soziologie vorbehalten bleiben. Sie sieht offenbar bei Vertretern des Ordoliberalismus in der Tat Elemente eines eigenständigen deutschen Beitrags zu einer „allgemeinen Soziologie" – vor allem in dem „groß angelegten historisch-soziologischen System" von *Alexander Rüstow*[7], das die geschichtsphilosophische Konzeption des deutschen Idealismus bis in die Gegenwart fortführt – „eine Kennzeichnung, gegen die der Autor wahrscheinlich protestieren wird"[8]. *Schelsky* sieht darin aber nur eine späte Kodifizierung „des Wissens und Denkens der 20er Jahre".

Die Soziale Marktwirtschaft stellt die Marktwirtschaft als Instrument der Leistungssteigerung in den Vordergrund – auch in der als „Kapitalismus" diskreditierten Epoche. Seine wirtschaftlichen Leistungen sind es, die es nahelegen, die marktwirtschaftlichen Prinzipien erneut für einen schnellen Aufbau einer modernen Industrie zu nutzen. Da die Wirtschaft während des Nationalsozialismus und in den ersten Nachkriegsjahren unter zu viel staatlicher Reglementierung leidet, steht – ganz im Sinne des traditionellen Liberalismus – die Befreiung der Wirtschaft vom Staat im Vordergrund. Bewußt soll an alte deutsche Traditionen angeknüpft werden – deshalb die Warnung vor der Übernahme von Ordnungselementen, die der nationalen Tradition Deutschlands fremd sind. Die den Kartellen zugewiesenen Ordnungsfunktio-

---

[4] Vgl. dazu *G. Stolper*, in: *Stolper, Häuser, Borchardt*, aaO, S. 49 f. und S. 143.

[5] Siehe dazu *G. Schmölders* (Herausgeber), Der Wettbewerb als Mittel volkswirtschaftlicher Leistungssteigerung, aaO, siehe auch S. 11.

[6] Vgl. *G. Schmölders* (Herausgeber), aaO, Vorwort, S. 5.

[7] Siehe *Alexander Rüstow*, Ortsbestimmung der Gegenwart. Eine universalgeschichtliche Kulturkritik. Teil I: Ursprung der Herrschaft. Erlenbach-Zürich 1950. Teil II: Weg der Freiheit. Erlenbach-Zürich 1952 – 2. erweiterte Auflage 1963. Teil III: Herrschaft oder Freiheit. Erlenbach-Zürich 1957.

[8] Siehe *Helmut Schelsky*, Ortsbestimmung der deutschen Soziologie. Zweite Auflage, Düsseldorf-Köln 1959, S. 89 f.

nen auf ungleichgewichtigen Märkten sind offensichtlich aus dieser Tradition heraus zu verstehen.

Mit der Betonung des instrumentalen Charakters der Marktwirtschaft scheint die Soziale Marktwirtschaft direkt an die während des Krieges geführten Diskussionen über den Wettbewerb als „Mittel volkswirtschaftlicher Leistungssteigerung und Leistungsauslese" anzuknüpfen[9]. Jedoch müßte sich zeigen, ob auch die Warnungen davor berücksichtigt werden, eine Wettbewerbswirtschaft „einfach aus einer Reaktion auf das ... bestehende Maß an Wirtschaftsverordnungen und staatlichen Maßnahmen" heraus zu erstreben[10]. Hier deutet sich auch jene Erwartung eines „dritten Weges" an, die in der Nachkriegszeit, vor allem im politischen Raum, zunächst charakteristisch zu sein scheint.

4.2. Die deutschen Hoffnungen auf einen „dritten Weg" zwischen Ost und West

Die Vorstellung eines „dritten Weges", die bisher vorwiegend eine Rolle spielte, bezieht sich auf eine Mischung der marktwirtschaftlichen und planwirtschaftlichen Ordnungselemente, wie sie insbesondere für den Freiheitlichen Sozialismus typisch ist. Aber auch der Ordoliberalismus versteht sich als einen „dritten Weg" zwischen dem diskreditierten Kapitalismus und dem als Kollektivismus empfundenen Sozialismus[1]. Die angestrebte neue Ordnung soll von der „Wirtschaftsordnung vorwiegend zentralverwaltungswirtschaftlicher Art" und einer „sog. freien Wirtschaft" gleich weit entfernt sein[2]. Ne-

[9] Einen noch deutlicheren Anknüpfungspunkt an die Vergangenheit findet man bei *Rasch*. Er plädiert bereits in seiner ersten Schrift (Das Ende der kapitalistischen Rechtsordnung, aaO, S. 116 f.) für die Beibehaltung der bestehenden Wirtschafts- und Fachgruppen sowie dafür, die Arbeitnehmer- und Arbeitgeberorganisationen nicht in alter Form wieder aufleben zu lassen. Später (Grundfragen der Wirtschaftsverfassung, aaO, S. 73 f.) wird die nationalsozialistische Wirtschaftspolitik zwar gerühmt – sie habe selbst in den letzten Kriegsjahren Leistungen aufzuweisen, die späteren Generationen „geradezu als ein Wunder erscheinen" –, aber davor gewarnt, diese Wirtschaftspolitik auf die Nachkriegszeit zu übertragen; denn die zentrale Lenkung hatte Erfolg, weil „technisch-wirtschaftliche Aufgaben großen Stils" zu bewältigen waren. Techniker wurden bevorzugt, auf Kaufleute blickte man herab. Das soll nach 1945 anders sein.

[10] *Theodor Wessels*, Wettbewerbsprinzip und Nachkriegswirtschaft. In: *G. Schmölders*, Wettbewerb als Mittel volkswirtschaftlicher Leistungssteigerung, aaO, S. 211. Siehe dagegen *A. Müller-Armack*, Wirtschaftslenkung und Marktwirtschaft, aaO, S. 52 ff. (Abschnitt 7 über „Die Bewährung in der Kriegswirtschaft").

[1] Vgl. *W. Röpke*, Die Lehre von der Wirtschaft, aaO, S. 316 ff. An anderer Stelle spricht *Röpke* von der „dritten Alternative", die einen „Zweifrontenkrieg" eröffnen muß „gegen die Verteidiger des Status quo einer entarteten Marktwirtschaft und gegen die Kollektivisten aller Arten und Grade" (Civitas Humana, aaO, S. 18 f.).

[2] Vgl. Ordo. Jahrbuch für die Ordnung von Wirtschaft und Gesellschaft. Herausgegeben von *Walter Eucken* und *Franz Böhm*. Bd. 1 (1948). Opladen, Vorwort, S. X.

ben diesem, traditionellem ordnungspolitischem Denken entspringenden, „Mittelweg" zwischen Marktwirtschaft und Planwirtschaft[3] gibt es Vorstellungen von einem „dritten Weg", die vorwiegend im politischen Raum wurzeln. Sie sehen den Machtkampf zwischen den Vereinigten Staaten und der Sowjetunion im Vordergrund.

Dieser „dritte Weg" wird einmal verbunden mit einer gewissen Neutralität Deutschlands gegenüber den beiden Machtblöcken, die Deutschland zu zerreißen drohen, zum andern mit dem Wunsch, auf deutschem Boden eine Synthese der ordnungspolitischen Elemente von Ost und West zu schaffen. Die Entwicklung der Sowjetunion wird keineswegs nur als abschreckendes Beispiel gesehen. Es ist auch eine echte Bewunderung vorhanden, weil es zum ersten Mal in der Welt einem Agrarland gelungen ist – wenn auch unter schweren Entbehrungen und Opfern der Bevölkerung –, eine Industrie in großem Stil ohne nennenswerte ausländische Kredithilfe aufzubauen. Diese Tatsache habe alle Erwartungen übertroffen[4]. Die Sowjetunion sei zu einem gewichtigen Tauschpartner in der Welt geworden. Darin sieht man eine „Großtat bolschewistischer Wirtschaftspolitik"[5].

Diese wirtschaftliche Leistung wird neben die der Vereinigten Staaten gestellt. Man hofft, daß beide Staaten, die „mit sicherem Instinkt für die besonderen Umstände der Wirtschaftlichkeit in ihrem Lande einen gewaltigen Wirtschaftsaufbau vollzogen haben, trotz ihrer Gegensätze, ja, vielleicht sogar wegen ihrer Gegensätze, die Größe der europäischen Aufgabe" erkennen würden. Beiden stehe außerdem, „jedem in seiner Art, die *Wirtschaft im Mittelpunkt* des Denkens; den Amerikanern auf der Grundlage der Lehren des ökonomischen Liberalismus, den Russen auf der Grundlage der marxistischen Doktrin ... Sollten die großen Antipoden nicht in Europa die politische Symbiose finden, die aus der Komplementarität ihrer wirtschaftlichen Interessen in und an Europa erwächst?"[6]

Die „solidarische Zusammenarbeit der Staaten" im europäischen Wirtschaftsraum soll dem entsprechen, was in den großen Wirtschaftssystemen der Vereinigten Staaten und der Sowjetunion die einheitliche Wirtschaftspolitik gewährleistet habe. Wichtigste Voraussetzung sei die „Integration der Grundindustrien"[7]. Als wichtigste Aufgabe der Wirtschaftspolitik gilt die Beschränkung der Konsumgüterindustrien auf den notwendigen Bedarf der Be-

---

[3] Auf diesen „dritten Weg" bezieht sich *Salins* Kritik. Siehe *Edgar Salin,* Ein dritter Weg? (Bemerkungen zu *Röpkes* Gesellschaftskrisis der Gegenwart und *Marbachs* Theorie des Mittelstandes). „Zeitschrift für Schweizerische Statistik und Volkswirtschaft". Bern. Jg. 78 (1942), S. 237 ff. und *derselbe,* Nochmals: ein dritter Weg? (Bemerkungen zu *Joseph Schumpeters* Capitalism, Socialism and Democracy), aaO.

[4] Siehe *G. Mackenroth* und *A. Predöhl,* aaO, S. 48.

[5] Siehe ebenda, S. 29.

[6] Ebenda, S. 55. Hervorhebung nicht im Original.

[7] Vgl. *G. Mackenroth* und *A. Predöhl,* aaO, S. 32 ff.

völkerung[8], um die verfügbaren Ressourcen auf den Wiederaufbau des Produktionsapparates zu konzentrieren.

Die Hoffnungen auf eine fruchtbare Zusammenarbeit zwischen den Vereinigten Staaten und der Sowjetunion beim Wiederaufbau Europas scheinen sich darauf zu gründen, daß beide – als gemeinsamen Ausgangspunkt – die *Wirtschaft in den Mittelpunkt des Denkens* gestellt haben und „jeder auf seine Art" die Wirtschaft entwickelte. Der Wunsch nach einem „dritten Weg" müßte somit bei den unbestritten vorrangigen wirtschaftlichen Aufgaben im zerstörten Deutschland dazu führen, nach einem Mittelweg bei den beiden verschiedenen *Arten* der *Wirtschaftspolitik* zu suchen. Damit würde die Wirtschaft – und das ist von großer Bedeutung für die folgenden Überlegungen – neben der Bedeutung als Basis eines erträglichen Lebensstandards eine Schlüsselstellung in den Überlegungen zu der zukünftigen politischen Ordnung in Deutschland erhalten.

Kommt es zu einem „dritten Weg" zwischen Ost und West, mag sich das im wirtschaftlichen Raum als besonders fruchtbar erweisen, gelingt dieser „dritte Weg" jedoch nicht, so muß gerade die Wirtschaftspolitik zu einem Schwerpunkt der politischen Auseinandersetzungen zwischen Ost und West werden. Marktwirtschaft und Wirtschaftslenkung sind dann nicht aus amerikanischen und sowjetischen Erfahrungen gewonnene Mittel einer zweckmäßigen Wirtschaftspolitik, sondern Unterscheidungskriterien für die politischen Systeme von Ost und West. Eine Synthese der „reinen Ordnungsideen" dürfte dann kaum politisch vertretbar erscheinen. Es wäre ein Leitbild erforderlich, das hier nicht nur aus wirtschaftlichen, sondern auch vor allem aus politischen Gründen scharf trennt.

Zu einer solchen weltpolitischen Entwicklung würden sich die politischen Voraussetzungen für ein sozialistisches wirtschaftspolitisches Konzept in Deutschland verschlechtern. Vielleicht ergibt sich hieraus bereits eine Erklärung dafür, daß gerade bei den deutschen Liberalen die Resignation gegenüber der sozialistischen „Zeitströmung" zu weichen beginnt. Die führende Rolle der Vereinigten Staaten unter den westlichen Besatzungsmächten bietet eine gewisse Garantie für eine liberale Entwicklung. Wie sich bereits zeigte, verbinden sich ja durchaus ordnungspolitische Hoffnungen mit der amerikanischen Besatzungspolitik.

4.3. Die Hinwendung zu einer liberalen Wirtschaftsordnung in den westlichen Besatzungszonen

Das „bürgerliche" Programm der KPD hat die Sowjetunion nicht daran gehindert, in ihrer Besatzungszone sofort vollendete Tatsachen zu schaffen und die „Demokratisierung" im sowjetischen Sinne durchzusetzen[1]. Anders

[8] Ebenda, S. 48.

[1] Siehe *Karl C. Thalheim,* Die Rezeption des Sowjetmodells in Mitteldeutschland.

ist es in den westlichen Besatzungszonen. Die sozialistischen Strömungen finden hier nicht den uneingeschränkten Rückhalt bei den Besatzungsmächten. Es kommt zu einer ordnungspolitisch interessanten Phase der Neubesinnung. Das ist ein Prozeß, der nur aus den politischen Kräften der Nachkriegszeit heraus erklärt werden kann. Dies soll im zweiten Teil der Untersuchung geschehen. An dieser Stelle können nur kurz Tendenzen festgehalten werden, die sich bereits in den bisherigen Erörterungen andeuteten.

Für die vom Ordoliberalismus geforderte „Strukturpolitik" eröffnen sich in der von den Siegermächten beschlossenen Dekartellierung und Entflechtung der deutschen Wirtschaft günstige Anknüpfungspunkte. Es wird als unerläßlich erachtet, „daß die Industrie in kleinen und mittleren Werken, daß das Handwerk und die weiterverarbeitende Landwirtschaft in intensiver Wirtschaft den Wiederaufbau durchführen. Hier mag eine kleine Weberei, da eine Fabrik medizinischer Instrumente, dort eine Gärtnerei usw. zweckmäßig sein"[2]. Andererseits empört sich jedoch wiederum der ökonomische Sachverstand gegen die kurzsichtige Politik der Sieger, Deutschlands Industrie enge Grenzen zu setzen und trotzdem zu erwarten, daß Europa mit diesem Deutschland ein blühendes Land werden könnte[3].

In den Gefühlen gegenüber den Besatzungsmächten verbinden sich somit ökonomische Befürchtungen mit ordnungspolitischen Hoffnungen. Die Hoffnungen stützen sich vor allem auf die Vereinigten Staaten, von denen man eine konsequente Wirtschaftspolitik ohne Rücksicht auf die Stimmungen in Deutschland, aber auch ausreichenden Schutz vor einer „kommunistischen Sturzflut" aus dem Osten erwartet. Diese Furcht läßt es unmöglich erscheinen, für Deutschland als Ganzes einen Frieden zu schließen. Die Anstrengungen sollen sich deshalb auf die drei Westzonen richten[4]. Für den Fall, daß es gelingen sollte, einen westdeutschen Staat zu gründen, zeichnet *Stolper* ein prophetisches Bild: Unter den Deutschen im Osten würde ein ungeheurer Druck und Drang nach Westen entstehen, von der „Welt der Sklaverei" in die „Welt der Freiheit". „Was für Explosionsmaterial, was für dauernde Reibungen sich entlang dieser ganzen Grenze von der Ostsee bis in die böhmischen Berge anhäufen werden, kann man sich leicht vorstellen. Eine Irredenta von solcher Größe und Heftigkeit hat es nie zuvor gegeben"[5].

In: Die Wirtschaftssysteme der Staaten Osteuropas und der Volksrepublik China. Untersuchungen der Entstehung, Entfaltung und Wandlung sozialistischer Wirtschaftssysteme. 2 Bände. 1. Bd. Herausgegeben von *G. Jahn* und *W. M. v. Bissing*. Schriften des Vereins für Socialpolitik. N. F. Bd. 23/I. Berlin 1962, S. 267 ff.

[2] Siehe *W. Eucken*, Deutschland vor und nach der Währungsreform, aaO, S. 155.

[3] Siehe ebenda, S. 167 f.; *G. Stolper*, Deutsche Wirklichkeit, aaO, S. 227.

[4] Vgl. *G. Stolper*, Deutsche Wirklichkeit, aaO, S. 273 f.

[5] Ebenda, S. 277 f. Diese Vision, in der auch ein neues politisches Programm zum Ausdruck kommen könnte (siehe S. 184 ff.), ist in den folgenden Jahren Wirklichkeit geworden.

Neben die Furcht vor der „kommunistischen Sturzflut" tritt gerade bei den Ordoliberalen die Befürchtung, ihre die gesamte Gesellschaft umfassenden Ordnungsvorstellungen könnten in der Auseinandersetzung mit den verschiedenen Interessengruppen auseinandergebrochen werden[6]. Die „echte Wettbewerbsordnung" als starker „Richtpfahl" der Marktwirtschaft dürfe aber nicht dazu dienen, „an ihm die alte zerfranste Flagge des ‚Kapitalismus' zu hissen"[7]. Mit dieser Haltung glaubt man an Roosevelts Botschaft an den Kongreß vom 29. April 1938 anknüpfen zu können, in der als grundlegendes Ziel herausgestellt wird, „das Fortschreiten des Kollektivismus im Wirtschaftsleben aufzuhalten und es wieder einer demokratischen Wettbewerbsordnung zu unterstellen"[8]. Es wird davon ausgegangen, daß die amerikanische Besatzungsmacht die deutsche Wirtschaftspolitik entscheidend bestimmt, ja sogar, daß diejenige Wirtschaftspolitik, die Deutschland nützt, auch den Vereinigten Staaten nützt[9].

Die Identifizierung der deutschen mit den amerikanischen Interessen wird zumindest bei den Unternehmern selbst insoweit wenig Gegenliebe finden, wie die Dekartellierung und Entflechtung als Ausgangspunkt dienen. *Miksch* versucht nicht ohne Grund, sich gegen den Vorwurf, mit der Monopolbekämpfung „nationale Interessen" zu schädigen, abzuschirmen[10]. Es ist anzunehmen, daß dieser Widerstand mit zunehmendem Wiederaufbau der Wirtschaft keineswegs geringer wird.

Die Soziale Marktwirtschaft mit ihrer wirklichkeitsnahen Abwandlung des ordoliberalen Konzepts berührt dieser Widerstand weniger. Sie knüpft viel mehr an traditionelle Formen der Ordnung in der deutschen Wirtschaft an und will keine radikalen und revolutionären Strukturveränderungen. Deshalb erscheint die Dekartellierung und Entflechtung mehr als Zerstörung einer traditionellen und bewährten Ordnung denn als Beginn einer neuen Ära der deutschen Wirtschaftspolitik.

Die sich verstärkenden Spannungen zwischen Ost und West machen Deutschland immer mehr zu einem Kampfplatz der gegensätzlichen, östlichen und westlichen Gesellschaftssysteme. Ihre Unterschiede reduzieren sich auf die einfache Formel Zwang contra Freiheit. Da in beiden Systemen die Wirtschaft im Mittelpunkt des Denkens steht – ein Anknüpfungspunkt gerade in der deutschen Situation, in der der wirtschaftliche Aufbau vorrangig ist –, liegt nichts näher, als die Alternative Freiheit oder Zwang auch auf den wirtschaftlichen Bereich zu übertragen. Man könnte sogar dazu verleitet werden, noch weiter zu gehen und die Überlegenheit eines Gesellschaftssystems mit der Leistungsfähigkeit seines Wirtschaftsapparates zu beweisen oder gar allein mit dem Ausmaß der wirtschaftlichen Freiheit. Der einfache Maßstab würde

[6] Vgl. *W. Röpke,* Civitas Humana, aaO, S. 85 f.
[7] Ebenda, S. 75. [8] Zitiert ebenda, S. 74.
[9] Vgl. *W. Eucken,* Deutschland vor und nach der Währungsreform, aaO, S. 180.
[10] Siehe S. 87 f.

dann lauten: je freier die Wirtschaft, desto überlegener und erstrebenswerter das dazugehörende gesellschaftliche System.

Dieser aus dem Ost-West-Konflikt erwachsenden Tendenz kommt die Soziale Marktwirtschaft ebenfalls entgegen[11]. Der Ordoliberalismus läßt die Identifizierung auch zu, rechtfertigt sie aber durch die radikale und revolutionäre Strukturpolitik. Erst dann entsteht durch die Wettbewerbsordnung *die* Souveränität des Konsumenten, die eine „innere Koordination" als wirtschaftliches Gegenstück zur politischen Demokratie erlaubt[12]. Demgegenüber liegt das Schwergewicht der Sozialen Marktwirtschaft mehr auf der Betonung der „freien Marktwirtschaft", wie bereits gezeigt wurde. Der angedeutete Widerspruch zwischen Marktwirtschaft als reinem Instrument wirtschaftlicher Leistungssteigerung und einzig möglicher Konsequenz aus einer westlichen Tradition entsprechenden freiheitlichen Gesellschaftsordnung könnte, begünstigt durch die Ost-West-Spannung, zugunsten der Identifizierung der *„freien Marktwirtschaft"* mit dem westlichen Gesellschaftssystem entschieden werden.

Um so wichtiger wird angesichts dieser Gefahr die an anderer Stelle geäußerte Vermutung, daß die Soziale Marktwirtschaft zu wirklicher wirtschaftspolitischer Aktivität des ständigen Stimulans einer durch die Öffentlichkeit mit Wohlwollen bedachten „Antithese" bedarf[13]. Dies gilt um so mehr, als die Soziale Marktwirtschaft mehr ein politisches Schlagwort ist und offenbleibt für eine pragmatische Ausfüllung mit einem wirtschaftspolitischen Konzept.

Für die Neubesinnung unter den Liberalen scheint *Rasch* ein ähnlich gutes Beispiel zu sein wie für die liberale Resignation vor der sozialistischen „Zeitströmung"[14]. Bereits zwei Jahre später widerruft *Rasch* jedoch seine Thesen von 1946[15]. Er verweist auf seine Erfahrungen aus einer mehrjährigen Tätigkeit in der eisenschaffenden- und Maschinenindustrie sowie auf Beobachtungen und Erfahrungen als Stellvertretender Vorsitzender des Verwaltungsrats für Wirtschaft in der amerikanischen und britischen Zone und Stellvertretender Leiter des Verwaltungsamts in Minden im Winter 1946/47[16]. Diese Erfahrungen haben offensichtlich dazu geführt, daß *Rasch* dem Liberalismus in der Wirtschaft wieder eine Chance gibt, die segensreichen Wirkungen des Wettbewerbs betont sowie den Gegensatz „Demokratie und Rechtsstaat" einerseits und „Planwirtschaft" andererseits herausstellt[17].

---

[11] Vgl. dazu S. 98 f.

[12] Vgl. *L. Miksch,* Wirtschaftspolitik des Als Ob, aaO, S. 332.

[13] Siehe S. 110.

[14] Siehe aber auch *H. Gross,* Die Verteidigung der freien Marktwirtschaft vom Standpunkt des Arbeiters aus, aaO; *derselbe,* Moderne Meinungspflege, aaO; *derselbe,* Sozialismus in der Krise, Frankfurt a. M. 1952.

[15] Siehe *H. Rasch,* Grundfragen der Wirtschaftsverfassung, aaO.

[16] Vgl. ebenda, Vorwort, S. 7 f.

[17] Siehe ebenda, S. 14. Seiner Auffassung verleiht *Rasch* noch durch den Hinweis Nachdruck, daß der neue Direktor der Verwaltung für Wirtschaft, *Ludwig Erhard,* über „Sozialisierung und Demokratie" ähnlich denkt.

Rasch bestreitet entgegen seiner früheren Prognose zugunsten des Sozialismus 1948 einen allgemeinen Trend zu einer sozialistischen Ordnung. Eine Mehrheit für „gewisse Sozialisierungsmaßnahmen" habe sich bisher nur in Hessen ergeben, „und auch hier nur im Sinne einer grundsätzlichen Verfassungsbestimmung ohne Regelung der Durchführung im Einzelnen". Für die wirtschaftliche Zukunft sei das Problem der Sozialisierung von so grundlegender Bedeutung, „daß es vernünftigerweise nur auf reichsrechtlicher Ebene entschieden werden kann, also erst dann, wenn es wieder eine gesamtdeutsche Volksvertretung gibt" [18].

Für die sachliche Berechtigung der Forderung nach Sozialisierung soll darüber hinaus „die bloße Feststellung, die Mehrheit des Volkes wünsche die Sozialisierung" – selbst wenn dies zuträfe – nicht genügen [19]. Da es offensichtlich zutrifft – sonst wäre es überflüssig gewesen, der Masse der Bevölkerung jetzt die sozialistischen Neigungen als Ziellosigkeit, Obrigkeitsgläubigkeit und Froschperspektive vorzuwerfen [20] – möchte *Rasch* andererseits trotzdem den Eindruck erwecken, die ihm nun vorschwebende Ordnung, die Soziale Marktwirtschaft, sei in gewisser Hinsicht sogar eine sozialistische Ordnung [21].

Ende 1946 klagt *Müller-Armack* noch, daß sich die Öffentlichkeit einer „grundsätzlichen wirtschaftspolitischen Umorientierung" wenig geneigt zeige. Er muß sich damit begnügen, wenigstens der Wissenschaft die Verpflichtung aufzuerlegen, die Frage der zweckmäßigen Wirtschaftsordnung aufzuwerfen [22]. Noch im Jahre 1947 besteht die „Hauptaufgabe" der Wirtschaftspolitik in einer „zentralen wirtschaftlichen Planung" [23]. Ein Jahr später wird „in allen Kreisen" der Bevölkerung „nur eine einzige Sehnsucht" beobachtet, nämlich die Sehnsucht nach der Befreiung aus der „Zwangsjacke", als die man alle Ideen über eine „staatliche Bewirtschaftungsform" empfindet, weil sie „mit der Unfreiheit und mit dem Zwang erkauft werden muß". Deshalb könne „der Weg nur dahin gehen, wieder zu freieren marktwirtschaftlicheren Formen zurückzufinden" [24].

---

[18] Dieser Zeitpunkt jedoch ist nicht absehbar, wenn Deutschland an der Spannung zwischen Ost und West zerbricht – wie es die befürchten, die von der Zweckmäßigkeit eines dritten Weges für Deutschland überzeugt sind (vgl. S. 134 ff.) und was die begrüßen, die im Interesse einer kompromißlosen freiheitlichen Ordnung eine Lösung der westlichen Besatzungszonen aus der von den Alliierten zunächst konzipierten Gemeinsamkeit mit der sowjetischen Besatzungszone für den besten Weg halten (vgl. S. 137).

[19] Vgl. *H. Rasch,* Grundfragen der Wirtschaftsverfassung, aaO, S. 26.

[20] Siehe S. 91 f.

[21] Siehe S. 93.

[22] Vgl. *A. Müller-Armack,* Wirtschaftslenkung und Marktwirtschaft, aaO, S. 61.

[23] Siehe S. 92 f.

[24] Siehe *Wirtschaftsrat,* Wörtliche Berichte, aaO, 18. Vollversammlung vom 17./18. 6. 1948, S. 623 (Rede des Direktors der Verwaltung für Wirtschaft, *Ludwig Erhard,* anläßlich der ersten Lesung des Gesetzes über die wirtschaftspolitischen Leitsätze nach der Geldreform). Siehe auch S. 139, Fußnote 17.

Noch erstaunlicher ist die Neueinschätzung der ökonomischen Theorie. Gilt sie noch 1946 als wichtigstes Werkzeug für „die Behandlung einiger grundlegender Fragen der deutschen Wirtschaft“ [25], so wird nun in „Ratschlägen an die Unternehmer“ für ihre Öffentlichkeitsarbeit empfohlen, die Unternehmerleistung herauszustellen – wie in den Vereinigten Staaten – und nicht „zusammenfassendes Zahlenwerk ... mit funktionalen Bildern, wie Kreislauf, Zahlungsbilanz, Kreditvolumen, Volkseinkommen usw., Begriffe, die nur zum unentbehrlichen Werkzeug der Planwirtschaft gehören“. Demgegenüber wird nach „grundlegender Analyse“ verlangt, die zeigt, „wie weit das Verständnis der freien Marktwirtschaft und der Einblick in ihr Funktionieren von der Entwicklung solcher Allgemeinbegriffe überhaupt abhängt“; denn der internationale Zahlungsverkehr habe auch am besten funktioniert, als es noch keine „Zahlungsbilanz“ gab [26].

Diese Abneigung gegen die Wirtschaftstheorie – als Werkzeug der „Planwirtschaft“ – erscheint wie eine Interpretation von *Müller-Armacks* Feststellung: Die Marktwirtschaft „bezieht sich nicht auf die volkswirtschaftlichen Daten, sie ist vielmehr eine besondere Form, diese Daten wirtschaftlich zu verarbeiten“ [27].

Den Wandel in den Vorstellungen, der sich recht schnell zu vollziehen scheint, meint wohl auch *Mackenroth* [28], wenn er *Walter Eucken* 1949 resignierend als den wohl „z. Z. bestangesehenen Vertreter“ der Wirtschaftswissenschaft charakterisiert. Offensichtlich verspricht sich jedoch *Miksch* von dieser Hinwendung zum Liberalismus gar nichts, wenn er für die Verwirklichung des ordoliberalen wirtschaftspolitischen Konzepts den niederschmetterndsten Ausweg weist, den es in einer bewußten Politik der Wirtschaftsordnung gibt: Abzuwarten und darauf zu hoffen, daß die Zeit zur Verwirklichung kommt, „vielleicht in Jahrzehnten, vielleicht noch später“ [29].

Wenn sich somit die Vorstellung, die deutsche Bevölkerung habe sich nach 1945 schlagartig einer liberalen Wirtschaftsordnung zugewandt, als ein nachträgliches Wunschbild erweist, müssen andere Kräfte als der vermutete Freiheitsdrang der deutschen Bevölkerung im wirtschaftlichen Bereich wirksamer gewesen sein als ein allgemeines Verlangen nach wirtschaftlicher Freiheit. Folgt man den Beobachtungen und Erfahrungen von *Rasch*, die offenbar seine eigene Hinwendung zu einer liberalen Wirtschaftsordnung bewirkt haben, so sind diese Kräfte vor allem im Bereich der Wirtschaft und bei den Besatzungsmächten zu suchen. Gegenüber diesem politischen Einfluß hätten sich demnach die bisher skizzierten deutschen Ordnungsvorstellungen vor allem durchzusetzen.

---

[25] Siehe S. 15 f.

[26] Vgl. dazu *H. Gross*, Moderne Meinungspflege, aaO, S. 140 f.

[27] Siehe *A. Müller-Armack*, Wirtschaftslenkung und Marktwirtschaft, aaO, S. 90; siehe auch S. 107.

[28] Vgl. *G. Mackenroth*, Sozialistische Wirtschaftsverfassung, aaO, S. 189.

[29] Siehe S. 86.

In der Entwicklung des gesellschaftlichen Bewußtseins dürfte es höchst selten einen „deus ex machina“ geben, der dieses Bewußtsein schlagartig ändert. Es heißt offenbar, die menschliche Verhaftung in der Tradition überfordern, wenn man verlangt, daß ein „fortschrittlicher“ Gedanke und ein „fortschrittliches“ Instrumentarium zu seiner Realisierung gleichzeitig und konsequent entwickelt werden. Es scheinen im Gegenteil Widerstände mobilisiert zu werden, die verhindern, daß ein „fortschrittliches“ Gedankengebäude konsequent zu Ende gedacht wird. Dies wäre eine Erklärung für die vielen Widersprüche im ordoliberalen Gedankengebäude, die die Fürsprecher verwirren, es den Kritikern aber leicht machen.

Je weniger konsequent und geschlossen ein solches Gedankengebäude ist, desto leichter wird es in der Auseinandersetzung zwischen den politischen Interessengruppen auseinanderbrechen. Jede Gruppe wird sich jene Bausteine aneignen, die sie akzeptiert. Inwieweit es insbesondere dem Ordoliberalismus gelingt, sich zu behaupten, soll im folgenden untersucht werden. Dabei wird die Entwicklung in der sowjetischen Besatzungszone insoweit berücksichtigt, wie es zur Vervollständigung des Bildes über das Geschehen in den westlichen Besatzungszonen notwendig erscheint.

Teil II

Das politische Gewicht der deutschen Ordnungsvorstellungen in den ersten Jahren der Nachkriegszeit

In den Wirtschaftswissenschaften hat sich zur Erklärung der wirtschaftlichen Entwicklung in der Welt die Vorstellung von der Ausbildung wirtschaftlicher Kerngebiete bewährt, auf die hin das wirtschaftliche Wachstum in anderen Regionen sich ausgerichtet hat[1]. So ist der Aufbau der Weltwirtschaft lange Zeit – sowohl was die Landwirtschaft als auch die Industrie angeht – „konzentrisch auf das europäische industrielle Kraftfeld“ [2] ausgerichtet gewesen. Mit der Industrialisierung Amerikas erwächst ein zweites industrielles Kraftfeld, das sich mit dem europäischen überschneidet und verbindet. Als drittes Kraftfeld entsteht mit der „Industrialisierung des russisch-sibirischen Raumes“ als „elementares Ereignis der Verdichtungsperiode der Weltwirtschaft“ [3] die Sowjetunion. Auch diese „trizentrische Weltwirtschaft“ enthält bereits die Keime für eine Vermehrung der wirtschaftlichen Kerne zu einer „multizentrischen Weltwirtschaft“ [4].

Für die Nachkriegszeit müßte diese Prognose vielleicht etwas korrigiert werden: Das alte europäische Kraftfeld ist mit dem amerikanischen zu einer Einheit verschmolzen. Der restliche Teil Europas ist in dem sowjetischen „Kraftfeld“ aufgegangen. In China ist – als weiteres „elementares Ereignis der Verdichtungsperiode der Weltwirtschaft“ – das dritte Kraftfeld entstanden. Daneben gibt es eine Reihe von „Randkernen“ und die in jeder Hinsicht sehr amorphen Entwicklungsländer. Sie geraten in den Bannkreis der großen wirtschaftlichen Kraftfelder und ihrer „Entwicklungshilfe“.

Es liegt nun nahe, die Vorstellung von den ökonomischen „Kraftfeldern“ auf den politischen Raum zu übertragen. Man wird feststellen, daß sich poli-

---

[1] Vgl. *Andreas Predöhl*, Außenwirtschaft – Weltwirtschaft. Handelspolitik und Währungspolitik. In: Grundriß der Sozialwissenschaften. Bd. 17. Göttingen 1949; *derselbe*, Das Ende der Weltwirtschaftskrise. Eine Einführung in die Probleme der Weltwirtschaft. In: rowohlts deutsche enzyklopädie, Bd. 161. Reinbek b. Hamburg 1962, S. 80 ff.

[2] *Derselbe*, Das Ende der Weltwirtschaftskrise, aaO, S. 83.

[3] Ebenda, S. 94. [4] Ebenda, S. 94 f.

tische und wirtschaftliche „Kraftfelder" in der Nachkriegszeit weitgehend decken. Hinzukommt, wie sich bereits ergab, daß den politischen Systemen der Vereinigten Staaten und der Sowjetunion gemeinsam ist, daß sie die Wirtschaft in den Mittelpunkt des Denkens stellen[5]. Damit werden die unterschiedlichen Prinzipien der Wirtschaftspolitik zum Unterscheidungsmerkmal. Sie entscheiden darüber, welche Gesellschaft sich der Marktwirtschaft, und damit der Freiheit und Demokratie, oder der „Planwirtschaft", und damit der Unfreiheit und dem staatlichen Zwang, verpflichtet fühlt. Demokratisierung im Sinne des östlichen Systems hieße Abschaffung des Privateigentums an Produktionsmitteln; Demokratisierung im westlichen System hieße Verteidigung des Privateigentums an Produktionsmitteln – im ordoliberalen Konzept begleitet von einer umfassenden Strukturpolitik.

Ob ein so einfacher Maßstab ausreicht, um die gesamte Gesellschaftsstruktur eines Landes als freiheitlich oder autoritär zu klassifizieren, muß der Ökonom vornehmlich der Entscheidung des Sozialphilosophen, Soziologen oder Politologen überlassen. Für den Ökonomen ist interessanter und wichtiger die Frage, ob Freiheit und Zwang ausreichende Merkmale einer nach der *ökonomischen* Effizienz zu beurteilenden Wirtschaftsordnung sind.

Jede wirtschaftspolitische Entscheidung muß auf diese Weise gleichzeitig dem ordnungspolitischen Leitbild und der wirtschaftlichen Effizienz Rechnung tragen. Ein Versagen der Wirtschaft bedeutet ein Versagen des gesellschaftlichen Systems. Die Ordnungspolitik gerät dabei in eine schwierige und für ihre Prinzipien gefährliche Situation. Wenn es wirtschaftliche Rückschläge gibt, können diese Prinzipien entweder nicht konsequent genug angewendet worden sein oder aber zu dem Eingeständnis zwingen, daß diese Prinzipien zu allererst Selbstzweck seien und nicht nur der wirtschaftlichen Leistungskraft zu dienen hätten. Da jedoch diese Leistungskraft im ordnungspolitischen Bewußtsein mit der Leistungsfähigkeit des gesellschaftlichen Systems verbunden ist, besteht eine große Wahrscheinlichkeit, daß die Ordnungsprinzipien derart neu interpretiert werden, daß sie sich den wirtschaftlichen Anforderungen anpassen.

Eine wichtige Rolle in diesem ordnungspolitischen „Clearing-System" spielen die politischen Parteien als Ausdruck politischer Kräftegruppierung auf demokratischem Wege. Sie sind gleichzeitig politisches Bewußtsein der Gesellschaft und Modulator dieses Bewußtseins entsprechend den herrschenden politischen Strömungen. Da Teilnahme an der Regierungsgewalt letztlich das Ziel ist, werden die Parteien am wenigsten die vorhandenen politischen Kräfte ignorieren können. Je konkreter das Parteiprogramm formuliert ist, desto schwieriger wird die Anpassung an sich wandelnde politische Strömungen.

Das stärkste politische Gewicht im Deutschland der Nachkriegszeit haben ohne Zweifel zunächst die Besatzungsmächte. Von ihren ordnungspolitischen

---

[5] Siehe S. 136.

Vorstellungen und von ihrer Einigkeit, sie zu verwirklichen, wird die Zukunft Deutschlands entscheidend geprägt werden. Deshalb kann es aufschlußreich sein zu verfolgen, inwieweit die Alliierten selbst sich den beiden mächtigsten Siegern, den Vereinigten Staaten und der Sowjetunion, fügen müssen oder als politischer „Randkern" eine Chance auch für Deutschland offenhalten, einen „dritten Weg" zwischen Ost und West zu finden. Um hierauf eine Antwort zu erhalten, ist es zunächst erforderlich, sich ein Bild zu machen von den Vorstellungen der Alliierten über die Behandlung Deutschlands sowie über eine „Friedensordnung" in der Welt. Das Verhältnis der Alliierten zueinander, insbesondere das Verhältnis zwischen den Vereinigten Staaten und der Sowjetunion wird auch Ausstrahlungen auf die Entwicklung in Deutschland haben.

1. Leitbilder für die Behandlung Deutschlands nach der bedingungslosen Kapitulation

Das Konzept der bedingungslosen Kapitulation bringt es mit sich, daß Deutschland den Siegermächten als eine amorphe, richtungslose Ansammlung von Menschen in die Hände fällt. Der gesamte organisatorische und technische Apparat, den jede zivilisierte Gesellschaft braucht, ist zusammengebrochen. Die ohnehin auf den „totalen Krieg" ausgerichtete und durch Kriegshandlungen weitgehend zerstörte deutsche Wirtschaft liegt vollkommen darnieder. Die Siegermächte besetzen dieses Land im Bewußtsein, ein verbrecherisches Regime beseitigt und einen wesentlichen Beitrag zum zukünftigen Frieden in der Welt geleistet zu haben, sowie mit der Überzeugung, alle am Krieg Schuldigen ihrer gerechten und verdienten Strafe zuzuführen.

Konkrete Pläne für die zukünftige Gestaltung Deutschlands bestehen jedoch nicht. „Da die Mächte nicht in der Lage waren, sich über unzweideutige und anwendbare Richtlinien und Vereinbarungen über die gemeinsame Regierung und Verwaltung Deutschlands zu verständigen, beginnt jede der vier Mächte die ihr zugesprochene Besatzungszone nach ihren Bindungen, Vorstellungen und Gepflogenheiten zu organisieren und umzugestalten" [1]. Es gibt zwar Erklärungen über die allgemeinen Kriegsziele und technische Vereinbarungen für den Augenblick des Zusammentreffens auf deutschem Boden. Zwischen diesen Erklärungen und Vereinbarungen jedoch besteht keinerlei Verbindung. „Politische Deklamationen und technische Abkommen standen beziehungslos nebeneinander" [2]. Ein amerikanischer Experte beschreibt diese Situation folgendermaßen [3]: „Die Russen wußten, was sie wollten und nah-

---

[1] Vgl. *Ernst Deuerlein*, DDR. Geschichte und Bestandsaufnahme. In: dtv dokumente, Nr. 347, München 1966, S. 12 f.

[2] Ebenda, S. 11.

[3] Siehe *Lewis H. Brown*, A Report on Germany. New York 1947, S. 20.

men es sich. Die Franzosen wußten, was sie nicht wollten und verhinderten es. Weder Großbritannien noch die Vereinigten Staaten hatten eine klare Politik in bezug auf Deutschland".

In diesem politischen Durcheinander sind es die pragmatisches Denken gewohnten Militärs, die Initiative dort ergreifen, wo sie am notwendigsten ist: in der Versorgung der Bevölkerung mit den lebensnotwendigsten Gütern, vor allem mit Nahrungsmitteln. Hieran mangelt es besonders in der englischen und amerikanischen Zone, deren Bevölkerung vorwiegend in der Industrie beschäftigt und auf Nahrungsmitteleinfuhren aus anderen Regionen angewiesen war. Um die Gefahr von Hungersnot und Seuchen zu bannen, zieht die amerikanische Militärregierung bereits 1945 die entsprechenden Konsequenzen: Aus einem Fonds des Kriegsministeriums (Government Appropriations for Relief in Occupied Areas – GARIOA) fließen Zuschüsse vor allem an Nahrungsmitteln und Rohstoffen (Düngemittel, Treibstoffe) nach Deutschland (GARIOA-Hilfe). Die britische und amerikanische Besatzungsmacht ermitteln, daß jährlich etwa 600 Mio. Dollar erforderlich sind, um Wirtschaft und Bevölkerung mit dem Notwendigsten zu versorgen[4].

Die pragmatische „erste Hilfe" durch die amerikanische Besatzungsmacht erfolgt nach den Ordnungsprinzipien, die in jedem Heer eine Selbstverständlichkeit sind, ohne Reflektionen darüber, nach welchen Prinzipien die amerikanische Wirtschaft arbeitet. So überrascht es keineswegs, daß die Militärs keine Bedenken haben, sich auch der Reste des nationalsozialistischen Bewirtschaftungssystems zu bedienen. Das hat den Siegermächten später den Vorwurf eingetragen, sie hätten die nationalsozialistischen Methoden der Wirtschaftslenkung übernommen[5].

Die Sowjetunion scheint dagegen auf die in Deutschland zu bewältigenden Aufgaben von vornherein besser vorbereitet gewesen zu sein. „Vom ersten Augenblick der Okkupation an begann Moskau, die Ostzone zu sozialisieren"[6]. Diese heute allgemein vertraute ordnungspolitische Aussage ist jedoch vorerst an den tatsächlichen politischen Maßnahmen nicht so eindeutig abzulesen. Tatsache ist, daß bereits am 30. 4. 1945 die „Initiativgruppe des Zentralkomitees der KPD unter Leitung von *Walter Ulbricht*" in Berlin „ihre Tätigkeit zum antifaschistisch-demokratischen Neuaufbau" aufnimmt[7]. Diese „Gruppe *Ulbricht*" ist, wie eines ihrer Mitglieder berichtet[8], seit Februar 1945 in Moskau auf ihre Aufgaben in Deutschland vorbereitet worden.

---

[4] Vgl. *Stolper, Häuser, Borchardt,* aaO, S. 229, S. 240 und S. 270; *Henry C. Wallich,* Triebkräfte des deutschen Wiederaufstiegs. Deutsche Übersetzung von *Karl Lanz.* Frankfurt a. M. 1955, S. 334 f.

[5] Vgl. *Walter Eucken,* Deutschland vor und nach der Währungsreform, aaO, S. 158.

[6] *G. Stolper,* Die deutsche Wirklichkeit, aaO, S. 132.

[7] *Stefan Doernberg,* Kurze Geschichte der DDR. Zweite durchgesehene und überarbeitete Aufl. Berlin-Ost 1965, S. 559.

[8] *Wolfgang Leonhard,* Die Revolution entläßt ihre Kinder, aaO, S. 330 ff.

Sie hat Weisung, sich jeglicher sozialistischer Aktionen zu enthalten[9] und die im einzelnen noch nicht bekannten Maßnahmen der Besatzungsmächte zu unterstützen[10]. Nach Zulassung deutscher Organisationen soll versucht werden, „eine breite antifaschistisch-demokratische Massenorganisation unter dem Namen ‚Block der kämpferischen Demokratie' zu schaffen" [11].

Wie wichtig die Sowjetunion ihre Aufgabe im besiegten Deutschland nimmt, mag man auch daraus ersehen, daß bereits einen Tag nach der bedingungslosen Kapitulation der Deutschen Wehrmacht am 8. 5. 1945 der „Stellvertretende Vorsitzende der Regierung der UdSSR", *A. J. Mikojan*, in Deutschland eintrifft, „um die ersten Hilfsmaßnahmen zum Wiederaufbau Berlins und Dresdens und zur Linderung der drohenden Hungersnot einzuleiten", wie es in der offiziellen Geschichtsschreibung der DDR heißt[12]. Es folgen sehr schnell für das politische Leben im besiegten Deuschland entscheidende Maßnahmen[13]: Der Berliner Rundfunk nimmt am 13. Mai seine Sendungen wieder auf; zwei Tage später erscheint in Berlin die „Tägliche Rundschau" als erste deutschsprachige Zeitung nach Ende des Krieges; am 1. Juni werden die ersten Einheiten der Volkspolizei in Berlin aufgestellt. Fünf Tage nach der offiziellen Übernahme der obersten Gewalt in Deutschland durch die Regierungen der vier Besatzungsmächte und der Bildung des Alliierten Kontrollrats am 5. Juni erlaubt die Sowjetische Militärverwaltung (SMA) in ihrem Befehl Nr. 2 die Tätigkeit „antifaschistisch-demokratischer Parteien und Gewerkschaften".

Schon einen Tag später erläßt das Zentralkomitee der KPD einen Aufruf an das deutsche Volk. Am 15. Juni konstituiert sich die SPD in Berlin und ein vorbereitender Ausschuß zur Neugründung freier Gewerkschaften. Es folgen die CDU (26. Juni), die Liberal-Demokratische Partei Deutschlands – LDPD – (5. Juli) und der „Block der antifaschistisch-demokratischen Parteien" sowie ein gemeinsamer Ausschuß aus je fünf Vertretern der KPD, SPD, CDU und LDPD in Berlin.

Darüber hinaus beginnen bereits im Sommer 1945 die Belegschaften der Betriebe auf Initiative der Kommunisten, Betriebsräte zu wählen, „die die Interessen aller Arbeiter und Angestellten zu vertreten hatten, unabhängig davon, ob sie gewerkschaftlich organisiert waren oder nicht". Diese Betriebsräte nehmen nicht nur die Interessen der Belegschaft in sozialen Fragen wahr, sondern widmen sich „immer mehr der Säuberung der Betriebsleitungen von aktiven Nazis", haben Anteil an der „Ausmerzung nazistischen Gedankengutes", wirken aktiv an der „Umgestaltung der Betriebe auf die Produktion von Waren für friedliche Zwecke mit" und hindern „reaktionäre Unterneh-

---

[9] Siehe S. 25 f.

[10] *W. Leonhard*, Die Revolution entläßt ihre Kinder, aaO, S. 334.

[11] Ebenda.

[12] Vgl. *St. Doernberg*, aaO, S. 559.

[13] Vgl. ebenda, S. 559 f.

mer daran, den Betrieb in die Westzonen zu verlagern ... Jegliche Verfügung der Betriebsleitung mußte vom Betriebsrat gegengezeichnet werden“ [14].

Diese Demonstration „demokratischen“ Lebens in der sowjetisch besetzten Zone fällt noch in die Zeit vor der Konferenz der drei Alliierten in Potsdam vom 17. 7. bis 2. 8., auf der endgültig über die Zukunft Deutschlands entschieden werden soll. Am Vorabend dieser Konferenz unterzeichnen Vertreter der vier neuen deutschen Parteien in der sowjetischen Besatzungszone – als „erste Sprecher des deutschen Volkes seit dem 8. Mai 1945 – eine gemeinsame Resolution“ [15].

1. 1. Die Potsdamer Beschlüsse

In Potsdam steht im Sommer 1945 nicht nur die Zukunft Deutschlands zur Diskussion. Nach Beendigung des Krieges zeigt sich mehr und mehr, daß die Waffenbrüderschaft der „Anti-Hitler-Koalition“ schnell verfliegt und die unterschiedlichen Interessen der Siegermächte um so deutlicher hervortreten. In dem der Potsdamer Konferenz vorausgehenden regen Telegrammwechsel zwischen *Truman* und *Churchill* spricht der englische Regierungschef die Erwartungen der entscheidenden Staatsmänner sicher unumwunden aus, wenn er am 11. Mai feststellt, in den nächsten zwei Monaten werde die Entscheidung über die weitere Entwicklung der Welt fallen [1]. Am 2. August 1945 liegt diese Entscheidung in Gestalt der „Amtlichen Verlautbarung über die Konferenz von Potsdam“ vor.

Der dritte Teil befaßt sich direkt mit Deutschland und enthält „politische und wirtschaftliche Grundsätze, deren man sich bei der Behandlung Deutschlands in der Anfangsperiode der Kontrolle bedienen muß“. Sie werden als eine Übereinkunft der Konferenz über die „Grundsätze der gleichgeschalteten Politik der Alliierten in bezug auf das besiegte Deutschland in der Periode der alliierten Kontrolle“ präsentiert.

„Es ist nicht die Absicht der Alliierten, das deutsche Volk zu vernichten oder zu versklaven“; es soll die Möglichkeit erhalten, für einen Wiederaufbau „auf einer demokratischen und friedlichen Grundlage“. Als Lohn dieser Anstrengungen wird zu „gegebener Zeit“ wieder ein „Platz unter den freien und friedlichen Völkern der Welt“ in Aussicht gestellt [2].

Zunächst sieht es so aus, als ginge es den Konferenzteilnehmern im wesentlichen um die Befriedigung der als grundsätzlich berechtigt anerkannten so-

---

[14] Siehe *St. Doernberg*, aaO, S. 84 f.

[15] Siehe *Ernst Deuerlein*, Die Einheit Deutschlands. Ihre Erörterung und Behandlung auf den Kriegs- und Nachkriegskonferenzen 1941–1949. Darstellung und Dokumente. Frankfurt a. M. 1957, S. 96 f.

[1] Siehe ebenda, S. 94.

[2] Vgl. *E. Deuerlein*, Die Einheit Deutschlands, aaO, Dokument Nr. 21, Teil III, S. 248.

wjetischen Reparationsforderungen auf der einen Seite und den, vor allem britischen, Sorgen, die Ostgrenze Deutschlands so zu bestimmen, daß die deutsche Bevölkerung nicht zu sehr von Nahrungsmitteleinfuhren abhängig wird[3]. Die amtliche Verlautbarung über die Konferenz macht aber deutlich, daß bei den „Grundsätzen der gleichgeschalteten Politik der Alliierten", die „*Demokratisierung*" Deutschlands im Vordergrund steht[4]. Alle ordnungspolitischen Überlegungen für die Nachkriegsentwicklung in Deutschland müßten demnach hier ihren Ausgangspunkt haben. Im Mittelpunkt stehen die Ausrottung des „Militarismus und Nazismus" sowie nach gegenseitiger Vereinbarung der Alliierten „in der Gegenwart und in der Zukunft auch andere Maßnahmen, die notwendig sind, damit Deutschland niemals mehr seine Nachbarn oder die Erhaltung des Friedens in der ganzen Welt bedrohen kann"[5].

1.1.1. Die Demokratisierung im politischen Bereich

Für eine Betrachtung der ordnungspolitischen Entwicklung in der Nachkriegszeit dürften die neben Entmilitarisierung und Entnazifizierung für notwendig erachteten „anderen Maßnahmen" entscheidend sein. Unter den Zielen, durch die der Kontrollrat sich leiten lassen soll, steht neben „völliger Abrüstung und Entmilitarisierung" die Ausschaltung oder Überwachung „der gesamten deutschen Industrie, welche für eine Kriegsproduktion benutzt werden kann" an erster Stelle[6]. Es folgen Bestimmungen zur Schaffung eines demokratischen Bewußtseins der Bevölkerung und zur Dezentralisierung der Verwaltung.

Zur Umprägung des Bewußtseins der Bevölkerung gehört einmal die Wekkung eines „Schuldbewußtseins"[7] und zum andern die „endgültige Umgestaltung des deutschen politischen Lebens auf demokratischer Grundlage"[8]. Soweit es die militärische Sicherheit zuläßt, sollen Freiheit der Rede, der Presse und der Religion gewährt und freie Gewerkschaften zugelassen werden[9]. Über Maßnahmen zur Entnazifizierung und zur Verfolgung von „Kriegsverbrechern" hinaus haben sich die Besatzungsmächte vorbehalten, auch „alle anderen Personen, die für die Besetzung und ihre Ziele gefährlich sind", zu verhaften und zu internieren sowie alle „Personen, die den alliierten Zielen feindlich gegenüberstehen, ... aus den öffentlichen oder halböffentlichen Ämtern und von den verantwortlichen Posten in wichtigen Privatunterneh-

---

[3] Ebenda, S. 99.

[4] Vgl. auch *K. C. Thalheim,* Die Rezeption des Sowjetmodells in Mitteldeutschland, aaO, S. 277.

[5] Siehe *E. Deuerlein,* Die Einheit Deutschlands, aaO, Dokument Nr. 21, Einleitung zu Teil III, S. 248. Alle folgenden Angaben von Abschnitten und Ziffern beziehen sich, wenn nicht anders angegeben, auf den Teil III dieses Dokumentes.

[6] Vgl. Abschnitt A, Ziffer 3, I.

[7] Vgl. Abschnitt A, Ziffer 3, II.

[8] Abschnitt A, Ziffer 3, IV und Ziffer 7.

[9] Abschnitt A, Ziffer 10.

mungen zu entfernen" und durch Personen zu ersetzen, die „nach ihren politischen und moralischen Eigenschaften fähig erscheinen, an der Entwicklung wahrhaft demokratischer Einrichtungen in Deutschland mitzuwirken" [10].

Hier wird ganz besonders deutlich, welchen großen Spielraum die Besatzungsmächte erhalten, „legal" zu handeln, und wie wichtig es ist für eine einheitliche Entwicklung in ganz Deutschland, daß die Alliierten sich völlig einig sind in der Interpretation ihrer Ziele der Besetzung und der „*wahrhaft* demokratischen" Einrichtungen. Andernfalls ist die geforderte gleiche „Behandlung der deutschen Bevölkerung in ganz Deutschland" [11] von vornherein eine leere Deklamation.

Die Dezentralisierung der Verwaltung ist ein wichtiges Anliegen jeder Demokratisierung. Für das durch die Potsdamer Beschlüsse geschaffene Deutschland ist die Dezentralisierung die einzige Möglichkeit, politische Entscheidungen überhaupt wieder in deutsche Hände zu legen, indem die „politische Struktur" dezentralisiert und die „örtliche Selbstverwaltung" entwickelt wird, wie es das Potsdamer Abkommen verlangt [12]. Denn bis auf weiteres soll keine „zentrale deutsche Regierung" errichtet werden [13]. Damit wird die erwähnte „gleiche Behandlung der deutschen Bevölkerung" letztlich zum einzigen Garanten der deutschen Einheit. Daneben gibt es jedoch noch eine separate Einheit für das Finanzwesen und für die wichtigsten Bereiche der Wirtschaft, Industrie und Außenhandel. Für diese Bereiche sollen zentrale deutsche Verwaltungsabteilungen mit Staatssekretären an der Spitze tätig werden, die dem Kontrollrat unterstehen.

1.1.2. Die Demokratisierung der Wirtschaft

Es ist nicht möglich, alle aufgeführten Grundsätze als solche der „Demokratisierung" der Wirtschaft anzusehen. Der einer naiven Siegermentalität entspringende oberste Grundsatz, die deutsche Wirtschaftskraft entscheidend zu schwächen, tritt zu sehr in den Vordergrund. Geht es bei den politischen Grundsätzen noch um die Ausschaltung der – wenn auch sehr ungenau umschriebenen – „Kriegsproduktion", so lassen die wirtschaftlichen Grundsätze keine Zweifel darüber, daß es generell um die Reduzierung der deutschen Wirtschaftskraft geht; und zwar auf ein Niveau, das der deutschen Bevölkerung gerade einen „mittleren Lebensstandard" gewährleisten soll. Als Maßstab ist an den „mittleren Lebensstandard" der europäischen Länder (außer der Sowjetunion und Großbritannien) gedacht [14].

Die so umrissenen „friedlichen Nachkriegsbedürfnisse Deutschlands" sollen mit einem Produktionsapparat befriedigt werden, der vor allem im Bereich der Chemie, der Herstellung von Metallen und im Maschinenbau streng

[10] Abschnitt A, Ziffern 5 und 6.
[11] Abschnitt A, Ziffer 2.
[12] Abschnitt A, Ziffer 9.
[13] Abschnitt A, Ziffer 9, IV.
[14] Vgl. Abschnitt B, Ziffer 15 b.

überwacht und beschränkt wird. Die auf diese Weise entbehrliche Produktionskapazität ist zu entfernen oder, wenn dies sich als unmöglich erweist, zu vernichten[15]. „Die Bezahlung der Reparationen soll dem deutschen Volke genügend Mittel belassen, um ohne eine Hilfe von außen zu existieren“[16]. Alle „öffentlichen oder privaten wissenschaftlichen Forschungs- und Versuchsanstalten, Laboratorien usw., die mit einer Wirtschaftstätigkeit verbunden sind“, sind ebenfalls alliierter Kontrolle und Überwachung vorbehalten[17].

Das deutsche Wirtschaftsleben erhält seine Hauptaufgabe in der „Entwicklung der Landwirtschaft und der Friedensindustrie für den inneren Bedarf (Verbrauch)“[18], d. h. also in der Herstellung von Konsumgütern. Eine Sonderstellung bekommt der Steinkohlenbergbau. Seine Erzeugung soll unverzüglich gesteigert werden.

In einer so schwerwiegenden Beschränkungen unterliegenden Wirtschaft bedarf es keiner besonderen „Wirtschaftsordnung“. Es kommt darauf an, die wesentlichsten Waren gleichmäßig unter den verschiedenen Zonen zu verteilen, „um ein ausgeglichenes Wirtschaftsleben in ganz Deutschland zu schaffen und die Einfuhrnotwendigkeiten einzuschränken“[19]. Die undankbare Aufgabe der Kontrolle und Überwachung dieses „Wirtschaftslebens“ wird weitgehend einem deutschen Verwaltungsapparat zugedacht, um dem deutschen Volk klarzumachen, „daß die Verantwortung für diese Verwaltung und deren Versagen auf ihm ruhen wird. Jede deutsche Verwaltung, die dem Ziel der Besatzung nicht entsprechen wird, wird verboten werden“[20].

Angesichts dieser niederschmetternden Bilanz für die deutsche Wirtschaft nach 1945 verliert die einzige Bestimmung in den wirtschaftlichen Grundsätzen, die dem Bemühen um eine „wahrhafte Demokratisierung“ der Wirtschaft entspringen könnte, an der erforderlichen Überzeugungskraft: „In praktisch kürzester Frist ist das deutsche Wirtschaftsleben zu dezentralisieren mit dem Ziel der Vernichtung der Wirtschaftskraft, dargestellt insbesondere durch Kartelle, Syndikate, Trusts und andere Monopolvereinigungen“[21].

Die derart dezentralisierte und ihrer Entfaltungsmöglichkeiten weitgehend beraubte Wirtschaft wird, ähnlich wie der politische Bereich, zusammengehalten durch den Grundsatz der „Gleichbehandlung“. Er verlangt, „Deutschland als eine *wirtschaftliche Einheit* zu betrachten“[22]. Eine Spezifizierung dieses allgemeinen Grundsatzes ist in dem bereits erwähnten Ziel der „gleichmäßigen Verteilung der wesentlichsten Waren“ zu sehen[23]. Sie bedarf auf

---

[15] Abschnitt B, Ziffer 11.
[16] Abschnitt B, Ziffer 19.
[17] Vgl. Abschnitt B, Ziffer 15 e.
[18] Abschnitt B, Ziffer 13.
[19] Abschnitt B, Ziffer 15 c.
[20] Abschnitt B, Ziffer 16.
[21] Abschnitt B, Ziffer 12.
[22] Abschnitt B, Ziffer 14. Hervorhebung nicht im Original.
[23] Diese Interpretation dürfte der Logik der politischen und wirtschaftlichen Grundsätze für die Behandlung Deutschlands während der Besetzung eher gerecht werden, als die von dem politischen Wunsch, die staatliche Einheit durch Potsdam nicht gänzlich in Frage gestellt zu sehen, diktierte Interpretation der „wirtschaft-

jeden Fall einer Instanz, die für die wirtschaftliche Einheit – erst recht, wenn sie mehr sein soll als die in den politischen Grundsätzen enthaltene Gleichbehandlung – verantwortlich sein würde. Eine alliierte Kontrolle über das deutsche Wirtschaftsleben ist aber *„nur in den Grenzen"* vorgesehen, die notwendig sind, um eine Reihe näher spezifizierter Ziele zu erreichen[24], darunter auch die „gleichmäßige Verteilung" der „wesentlichsten Waren". Deutsche Zentralverwaltungen soll es gemäß den politischen Grundsätzen nur für das Finanzwesen, die Industrie und den Außenhandel geben.

Auch bei dieser Interpretation der „wirtschaftlichen Einheit" läßt sich nicht ganz der Eindruck verwischen, als stehe hinter der begrenzten „allierten Kontrolle über das deutsche Wirtschaftsleben" die Vorstellung, daß das Wirtschaftsleben außerhalb der angegebenen Grenzen keiner Kontrolle bedarf. Dann jedoch würde die generelle Forderung nach wirtschaftlicher Einheit mehr ein *politischer* Grundsatz als ein wirtschaftlicher sein. Denn um die wirtschaftliche Einheit auch außerhalb der angegebenen Grenzen zu gewährleisten, bedürfte es einer politischen Instanz, die unter diesen Umständen nur der Alliierte Kontrollrat sein könnte, der als Treuhänder der in ihm vertretenen Regierungen die oberste Gewalt in Deutschland übernommen hat.

Eine solche politische Interpretation der wirtschaftlichen Einheit würde zwar der geläufigen deutschen Interpretation als Rest einer staatlichen Einheit entgegenkommen, wirft aber die Frage auf, weshalb dann bei den *politischen* Grundsätzen als Rest der staatlichen Einheit Deutschlands zwar die zentralen deutschen Verwaltungsabteilungen für das Finanzwesen, den Außenhandel und die Industrie erwähnt werden, jedoch nicht generell die wirtschaftliche Einheit, die genauso in den Verantwortungsbereich des Kontrollrats fallen müßte. Sieht man wiederum in den zentralen deutschen Verwaltungseinheiten einen Ausdruck der wirtschaftlichen Einheit, so ist dies eine andere Einheit als die, die unter den wirtschaftlichen Grundsätzen lediglich in der Gemeinsamkeit von Richtlinien für den wirtschaftlichen Bereich erscheint. Sie lassen im übrigen zu, daß es innerhalb der Richtlinien wirtschaftliche Bereiche geben kann, die außerhalb jener Grenzen liegen, in denen eine zusätzliche alliierte Kontrolle über das Wirtschaftsleben stattfindet.

Dann jedoch gewinnt die Tatsache, daß die wirtschaftliche Einheit unter den wirtschaftlichen und nicht unter den *politischen* Grundsätzen erscheint, ordnungspolitische Bedeutung: Der wirtschaftlichen Einheit in Gestalt von zentralen Verwaltungsabteilungen steht eine wirtschaftliche Einheit gegenüber, die sich nur in Richtlinien äußert, innerhalb derer sich ein von der Ver-

---

lichen Einheit" als Rest der verbliebenen „staatlichen Einheit" (vgl. z. B. *E. Deuerlein,* Die Einheit Deutschlands, aaO, S. 111). Sie wäre doch vielleicht viel überzeugender aus dem politischen Grundsatz abzuleiten, die „deutsche Bevölkerung in ganz Deutschland" gleich zu behandeln.

[24] Vgl. Abschnitt B, Ziffer 15.

waltung unabhängiges Wirtschaftsleben entfalten kann. Nur innerhalb gewisser für notwendig erachteter Grenzen gibt es eine zusätzliche Kontrolle für das Wirtschaftsleben.

1.1.3. Die ordnungspolitische Bedeutung der Potsdamer Beschlüsse

Eine ordnungspolitische Interpretation der „wirtschaftlichen Einheit" hieße nach den vorangegangenen Überlegungen, daß bereits die amtliche Verlautbarung über die Konferenz von Potsdam auf ordnungspolitische Differenzierungen hindeutet. Läßt jedoch das Potsdamer Abkommen solche feinen Maßstäbe zu?[25] Es ähnelt nach weit verbreiteter Ansicht mehr einem höflichen Kommuniqué als einer verbindlichen Vereinbarung über eine bestimmte Politik. Man scheint zu hoffen, Unklarheiten und offene Fragen in der Abgeschiedenheit von technischen Kommissionen des Kontrollrats und anderer Hilfsorganisationen zu klären. Unter diesen Umständen ist das Abkommen – wie der amerikanische Außenminister *Marshall* es in einem anderen Zusammenhang formuliert – „eine Vereinbarung um der Vereinbarung willen"[26]. *Stolper* spricht von einem „Kunstgriff von Juristen", die glaubten, Weltprobleme seien durch „ein paar spitzfindige Formeln" zu lösen, „die dann alle Beteiligten nach ihrem Gutdünken lesen und interpretieren könnten"[27]. Das gilt natürlich auch für die ökonomischen Prinzipien[28].

Die weitgespannten Hoffnungen auf eine gemeinsame Entscheidung für die zukünftige Ordnung der Welt bleiben ähnlich wie die Hoffnungen auf eine gemeinsame Politik über Deutschland unerfüllt. Sie scheitern an der Realität der den einzelnen Siegermächten vorbehaltenen Einfluß- und Besatzungs-Zonen. Sucht man im Potsdamer Abkommen nach einer gemeinsamen Grundlage für die zukünftige Ordnung in Deutschland, so ist es die allgemeine (Kompromiß-) Formel, „ein neues, nichtkapitalistisches und nichtkommunistisches ‚demokratisch-antifaschistisches' Deutschland" zu schaffen[29], das heißt, sich um einen „dritten Weg" zwischen den sowjetischen und amerikanischen Ordnungsvorstellungen für Deutschland zu bemühen.

Angesichts dieser Sachlage müßte es also als reine Spekulation erscheinen, im Potsdamer Abkommen bereits ordnungspolitische Unterscheidungen zu vermuten. Tatsache ist aber auch, daß Erwartungen, die Welt zu ordnen, vorhanden sind, allerdings auch beträchtliche Unterschiede über die konkrete Gestalt dieser Ordnung[30]. Wenn man weiterhin, wie *Stolper*, davon ausgeht,

[25] Zur völkerrechtlichen Bedeutung des Potsdamer Abkommens siehe *Fritz Faust*, Das Potsdamer Abkommen und seine völkerrechtliche Bedeutung. Dritte, neubearbeitete Auflage. Frankfurt a. M. Berlin 1964.

[26] Vgl. *J. P. Nettl*, The Eastern Zone and Soviet Policy in Germany 1945–50. London, New York, Toronto 1951, S. 53 f.

[27] *G. Stolper*, Die Deutsche Wirklichkeit, aaO, S. 160.

[28] Vgl. ebenda, S. 165 f.

[29] Vgl. *Ossip K. Flechtheim*, aaO, S. 2, S. 2.

[30] Vgl. *J. P. Nettl*, aaO, S. 53, insbesondere Fußnote 3.

daß das Potsdamer Abkommen „ein eindrucksvolles Zeugnis für die Kunst der Juristen" ist, „angesichts allgemeiner Meinungsgegensätze den Anschein von Einigkeit zu wahren"[31], so ist nicht auszuschließen, daß auch ordnungspolitische Differenzierungen in die Amtliche Verlautbarung Eingang gefunden haben.

1.1.3.1. Die wirtschaftliche Einheit

In dem Ringen der Experten um die offizielle Formulierung der Konferenzergebnisse kann die „wirtschaftliche Einheit" und ihre Einordnung unter die politischen oder wirtschaftlichen Grundsätze durchaus ein Problem gewesen sein. Nach den sowjetischen Ordnungsvorstellungen ist eine Wirtschaft nicht anders vorstellbar als unter zentraler Verwaltung. Wenn demnach die Sowjetunion ein Interesse daran gehabt hat, langfristig ihre Ordnungsprinzipien auch in ganz Deutschland durchzusetzen, dann ist zumindest die wirtschaftliche Einheit als politischer Grundsatz eine eminent wichtige Voraussetzung für alle späteren Expansionspläne gewesen.

Das amerikanische Ordnungskonzept verlangt demgegenüber nicht nur eine politische, sondern gerade auch eine wirtschaftliche Dezentralisierung. Die Forderung nach wirtschaftlicher Einheit als politischer Grundsatz müßte hier noch mehr Mißtrauen hervorrufen als die Forderung nach politischer Einheit allgemein, hinter der ein Angriff auf das föderative Prinzip gesehen werden könnte. Wirtschaftliche Einheit hat in diesem Ordnungskonzept nur als Übertragung des politischen Grundsatzes der Gleichbehandlung auch auf das Wirtschaftsleben einen Platz, ausgefüllt durch gemeinsame „Richtlinien", innerhalb derer die Wirtschaft freien Spielraum haben würde.

Auf diesem Hintergrund ist es durchaus vorstellbar, daß das Verlangen nach wirtschaftlicher Einheit eine Konzession an die Sowjetunion darstellt, wobei es den amerikanischen Experten dann gelungen wäre – eventuell dank mangelnder Einsicht ihrer sowjetischen Kollegen in das feine Gewebe westlicher Ordnungsvorstellungen –, das Verlangen der Sowjetunion nach wirtschaftlicher Einheit durch Einordnung unter den wirtschaftlichen Grundsätzen politisch zu entschärfen, so daß aus der wirtschaftlichen Einheit keinesfalls eine zentrale Wirtschaftsplanung, sondern nur eine einheitliche „Wirtschaftsordnung" abzuleiten ist.

Wie bedeutsam es ist, zwischen politischer und ordnungspolitischer Interpretation der wirtschaftlichen Einheit im Potsdamer Abkommen zu unterscheiden, mag ein Blick auf die östliche Auslegung der Potsdamer Beschlüsse illustrieren: Der Haltung der Sowjetunion wird es zugeschrieben, „daß das Potsdamer Abkommen ausdrücklich die Einheit Deutschlands respektiere ...

---

[31] *G. Stolper*, Die deutsche Wirklichkeit, aaO, S. 166.

Es wurde vereinbart, zentrale deutsche Verwaltungen für das Finanzwesen, das Transportwesen, das Verkehrswesen, den Außenhandel und die Industrie ... zu errichten"[32].

An dieser Interpretation ist für die bisherigen Überlegungen zweierlei von Bedeutung: Mit der ausdrücklichen Respektierung der deutschen Einheit kann nur die in den wirtschaftlichen Grundsätzen enthaltene „wirtschaftliche Einheit" gemeint sein; denn eine andere deutsche Einheit ist nicht ausdrücklich respektiert worden. Damit offenbart sich somit die *politische* Interpretation dieser *„wirtschaftlichen Einheit"*. Dies wird weiterhin noch dadurch unterstrichen, daß bedenkenlos, aber durchaus konsequent, die dem Ziel der wirtschaftlichen Einheit dienenden „gemeinsamen Richtlinien" im Sinne der unter den politischen Grundsätzen aufgeführten „zentralen deutschen Verwaltungsabteilungen" ausgelegt werden. Denn im Potsdamer Abkommen wird das Transport- und Verkehrswesen lediglich bei den gemeinsamen Richtlinien erwähnt. Die ordnungspolitische Bedeutung der wirtschaftlichen Einheit im Potsdamer Abkommen ist also offenbar doch größer, als die Auslegung im Sinne einer staatlichen Einheit Deutschlands zulassen würde.

1.1.3.2. Die Dezentralisierung der Wirtschaft

Der ordnungspolitische Aspekt der „wirtschaftlichen Einheit" läßt bereits Zweifel aufkommen, ob die Forderung, „das deutsche Wirtschaftsleben zu dezentralisieren mit dem Ziel der Vernichtung der bestehenden übermäßigen Konzentration der Wirtschaftskraft", eine eindeutige Handlungsmaxime umreißt und konkret genug sagt, was zu geschehen hat. Im Westen ist man gewohnt, in dieser Dezentralisierung eine wichtige Voraussetzung für das reibungslose Funktionieren der Marktwirtschaft zu sehen, das „Korrelat zur politischen Demokratie".

Auch hier ist es lehrreich, einen Blick auf die östlichen Vorstellungen zu werfen. Es bedarf in diesem Falle nicht einmal großer Auslegungskunst wie bei der wirtschaftlichen Einheit. Die östliche Variation der Dezentralisierung stützt sich auf die unter den Siegern weit verbreitete Anklage gegen die deutsche Wirtschaft, an *Hitler* und dem verlorenen Krieg ein nicht unwesentliches Maß an Schuld zu tragen. Dies macht es der östlichen Seite nicht sonderlich schwer, das Ziel der geforderten Dezentralisierung der Wirtschaft in der „Vernichtung der übermäßigen Konzentration der *Wirtschaftskraft des deutschen Imperialismus*"[33] zu sehen.

Das ist ein auch im Westen durchaus geläufiges Schlagwort. Im Zusammenhang mit der Dezentralisierung der Wirtschaft gemäß dem Potsdamer Abkommen wird jedoch bereits hier der Blick frei auf den ordnungspolitischen

---

[32] *St. Doernberg*, aaO, S. 50.

[33] Vgl. *St. Doernberg*, aaO, S. 47. Im Original nicht hervorgehoben.

Abgrund, der den späteren Gegensatz zwischen Ost und West kennzeichnet. Denn über die zweckmäßigsten Mittel im Kampf gegen den „Imperialismus" gibt es in den kommunistischen Ordnungsvorstellungen keine Meinungsverschiedenheiten. Dezentralisierung kann danach nur bedeuten: Überführung der Produktionsmittel in die Hände des Volkes. Damit gerät die noch recht unabhängig von Ost und West erscheinende Dezentralisierung ebenfalls schon in das Spannungsfeld der östlichen und westlichen, das heißt sowjetischen und amerikanischen Ordnungsvorstellungen.

Ein Aspekt ist bereits jetzt recht deutlich hervorgetreten: Die Abstempelung der deutschen Wirtschaft als entscheidend mitverantwortlich für die Katastrophe von 1945 ist für die westlichen Ordnungsvorstellungen eine größere Belastung als für die östlichen.

1.1.3.3. Die Diskreditierung der Wirtschaft und der öffentlichen Verwaltung

Eine Umgestaltung der deutschen Wirtschaftsstruktur in so radikaler Weise, wie es im Potsdamer Abkommen zum Ausdruck kommt – nicht nur in der Dezentralisierung, sondern auch in der hauptsächlichen Ausrichtung auf die Landwirtschaft und die zur Selbstversorgung mit den notwendigsten Verbrauchsgütern erforderliche Konsumgüterindustrie –, ist kein günstiger Ausgangspunkt für eine neue ordnungspolitische Orientierung des Wirtschaftslebens, sondern eine nicht zu unterschätzende Belastung jener Maßnahmen zur Schaffung „wahrhaft demokratischer Einrichtungen".

In ganz besonderem Maße gilt dies zunächst für die Hypothese der Sieger über die Verantwortung der deutschen Wirtschaft für die Verbrechen des nationalsozialistischen Regimes. Diese Hypothese bestätigt das bekannte kommunistische Bild von der generellen Gefährdung des Friedens durch eine „kapitalistische" Wirtschaft, das heißt, das Privateigentum an Produktionsmitteln. In dem aufregenden Bericht von *Stolper*[34] über die Situation Deutschlands nach 1945 wird bereits die Gefahr, die einer künftigen neuen Ordnung in Deutschland durch die Diskreditierung der Wirtschaft erwächst, klar herausgestellt: Der kommunistischen Presse fällt es leicht, die gesamte „Unternehmerklasse" als „politisch untragbar" hinzustellen. „Diese Unternehmerschicht ist so gründlich um ihr Ansehen gebracht, daß es wahrlich schwer sein wird, sie zu rehabilitieren"[35].

Weiterhin ist von den Unternehmern nicht zu erwarten, daß sie Ordnungskonzepte freudig akzeptieren, die mit dem deutlich erkennbaren Odium belastet sind, die deutsche Wirtschaft zu schwächen und zu bestrafen. Die Unternehmer können sogar sicher sein, daß ihre Haltung auch Verständnis bei der deutschen Bevölkerung findet, die kaum so exakt zwischen Bestrafung

---

[34] Siehe *G. Stolper*, Die deutsche Wirklichkeit, aaO, S. 214 f.

[35] *Derselbe*, Die deutsche Wirklichkeit, aaO, S. 215.

der deutschen Bevölkerung und Bestrafung der deutschen „Wirtschaft" differenziert.

Wenn zu diesem Wohlwollen der Bevölkerung gegenüber der Wirtschaft noch hinzukommt, daß die zukünftige deutsche Verwaltung – die bei der Umgestaltung der deutschen Wirtschaftsstruktur ebenfalls eine wesentliche Rolle spielen müßte – auch als „Handlanger der Siegermächte" diskreditiert ist, so wird in erschreckendem Umfang klar, daß diese neue Ordnung für Deutschland mehr von einem Machtwort der Sieger als von demokratischer Entscheidung der Deutschen selbst abhängig sein könnte. Eine neue deutsche Verwaltung, die ihre Entstehung dem Mandat der Alliierten verdankt, ihre Kontrolle über die deutsche Wirtschaft zu unterstützen und „dem deutschen Volk klarzumachen, daß die Verantwortung für diese Verwaltung und deren Versagen auf ihm ruhen wird", macht diese neue Verwaltung automatisch zum Feind des deutschen Volkes und zum Feind der Wirtschaft. Der zukünftigen Autorität eines demokratischen deutschen Staates wird damit ein schlechter Dienst erwiesen. Dies wiegt um so schwerer, je mehr diese Autorität erforderlich ist, um eine neue Ordnung erst zu schaffen.

Das Potsdamer Abkommen ist jedoch nur eine „Amtliche Verlautbarung", die deshalb in den wesentlichsten Punkten alle Antworten offen läßt, weil die Siegermächte sich nicht auf eine gemeinsame Antwort einigen können. Deshalb ist es zweckmäßig, den Hintergrund der Potsdamer Konferenz der drei Sieger noch etwas näher zu beleuchten. Hier wird sich zeigen, daß es auch in den Vereinigten Staaten selbst keineswegs eine einheitliche Meinung über die Behandlung Deutschlands gibt.

1.2. Von Morgenthau bis Jalta

Unausgesprochen steht hinter dem Potsdamer Abkommen eine Vorstellung über die Zukunft Deutschlands, die mit dem Namen eines amerikanischen Finanzministers in der Regierung *Roosevelt* verbunden ist, mit dem Namen *Henry Morgenthau jr.* Ausgesprochen wird im Potsdamer Abkommen, soweit Deutschland betroffen ist, der enge Zusammenhang mit der Konferenz der drei Alliierten vom 4. bis 11. Februar 1945 in *Jalta* auf der Krim. Diese Konferenz ist als *Krimkonferenz* oder als *Konferenz von Jalta* in die Geschichte eingegangen. Das erklärte Ziel der Übereinkunft in Potsdam soll „die Durchführung der Krim-Deklaration über Deutschland" bilden[1].

1.2.1. Der Morgenthau-Plan

Es sieht so aus, als ob der amerikanische Generalstab sich zuerst der Frage zuwendet, was mit Deutschland nach seiner militärischen Niederwerfung zu tun sei. Im Frühjahr 1942 beruft die geopolitische Sektion des amerikani-

[1] Vgl. Einleitung zu Teil III des Potsdamer Abkommens.

schen Generalstabs eine Gruppe von Industriellen als Berater für die „strategische Bombardierung“ [2] Deutschlands [3]. Jeder dieser Industriellen ist ein Fachmann für einen Teil des strategisch wichtigen Materials. Das zweite Problem, zu dessen Lösung diese Beratergruppe beitragen soll, ist die Behandlung Deutschlands nach Ende des Krieges.

Einer der Pläne, die dieser Gruppe präsentiert worden sind, ist später als „*Morgenthau*-Plan“ bekannt geworden. Bei den Industriellen der Beratergruppe gilt er jedoch von Anfang an als unpraktisch – mehr auf Rache als auf ökonomischen Realitäten beruhend. Die Beratergruppe macht dem Generalstab klar, daß ein industrialisiertes Deutschland für den Wohlstand Europas eine entscheidende Bedeutung hat. Es wird lediglich eine Liste der Munitions- und Flugzeugfabriken erstellt, die zu zerstören sind, wenn sie der Bombardierung entgehen sollten. Dieses auf das Jahr 1942 zurückgehende Konzept hat der amerikanische Generalstab schließlich angenommen. Der *Morgenthau*-Plan ist als Ersatz für dieses Konzept gedacht gewesen [4].

Die Behandlung Deutschlands nach dem Kriege beschäftigt in den Jahren 1942 und 1943 auch das amerikanische Außenministerium [5]. Im Winter 1943/44 befaßt sich ein Ausschuß mit den „Grundlagen und Grundsätzen der amerikanischen Nachkriegspolitik gegenüber Deutschland“. Das Ergebnis ist im Mai 1944 eine *„Denkschrift über Deutschland“*, die Außenminister *Cordell Hull* im Juli 1944 billigt. Sie wird getragen von dem Bemühen, das besiegte Deutschland politisch zu gewinnen [6] und trägt die Handschrift der Diplomatie [7]. Die Vor- und Nachteile einer Zerstückelung Deutschlands werden erörtert, jedoch vor einer gemeinsamen Einführung und Aufrechterhaltung der Zersplitterung gewarnt, da sie jede zukünftige Entwicklung demokratischer Einrichtungen unmöglich machen würde. Zudem bestehe die Gefahr, daß die einzelnen deutschen Staaten unter den Einfluß und die Kontrolle „außenstehender Großmächte“ geraten, die sich mit dem Versprechen, die Wiedervereinigung zu fördern, die deutsche Unterstützung sichern. Allerdings tritt die Denkschrift dafür ein, den föderativen Charakter eines deutschen Staates zu stärken und die zentralen Regierungsbefugnisse zu begrenzen.

---

[2] Direktor des „U. S. Strategic Bombing Survey“ war *John Kenneth Galbraith*, wie man seiner späteren, von humanistischen Überzeugungen und ökonomischen Überlegungen getragenen Schrift entnehmen kann: Recovery in Europe. National Planning Pamphlets No. 53. Washington 1947. Siehe auch S. 186 f.

[3] Vgl. *L. H. Brown*, aaO, S. 8 f.

[4] Vgl. *L. H. Brown*, aaO, S. 9 f.

[5] Vgl. *E. Deuerlein*, Die Einheit Deutschlands, aaO, S. 26 und S. 44 ff.

[6] Siehe insbesondere ebenda, S. 46.

[7] Eine ausgesprochen „weiche“ Besatzungspolitik befürwortete jedoch zu dieser Zeit niemand in Washington, wie der spätere politische Berater der amerikanischen Militärregierung in Deutschland berichtet (*Robert Murphy*, Diplomat unter Kriegern. Zwei Jahrzehnte Weltpolitik in besonderer Mission. Berlin 1965 – Amerikanische Ausgabe Garden City N. Y. 1964 – S. 277). Alle wollten Deutschland bestrafen. Die Gegner *Morgenthaus* glaubten jedoch, daß der Wiederaufbau Europas in entscheidendem Maße von dem Wirtschaftspotential Deutschlands abhinge.

Die Vorstellungen über die ökonomischen Auswirkungen einer solchen Politik gegenüber Nachkriegsdeutschland scheinen recht undurchsichtig zu sein. Einerseits wird betont, daß ein zersplittertes Deutschland wirtschaftlich nicht lebensfähig ist, zum andern wird argumentiert, das gesamte Wirtschaftspotential Deutschlands müsse zunehmen, wenn jeder einzelne deutsche Staat gezwungen sei, seine Hilfsquellen so weit wie möglich zu entwickeln. Nach einer eventuellen Wiedervereinigung wäre Deutschland dann stärker als zuvor. Hier könnte es sich um einen dilettantischen Versuch handeln, die Vorteilhaftigkeit des „föderativen Prinzips" ökonomisch zu beweisen. Vielleicht verbirgt sich auch ein „unbewältigter *Keynes*" dahinter. Zumindest scheint dieses Problem die Gemüter bewegt zu haben und erstaunlicherweise äußert sich diese Bewegung in einer Kritik an *Keynes.* Denn er weist bereits 1919 in seinen „Economic Consequences of the Peace"[8] nach, daß die Teilung eines Landes, die Änderung seiner politischen Grenzen fatale Auswirkungen für seine Wirtschaft hat. Die Versuche, Keynes bereits nach dem ersten Weltkrieg zu widerlegen, werden offenbar durch die Pläne, Deutschland in einzelne selbständige Teile aufzulösen, erneut belebt[9].

Solche Sorgen um das wirtschaftliche Wohlergehen Deutschlands nach Beendigung des Krieges kennt eine dritte Gruppe nicht, die sich im amerikanischen Finanzministerium auf Initiative von Finanzminister *Morgenthau* ebenfalls mit der deutschen Zukunft befaßt. Seine Pläne finden die Unterstützung von Präsident *Roosevelt,* dem ebenfalls eine harte Lösung vorschwebt[10]. Es entbrennt ein „heißer Streit über die Deutschland gegenüber zu verfolgende Politik" zwischen zwei Parteien in den Vereinigten Staaten[11]. *Morgenthau* setzt sich schließlich durch. Am 2. September 1945 wird *Roosevelt* der Deutschland-Plan des Finanzministeriums vorgelegt, der dann als *Morgenthau*-Plan in die Geschichte eingegangen ist. Er ist niemals veröffentlicht worden. Nur *Morgenthau* selbst hat es mit einer ausführlichen Begründung getan[12].

Es fällt nicht schwer, in diesem Plan[13] die Grundzüge der Potsdamer Beschlüsse wiederzuerkennen. Die Entfernung oder Vernichtung der deutschen

---

[8] *John Maynard Keynes,* The Economic Consequences of the Peace. London 1920.

[9] Vgl. z. B. *J. P. Nettl,* aaO, S. 267 ff. Er gibt sich viel Mühe, *Keynes* mit der Entwicklung in der Sowjetischen Besatzungszone zu widerlegen, wo es zwar beträchtliche Änderungen der Wirtschaftsstruktur, aber keinen Stillstand der wirtschaftlichen Entwicklung gegeben hat.

[10] Vgl. dazu *E. Deuerlein,* Die deutsche Einheit, aaO, S. 46 f.

[11] Vgl. *James P. Warburg,* Deutschland-Brücke oder Schlachtfeld. Übersetzt von *G. Strohm* (Originaltitel: Germany-Bridge or Battleground. New York 1947). Stuttgart 1949, S. 19.

[12] *Henry Morgenthau jr.,* Germany Is Our Problem. New York, London 1945. Der Text des Planes steht auf nicht numerierten Seiten zwischen S. VIII und S. IX.

[13] Siehe *E. Deuerlein,* Die Einheit Deutschlands, aaO, Dokument Nr. 8, S. 223 ff. Der Plan trägt die Überschrift: „Program to Prevent Germany from Starting a World War III".

Industrie, die zur „Kriegsproduktion benutzt werden kann", erscheint hier etwas klarer als „Entfernung oder Zerstörung der anderen Schlüsselindustrien, die die Grundlage zur militärischen Macht sind" [14]. Das „Herz der deutschen Industriemacht", das Ruhrgebiet, „einschließlich des Rheinlandes, des Kieler Kanals und aller deutschen Gebiete nördlich des Kieler Kanals" soll „nicht nur vollkommen demontiert werden, sondern so weit geschwächt und kontrolliert werden, daß es in absehbarer Zeit nicht wieder ein Industrieraum werden kann" [15]. Im Unterschied zu Potsdam sollen auch aus den Bergwerken „alle Ausrüstungen entfernt und die Bergwerke geschlossen werden" [16]. Reparationen können bei solch radikaler Vernichtung der deutschen Industrie nur aus dem „vorhandenen deutschen Besitz an Bodenschätzen und Gebieten" aufgebracht werden [17] und zwar u. a. auch „durch deutsche Zwangsarbeit außerhalb Deutschlands" [18].

Die Schaffung eines demokratischen Bewußtseins in Deutschland dient der Abschnitt „Erziehung und Propaganda" [19]. „Alle Schulen und Universitäten sollen geschlossen werden, bis von der alliierten Erziehungskommission Umerziehungspläne entworfen sind". Etwas Ähnliches gilt für alle Zeitungen und Zeitschriften.

1.2.2. Die Beziehung des Morgenthau-Plans zu den Konferenzen von Quebec, Jalta und Potsdam

Angesichts der großzügigen amerikanischen Unterstützung beim Wiederaufbau West-Deutschlands und der Wiedergewinnung der gleichberechtigten Mitgliedschaft in europäischen und internationalen Organisationen mag es heute zuweilen schwerfallen, nicht zu übersehen, daß der *Morgenthau*-Plan offensichtlich die entscheidende Diskussionsgrundlage der Alliierten bis zur Konferenz in Potsdam bleibt [20].

Der von *Morgenthau* veröffentlichte Text des Planes ist Grundlage der Konferenz zwischen *Roosevelt* und *Churchill* in Quebec vom 11. bis 16. September 1944 [21]. Den Geist dieser Konferenz charakterisiert *Stolper* so: „Die ganze Wirtschaftsgeschichte Deutschlands zwischen den zwei Weltkriegen wird

---

[14] Ziffer 1.

[15] Ziffer 4.

[16] Ebenda.

[17] Ziffer 5.

[18] Ziffer 5 d. Diese Politik weist durchaus Ähnlichkeit mit der der Nationalsozialisten gegenüber besetzten Gebieten auf.

[19] Ziffer 6.

[20] *Morgenthau* selbst sieht in den Potsdamer Beschlüssen den Versuch, den „*Morgenthau*-Plan" zu verwirklichen. Siehe *E. Deuerlein*, Die deutsche Einheit, aaO, S. 48.

[21] Es handelt sich um die II. Quebec-Konferenz. Die erste war eine Konferenz der Außenminister *Eden* und *Hull* und fand statt vom 11.–22. August 1943 (vgl. ebenda, S. 35).

als eine einzige fortgesetzte Verschwörung mit dem Ziel der Welteroberung angesehen." Deutschland wird als schuldig an allen Kriegen des 19. und 20. Jahrhunderts gebrandmarkt. „Mit bezeichnender Großzügigkeit erwähnt das Memorandum *Hitler* und den Nationalsozialismus überhaupt nicht" [22].

Auch dieses Dokument [23] ist nie offiziell veröffentlicht worden [24]. Jedoch wird am 24. 9. 1944 der *Morgenthau*-Plan sowie seine Erörterung in Quebec bekannt gemacht [25]. Dies führt in der amerikanischen Öffentlichkeit zu so viel Widerspruch, daß sich *Roosevelt* gezwungen sieht zu erklären, er habe keineswegs die Absicht, Deutschland zu einem Ackerland zu machen und später zugibt, *Morgenthau* habe damit „einen Bock geschossen" [26].

Trotzdem scheint festzustehen, daß *Roosevelt* sich auf der *Konferenz in Jalta* [27] erneut auf den*Morgenthau*-Plan bezieht [28]. Hier diskutieren die Sieger im übrigen ihre eigenen Vorstellungen über eine gründliche Neuordnung Europas und eine recht willkürliche Gruppierung der Bevölkerung zu neuen Staaten [29]. Deutschlands Aufteilung in Besatzungszonen unter Beteiligung Frankreichs wird festgelegt [30].

---

[22] Siehe *G. Stolper,* Die deutsche Wirklichkeit, aaO, S. 32. Das Memorandum der Konferenz von *Quebec* findet man in englischer Fassung sowie deutscher Übersetzung bei *Wilhelm Cornides* und *Hermann Volle.* Um den Frieden mit Deutschland. Dokumente zum Problem der deutschen Friedensordnung 1941–1948 mit einem Bericht über die Londoner Außenministerkonferenz vom 25. November bis 15. Dezember 1947. In: Dokumente und Berichte des Europa-Archivs, Bd. 6. Oberursel (Taunus) 1948, S. 54.

[23] Es schließt mit dem häufig im Zusammenhang mit dem *Morgenthau*-Plan erwähnten Satz: „This program for eliminating the war-making industries in the Ruhr and in the Saar is looking forward to converting Germany into a country primarily agricultural and pastoral in its character. The Prime Minister and the President were in Agreement upon this Program".

[24] Siehe *G. Stolper,* Die deutsche Wirklichkeit, aaO, S. 29. Hier findet der Leser auch eine deutsche Übersetzung der Vereinbarung von Quebec (S. 29 f.).

[25] Siehe dazu *E. Deuerlein,* Die Einheit Deutschlands, aaO, S. 48.

[26] Vgl. *E. Deuerlein,* Die Einheit Deutschlands, aaO, S. 48. Dies beweist nicht nur *Roosevelts* Abhängigkeit von *Morgenthau.* Nach *Stolper* (Die deutsche Wirklichkeit, aaO, S. 30 f., Fußnote) gibt es überzeugende, aber schwer belegbare Anzeichen dafür, daß die Vereinbarung von Quebec *Churchill* „durch Großbritanniens finanzielle Abhängigkeit vom guten Willen des amerikanischen Schatzamts aufgezwungen worden ist". Dieses Dokument „stellt die amerikanische Verantwortung für die folgende Deutschlandpolitik eindeutig klar. Sie führte von Quebec nach Jalta, von Jalta nach Potsdam, von Potsdam zum Zusammenbruch". Für die ökonomische Qualität der „*Morgenthau*-Doktrin" mag es sprechen, daß der frühere Leibarzt von *Churchill* in seinen Memoiren behauptet, den Premier von den wirtschaftlichen Vorteilen des *Morgenthau*-Plans für England überzeugt zu haben.

[27] Den Wortlaut der Verlautbarung über die Konferenz siehe bei *E. Deuerlein,* Die deutsche Einheit, aaO, Dokument Nr. 12, S. 229 ff.

[28] Vgl. ebenda, S. 48.

[29] Siehe ebenda, S. 61 ff. Es muß eine Stimmung wie auf dem Wiener Kongreß geherrscht haben.

[30] Siehe die Amtliche Verlautbarung Ziffer 2.

1.2.3. Die ordnungspolitische Bedeutung der alliierten Verhandlungen vor der Potsdamer Konferenz

Was Deutschland betrifft, so beherrscht offenbar der *Morgenthau-Plan* diese alliierten Verhandlungen. Es wird kaum je feststellbar sein, welchen Motiven er wirklich entsprang. „Aber der Geist dieses Dokuments ist das große Rätsel, denn es ist die Verneinung alles dessen, wofür die Vereinigten Staaten je eingetreten sind und wofür sie diesen Krieg ausgefochten haben. Das hat die Außenwelt viel mehr verwirrt als die amerikanische Öffentlichkeit“ [31].

Zu dieser Außenwelt gehört auch das besiegte und demoralisierte Deutschland. Die Anstrengungen für einen schnellen Wiederaufbau der Wirtschaft haben die Bewältigung der eigenen Vergangenheit sicher in den Hintergrund gedrängt, die wirtschaftlichen Erfolge die Beurteilungsmaßstäbe sicher verschoben, und es ist zu befürchten, daß dadurch die durch den *Morgenthau*-Plan entstandenen Verwirrungen ebenfalls ein neues Gewicht erhalten. Auch im Leben der Völker scheint es „Kindheitserlebnisse“ zu geben, die sich in der späteren Entwicklung als „Komplexe“ äußern.

Für die Bürger des neuen demokratischen Deutschland sind die ersten Jahre nach 1945 der Beginn ihrer Entwicklung. Der wirtschaftliche Aufstieg auf der einen Seite und die kommunistische Ideologie von den Gefahren des „Kapitalismus“ für jede friedliche Entwicklung in der Welt auf der anderen Seite könnten einen fruchtbaren Boden schaffen für ein altes Trauma: Fleiß und Strebsamkeit der Deutschen und die „deutsche Wertarbeit“ bringen immer wieder Leistungen hervor, die den Neid der Konkurrenten hervorrufen und sie verführen könnten, die erfolgreiche Konkurrenz anders als mit friedlichen Mitteln vom Weltmarkt zu vertreiben.

In der Literatur zum *Morgenthau*-Plan wird schon früh die Befürchtung geäußert, dieser Plan könnte zu einer neuen „Legendenbildung“ beigetragen haben [32]. Denn die deutsche Bevölkerung hat von keiner Besatzungsmacht so viel erwartet wie von den Amerikanern, „denen sich alle freiheitlichen Elemente mit ihren Hoffnungen auf eine bessere Zukunft zugewendet hatten und deren überwältigende Macht sie in deutschen Augen mit der Hauptverantwortung für das Benehmen der Alliierten belastete“. Es bleibt kein Geheimnis, „daß die Mehrzahl der Ideen von Jalta und Potsdam ... von Amerika aus inspiriert waren“ [33]. Die Direktive, mit der die amerikanischen Besatzungstruppen nach Deutschland kommen, ist auch nicht dazu angetan, diesen Eindruck zu verwischen.

---

[31] *G. Stolper,* Die deutsche Wirklichkeit, aaO, S. 29.

[32] Siehe *E. Deuerlein,* Die deutsche Einheit, aaO, S. 48 f.

[33] *G. Stolper,* Die deutsche Wirklichkeit, aaO, S. 36.

1.2.3.1. Die Direktive des amerikanischen Generalstabs an den Oberbefehlshaber der Besatzungstruppen (Direktive JCS 1067) vom April 1945

Im Obersten Hauptquartier der Alliierten Streitkräfte bereitet man bereits im Sommer 1944 ein „Handbuch für die Militärregierung in Deutschland" vor. Es legt eine „feste, aber gerechte Behandlung Deutschlands" zugrunde und bewegt sich auf der ausgewogenen Linie des amerikanischen Außenministeriums[34]. Das gilt auch für General *Clay*, den Chef der amerikanischen Besatzungstruppen in Deutschland. In dem Durcheinander während der Besetzung Deutschlands, als niemand recht weiß, wie er sich der deutschen Bevölkerung gegenüber verhalten soll, bringt er in einer seiner ersten Amtshandlungen wieder ein altes politisches Handbuch der Armee zur Geltung, das nach dem ersten Weltkrieg als Anleitung für das Verhalten in Deutschland diente und zu freundschaftlichen Beziehungen aufforderte.

Das erregt aber offensichtlich den Unmut *Roosevelts*[35]. Die Vereinigten Stabchefs (Joint Chiefs of Staff – JCS) müssen sich bereits nach der II. Quebec-Konferenz bereit finden, von ihrer gemäßigten Linie abzurücken und einen Kompromiß zwischen den Auffassungen von *Morgenthau* und denen des Kriegs- und Außenministeriums anzunehmen, der voller Irrtümer und falscher Voraussetzungen steckt und noch viel von der grundlegenden Philosophie des *Morgenthau*-Plans enthält[36]. So entsteht die JCS-Direktive 1067[37]. General *Eisenhower* präsentiert sie im April 1945 der seit dem 14. 1. 1944 in London tätigen „Europäischen Beratenden Kommission (EAC)"[38] der Alliierten. In dieser Kommission kommt es auch zu heftigen Auseinandersetzungen zwischen den amerikanischen Vertretern[39]. Auf diese Weise verscherzt sich Amerika die Chance, die Führung in der Politik der Alliierten zu übernehmen, mit einem Aktionsplan für eine gesunde, den ganzen Lauf der europäischen Geschichte beeinflussenden Politik[40]. In Deutschland erregt die Direktive den Widerspruch von General *Clay* und seinen wichtigsten Beratern[41].

---

[34] Siehe *E. Deuerlein*, Die deutsche Einheit, aaO, S. 46.

[35] Vgl. dazu *R. Murphy*, aaO, S. 304 ff.

[36] Vgl. *L. H. Brown*, aaO, S. 10 ff.

[37] Von ihr gibt es eine Reihe von Entwürfen und revidierten Fassungen. Der 6. und 7. Entwurf waren offenbar zunächst die Grundlage für die Besatzungspolitik in Deutschland (JCS 1067/6–7). Siehe dazu *R. Murphy*, aaO, S. 305; *G. Stolper*, Deutsche Wirklichkeit, aaO, S. 29 und S. 309.

[38] Europeen Advisory Commission. Sie stellte nach der Potsdamer Konferenz ihre Arbeit ein. Ihre Aufgaben in bezug auf Deutschland übernahm der Alliierte Kontrollrat (siehe dazu *E. Deuerlein*, Die deutsche Einheit, aaO, S. 51 ff.).

[39] Die Vertreter des Außenministeriums und der Foreign Economic Administration leisteten heftigen Widerstand (vgl. *L. H. Brown*, aaO, S. 10 ff.).

[40] Vgl. *L. H. Brown*, aaO, S. 11.

[41] Einer dieser Berater, W. *Douglas*, trat deshalb sogar zurück. Siehe *R. Murphy*, aaO, S. 306.

Aufbau und Formulierung der Direktive[42] erinnern stark an den *Morgenthau*-Plan und das Potsdamer Abkommen. Damit entsteht sogar der Eindruck, als habe diese Direktive den Potsdamer Beschlüssen als Grundlage gedient. In ihr sieht *Murphy*[43] nur eine konstruktive Seite: Es werde verlangt, die politische Aktivität des antifaschistischen Deutschlands in der amerikanischen Zone zu fördern. Das ist aber auch sehr wohlwollend und stimmt nur, wenn bereits die Erwähnung der politischen Aktivität[44] als „Förderung" anzusehen ist. Im übrigen gilt im Umgang mit der deutschen Bevölkerung das strikte „Fraternisierungsverbot"[45], das die Amerikaner zunächst sehr ernst genommen haben[46].

Die bereits aus dem *Morgenthau*-Plan bekannte Anweisung, alles zu unterlassen, um die deutsche Wirtschaftskraft zu erhalten oder zu stärken[47], wird insoweit – mit Rücksicht auf die Besatzungstruppen – gemildert, wie es notwendig ist, „um Hungersnot oder Krankheiten und Unruhen, die eine Gefährdung dieser Streitkräfte darstellen würden, vorzubeugen"[48]. „Deutschland wird nicht besetzt zum Zwecke seiner Befreiung, sondern als besiegter Feindstaat"; jedoch nicht mit dem Ziel der Unterdrückung, sondern „um gewisse wichtige alliierte Absichten zu verwirklichen"[49].

Die ordnungspolitische Interpretation der unter den wirtschaftlichen Grundsätzen im Potsdamer Abkommen geforderten „wirtschaftlichen Einheit" wird durch die Direktive gestützt: „Um den Aufbau und die Verwaltung der deutschen Wirtschaft im größtmöglichen Ausmaß zu dezentralisieren" darf der amerikanische Oberbefehlshaber „im Kontrollrat auf keinen Fall die Errichtung einer zentralisierten Kontrollverwaltung über die deutsche Wirtschaft vorschlagen oder billigen", außer in Fällen, die die grundlegenden Ziele der Militärregierung betreffen (Entnazifizierung, Entmilitarisierung, Schutz und Sicherheit der Streitkräfte)[50]. Selbst alle Maßnahmen zur

---

[42] Der englische Text sowie eine deutsche Übersetzung sind abgedruckt bei *W. Cornides* und *H. Volle,* aaO, S. 58 ff.

[43] *R. Murphy,* aaO, S. 361.

[44] Siehe Ziffer 9 der Direktive. Hier wird der Oberbefehlshaber angewiesen: „Keine politische Tätigkeit irgendwelcher Art darf ohne Ihre Genehmigung begünstigt werden. Sie werden dafür sorgen, daß Ihre Militärregierung keine Bindung zu irgendeiner politischen Gruppe eingeht" (Ziffer 9 a).

[45] Wörtlich heißt es in der Weisung an den Oberbefehlshaber: „In the conduct of your occupation and administration you should be just firm and aloof. You will strongly discourage fraternization with the German officials and population" (Ziffer 4 b).

[46] Das ging so weit, daß es in den Amtsräumen der Militärregierung getrennte Toiletten für Deutsche und Amerikaner gab, wie *R. Murphy* (aaO, S. 347) berichtet. Er nennt es ironisch „Rassentrennung nach dem Vorbild der Segregation".

[47] Siehe in der Direktive allgemein Ziffer 16, für den Aufbau des Finanzwesens Ziffer 44.

[48] Ziffer 5 a. Der Oberbefehlshaber soll Schätzungen darüber anstellen, welche Zuschüsse notwendig sind (Ziffer 21).

[49] Ziffer 4 b. [50] Ziffer 18 b.

Wiederherstellung der „lebenswichtigen öffentlichen Versorgungsdienste und der industriellen und landwirtschaftlichen Tätigkeit" müssen „soweit wie möglich auf örtlicher und regionaler Grundlage" erfolgen[51]. Die Dezentralisierung darf jedoch nicht verhindern, *„daß im Kontrollrat die weitestgehende Einigkeit über die Wirtschaftspolitik erzielt wird"*[52].

Dies ist ein unübersehbarer Hinweis auf erwartete entgegengerichtete Tendenzen (bei der Sowjetunion) im Kontrollrat, aber auch für die Bereitschaft der Vereinigten Staaten, diesen Tendenzen Rechnung zu tragen. Wenn unbedingt erforderlich, *kann* der Kontrollrat auch zentrale Verwaltungen oder eine zentrale Kontrolle zulassen „(a) der lebenswichtigen öffentlichen Dienste wie Eisenbahnen, Nachrichtenmittel und Energiewirtschaft, (b) des Finanzwesens und der Auswärtigen Angelegenheiten und (c) der Erzeugung und Verteilung lebenswichtiger Güter"[53]. Diese Konzession an die Zentralisierung dürfte – worauf auch der folgende Absatz hindeutet[54] – zu einem nicht unwesentlichen Teil der Absicht entspringen, Lasten und Produkte gleichmäßig auf die Zonen zu verteilen. Das gilt auch für die „einheitliche Finanzpolitik"[55].

Darüber hinaus klingt die „wirtschaftliche Einheit" nur noch an in den angestrebten „einheitlichen Rationssätzen" für die Bevölkerung[56]. Der Wirtschaft dürfen nur in dem Maße Kontrollen auferlegt werden, wie es notwendig ist, um die grundlegenden Ziele der Besetzung zu erreichen[57]. Der Oberbefehlshaber ist u. a. ermächtigt, Banken zu schließen, um eine ausreichende Kontrolle einzuführen, ebenso Börsen, Versicherungsgesellschaften und andere Finanzinstitute – für so lange Zeit, wie er es für angemessen hält[58]. Um eine Inflation einzudämmen, die die Ziele der Besatzungspolitik gefährden könnte, soll der Kontrollrat gemeinsame Richtlinien erlassen, insbesondere die deutschen Behörden zu Preis- und Lohnkontrollen ermächtigen[59].

Die Maßnahmen zur wirtschaftlichen Dezentralisierung werden in einigen Punkten spezifiziert. Den deutschen Behörden obliegt es, „den Großgrundbesitz und die öffentlichen Ländereien so auszunutzen, daß die Unterbringung und Ansiedlung von Deutschen und anderen Personen ermöglicht oder die landwirtschaftliche Erzeugung gesteigert wird"[60]. „Kartelle und sonstige private Geschäftsabmachungen oder kartellähnliche Organisationen" sind zu verbieten, desgleichen solche, „die öffentlichen und halböffentlichen Charakter haben, wie zum Beispiel die Wirtschaftsgruppen, die einer Regulierung der Marktverhältnisse, einschließlich der Produktion, der Preise, des exklusiven technischen Erfahrungs- und Verfahrensaustausches und der Zuweisung von Absatzgebieten dienen. Die von diesen Organisationen ausgeübten not-

[51] Ziffer 18 a.
[52] Ziffer 18 b, letzter Satz. Hervorhebung vom Verfasser.
[53] Ziffer 3 c.
[54] Ziffer 3 d, ebenfalls Ziffer 22.
[55] Ziffer 44.
[56] Ziffer 22.
[57] Ziffern 5 und 16.
[58] Ziffer 46 b und c.
[59] Ziffer 38.
[60] Ziffer 28.

wendigen öffentlichen Funktionen sollen so schnell wie möglich von genehmigten öffentlichen Dienststellen übernommen werden".

Gerade diese letzte Bestimmung ist von besonderer ordnungspolitischer Bedeutung, da sie sich gegen einen wichtigen Bestandteil der alten deutschen Wirtschaftsordnung richtet, die Selbstverwaltungskörperschaften der Wirtschaft. Der Staat, der Aufgaben an sie delegiert hat, soll nach amerikanischen Vorstellungen diese Aufgaben wieder übernehmen, soweit es notwendig ist.

Die amerikanische Regierung läßt den Oberbefehlshaber weiterhin wissen, daß es ihre Absicht ist, „eine Aufteilung der Besitzrechte und der Kontrollverhältnisse über die deutsche Industrie herbeizuführen" [61]. Zu diesem Zweck sind alle in Frage kommenden Gesellschaften und Zusammenschlüsse einschließlich der Verflechtung der leitenden Stellen zu erfassen und Empfehlungen auszuarbeiten.

Für die amerikanische Militärregierung in Deutschland sind „die Dokumente" (Potsdamer Abkommen und JCS-Direktive 1067) das „Problem Nr. 1", wie *Murphy* [62] rückblickend feststellt: Die Direktive untersagt „das unabdingbar Notwendige"; die Potsdamer Beschlüsse verlangen gleichzeitig von der Militärregierung etwas „Unmögliches". Außerdem sind beide strenge Geheimsache, so daß es nicht möglich ist, sich öffentlich darauf zu berufen. Während das Potsdamer Abkommen lediglich eine Demonstration der alliierten Einheit darstellt, lassen sich in der Direktive an den Oberbefehlshaber der amerikanischen Besatzungsmacht neben der spürbaren Rücksichtnahme auf die Einheit im Alliierten Kontrollrat deutlich ordnungspolitische Weisungen erkennen, bei denen man auch mit Widerstand im Kontrollrat rechnet.

Solange jedoch hinter den eigenen ordnungspolitischen Absichten immer noch das Bemühen steht, die Einigkeit der Alliierten nach außen hin zu wahren, könnte für Deutschland in der Tat eine Wirtschaftspolitik des dritten Weges herauskommen, als Kompromiß zwischen den im Kontrollrat vertretenen Vorstellungen. Von *Roosevelt* weiß man heute, daß er wirklich von einer Zusammenarbeit zwischen den Vereinigten Staaten und der Sowjetunion auch im Frieden ausgegangen ist. Ja, er hat in dieser Zusammenarbeit das vornehmste Ziel für die Zeit nach dem Sieg über Deutschland und eine unerläßliche Voraussetzung für den Weltfrieden erblickt. Deutschland ist als Versuchsfeld für diese Zusammenarbeit ausersehen [63].

Das Bekenntnis zur Zusammenarbeit auch im Frieden haben alle Alliierten bereits auf der Moskauer Konferenz im Oktober 1943 abgelegt, aus der die Erklärung zur Errichtung eines „umfassenden Systems internationaler Zusammenarbeit und Sicherheit" hervorging. Noch in Jalta ist die Zusammenarbeit der Alliierten nach dem Kriege „heilige Pflicht" [64].

---

[61] Ziffer 37. [62] *R. Murphy*, aaO, S. 346.

[63] Vgl. *R. Murphy*, aaO, S. 278.

[64] Siehe Verlautbarung über die Konferenz Ziffer 9 (*E. Deuerlein*, Die deutsche Einheit, aaO, Dokument Nr. 12, S. 229 ff.).

Es sieht durchaus so aus, als ob auch die Sowjetunion, vertreten durch *Stalin*, diesen Appell an die Einheit der Alliierten zunächst ernst nimmt und bereit ist, für dieses Ziel auch Konzessionen zu machen. Dafür spricht einmal die bereits erwähnte „bürgerlich-demokratische" Marschroute für die deutschen KPD-Funktionäre, mit der ausdrücklichen Weisung, sich streng an die Beschlüsse des Kontrollrats zu halten. Zum andern ging der Moskauer Dreimächte-Konferenz vom Oktober 1943 im Mai die Auflösung der Kommunistischen Internationale, der internationalen „Kampftruppe" der Arbeiterklasse voraus[65].

Neben der offiziellen sowjetischen Begründung, daß diese Organisation überholt sei und den veränderten Verhältnissen in der Welt – wobei auch die „Anti-*Hitler*-Koalition angesprochen wird – nicht mehr gerecht werde, gibt es auch „falsche Auffassungen", die zu bekämpfen sind: Die eine von Deutschland verbreitete, bezeichnet die Auflösung als ein reines Manöver, um die Arbeit der Komintern um so ungestörter fortsetzen zu können. Die zweite „falsche Theorie" kommt aus „westlichen Kreisen" und behauptet, die Auflösung sei ein Zugeständnis der Sowjetunion an ihre westlichen Verbündeten[66].

Es entsteht der Eindruck, als habe die Sowjetunion sich zunächst viel konsequenter – zumindest was Deutschland angeht – auf den westlichen, demokratischen Kurs für die Umgestaltung Deutschlands eingestellt als die Vereinigten Staaten. Nichts fällt in diesem Zusammenhang mehr ins Auge als der Gegensatz zwischen dem amerikanischen, zur offiziellen Politik erklärten „*Morgenthau*geist" sowie dem strikten „Fraternisierungsverbot" und den Erklärungen *Stalins* über Deutschland und die Deutschen[67].

Das beginnt im Februar 1942 mit der geschickten Unterscheidung zwischen der „Hitlerclique" und dem deutschen Volk sowie dem deutschen Staat und dem in zahllosen Flugblättern über der Front verbreiteten Satz: „Die Hitler kommen und gehen, aber das deutsche Volk, der deutsche Staat bleibt"[68]. Welchem Deutschen wird es weiter nicht wohl im Ohr klingen, wenn er *Stalin* bereits im Winter 1944/45 gegenüber einer jugoslawischen Delegation das deutsche „Wirtschaftswunder" prophezeien hört – als Mahnung an die Einheit der Slawen: Die Deutschen „werden sich wieder erholen, und zwar

---

[65] Siehe dazu *W. Leonhard*, aaO, S. 252 ff.

[66] Vgl. *W. Leonhard*, aaO, S. 254 f.

[67] Über die Behandlung Deutschlands gab es auch in der sowjetischen Presse zum Zeitpunkt der Kapitulation eine Diskussion. Dies nahm die britische Zeitung „The Economist" vom 26. 5. 1945 zum Anlaß, die Weltöffentlichkeit auf die bestehenden Unterschiede zwischen den Alliierten hinzuweisen. Dem westlichen strengen Fraternisierungsverbot stände das intensive Bemühen der Sowjetunion gegenüber, alles in ihrer Macht Stehende zu tun, das deutsche Mißtrauen zu überwinden. Siehe *E. Deuerlein*, DDR, aaO, S. 34.

[68] *Josef Stalin*, Über den großen Vaterländischen Krieg der Sowjetunion. 3. Ausgabe. Moskau 1946, S. 43 ff.

sehr rasch. Sie sind eine hochentwickelte Industrienation mit einer äußerst qualifizierten und zahlreichen Arbeiterklasse und einer technischen Intelligenz. Gebt ihnen zwölf oder fünfzehn Jahre Zeit, und sie werden wieder auf den Beinen stehen“ [69].

Von *Stalin* hat das niemand erwartet. Seine Äußerungen überraschten und überraschen vielleicht wieder, wenn man in Deutschland nach einer Verständigung mit dem Osten sucht und erleichtert das mehr in den Vordergrund treten läßt, was sich *für* die Sowjetunion ins Feld führen ließe. Während umgekehrt frühere Enttäuschungen mit den Vereinigten Staaten ebenfalls erleichternd wirken können, wenn sie als Entschuldigung für eine Annäherung an den Osten dienen können. Es wäre eine Frage an die „Völker-Psychologen“, ob die Völker Überraschungen oder Enttäuschungen schneller vergessen.

Im historischen Rückblick erscheint der Beginn der amerikanischen Besatzungspolitik als ein ordnungspolitischer Mißklang, der schon früh zu bewegten Klagen in der wirtschaftsgeschichtlichen Literatur führt, nicht zuletzt wegen des offensichtlichen „tiefen Mißverstehens des Wesens und der weltpolitischen Ziele der Sowjetunion“ [70]. Aus dieser Enttäuschung heraus bezeichnet *Stolper* [71] die amerikanische Direktive JCS 1067 als ein Mittel, „den Krieg noch über ‚unconditional surrender‘ (die bedingungslose Kapitulation) hinaus mit anderen Mitteln fortzuführen. ... Mehr als zwei Jahre lang hat, neben der Teilung Deutschlands in vier Zonen, diese Direktive die amerikanische Europapolitik vergiftet. Was *Hitlers* Verbrechen und Wahnsinn verschont hatte, das wurde durch diese Direktive zerstört“.

Sie ist nicht nur mit dem Wunsch verbunden, ihre Grundsätze und Richtlinien auch den anderen Besatzungsmächten „dringend zu empfehlen“, sondern auch mit der Annahme, die anderen Alliierten würden im wesentlichen ähnliche Direktiven erlassen [72]. Das ist jedoch nicht eingetreten. So muß sich die ordnungspolitische Führungsmacht der westlichen Welt der „Schizophrenie im wirtschaftlichen Denken“ bezichtigen lassen [73]; denn dieselben „Vereinigten Staaten, die zu Hause so wacker den freien, demokratischen Kapitalismus vertreten und verfechten, machten sich auf einmal eine sonderbare Wirtschaftstheorie der Eroberung zu eigen und zwangen sie ihren westlichen Verbündeten auf“.

An dieser Stelle ist es gut, sich daran zu erinnern, daß die einzelnen Staaten keine monolithischen Blöcke darstellen mit einem einheitlichen Konzept, sondern verschiedene Konzepte stehen in ständigem Wettstreit miteinander und mit den Konzepten in der übrigen Welt. Die Besatzungspolitik ist in den Heimatländern zum Teil heftig umstritten. Bald ist die eine, bald die andere

---

[69] Siehe *Milovan Djilas*, Gespräche mit Stalin. Aus dem Amerikanischen übersetzt von *H. Junius*. Stuttgart. Hamburg (Deutscher Bücherbund), o. J. (1962), S. 139.

[70] Siehe *G. Stolper*, Deutsche Wirklichkeit, aaO, S. 34.

[71] Ebenda.

[72] Siehe Ziffer 1 der Direktive.

[73] Siehe *G. Stolper*, Die deutsche Wirklichkeit, aaO, S. 28.

Richtung ausschlaggebend. Der endgültige Kurs unterliegt erheblichen Schwankungen[74].

Schließlich ist auch die Friedensliebe der *„Atlantic-Charta"* amerikanischer Initiative entsprungen. Auf sie wird in Jalta auch noch häufig verwiesen, jedoch in der „Erklärung über das befreite Europa"[75], zu dem Deutschland allerdings nicht gerechnet wird. Den Geist der *Atlantic-Charta* läßt aber auch *Roosevelt* gegenüber Deutschland erkennen, als er bereits einen Monat nach der II. Quebec-Konferenz in einer Ansprache vor der Welt verkündet, daß die Amerikaner „keine Anklage gegen die deutsche Rasse als solche erheben. Das deutsche Volk wird nicht versklavt werden – denn die Vereinigten Staaten handeln nicht mit menschlicher Sklaverei"[76].

Die eigentliche Wende der amerikanischen Politik deutet sich aber erst mit der Regierungsübernahme *Trumans* an. Dafür könnte symbolisch sein, daß er sich weigert, den engsten Vertrauten seines Vorgängers, *Morgenthau*, nach Potsdam mitzunehmen. Darauf tritt *Morgenthau* am 5. Juli 1945 von seinem Posten als Finanzminister zurück. *Truman* gefällt der *Morgenthau*-Plan nicht. Er sieht darin u. a. einen vermessenen, die Kompetenzen überschreitenden Versuch des Finanzministeriums, sich in die Außenpolitik einzumischen[77].

Truman ist jedoch gewillt, alle von seinem Vorgänger getroffenen Vereinbarungen „auf den Buchstaben genau" auszuführen. Von dem Nutzen einer Dezentralisierung Deutschlands scheint er nicht überzeugt zu sein. Ihm schwebt ein Gesamtdeutschland vor mit einer Zentralregierung in Berlin. Das Verkehrswesen und die Finanzen sollen einheitlich für ganz Deutschland organisiert werden. Wenig begeistert ist er von der Aufteilung Deutschlands in Besatzungszonen. Er dachte nicht daran, mehrere rivalisierende Zonen zu schaffen. So erläutert er später sein Deutschlandkonzept[78].

1.2.3.2. Das Konzept der Besatzungszonen

Die Einteilung der besetzen Gebiete in Zonen widerspricht eigentlich der immer wieder beschworenen Einheit der Alliierten. Dafür sind „Zonen" eine

---

[74] Vgl. Einwirkungen der Besatzungsmächte auf die westdeutsche Wirtschaft. Dargestellt im Auftrag des deutschen Büros für Friedensfragen mit Unterstützung des Büros des Ministerpräsidenten. Institut für Besatzungsfragen, Tübingen. (Mai) 1949 (Nur für den Dienstgebrauch), S. 10.

[75] Siehe Amtliche Verlautbarung der Konferenz, Ziffer 5 sowie Protokoll der Verhandlungen, Teil II.

[76] Ansprache vor der Foreign Policy Association in New York. Siehe *G. Stolper*, Die deutsche Wirklichkeit, aaO, S. 30.

[77] Siehe *Lucius D. Clay*, Decision in Germany. New York 1950, S. 330.

[78] *Harry S. Truman*, Memoiren. Bd. 1: Das Jahr der Entscheidungen (1945). New York 1955, S. 290. Auch *Stalin* hat offenbar in der Zwischenzeit seine Meinung zur Teilung Deutschlands geändert. In seiner „Proklamation an das Volk" vom 8. 5. 45 weigert er sich, Deutschland zu zerstückeln und zu zerstören (siehe *J. P. Nettl*, aaO, S. 45).

schlechte Basis, weil sie den Einzelinteressen der Sieger mehr entgegenkommen als der Gemeinsamkeit. Die Forderung, die besetzten Gebiete in Zonen aufzuteilen, kann geradezu als Beweis für den Wunsch nach Freiheit für die Verfolgung eigener Ziele angesehen werden, und sei es auch nur eine Art „koloniales" Interesse an der alleinigen „Ausbeutung" des besetzten Gebietes.

Dieses Interesse kann jedoch auf keinen Fall allein ausschlaggebend gewesen sein, denn dann hätte die Höhe der Reparationsansprüche der einzelnen Länder die Zoneneinteilung bestimmen müssen. Die Sowjetunion mit den höchsten Forderungen hätte dann die wichtigsten Industriegebiete und nicht ein im wesentlichen landwirtschaftliches Gebiet erhalten müssen. Deshalb sieht die Reparationsregelung im Potsdamer Abkommen[79] vor, daß die Sowjetunion zusätzliche Reparationen aus den westlichen Zonen erhält.

Der Gemeinsamkeit der Alliierten wäre das Konzept *Eisenhowers* für die Besetzung Deutschlands viel besser gerecht geworden, wenn auch nicht ausgeschlossen werden kann, daß es vielleicht nur der Bequemlichkeit entsprungen ist und dem Wunsch, sich schnell einer Aufgabe zu entledigen, die *Eisenhower* offenbar als nicht in seine Kompetenz fallend betrachtet hat. Er schlägt vor, die militärischen Stäbe der vereinigten englischen und amerikanischen Truppen[80] beizubehalten und der Sowjetunion den Anschluß offenzuhalten. Sie aber ist mißtrauisch gegen die englisch-amerikanische Allianz, und die Vereinigten Staaten kommen diesem Mißtrauen entgegen[81].

In Jalta fällt dann die endgültige Entscheidung zugunsten der Besatzungszonen. Sie erscheinen als Verwaltungsorgane des Kontrollrats. In der Direktive JCS 1067 heißt es noch: „Für die Verwaltungszwecke der Militärregierung ist Deutschland in vier Besatzungszonen aufgeteilt worden"[82]. Für die Deutschen selbst sind sie aber von Anfang an mehr: „Bis zur Abfassung einheitlicher Richtlinien und Durchführungsverordnungen über den interzonalen Reise- und Umzugsverkehr von Zivilisten durch den Kontrollrat" darf die Besatzungszone nicht verlassen und auch nicht von Personen anderer Besatzungszonen betreten werden, außer in besonders genehmigten Fällen[83].

Es sieht paradoxerweise so aus, als ob die Hinwendung der beiden führenden Siegermächte, vertreten durch *Truman* und *Stalin*, zur Einheit Deutschlands parallel läuft mit einer stärkeren Betonung der Besatzungszonen und ihrer selbständigen Besatzungspolitik. Die Überzeugung, Deutschland als Einheit bestehen zu lassen, scheint den Kontrollrat nicht noch mehr geeint, sondern seine Einheit noch brüchiger gemacht zu haben. Wenn das Zonen-Konzept schon verhindert, eigene Vorstellungen in ganz Deutschland durchzusetzen, dann wird die eigene Besatzungszone um so wichtiger als Experimentierfeld für Ordnungsprinzipien. So mag es zu erklären sein, wenn von Jalta

[79] Teil IV, Ziffer 3 der Amtlichen Verlautbarung.
[80] SHAEF – Supreme Headquarters, Allied Expeditionary Force.
[81] Vgl. *R. Murphy*, aaO, S. 278.
[82] Ziffer 3 a. [83] Ziffer 3 e.

bis Potsdam klar wird, daß die Besatzungszonen mehr sind, als sie nach den Vereinbarungen von Jalta sein sollen, nämlich Grenzen, jenseits derer eine unterschiedliche Besatzungspolitik Gestalt annimmt[84].

Damit werden die Besatzungszonen zum Eckstein der zukünftigen Ordnungspolitik in Deutschland. Kein anderer als *Stalin* hat diesen Sinn des Zonenkonzepts unmißverständlich umrissen, als er der bereits erwähnten jugoslawischen Delegation im Winter 1944/45 erklärt: „Dieser Krieg ist nicht wie in der Vergangenheit; wer immer ein Gebiet besetzt, erlegt ihm auch sein eigenes gesellschaftliches System auf. Jeder führt sein eigenes System ein, so weit seine Armee vordringen kann. Es kann gar nicht anders sein"[85]. An anderer Stelle bekräftigt er dies und hält es für selbstverständlich, daß der Westen ähnlich handeln würde: „Der Westen wird sich Westdeutschland zu eigen machen, und wir werden aus Ostdeutschland unseren eigenen Staat machen"[86].

Hierzu paßt das Bekenntnis zur deutschen Einheit nur, wenn sich dahinter die Hoffnung verbirgt, über die Forderung nach Einheit noch einen Weg zum Einfluß über ganz Deutschland offen zu halten. Dann aber würde die deutsche Bevölkerung eine Schlüsselstellung in der ordnungspolitischen Entwicklung erhalten, so lange wie die demokratischen Spielregeln Geltung haben. Es wird immer die Seite die deutsche Einheit betonen, die glaubt bei der deutschen Bevölkerung für ihre eigenen Vorstellungen einen starken Rückhalt zu finden. Sobald aber diese Hoffnung schwindet, gibt es nur die Möglichkeit, das Rennen vorläufig ganz aufzugeben oder wenigstens einen Teilerfolg in der eigenen Besatzungszone anzustreben.

Dabei sind dann die demokratischen Spielregeln von vornherein unwichtiger als das ordnungspolitische Ziel. Je schneller es erreicht werden soll, desto undemokratischer müssen die Mittel sein, wenn der starke Rückhalt in der Bevölkerung fehlt. Sie *können* auch undemokratischer sein, da das „Zonenkonzept" die Möglichkeit gibt, die eigene Besatzungszone gegen äußere Einflüsse zu isolieren und die Grenzen abzuriegeln.

Das würde das Ende der Hoffnung auf einen „dritten Weg" der Ordnungspolitik in Deutschland sein. Die Ordnungsvorstellungen der Seite, die sich isoliert, verlieren auf jeden Fall noch mehr an Überzeugungskraft. Dies ist wiederum ein ungewollter Vorteil für die Ordnungsvorstellungen der anderen Zonen.

Mit dem Konzept der Besatzungszonen ist demnach bereits das Schicksal der Vorstellung *Roosevelts* von Deutschland als dem Prüffeld der amerikanisch-sowjetischen Zusammenarbeit besiegelt worden. Diese Vorstellung zehrt noch zu sehr vom Geist der *Atlantic-Charta* und ihrer Friedensordnung, obgleich ja gerade mit den Plänen zur Zerstückelung und Aufteilung Deutschlands bereits gegen diese Ordnung verstoßen wird.

---

[84] Vgl. *J. P. Nettl,* aaO, S. 45.

[85] *Milowan Djilas,* aaO, S. 139.

[86] Ebenda, S. 185.

1.3. Leitbilder für eine Friedensordnung in der Welt

Diese Friedensordnung ist für die folgenden Erörterungen nur insoweit von Interesse, als sie einen Weg weist, der zur „Demokratisierung" der Wirtschaft führt. Denn das ist auf jeden Falle die Auflage, unter der der Wiederaufbau in Deutschland erfolgen soll.

1.3.1. Die Atlantic-Charta

Kurz nach der Vereinbarung zwischen der Sowjetunion und Großbritannien vom 12. Juli 1941 über ein gemeinsames Vorgehen im Kriege gegen Deutschland[1] treffen sich der amerikanische Präsident *Roosevelt* und der englische Premier *Churchill* auf einem Schiff im Atlantic. „Sie haben die Gefahren betrachtet, die der Weltzivilisation aus der Politik der auf Eroberungen beruhenden Militärherrschaft drohen" und haben sich am 12. August 1941 auf eine gemeinsame Erklärung geeinigt[2]. Sie halten es „nach gemeinsamer Besprechung für richtig, gewisse allgemeine Grundsätze der nationalen Politik ihrer beiden Länder bekannt zu machen, auf die sie ihre Hoffnung auf eine bessere Zukunft für die Welt gründen": Großbritannien und die Vereinigten Staaten „erstreben keinerlei Gebiets- oder sonstige Vergrößerung", keine Gebietsveränderungen, „die nicht mit den frei zum Ausdruck gebrachten Wünschen der betreffenden Völker übereinstimmen", und erkennen das Recht aller Völker an, „die Regierungsform zu wählen, unter der sie leben wollen"[3].

Beide Staaten „werden sich unter gebührender Berücksichtigung ihrer bestehenden Verpflichtungen bemühen, allen Staaten, groß oder klein, Siegern oder Besiegten, fördernd zu helfen, daß sie unter gleichen Bedingungen Zutritt zum Handel und zu den Rohstoffen der Welt haben, die zu ihrem wirtschaftlichen Gedeihen notwendig sind". Großbritannien und die Vereinigten Staaten „wünschen vollste Zusammenarbeit zwischen allen Nationen auf *wirtschaftlichem* Gebiet zu erreichen, mit dem Ziel, für alle einen gehobenen Arbeitsstandard, wirtschaftlichen Fortschritt und soziale Sicherheit zu gewährleisten"[4].

Neben einer Reihe von anderen Ländern hat auch die Sowjetunion dieser Erklärung bereits am 24. 9. 1941 zugestimmt und sich bereit erklärt, nach besten Kräften mit daran zu arbeiten, sie zu verwirklichen[5]. Diese Bemühungen werden fortgesetzt und führen auf der schon erwähnten Moskauer Dreimächte-Konferenz vom Oktober 1943 zur Erklärung über die beabsich-

[1] Siehe Dokument Nr. 1 bei *E. Deuerlein,* Die deutsche Einheit, aaO, S. 212.

[2] Siehe Dokument Nr. 2 bei *E. Deuerlein,* Die deutsche Einheit, aaO, S. 212 f.

[3] Vgl. Ziffer 1 bis 3.

[4] Ziffer 4 und 5. Hervorhebung vom Verfasser.

[5] Siehe Entschließung des Interalliierten Rates vom 24. 9. 1941 auf seiner 2. Sitzung in London. Abgedruckt ebenda, Dokument Nr. 2, S. 213.

tigte Gründung einer „allgemeinen internationalen Organisation zur Erhaltung des internationalen Friedens und der internationalen Sicherheit". Das ist der Startschuß für die „Vereinten Nationen" (UN). Präsident *Roosevelt* drängt darauf, die Gründungskonferenz noch vor Kriegsende und zwar am 25. 4. 1945 stattfinden zu lassen. Er sieht darin die Verwirklichung seines „grand design". Die Vereinten Nationen sollen das Instrument für die Zusammenarbeit zwischen den Vereinigten Staaten und der Sowjetunion sein[6].

Die Grundsätze der *Atlantic-Charta* sind sehr allgemein gehalten, lassen aber auf jeden Fall den Schluß zu, daß an einen freien Handel und freien wirtschaftlichen Verkehr zwischen allen Ländern der Welt als wichtigen Bestandteil der zukünftigen Friedensordnung gedacht ist. Aber noch etwas fällt auf, was für die weiteren Erörterungen von Bedeutung sein könnte: In den „allgemeinen Grundsätzen der *nationalen Politik*" wird an keiner Stelle der Wunsch nach uneingeschränkter Zusammenarbeit mit allen Nationen zum Ausdruck gebracht, lediglich die Hoffnung, daß „ein Friede geschaffen wird, der allen Nationen die Möglichkeit gibt, in Sicherheit innerhalb ihrer eigenen Grenzen zu leben, und der Gewähr dafür bietet, daß alle Menschen in allen Ländern der Welt ihr Leben frei von Furcht und Mangel leben können"[7].

Es fällt auf, daß ausdrücklich der Wunsch zum Ausdruck gebracht wird, „vollste Zusammenarbeit zwischen allen Nationen auf *wirtschaftlichem* Gebiet zu erreichen". Dahinter kann sich die Einsicht verbergen, daß sich nach Beendigung des Krieges wirtschaftliche Probleme in einem solchen Umfang ergeben, daß hier das Schwergewicht aller Bemühungen um eine Zusammenarbeit liegen muß. Jedoch reizt die Betonung der wirtschaftlichen Zusammenarbeit gegenüber der politischen, eine Verbindung zu sehen zur Herausstellung der *„wirtschaftlichen Einheit"* im Potsdamer Abkommen. Zu dieser Parallele verführt weiterhin die Garantie der *Atlantic-Charta* für einen freien Zugang aller Länder zu den Rohstoffen und Märkten der Welt, für ein sicheres Leben der Nationen *„innerhalb ihrer eigenen Grenzen"* und unter der selbst gewählten „Regierungsform". Dem könnte im Potsdamer Abkommen das mangelnde Interesse für eine politische Einheit Deutschlands sowie das „Zonenkonzept" entsprechen. Dann ließe sich folgern, daß für eine *„wirtschaftliche* Einheit" weder Grenzen noch Regierungsformen, weder die fehlende politische Einheit noch Besatzungszonen ein Hindernis zu sein brauchen.

Wirtschaftliche Zusammenarbeit, das heißt die wirtschaftliche Einheit der Welt, müßte dann auch den Initiatoren der *Atlantic-Charta* als förderungswürdiger scheinen als die politische Einheit der Welt, gerade wegen der fest umrissenen eigenen – politischen – Grenzen. Das würde dann jedoch bedeuten, daß die wirtschaftliche Einheit im Potsdamer Abkommen auch schon ein eigenes Anliegen der westlichen Alliierten darstellt und nicht erst als Kom-

[6] Vgl. *R. Murphy,* aaO, S. 313.
[7] Siehe Ziffer 6 der *Atlantic Charta.*

promiß aufgrund sowjetischer Vorstellungen entstanden ist. Dies gilt dann besonders für die Weisung in der Direktive JCS 1067, das Beharren auf Dezentralisierung Deutschlands dürfe die Einigkeit über die Wirtschaftspolitik nicht gefährden[8].

Die *Atlantic-Charta* müßte unter diesen Voraussetzungen im wesentlichen als *„wirtschaftliche Charta"* interpretiert werden, eventuell mit dem Hintergedanken, daß eine wirtschaftliche Zusammenarbeit auch am schnellsten zu einer politischen Zusammenarbeit führt[9]. Tatsache ist, daß die friedliche internationale Zusammenarbeit zuerst im wirtschaftlichen Bereich konkrete Formen annimmt.

1.3.2. Das Abkommen von Bretton Woods und die Havanna-Charta

Die Zusammenarbeit beginnt im finanziellen Bereich, nicht weil er als wichtigster zu betrachten ist, sondern weil es sich hier als leichter erweist, einen Anfang zu machen. Da eine Rückkehr zum Goldstandard oder irgendeinem anderen „automatischen Mechanismus" als unmöglich erscheint, gilt es, eine Ersatzlösung auf organisatorischer Ebene, einen *„Mechanismus zur Beratung und Zusammenarbeit"*[10] zu finden.

Das Ziel der Vereinbarungen von Bretton Woods ist es, einem freien internationalen Güteraustausch „auf fairer und stabiler Grundlage" den Weg zu ebnen[11]. Zu diesem Zweck werden zwei Institutionen geschaffen: „Der Internationale Währungsfonds"[12] soll den Währungen der einzelnen Länder eine „faire und stabile Grundlage" geben; eine „Internationale Bank für Wiederaufbau und Wirtschaftsförderung"[13] soll durch Bereitstellung von Kapital für „produktive Zwecke" den Wiederaufbau von durch den Krieg zerstörten Industrieanlagen fördern, die Umstellung von Kriegs- auf Friedensproduktion erleichtern sowie „die Entwicklung von Produktionsmitteln und -quellen in weniger entwickelten Ländern" ermutigen[14].

---

[8] Siehe S. 165.

[9] Selbst eine autoritäre Regierungsform ist bei dieser Strategie dann kein Hindernis für eine wirtschaftliche Zusammenarbeit, solange die wirtschaftliche Freiheit unangetastet bleibt. Sie ist dann gerade das Mittel zur politischen Demokratisierung.

[10] Art. I Ziffer I des Abkommens über den Internationalen Währungsfonds. Siehe Österreichisches Institut für Wirtschaftsforschung. Der Internationale Währungsfonds und die Internationale Bank für Wiederaufbau und Wirtschaftsförderung. Das Abkommen von Bretton Woods im englischen Originaltext mit deutscher Übersetzung und Kommentar. Wien 1946.

[11] Vgl. Schlußbotschaft an die Teilnehmer der Konferenz vom Präsidenten der Konferenz, dem amerikanischen Finanzminister *Henry Morgenthau* jr. Siehe Österreichisches Institut für Wirtschaftsforschung, aaO, S. 21.

[12] Siehe das Abkommen ebenda, S. 36 ff.

[13] Siehe das Abkommen ebenda, S. 106 ff.

[14] Vgl. Art. I Absatz I des Abkommens über die Weltbank.

Beide Institutionen[15] sollen über die Garantie für einen freien Güteraustausch hinaus dazu dienen, die „Ausdehnung und ein ausgeglichenes Anwachsen des internationalen Handels zu erleichtern“[16]. Diese Zielsetzung gilt als beste Grundlage, um in den Mitgliedsländern die „Erhaltung eines hohen Beschäftigungsgrades und Realeinkommens“ sowie die „Entwicklung der Produktionsgrundlagen“ zu „Hauptzielen“ der Wirtschaftspolitik zu machen[17]. Um den Mitgliedsstaaten bei dieser Politik „ein Gefühl von Sicherheit zu geben“ und sie davor zu bewahren, bei Gleichgewichtsstörungen ihrer Zahlungsbilanz zu restriktiven Mitteln Zuflucht zu nehmen, „die dem nationalen und internationalen Wohlstand Schaden bringen“[18], stellen der Internationale Währungsfonds sowie die Weltbank Kredite zur Verfügung – Währungskredite auf der einen und Investitionskredite auf der anderen Seite.

Diese Kredite haben darüber hinaus – und das ist der eigentliche Kern der Vereinbarungen von Bretton Woods – die Aufgabe, einem System fester Wechselkurse[19] den erforderlichen Rückhalt zu gewähren – als „faire und stabile Grundlage“ des freien Güteraustausches.

Eine internationale „Währungsordnung“ ist jedoch nur *ein* Schritt auf dem Wege zu einem freien internationalen Handel. Sowohl der Internationale Währungsfonds als auch die Weltbank werden den ihnen gestellten Aufgaben erst dann vollauf gerecht, wenn die einzelnen Mitgliedsstaaten ihre Beschränkungen des internationalen Handels abbauen. Erst dann gibt es eine freie Weltwirtschaft, für die die politischen Grenzen zwischen den einzelnen Ländern keine Barrieren für den freien Güteraustausch mehr darstellen. Deshalb ergreifen die Vereinigten Staaten nach *Bretton Woods* die Initiative zu einer weiteren internationalen Organisation[20], einer Internationalen Handelsorganisation[21], deren Satzung als *„Havanna-Charta“*[22] geläufig ist.

Diese Organisation kann bereits anknüpfen an die „Charta der Vereinten Nationen“, der Grundlage für eine politische Zusammenarbeit aller Länder der Welt. In der Satzung der Vereinten Nationen verpflichten sich die Mit-

[15] Vorläufige Vorschläge waren bereits 1943 von amerikanischen Regierungsstellen unter Leitung von Finanzminister *Henry Morgenthau* ausgearbeitet worden. Siehe Österreichisches Institut für Wirtschaftsforschung, aaO, S. 19.

[16] Vgl. Art. I Ziffer II des Abkommens über den Währungsfonds sowie Art. I Ziffer III des Abkommens über die Weltbank.

[17] Vgl. Art. I Ziffer II des Abkommens über den Währungsfonds.

[18] Vgl. ebenda, Art. I Ziffer V.

[19] Siehe ebenda, Art. IV.

[20] Einen ersten Entwurf veröffentlichte das amerikanische Außenhandelsministerium als „Proposals for Expansion of World Trade and Employment“ bereits 1945. Siehe *Edward S. Mason,* Controlling World Trade. Cartels and Commodity Agreements. Committee for Economic Development. Research Study. New York, London 1946, S. 61.

[21] International Trade Organization (ITO).

[22] Siehe *United Nations* Conference on Trade and Employment. Held at Havana, Cuba (21. 11. 1947 – 24. 3. 1948). Final Act and Related Documents. Havanna/Cuba 1948, S. 5 ff.

gliedstaaten, einen höheren Lebensstandard, Vollbeschäftigung sowie die Bedingungen für wirtschaftlichen und sozialen Fortschritt zu fördern[23].

An diese Verpflichtung knüpft die *Havanna-Charta* an, indem sie den Weg konkretisiert, auf dem ein gleichgewichtiges Wachstum der Weltwirtschaft erreicht werden soll[24]: freie Bewegung des Kapitals zu produktiver Anlage, freier Zugang aller Länder zu den Rohstoffen und Märkten der Welt, Beseitigung von Zöllen und Handelsschranken, Förderung der Ausdehnung des internationalen Handels und der wirtschaftlichen Entwicklung, um die einzelnen Länder auf diese Weise vor Maßnahmen zu bewahren, die den Welthandel behindern und den wirtschaftlichen Fortschritt verzögern, und schließlich Erleichterung der Zusammenarbeit bei der Lösung von den internationalen Handel berührenden Problemen.

Um den freien Wirtschaftsverkehr zwischen den Staaten funktionsfähig zu machen, enthält die *Havanna-Charta* auch ein Kapitel über Wettbewerbsbeschränkungen[25]. Es verpflichtet dazu, „Handelspraktiken – gleichgültig, ob sie von privaten oder öffentlichen Unternehmen ausgeübt werden –, die im internationalen Handel den Wettbewerb beschränken, den Zugang zu den Märkten begrenzen oder einer monopolistischen Kontrolle Vorschub leisten, in allen Fällen zu verhindern, in denen diese Praktiken schädliche Wirkungen für die Entwicklung der Erzeugung oder des Handels haben[26].

Die *Havanna-Charta ist* jedoch nie ratifiziert worden[27]. Dagegen ist das

---

[23] Vgl. Art. 55, insbesondere Ziffer a, der Satzung der Vereinten Nationen. Siehe *Leland M. Goodrich* und *Edvard Hambro,* Charter of the United Nations. Commentary and Documents. Second and Revised Edition. Boston 1949 (World Peace Foundation), S. 319 ff. Die notwendigen Maßnahmen einer solchen Vollbeschäftigungspolitik erörtert später eine Expertengruppe im Rahmen der Vereinten Nationen, deren Bericht 1949 erscheint: „National and International Measures for Full Employment". Report by a Group of Experts appointed by the Secretary General (United Nations). Lake Success, New York 1949. Die Experten scheuen keineswegs davor zurück, dirigistische Maßnahmen zu empfehlen, um die Vollbeschäftigung im eigenen Land zu sichern, die Vorrang vor einem multilateralen System des internationalen Handels haben müßte. Zur Kritik an diesem Bericht siehe *Jacob Viner,* Vollbeschäftigung um jeden Preis. In: *A. Hunold,* Vollbeschäftigung, Inflation und Planwirtschaft, aaO, S. 313 ff.

[24] Vgl. Art. 1 Ziffern 2–6 der Havanna-Charta.

[25] Kapitel V. Englischer Text und deutsche Übersetzung siehe „Wirtschaft und Wettbewerb", Zeitschrift für Kartellrecht, Wettbewerbsrecht und Marktorganisation. Düsseldorf, Jg. 3 (1953), S. 244 ff.

[26] Siehe Artikel 46, Ziffer 1. Als schädliche Handelspraktiken werden u. a. aufgezählt: Festsetzung von Preisen oder Geschäftsbedingungen, Ausschluß von Unternehmen von Absatzgebieten oder Tätigkeitsbereichen, Diskriminierung bestimmter Unternehmen, Erzeugungsbeschränkungen, Vereinbarungen, die die Entwicklung oder Anwendung technischer Verfahren oder Erfindungen verhindern und ähnliche Praktiken, die die JTO mit einer Zweidrittelmehrheit der anwesenden Staaten als einschränkende Handelspraktiken bezeichnet (Ziffer 3).

[27] Bis April 1950 hatte nur Liberia uneingeschränkt ratifiziert. Australien und Schweden nur unter der Voraussetzung, daß auch die Vereinigten Staaten und Groß-

Kapitel IV über die Verpflichtung zur Zollsenkung am 30. 10. 1947 als General Agreement on Tariffs and Trade (GATT) verselbständigt worden.

1.3.3. Ordnungspolitische Aspekte der Ansätze zu einer Friedensordnung

Die gesamte *Havanna-Charta* ist ein Plädoyer für eine durch den Markt gelenkte Weltwirtschaft. Die Verbindung zu den Vereinbarungen von *Bretton Woods* ist so eng, daß man sagen kann, daß auch die *Havanna-Charta* bereits hier ihren Ausgangspunkt hat. Beide sind Ausdruck einer gemeinsamen Politik [28]. Akzeptiert man die ökonomische Interpretation der *Atlantic-Charta* [29], so ist auch sie hier einzuordnen. Der Blick auf die Fortentwicklung dieser Weltwirtschaftspolitik zeigt, daß es eher gelungen ist, den Prinzipien eines freien wirtschaftlichen Verkehrs zwischen den Staaten zum Durchbruch zu verhelfen [30] als denen einer internationalen Wettbewerbsordnung.

Je mehr die Grundsätze einer freien weltumfassenden Wirtschaft spezifiziert werden, desto mehr hat sich die Sowjetunion [31] und der gesamte Ostblock davon distanziert. Dem kommunistischen Konzept ist die Idee einer internationalen wirtschaftlichen Einheit fremd. Wenn es eine Einheit anerkennt, dann nur die internationale Solidarität der „Arbeiterklasse". Der kommunistischen Wirtschaft ist auch die doppelte Rolle des Wettbewerbs als Steuerungselement *und* als Leistungsanreiz fremd. Es gibt nur den Wettbewerb als Leistungsanreiz. Die Steuerung erfolgt über den zentralen Plan.

Die kurz skizzierten Versuche zu einer Friedensordnung für die Weltwirtschaft verwischen jedoch im *internationalen* Bereich etwas den prinzipiellen Unterschied zwischen dem östlichen und dem westlichen Ordnungskonzept. *Bretton Woods* und die *Havanna-Charta* versuchen, genau besehen, nicht nur den Markt für die Weltwirtschaft wieder wirksam werden zu lassen, sondern sie haben eigentlich das typische marktwirtschaftliche Element in den internationalen Beziehungen, den Wechselkurs, seiner Funktionen als Preis in einem marktwirtschaftlich organisierten Weltmarkt beraubt [32]. Die Wechsel-

britannien es tun würden. Die USA erklärten aber noch im gleichen Jahre, daß die Regierung auf die Einbringung der Charta im Kongreß endgültig verzichtet habe (vgl. *Georg Erler*, Grundprobleme des internationalen Wirtschaftsrechts. In: Göttinger Rechtswissenschaftliche Studien, Bd. 15. Göttingen 1956, S. 106 f.). Damit war das Schicksal der JTO besiegelt.

[28] Vgl. *Charles Henry Alexandrowicz*, International Economic Organization. In: The Library of World Affairs Nr. 19. London 1952, S. 161 und 112.

[29] Das legen die Formulierungen in den drei genannten Satzungen ebenfalls nahe.

[30] Als einziges Ostblockland ist sogar Jugoslawien seit 1962 als vorläufiges und seit dem 25. 8. 1966 als Vollmitglied im GATT vertreten. Es folgen Polen und die Tschechoslowakei. Das Verfahren für die Vollmitgliedschaft Rumäniens ist 1968 eingeleitet worden.

[31] Siehe dazu *Alexander Gerschenkron*, Russia and the International Trade Organization. „The American Economic Review". Papers and Proceedings. Menasha/Wisc. Vol. XXXVII (1947), S. 624 ff.

[32] Aus ordnungspolitischer Sicht ist es dabei unerheblich, ob der Wechselkurs die ihm zugedachte Funktion wirklich gehabt hat.

kurse werden auf einem bestimmten Niveau fixiert. In dem Augenblick koordinieren nicht mehr sie die außenwirtschaftlichen Beziehungen zwischen den einzelnen Ländern, sondern umgekehrt, die außenwirtschaftlichen Beziehungen sind durch Institutionen außerhalb des Marktes so zu koordinieren, daß die fixierten Wechselkurse nicht gefährdet werden.

Unter diesem künstlich geschaffenen Dach können dann die verbliebenen marktwirtschaftlichen Kräfte zum Tragen kommen, d. h. die Preise der ausgetauschten Güter sich frei bilden. Allerdings muß auch auf dieser Ebene noch eine Einschränkung gemacht werden: Die von den internationalen Warenabkommen erfaßten Güter sind den Marktkräften auch weitgehend entzogen[33]. Hier wird zusätzlich eine außerhalb des Marktes stehende Koordinationsinstanz tätig und fixiert auch den Preis dieser Güter auf einem gewünschten Niveau. In diesem Ordnungssystem mißtraut man also den Lenkungsfähigkeiten des Marktes in doppelter Weise: zwei für wichtig erachtete Preise, den für die Valuten und den für Rohstoffe (lebensnotwendige Exportgüter für die meisten Entwicklungsländer) werden nicht dem freien Spiel von Angebot und Nachfrage überlassen – gemessen an einem marktwirtschaftlichen Ordnungsmodell[34].

Regulierende Eingriffe in den internationalen Wirtschaftsverkehr sind nichts Neues. Es hat sie schon früher gegeben, sei es in Gestalt von Absprachen der Zentralbanken, sei es in Gestalt von Kartellen[35]. Neu ist jedoch das Engagement des Staates, dessen Vereinbarungen mehr und mehr die private Initiative verdrängen. *Bretton Woods* ist ein bezeichnendes Beispiel für diese Entwicklung[36]. Neu ist auf internationaler Ebene weiterhin der in der *Havanna-Charta* unternommene Versuch, die Prinzipien des Freihandels durch eine Ordnung des internationalen Wettbewerbs zu einer Art „gebundener internationaler" statt „freier internationaler Konkurrenz" zu ergänzen.

In dieser ordnungspolitischen Perspektive wird besonders deutlich, daß von der Sowjetunion kaum zu erwarten ist, daß sie sich zu einer Mitarbeit an einer entscheidenden Verbesserung des von ihr gebrandmarkten „kapitalisti-

---

[33] Das hat auch die Havanna-Charta anerkannt. Siehe Kapitel VI, insbesondere Art. 55.

[34] Das schließt nicht aus, daß in der Wirklichkeit die verantwortlichen Institutionen ihre Preissetzungen an Angebot und Nachfrage orientieren. Eine zentrale Behörde in einer „Planwirtschaft" müßte das aber auch tun.

[35] Siehe dazu auch S. 18. Mit einem ähnlichen Hinweis versucht der Präsident der Konferenz von Bretton Woods, *Henry Morgenthau*, den Kritikern der Weltbank („einige Bankiers und einige wenige Wirtschaftler") zu begegnen, die eine Einschränkung der wirtschaftlichen Freiheit befürchten: „Tatsächlich würde das von der Bretton-Woods-Konferenz vorgeschlagene Institut die von gewissen Privatbankiers in der Vergangenheit über das internationale Finanzwesen ausgeübte Kontrolle beschränken. Keineswegs würde es jedoch den Wirkungskreis der Kapitalinvestierungen einschränken, in dem sich Bankiers betätigen können" (Schlußwort an die Konferenzteilnehmer; siehe Österreichisches Institut für Wirtschaftsforschung, aaO, S. 25).

[36] Vgl. auch *C. H. Alexandrowicz*, aaO, S. 4 und 112.

schen Systems" bereit findet. Somit hat die Ausstrahlungskraft der Politik von *Bretton Woods* und *Havanna* von vornherein ihr Zentrum im internationalen Wirtschaftsverkehr zwischen den westlichen Ländern und jenen, die sich – aus welchen Gründen auch immer – diesen Ländern anschließen würden. Aber auch für diese Länder ist die *Havanna-Charta* eine bemerkenswerte Neuerung mit ihrem Versuch, den freien internationalen Wirtschaftsverkehr durch eine Kombination von staatlichem Engagement und Wettbewerbsordnung wirkungsvoller zu gestalten. Schon recht früh zeichnet sich allerdings auch das Ergebnis ab: Die Autorität der von den Staaten getragenen internationalen Institutionen ist – wenn auch in bescheidenem Umfang – erfolgreich bei der Durchsetzung freihändlerischer Prinzipien, scheitert jedoch bei der Schaffung einer internationalen Wettbewerbsordnung[37].

Die Zusammenarbeit der Staaten in internationalen Organisationen hat aber noch einen anderen bedeutsamen ordnungspolitischen Aspekt. Diese Organisationen sollen nicht nur den verschiedenen Zielen der einzelnen Länder dienen, sondern haben ein gemeinsames Ziel, das sich mit „gleichgewichtiges Wachstum der Weltwirtschaft" umschreiben läßt. Um dieses Ziel zu erreichen, steht ein – wenn auch bescheidenes – Instrumentarium zur Verfügung. Für den Ökonomen liegt es nahe, diese Organisationen als internationale „Planungsbehörden" zu charakterisieren[38]. Darüber hinaus sind die in der *Havanna-Charta* als Bestandteil einer zukünftigen Weltwirtschaftsordnung akzeptierten internationalen Warenabkommen ein Ausdruck noch weitergehender Verbindung staatlicher und privater Elemente in der Weltwirtschaft[39].

Liest man frühe Publikationen zu diesen internationalen Organisationen nach dem zweiten Weltkrieg[40], so kann man sich des Eindrucks nicht erwehren, daß die Ökonomen versuchen, die Erfahrungen der Weltwirtschaftskrise nunmehr auch in ihren Plänen für die Gestaltung der Weltwirtschaft zu berücksichtigen, nachdem für jedes einzelne Land bereits in irgendeiner Weise versucht worden ist, aus den Lehren von *Keynes* Konsequenzen zu ziehen. Was also nach Kriegsende an internationalen wirtschaftlichen Organisationen entsteht, könnte aus ökonomischer Sicht am besten als *„New Deal für die*

[37] Ein Blick in die weitere Zukunft könnte eventuell in der Vollmitgliedschaft von Ostblockländern im GATT den Beginn einer neuen Entwicklung erkennen lassen, insofern als ein internationales System „gebundenen Freihandels" auch ideologische Hemmnisse der Ostblockländer zurücktreten läßt, wenn diese Länder sich stark fühlen, sich zumindest als Staatsmonopol dem Weltmarkt zu stellen.

[38] Dies tut auch *Herbert Gross* (Die Zukunft der Wirtschaft, aaO, S. 105). Er stellt auch die für den hier erörterten ordnungspolitischen Widerspruch entscheidende Frage: „Freihandel durch Planung?" (ebenda, S. 99 ff.). Siehe auch *Walter G. Hoffmann*, Die Idee der internationalen wirtschaftlichen Interessensolidarität, aaO, S. 41, sowie *A. Müller-Armack* in den bisherigen Ausführungen S. 144, Fn. 5.

[39] Vgl. auch *C. H. Alexandrowicz*, aaO, S. 168.

[40] Vgl. ebenda, S. 110 ff.

Weltwirtschaft" charakterisiert werden; um so mehr, als gerade amerikanische Ökonomen an der Ausarbeitung der Pläne für diese Organisation führend beteiligt sind. Es ist allen klar, daß eine „zwischenstaatliche Planung" erforderlich ist. Ein „Netzwerk internationaler wirtschaftlicher Organisationen" gilt als der einzige Weg, diese Planung zu verwirklichen[41].

Hier handelt es sich aber offensichtlich um pragmatische Lösungen und Interpretationen, die der offiziellen amerikanischen Außenwirtschafts- und Weltwirtschaftspolitik davongaloppieren. Dieser offiziellen Politik wird demgegenüber heute gerade der Vorwurf gemacht, daß sie so getan hat, „als ob es keine Weltwirtschaftskrise gegeben hätte! Als ob man eine langfristige Entwicklung zurückentwickeln könnte! Die Realitäten richten sich nicht nach Ideologien. Aus der Autonomie heraus müssen neue Wege zur internationalen Arbeitsteilung gesucht werden. Und wenn man schon über die langfristigen Ziele streiten mochte, die Zerrüttung der Weltwirtschaft war unmittelbar nach dem Kriege viel zu groß, als daß man kurzfristig überhaupt eine Neuordnung der Weltwirtschaft hätte erreichen können. Dennoch gingen die Amerikaner von vornherein auf das Ganze. Eine Weltwährungsordnung und eine Welthandelsordnung in liberalem Geiste war ihr Ziel"[42].

Dem widerspricht, wie *Predöhl*[43] feststellt, die amerikanische Initiative in der europäischen Integration, die den „erklärten Thesen der Altliberalen"[44] zuwiderläuft. Der Widerspruch der offiziellen liberalen Ordnungsvorstellung für die Weltwirtschaft zur Praxis der internationalen Organisationen geht aber noch weiter, wie an der Interpretation dieser Organisationen als internationale „Planungsbehörden" deutlich wird. Die Kräfte des Marktes erhalten in einem solchen Ordnungssystem im Prinzip eine ähnliche Bedeutung wie in einem marktbeherrschenden internationalen Konzern oder in einem internationalen Kartell: Nur im Rahmen der von ihnen vertretenen Geschäftspolitik haben die Mitglieder freie Hand, den Marktkräften zu folgen. Diese Freiheit hängt vom möglichen „Organisationszwang" der Zentralen ab, der Möglichkeit, selbst den Markt zu gestalten, und auch davon, in welchem Umfang eventuell außerwirtschaftliche Ziele verfolgt werden.

Der aufgezeigte Widerspruch zwischen dem Ziel, die Weltwirtschaft in liberalem Geiste neu zu ordnen, und der Interpretation der internationalen Organisationen als internationale „Planungsbehörden" wird deutlich in dem Bemühen um den Nachweis, daß diese internationale Planung keine Planung im eigentlichen Sinn sein kann[45], da es sich auf internationaler Ebene nur um eine Koordination nationaler Volkswirtschaften handelt. Insbesondere in den

[41] Vgl. *C. H. Alexandrowicz*, aaO, S. 111.

[42] *Andreas Predöhl*, Das Ende der Weltwirtschaftskrise, aaO, S. 110.

[43] Ebenda, S. 110 f.

[44] *Predöhl* beruft sich hier auf *G. Haberler*, insbesondere „Amerika und die europäische Integration". Einige grundsätzliche Bemerkungen (Revidierte Fassung zweier Vorträge). „Außenwirtschaft". Zürich und St. Gallen. Jg. 16 (1961), S. 233 ff.

[45] Siehe *C. H. Alexandrowicz*, aaO, S. 111.

Vereinigten Staaten entsteht gegen Ende des zweiten Weltkrieges und in den ersten Nachkriegsjahren eine heftige Diskussion[46] über die Vereinbarkeit von Vollbeschäftigung, „freier Unternehmerwirtschaft" und Planung sowie über die Nützlichkeit der Volkswirtschaftlichen Gesamtrechnung, von gesamtwirtschaftlichen „Projektionen" und von Input-Output-Rechnungen[47]. Diese Diskussionen sind sicher nicht unabhängig von den Bemühungen auf internationaler Ebene, der Weltwirtschaft eine neue Ordnung zu geben. Auch in den Vereinigten Staaten selbst ist das zentrale Thema die Ausdehnung von Produktion und Beschäftigung für den zivilen Bedarf[48].

Die amerikanischen Unternehmer formieren sich um das Ideal der „freien Unternehmerwirtschaft". Sie bilden ein „Committee for Economic Development", das Pläne für eine wirtschaftliche Expansion im Rahmen der „freien Unternehmerwirtschaft" entwickeln soll[49]. Ihre Sicherung und Unterstützung gilt als bestes Mittel zur Wahrung des Gesamtwohls der amerikanischen Bevölkerung. Die beste Empfehlung für die „freie Unternehmerwirtschaft" sei ein Programm für eine „Rekorde brechende" wirtschaftliche Expansion[50]; denn die Öffentlichkeit messe den Erfolg der „freien Unternehmerwirtschaft" an dem Grad der Beschäftigung. Bei Unterbeschäftigung erhebe sich jedoch die Frage, ob das Wirtschaftssystem geändert werden müßte[51]. Der Staat, die Regierung erscheint in diesen Plänen nur als „notwendiges Übel"[52].

In diesen ordnungspolitischen Auseinandersetzungen lassen sich unschwer Parallelen erkennen zu den ordnungspolitischen Diskussionen in Deutschland[53].

---

[46] Sie läßt sich verfolgen auf den Jahresversammlungen der „American Economic Association" in den Jahren 1944 bis 1950. Siehe „The American Economic Review". Menasha/Wisc. Papers and Proceedings. Vol. XXXIV (1944), XXXV (1945), XXXVI 1946, XXXVII (1947), XXXIX (1949) und XL (1950).

[47] Siehe dazu insbesondere *Wassily Leontief*, Input-Output Analysis and its Use in Peace and War Economies. Recent Developments in the Study of Interindustrial Relations; ebenda, Vol. XXXIX (1950), S. 211 ff.

[48] Eines der Generalthemen der 57. Jahresversammlung der American Economic Association (Februar 1945 in Washington D. C.) lautete: „Expanding Civilian Production and Employment after the War." Siehe insbesondere *Arthur R. Upgren*, Objectives and Guides to Policy. „The American Economic Review." Menasha/Wisc. Papers and Proceedings. Vol. XXXV (1945), S. 67 ff. sowie *Paul G. Hoffmann*, Business Plans for Postwar Expansion, ebenda, S. 85 ff.

[49] Siehe *P. G. Hoffmann*, aaO.

[50] Im Original heißt es: „record breaking expansion over prewar levels in the output of goods and services".

[51] Vgl. ebenda, insbesondere S. 85.

[52] Vgl. den Diskussionsbeitrag zu *P. G. Hoffmann* (aaO) von *Milton Gilbert* („The American Economic Review". Menasha/Wisc. Papers and Proceedings. Vol. XXXV (1945), S. 90 f.).

[53] Siehe in diesem Zusammenhang die Diskussion über Planung und Wettbewerb in: „Weltwirtschaftliches Archiv". Hamburg. Bd. 63 (1949/II).

2. *Die Auswirkungen des Ost-West-Konflikts auf die alliierte Besatzungspolitik*

Die geläufige Darstellung des Verhältnisses der Vereinigten Staaten zur Sowjetunion lautet etwa so: Die Vereinigten Staaten haben nach dem zweiten Weltkrieg keine Strategie. Das nutzt *Stalin* aus und setzt im Ostblock kommunistische Regierungen ein, in den Randgebieten zum Westen jedoch werden Koalitionsregierungen frei gebildeter Regierungen geduldet, um gegenüber Westeuropa ein demokratisches Gesicht zu wahren. Dieser „demokratische Weg zum Sozialismus" erweist sich nach den Niederlagen der ungarischen und österreichischen Kommunisten in den Wahlen vom Herbst 1945 als aussichtslos. Deshalb muß *Stalin* seinen Kurs ändern und den Kommunisten über politische Umstürze die Alleinherrschaft sichern.

Erst diese Umstürze in Osteuropa und die gleichzeitigen Versuche, im Iran, der Mandschurei, an den Dardanellen und in Nordafrika Fuß zu fassen, lassen die Vereinigten Staaten die systematische sowjetische Expansionspolitik erkennen. Sie lenken deshalb ihre Aufmerksamkeit auf eine Wiederherstellung des europäischen Gleichgewichts[1].

Auf diese Weise zerbricht die Waffenbrüderschaft des zweiten Weltkriegs zwischen den Vereinigten Staaten und der Sowjetunion. Dem Optimismus und der wenig realistischen Schwärmerei *Roosevelts* von der amerikanisch-sowjetischen Zusammenarbeit wird es zugeschrieben, daß die Vereinigten Staaten sich gegenüber dem Expansionsdrang der Sowjetunion zunächst unentschlossen zeigen.

Es wird im folgenden zu prüfen sein, ob diese einfache Formel für die sowjetische und amerikanische Politik ausreicht, um den Einfluß der Besatzungsmächte auf die Ordnungspolitik in Deutschland zu beschreiben. Dazu ist es erforderlich, die Politik der Alliierten etwas eingehender zu verfolgen. Dies wird nicht ganz einfach sein, denn die Autoren in Deutschland neigen dazu, die eine Besatzungsmacht gegen die andere zu verteidigen, wie es in dem Vorwort zu einer englischen Untersuchung heißt[2]. Um dieser Gefahr zu entgehen, ist es zweckmäßig, nach einem Maßstab zu suchen, der möglichst unabhängig von den eigenen Sympathien für die eine oder andere Besatzungsmacht ist und den Blick frei läßt für die politischen Ziele sowie die Mittel, sie zu erreichen.

Die bisherigen Überlegungen weisen darauf hin, daß im Denken der Vereinigten Staaten und der Sowjetunion insofern eine Gemeinsamkeit besteht,

---

[1] Vgl. dazu *Richard Löwenthal,* West- und Osteuropa. Schnittpunkt der Großmachtinteressen. Referat im Seminar für Europakunde. In: „Beiträge zur Europakunde" 7 (1966). Beilage zu „europäische Gemeinschaft" vom 7. 7. 1966. Herausgegeben vom Presse- und Informationsdienst der Europäischen Gemeinschaft. Bad Godesberg, S. 48.

[2] Vgl. *J. P. Nettl,* aaO, Vorwort, S. VIII.

als beide dazu neigen, die Wirtschaft zum wichtigsten Ausgangspunkt zu machen. Daraus läßt sich folgern, daß bei einer politischen Auseinandersetzung zwischen den beiden Mächten die Wirtschaftspolitik ein entscheidendes Gewicht erhält.

Politik aber hat mit Macht zu tun. Eine „Sozialarbeiter-Mentalität" ist ihr fremd, wie es einer der amerikanischen Berater von General *Clay* treffend formuliert[3]. Macht jedoch bedeutet in der ebenso treffenden Formulierung von *Max Weber*, „jede Chance, innerhalb einer sozialen Beziehung den eigenen Willen auch gegen Widerstreben durchzusetzen, gleichviel worauf diese Chance beruht"[4]. Die brutale Form der Macht ist die Brachialgewalt, in der Auseinandersetzung zwischen Völkern also der Krieg. Diskreter wirkt die materielle Abhängigkeit, am sanftesten die ideologische Abhängigkeit, weil sie von den Abhängigen häufig nicht bemerkt wird[5].

Im Programm der Siegermächte für Deutschland steht die „Demokratisierung" und „Umerziehung"[6]. Dieser Prozeß wird um so schmerzlicher sein, je mehr er sich von traditionellen Haltungen und Bewertungen entfernt; er kann sich um so unbemerkter vollziehen, je mehr Anknüpfungspunkte an alte Traditionen vorhanden sind. Erleichternd kann es sich jedoch auch auswirken, wenn sich die „Umerziehung" mit einer alle gesellschaftlichen Kräfte absorbierenden Aufgabe – zum Beispiel dem Wiederaufbau der Wirtschaft, der Abwehr einer drohenden Gefahr – verbinden läßt. Der „Ernst der Lage" macht das Regieren einfacher. Im Extremfall würden alle gesellschaftlichen und sozialen Beziehungen auf ein Freund-Feind-Verhältnis zusammenschrumpfen.

Dem Wunsch, einer solchen Gefahr zu entgehen, scheint das Verlangen nach einem „dritten Weg" für Deutschland zwischen Ost und West, zwischen „freier Unternehmerwirtschaft" und „Planwirtschaft" zu entspringen. Der Spielraum, der für einen „deutschen Weg" bleibt, ist in der Situation nach dem zweiten Weltkrieg abhängig von den politischen Spannungen zwischen den Vereinigten Staaten und der Sowjetunion sowie von der Einordnung der übrigen Besatzungsmächte in die politischen Vorstellungen dieser beiden Mächte. Wenn *Roosevelts* Zukunftsplan einer amerikanisch-sowjetischen Zusammenarbeit in Deutschland Wirklichkeit wird, haben ordnungspolitische „Mischformen" eine Chance als Leitbild für eine zukünftige Ordnung. Je größer die Spannungen zwischen den beiden Weltmächten sind, desto größeres Gewicht werden „reine Ordnungsideen" erhalten.

---

[3] *L. A. Brown*, aaO, S. 138. Er spricht von „social-service-worker minds". Siehe dazu im folgenden S. 203.

[4] *Max Weber*, Wirtschaft und Gesellschaft. Teil 3. Typen der Herrschaft. In: Grundriß der Sozialökonomie. 3. Abteilung. Tübingen 1922, S. 28.

[5] Sie macht die Menschen modernen Computern ähnlich, die ihr Programm erhalten und dann „mechanisch" danach arbeiten – ohne zu denken.

[6] Diese nicht sehr schönen Wortschöpfungen legen es nahe, das Bild vom Computer wieder zu gebrauchen: Er soll neu „programmiert" werden.

Für die Zukunft Deutschlands ist somit zunächst entscheidend, wie sich das Verhältnis der Alliierten untereinander entwickelt[7]. Auch wenn das Ergebnis heute geläufig ist und die Schuldigen an dieser Entwicklung bestens bekannt sind, dürfte es nicht ohne Reiz sein, ihr auf dem bisher skizzierten Hintergrund noch einmal nachzugehen.

2. 1. Die amerikanische Besatzungspolitik

Die Vereinigten Staaten sind gar nicht so „konzeptlos" nach Deutschland gekommen, wie es die übliche Darstellung sieht. Dieser Eindruck mag jedoch rückblickend entstehen, weil die anfängliche amerikanische Haltung gegenüber Deutschland wenig freundlich und ermutigend ist – vor allem auf dem Hintergrund der deutschen Erwartungen, die sich mit Amerika verbinden, und der dann später geänderten Einstellung zu Deutschland.

2. 1. 1. Der ökonomische und politische Hintergrund

Wie sich schon zeigte[1], gibt es in den zuständigen staatlichen Stellen der Vereinigten Staaten unterschiedliche Meinungen über die Behandlung des besiegten Deutschland. Das, was sich jedoch – letztlich kraft der Autorität von *Roosevelt*[2] – durchsetzt, ist das Konzept seines Finanzministers *Morgenthau*. Seine Ideen gehen ein in das Potsdamer Abkommen und auch in die berüchtigte erste Anweisung an die amerikanischen Truppen in Deutschland, so daß es kaum vertretbar ist, hier von einer „Konzeptlosigkeit" zu sprechen. So schwer es auch manchmal heute fällt, diese erste Phase der amerikanischen

---

[7] Vgl. dazu auch *Gernot Gutmann, Hans-Joachim Hochstrate* und *Rolf Schlüter*, Die Wirtschaftsverfassung der Bundesrepublik Deutschland. Entwicklung und ordnungspolitische Grundlagen. In: Schriften zum Vergleich wirtschaftlicher Lenkungssysteme. Heft 4. Stuttgart 1964, S, 4 f.

[1] Siehe S. 157 ff.

[2] Dem oft gezeichneten Bild eines von humanitären Ideen besessenen Träumers wird er keineswegs immer gerecht. Wie erst kürzlich veröffentlichte amerikanische Dokumente bestätigen, bestand er trotz Warnungen der Verbündeten und seiner Berater unerbittlich auf der „bedingungslosen Kapitulation": „Jeder Deutsche muß wissen, daß diesmal Deutschland besiegt ist ... Ich will nicht, daß die Deutschen Hungers sterben, aber wenn sie mehr Nahrung brauchen als sie haben, um Leib und Seele zusammenzuhalten, dann sollte man ihnen dreimal täglich Suppe aus Armee-Feldküchen geben. Dabei bleiben sie gesund, und sie werden sich ihr Leben lang daran erinnern." *Roosevelt* erklärte diesen Dokumenten des amerikanischen Außenministeriums zufolge weiter, er sei „nicht bereit zu sagen, daß wir keine Absicht haben, die deutsche Nation zu vernichten ... Wir müssen das Wort ‚Reich' und alles, was es bedeutet, ausradieren" (zitiert nach „Die Welt", Hamburg, vom 16. 12. 1966, S. 4 – Rubrik Zeitgeschichte. „Dreimal Suppe täglich ist genug ..." Amerikanische Dokumente bestätigen *Roosevelts* starre Haltung).

Politik läßt sich nicht übersehen. General *Clay* nennt diesen Teil des Programms der amerikanischen Besatzungspolitik den „negativen, gleichsam strafvollziehenden Zeitabschnitt“ [3].

Die Strafe trifft neben der Masse der „kleinen“ Parteigenossen, die inhaftiert werden, vor allem die Wirtschaft. Ihre führenden Männer werden – als Konsequenz aus der mit den Kommunisten übereinstimmenden Erklärung für die treibenden Kräfte des Nationalsozialismus – automatisch zu Kriegsverbrechern erklärt und entsprechend behandelt, so daß die Wirtschaft in einer äußerst kritischen Zeit praktisch führungslos bleibt. Dies ist um so schwerwiegender, da die amerikanischen Truppen die strikte Weisung haben, keine Schritte zur Förderung der deutschen Produktion zu unternehmen [4] und die Wirtschaft zu „dezentralisieren“. Das Vermögen der inhaftierten Personen wird gesperrt. In den betroffenen Unternehmen werden Treuhänder eingesetzt [5]. Die wirtschaftliche Steuerung über das Banksystem wird ebenfalls ausgeschaltet. Der Oberbefehlshaber der amerikanischen Armee ist ermächtigt, Banken zu schließen, um eine ausreichende Kontrolle einzuführen, ebenso Börsen, Versicherungsgesellschaften und andere Finanzinstitute [6]. Die Großbanken werden im Rahmen der Dezentralisierung der deutschen Wirtschaft als „typische deutsche Erscheinung“ aufgelöst [7]. Alle neue wirtschaftliche Aktivität unterliegt einem Lizenzierungssystem [8].

Dem Verfall der deutschen Währung wird keinerlei Einhalt geboten. Im Gegenteil, die Situation wird durch die Ausgabe von „Besatzungsgeld“ verschärft, das für Ausgaben benutzt wird, die sonst Dollars erfordert hätten. Die amerikanischen Druckplatten für dieses Geld erhält auch die sowjetische Besatzungsmacht zur beliebigen Herstellung von Noten. Die amerikanischen Soldaten machen durch Tauschgeschäfte Millionengewinne. Diese Situation umschreibt ein amerikanischer Regierungsbeamter vor einer Kommission des amerikanischen Kongresses, die die Währungssituation in Deutschland untersuchte [9], mit „organisierte Plünderung Deutschlands“, zu der der zuständige Gesetzgeber seinen Segen gibt [10]. Obgleich deutsche und amerikanische Wirt-

---

[3] Vgl. Einwirkungen der Besatzungsmächte auf die westdeutsche Wirtschaft, aaO, S. 20.

[4] Siehe S. 164 f.

[5] Vgl. Einwirkungen der Besatzungsmächte auf die westdeutsche Wirtschaft, aaO, S. 40.

[6] Siehe S. 165.

[7] Vgl. Einwirkungen der Besatzungsmächte auf die westdeutsche Wirtschaft, aaO, S. 168.

[8] Vgl. ebenda, S. 38.

[9] Occupation Currency Transactions. Hearings before the Committees on Appropriations Armed Services and Banking and Currency. U. S. Senate 18th Congress, 1st Session on Occupation Currency Transactions. Washington 1947 (zitiert nach Einwirkungen der Besatzungsmächte auf die westdeutsche Wirtschaft, aaO, S. 161).

[10] Vgl. Einwirkungen der Besatzungsmächte auf die westdeutsche Wirtschaft, aaO, S. 161.

schaftsexperten darin übereinstimmen, daß eine Reform der Währung für eine Neuordnung der deutschen Wirtschaft unbedingte Voraussetzung sei, wird zunächst nichts unternommen[11]. So verwundert es nicht, wenn durchaus unabhängige Beobachter das Verhalten der Alliierten als einen auf breiter Basis vorgetragenen Angriff auf die deutsche Industrieorganisation empfinden, in dem die Vereinigten Staaten die treibende Kraft sind[12]. Sie gelten auch als hauptverantwortlich für die Reparationsleistungen[13].

Die Enttäuschung in Deutschland über diese amerikanische Politik nimmt solche Ausmaße an, daß sich das amerikanische Außenministerium am 12. 12. 1945 – drei Monate bevor der für die deutsche Wirtschaft niederschmetternde Industrieplan (Level of German Economy Plan), der den deutschen Lebensstandard auf dem Niveau von 1932, dem Jahr der höchsten Arbeitslosenzahl, einfrieren will, veröffentlicht wird – zu einer beschwichtigenden Erklärung gezwungen sieht. In ihr wird der Industrieplan nicht als dauernde Beschränkung der deutschen Wirtschaft interpretiert, sondern nur als „Wegweiser" für die Bemessung der für Reparationen verfügbaren Industrieanlagen[14].

Diese „ökonomische Abrüstung" Deutschlands, – eine Erfindung der Amerikaner, die die Sowjetunion wärmstens unterstützt[15] – geht so weit, daß auch die für ganz Europa lebenswichtige Kohleproduktion lange Zeit stagniert. Darin sieht *Galbraith* die Entwicklung zu einem Skandal, unter dem ganz Europa leiden würde[16]. Die „ökonomische Abrüstung" sei militärisch und ökonomisch sinnlos und kein Beitrag zur Sicherheit. Schon *John Stuart Mill* habe festgestellt, daß Kapitalgüter leicht reproduzierbar seien. *Galbraith* folgert deshalb, daß die Deutschen, wenn man ihnen nur freie Hand ließe, die zerstörten und demontierten Anlagen in wenigen Jahren wieder erstellen würden, und zwar moderner und für die Sicherheit damit noch gefährlicher[17].

Es spricht einiges dafür, daß die amerikanische Bestrafung Deutschlands als erste Phase der Besatzungspolitik auch einem ökonomischen Alptraum entspringt[18]: In den Vereinigten Staaten gibt es weit verbreitete Befürchtungen[19], die während des Krieges stark gestiegene Produktionskapazität könnte in der Nachkriegszeit wegen mangelnder Nachfrage brachliegen. So mancher

---

[11] Vgl. ebenda.

[12] Vgl. *G. Stolper*, Deutsche Wirklichkeit, aaO, S. 224.

[13] Vgl. ebenda, S. 162. [14] Vgl. ebenda, S. 171 f.

[15] Vgl. *J. K. Galbraith,* Recovery in Europe, aaO, S. 24.

[16] Vgl. ebenda, S. 32.

[17] Vgl. *J. K. Galbraith,* Recovery in Europe, aaO, S. 24.

[18] Zu dem politischen Alptraum, nach dem die deutsche Wirtschaft, insbesondere die Großunternehmen und Kartelle, bei der Wiederherstellung des Militärpotentials eine bedeutende Rolle gespielt und sogar versucht hätte – in einigen Fällen mit Erfolg –, die amerikanische Wirtschaft zur Vorbereitung des zweiten Weltkrieges zu schwächen (siehe *H. C. Wallich,* aaO, S. 356). Politischer und ökonomischer „Alptraum" vermischen sich hier bereits.

[19] Siehe S. 181.

mag deshalb, in merkantilistischem Denken verhaftet, in der Ausschaltung der deutschen Industrie als Wettbewerber auf dem Weltmarkt einen Vorteil erblickt haben.

Diese Vorstellung ist in Deutschland so fest verwurzelt, daß die CDU es noch 1947 in ihrem Ahlener Programm für notwendig erachtet, den Alliierten das Recht zu bestreiten, neben der Zerstörung der Kriegsindustrien und der Wiedergutmachung die deutsche Wirtschaft auch nach den eigenen Exportinteressen der Besatzungsmächte zu beschneiden[20]. Das gilt natürlich nicht nur den Vereinigten Staaten, trifft aber gerade sie in ordnungspolitischer Sicht am meisten, weil in einer solchen Interpretation der Besatzungspolitik von Sozialisten und Kommunisten eine Bestätigung ihres geläufigen Bildes von der kapitalistischen Wirtschaft gesehen wird[21]. Außerdem stehen die übrigen Besatzungsmächte den amerikanischen Vorstellungen offenbar sehr skeptisch gegenüber[22]. In ihrem Windschatten lassen sich aber auch sehr gut eigene Interessen verfolgen. Andererseits ist es nicht einfach, sich dem amerikanischen Einfluß zu entziehen.

Die wirtschaftlichen Konsequenzen der Politik der „ökonomischen Abrüstung" für die deutsche Bevölkerung werden durch die verständnisvolle Haltung der amerikanischen Militärregierung wesentlich vermindert. Sie versucht, so gut es geht, zu helfen – wenn auch, wie aus liberaler Sicht später bemängelt wird, „durch eine „punktuelle" Verbesserung der Planwirtschaft[23]. Der Spielraum, den die Direktive JCS 1067 läßt, um Seuchen und Gefahren von den alliierten Truppen abzuwehren, wird großzügig ausgelegt. Diese pragmatische Haltung mag sicher auch dazu beitragen, daß das niederschmetternde Bild der offiziellen amerikanischen Besatzungspolitik im *Morgenthau*-Geist verwischt wird und der Eindruck der „Konzeptlosigkeit" entsteht. Aus diesem Geist heraus wird auch noch die Idee geboren, lediglich die deutsche Kohlenproduktion wieder aufzunehmen. Gegen solche Pläne wehrt sich die Militärverwaltung unter General *Clay* mit dem Argument: Mehr Kohle im Augenblick, bedeutet weniger Kohle später[24].

Bezeichnenderweise werden auch die ersten direkten amerikanischen Liefe-

---

[20] Siehe O. *K. Flechtheim,* aaO, Bd. 2, Dokument 100, S. 58. Siehe auch *W. Eucken,* Deutschland vor und nach der Währungsreform, aaO, S. 166 ff.

[21] Die SPD beruft sich in diesem Zusammenhang auf eine der „Times" entnommene Erklärung des Verbandes englischer chemischer Fabrikanten. Er setzt sich danach dafür ein, die „deutsche Farbstoffindustrie im Interesse des Weltfriedens gänzlich stillzulegen". Die englische Farbstoffindustrie wäre so stark, „daß sie es sehr begrüßen würde, die deutsche Farbstoffindustrie vollkommen ausgeschaltet zu sehen" (siehe *V. Agartz,* Sozialistische Wirtschaftspolitik, aaO, S. 27 f.). Siehe dazu auch *Fritz Baade,* How Deadly is German Competition. „The Economic Digest". London. Vol. 4 (1951), S. 334 ff.

[22] Vgl. *Stolper,* Deutsche Wirklichkeit, aaO, S. 36.

[23] Vgl. *W. Eucken,* Deutschland vor und nach der Währungsreform, aaO, S. 171. Siehe auch S. 146 und S. 162 der bisherigen Ausführungen.

[24] Vgl. *L. D. Clay,* aaO, S. 193 f.

rungen zur Abwendung der größten Not in der deutschen Bevölkerung aus einem Fonds des amerikanischen Kriegsministeriums bezahlt[25]. Allerdings legen neuere Veröffentlichungen amerikanischer Dokumente den Schluß nahe, daß diese Charitas von vornherein als humanitäre Ergänzung des *Morgenthau*-Geists gedacht ist[26]. So ist zwar nicht zu bestreiten, daß die großzügigen amerikanischen Hilfsprogramme – vor allem der privaten Organisationen – das amerikanische Ansehen in der deutschen Bevölkerung wieder aufgebessert haben, die quantitativen Wirkungen sind jedoch im Vergleich zu den durch die Besatzungspolitik angerichteten Schäden umstritten[27].

Wenn ökonomische Befürchtungen die Mitverantwortung am *Morgenthau*-Plan tragen, so gibt es auch wiederum ökonomische Impulse, die zu einer Neubesinnung geführt haben können. Die ihm möglicherweise zugrunde liegende „merkantilistische Wirtschaftsphilosophie" erweist sich nämlich für die amerikanische Wirtschaft als sehr verhängnisvoll. Deutschland und das übrige Europa fehlen nicht nur als Anbieter von Gütern, sondern auch als Nachfrager. Die mangelnde wirtschaftliche Erholung Deutschlands sowie die Verzögerung in der Erholung Europas und die finanzielle Lage Großbritanniens bedrohen die amerikanischen Exportmöglichkeiten, wie ein amerikanischer Wirtschaftsführer feststellt, der im Auftrag von General *Clay* Deutschlands Lage untersucht hat[28]. Das Gespenst einer Depression in Amerika und einer weltweiten Stagnation taucht auf, auf die die Sowjetunion nur wartet, um Europa, das „geopolitische Herz" der Welt, in ihre Machtsphäre einzubeziehen.

Daraus folgt dann die Notwendigkeit eines beschleunigten wirtschaftlichen Wiederaufbaus in Deutschland. Die Hauptaufgabe wird darin gesehen, den „circulus vitiosus" aufzubrechen, der mit der Kohle beginne und ende[29].

Dazu gehört auch die Einsicht, daß die Produktivität unterernährter Arbeiter sehr gering sei[30]. Es mangele nicht nur an ausreichenden Anreizen zu arbeiten, sondern ein aus der nationalsozialistischen Zeit übernommener bürokratischer Apparat behindere die wirtschaftliche Aktivtät. Er müsse durch den Automatismus des Marktes ersetzt werden[31]. Wenn die Verantwortung für den wirtschaftlichen Aufbau an Deutschland selbst übertragen würde, vor allem an die brachliegende unternehmerische Kapazität, dann machen die Millionen Pläne der Unternehmer die ökonomische Planung der Bürokratie überflüssig. Das deutsche Volk brauche jedoch zur Erlösung aus seiner Hoffnungslosigkeit eine klare Vorstellung über die amerikanische Politik im Hinblick auf die deutsche Zukunft. Dazu sei es nicht nur erforderlich, die Reparationen gemäß den Potsdamer Vereinbarungen nicht über 1947 hinaus auszudehnen[32], sondern auch der Entnazifizierung Grenzen zu setzen[33].

---

[25] Siehe S. 146.

[26] Siehe S. 184, Fußnote 2.

[27] Vgl. *H. C. Wallich,* aaO, S. 325.

[28] Siehe *L. H. Brown,* aaO, S. 25 f.

[29] Vgl. ebenda, S. 92 ff.

[30] Vgl. *L. H. Brown,* aaO, S. 41 ff.

[31] Vgl. ebenda, S. 68 und S. 90 f.

[32] Vgl. ebenda, S. 84 f.

[33] Vgl. ebenda, S. 88.

Diese Rolle Deutschlands als wichtige Voraussetzung des europäischen Wiederaufbaus und damit des amerikanischen Exportmarktes erfordert nicht nur eine neue Wirtschaftspolitik, sondern eine generelle Revision der amerikanischen Besatzungspolitik. *Brown* rührt vor allem an das wichtigste Dogma dieser Politik, den Föderalismus, wenn er eine Zentralregierung empfiehlt, ebenso eine Zentralbank. Das amerikanische Vorbild der Federal Reserve Bank sei für Westdeutschland ungeeignet. Die Übernahme sei ein Restbestand der *Morgenthau*-Philosophie[34]. Dagegen sieht *Brown* in der in Deutschland heftig diskutierten Dekartellisierung und Entflechtung kein so großes Hindernis für eine wirtschaftliche Erholung, obgleich die deutschen Industriellen hier ein Problem sehen möchten[35].

Aus den ökonomischen Überlegungen von *Brown* ergibt sich folgerichtig die Empfehlung zu einer Revision der berüchtigten Direktive JCS 1067[36]. Einen Anknüpfungspunkt hierfür scheint er in dem ursprünglichen Plan des amerikanischen Generalstabs für die Behandlung Deutschlands nach dem Kriege zu sehen. Damit würde *Brown* offensichtlich auch an die Überlegungen jener amerikanischen Industriellen anknüpfen, die seinerzeit den Plänen *Morgenthaus* widersprochen haben[37]. Interessant ist dabei, daß *Clay* selbst den Startschuß zu einer solchen Neubesinnung in Anlehnung an die ursprünglichen Pläne des amerikanischen Generalstabs gibt, indem *Brown* die Aufgabe erhält, „Möglichkeiten zu einer Verbesserung der ökonomischen Lage Deutschlands sowie der besseren Information der amerikanischen Öffentlichkeit und der amerikanischen Führung“ zu untersuchen[38]. *Brown* hat dies mit den Augen eines Unternehmers getan, der ein in Schwierigkeiten geratenes Unternehmen wieder auf die Beine zu bringen hat[39]. Die Ergebnisse unterscheiden sich im wesentlichen nicht von denen, die *Galbraith* in einer ähnlichen Studie – auf Initiative einer amerikanischen Quäkerorganisation – herausstellt[40].

Die Verbesserung der ökonomischen Lage Deutschlands drängt sich jedoch noch aus einem anderen Grunde auf: Die amerikanische Besatzungspolitik bürdet dem amerikanischen Steuerzahler große finanzielle Opfer auf, um Not und Elend der deutschen Bevölkerung aus humanitären und militärischen Erwägungen zu lindern. Möglichkeiten zur Verminderung dieser Steuerlast soll der amerikanische Ex-Präsident *Hoover* im Auftrag von Präsident *Truman* untersuchen. Seine Ergebnisse teilt *Hoover* dem Präsidenten in einem Bericht vom 18. 3. 1947 mit[41]. Sie entspringen nicht dem „Mitleid für ein Volk, das so

---

[34] Vgl. ebenda, S. 125 f.

[35] Vgl. ebenda, S. 112.

[36] Vgl. ebenda, S. 81.

[37] Siehe S. 157 f.

[38] Siehe *L. H. Brown*, aaO, S. VI.

[39] Ebenda, S. IX.

[40] Siehe *J. K. Galbraith*, Recovery in Europe, aaO.

[41] Er trägt den Titel: „Die nötigen Schritte zur Belebung der deutschen Ausfuhr, zur Entlastung der amerikanischen Steuerzahler von der Bürde der Nothilfe und zur wirtschaftlichen Erholung Europas“. Deutsche Übersetzung bei *G. Stolper*, Deutsche Wirklichkeit, aaO, Anlage E, S. 336 ff.

viel Elend über die Welt gebracht hat", sondern „den ernsten Erfordernissen einer Welt, die in die gefährlichste Wirtschaftskrise ihrer ganzen Geschichte verwickelt ist". Die Steuerzahler der Vereinigten Staaten und Großbritanniens würden jährlich mit etwa 600 Millionen Dollar belastet, „um allein in der amerikanischen und britischen Zone Deutschlands eine Hungersnot zu verhüten". Die Vereinigten Staaten hätten 1945 und 1946 über 15 Milliarden Dollar (als Anleihen, Pacht- und Leihverträge, Überschußwaren und Nothilfe) „zur Unterstützung von Zivilisten im Ausland" ausgegeben oder „sich verpflichtet auszugeben".

Die Erholung Europas ist für *Hoover* nicht nur eine wirtschaftliche Notwendigkeit, sondern auch eine notwendige Voraussetzung für den Frieden. Der einzige Weg zu dieser Erholung jedoch sei eine steigende Produktion. Da die europäische Wirtschaft mit der deutschen vielfältig verflochten sei, müsse auch Deutschland wirtschaftlich gesunden[42]. Dazu geht *Hoover* von einigen Voraussetzungen aus, die, wie er glaubt, von „einsichtigen Leuten" geteilt würden: Er nimmt u. a. an, daß die Vereinigten Staaten in Deutschland einen Bundesstaat mit *wirtschaftlicher Einheit* und *freiem Handel* zwischen den einzelnen Ländern zu errichten wünschen", die alle bisherigen Besatzungszonen umfassen[43].

Für den großzügigen ökonomischen Wiederaufbau Deutschlands und Europas sprechen schließlich auch politische Erwägungen. Sie bescheinigen den Gedanken von *Morgenthau* neben der ökonomischen auch noch die politische Kurzsichtigkeit. Denn die ökonomischen Gefahren, die das zerstörte Europa hervorruft, werden deutlich als Chance für den Kommunismus erkannt, in dessen Expansionsplänen wirtschaftliche Krisen in kapitalistischen Ländern eine entscheidende Rolle spielen[44].

Ein wirtschaftlich wieder erstarktes Europa erscheint deshalb als ein Bollwerk gegen den Kommunismus. Seine Chancen in Westeuropa sinken, wenn der Unterschied zwischen „Lebensstandard und Freiheit" im Westen zu „Lebensstandard und Unfreiheit" im Osten deutlich gemacht wird. Eine solche Demonstration für die Bevölkerung in Westeuropa, daß der „Kapitalismus einen höheren Lebensstandard schaffen könne als irgendeine Spielart des Sozialismus oder Kommunismus, gilt als viel erfolgreicher für die amerikanische Politik als das Ausstrahlen von Radioprogrammen in die Sowjetunion durch die Stimme Amerikas"[45].

Diese politische Haltung ist in zweifacher Hinsicht von entscheidender Bedeutung: Die amerikanische Entscheidung zu einem schnellen wirtschaftlichen

---

[42] Vgl. *G. Stolper,* Deutsche Wirklichkeit, aaO, Anlage E, S. 337.

[43] Vgl. ebenda, S. 338. Hervorhebung vom Verfasser. Hier bestätigt sich die an anderer Stelle (siehe S. 154 ff.) gegebene Interpretation für die „wirtschaftliche Einheit" im Potsdamer Abkommen.

[44] Siehe dazu *L. H. Brown,* aaO, S. 169 f.

[45] Siehe *L. H. Brown,* aaO, S. 78 f.

Wiederaufbau Europas und Deutschlands erweist sich einmal zu einem nicht zu unterschätzenden Teil als Frucht der Ost-West-Spannung[46]. Zum anderen ist die Wirtschaft darüber hinaus dazu ausersehen, die Überlegenheit der westlichen Ordnung über die östliche zu beweisen. Die Wirtschaftspolitik wird damit – wie die bisherigen Überlegungen bereits sichtbar werden ließen[47] – zur Grundlage der amerikanischen Ordnungspolitik in Deutschland.

Mit dem Regierungsantritt *Trumans* scheinen andere Kräfte in der amerikanischen Politik das Übergewicht zu erhalten[48]. Diese neue amerikanische Politik stützt sich nicht nur auf die wirtschaftliche Einheit Deutschlands, sondern legt auch größeres Gewicht auf die politische Einheit. Erst aus dieser Sicht ergeben sich die folgenden drei Stadien der amerikanischen Besatzungspolitik, die *Clay*[49] unterscheidet: das Stadium der Wiederbelebung des politischen Lebens in den Zonen[50], das Stadium des politischen Wiederaufbaus in Deutschland und als drittes Stadium die Bildung einer westdeutschen Regierung. Nur noch das Eingeständnis, daß die Entwicklung ursprünglich praktischen, ökonomischen Erwägungen entsprungen sei, erinnert an die alte amerikanische Besatzungspolitik.

2.1.2. Die Ordnungspolitik

Für die Ordnungspolitik mag es noch am ehesten gelten, daß der Militärregierung ein brauchbares Konzept fehlt. Denn der *Morgenthau*-Geist, der die offizielle Politik beherrscht, läßt sich schlecht mit den amerikanischen Prinzipien der Freiheit und Demokratie verbinden. Diese Tatsache spiegelt sich sehr gut in der Enttäuschung der deutschen Liberalen über die amerikanische Politik wider: Man wirft ihr nicht nur „Schizophrenie" vor[51], sondern unterstellt sogar, daß auch die Ordnungspolitik nur dazu dient, die deutsche Wirtschaft als Konkurrenz auf dem Weltmarkt auszuschalten[52]. „Ordnung" scheint nur insoweit als erforderlich angesehen zu werden, wie sie zum Schutz und zur Sicherheit der Besatzungstruppen notwendig ist[53]. Das Desinteresse an einer Neuordnung der deutschen Währung paßt in dieses Bild ebenso wie die gerade von den Liberalen beklagte Mißachtung des privaten Eigentums[54],

[46] Vgl. auch *H. C. Wallich*, aaO, S. 3.

[47] Siehe S. 151 ff. und S. 165.

[48] Siehe S. 169; vgl. auch *Stolper, Häuser, Borchardt*, aaO, S. 229 f.

[49] Siehe *L. D. Clay*, aaO, S. 163.

[50] Also nicht mehr die Bestrafung – siehe S. 185.

[51] Siehe S. 168.

[52] Siehe S. 187 sowie *W. Eucken*, Deutschland vor und nach der Währungsreform, aaO, S. 168.

[53] Siehe S. 164 f.

[54] In den Kreisen der deutschen Unternehmer spricht man später von „verhängnisvollen Wirkungen der Besatzungseingriffe in die Wirtschaftsordnung", von einem Versuch, das „Unternehmertum aus der Neuordnung der deutschen Wirtschaft auszuschalten". Siehe *Fritz Hellwig*, Der echte Unternehmer in der Marktwirtschaft. In: Unternehmer, Marktwirtschaft und Sozialpolitik. Schriftenreihe der Arbeitsgemeinschaft Selbständiger Unternehmer, aaO, o. J. (1951), S. 11.

dem wesentlichen Grundpfeiler einer freien, westlichen Ordnung, ganz zu schweigen von der Achtung gegenüber traditionellen deutschen Ordnungsgrundsätzen.

Das alles in den ersten zwei Jahren verneint zu haben, wird den Vereinigten Staaten vorgeworfen – vor allem ihre „führende Rolle" bei der Ignorierung des Privateigentums[55]. Dies sei für eine zukünftige marktwirtschaftliche Ordnung in Deutschland schon deshalb eine zusätzliche Belastung, weil marxistische Schlagworte bedenkenlos übernommen und der Nationalsozialismus als Handlanger des Kapitalismus sowie die deutsche Industrie, insbesondere die Großindustrie, als Kriegshetzer dargestellt werde[56]. Es erfolge eine „umfassende Enteignung des Privateigentums, nicht um schuldige Individuen, sondern um ganze Klassen zu bestrafen, und, nicht zu vergessen, die durchgreifende Beraubung der deutschen Patente und des deutschen technischen Wissens, nicht nur in den Kriegsindustrien, sondern unterschiedslos und systematisch im ganzen Bereich des deutschen technischen und industriellen Erfindergeistes". Das alles habe dazu beigetragen, „die Wiederbelebung einer freien Marktwirtschaft in Deutschland fast hoffnungslos" zu machen und „die letzten Dämme gegen die bolschewistische Flut zu untergraben"[57].

Als typisch für diesen Geist zitiert *Stolper* den amerikanischen Chef der Dekartellisierungsbehörde. Noch in der Präambel zum Gesetz Nr. 56, dem allgemeinen Entflechtungs- und Dekartellierungsgesetz der amerikanischen Militärregierung vom Februar 1947 liegt das Hauptgewicht auf der Entmachtung der deutschen Wirtschaft. Nur in einem letzten, vierten Punkt wird angedeutet, daß wirtschaftliche Konzentration auch ökonomische Nachteile haben könne[58]. Unter diesen Umständen kann bis zu diesem Zeitpunkt noch nicht von einer „ordnungspolitischen Überhöhung" der Entflechtung und Dekartellisierung gesprochen werden.

Es muß in diesem Zusammenhang noch auf eine andere Besonderheit der früheren amerikanischen Besatzungspolitik[59] hingewiesen werden: Bevorzugte Partner sind zunächst offensichtlich die Gewerkschaften[60] und die Sozialdemokraten[61]. Die Vertrauenswürdigkeit der Gewerkschaften und der

[55] Siehe dazu *G. Stolper,* Deutsche Wirklichkeit, aaO, S. 206 f.

[56] Siehe dazu auch S. 156 f.

[57] *G. Stolper,* Deutsche Wirklichkeit, aaO, S. 207.

[58] Siehe Gesetz Nr. 56 der Amerikanischen Militärregierung vom 28. 1. 1947. Amtsblatt der Militärregierung Deutschlands – Amerikanisches Kontrollgebiet, Ausgabe C, S. 2. Vgl. dazu auch *H. C. Wallich,* aaO, S. 356 f.

[59] Das trifft zwar für die anderen westlichen Besatzungsmächte auch zu, überrascht allerdings vor allem bei den Vereinigten Staaten.

[60] *G. Stolper* bezeichnet sie als die „Musterknaben der westlichen Militärregierungen" (Deutsche Wirklichkeit, aaO, S. 220).

[61] Noch in der zweiten Vollversammlung des Wirtschaftsrats des Vereinigten Wirtschaftsgebiets der englischen und amerikanischen Zone beklagt sich ein Abgeordneter der CDU darüber, daß alle acht Wirtschaftsministerien der beiden Zonen von Sozialdemokraten besetzt seien. Die CDU könne sich jedoch als größte Partei in den

Sozialdemokraten beruht ohne Zweifel darauf, daß sie durch den Nationalsozialismus politisch unbelastet sind. Deshalb ist der in Bayern zuständige Beamte der für die zivile Verwaltung zuständigen Abteilung in der amerikanischen Militärregierung auch der Meinung, Bayern müsse von den Sozialdemokraten regiert werden[62].

Darüber hinaus scheint es noch Tendenzen zu geben, die Sozialdemokraten zu einer „antifaschistischen, demokratischen Volkspartei" zu machen. Anders ist es kaum zu interpretieren, wenn „Die Neue Zeitung", eine amerikanische Zeitung für Deutschland, den Kampf der SPD unter *Kurt Schumacher* gegen eine sozialistische Einheitspartei nicht nur wohlwollend begrüßt, sondern die Ziele der SPD auch wohlwollend würdigt: „Wie in den anderen Ländern kämpfen jetzt die deutschen Sozialdemokraten darum, den Mittelstand auf die Seite der demokratisch gesinnten Arbeiter herüberzuziehen. Das ist erst die neue Voraussetzung des Erfolges. Die andere wäre die, auch die deutsche Jugend für die großen Ideen des Friedens, der Demokratie und des Sozialismus zu begeistern"[63].

Weniger schmeichelhaft für diese amerikanisch-sozialistische aber auch jede andere deutsch-amerikanische Zusammenarbeit ist jedoch, was *Clay* über die Qualitäten der ersten deutschen Verwaltung sagt, die zwar von der Militärregierung eingesetzt, jedoch dann im Januar 1946 durch die ersten Wahlen in der amerikanischen Zone weitgehend bestätigt und nicht der „Kollaboration" bezichtigt wird[64]. Die gewählten deutschen Vertreter der Verwaltung seien standhaft in ihrer Opposition gegenüber dem Kommunismus gewesen und hätten schon darin ihren Wert bewiesen[65]. Ähnlich rühmt *Clay* bei den „fähigen Gewerkschaftsführern" der amerikanischen Zone die nahe Verbindung „demokratischer Führerschaft" mit „Bekämpfung des Kommunismus in der Arbeiterschaft"[66].

Es ist unter diesen Umständen nicht ganz auszuschließen, daß Kräfte in der amerikanischen Militärregierung im deutschen Sozialismus nebeneinander

beiden Zonen nicht aus der Wirtschaft ausschalten lassen. Damit wird im Wirtschaftsrat die Forderung begründet, das frei gewordene Amt des Direktors für Wirtschaft „einem Manne zu übertragen, der unserem (nämlich dem der CDU – der Verf.) wirtschaftlichen Wollen nahesteht" (siehe Wörtliche Berichte, aaO, 2. Vollversammlung, S. 26, Abgeordneter *Holzapfel).*

Ottel behauptet nicht nur, daß die Sozialisten von der englischen und amerikanischen Besatzungsmacht gefördert worden sind, sondern auch die Währungsreform basiere auf Vorschlägen der SPD (vgl. *Fritz Ottel,* Wirtschaftspolitik am Rande des Abgrundes. Frankfurt a. M., S. 76 ff.). Schließlich wird auch *Böhm* als „führender Neoliberaler" nicht nur mit dem Nationalsozialismus, sondern auch mit der sozialdemokratischen Wirtschaftspolitik in Verbindung gebracht (vgl. ebenda, S. 90).

[62] Vgl. *R. Murphy,* aaO, S. 361 f.

[63] „Die Neue Zeitung" vom 22. 3. 1946.

[64] Vgl. *L. D. Clay,* aaO, S. 88.

[65] Vgl. *L. D. Clay,* aaO, S. 91.

[66] Vgl. ebenda, S. 289 f.

oder nacheinander den Antifaschismus, den Antikapitalismus und den Antikommunismus als nützlich betrachten.

Die tatsächliche Besatzungspolitik orientiert sich nicht allein an den offiziellen politischen Maßstäben. Das pragmatische Verhalten der Militärregierung lindert nicht nur die wirtschaftliche Not der deutschen Bevölkerung – die in direktem Kontakt den gesunden Menschenverstand mehr anspricht als an den Schreibtischen im fernen Washington –, sondern dämpft auch die Zweifel und das Mißtrauen gegenüber Amerika und seine Ordnungsprinzipien. Es ist auch hier gut, sich daran zu erinnern, daß der *Morgenthau*-Plan in den Vereinigten Staaten selbst nicht ohne Widerspruch bleibt[67].

Mit General *Clay* übernimmt ein Mann die Verantwortung für die amerikanische Besatzungspolitik, der sich offenbar den ursprünglichen Vorstellungen des amerikanischen Generalstabs und des Kriegsministeriums mehr verbunden fühlt als dem in der Direktive JCS 1067 zum Ausdruck kommenden *Morgenthau*-Geist. *Clay* und seine Berater sind ausgesprochene Gegner dieses Konzepts[68]. Der einflußreichste dieser Berater ist sicher der politische Berater der amerikanischen Militärregierung, *Robert Murphy*, der dem Außenministerium untersteht. So wirkt es nachträglich wie eine Ironie der Geschichte, daß die aus dem *Morgenthau*-Geist geborenen Richtlinien für die amerikanische Militärregierung ausgerechnet von Leuten interpretiert und ausgeführt werden, die den wichtigsten Oppositionsgruppen gegenüber *Morgenthau*[69], dem Kriegs- und Außenministerium, unterstehen. Man könnte bereits in dieser Tatsache nicht nur einen Zufall sehen, sondern deutliche Anzeichen für eine Neuorientierung der amerikanischen Politik.

Trotz der ordnungspolitischen Unklarheiten in den ersten beiden Jahren der Besetzung gibt es keinen Zweifel darüber, daß die Vereinigten Staaten fest entschlossen sind, ihre Prinzipien auch in Deutschland, zumindest in dem von ihnen besetzten Teil, durchzusetzen. *Galbraith* geht sogar so weit, der sowjetischen „Heilslehre" der Weltrevolution eine zweite „Heilslehre" der westlichen Demokratie gegenüberzustellen: Sie halten ihr System für „normal" und einen „natürlichen Zustand" der menschlichen Gesellschaft. Deshalb bestehen sie auf einer Organisation der Welt nach ihren Prinzipien[70].

Ein solcher Wille kommt auch im *Morgenthau*-Plan zum Ausdruck. Die geforderten „Umerziehungspläne" für Deutschland[71] zur Schaffung eines demokratischen Bewußtseins sprechen eine deutliche Sprache. In diese Richtung weist auch die Direktive JCS 1067, deren einzige konstruktive Seite *Murphy* in der Anweisung sieht, die politische Aktivität zu fördern[72]. Die gleichzeitige Verpflichtung zur politischen Neutralität ist gewiß nicht leicht gewesen,

---

[67] Siehe S. 157 ff. [68] Siehe S. 163.

[69] Der Leiter der Dekartellisierungsbehörde schien eine Ausnahme zu sein und beschwerte sich deshalb auch über *Clay* in Washington (siehe dazu S. 214).

[70] Vgl. *J. K. Galbraith,* Recovery in Europe, aaO, S. 6.

[71] Siehe S. 160. [72] Siehe S. 164.

wenn andererseits die Militärregierung nach Aussagen von *Clay*[73] auch die Pflicht hat, die Verdienste des „freien Unternehmertums" herauszustellen. Er meint allerdings, die amerikanische Militärregierung habe niemals gegen die politische Neutralität verstoßen und später auch eine einheitliche Meinung mit der britischen Militärregierung erzielt.

In Deutschland selbst entsteht jedoch ein anderer Eindruck. In der bereits erwähnten Untersuchung über die Einwirkungen der Besatzungsmächte auf die westdeutsche Wirtschaft[74] wird unverblümt von der Neigung der Vereinigten Staaten gesprochen, ihre wirtschaftlichen Grundsätze auf deutsche Verhältnisse zu übertragen. Solche Reformversuche machen zwar auch die anderen westlichen Besatzungsmächte, den Vereinigten Staaten wird jedoch die führende Rolle zugewiesen, „mit wahrscheinlich am meisten reformerischem Eifer und sicherlich mehr Geld". Ein wenig zu bereitwillig sei angenommen worden, daß das, was für die Vereinigten Staaten gut war, auch für Deutschland gut sein muß. Dabei habe man jedoch die Leichtigkeit überschätzt, „mit welcher man den Charakter und die lang erworbenen Gewohnheiten eines Volkes ändern kann"[75].

Man kann der amerikanischen Militärregierung jedoch bestätigen, daß sie nie plumpe Gewalt angewendet hat, um ihre Politik durchzusetzen, ohne jedoch in entscheidenden Punkten nachzugeben. Das drückt *Clay* folgendermaßen aus: Was die „Reedukation" angehe, hätten die Vereinigten Staaten sich sehr früh gegen direkte Propaganda entschieden. Jedoch sei die Absicht und der Wille vorhanden gewesen, das deutsche Bewußtsein zu durchdringen, um die „amerikanische Botschaft" zu überbringen[76]. Diese Politik knüpft offensichtlich an die alten Vorstellungen des amerikanischen Außenministeriums zur langfristigen Gewinnung Deutschlands an[77]. Der *Morgenthau*-Plan zerstört jedoch die Basis für eine solche Politik. Das schließt allerdings nicht aus, daß ihre Ziele ständig gegenwärtig sind, um den der tatsächlichen Besatzungspolitik verbleibenden Spielraum zu nutzen. Je mehr diese sich vom *Morgenthau*-Geist löst, desto weiter wird das Feld für eine bewußte Ordnungspolitik auf demokratischem Wege.

2.1.2.1. Ziele und Mittel der Ordnungspolitik

Wenn *Clay* durchblicken läßt, daß die Militärregierung gehalten ist, den Deutschen die Verdienste des freien Unternehmertums nahezubringen, so ist das eine vorsichtige Umschreibung der Versuche der amerikanischen Militärregierung, der amerikanischen „Wirtschaftsphilosophie" in Deutschland zum Durchbruch zu verhelfen. Wichtigstes Prinzip ist die „Wirtschaftsfreiheit",

---

[73] *L. D. Clay*, aaO, S. 293.
[74] Vgl. aaO, S. 17.
[75] Vgl. *H. C. Wallich*, aaO, S. 355 f.
[76] Vgl. *L. D. Clay*, aaO, S. 281.
[77] Siehe S. 158.

die man so weit wie möglich begünstigt und ihre Durchsetzung fördert[78]. Ähnlich schreibt *Wallich*[79], „ökonomisches Hauptziel" der amerikanischen Reformbemühungen in Deutschland sei die „Liberalisierung der Volkswirtschaft" gewesen, und zwar „mittels Begrenzung von Machtkonzentrationen und Beseitigung der Gewerbebeschränkungen". Zur Durchführung werden allgemeine Gesetze erlassen oder auch „direkte Aktionen gegen verschiedene Industrien oder Unternehmen" unternommen. Diese Spezialgesetze betreffen die I. G. Farbenindustrie, die Montanindustrie und die Großbanken[80].

Was die allgemeine Gesetzgebung angeht, so ist zunächst ein einheitliches Vorgehen in den vier Zonen vorgesehen. Das scheitert jedoch. Es kommt nicht einmal eine einheitliche Gesetzgebung in den drei Westzonen zustande. Ein gewisser Gleichschritt der drei westlichen Alliierten läßt sich jedoch nicht übersehen, ebensowenig wie die führende Rolle der amerikanischen Militärregierung. Ihr Gesetz Nr. 56 vom 28. 1. 1947 läßt, wie bereits erwähnt, die Bedeutung der Dekartellisierung und Entflechtung für die Wirtschaftsordnung noch relativ wenig erkennen. Das häufig anzutreffende Mißtrauen der Ordoliberalen gegen die amerikanische Besatzungspolitik hat also in den ersten Nachkriegsjahren eine sehr reale Grundlage. Denn die Schwächung der deutschen Wirtschaft steht unübersehbar im Vordergrund, wie auch *Borchardt* feststellt: „Der alte amerikanische Antitrust-Gedanke, daß der Wettbewerb geschützt werden müsse, um die Marktwirtschaft zu stärken ... fand zunächst kaum sichtbaren Ausdruck"[81]. Die deutsche Stimmung gibt *Rasch*[82] sicher zutreffend wieder, wenn er schreibt, die Deutschen hätten „aus verschiedenen Gründen keinen Anlaß, über die sog. Dekartellisierungsgesetzgebung ... erfreut zu sein". Sie betreffe Grundfragen der Wirtschaftsverfassung, die von den Deutschen selbst geregelt und ihnen nicht von außen aufgezwungen werden sollten – in einer Rechtssprache und Gesetzestechnik des anglo-amerikanischen Rechts, die dem deutschen Juristen fremd sei[83]. Die Formel „übermäßige Konzentration der Wirtschaft"[84], deren sich das Dekartellierungs-

---

[78] Vgl. Einwirkungen der Besatzungsmächte auf die westdeutsche Wirtschaft, aaO, S. 17.

[79] *H. C. Wallich*, aaO, S. 356.

[80] Vgl. ebenda, S. 357 ff.; Einwirkungen der Besatzungsmächte auf die westdeutsche Wirtschaft, aaO, S. 43 f.

[81] Siehe *Stolper, Häuser, Borchardt*, aaO, S. 288.

[82] *H. Rasch*, Grundfragen der Wirtschaftsverfassung, aaO, S. 134 f.

[83] In der Rechtswissenschaft scheint noch heute eine gewisse Scheu zu bestehen, der Rezeption amerikanischen Wirtschaftsrechts in Deutschland nachzugehen. Diese Rezeption beschränkt sich jedoch keineswegs nur auf Deutschland, sondern ist vielleicht noch viel deutlicher in den Wettbewerbsvorschriften der Europäischen Gemeinschaft für Kohle und Stahl sowie der Europäischen Wirtschaftsgemeinschaft (siehe dazu *S. L. Gabriel*, Zur Interpretation des Artikels 65 des Montanvertrages. „Weltwirtschaftliches Archiv". Hamburg. Bd. 86 [1961/1], S. 1 ff.).

[84] Siehe dazu auch *Gutmann, Hochstrathe, Schlüter*, aaO, S. 83 ff.

gesetz bedient, gibt einen weiten Spielraum für Eingriffe in die deutsche Wirtschaft.

Die Atomisierung der Wirtschaft ist das ökonomische Gegenstück zu dem amerikanischen Prinzip des Föderalismus im politischen Bereich – ein wesentlicher Streitpunkt bei den späteren Arbeiten am Grundgesetz der Bundesrepublik[85]. Dieses Prinzip entspringt ebenfalls zunächst nicht irgendwelchen Idealvorstellungen über einen demokratischen Staat, sondern der alten politischen Weisheit „teile und herrsche". Man hofft, ein föderalistisches Deutschland leichter kontrollieren zu können, was *Clay*[86] nicht verschweigt. Hinzukommt die amerikanische Furcht, ein zentral regiertes Deutschland könne es der Sowjetunion erleichtern, eine Kontrolle über ganz Deutschland zu erhalten[87].

Derselben Logik könnte es deshalb entspringen, wenn die politischen Parteien zuerst nur auf lokaler Ebene tätig sein dürfen. Als diese Beschränkung fällt, wacht die amerikanische Regierung jedoch darüber, daß der sowjetische Einfluß über deutsche Parteien stets der starken antisowjetischen und antikommunistischen Tradition in der deutschen Bevölkerung ausgesetzt bleibt. Das hat sicher auch dazu beigetragen, daß die Schaffung einer „sozialistischen Einheitspartei für ganz Deutschland" in den westlichen Besatzungszonen verboten wird[88]. Auch Versuche der KPD, sich in den westlichen Zonnen in „Sozialistische Volkspartei" umzubenennen, scheitern am Widerstand der Besatzungsmächte[89].

Diese Furcht beruht sicher zu einem nicht unwesentlichen Teil auch auf den sozialistischen Strömungen in der deutschen Bevölkerung, die allein bei demokratischer Entwicklung in Deutschland ein Sprungbrett für die Sowjetunion für eine Kontrolle über ganz Deutschland hätten sein können[90].

Im Föderalismus sieht die amerikanische Besatzungspolitik offenbar zunächst auch die Möglichkeit zur Isolierung von Einflußsphären[91], in denen sich dann eine „reine Ordnung" nach amerikanischen Prinzipien besser verwirklichen läßt. Genau das schwebt dem politischen Berater der amerikanischen Militärregierung, *Murphy*, vor, wenn er – ganz im Sinne der Weisun-

---

[85] Vgl. *L. D. Clay*, aaO, S. 405 ff.

[86] Vgl. ebenda, S. 142. Daran war auch im *Morgenthau*-Plan gedacht.

[87] Diese Interpretation gab der amerikanische Außenminister *Marshall* in seiner Rede an die Nation vom 28. 4. 1947 (zitiert nach *L. D. Clay*, aaO, S. 153).

[88] Siehe dazu: Das Verbot der KPD. Urteil des Bundesverfassungsgerichts vom 17. 8. 1956; zitiert nach *O. K. Flechtheim*, aaO, Bd. 1, Dokument 18, S. 81.

[89] Vgl. *O. K. Flechtheim*, aaO, Bd. 1, S. 4 und Dokument 18, S. 79 f. Relativiert man diese Politik der westlichen Alliierten, so würde das etwa mit einer sowjetischen Entscheidung vergleichbar sein, die alle bürgerlichen Parteien gezwungen hätte, das Wort „kapitalistisch" in ihrem Namen zu führen.

[90] Hätte es diese Strömungen in Deutschland nicht gegeben, so wäre doch eine deutsche Zentralregierung sicher eine Chance gewesen für eine amerikanische, bzw. westliche Kontrolle über *ganz* Deutschland.

[91] Siehe S. 153.

gen der Direktive JCS 1067, eine demokratische Verfassung von unten her aufzubauen, – seine Hoffnungen auf Bayern setzt. Es ist das einzige Land, das seine Einheit bewahrt hat und ganz in der amerikanischen Zone liegt: Wenn hier die Dinge richtig angefaßt würden, könnte Bayern zu einem Modellfall für ganz Deutschland gemacht werden. Allerdings denkt *Murphy* in diesem Zusammenhang nicht an eine Zusammenarbeit mit den Sozialdemokraten – wie der bereits erwähnte Beamte der amerikanischen Militärregierung [92] –, sondern sympathisiert mit der Bayerischen Volkspartei, der späteren CSU [93].

Diese Beschränkung auf isolierte Einflußzonen scheint aber nur ein ordnungspolitisches „Minimum-Programm" der amerikanischen Besatzungspolitik zu sein. Der offensichtliche Widerspruch zwischen der Forderung nach *politischem Föderalismus,* aber *wirtschaftlicher Einheit* wird unter diesen Umständen noch größer. Würde sie verwirklicht, wäre doch Bayern als ordnungspolitischer Modellfall für amerikanische Ordnungsprinzipien unvorstellbar. Der Widerspruch löst sich nur teilweise auf, wenn die wirtschaftliche Einheit nur rein ökonomisch als interzonaler Ausgleich der wirtschaftlichen Beiträge zur Versorgung der deutschen Bevölkerung interpretiert würde.

Die amerikanischen Versuche des Jahres 1946, die alliierte Einheit gegenüber Deutschland neu zu beleben [94], sind schlecht lediglich aus dieser ökonomischen Triebfeder zu erklären. Der Vorschlag des amerikanischen Außenministers vom April 1946 für einen langfristigen Viermächte-Vertrag zur Verhinderung einer zukünftigen deutschen Aggression mag dem Bemühen entspringen, die alte Furcht Frankreichs vor Deutschland zu beschwichtigen. Der erneute Vorstoß vom Juli 1946 „zur ökonomischen Vereinheitlichung" Deutschlands, verbunden mit dem Angebot an die anderen Besatzungsmächte, mit der amerikanischen Zone zu fusionieren, ohne eine politische Vereinheitlichung herbeizuführen, hat zwar einen ökonomischen Hintergrund, der aber über das rein ökonomische Interesse an einem wirtschaftlichen Ausgleich zwischen den Zonen hinauszugehen scheint.

Die geschickte Politik der Sowjetunion und ihres Außenministers *Molotow* [95], der den deutschen Wünschen nach einer zentralen Regierung und der Ablehnung von Gebietsabtretungen an Frankreich entgegenkommt, drängt die amerikanische Besatzungspolitik in die Defensive. Die amerikanische Antwort ist der Vorschlag vom Juli 1946, den politischen Föderalismus mit der wirtschaftlichen Einheit zu kombinieren. Das Konzept jedoch ist keineswegs neu. Wie die bisherigen Überlegungen zeigten, klingt es bereits in der Atlantic-Charta und im Potsdamer Abkommen an [96]. Noch deutlicher wird es auf diesem Hintergrund und in der Weisung an die Militärregierung, die Dezen-

---

[92] Siehe S. 193.

[93] Vgl. *R. Murphy,* aaO, S. 161 f.

[94] Vgl. dazu *L. H. Brown,* aaO, S. 20 ff.

[95] Siehe S. 146 ff. und S. 216 ff.

[96] Siehe S. 154 ff. und S. 172 ff.

tralisierung der deutschen Wirtschaft nicht so weit zu treiben, „daß im Kontrollrat die weitestgehende Einigkeit über die Wirtschaftspolitik“ [97] gefährdet wird.

Die Betonung der wirtschaftlichen Einheit im Potsdamer Abkommen erweist sich somit erneut weniger als eine Konzession an die sowjetischen Wünsche nach einer zentralen Wirtschaftsverwaltung [98] als vielmehr als grundsätzlicher Bestandteil der amerikanischen Politik. Ihr erscheint eine einheitliche Wirtschaftsordnung [99] wichtiger als eine einheitliche politische Ordnung. Darauf deutet auch *Hoovers* „einsichtigen Leuten“ selbstverständliche Voraussetzung für Überlegungen zur Besatzungspolitik in Deutschland hin, nämlich daß die Vereinigten Staaten einen „Bundesstaat mit wirtschaftlicher Einheit und freiem Handel zwischen den einzelnen Ländern“ errichten wollen [100].

Die Sowjetunion ignoriert das amerikanische Fusions-Angebot [101]. Am 6. 9. 1946 hält der amerikanische Außenminister *Byrnes* eine aufsehenerregende Rede. Obwohl er vorwiegend deutsches Publikum hat, ist sie offensichtlich für die Weltöffentlichkeit bestimmt. Er erklärt das Potsdamer Abkommen hinsichtlich der Viermächte-Regierung als Mißerfolg und kommt der Stimmung der deutschen Bevölkerung in entscheidenden Punkten entgegen: Eine Revision der „polnischen Annexionen im Osten“ wird nicht ausgeschlossen, eine Abtrennung des Rheinlandes und des Ruhrgebiets von Deutschland wird abgelehnt und die Vereinigten Staaten erklären ihr Einverständnis zu einer deutschen Zentralregierung. Eine offizielle Abkehr von der „*Morgenthau*-Doktrin“ erfolgt jedoch noch nicht. Die Bedeutung des Exports für Deutschland und die Notwendigkeit zu einer Revision des Industrieplans wird noch nicht anerkannt [102].

Unter diesen Umständen kann das Zugeständnis einer Zentralregierung doch nur eine ordnungspolitische Bedeutung haben, wenn man darin nicht Rücksichtnahme auf deutsche Gefühle sehen will. Der Mißerfolg der Viermächte-Regierung läßt bestenfalls eine Zentralregierung für die westlichen Besatzungszonen zu. Damit wird ein sowjetischer Einfluß auf sie ausgeschlossen. Der amerikanischen Furcht vor einer sowjetischen Kontrolle über ganz Deutschland würde durch eine solche Isolierung der Westzonen der Boden entzogen. Einer deutschen Zentralregierung für die Westzonen stände demnach nichts mehr im Wege. Die Übereinstimmung der westlichen Alliierten vorausgesetzt, könnte nicht nur das ganz in der amerikanischen Besatzungszone liegende Bayern, sondern das gesamte westliche Besatzungsgebiet zu einem Modellfall für westliche Ordnungsprinzipien werden, ja sogar ganz Westeuropa [103].

---

[97] Siehe S. 165. [98] Siehe S. 154. [99] Vgl. ebenda. [100] Siehe S. 110.

[101] Vgl. *L. H. Brown*, aaO, S. 22.

[102] Vgl. *L. H. Brown*, aaO, S. 23.

[103] Diese Schlußfolgerung drängt sich bei *Brown* auf, wenn er feststellt (aaO, S. 157): Da Rußland nicht bereit sein wird, Westeuropa unter westlichem System

Berücksichtigt man nun weiterhin die erwähnten Veränderungen im ökonomischen und politischen Hintergrund der amerikanischen Besatzungspolitik, so erhält die amerikanische Ordnungspolitik in Deutschland eine kaum zu übersehende Stoßkraft. Der wirtschaftliche Wiederaufbau Deutschlands wird zum wichtigsten Hebel der Ordnungspolitik und zum entscheidenden Trumpf im „kalten Krieg" zwischen Ost und West.

Die „westdeutsche Einheit" wird nicht nur zum ökonomischen Gebot der Stunde[104], sondern auch eine unabdingbare politische Voraussetzung für eine Stärkung des Westens in der Auseinandersetzung mit dem Kommunismus. So bittet *Brown* in seinem Deutschland-Bericht die Freunde Amerikas um Verständnis für die Notwendigkeit eines „Aktionsplans", um die Drohung gegen die westliche Zivilisation zu bannen und ihre unbezahlbaren Freiheiten zu erhalten[105]. Die Gefahren einer ökonomischen Stagnation und eines eventuellen Zusammenbruchs in Europa seien so groß, daß die westliche Zivilisation aus Selbsterhaltung zusammengehen muß – genauso wie sie es gegen *Hitler* getan habe[106]. Diese „Aktionsgemeinschaft" läßt nicht nur den Föderalismus in Deutschland in den Hintergrund treten[107], sondern auch die „erklärten Thesen der Altliberalen", die der wirtschaftlichen Integration in der Welt hinderlich sind[108]. Das erklärt den von *Predöhl* beklagten Widerspruch[109] zwischen der offiziellen amerikanischen Welthandelspolitik und der Initiative in der europäischen Integration. Die westdeutsche Einheit ist nur ein Teil der neu, als Bollwerk gegen den Kommunismus, konzipierten Einheit Europas.

Ein kommunistisches Deutschland aber wäre ein wesentlicher Schritt zu einem kommunistischen Europa, ein westlich orientiertes Deutschland jedoch ein starker Brückenkopf nach Osteuropa. Das macht Deutschland zum Hauptfeld des Wettbewerbs zwischen Ost und West. Nicht Deutschland allein ist gefährlich. Erst als Alliierter irgendeiner anderen Macht wird es eine Gefahr. Solche Angebote drohen jedoch, wie *Galbraith*[110] aus der damaligen Weltsituation folgert, aus Ost und West.

Die wichtigste Aufgabe amerikanischer Ordnungspolitik besteht angesichts der starken sozialistischen Neigungen in der deutschen Bevölkerung zunächst darin, die deutschen „Seelen" zu gewinnen. Darin wird ein Teil des Kampfes

---

wieder auferstehen zu lassen, müßten die Vereinigten Staaten bereit sein, ohne Rußland voranzugehen.

[104] Vgl. *J. K. Galbraith,* Recovery in Europe, aaO, S. 14 f. sowie S. 186 und S. 189 der bisherigen Erörterungen.

[105] Vgl. *L. H. Brown,* aaO, Vorwort S. X.

[106] Vgl. ebenda, S. 25 f.

[107] Sowie jene „ökonomischen Philosophen", die ökonomische Stärke aus dem „Föderalismus" zu folgern versuchten (siehe S. 158 f.).

[108] Siehe S. 180.

[109] Siehe ebenda.

[110] *J. K. Galbraith,* Recovery in Europe, aaO, S. 7 f. Das entspricht auch der bereits erwähnten Haltung des amerikanischen Außenministeriums im Jahre 1944 (siehe S. 158).

um die „Seelen der Völker" gesehen, der im außermilitärischen Raum bereits im vollen Gange sei[111]. Die amerikanische Überzeugung ist es dabei, daß die Wiederherstellung normaler wirtschaftlicher Verhältnisse in Europa den *„Willen zur Freiheit"* beleben würde. Dazu sei jedoch amerikanische finanzielle Unterstützung erforderlich. Sie würde die amerikanische Politik einer passiven Verteidigung gegen die kommunistische Infiltration umwandeln zu einem aktiven Angriff mit Ideen und ökonomischen Vorteilen[112].

Was an diesem „aktiven Angriff" zunächst am meisten auffällt, ist die amerikanische Überzeugung, daß der *„Wille zur Freiheit"* in Europa einer Belebung bedarf, und zwar durch finanzielle Anreize aus Amerika. Die europäischen Völker würden es sich verbitten, ihren Willen zur Freiheit in der Nachkriegszeit als einer – noch dazu materiellen – Belebung bedürftig hinzustellen. Auch nach amerikanischer Tradition dürfte die obige Formulierung nur sinnvoll sein, wenn hier der Wille zur *wirtschaftlichen* Freiheit, zur freiheitlichen Marktwirtschaft gemeint ist[113], an dem es im Europa der Nachkriegszeit in der Tat zunächst mangelt. Damit findet sich in der amerikanischen Ordnungspolitik eine Bestätigung für die bereits an anderer Stelle[114] geäußerte Vermutung, daß in der Nachkriegszeit eine Tendenz besteht, die wirtschaftliche Freiheit mit der Freiheit schlechthin zu identifizieren. Der Kampf zwischen Ost und West findet damit im wesentlichen im Bereich der Wirtschaftspolitik statt.

Für den Beginn der offenen ordnungspolitischen Auseinandersetzung zwischen Ost und West findet man bei *Clay*[115] sogar ein genaues Datum. Der amerikanische Informationsdienst wird bis dahin von *Clay* angehalten, „konstruktive Beiträge" zu liefern, die die Vorteile der westlichen Demokratie zeigen, ohne den Kommunismus im Prinzip anzugreifen oder in Gestalt der „häßlichen Wirklichkeit" in einigen Nachbarländern. Am 25. 10. 1947 ergeht jedoch die Weisung, den Kommunismus in jeder Form anzugreifen[116]. Der Hinweis auf die „häßliche Wirklichkeit" gibt zudem einen Anhaltspunkt für die Verlagerung des Kampfes der Systeme aus dem Bereich der Prinzipien in den Bereich der Wirtschaft. So ist es sicher auch kein Zufall, wenn kurz vor-

---

[111] Siehe *L. H. Brown*, S. 156 f.

[112] Vgl. *L. D. Clay*, aaO, S. 236 f. *Clay* identifiziert sich hier mit der Meinung von Abgeordneten des amerikanischen Kongresses, die Europa bereisten. Siehe dazu auch S. 111 und S. 127.

[113] Diese Umprägung der Freiheit könnte auch *Wallich* meinen, wenn er feststellt (aaO, S. 312), daß der Drang nach wirtschaftlichen Werten im Deutschland der Nachkriegszeit die „Amerikanisierung" Deutschlands beschleunige.

[114] Siehe S. 138 f. und S. 136 und 144.

[115] *L. D. Clay*, aaO, S. 158.

[116] Vorausging eine erbitterte, anti-amerikanische Propaganda-Kampagne in der sowjetisch kontrollierten deutschen Presse im Zusammenhang mit der Vorlage eines revidierten Industrieplanes für die Bizone. Hierin sah die Sowjetunion einen Beweis für die Abkehr vom Potsdamer Abkommen und für die Ausnutzung der deutschen Wirtschaft im Interesse fremder „Monopole" (vgl. ebenda, S. 157 f.).

her ein revidierter Industrieplan für die englische und amerikanische Zone vorgelegt wird.

Ordnungspolitisch viel bedeutsamer ist jedoch die Ersetzung der Direktive JCS vom 26. 4. 1945 durch eine wesentlich revidierte Direktive vom 15. 7. 1947[117]. Im wesentlichen legalisiert diese Direktive die Politik, die General *Clay* und seine Berater in Deutschland bereits verfolgt haben.

Gemäß der neuen Direktive soll es die wesentliche Aufgabe der amerikanischen Politik sein, eine „wirtschaftliche und erzieherische Grundlage für eine gesunde, deutsche Demokratie zu legen", die „aufrichtigen Bemühungen um eine Demokratie" zu fördern und Bestrebungen zu unterbinden, „die die echte demokratische Entwicklung gefährden" (Abschnitt IV, Ziffer 5). Die Vereinigten Staaten wollen Deutschland nicht ihre „eigenen, geschichtlich entwickelten Formen der Demokratie und der gesellschaftlichen Ordnung aufzwingen" und sind davon überzeugt, daß ihm auch „keine anderen, fremden Formen aufgezwungen werden sollten". Bezeichnenderweise heißt es weiter, daß erst „die Bildung einer politischen Organisation" *angestrebt werden soll,* „die vom Volke ausgeht und seiner Kontrolle untersteht". Lediglich eine „übermäßig zentralisierte Regierung" lehnt die amerikanische Regierung ab (Abschnitt V, Ziffer 6 c). Die Forderung nach „wirtschaftlicher Einheit" für ganz Deutschland wird eingehend erörtert (Abschnitt V, Ziffer 18) und die Beseitigung bestehender Beschränkungen im Außenhandel soll unterstützt werden (Ziffer 18 d).

Die Verpflichtung zur Dezentralisierung der Wirtschaft bleibt bestehen (Ziffer 21). Dort jedoch, „wo eine freie Konkurrenz untunlich ist", sind Preisregelungen der deutschen Regierung sowie Monopole unter ihrer Aufsicht zugelassen. Es wird der Militärregierung zwar zur Pflicht gemacht, „dem deutschen Volke die Möglichkeit zu geben, die Grundsätze und Vorteile einer freien Wirtschaft kennenzulernen", aber auch empfohlen, „in der Frage des öffentlichen Besitzes von Unternehmungen" nur einzuschreiten, um eine normale demokratische Entscheidung sicherzustellen, allerdings ohne eine zukünftige deutsche Regierung zu präjudizieren (Ziffer 21 c).

Damit sind bereits wichtige neue Grundlagen für den ökonomischen Kampf gegen den Kommunismus geschaffen. Vielleicht kann der Deutschland-Bericht von *Brown* einen Eindruck davon vermitteln, bis zu welchen Konsequezen dieser Kampf durchdacht worden ist. *Brown* hat den Bericht immerhin im Auftrag von General *Clay* erstellt. Er dürfte sich gewiß nicht gerade einen Gegner seiner eigenen Anschauungen zum Berater ausgewählt haben.

Ordnungspolitisch am bedeutendsten ist *Browns* Empfehlung, angesichts der wirtschaftlichen Lage, der Wirtschaft – wenn auch nur vorübergehend – Priorität zuzuerkennen. Alle Maßnahmen der Reedukation zur Demokratie sollen bis zu dem Zeitpunkt als zweitrangiges Problem betrachtet werden, wo

---

[117] Siehe deutsche Übersetzung bei *G. Stolper,* Deutsche Wirklichkeit, aaO, Anlage F, S. 348 ff.

die Bevölkerung genug zu essen und die Produktion eine ausreichende Höhe erreicht hat[118]. Um dies zu erreichen, wird harte Arbeit in ganz Europa als selbstverständlich vorausgesetzt und England wegen seines langen Wochenendes und der Zeitverschwendung für Sport und Rennen getadelt[119].

Darüber hinaus wird jedoch generell erwogen, ob die Vereinigten Staaten auch solche sozialistische Staaten – wie zum Beispiel England – unterstützen sollten, in denen weder die Disziplin des erprobten kapitalistischen Systems vorhanden ist noch die eiserne Disziplin des Polizeistaates[120]. Halbsozialistischen Staaten prophezeit *Brown* einen Weg von Krise zu Krise in die Sklaverei oder – wenn die Vereinigten Staaten klug handeln würden, durch ihren Druck – den Übergang zum kapitalistischen System. Das könne auch unter einer *sozialistischen* Bezeichnung geschehen, denn dahinter würden sich auch in der Sowjetunion oft nur alte kapitalistische Anreize verbergen[121].

Brown billigt den Vereinigten Staaten nur drei Möglichkeiten des Handelns zu[122]:

1. Beschränkung auf Amerika; Aufbau eines riesigen internen Programms für öffentliche Arbeiten, um den Verlust der Außenhandelsbeziehungen zu ersetzen.
2. Die „ökonomische Kriegführung" mit einer so starken Organisation, wie sie notwendig war, um den zweiten Weltkrieg zu gewinnen, einschließlich der Bereitschaft, Gewalt anzuwenden. Das schließe eine „Sozialarbeiter-Mentalität" [123] aus.
3. Krieg mit der Sowjetunion, um ihre Führer auszurotten und die Ausbreitung des Kommunismus nach Westen zu stoppen.

Den Isolationismus schließt *Brown* für die Vereinigten Staaten in einer Zeit aus, wo sie in der Lage wären, die ganze Welt zu führen. Ein Krieg mit der Sowjetunion würde weit mehr kosten als eine „ökonomische Kriegführung". Deshalb bleibe nur sie als einzige Handlungsmaxime[124], obgleich *Brown* bei zwei so unterschiedlichen Systemen wie dem der Vereinigten Staaten und der Sowjetunion langfristig einen Krieg als sehr wahrscheinlich ansehen möchte[125]. Es sei jedoch möglich, daß ein demokratisches Westeuropa ein so starkes Bollwerk gegen die Ausdehnung des Kommunismus darstellt, daß sich ein amerikanisch-sowjetischer Krieg vermeiden läßt[126].

---

118 Vgl. *L. H. Brown,* aaO, S. 128 f.
119 Vgl. ebenda, S. 163.
120 Vgl. ebenda, S. 175.
121 Vgl. ebenda, S. 177.
122 Vgl. ebenda, S. 138.
123 Siehe auch S. 183.
124 Vgl. *L. H. Brown,* aaO, S. 138 f.
125 Vgl. ebenda, S. 156.
126 Vgl. ebenda, S. 158.

2.1.2.2. Der *Marshall*-Plan

Nur auf dem gerade skizzierten Hintergrund[127] ist die Bedeutung des *Marshall*-Plans für die amerikanische Politik in Deutschland und in Europa zu ermessen. *Browns* Alternative der „ökonomischen Kriegführung" nimmt direkt Bezug auf den *Marshall*-Plan. Er steht somit in direktem Zusammenhang mit dem angedeuteten Wandel in der amerikanischen Politik[128]. Der erste Schritt ist bereits die schon erwähnte Erklärung des amerikanischen Außenministeriums vom 12. 12. 1945 zum Industrieplan[129]. Es folgt – auf Ermächtigung von Präsident *Truman*[130] – die aufsehenerregende Rede von Außenminister *Byrnes* am 6. 9. 1946[131]. Um die Jahreswende 1946/47 beschließt Präsident *Truman*, den Ex-Präsidenten *Hoover* mit einem Expertenstab nach Deutschland und Österreich zu entsenden. Dies geschieht im Februar 1947. Die Empfehlungen von *Hoover* werden von *Truman* als die neuen Grundsätze der amerikanischen Politik angenommen[132]. Im März 1947 verkündet er zusammen mit einem Hilfsprogramm für Griechenland und die Türkei die Entschlossenheit Amerikas, dem weiteren Vordringen des Kommunismus nach Westen Einhalt zu gebieten. Diese Erklärung ist als „*Truman-Doktrin*" in die Nachkriegsgeschichte eingegangen.

Als die Außenministerkonferenz in Moskau im April 1947 offenbart, daß die Westmächte zusammen mit der Sowjetunion zu keiner befriedigenden Friedensregelung gelangen würden, kündigt der amerikanische Außenminister *Marshall* in seinem Bericht an den amerikanischen Kongreß Ende April 1947 an, daß die Vereinigten Staaten nun nicht mehr länger auf die Sowjetunion warten würden. Noch deutlicher heißt es in einer Rede des stellvertretenden Außenministers *Dean Acheson* am 8. 5. 1947, die USA seien entschlossen, sich auch ohne vorheriges Einvernehmen mit der Sowjetunion um den wirtschaftlichen Aufbau in Europa zu bemühen. Die Koordinierung der europäischen Wirtschaft wird zum grundlegenden Ziel der amerikanischen Außenpolitik erklärt. Schließlich hält *Marshall* am 5. 6. 1947 seine berühmte Rede in der Harvard-Universität. Diese Rede gilt als das Startzeichen des „*Marshall*-Plans", obgleich sie noch kein europäisches Wiederaufbauprogramm enthält. Die Initiative dazu soll von den europäischen Ländern selbst ausgehen[133]. Kurz darauf erhält die amerikanische Militärregierung eine neue Direktive für ihre Politik[134].

---

[127] Siehe dazu auch *Fritz Baade*, Die Wandlung der amerikanischen Wirtschaftspolitik gegenüber Deutschland. „Wirtschaftsdienst". Hamburg. Jg. 29 (1949), H. 2, S. 9 ff.

[128] Vgl. dazu auch *Stolper, Häuser, Borchardt*, aaO, S. 229 f.

[129] Siehe S. 186.

[130] Siehe *Stolper, Häuser, Borchardt*, aaO, S. 229.

[131] Siehe S. 199.

[132] Vgl. *Stolper, Häuser, Borchardt*, aaO, S. 230.

[133] Zu dieser Einordnung des *Marshalls*-Plans siehe OEEC. Der Europäische Wirtschaftsrat. Handbuch 1956. Herausgegeben vom Bundesministerium für wirtschaftliche Zusammenarbeit. Bad Godesberg 1956, S. 9 f.

[134] Siehe dazu S. 202.

Die ausdrückliche Einbeziehung aller europäischen Länder einschließlich der Sowjetunion[135] in den *Marshall*-Plan kann auf dem geschilderten Hintergrund nur deklamatorischen Wert haben. Es überrascht vielmehr, daß der sowjetische Außenminister an der ersten Konferenz der Außenminister Englands und Frankreichs über das amerikanische Hilfsangebot in Paris im Juni 1947 noch teilnimmt. Er reist allerdings nach wenigen Tagen ab und verweigert die weitere Mitarbeit der Sowjetunion[136]. Ihr Beitrag zur Ost-West-Spannung ist jedoch eine notwendige Voraussetzung für den *Marshall*-Plan[137]. In ihm erkennt die Sowjetunion die Bedrohung für ein weiteres Vordringen des Kommunismus, wie *Clay* feststellt[138], und verweigert deshalb die Mitarbeit.

In der weiten Zielsetzung des *Marshall*-Plans wird Europa und Deutschland nicht nur als wirtschaftliche, sondern auch als politische Einheit interessant[139]. Es ist deshalb nur folgerichtig, wenn *Brown* darauf hinweist, daß der *Marshall*-Plan keineswegs zur Stützung nationaler Interessen dienen soll, sondern der „europäischen Familie“ als Ganzes[140].

Im Rahmen dieser weiten Zielsetzung tritt der gern betonte humanitäre Charakter des *Marshall*-Plans[141] ganz in den Hintergrund. Nicht neben dem „humanitären Beweggrund“ gibt es weitere wichtige ökonomische und politische Überlegungen[142], sondern umgekehrt: Neben diesen Überlegungen kommt der *Marshall*-Plan auch humanitären Zielen entgegen. Die zunehmende Zahlungsmüdigkeit des amerikanischen Steuerzahlers erfordert neue – ökonomische und politische – Anreize[143]. Das kommt auch in der Rede *Marshalls* in der Harvard-Universität zum Ausdruck: „Wenn die Regierung

---

[135] Dies geschah nicht in der Rede in der Harvard-Universität, sondern kurze Zeit später (vgl. OEEC-Handbuch 1956, aaO, S. 10).

[136] Vgl. OEEC-Handbuch 1956, aaO, S. 10.

[137] Vgl. *Carlo Mötteli*, Licht und Schatten der Sozialen Marktwirtschaft. Leitbild und Wirklichkeit der Bundesrepublik Deutschland. Erlenbach-Zürich und Stuttgart 1961, S. 27.

[138] *L. D. Clay*, aaO, S. 160.

[139] Siehe dazu S. 199 f.

[140] Vgl. *L. H. Brown*, aaO, S. 154 f.

[141] So heißt es in der berühmten Rede *Marshalls* in der Harvard-Universität: „Unsere Politik richtet sich nicht gegen irgendein Land oder irgendeine Doktrin, sondern gegen Hunger, Armut, Verzweiflung und Chaos“ (zitiert nach OEEC-Handbuch 1956, aaO, S. 9 – dort gesperrt gedruckt). Siehe dazu aber auch *Winfried W. Kretschmar*, Auslandshilfe als Mittel der Außenwirtschafts- und Außenpolitik. In: Dokumente und Berichte. Herausgegeben vom Forschungsinstitut der Deutschen Gesellschaft für Auswärtige Politik. Bd. 21. München 1964.

[142] Vgl. *Stolper, Häuser, Borchardt*, aaO, S. 230.

[143] Vgl. *L. H. Brown*, aaO, S. 166 ff., siehe auch *Fritz Baade* und *Christopher Emmet*, Zerstörung auf unsere Kosten. Amerika protestiert gegen die Demontagen; Wie die Demontage von Fabriken in Deutschland der Inflation in den Vereinigten Staaten hilft und den *Marshall*plan sabotiert. Mit einem Vorwort von *Herbert Hoover*. Hamburg 1948.

der Vereinigten Staaten in Zukunft Hilfsleistungen gewährt, so sollten diese eine Heilungskur und nicht nur ein Linderungsmittel darstellen"[144].

Gerade weil es nicht so sehr um humanitäre, sondern um ökonomische und politische Erwägungen geht, macht der schon häufig erwähnte Berater General *Clays, Brown*[145], sich Gedanken über die zu erwartende Gegenleistung der amerikanischen Hilfe für Europa: Sie werde zu einem Teil nicht in Geld und Gütern rückzahlbar sein. Die Gegenleistung der Empfänger der Hilfe bestehe jedoch darin, daß sie einen Beitrag leisten zur Bewahrung der Art von Welt, an der die Vereinigten Staaten interessiert seien. Man erwartet von den Empfängern, daß sie täten, was von ihnen gewünscht würde[146].

Die wichtigste ordnungspolitische Auflage für die Nutznießer des *Marshall*-Plans ist die Verpflichtung auf die Prinzipien der *Havanna-Charta*. Sie ist niedergelegt in dem Abschlußbericht des „Committee for Economic European Cooperation" (CEEC), dem Vorgänger der OEEC und heutigen OECD. Dieser Bericht wird die wichtigste Basis für das amerikanische Hilfsprogramm für Europa. Der Sonderbeauftragte des amerikanischen Präsidenten, *Harriman*, nimmt den Bericht am 22. 9. 1947 entgegen[147]. Die Anstrengungen der beteiligten Länder für den wirtschaftlichen Wiederaufbau sollen u. a. auch darauf gerichtet sein, „mit den übrigen europäischen und gleichgesinnten Ländern in Übereinstimmung mit den Grundsätzen des Vertragsentwurfs für eine internationale Handelsorganisation zusammenzuarbeiten, um, wo immer möglich, die Zolltarife zu senken und andere Schran-

[144] Zitiert nach OEEC-Handbuch 1956, aaO, S. 9 f.

[145] Vgl. *L. H. Brown,* aaO, S. 132 f.

[146] Diesen Aspekt des *Marshall*-Plans kritisierte in den Vereinigten Staaten ein zunächst angesehener Politiker, *Henry Wallace*. Er hatte sich um den „New Deal" *Roosevelts* verdient gemacht, war amerikanischer Landwirtschaftsminister, in den Jahren 1943 bis 1945 sogar amerikanischer Vizepräsident und Handelsminister. Wegen angeblicher Sympathien zur Sowjetunion mußte er 1946 abtreten. Seine Vorwürfe gegen den *Marshall*-Plan dienten im Wirtschaftsrat der Bizone den deutschen Kommunisten als Argument für ihre eigene Ablehnung des amerikanischen Hilfsprogramms. *Wallace* faßt seine Kritik in folgende Worte: „Es ist ein sonderbarer Vorgang, daß Männer, die nie wirkliches Interesse an Volksgesundheit, Erziehung und sozialer Sicherheit bei uns zu Hause gezeigt haben, leichtfüßig alle Hürden nehmen, sobald sie über die bedürftigen Völker Europas reden. Sie sind um die Wohlfahrt dieser Völker so wenig aufrichtig besorgt, wie sie um die Wohlfahrt des amerikanischen Volkes besorgt gewesen sind. Ihr Hilfsprogramm wird diesen Völkern letzten Endes nicht wirklich helfen. Auf lange Sicht wird dieses Programm aus uns die meistgehaßte Nation der Welt machen. Ich würde es übelnehmen, wenn ein Bankier, dem ich Geld schuldete, darauf bestände, daß ich gegen meine eigene Überzeugung für einen Mann stimme, den er zum Präsidenten machen will. Die Vereinigten Staaten sind der Weltbankier, und der gegenwärtig vom Kongreß beratene europäische Hilfsplan sieht vor, daß den Geldnehmern (in der benutzten Quelle heißt es offensichtlich sinnwidrig „Geldgebern" – der Verf.) gesagt wird, wie sie zu wählen haben (siehe Wirtschaftsrat, Wörtliche Berichte, 14. Vollversammlung am 21. und 22. 4. 1948, aaO, S. 488).

[147] Vgl. OEEC-Handbuch 1956, aaO, S. 11.

ken zu beseitigen, die der Ausdehnung des Handels sowohl in Europa als auch mit der übrigen Welt hinderlich sind"[148]. Die Liberalisierung beschränkt sich auf die „gleichgesinnten Länder" und legt dem Handel mit Ostblockländern Beschränkungen auf[149].

Als Grundlage für das europäische Wiederaufbauprogramm fordert der CEEC-Bericht u. a. auch „die Schaffung und Aufrechterhaltung der inneren finanziellen Stabilität als einer wesentlichen Vorbedingung, um die volle Ausnützung der produktiven und finanziellen Hilfsquellen Europas zu sichern"[150]. Damit bringt der *Marshall*-Plan den westlichen Besatzungszonen auch neue Hoffnung auf die lange hinausgeschobene Sanierung der Währung. Er wird in Deutschland von den einen als „Ökonomisches Manifest" gefeiert[151], von den anderen jedoch unter ordnungspolitischem Aspekt mit Mißtrauen betrachtet[152]; denn die Amerikaner haben, einmal zum schnellen wirtschaftlichen Aufbau Europas entschlossen, keinerlei ordnungspolitische Bedenken, systematisch zu planen. So muß auch Deutschland einen Aufbauplan für die *Marshall*plan-Behörde erstellen, der einen Konsumplan, Landwirtschaftsplan, Kohlenplan, Stahlplan, Ausfuhrplan sowie entsprechende Investititions- und Produktionsprogramme für die Industrie umfaßt[153].

2.1.2.3. Die westdeutsche Währungsreform als Höhepunkt der amerikanischen Interventionen

Obgleich die währungspolitischen Diskussionen in Deutschland bereits ihren ersten Höhepunkt erreichen, als die Kriegshandlungen gerade beendet worden sind[154], zeigt gerade die amerikanische Militärregierung zunächst wenig Interesse an einer Bereinigung im deutschen Geldwesen. Zwar wird

---

[148] Zitiert ebenda, S. 12.

[149] Vgl. auch Einwirkungen der Besatzungsmächte auf die westdeutsche Wirtschaft, aaO, S. 121 und 125.

[150] Siehe ebenda.

[151] Siehe *G. Mackenroth* und *A. Predöhl*, aaO.

[152] So sieht *Eucken* (Deutschland vor und nach der Währungsreform, aaO, S. 178) im *Marshall*-Plan eine erneute Unterstützung der „Planwirte" und eine Stärkung der „Zentralverwaltungswirtschaft", weil neue Pläne entstünden, die „Marshallpläne", und eine neue „Plan-Bürokratie". Außerdem seien zur Ausfuhr lediglich Rohstoffe vorgesehen. In der „Neuen Züricher Zeitung" vom 2. 6. 1948 bezweifelt *Röpke*, ob die Alliierten ernsthaft den Willen zur Änderung des planwirtschaftlichen Kurses hätten (siehe *Curt Fischer*. Die deutsche Wirtschaftsordnung nach der Währungsreform. „Der Wirtschaftsspiegel". Wiesbaden, Jg. 3 [1948], S. 1 f.).

[153] Siehe Wirtschaftsrat, Wörtliche Berichte, aaO, 14. Vollversammlung vom 21./22. 4. 1948, S. 434 f.

[154] Vgl. *Hans Möller*, Zur Vorgeschichte der deutschen Mark. Die Währungsreformpläne 1945–1948. Eine Dokumentation unter Mitwirkung von *Wolfram Kunze* herausgegeben und eingeleitet von *Hans Möller*. In: Veröffentlichungen der List Gesellschaft e. V., Bd. 22 (Reihe B: Studien zur Ökonomik der Gegenwart). Basel und Tübingen 1961, S. 3.

mit dem im Auftrag der Militärregierung bereits im Frühsommer 1946 fertiggestellten „*Colm-Goldsmith-Dodge*-Plan" offenbar der Versuch gemacht, die grundsätzlichen amerikanischen Auffassungen zum deutschen Währungsproblem zu erarbeiten[155], bis zum Herbst 1946 scheinen sich dann aber die amtlichen Stellen der amerikanischen Besatzungszone „kaum mit dem Problem der Währungsreform befaßt zu haben"[156]. Um so energischer ist dann die amerikanische Militärregierung später an die Arbeit gegangen – trotz der außerordentlichen Bedeutung der Währungssanierung als ein „umfassendes wirtschaftspolitisches Reformwerk" fast ohne Beteiligung deutscher Stellen. Damit wird nicht nur der Wirtschaftsablauf in Westdeutschland, sondern auch Wirtschaftsordnung und Wirtschaftsverfassung entscheidend nach amerikanischen Vorstellungen beeinflußt[157]. Denn die Diskussion über die deutsche Währungsreform findet „unter ungewöhnlichen staatsrechtlichen Verhältnissen und unter schwierigen äußeren Umständen statt. Ihr Inhalt und ihre Ergebnisse waren nicht einmal den unmittelbar Beteiligten vollständig bekannt"[158].

Grundlage des *Colm-Dodge-Goldsmith*-Plans sind die im Potsdamer Abkommen festgelegten Ziele. Unter den zu erfüllenden Bedingungen wird die Behandlung Deutschlands als *wirtschaftliche Einheit* an erster Stelle genannt. Erläuternd heißt es dazu, daß der Plan für eine Währungsreform zwar „auf Deutschland als wirtschaftliche Einheit zugeschnitten sein aber dennoch der unterschiedlichen Politik der Besatzungsmächte Rechnung tragen sollte". Zumindest müßte eine einheitliche Währung vorgesehen werden[159].

In Kreisen der Militärregierung wird erwogen, mit der Währungsreform so lange zu warten, bis die industrielle Produktion auf einen höheren Stand gebracht worden sei. Denn hohe Preise bei geringem Warenangebot bedeuteten einen Vertrauensverlust für die neue Währung bei der deutschen Bevölkerung[160]. Mit diesem Problem setzt sich auch der *Colm-Dodge-Goldsmith*-Plan auseinander[161]. Es wird festgestellt, daß die Dringlichkeit einer Finanzreform allgemein anerkannt worden sei. Viele Sachverständige hätten die Reform jedoch von einer Reihe Voraussetzungen abhängig gemacht. Am häufigsten sei die Meinung vertreten worden, „daß man bis zu einer Ausweitung der Produktion warten sollte". Wegen der nachteiligen Auswirkungen einer weiteren Verzögerung der Währungsreform auf das Vertrauen in die Währung und damit den „Anreiz zum Arbeiten und Verkaufen" emp-

---

[155] *Hans Möller*, Zur Vorgeschichte der deutschen Mark, aaO, S. 12.

[156] Ebenda, S. 14.

[157] Vgl. auch *H. C. Wallich*, aaO, S. 66 f.; *K. Häuser*, in: *Stolper, Häuser, Borchardt*, aaO, S. 261.

[158] Vgl. *H. Möller*, aaO, S. 4.

[159] Siehe ebenda, Dokument Nr. 21, S. 227 f.

[160] Vgl. Einwirkungen der Besatzungsmächte auf die westdeutsche Wirtschaft, aaO, S. 55.

[161] Siehe *H. Möller*, aaO, Dokument Nr. 21, S. 225 und S. 228 ff.

fiehlt der Plan, die Geldreform so schnell wie möglich einzuleiten; andernfalls könnten die Schwierigkeiten noch vergrößert werden. Von einer erfolgreichen Währungsreform sei dagegen ein Beitrag zur Produktionssteigerung zu erwarten, wenn gleichzeitig alle nur „möglichen ergänzenden wirtschaftspolitischen Maßnahmen" ergriffen würden[162].

Das Vertrauen in den Erfolg der Währungsreform wird andererseits als einer der wichtigsten Faktoren für diesen Erfolg angesehen[163]. Dieses Vertrauen der deutschen Öffentlichkeit werde entscheidend davon abhängen, ob die finanzielle Neuordnung für eine gerechte Verteilung der durch den Krieg und seine Folgen verursachten Verluste sorge. Jede Lösung, die dem Gerechtigkeitsgefühl eines großen Teiles der deutschen Bevölkerung entgegenstehe, werde ernste Schwierigkeiten für die junge demokratische Regierung zur Folge haben[164].

Trotz aller Empfehlungen wird der „circulus vitiosus", in dem sich die Besatzungspolitik befindet, weil sie die neue Währung nicht mit einem zu niedrigen Produktionsniveau belasten will, andererseits aber die Währungsreform eine notwendige Voraussetzung für eine verbesserte Versorgung ist, erst relativ spät durchbrochen. Es ist nicht zu übersehen, daß auch die Währungsreform durch die grundsätzliche Revision der amerikanischen Politik entscheidende Impulse erhält. Die Sanierung der Währung wird zu einem wichtigen Instrument, um in Deutschland den besseren Lebensstandard zu schaffen, der den „Willen zur Freiheit", zur freiheitlichen Wirtschaftsordnung[165] neu beleben soll.

Deshalb erfordert diese Reform eine gründliche Vorbereitung und bedarf zum Gelingen erst der materiellen Unterstützung des *Marshall*-Plans. Denn er erst schafft die relative Warenfülle, die die deutsche Bevölkerung mit der neuen Währung verbinden soll und weist andererseits auch den Weg für die „möglichen ergänzenden wirtschaftspolitischen Maßnahmen". Sie wären andernfalls angesichts der sozialistischen Sympathien in weiten Kreisen Deutschlands keineswegs zugunsten einer freien Unternehmerwirtschaft ausgefallen, wie sie den amerikanischen Ordnungsvorstellungen entspricht. Der *Marshall*-Plan erleichtert der deutschen Bevölkerung in entscheidendem Maße die Opfer an Konsumverzicht zugunsten des wirtschaftlichen Wiederaufbaus[166] und gibt der Währungsreform die materielle Grundlage, die als notwendige Vertrauensbasis für die neue Währung und die neue Ordnung gilt. Der Preis ist die Aufgabe jener amerikanischen Hoffnung auf die wirtschaftliche Einheit Deutschlands, die noch den Ausgangspunkt der ersten Überlegungen zur

---

[162] Vgl. *H. Möller,* aaO, Dokument Nr. 21, S. 225.

[163] Vgl. ebenda, S. 228.

[164] Vgl. ebenda, S. 229. Eine besondere Anlage zum *Colm-Dodge-Goldsmith*-Plan (Anlage P) befaßt sich mit der deutschen öffentlichen Meinung über eine Geld- und Finanzreform (siehe ebenda, S. 254).

[165] Siehe S. 201.

[166] Vgl. *H. C. Wallich,* aaO, S. 335 f.

Währungsreform bildet. Um so konsequenter kann danach jedoch die wirtschaftliche Einheit der westlichen Besatzungszonen aufgebaut werden, an der es ja auch noch mangelt.

Die schnelle Schaffung einer gesunden wirtschaftlichen Basis ist der amerikanischen Besatzungspolitik nun ein so ernstes Anliegen, daß sie sich über soziale Erwägungen, die in den deutschen Überlegungen zur Währungsreform eine besondere Rolle spielen[167], hinwegsetzt. Man verschließt sich der Notwendigkeit eines sozialen Ausgleichs nicht, weigert sich aber, ihn mit der Währungsreform zu verbinden. Die deutschen Stellen werden jedoch ersucht, innerhalb von sechs Monaten einen solchen Ausgleichsplan zu erstellen. Dies geschieht fristgerecht. Die Militärregierung läßt aber sieben weitere Monate verstreichen, bevor sie das deutsche „Soforthilfe-Gesetz" genehmigt.

Mit dieser Trennung verbindet sich die Hoffnung, daß die aktiven Kräfte der Wirtschaft einen um so stärkeren Anreiz zur Produktion erhalten würden, je weniger sie mit der „Erhaltung unproduktiver Bevölkerungsschichten" (Pensionäre, Altsparer, alte Leute) belastet würden. Eine solche radikale Lösung begünstigt Unternehmer, Geschäftsleute und Schuldner auf Kosten von Personen mit festem Einkommen sowie Gläubiger. Das gute deutsche Sozialversicherungssystem macht die Härten jedoch erträglich[168].

Nicht weniger konsequent wachen die Vereinigten Staaten nach der Währungsreform darüber, daß die gleichzeitig eingeleiteten „ergänzenden wirtschaftspolitischen Maßnahmen", nämlich der Übergang von der „Zwangswirtschaft" zur Marktwirtschaft reibungslos und ohne den befürchteten Vertrauensverlust in der deutschen Bevölkerung vor sich gehen kann. Auch dieser Übergang vollzieht sich „im wesentlichen in Übereinstimmung mit den wirtschaftlichen Grundkonzeptionen der amerikanischen Militärregierung. Er wäre ohne diese Übereinstimmung wohl nicht denkbar gewesen"[169].

2.1.2.4. Eingriffe der Militärregierung in die deutsche Wirtschaftspolitik

Neben der Dekartellisierung und Entflechtung stellen die in der deutschen Bevölkerung offenbar weitverbreiteten Sympathien für eine sozialistische Wirtschaftspolitik, insbesondere die Sozialisierung von Produktionsmitteln, die amerikanische Ordnungspolitik vor die größte Aufgabe. Die ablehnende amerikanische Haltung verhindert eine parteipolitische und weltanschauliche Auseinandersetzung in Deutschland, wie es in einer frühen Untersuchung über die Einwirkungen der Besatzungsmächte auf die westdeutsche Wirtschaft heißt. An diese Feststellung wird die Frage geknüpft, „ob es auf die Dauer gesehen nicht bedenklich ist und einer Gesundung der wirtschaftlichen

---

[167] Vgl. *H. Möller,* aaO, S. 10.

[168] Vgl. *H. C. Wallich,* aaO, S. 69 ff.

[169] Siehe Einwirkungen der Besatzungsmächte auf die westdeutsche Wirtschaft, aaO, S. 9.

Verhältnisse im Wege steht, wenn die Deutschen gehindert werden, sich mit diesen Fragen selbständig und verantwortlich auseinanderzusetzen"[170].

Entsprechend der von *Clay* erläuterten Taktik der amerikanischen Politik, nie laute Propaganda zu machen, gehen die Vereinigten Staaten in der für sie ordnungspolitisch wichtigen Frage der Sozialisierung sehr vorsichtig, aber doch entschieden vor. Es kann kein Zweifel darüber bestehen, daß Westdeutschland es den Amerikanern zu verdanken hat, wenn Sozialisierungsmaßnahmen unterblieben sind. Der amerikanische Einfluß wird hier besonders deutlich, wenn man das britische Sozialisierungsversprechen an die Sozialdemokraten berücksichtigt[171].

Auch wenn die neue Direktive an die Militärregierung vom 15. 7. 1947 empfiehlt, in Fragen der Sozialisierung nur einzuschreiten, um eine „normale demokratische Entscheidung" zu sichern, so ist unter den gegebenen Umständen das gleichzeitige Verbot, eine zukünftige deutsche Regierung zu präjudizieren[172], zumindest eine bewußte Verzögerung der entsprechenden deutschen Forderungen. General *Clay* hat dann auch Länderverfassungen (gemeint ist hier speziell die hessische) gebilligt, die staatliches Eigentum in der Wirtschaft autorisieren, jedoch mit dem Hinweis, daß Maßnahmen in einem einzelnen Land, die eine zukünftige deutsche Regierung präjudizieren, nicht ergriffen werden können[173].

Rasch trifft sicher den tatsächlichen Sachverhalt am besten, wenn er die amerikanische „Anregung" begrüßt, „das Problem der Sozialisierung für einige Jahre zu vertagen"[174]. Diesem Wunsch entspricht dann wohl auch *Clays* Übereinkommen mit seinem englischen Kollegen *Robertson*, die Sozialisierung zurückzustellen[175], bis das gesamte deutsche Volk Gelegenheit habe, darüber zu entscheiden[176]. Das vom nordrhein-westfälischen Landtag beschlossene Sozialisierungsgesetz wird deshalb trotz der Versprechungen der

---

170 Siehe Einwirkungen der Besatzungsmächte auf die westdeutsche Wirtschaft, aaO, S. 58 f.

171 Siehe S. 227. 172 Siehe dazu auch S. 139 f.

173 Vgl. *L. D. Clay*, aaO, S. 393. Um eine „normale demokratische Entscheidung" sicherzustellen, mußte der entsprechende Artikel in der hessischen Verfassung einer Sonderabstimmung unterzogen werden, die jedoch auch die erforderliche Mehrheit brachte (vgl. Einwirkungen der Besatzungsmächte auf die westdeutsche Wirtschaft, aaO, S. 53).

174 *H. Rasch*, Grundfragen der Wirtschaftsverfassung, aaO, S. 63. Allerdings sieht *Rasch* keine Verbindung von dieser amerikanischen Haltung zu der Tatsache, daß auch in Hessen die Sozialisierungsbestimmung in der Verfassung zu keiner „Regelung der Durchführung im Einzelnen" geführt hat (siehe hierzu S. 139 f.).

175 Vgl. *L. D. Clay*, aaO, S. 200 und 293.

176 Diese, demokratische Verantwortung der Besatzungsmächte für ganz Deutschland voraussetzende, Begründung überzeugt bereits angesichts der politischen Lage nicht. Die Vereinigten Staaten haben Deutschland immer nur als wirtschaftliche, nicht als politische Einheit gesehen, und die neue amerikanische Politik im Zeichen der *Truman-Doktrin* nahm auch die Hoffnung auf wirtschaftliche Einheit. Andererseits

englischen Labourregierung von der Militärregierung nicht genehmigt[177]. Es liegt nun nahe, diese „Vertagung" des Sozialisierungsproblems im Zusammenhang mit den Bemühungen der neuen amerikanischen Besatzungspolitik zu sehen, den deutschen „Willen zur Freiheit" über eine Verbesserung der wirtschaftlichen Verhältnisse neu zu beleben.

Auf die Prinzipien der wirtschaftlichen Freiheit wird Westdeutschland nicht nur durch den *Marshall*-Plan verpflichtet, sondern auch durch eine Anweisung (Nr. 31) der gemeinsamen englisch-amerikanischen Dienststelle zur Kontrolle des Außenhandels der Besatzungszonen (Joint Export Import Agency-JEIA). Mit dieser Anweisung treten für sie die Grundsätze der Havanna-Charta in Kraft[178]. In ihrer Besatzungszone selbst lenkt die amerikanische Militärregierung ihr besonderes Interesse auf die Gewerbefreiheit. Mit einer Direktive der Landesmiltärregierungen vom 2. 12. 1948 an die Ministerpräsidenten der amerikanischen Zone wird jegliche Gewerbelizenzierung – mit Ausnahmen zugunsten des Gesundheitswesens sowie der öffentlichen Sicherheit und Wohlfahrt – aufgehoben. Diese Anordnungen beziehen sich auf das Verbot „markthemmender Kontrollen" im Gesetz Nr. 56 über die Dekartellisierung und Entflechtung der deutschen Wirtschaft[179].

Wenig Verständnis zeigen die Vereinigten Staaten auch zunächst für die traditionelle deutsche Selbstverwaltung der Wirtschaft. Ihre Organe dürfen erst relativ spät wieder aktiv werden[180], aber auch dann zunächst ohne Möglichkeit, Zwangsbeiträge zu erheben, Schiedsgerichte einzusetzen und verbindliche Anordnungen zu geben. Die amerikanische Militärregierung vertritt den Standpunkt, daß da, wo eine Lenkung der Wirtschaft unvermeidlich ist, dies durch den Staat selbst und nicht durch die Wirtschaft zu erfolgen habe[181]. Mit derselben Begründung wird auch eine vertikale Preisbindung abgelehnt[182].

---

haben die Vereinigten Staaten bei der Dekartellisierung und Entflechtung keinerlei demokratische Scheu gezeigt, sehr entscheidende Eingriffe in die deutschen Besitzverhältnisse vorzusehen.

[177] Vgl. Einwirkungen der Besatzungsmächte auf die westdeutsche Wirtschaft, aaO, S. 53 f.

[178] Vgl. ebenda, S. 43. Dies ist um so bemerkenswerter, da die *Havanna-Charta* nicht einmal von dem Urheber, den Vereinigten Staaten, ratifiziert worden ist (Siehe S. 176, insbesondere Fußnote 27).

[179] Vgl. Einwirkungen der Besatzungsmächte auf die westdeutsche Wirtschaft, aaO, S. 54 f.

[180] Erst am 12. 2. 1948 wurde in der Bizone die Gründung von Geschäfts- und Berufsverbänden einschließlich der Handelsvereinigungen, Industrie-, Landwirtschafts- und Handwerkskammern genehmigt. Jedoch war es verboten, solchen Organen „Regierungsbefugnisse" zu übertragen (vgl. ebenda, S. 57).

[181] Vgl. ebenda, S. 56 f. Diese Einstellung ist bereits in der Direktive JCS 1067 festgelegt (siehe S. 165 f.). So wehrte sich vor allem auch die amerikanische Militärregierung in der Bizone gegen deutsche Bestrebungen, Aufgaben der Bewirtschaftung Selbstverwaltungseinrichtungen der Wirtschaft (Fachlichen Wirtschaftsstellen)

Ähnlich entschlossen zeigt sich die amerikanische Militärregierung in der Frage der Mitbestimmung der Arbeitnehmer in den Betrieben. Als die Landtage in den süddeutschen Ländern der amerikanischen Zone Betriebsrätegesetze beschließen, machen die Militärregierungen der Länder von ihrem Vetorecht Gebrauch, weil sie in der Mitwirkung der Arbeiter an der Betriebsführung eine zu starke Behinderung der Unternehmerfreiheit sehen[183].

Alle diese Beispiele lassen kaum Zweifel darüber aufkommen, daß die Vereinigten Staaten entschlossen sind, Westdeutschland zu einem Modell ihrer Ordnungvorstellungen und zu einem „Schaustück der internationalen Freizügigkeit“[184] zu machen. Welche besondere Rolle dabei gerade die Wirtschaftspolitik spielt, geht daraus hervor, daß der Freiheitsraum der deutschen Verwaltung im politischen Bereich allgemein größer wird, der Einfluß der Militärregierung auf die Wirtschaft aber verstärkt sich noch. Denn nach Einbeziehung in den *Marshall*-Plan nimmt das Bestreben zu, die „deutsche Wirtschaft nachhaltig zu überwachen und ihr die für richtig gehaltene Entwicklung zu geben“, so daß in der Wirtschaft, im Gegensatz zum politischen Bereich, mit allmählicher Gesundung der ökonomischen Verhältnisse die Entscheidungen mehr und mehr von den Besatzungsmächten getroffen werden[185].

Wie noch zu zeigen sein wird, kann auch hier unterstellt werden, daß der amerikanische Einfluß entscheidend ist. Er ergibt sich für die Wirtschaft trotz der grundsätzlichen Betonung der wirtschaftlichen Freiheit auch aus der neuen Direktive vom 15. 7. 1947 an die amerikanische Militärregierung. Sie erhält grundsätzlich die Anweisung, „weiterhin die Entwicklung einer demokratischen Selbstverwaltung in Deutschland und die Übernahme der direkten Verantwortlichkeit durch deutsche Regierungsstellen zu fördern ..., soweit es sich mit der militärischen Sicherheit und den Zielen der Besatzung in Einklang bringen läßt“[186].

---

zu übertragen. Siehe dazu *Wirtschaftsrat*, Wörtliche Berichte, aaO (20. Vollversammlung am 17., 19. und 20. 8. 1948), S. 775 ff.

[182] Vgl. Einwirkungen der Besatzungsmächte auf die westdeutsche Wirtschaft, aaO, S. 75.

[183] Vgl. ebenda, S. 53. Gegen die Gewerkschaften entschied sich die amerikanische Militärregierung auch bei den deutschen Erörterungen, die Gewerkschaften an der Arbeit der „Fachlichen Wirtschaftsstellen“ zu beteiligen (vgl. ebenda, S. 57 f. und Fußnote 3) sowie Wirtschaftsrat, Wörtliche Berichte, aaO. 32. Vollversammlung vom 15. 2. 1949, S. 1400 (1. Lesung des Gesetzes über die Errichtung von Fachstellen im Bereich der gewerblichen Wirtschaft).

[184] Vgl. *H. C. Wallich*, aaO, S. 351.

[185] Vgl. *Einwirkungen* der Besatzungsmächte auf die westdeutsche Wirtschaft, aaO, S. 13. Was die Freiheit betrifft, ist die Wirtschaft davor keineswegs besser behandelt worden. Denn im Wirtschaftsrat der Bizone wird geklagt, daß die Militärregierung „leider auch auf dem wirtschaftlichen Gebiet jede freiheitliche Regung als bedenklich anzusehen scheint“ (Wirtschaftsrat, Wörtliche Berichte, aaO, 14. Vollversammlung, S. 445 Abgeordneter *Haffner*, CDU).

[186] Teil V, Ziffer 6 a. Deutsche Übersetzung nach *G. Stolper*, Deutsche Wirklichkeit, aaO, Anlage F, S. 349.

Diese Einschränkung wird jedoch für den wirtschaftlichen Bereich offensichtlich als ungenügend empfunden. Der amerikanische Oberbefehlshaber wird deshalb zusätzlich angewiesen[187], den wirtschaftlichen Zielen seiner Regierung in Deutschland besondere Aufmerksamkeit zu schenken: „Obgleich der wirtschaftliche Wiederaufbau Deutschlands im Rahmen dieser Ziele die Aufgabe des deutschen Volkes ist und dieses die Verantwortung dafür trägt, sollten Sie allgemeine Richtlinien geben, die Entwicklung eines ausgeglichenen deutschen Außenhandels unterstützen und darauf achten, daß die deutschen Bemühungen mit den Zielen Ihrer Regierung übereinstimmen und zu deren Erreichung beitragen."

Schon die Einleitung dieser Weisung zeigt, daß ihre Verfasser sich des Widerspruchs zu der grundsätzlichen Empfehlung, die deutsche Selbstverwaltung zu unterstützen, bewußt sind. Ihr aber wird auf diese Weise die Wirtschaft entzogen und weitgehend dem alliierten Kontrollrat unterstellt[188]. Damit erhält die amerikanische Militärregierung eine Basis, die „wirtschaftliche Einheit" Deutschlands weitgehend unabhängig von der deutschen Selbstverwaltung in allen westlichen Besatzungszonen zu beeinflussen.

Auch hier ist somit die Sonderstellung der Wirtschaft in der amerikanischen Besatzungspolitik nicht zu übersehen. Nach den bisherigen Darlegungen kann kein Zweifel bestehen, daß dies sich auf rein ökonomische und ordnungspolitische Ziele bezieht. Die Militärregierung unter General *Clay* neigt jedoch dazu – ganz im Sinne der Empfehlung seines Beraters, *Brown*[189], und des bisherigen pragmatischen Vorgehens der Militärregierung in ökonomischen Fragen unter der Politik des *Morgenthau*-Plans –, der wirtschaftlichen Effizienz in Zweifelsfällen den Vorrang vor ordnungspolitischen Erwägungen zu geben.

Dies trifft insbesondere die Dekartellisierung und Entflechtung. Zu der „Decartelization Group" der Militärregierung hat *Clay*, wie er selbst eingesteht[190], ein sehr schlechtes Verhältnis, denn diese Gruppe setzt sich aus Extremisten zusammen, die die deutsche Industrie unabhängig von den ökonomischen Erfordernissen in kleine Einheiten aufspalten wollen[191]. Wegen dieser Meinungsverschiedenheiten gibt es sogar eine Klage an den amerikanischen Kongreß über die ökonomischen Berater von General *Clay*, denen von der „Decartelization Group" Behinderung ihrer Arbeit vorgeworfen wird.

Diese an der ökonomischen Zweckmäßigkeit orientierte Haltung der amerikanischen Militärregierung erklärt auch ihre Zurückhaltung gegenüber den Wünschen der deutschen Verwaltung nach einem schnellen Übergang von der Zwangswirtschaft zur Marktwirtschaft, insbesondere den Widerstand gegen

---

[187] Siehe Ziffer 15.

[188] Vgl. *Einwirkungen* der Besatzungsmächte auf die westdeutsche Wirtschaft, aaO, S. 17.

[189] Siehe S. 202 f.

[190] Siehe *L. D. Clay*, aaO, S. 331.

[191] Siehe auch S. 194.

den von deutscher Seite zur Belebung der unternehmerischen Initiative für unbedingt erforderlich erachteten Abbau der hohen Steuerprogression. Hier spielt auch noch die Rücksicht auf die hohen Steuersätze in anderen Ländern, vor allem in England, eine Rolle[192].

Die Zurückhaltung der amerikanischen Militärregierung gegenüber den Wünschen der deutschen Verwaltung wird von ihren führenden Männern als schmerzlich empfunden und hat zu der Interpretation verleitet, die Währungsreform sei zwar eine Angelegenheit der amerikanischen Militärregierung gewesen, der „im gleichen Zeitpunkt beginnende Übergang von der verwalteteten Wirtschaft zur Marktwirtschaft" sei dagegen „das Werk deutscher Stellen" gewesen, „ausgeführt unter der stillschweigenden Duldung der Besatzungsmächte"[193].

Die amerikanische Militärregierung hat nicht nur ordnungpolitische Aufgaben, sondern sie muß dem amerikanischen Steuerzahler auch unnötige Belastungen durch eine zu schnelle Liberalisierung der deutschen Wirtschaft ersparen; denn die amerikanische Hilfe – politisch und materiell – ist das Netz, über dem das Experiment der Marktwirtschaft in einem so frühen Zeitpunkt gewagt werden kann[194]. Der ökonomische Erfolg ist andererseits das wichtigste Mittel, um die deutsche Bevölkerung von der Unzweckmäßigkeit ihrer Sympathien für eine sozialistische Wirtschaftsordnung zu überzeugen und den „Willen zur Freiheit" wieder zu beleben. Deshalb muß letztlich – auch aus ordnungspolitischen Überlegungen – die wirtschaftliche Zweckmäßigkeit für die Militärregierung vorrangig sein.

2.2. *Die sowjetische Besatzungspolitik*

Die Besatzungspolitik der Sowjetunion soll hier nur insoweit beleuchtet werden, wie es zur Ergänzung der amerikanischen Politik und ihrer Zuspitzung zur „*Truman*-Doktrin" erforderlich erscheint. Es ist nicht auszuschließen, daß diese Zuspitzung auf sowjetischer Seite entsprechende, die Situation weiter verschärfende Reaktionen auslöst. Da andererseits die amerikanische Politik durch die „*Truman*-Doktrin" ganz offensichtlich eine der sowjetischen Weltrevolution vergleichbare[1] Triebfeder zur Gewinnung der

---

[192] Vgl. *L. D. Clay*, aaO, S. 172.

[193] Vgl. *K. Borchardt*, in: *Stolper, Häuser, Borchardt*, aaO, S. 261.

[194] Dies wird besonders deutlich an dem vom Wirtschaftsrat am 4. 5. 1949 beschlossenen Gesetz zur Freigabe der Schweine- und Schafpreise (siehe Wirtschaftsrat, Wörtliche Berichte, aaO, S. 1608 ff.). Dieses Gesetz wurde von den Besatzungsmächten mit dem Hinweis auf das Ausmaß der von ihnen – das betrifft hauptsächlich die Vereinigten Staaten – gewährten Hilfsleistungen abgelehnt (siehe *Einwirkungen* der Besatzungsmächte auf die westdeutsche Wirtschaft, aaO, Anlage 2, S. 224).

[1] Inzwischen ist auch in der amerikanischen Literatur die Vergleichbarkeit der

Welt für die amerikanischen Prinzipien erhält[2], können sich auch in den politischen Maßnahmen und Beweggründen Parallelen zwischen der amerikanischen und der sowjetischen Politik ergeben.

2.2.1. Der ökonomische und politische Hintergrund

Für die Sowjetunion scheint neben der Siegermentalität von Anfang an die ökonomische Zweckmäßigkeit der Besatzungspolitik mehr im Vordergrund zu stehen. Das muß schon im eigenen Interesse liegen. Die Sowjetunion erwartet von der Umstellung auf die Friedensproduktion, im Unterschied zu Befürchtungen in den Vereinigten Staaten, keinen Überfluß an Waren, sondern muß im Gegenteil die größte Aufgabe darin sehen, den Mangel an Gütern aller Art in dem vom Krieg sehr getroffenen Land so schnell wie möglich zu beheben. Dazu sollen auch die deutschen Reparationen einen nicht unwesentlichen Beitrag leisten.

Deshalb besteht die Sowjetunion trotz des Widerstandes der Vereinigten Staaten bei den deutschen Reparationen auch auf Lieferungen aus der laufenden Produktion. Die Sowjets erkennen auf Grund ihrer eigenen ökonomischen Interessen sehr schnell, daß die Demontage von deutschen Industrieanlagen ökonomisch sinnlos ist und die Anlagen in der Sowjetunion kaum zweckentsprechend zu verwenden sind. Das Ergebnis dieser Erkenntnis ist die Nutzung der Anlagen in Deutschland und die Gründung der Sowjetischen Aktiengesellschaften (SAG) im August 1946[3]. Zwischen der Militärregierung in der Ostzone und den Wirtschaftsbehörden in Moskau scheint es auf Grund der unterschiedlichen Blickwinkel zu ähnlichen Spannungen zu kommen wie zwischen der amerikanischen Militärregierung unter General *Clay* und der „Decartelization Group“[4].

Die Demontagen treffen die mitteldeutsche Wirtschaft wesentlich schwerer als die westlichen Besatzungszonen[5]. Für die sowjetische Militärregierung

---

Gesellschaftssysteme der Vereinigten Staaten und der Sowjetunion trotz aller Unterschiede herausgestellt worden. Das sowjetische Gesellschaftssystem wird ebenfalls als „regierungsfähig“ anerkannt. Siehe *Zbigniew K. Brzezinski* und *Samuel P. Huntington,* Politische Macht: USA/UdSSR. Aus dem Amerikanischen übersetzt von *F. Becker.* Köln 1966. *Brzezinski* war Berater des amerikanischen Präsidenten Johnson in Ostfragen.

[2] Deshalb stellt *Galbraith* (siehe S. 194) der sowjetischen eine amerikanische „Heilslehre“ gegenüber.

[3] Vgl. *G. Stolper,* Deutsche Wirklichkeit, aaO, S. 136.

[4] So nannten z. B. Mitglieder der sowjetischen Militärverwaltung ihre der Moskauer Wirtschaftsverwaltung unterstehenden Kollegen in den „Reparationsbrigaden“ ironisch „unsere Feinde“ (siehe *W. Leonhard,* Die Revolution entläßt ihre Kinder, aaO, S. 425).

[5] Vgl. *Jan Wszelaki,* The Economics of Competitive Coexistence. Communist Economic Strategy: The Role of East-Central Europe. National Planning Association. Washington 1959, S. 68.

gibt es jedoch nicht eine ähnliche, verhängnisvolle Weisung wie sie der amerikanische Oberbefehlshaber in der Direktive JCS 1067 vom April 1945 erhält, nämlich keinerlei Schritte zur Wiederaufnahme der wirtschaftlichen Produktion zu unternehmen. Die lokalen Militärbehörden können ungehindert und mit offizieller Ermunterung miteinander um die größten Erfolge beim Wiederaufbau des zivilen Lebens in Deutschland wetteifern.

Die private Initiative der Deutschen scheint zumindest in der ersten Zeit der Besatzung davon auch profitiert zu haben[6]. Es gelingt dem pragmatischen Vorgehen der lokalen Militärregierungen, die eher unter mangelnder als zu straffer zentraler Koordinierung leiden, fähige Deutsche zur Mitarbeit zu bewegen, auch wenn es keine Kommunisten sind[7], während im Westen zunächst eine Tendenz vorhanden zu sein scheint, sich von der Zusammenarbeit mit der Militärregierung fernzuhalten. Darüber hinaus gibt es in der ersten Zeit in der sowjetischen Besatzungszone keine so durchorganisierte „Jagd" auf Kriegsverbrecher und Militaristen gemäß öffentlichen Suchlisten. Die Masse der „kleinen Nazis" kann sich so im Osten sicherer fühlen als im Westen[8]. Das hat sich dann aber sehr schnell geändert, wobei sich die alten Konzentrationslager anstelle der inhaftierten Nationalsozialisten mehr und mehr mit Gegnern der sowjetischen Besatzungspolitik füllen[9]. Die anfängliche pragmatische Einstellung der sowjetischen Militärregierung – sicher genau so an die Weisung gebunden, bei der Sozialisierung Zurückhaltung zu üben, wie die deutschen Kommunisten – hat jedoch die deutschen Kommunisten in gleicher Weise enttäuscht[10] wie eine ähnliche Haltung der amerikanischen Militärregierung die deutschen Liberalen.

Die in der sowjetischen Besatzungszone verbliebene Produktionskapazität ist ohne Zweifel in der ersten Phase der Besatzungspolitik besser genutzt worden als die Produktionsanlagen in den westlichen Besatzungszonen. Die sowjetische Militärregierung fühlt sich auch nie an die wirtschaftlichen Beschränkungen des Potsdamer Abkommens gebunden und beginnt sofort nicht nur mit dem Kohleabbau, sondern auch mit der Herstellung von synthetischem Gummi und synthetischem Benzin – jedoch zunächst nur für den sowjetischen Bedarf[11].

---

[6] Vgl. *J. P. Nettl,* aaO, S. 56 ff.

[7] Folgt man *Stolper* (Deutsche Wirklichkeit, aaO, S. 153 f.), so stand auch hinter dieser Freiwilligkeit vielfach Zwang, weil eine Verweigerung der Mitarbeit „Selbstmord" gewesen wäre.

[8] Siehe dazu auch S. 219.

[9] Vgl. *Stolper,* Deutsche Wirklichkeit, aaO, S. 153.

[10] Vgl. *J. P. Nettl,* aaO, S. 70.

[11] Vgl. *Wolfgang F. Stolper,* Germany between East and West. National Planning Association. Washington 1960, S. 15. Aus der Literatur über die weitere Entwicklung der Wirtschaft in der sowjetischen Besatzungszone siehe *derselbe,* The Labor Force and Industrial Development in Sovjet Germany. „Quarterly Journal of Economics". Cambridge/Mass. Vol. LXXI (1957), S. 518 ff.; *derselbe,* The National Product of East Germany. „Kyklos", Basel, Vol. XII (1959), S. 131 ff. (Übersetzung in „Konjunkturpolitik", Berlin. Jg. 5, 1959, S. 354 ff.); *derselbe,* The Struc-

Die sofortige Neuordnung des Geldwesens der sowjetischen Besatzungszone, wenn man die ordnungspolitischen Auswirkungen, die später die Sozialisierung erleichtern, außer acht läßt, hat durchaus auch ökonomische Vorteile, denn die sich abzeichnende Inflation wird radikal gebremst[12].

Bereits 1945/46 entscheidet sich die Sowjetunion dazu, die Wirtschaft ihrer Zone mit voller Kapazität arbeiten zu lassen. Die Sowjetzone kann damit zunächst als einzige einen „Produktionsüberschuß" aufweisen[13], soweit man bei dem Lebensstandard der Bevölkerung davon sprechen kann, denn die Güter gehen hauptsächlich als Reparationen in die Sowjetunion. Ihre Besatzungszone hat auf diese Weise auch einen relativ hohen Beschäftigungsgrad aufzuweisen[14]. Wenn sich die Sowjetunion demgegenüber amerikanischen Wünschen nach einer Revision des Industrieplans – an den sie sich selbst gar nicht hält – widersetzt und auch auf einer laufenden Beschränkung der Produktion besteht[15], so muß dahinter vorwiegend ein politisches Motiv gesehen werden, eine Art „ökonomische Kriegführung" gegen die westlichen Besatzungszonen, das heißt letztlich gegen die Vereinigten Staaten, deren Hilfe die wirtschaftliche Not lindert. Außerdem sind der Sowjetunion in Potsdam ja auch Reparationen aus den westlichen Besatzungszonen zugestanden worden.

Das Auffallendste am politischen Hintergrund der sowjetischen Besatzungspolitik ist die Tatsache, daß die Sowjetunion offensichtlich in der ersten Phase ihrer Besatzungspolitik – auch auf die Gefahr hin, die deutschen Kommunisten zu enttäuschen – alles daran setzt, um ihrer Politik ein demokratisches Gepräge zu geben und sich als großer Freund des deutschen Volkes vorzustellen[16]. In dieser ersten Phase der Besatzungspolitik – so kennzeichnet *Thalheim*[17] die Situation – „waren weite Kreise der mitteldeutschen Bevölkerung noch durchaus im Unklaren über die wirklichen Ziele der sowje-

ture of the East German Economy. With the Assistance of *Karl W. Roskamp.* Cambridge 1960; *Karl C. Thalheim,* Die Wirtschaft der Sowjetzone in Krise und Umbau. In: Wirtschaft und Gesellschaft in Mitteldeutschland. Bd. 1. Berlin 1964. *Bruno Gleitze,* Niveauentwicklung und Strukturwandlung des Sozialprodukts Mitteldeutschlands. „Konjunkturpolitik". Berlin. Jg. 5 (1959), S. 374 ff.; *derselbe,* Die Industrie der Sowjetzone unter dem gescheiterten Siebenjahrplan. In: Wirtschaft und Gesellschaft in Mitteldeutschland. Bd. 2. Berlin 1964; *Alfred Zaubermann,* Industrial Progress in Poland, Czechoslovakia, and East Germany 1937–1962. London, New York, Toronto 1964; *Georg Polikeit,* Die sogenannte DDR. Zahlen, Daten, Realitäten. Ingenheim/Bergstraße 1966; *Forschungsbeirat* für Fragen der Wiedervereinigung Deutschlands beim Bundesminister für Gesamtdeutsche Fragen. Tätigkeitsberichte (1. 1952 und 1953, 2. 1954–1956, 3. 1957–1961; 4. 1961–1965). Herausgegeben vom Bundesministerium für Gesamtdeutsche Fragen. Bonn und Berlin.

[12] Vgl. *G. Stolper,* Deutsche Wirklichkeit, aaO, S. 129 und S. 132 ff.

[13] Vgl. *L. H. Brown,* aaO, S. 21.

[14] Vgl. *G. Stolper,* Deutsche Wirklichkeit, aaO, S. 147.

[15] Vgl. ebenda, S. 178.

[16] Siehe S. 25 f., 146 ff. und 166 ff.

[17] Siehe *K. C. Thalheim,* Die Rezeption des Sowjetmodells, aaO, S. 272 f.

tischen Besatzungsmacht, zumal in den Jahren 1945–49 die Ausnutzung des Wirtschaftspotentials ... im Vordergrund der Besatzungspolitik stand". Die ordnungspolitischen Maßnahmen werden noch weitgehend getarnt, „und zwar wohl vor allem im Hinblick auf die psychologischen Wirkungen in Westdeutschland".

Während die Vereinigten Staaten die deutsche politische Einheit fürchten wegen des sowjetischen Einflusses über ganz Deutschland, kennt die Sowjetunion eine solche Furcht offenbar nicht und macht sich schon sehr früh zum Anwalt der deutschen Einheit[18]. Da jedoch nicht zu erwarten ist, daß die Vereinigten Staaten im Kontrollrat wesentliche Konzessionen machen, liegt es nahe anzunehmen, daß die sowjetischen Politiker sich bei einem sowjetischen Einfluß über ganz Deutschland ernsthaft Erfolge von den sozialistischen Sympathien in der deutschen Bevölkerung versprechen, die einen „demokratischen Weg zum Sozialismus" erlauben würden. Das geht so weit, daß man zunächst sogar glaubt, selbst auf die Einheit der sozialistischen Parteien verzichten zu können; denn die Sowjetunion besteht darauf, daß KPD und SPD als getrennte Parteien gegründet werden[19]. Dieser Verstoß gegen die „Einheit der Arbeiterklasse" wird sogar von Sozialdemokraten bedauert[20]. Nach Gründung von SPD und KPD setzt eine regelrechte Jagd der *„Gruppe Ulbricht"* auf Gründer bürgerlicher Parteien ein[21]. Als Nachzügler wird noch am 16. 6. 1948 auf Anregung der sowjetischen Militärverwaltung eine neue Partei, die Nationaldemokratische Partei (NDPD), zur Aktivierung der ehemaligen Nationalsozialisten gegründet. Sie kann ihrem Programm die Losung voranstellen: *Gegen den Marxismus – für Demokratie*[22].

Diese Politik erinnert an das amerikanische Beharren auf dem föderativen Prinzip, um Deutschland besser kontrollieren zu können[23] – nämlich durch Aufspaltung der politischen Kräfte. Die Sowjetunion hofft offenbar, sie so leichter zu einem Block „antifaschistischer-demokratischer Parteien" unter Führung der KPD zusammenfassen zu können – eine Hoffnung, die im Aufruf der KPD vom 11. Juni 1945 deutlich zum Ausdruck kommt[24]. Die Einstellung ändert sich bereits, als die Mitgliederzahlen der SPD trotz ihrer Benachteiligung durch die Besatzungsmacht schneller steigen als die der KPD und damit die Vereinigung der „Arbeiterklasse" in der Sozialistischen Einheitspartei (SED) nahelegen[25].

---

[18] Vgl. auch *G. Stolper*, Deutsche Wirklichkeit, aaO, S. 155.

[19] Vgl. *W. Leonhard*, aaO, S. 398.

[20] Vgl. ebenda, S. 408 ff. und S. 432.

[21] Vgl. ebenda, S. 411 ff.

[22] Vgl. ebenda, S. 497.

[23] Siehe S. 197 f.

[24] Siehe *O. K. Flechtheim*, aaO, Bd. 3, Dokument 196, S. 318.

[25] Vgl. *W. Leonhard*, aaO, S. 433. Nach der Wahlniederlage der SED vom 20. 10. 1946 verstärken sich außerdem die Bindungen an die Sowjetunion und die Militärverwaltung (vgl. ebenda, S. 468 f.).

Im Grundsatzprogramm dieser Partei wird bereits deutlich auf die Grenzen des demokratischen Weges zum Sozialismus hingewiesen: Ihn ermögliche nur die „gegenwärtige besondere Lage in Deutschland, die mit der Zerbrechung des reaktionären staatlichen Gewaltapparates und dem Aufbau eines demokratischen Staates auf neuer wirtschaftlicher Grundlage" entstanden sei. Das schließe „die Möglichkeit ein, die reaktionären Kräfte daran zu hindern, mit den Mitteln der Gewalt und des Bürgerkrieges der endgültigen Befreiung der Arbeiterklasse in den Weg zu treten". Man werde aber wieder „zu revolutionären Mitteln greifen, wenn die kapitalistische Klasse den Boden der Demokratie verläßt" [26].

Es ist nicht ganz auszuschließen, daß es der Politik *Roosevelts* in der Tat gelingt, die sowjetische Regierung auf den demokratischen Weg festzulegen [27] – als Preis für die amerikanische Unterstützung im Krieg gegen Deutschland –, wobei das „Zonenkonzept" beiden Seiten Einflußsphären als „Auffanglinie" zugesteht. Dabei haben die Vereinigten Staaten dann sogar durch die Betonung der „wirtschaftlichen Einheit" – unabhängig von der politischen – noch einen Vorteil, zumal die deutschen Kommunisten sich in ihrem ersten Marschbefehl für Deutschland sogar auf kapitalistische Prinzipien verpflichten lassen und jede Art von Sozialismus für Deutschland als verfrüht und schädlich verdammen müssen [28].

Hinter diesem politischen Konzept steht die offizielle Erklärung der sowjetischen Regierung vom Juni 1944, daß die Rote Armee bei ihrem Vordringen in andere Länder nicht deren inneres System ändern werde. Hinzu kommt aber auch zu dieser Zeit eine Hoffnung in der Sowjetunion selbst auf friedliche Zusammenarbeit mit den westlichen Alliierten nach dem Kriege sowie, zusammen mit gewissen Liberalisierungsmaßnahmen der sowjetischen Regierung, die unbestimmte Hoffnung, daß es auch in der Sowjetunion nach dem Kriege „irgendwie anders" werde [29].

Der politische Hintergrund für die erste Phase der sowjetischen Besatzungspolitik ähnelt somit einer Mischung aus klassischem Marxismus – ein Land muß reif sein für den Sozialismus – und Atlantic-Charta. Diese Stimmung mag in Jalta im Februar 1945 [30] noch vorgeherrscht haben, dürfte aber spätestens mit der offiziellen Verkündung der *Truman*-Doktrin die Basis verloren haben. Somit erhebt sich die Frage, ob diese Politik nur eine Anwendung des *Roosevelt*schen Konzepts auf einen verstärkten sowjetischen Expansionsdrang darstellt oder einen grundsätzlichen Wandel in der amerikanischen Politik nach dem Tod *Roosevelts*.

---

[26] Siehe O. *K. Flechtheim,* aaO, Bd. 3, Dokument 200, S. 359.
[27] Siehe S. 166 f.
[28] Siehe S. 25 f. und S. 146 f.
[29] Siehe dazu *W. Leonhard,* aaO, S. 321.
[30] Siehe S. 160 f.

2.2.2 Vom „demokratischen Weg zum Sozialismus" zum Stalinismus

Die Sowjetunion glaubt ganz offensichtlich, in der Niederlage Deutschlands von 1945 einen günstigen Zeitpunkt für eine sozialistische Ordnung in Deutschland zu erkennen, zu der, mit der sowjetischen Besatzungsmacht und dem Potsdamer Abkommen im Hintergrund, auch sogar ein demokratischer Weg führen könnte – so weit wie die Potsdamer Vereinbarungen dafür überhaupt noch einen ausreichenden Spielraum lassen.

Um diesen engen Spielraum so schnell wie möglich zu ihren Gunsten zu nutzen, könnte die Sowjetunion dann die große Eile bei der Organisation „demokratischen" politischen Lebens entwickelt haben. Denn immerhin können sich zu Beginn der Potsdamer Konferenz in der sowjetischen Besatzungszone gegründete Parteien bereits zum „ersten Sprecher des deutschen Volkes seit dem 8. 5. 1945" machen[31]. Ein gewisser politischer Erfolg einer auf ein demokratisches Gesicht erpichten Besatzungspolitik ist dieser Tatsache nicht abzusprechen. Dahinter steht weiterhin auch die für alle Besatzungsmächte offenbar zum guten demokratischen Ton gehörende Erklärung, man wolle Deutschland nicht das eigene System aufzwingen[32], wobei man allerdings der Autorität gewohnten sowjetischen Militärverwaltung bei ihren Schritten zur Belebung des demokratischen Geistes in Deutschland mehr Unbeholfenheit und Plumpheit zugestehen muß.

Keine Besatzungsmacht hat den „dritten Weg" so zum Bestandteil ihrer offiziellen Besatzungspolitik gemacht wie die Sowjetunion. Er dient geradezu als Beweis für die Ernsthaftigkeit des Wunsches, Deutschland nicht mechanisch irgendeine fremde Ordnung aufzuzwingen. Deshalb propagiert man eine „mittlere Demokratie", die zwischen der „bürgerlichen und sozialistischen Demokratie" liegen soll, unter Beibehaltung der Grundlage der kapitalistischen Wirtschaftsordnung, der Beibehaltung privater Produktionsmittel. Ausgemerzt werden sollen jedoch „die imperialistischen Monopolverbände des Faschismus"[33].

Thalheim versucht diese Besatzungspolitik mit den sowjetischen Erfahrungen bei der eigenen sofortigen Einführung des Kommunismus zu erklären[34].

---

[31] Siehe S. 148.

[32] So inspirierten die Sowjets kurz nach der Gründung der SED im Frühjahr 1946 einen Aufsatz in der Parteizeitschrift „Einheit" unter dem Titel „Was ist Demokratie". Darin heißt es: „Die SED ist gegen eine mechanische Übertragung des Sowjetsystems, genau so wie sie gegen eine mechanische Übertragung des englischen, amerikanischen oder französischen Systems auf die deutschen Verhältnisse ist" (siehe *W. Leonhard,* aaO, S. 453). Die Ähnlichkeit mit der amerikanischen Formulierung in der neuen Direktive JCS 1067 vom 15. 7. 1947 (siehe S. 202) läßt sich kaum übersehen. Einen Unterschied könnte man jedoch darin erblicken, daß in dem „SED-Bekenntnis" nur ein „mechanisches" Aufzwingen ausgeschlossen wird.

[33] Zitiert aus dem erwähnten Aufsatz „Was ist Demokratie" bei *W. Leonhard,* aaO, S. 453.

[34] Siehe *K. C. Thalheim,* Die Rezeption des Sowjetmodells, aaO, S. 274.

Das Ergebnis war eine Desorganisation der gesamten Wirtschaft. Deshalb rief *Lenin* im Frühjahr 1921 zu einer „neuen ökonomischen Politik“ (NEP) auf. Diese Phase der eigenen Entwicklung der Sowjetunion zeigt nach *Thalheim* Übereinstimmung mit der ersten Phase der sowjetischen Besatzungspolitik in Deutschland. Damit wäre sie letztlich eine Konzession an *Marx* und seine „evolutionäre“ Entwicklung zum Sozialismus, in der keine Stufe übersprungen werden darf.

Bei einer solchen Interpretation bleibt jedoch offen, was dazu geführt hat, diese erste Phase der Besatzungspolitik so schnell zu beenden. Die „Neue ökonomische Politik“ *Lenins* erstreckte sich immerhin über sieben Jahre. Was hat demnach die sowjetische Regierung veranlaßt, diese Erfahrungen so schnell über Bord zu werfen? Es könnte daran liegen, daß die Verhältnisse der Sowjetunion im Jahre 1921 sich in einem wesentlichen Punkte von denen der sowjetischen Besatzungszone in Deutschland unterscheiden: Die siegreiche Rote Armee bedarf des Wohlwollens der deutschen Bevölkerung weit weniger als die sowjetische Regierung von 1921, die durchaus von dem Wohlwollen der sowjetischen Massen abhängig ist.

Wenn die Sowjetunion das brutale Machtinstrument der Roten Armee in Deutschland zunächst so wenig einsetzt – obgleich die Voraussetzungen für den Kommunismus im Mai 1945 höchst günstig sind[35] –, daß die mitteldeutsche Bevölkerung „im Unklaren über die wirklichen Ziele der sowjetischen Besatzungsmacht“ bleibt, so reicht die Erinnerung an die eigene Vergangenheit der Sowjetunion kaum aus, um die anfängliche Zurückhaltung *Stalins* zu erklären. Was hat ihn daran gehindert, nicht von Anfang an eine „Politik der Stärke“ in Deutschland zu betreiben? Mit deutschen Sympathien für den Osten rechnen Mitglieder der Militärverwaltung im Herbst 1946 ganz nüchtern ohnehin nur bei 15 % bis 20 % der Bevölkerung gegenüber einem Anteil von 80–85 %, der sich – vor die Wahl gestellt – für den Westen entscheiden würde[36].

Somit spricht einiges dafür, daß der Umschwung der sowjetischen Besatzungspolitik zur „Politik der Stärke“ seine Impulse kaum allein aus Deutschland und der sowjetischen Vergangenheit erhalten haben kann. Es ist vielleicht gut, sich hier erneut an die Vorstellung von *Roosevelt* zu erinnern, die Zusammenarbeit mit der Sowjetunion nach dem Kriege aufrechtzuerhalten und Deutschland zum Prüffeld dieser Zusammenarbeit zu machen. Wenn *Truman* jedoch diese Politik seines Vorgängers mißbilligt, dann fällt es auch der Sowjetunion leichter, spätestens dann den demokratischen Weg aufzugeben, wenn sich absehen läßt, daß er mit einiger Sicherheit nicht zum Sozialismus führen würde – weder in ganz Deutschland noch in der sowjetischen Besatzungszone. Für diesen Fall bleibt dann nur der Rückgriff auf das „Zonenkonzept“.

[35] Vgl. *J. P. Nettl*, aaO, S. 301.

[36] Vgl. *W. Leonhard*, aaO, S. 465 f.

Mit dem Umschwenken der amerikanischen Politik auf die Gewinnung der „deutschen Seelen" und die Belebung des „Willens zur Freiheit" über eine wirtschaftliche Hilfe zur Steigerung des Lebensstandards gerät die Sowjetunion unweigerlich in die Defensive, zumal genau abzusehen ist, wie die deutschen Sympathien verteilt sind. Dieser Nachteil für die Sowjetunion macht sich nur so lange weniger bemerkbar, wie die Vereinigten Staaten allein die „*Morgenthau*-Doktrin" anzubieten haben. Die „*Truman*-Doktrin" jedoch findet in den deutschen Gefühlen und Traditionen eine gute Grundlage. In Verbindung mit dem *Marshall*-Plan muß sie alle Hoffnungen der Sowjetunion auf einen „demokratischen Weg zum Sozialismus" zerstören.

Wenn somit die Forcierung der sowjetischen Politik in Mitteldeutschland etwa parallel läuft zur Wandlung der amerikanischen Politik, die sich ja bereits in den Versuchen zur Revision des Industrieplans andeutet, dann spricht einiges dafür, daß die Verschärfung der sowjetischen Politik auch eine Reaktion auf die veränderte amerikanische Haltung darstellen könnte. In der Politik *Roosevelts* glauben die Sowjets offenbar eine Basis zu haben für eine gemeinsame Politik, die auch Chancen eröffnet für einen „demokratischen" Weg zum Sozialismus; um so mehr, je länger die Vereinigten Staaten an der *Morgenthau*-Doktrin festhalten. Mit der *Truman*-Doktrin vergrößert sich die Spannung zwischen Ost und West. Hieraus wird klar, daß die Betonung der deutschen Einheit auf beiden Seiten, die deutsche Einheit mehr gefährdet als fördert[37], denn jede der beiden Mächte ist nur an einer Einheit unter eigener Kontrolle interessiert oder an einer solchen Einheit, die die eigene Kontrolle über die Entwicklung sicherstellt.

So ist es zu erklären, daß Vertreter der Sowjetunion – *Molotow* auf der Moskauer Konferenz im April 1947 und auf der Außenministerkonferenz in London im Dezember 1947[38] – eine deutsche Zentralregierung fordern können, ohne Gefahr zu laufen, von dem westlichen Alliierten beim Wort genommen zu werden. Das „Zonenkonzept" ist offenbar schon längst als neue Basis der Besatzungspolitik anerkannt worden.

Auf diesem Hintergrund muß man *G. Stolpers* Feststellung sehen, daß das Sowjetregime in Deutschland in demselben Maße rücksichtsloser wird, wie sich die politischen Beziehungen zu den westlichen Alliierten verschlechtern[39]. Eine Änderung des sowjetischen Kurses zeichnet sich im Sommer 1947 deutlich ab. Das Konzept der „mittleren Demokratie" zwischen Ost und West wird widerrufen[40]. Die Sowjets verzichten in dem Umfang auf das „demokratische Gesicht", in dem die neue amerikanische Politik in Deutschland größere politische Freiheiten verheißt – angekündigt durch die neue Direktive vom Juli 1947, die die *Morgenthau*-Doktrin auch offiziell aus der amerikanischen Besatzungspolitik verbannt.

---

[37] Siehe S. 171.

[38] Siehe auch *G. Stolper*, Deutsche Wirklichkeit, aaO, S. 155.

[39] Ebenda, S. 145.

[40] Vgl. *W. Leonhard*, aaO, S. 478 f.

Die Konsequenzen, die die Sowjets ziehen, ziehen müssen, können durch nichts besser charakterisiert werden als durch das *Fraternisierungsverbot* für die sowjetischen Truppen vom Herbst 1947, um gefährliche Kontakte zwischen der deutschen Bevölkerung und den Angehörigen der Besatzungstruppen zu vermeiden[41]. Bereits Mitte 1947 beginnen die zunächst ausgesetzten Enteignungen von Unternehmen erneut – bezeichnenderweise auch wieder mit der Begründung, die Eigentümer seien aktive Nazis gewesen oder hätten sich Kriegsverbrechen zuschulden kommen lassen. Der Kreis der auf diese Weise „politisch untragbaren" Eigentümer von Betrieben ist beliebig groß; denn – wie *Stolper*[42] feststellt – die meisten Geschäftsleute waren zur Mitgliedschaft in der NSDAP gezwungen, wenn sie deren Herrschaft überdauern wollten, oder hatten zumindest ausländische Arbeiter beschäftigt, bzw. in irgendeiner Form Kriegsmaterial hergestellt. Damit lassen sich genügend Anhaltspunkte für Kriegsverbrechen finden.

Auch in den übrigen Ostblockländern äußert sich die sowjetische Reaktion auf die neue amerikanische Politik – symbolisiert im *Marshall*-Plan, dessen materielle Hilfe allen Ländern Europas eine Beschleunigung des Wiederaufbaus erhoffen läßt – in einer Verschärfung des politischen Druckes. Da die Sowjetunion mit den wirtschaftlichen Möglichkeiten der Vereinigten Staaten nicht konkurrieren kann und andererseits die ideologische Basis für den Kommunismus in den Ostblockländern keineswegs gefestigt ist, bleibt zur Durchsetzung der sowjetischen Politik nur noch eine verstärkte Anwendung der Brachialgewalt. Das ist der eigentliche politische Hintergrund jener Phase der sowjetischen Politik, die als *„Stalinismus"* in die Geschichte eingegangen ist.

Als erster, sichtbarer Schritt auf diesem Wege kann als unmittelbare Antwort auf den *Marshall*-Plan die Wiederbelebung der „Kommunistischen Internationale" *(Komintern)* im Oktober 1947 angesehen werden. Sie hatte sich 1943 aufgelöst[43] und entsteht nun als „Kommunistisches Informationsbüro" *(Kominform)* neu. Unter Führung der sowjetischen Kommunistischen Partei soll die neue Organisation der gegenseitigen Unterrichtung und Stärkung der „antifaschistischen Demokratien" gegenüber dem „westlichen Kapitalismus" dienen[44]. Es folgt als erste Aktion der neuen kommunistischen Partei im Juni 1948 Verdammung und Ausschluß Jugoslawiens aus dem Kominform. Jugoslawien gelingt es, sich noch rechtzeitig aus dem sowjetischen Machtbereich zu lösen, bevor die Sowjetunion es wagen kann, die Rote Armee einzusetzen – wie später in Ungarn und der DDR –, um einen solchen Schritt zu verhindern. Der 1945 abgeschlossene sowjetisch-jugoslawische

---

[41] Vgl. *G. Stolper,* Deutsche Wirklichkeit, aaO, S. 156.

[42] Vgl. *G. Stolper,* Deutsche Wirklichkeit, aaO, S. 145.

[43] Siehe S. 167.

[44] Siehe *Franz Borkenau,* Der europäische Kommunismus. Seine Geschichte von 1947 bis zur Gegenwart. München 1952.

Freundschaftspakt wird gekündigt und Jugoslawien hält sich offen für die wirtschaftliche Hilfe aus den Vereinigten Staaten.

Der Kominform-Beschluß über Jugoslawien bedeutet die offizielle Absage an den eigenen Weg der einzelnen Länder zum Sozialismus. Es dauert nicht lange, bis auch die mitteldeutsche SED daraus ihre „Lehren" ziehen muß[45]. Der „besondere deutsche Weg zum Sozialismus" wird zur „falschen Theorie" erklärt und eine Verschärfung des „Klassenkampfes" angekündigt. Das „Neue Deutschland", das offizielle Organ der SED, verkündet bereits am 24. 9. 1948 den „einzig möglichen Weg zum Sozialismus"[46]. Darin wird unumwunden erklärt, warum ein eigener deutscher Weg nunmehr überflüssig ist: Es gibt die Sowjetunion und die siegreiche Rote Armee, die alle Ostblockländer vom Faschismus befreit hat. Deshalb ist nicht mehr die Demokratie ein Weg zum Sozialismus, sondern die Sowjetunion die Basis für „Frieden, Demokratie und Sozialismus".

Die Abkehr vom demokratischen Weg in der sowjetischen Besatzungspolitik scheint mit einem verstärkten Bemühen um den wirtschaftlichen Wiederaufbau gerechtfertigt zu werden. Dazu wird – zumindest in der Presse – im Frühjahr 1947 der Startschuß gegeben, als der sowjetische Oberkommandierende, Marschall *Sokolowskij,* eine Erklärung über eine Verbesserung der wirtschaftlichen Lage der deutschen Bevölkerung" abgibt[47]. Darin wird ein Demontage-Stop angekündigt, eine Senkung der Reparationen aus laufender Produktion und Verbesserung des Angebots an Konsumgütern sowie eine Erhöhung des Industrieplans um das „Zwei- bis Dreifache". Die Beendigung der Demontagen war schon einmal – am 1. 5. 1946 – versprochen worden[48].

An diese sowjetische Erklärung knüpft die deutsche Verwaltung der sowjetischen Besatzungszone nicht nur ihre Hoffnungen auf große ökonomische Fortschritte, sondern auch auf den Beweis, daß die Überlegenheit der sozialistischen „Wirtschaftsmethode" zum „Grundstein und Vorbild des industriellen Aufstiegs in ganz Deutschland werden wird"[49]. Die „Ökonomisierung" des gesellschaftlichen Lebens scheint sogar so weit zu gehen, daß man versucht, die politischen Parteien durch eine „unpolitische" Organisation der Massen zu ersetzen – und zwar in den sogenannten „Frontorganisationen" der Bauern, Arbeiter, Frauen, Jugendlichen und des kulturellen Bereichs[50].

---

[45] Siehe dazu O. *K. Flechtheim,* aaO, Bd. 3, Dokument 201 (Die Kominform – Entscheidung über Jugoslawien und die Lehren für die SED. Entschließung des Parteivorstandes der SED vom 16. 9. 1948), S. 360 ff.

[46] Siehe ebenda, Dokument 202 *(Anton Ackermann:* Über den einzig möglichen Weg zum Sozialismus. Nach „Neues Deutschland" vom 24. 9. 1948, S. 1), S. 365 f.

[47] Siehe dazu *Bruno Saekel,* Marschall *Sokolowskijs* sieben Punkte. „Der Wirtschaftsspiegel". Wirtschaftspolitische Halbmonatsschrift. Herausgegeben von *H. W. Doeblin.* Wiesbaden. Jg. 2 (1947), H. 3, S. 65 ff.

[48] Vgl. *Bruno Saekel,* aaO, S. 66.

[49] Siehe ebenda, S. 72.

[50] Vgl. *G. Stolper,* Deutsche Wirklichkeit, aaO, S. 153.

Diese „Frontorganisationen“ dienen dem „sozialistischen Aufbau“, in erster Linie ein wirtschaftlicher Aufbau.

Da die sozialistische „Wirtschaftsmethode“ durch die Beseitigung des Privateigentums an den Produktionsmitteln bereits zur Grundlage der „wirklichen Freiheit“ und „wahren Demokratie“ erklärt worden ist, wird dieser Wirtschaftsordnung wegen der das staatliche Eigentum an den Produktionsmitteln ergänzenden staatlichen zentralen Planung der Wirtschaft auch die höchstmögliche wirtschaftliche Leistungsfähigkeit zugesprochen.

Damit findet hier eine ähnliche Identifizierung der Wirtschaftsordnung mit der Freiheit allgemein sowie dem Maximum an wirtschaftlicher Effizienz statt wie in der amerikanischen Besatzungspolitik. Der Kampf der Gesellschaftssysteme von Ost und West erhält auf diese Weise eine materielle Vergleichsbasis. Die *Truman*-Doktrin auf der einen und der „Stalinismus“ auf der anderen Seite sorgen dafür, daß für diesen Kampf die notwendige Isolierung des „Versuchsfeldes“ geschaffen wird.

Diese Überlegungen legen den Schluß nahe, daß auch die *Truman*-Doktrin einen Beitrag zur schnellen und totalen Sowjetisierung Mitteldeutschlands sowie zur Teilung Deutschlands geleistet haben könnte, weil diese Doktrin die Isolierung der sowjetischen Besatzungszone von der einzigen ernsthaften Gegenmacht zum sowjetischen Einfluß erleichtert und den Sowjets erlaubt, ihre Ordnungspolitik ungestört und mit Brachialgewalt durchzusetzen. Die sowjetische Politik wird durch die amerikanische Politik davor bewahrt, den „demokratischen Weg zum Sozialismus“ ohne Entschuldigung mit der *Truman-Doktrin* als illusionär aufgeben zu müssen.

2.3. Die Ausrichtung der übrigen Alliierten auf die amerikanische Besatzungspolitik

Den vom „freien Unternehmertum“ überzeugten Vereinigten Staaten steht in Deutschland ein sozialistisches England und ein zwischen beiden Prinzipien geteiltes Frankreich gegenüber[1]. Deshalb ist es gar nicht verwunderlich, wenn sowohl England als auch Frankreich den amerikanischen Ordnungsvorstellungen für Deutschland zunächst wenig Sympathien entgegenbringen. Eine Gemeinsamkeit zwischen den westlichen Alliierten besteht lediglich in einer gemeinsamen Abneigung gegenüber der Sowjetunion. Im übrigen versucht jede Besatzungsmacht, eigene Wege zu gehen[2].

2.3.1. Die englische und französische Besatzungspolitik

Der eigene Weg fällt Großbritannien am schwersten. Wegen seiner finanziellen Abhängigkeit von den Vereinigten Staaten muß es mehr und mehr

[1] Vgl. *L. D. Clay*, aaO, S. 404.

[2] Vgl. *H. C. Wallich*, aaO, S. 328.

deren führende Rolle akzeptieren[3]. Die Verschuldung bei den Vereinigten Staaten hat *Churchill* nach *G. Stolpers* Vermutung bereits gezwungen, sich den Vorstellungen des amerikanischen Finanzministers *Morgenthau* zu beugen[4]. Durch die recht willkürliche Aufteilung Deutschlands in Besatzungszonen erwächst England eine zusätzliche Belastung. Das von ihm besetzte „industrielle Herz" Deutschlands liegt auf Grund der *Morgenthau*-Doktrin brach. Damit schwindet die einzige Möglichkeit, die der Bevölkerung der britischen Besatzungszone fehlenden Nahrungsmittel im Austausch gegen Industrieprodukte zu erwerben. So müssen die Vereinigten Staaten von Anfang an auch die Unterstützung der britischen Zone übernehmen. Auf diese Weise wird die englische Regierung keineswegs unabhängiger von den Vereinigten Staaten und ihren Ordnungsvorstellungen für Deutschland. Der Preis für die Abwälzung der durch die Besetzung entstehenden finanziellen Belastung ist das stärkere Gewicht der Vereinigten Staaten gerade in wirtschaftspolitischen Entscheidungen in der Besatzungszone[5].

Seine ordnungspolitische Unabhängigkeit von den Vereinigten Staaten bewahrt England sich in der Hauptsache gegenüber der Frage des föderativen Aufbaus in Deutschland. Die britische Militärregierung besteht auf der zentralen Verwaltung ihrer Zone[6]. Widerstand leistet die britische Militärregierung auch den amerikanischen Plänen zur Durchsetzung der Gewerbefreiheit. Verzichten muß die englische Labour-Regierung vor allem darauf, ihr Sozialisierungsversprechen an die deutschen Sozialdemokraten einzulösen[7]. Dieses Zugeständnis stellt General *Clay*[8] so dar: Er sei mit seinem englischen Kollegen, General *Robertson*, unterschiedlicher Meinung darüber gewesen, in welchem Umfang das Recht auf Kontrolle der Wirtschaft in deutsche Hände gelegt werden solle. Auf der Moskauer Konferenz (im Februar 1947) habe der britische Außenminister *Bevin* versucht, seinen amerikanischen Kollegen *Marshall* zur Annahme des britischen Standpunkts zu bewegen. *Marshall* habe sich jedoch geweigert, ohne *Clay* zu entscheiden. Darauf sei man übereingekommen, den Militärregierungen die Lösung des Problems zu überlassen. Das führt zu der Vereinbarung zwischen *Clay* und *Robertson*, die deutsche Wirtschaftsordnung nicht zu präjudizieren. Die deutsche Bevölkerung soll die Wahl haben, zwischen „freiem Unternehmertum" und Sozialismus zu entscheiden.

Wenn *Clay* dann an anderer Stelle feststellt[9], die amerikanische Militärregierung habe sich immer an ihre Verpflichtung zur politischen Neutralität

---

[3] Vgl. ebenda. [4] Siehe S. 161, Fußnote 26.

[5] Vgl. auch *Einwirkungen* der Besatzungsmächte auf die westdeutsche Wirtschaft, aaO, S. 12.

[6] Wie *Wallich* meint, erweist sich dies später als Vorteil für die aus der britischen Zone kommenden politischen und wirtschaftlichen Führungskräfte (vgl. *H. C. Wallich*, aaO, S. 328).

[7] Vgl. *O. K. Flechtheim*, aaO, Bd. 1, S. 76.

[8] *L. D. Clay*, aaO, S. 200. [9] Siehe S. 194 f.

gehalten und darüber auch eine einheitliche Meinung mit der britischen Militärregierung erzielt, so ist diese Formulierung im Kommuniqué-Stil[10] für die britische Labour-Regierung inhaltsschwer; denn dahinter verbirgt sich die Unterwerfung unter die amerikanischen Ordnungsvorstellungen.

Ein gutes Einvernehmen besteht zwischen der englischen und amerikanischen Militärregierung keineswegs – zumindest nicht in der ersten Phase der Besatzungspolitik. Alt-Bundeskanzler *Adenauer* vermutet in seinen Memoiren[11], daß er im September 1945 von den Engländern als Oberbürgermeister von Köln nicht nur entlassen worden ist, weil er sich weigert, zur Verbesserung der Brennstoffversorgung der Bevölkerung Allee-Bäume fällen zu lassen, sondern wegen seiner *„starken politischen Bindung an die Amerikaner"*. Deshalb sei er der englischen Labour-Regierung wegen ihrer Freundschaft zur SPD politisch unbequem gewesen, und man habe ihm in dem Entlassungsschreiben jede direkte oder indirekte politische Betätigung in der britischen Zone untersagt.

Frankreich entwickelt in seiner Zone, wie es scheint, den geringsten ordnungspolitischen Eifer. Es hat vorwiegend ökonomische Interessen, die sich mit alten Gebietsansprüchen an Deutschland vermischen sowie mit der traditionellen Furcht vor der politischen Stärke Deutschlands. Deshalb behandeln die Franzosen, wie *G. Stolper* berichtet[12], ihre Besatzungszone wie eine Kolonie und sperren sich gegen jede Zusammenarbeit mit den anderen Alliierten.

Es ist im wesentlichen der Ost-West-Spannung zu verdanken, daß die französische Besatzungspolitik nicht zu Reibungen mit den Vereinigten Staaten und Großbritannien führt[13]. General *De Gaulle* sieht noch im Herbst 1948 in seiner Besatzungszone ein „Faustpfand", das es Frankreich erlaubt, seine Politik gegenüber den anderen Besatzungsmächten durchzusetzen[14].

Erst die Verschärfung des Ost-West-Konflikts führt Frankreich und die übrigen westlichen Alliierten auf der einzigen gemeinsamen Basis, die es mit ihnen hat, zusammen, nämlich über das Mißtrauen gegenüber der Sowjetunion. Aber auch hier hat Frankreich seine Furcht vor dem ökonomischen

---

[10] Ihn erläutert der ehemalige kanadische Außenminister *Lester Pearson*, im Hinblick auf Commonwealth-Konferenzen und deren Kommuniqués, an einem Beispiel aus der englischen Geschichte: Die Rebellion der englischen Barone gegen *König Johan* ohne Land, dem am 15. 6. 1215 die *Magna Charta* abgenötigt wurde, hätte als Kommuniqué folgendermaßen gelautet: „Es ist eine umfassende und freundliche Besprechung der feudalen Rechte abgehalten worden. Die Konferenz hat einige Empfehlungen an *König Johan* beschlossen".

[11] *Konrad Adenauer*, Erinnerungen 1945–1953. Stuttgart 1965, S. 37 f. Hervorhebung nicht im Original.

[12] Vgl. *G. Stolper*, Deutsche Wirklichkeit, aaO, S. 90 ff.

[13] Vgl. *H. C. Wallich*, aaO, S. 329.

[14] Vgl. *Einwirkungen* der Besatzungsmächte auf die westdeutsche Wirtschaft, aaO, S. 19.

Wiederaufbau Deutschlands noch lange nicht überwunden[15], als die Vereinigten Staaten schon im wirtschaftlichen Potential Deutschlands einen wesentlichen Vorteil im Ost-West-Konflikt erblicken.

2.3.2. Die Bi- und Trizone als Instrument der amerikanischen Besatzungspolitik

Infolge der ökonomischen und politischen Abhängigkeit Englands von den Vereinigten Staaten ist eine Vereinigung der beiden Besatzungszonen sehr naheliegend. Hinzu kommt mit der neuen amerikanischen Politik im Zeichen der *Truman*-Doktrin das größere amerikanische Interesse auch an einer politischen Einheit der westlichen Besatzungszonen und ganz Europas. So nennt *Clay* folgerichtig die Bizone einen bewußten Schritt zur Neuordnung Europas[16], das zweite Stadium der Politik Amerikas in Deutschland, das des politischen Wiederaufbaus[17]. Deshalb überzeugt die Direktive an die amerikanische Militärregierung vom Februar 1948 nicht ganz, wenn darin der Schluß nahegelegt wird, erst die Einordnung der sowjetischen Besatzungszone in das ökonomische System des Ostblocks habe die Westmächte gezwungen, West-Deutschland ökonomisch und politisch mit West-Europa zu integrieren[18].

Viel besser scheint *Stolper* die wahre Interessenlage zu charakterisieren, wenn er feststellt[19], den westlichen Alliierten sei es schon recht früh nicht so sehr um die ordnungspolitische Alternative Zentralisierung oder Dezentralisierung gegangen, sondern um eine Entscheidung darüber, ob man der Sowjetunion Einfluß auf ganz Deutschland zugestehen solle oder nicht. Die Vereinigten Staaten und Großbritannien seien fest entschlossen gewesen, die Sowjetunion vom Westen fernzuhalten. Diese klare Linie sei eine Zeitlang durch die französische Forderung nach einer Internationalisierung der Ruhr verwischt worden.

Die Auseinandersetzungen erreichen auf der Moskauer Sitzung des Rates der Außenminister vom März/April 1947 einen Höhepunkt. Der sowjetische Außenminister *Molotow* setzt sich hier für einen deutschen Staat nach dem Vorbild von Weimar ein und wiederholt seine Forderung, wie bereits erwähnt, im Herbst in London. Die sowjetische Haltung auf dieser Konferenz, so schreibt *Clay*[20], erlaubt es den Vereinigten Staaten, schneller und mit mehr Nachdruck eine wirklich wirksame Verwaltung der Bizone aufzubauen und auch Frankreich für einen Anschluß sowie für eine westdeutsche Regierung zu gewinnen.

Bereits im Herbst 1946 beschließen die Vereinigten Staaten und Großbritannien in New York, ihre beiden Besatzungszonen zu vereinen. Dieser

---

[15] Siehe *L. D. Clay*, aaO, S. 395.
[16] Vgl. *L. D. Clay*, aaO, S. 163.
[17] Siehe S. 191.
[18] Vgl. *L. D. Clay*, aaO, S. 395.
[19] Vgl. *G. Stolper*, Deutsche Wirklichkeit, aaO, S. 239 f.
[20] Vgl. *L. D. Clay*, aaO, S. 394.

Beschluß tritt am 1. 1. 1947 in Kraft[21]. Ein bereits im Herbst 1946 unternommener Schritt, eine einheitliche Wirtschaftsverwaltung zu schaffen, scheitert im wesentlichen[22]. Nach der Vereinigung der beiden Besatzungszonen wird aus dem Zentralamt für Wirtschaft der Britischen Zone das Verwaltungsamt für Wirtschaft, dem der Verwaltungsrat für Wirtschaft (die Wirtschaftsminister der Länder) übergeordnet ist[23].

Die Durchschlagskraft dieser deutschen Verwaltung ist jedoch noch gering, da der vor allem von den Amerikanern geförderte Föderalismus die einheitliche Verwaltung behindert. Denn der alliierte Appell an die Deutschen, nicht deutsch, sondern „landsmannschaftlich" zu fühlen und denken, findet sehr schnell fruchtbaren Boden[24]. Maßnahmen der deutschen Verwaltung können nur über den starken Arm der Militärregierungen durchgesetzt werden[25]. Für die Wirtschaft bringt die Bizone insofern Erleichterungen, als versucht wird, die zerstückelte deutsche Industrie wieder zusammenzufassen[26].

Im Sommer 1947 wird die deutsche Verwaltung der Bizone durch ein deutsches gesetzgebendes Organ, den Wirtschaftsrat, ergänzt. Er setzt sich aus den von den Länderparlamenten gewählten Vertretern zusammen. Die erste Vollversammlung dieses Gremiums findet am 25. 6. 1947 statt. Gleichzeitig wird eine Reorganisation der deutschen Verwaltung der Bizone beschlossen, um die Arbeitsfähigkeit der bizonalen Verwaltung zu verbessern. Neben dem Wirtschaftsrat entsteht – praktisch als „Länderkammer" – das „Exekutiv-Komitee" aus Vertretern der Länder und als Exekutive die „Exekutiv-Direktoren"[27]. Gleichzeitig wird die Verwaltung von Minden/W. in der britischen Zone nach Frankfurt a. M. verlegt, wo sich bereits einige Verwaltungsstellen befinden[28]. Als sichtbares Zeichen eines demokratischen Abstimmungsprozesses sind Reibereien zu betrachten, die in dieser Zentrale sowohl zwischen den Alliierten als auch zwischen den deutschen Parteien entstehen[29].

Nach dem Scheitern der Londoner Außenministerkonferenz vom November/Dezember 1947 wird die bizonale Verwaltung noch einmal umorganisiert. Anfang 1948 wird die Mitgliederzahl des Wirtschaftsrats verdoppelt und neben die Direktoren der einzelnen Verwaltungsabteilungen tritt als Koordinator ein „Oberdirektor"[30]. Diese Veränderungen werden bereits von Gerüchten über den Aufbau eines westdeutschen Staates begleitet[31].

[21] Siehe *G. Stolper*, Deutsche Wirklichkeit, aaO, S. 93.

[22] Vgl. *H. Rasch*, Grundfragen der Wirtschaftsverfassung, aaO, S. 10.

[23] Vgl. ebenda, S. 68.

[24] Vgl. *G. Stolper*, Deutsche Wirklichkeit, aaO, S. 237.

[25] Vgl. Wirtschaftsrat, Wörtliche Berichte, aaO, 2. Vollversammlung, S. 164 f.

[26] Vgl. *G. Stolper*, Deutsche Wirklichkeit, aaO, S. 221 ff.

[27] Siehe ebenda, S. 237 f.

[28] Siehe auch *H. Rasch*, Grundfragen der Wirtschaftsverfassung, aaO, S. 68 f.

[29] Siehe *G. Stolper*, Deutsche Wirklichkeit, aaO, S. 238 f.

[30] Vgl. *H. Rasch*, Grundfragen der Wirtschaftsverfassung, aaO, S. 68 f.

[31] Siehe Wirtschaftsrat, Wörtliche Berichte, aaO, 2. Vollversammlung, S. 324 f. und S. 330. Aber bereits zur Zeit der Londoner Außenministerkonferenz und nach

Parallel zur deutschen Verwaltung entsteht auf alliierter Seite die „Zweimächte-Regierung" (Bipartite Board) und das „Zweimächte-Kontrollamt" (Bipartite Control Office). Die Zweimächte-Regierung muß jedem Gesetz des Wirtschaftsrats zustimmen. Das Zweimächte-Kontrollamt sorgt aber schon vorher durch engen Kontakt zu den deutschen Stellen dafür, daß alle Maßnahmen zwischen den betroffenen deutschen und alliierten Referenten abgestimmt werden. Der alliierte Einfluß auf die Wirtschaft der Bizone setzt sich im wesentlichen über das Zweimächte-Kontrollamt durch. Er ist trotz der Übertragung von Verantwortung auf die deutsche Verwaltung noch sehr groß[32].

General *Clay* hebt zwar hervor, daß die Bizone die amerikanische Besatzungspolitik zu einem Kompromiß mit der britischen Militärregierung gezwungen hat. Bis dahin stellt der Wiederaufbau einer deutschen Regierung von unten her ein „systematisches, geplantes und zum großen Teil im voraus konzipiertes Programm" zur Durchsetzung der eigenen Ziele dar, das einseitig durchgeführt werden kann[33]. Nach den bisherigen Überlegungen muß jedoch angenommen werden, daß die Bizone gerade ein Instrument ist, um der amerikanischen Besatzungspolitik noch mehr Durchschlagskraft zu verschaffen. Die britische Militärregierung hat ihre Selbständigkeit – zumindest in ordnungspolitischen Fragen – bereits weitgehend verloren.

Mehr Glauben kann man *Clay* jedoch schenken, wenn er die Einbeziehung Frankreichs in die westdeutsche Einheit als ein schwieriges Unterfangen darstellt[34]; denn von Anfang an ist der Unterschied zwischen der französischen und der amerikanischen Besatzungspolitik am größten[35]. Das Veto der französischen Regierung blockiert viele englisch-amerikanische Vorschläge. Die Folge ist, daß die Sowjetunion Gelegenheit hat, ihre eigenen Vorstellungen über Europa zu verwirklichen[36].

Um so erstaunlicher ist es, daß es der amerikanischen Politik gelingt, auch Frankreich mehr und mehr zur Mitarbeit zu bewegen. Das beginnt bereits mit der Übernahme des von den Vereinigten Staaten inspirierten Konzepts der Landeszentralbanken im Jahre 1947. Die am 1. 3. 1948 errichtete Bank deutscher Länder (BdL) ist die erste Einrichtung der Trizone[37]. Der Währungsreform vom 20. 6. 1948 schließt sich die französische Zone zwar an, be-

ihrem Scheitern im Dezember 1947 kursierten Gerüchte über Vorbereitungen für einen westdeutschen Staat. Der Hauptausschuß des Wirtschaftsrats sah sich sogar zu einer Erklärung genötigt, in der die Gerüchte als falsch zurückgewiesen wurden. Die bizonalen Institutionen sollten jedoch in einer Weise weiterentwickelt werden, die die Zukunft nicht präjudizieren (siehe ebenda, 9. Vollversammlung vom 18. 12. 1947, S. 238).

[32] Vgl. *Einwirkungen* der Besatzungsmächte auf die westdeutsche Wirtschaft, aaO, S. 20 f. Siehe auch S. 210 ff.

[33] Vgl. *L. D. Clay*, aaO, S. 393.

[34] Vgl. ebenda.

[35] Vgl. ebenda, S. 259.

[36] Vgl. *R. Murphy*, aaO, S. 351.

[37] Vgl. *Adolf Weber*, Geld, Banken, Börsen, 5. verbesserte und ergänzte Auflage. München 1955, S. 154 f.; *L. D. Clay*, aaO, S. 425 ff.

schränkt sich aber auf die Geldreform und holt die Wirtschaftsreform nach[38]. Im Oktober 1948 werden auch die Dienststellen der westlichen Besatzungsmächte zur Kontrolle des Außenhandels zusammengelegt[39].

In der gemeinsamen Außenhandelsorganisation wird vielleicht am besten deutlich, wie die finanzielle Überlegenheit der Vereinigten Staaten auch ihren Ordnungsvorstellungen zum Durchbruch verhilft: Das Stimmrecht der alliierten Vertreter bemißt sich nach den finanziellen Aufwendungen ihrer Länder für Deutschland.

Erst die Unterzeichnung des Atlantik-Pakts am 8. 4. 1949 schafft jedoch, wie *Clay*[40] es ausdrückt, die Atmosphäre für eine gemeinsame Politik der Alliierten in Deutschland. Es ist nach *Clay* im wesentlichen die Politik, die die Vereinigten Staaten schon seit vielen Monaten verfolgen. Damit wird noch einmal deutlich, daß die Ost-West-Spannung die entscheidende Basis für eine Zusammenarbeit der westlichen Alliierten bildet. Welche Gegensätze auf diese Weise überbrückt werden, verdeutlicht vielleicht *Clay* am besten, wenn er Ende 1945 einem amerikanischen Korrespondenten eingesteht[41], mehr Übereinstimmung mit der sowjetischen Militärverwaltung erzielt zu haben als mit irgendeinem der übrigen Alliierten.

Auf der Grundlage dieser Einheit der westlichen Alliierten ergeht im Sommer 1948 die Aufforderung an die Ministerpräsidenten der deutschen Länder, bis spätestens 1. 9. 1948 eine Verfassunggebende Versammlung einzuberufen. Sie erhält ordnungspolitisch wichtige Auflagen: Das föderative Prinzip soll konsequent verwirklicht werden. Die zentrale Regierung soll sich im ökonomischen Bereich lediglich auf die Koordinierung der *Maßnahmen zur sozialen Sicherheit* beschränken. Die Fortführung der Dekartellisierung muß sichergestellt sein. Der Außenhandel und die ihn berührende Wirtschaftspolitik soll noch insoweit alliierter Kontrolle unterliegen, wie es notwendig ist, die zweckmäßige Verwendung der Deutschland gewährten Hilfe zu garantieren[42].

2.4. Der Wandel in der politischen Strategie der Vereinigten Staaten und der Sowjetunion

Die vorhergehenden Überlegungen haben ergeben, daß sich in der politischen Strategie der beiden stärksten Siegermächte, der Vereinigten Staaten und der Sowjetunion, ein Wandel abzeichnet, der für die Besatzungspolitik in Deutsch-

---

[38] Vgl. *W. Röpke,* Das deutsche Wirtschaftsexperiment, aaO, S. 273.

[39] Siehe *Einwirkungen* der Besatzungsmächte auf die westdeutsche Wirtschaft, aaO, S. 112.

[40] *L. D. Clay,* aaO, S. 428.

[41] Vgl. *L. D. Clay,* aaO, S. 259, Fußnote 1.

[42] Vgl. *L. D. Clay,* aaO, S. 405. Die Aufforderung an die Ministerpräsidenten war das Ergebnis von Besprechungen der westlichen Alliierten in London im April 1948. Dieses Ergebnis wurde den Ministerpräsidenten am 1. 7. 1948 in vier Doku-

land von entscheidender Bedeutung ist. Da außerdem Anhaltspunkte sichtbar geworden sind, daß die politische Strategie der Sowjetunion sich nicht ganz unabhängig von der der Vereinigten Staaten geändert haben kann, sei abschließend der Versuch unternommen, die Strategien im Zusammenhang kurz zu skizzieren, einschließlich ihrer Konsequenzen für die Besatzungspolitik in Deutschland. Denn hier müssen nach dem ursprünglichen Konzept *Roosevelts* von der amerikanisch-sowjetischen Zusammenarbeit die unterschiedlichen Strategien am ersten aufeinanderprallen.

Geht man davon aus, daß Politik recht wenig mit „Sozialarbeiter-Mentalität" gemeinsam hat[1], dann erweist sich die im Ost-West-Konflikt geläufige Unterscheidung nach gut und böse als ein wenig realistischer Leitfaden. Hiernach wäre *Roosevelt* ein idealistischer Träumer gewesen, der wegen seines schwärmerischen Menschenbildes und seiner Friedensliebe den kommunistischen Expansionsdrang übersehen hat. Dadurch ist Europa ihm eine Zeitlang schutzlos ausgeliefert, bis sich in den Vereinigten Staaten ein realistischeres Bild von den wahren Zielen der Sowjetunion durchsetzt. Die Konsequenz ist die „Politik am Rande des Krieges", die „Politik der Stärke".

Gerade die amerikanische Besatzungspolitik in Deutschland läßt jedoch daran zweifeln, ob *Roosevelt* nur jener idealistische Träumer ist, der sich von *Stalin* über die Ziele des Kommunismus täuschen läßt. Vielmehr ergeben sich Hinweise auf eine recht differenzierte amerikanische politische Strategie in der Ära *Roosevelt*[2]. Es ist nicht auszuschließen, daß *Roosevelt* dank der Bedeutung, die die Vereinigten Staaten für die Beendigung des Krieges gegen das nazistische Deutschland haben, sogar die Sowjetunion auf die amerikanische „Friedensstrategie" verpflichten kann[3], die *Roosevelt* und seine Berater durchaus für geeignet halten, den amerikanischen Prinzipien, Freiheit und Demokratie, in der Welt zum Durchbruch zu verhelfen – und zwar in einer Welt des Friedens, die den Krieg als Mittel der Politik ausschließt.

Von der Atlantic-Charta bis Potsdam zeigt sich, daß die *wirtschaftliche Einheit* für die amerikanische Friedens-Politik offensichtlich eine bedeutende Rolle spielt. Unabhängig von den Ländergrenzen, ja sogar von anerkannten Einflußsphären – wie dem „Zonenkonzept für" Deutschland – verspricht sich die amerikanische Politik am meisten von einer ungehinderten, fried-

---

menten präsentiert. Sie betrafen die Verfassunggebende Versammlung, die Ländergrenzen, das Besatzungsstatut und die Präsentierung der Londoner Entscheidungen (Frankfurter Dokumente).

[1] Siehe S. 183 und 203.

[2] Wenn man *Roosevelt* selbst eine solche Strategie nicht zutraut, so könnte sie ihm von einflußreichen Beratern nahegelegt worden sein.

[3] In diesem Sinne könnte man auch *Clay* interpretieren, wenn er feststellt, *Stalin* sei zur Zeit der Potsdamer Konferenz durch die amerikanische Stärke gezwungen gewesen, einer gemeinsamen Viermächtekontrolle über Deutschland zuzustimmen und sich zur Durchsetzung des Kommunismus offener politischer Aktionen zu bedienen, da die KPD als demokratische Partei anerkannt worden war (aaO, S. 123).

lichen wirtschaftlichen Zusammenarbeit der Völker. Deshalb ist es kein Zufall, wenn die ersten Schritte zu einer gemeinsamen Politik in der Welt solche auf wirtschaftlichem Gebiet sind. Sie sollen die wirtschaftliche Freiheit durchsetzen und sichern. Dies verlangt einmal die Überzeugung von den ökonomischen Vorteilen der wirtschaftlichen Freiheit, der ungehinderten internationalen Arbeitsstellung auf der Grundlage des „Freihandels".

Zum andern spricht jedoch auch eine „politische Philosophie" dafür, die zwar in den Vereinigten Staaten ihre besondere und auffallendste Ausprägung erfahren, jedoch ihren eigentlichen Ursprung ebenfalls in Europa hat: die Identifizierung von wirtschaftlicher und politischer Freiheit. Auf diese Weise ist eine gesunde „freiheitliche Demokratie" nicht ohne wirtschaftliche Freiheit – wie sie nur die „freie Unternehmerwirtschaft" garantiert – vorstellbar. Im Gegenteil – und das ist wichtig für die politischen Folgerungen aus dieser Überzeugung – die marktwirtschaftliche Ordnung ist das beste Mittel, um auch autoritäre Regierungen und politische Unfreiheit zu beseitigen. Genau hier liegt auch die europäische Wurzel einer Identifizierung von wirtschaftlicher Freiheit und politischer Freiheit: Das wirtschaftlich erstarkte und somit unabhängige Bürgertum wurde zum Vorkämpfer und Garanten der politischen Freiheit und der Demokratie.

Die so charakterisierte *Roosevelt*sche Strategie verläßt sich aber nicht nur auf die wirtschaftliche Freiheit als Mittel, den amerikanischen Prinzipien zum Siege zu verhelfen. Als Ergänzung – und Auffanglinie gewissermaßen im friedlichen Wettstreit mit der Sowjetunion – sind Einflußsphären vorgesehen, die *Stalin* zu Recht als Reservat vornehmlich eigener Ordnungspolitik des betreffenden Siegers auslegt – allerdings unter dem Einfluß *Roosevelts* wohl unter Verzicht auf Brachialgewalt. Diese „politischen Einflußzonen" brauchen die auf der wirtschaftlichen Freiheit und Einheit basierende Strategie nicht wesentlich zu beeinträchtigen. Dies gilt um so mehr, je konsequenter in diesen Zonen selbst das föderative Prinzip im weitesten Sinne verwirklicht ist. In Deutschland kommt weiterhin hinzu, daß die geforderte „Umerziehung" und „Demokratisierung" eine sehr dehnbare Einflußnahme zuläßt.

Folgt man dieser Charakterisierung der amerikanischen politischen Strategie unter *Roosevelt,* so wirft jedoch der *Morgenthau*-Plan einige Probleme auf, weil er mit einer Freiheit und Demokratie anstrebenden Friedenspolitik schlecht zu vereinbaren ist. Schreibt man jedoch diesen Plan, wie es die Umstände nahelegen, hauptsächlich einem wirtschaftlichen Antrieb zu, so kann der herausgestellte, an der freien Wirtschaft orientierte Ausgangspunkt der vermuteten amerikanischen Strategie auch als Schlüssel zur Erklärung der „*Morgenthau*-Doktrin" dienen.

Sie erweist sich als veraltete „ökonomische Philosophie" aus merkantilistischem Geist oder als reine „Krämer-Philosophie", die das, was einzelwirtschaftlich richtig sein kann, auf die Weltwirtschaft überträgt. Zeitweise recht einflußreiche Kreise in den Vereinigten Staaten – und auch in Frankreich und England – haben offenbar gehofft, sich in einer freien Weltwirtschaft dadurch einen Vorteil zu sichern, daß man das wirtschaftliche Potential Deutschlands – angesichts der befürchteten Überproduktion – für unbestimmte Zeit vom Weltmarkt verbannt.

Diese veraltete wirtschaftliche Philosophie belastet die Strategie *Roosevelts* vor allem deshalb, weil der ökonomische Ausgangspunkt so wichtig ist. Die *Morgenthau*-Doktrin kennt aber ordnungspolitische Überlegungen nur in Gestalt der „Umerziehung" und „Demokratisierung". Beide verraten im politischen und kulturellen Bereich eine ähnliche Kurzsichtigkeit und Brutalität wie im ökonomischen Bereich und entstammen offenbar ebenfalls einer veralteten Gesellschafts-Philosophie. Damit könnte vielleicht auch der Hintergrund jener verhängnisvollen Formel von der „bedingungslosen Kapitulation"[4] etwas ausgeleuchtet werden. Alles zusammen läßt es rückblickend gar nicht verwundertlich erscheinen, daß die *Morgenthau*-Doktrin der *Roosevelt*schen Friedensstrategie zum Verhängnis werden muß.

Gerade in Deutschland – das ja nicht nur die Nationalsozialisten und deren Greuel hervorgebracht hat und auch nach 1945 nicht nur aus Kriegsverbrechern besteht –, das zum Prüffeld der *Roosevelt*schen Strategie ausersehen ist, sieht man sich in seinen Erwartungen in die amerikanischen Ideale getäuscht. So mancher mag in der amerikanischen Besatzungspolitik eine Bestätigung früherer und nationalsozialistischer Propaganda gesehen haben, die den ersten und zweiten Weltkrieg aus wirtschaftlichen Antrieben erklärt[5].

Wer kann es der Masse der Bevölkerung unter diesen Umständen verargen, wenn sie die Rettung in sozialistischen Vorstellungen sucht[6], zumal allgemein das Gefühl weit verbreitet ist, daß eine neue Zukunft Deutschlands nur mit einer neuen Ordnung möglich sei. Das gilt sogar – wie den Stimmen

[4] Zu der Kritik siehe *Anne Armstrong*. Bedingungslose Kapitulation. Die teuerste Fehlentscheidung der Neuzeit. Wien 1965.

[5] Siehe dazu auch S. 132 f. Um die Stimmung in Deutschland etwas zu verdeutlichen, könnte man auf eine skandalöse Rede des Vorgängers von *Ludwig Erhard* im Amt des Direktors für Wirtschaft bei der bizonalen Verwaltung, *Semler*, verweisen. In dieser am 4. 1. 1948 gehaltenen Rede wird das „Hungerelend" in Deutschland drei Jahre nach dem Krieg als Ziel der amerikanischen Politik charakterisiert. Die amerikanische Hilfe stelle keineswegs Geschenke dar. Die Deutschen müßten alles in Dollar und in Exporten bezahlen. Es bestände gar kein Grund, dafür auch noch zu danken. Diese Rede wurde von der Bevölkerung derart beachtet, daß ihr Text angeblich auf dem Schwarzen Markt gehandelt worden ist. Im Wirtschaftsrat beklagte man einen „spürbaren Nationalismus". Der Direktor für Wirtschaft wurde abgesetzt. Siehe dazu Wirtschaftsrat, Wörtliche Berichte, aaO, S. 316, 348 f. und S. 351.

[6] Selbst akademisch gebildete Deutsche brauchten offenbar eine gewisse Zeit der Besinnung, um andere Wege zu erkennen. „Widerspruch und Widerstand der Andersgesinnten", klagt *G. Stolper*, sind „so geschwächt, daß sie der sozialistischen Idee wenigstens in Worten Ehre bezeugen" (Deutsche Wirklichkeit, aaO, S. 204).

der Zeit überzeugend zu entnehmen ist[7] – für ganz Europa. Die deutschen Nachbarländer spüren am ersten, daß sie durch die ökonomischen Verwüstungen in Deutschland selbst auch betroffen werden[8], da die eigene Wirtschaft mit der deutschen verflochten ist und nur in dieser Verflechtung wieder schnell funktionsfähig werden kann. Deshalb muß schließlich *Roosevelt* selbst einsehen, daß *Morgenthaus* Plan für Deutschland ein Irrtum gewesen ist[9].

Das trägt dazu bei, daß die Gegner von *Roosevelts* Strategie – denn welche Strategie hat in einem demokratischen Land keine Gegner – ihre Position verbessern, beflügelt von dem Gefühl der unüberwindlichen politischen und militärischen Stärke der Vereinigten Staaten. Einen Eindruck von diesem Gefühl vermittelt General *Clay,* wenn er dem Sinne nach schreibt[10]: Zur Zeit der Potsdamer Konferenz sind die USA auf der Höhe ihrer Macht. Ihr Einfluß ist überall gegenwärtig. Neue Regierungen in den Ostblockländern entstehen zwar unter Beteiligung der Kommunisten[11], werden aber nicht von ihnen beherrscht.

Um so größer muß die Enttäuschung sein, als sich die Situation in Europa bereits im Frühjahr 1946 wesentlich geändert hat. Die amerikanischen Truppen haben sich vereinbarungsgemäß lediglich auf ihre Besatzungsgebiete in Deutschland und in Österreich zurückgezogen. Die kommunistische Kontrolle in den Ostblockländern wird stärker von Tag zu Tag und gewinnt auch in Westeuropa an Boden. Während die sowjetische Wirtschaft mit deutschen Kapitalgütern wiederaufgebaut und die sowjetische Nachfrage mit deutschen Konsumgütern befriedigt wird, bleibt Deutschland selbst dem ökonomischen Chaos ausgeliefert, das die Deutschen der kommunistischen Doktrin um so geneigter macht[12].

Unabhängig von dieser Entwicklung in Europa scheint das Gefühl der Stärke Vertreter einer härteren Politik gegenüber der Sowjetunion[13] ebenfalls so stark gemacht zu haben, daß sie mit *Truman* einen Mann ihres Vertrauens auf den Präsidentenstuhl bringen können. Er ist nicht bereit zuzu-

---

[7] So nennt es *G. Stolper* eines der „schwierigsten Rätsel", die der europäische und insbesondere der deutsche Wiederaufbau aufgibt, „wie sehr sich die visionäre Idee des Sozialismus der schöpferischen Kräfte in der europäischen Politik bemächtigt hat" (ebenda, S. 201).

[8] Die holländische Regierung stellt als erste in einer Denkschrift vom Januar 1947 fest, daß der Wiederaufbau Europas nicht ohne Deutschland möglich ist (siehe *G. Stolper,* Deutsche Wirklichkeit, aaO, S. 192).

[9] Siehe S. 161.

[10] *L. D. Clay,* aaO, S. 123. Siehe auch oben, Fußnote 3 der vorhergehenden Ausführungen.

[11] Wie sollte eine demokratische Lösung sonst aussehen? Siehe S. 233.

[12] Vgl. dazu *L. D. Clay,* aaO, S. 123 f.

[13] Vielleicht wird man der Situation gerecht, wenn man an eine ähnliche Gruppierung denkt, wie sie heute mit den Begriffen „Falken" und „Tauben" charakterisiert wird.

lassen, daß irgendwo in der Welt der Sowjetunion Einflußzonen überlassen werden. Das Zonenkonzept wird deshalb hinfällig[14] – als Ausdruck der Schwäche, der mit der tatsächlichen Stellung Amerikas in der Welt unvereinbar ist.

Der offizielle Höhepunkt dieser Politik ist die Verkündigung der *Truman*-Doktrin. Zwiespältig bleibt jedoch, daß *Truman* einerseits von *Roosevelt* offenbar abweichende Vorstellungen hat, andererseits auf der Potsdamer Konferenz aber entschlossen ist, die Vereinbarungen von Jalta „auf den Buchstaben genau" auszuführen[15].

Mit der Ablehnung des „Zonenkonzepts" deutet sich bereits an, daß in *Trumans* Strategie die politische Einheit im Gegensatz zu *Roosevelt* eine der wirtschaftlichen Einheit zumindest gleichgestellte Bedeutung hat. Das liegt daran, daß die neue Strategie militärische Gewalt zur Erreichung ihrer Ziele keineswegs ausschließt und bereit ist, der Ordnungspolitik stärkeren Nachdruck zu verleihen – ohne zu warten, bis mehr wirtschaftliche Freiheit zu mehr politischer Freiheit führt[16]. Diese Erwartung wird zudem immer fragwürdiger, je mehr Bereiche der Wirtschaft verstaatlicht werden. In ganz Europa aber gibt es solche Tendenzen. Deshalb ist es so wichtig, den *„Willen zur Freiheit"* mit politischen und ökonomischen Mitteln erst wieder zu wecken. Wie großes Gewicht aber trotzdem auf der wirtschaftlichen Ordnung liegt, zeigt sich nicht zuletzt daran, daß die neue Besatzungspolitik im politischen Bereich die Zügel locker läßt, sie im wirtschaftlichen aber noch eher straffer zieht[17]. Die wirtschaftliche Überlegenheit der Vereinigten Staaten wird – wie im *Marshall*-Plan – bewußt zur „ökonomischen Kriegführung" eingesetzt.

Der Wechsel der amerikanischen Politik von *Roosevelts* Friedensstrategie zur *Truman*-Doktrin hat schlagartig die sowjetischen Pläne zur Weltrevolution – zumindest in Europa – gestoppt, bzw. sie auf den Aufbau des Kommunismus in der eigenen Machtsphäre reduziert. Damit wird die demokratische Fassade überflüssig, da der „Eiserne Vorhang" sie in der Welt ohnehin unglaubwürdig macht. Der „Stalinismus" manifestiert sich in der Berlin-Blockade vom Sommer 1948 deutlich vor aller Welt. Es ist der erste Versuch, den eigenen Einflußbereich an der einen, noch verbliebenen offenen Stelle gewaltsam zu isolieren, um eine Verbindung zum Westen zu kappen, von der die Westmächte regen Gebrauch machen[18]. Hinter dem Eisernen Vorhang kann sich die Sowjetisierung dann um so ungestörter vollziehen und unkontrolliert von der Weltöffentlichkeit.

Es ist nicht zu übersehen, daß die „Politik der Stärke", die mit der *Truman*-Doktrin verbunden ist, auch einen Beitrag zur Verschärfung der Dik-

[14] Siehe S. 168 f. [15] Siehe S. 169, insbesondere Fn. 78.

[16] Als letzter Versuch im Sinne der Strategie *Roosevelts* ist das amerikanische Angebot vom Juli 1946 anzusehen, die vier Zonen wirtschaftlich zu fusionieren, ohne sie auch politisch zu vereinheitlichen (siehe S. 198).

[17] Siehe S. 213. [18] Vgl. *J. P. Nettl*, aaO, S. 107 f.

tatur in den Ländern des Ostblocks leistet. Die Isolierung politischer Machtblöcke auf ihren unmittelbaren Machtbereich schafft Grundlagen für eine Einengung des Freiheitsbereichs und für eine Mentalität, die weniger weltpolitischer Verantwortung als vielmehr der Denkweise von Mitgliedern eines Gebietskartells entspringt. Auch das „Zonenkonzept" von Jalta und Potsdam trägt ähnliche Züge[19].

Die Auswertung bisher unzugänglicher Quellen hat in jüngster Zeit in den Vereinigten Staaten zu dem Ergebnis geführt, daß die erwartete Fertigstellung der ersten Atombombe ein wesentlicher Faktor der amerikanischen Politik unter *Truman* gewesen ist[20]. Er hat gemäß der Auswertung der neuen Quellen versucht, die Potsdamer Konferenz bis zur Explosion der ersten Atombombe zu verzögern, um die Sowjetunion durch diese Demonstration der amerikanischen Macht nachgiebiger zu machen[21]. *Truman* ist davon überzeugt, daß sich die Vereinigten Staaten „zu Treuhändern dieser neuen Kraft" machen müssen[22].

Als Vertreter der Strategie *Roosevelts* offenbart sich dagegen der amerikanische Kriegsminister *Stimson* – zumindest im wesentlichen. Folgt man *Alperovitz,* so hat *Stimson* noch „den konservativen Glauben, daß die Machtverteilung der Nachkriegszeit in Europa anerkannt werden muß, damit man gegenüber Rußland zu einem *modus vivendi* kommen kann. Obgleich er amerikanische Wirtschaftsinteressen in Osteuropa zu wahren wünscht, nimmt er sowjetische Sonderinteressen in den Grenzländern ebenso als gegeben hin, wie er spezielle amerikanische Interessen in Südamerika gutheißt"[23]. Er hat

[19] Immer, wenn die Politik der Stärke in eine Sackgasse zu führen droht, besinnt man sich aber offenbar wieder auf das „Zonenkonzept". So wurde Korea geteilt und auch Vietnam. Selbst der in Deutschland erprobte „Mauer-Bau" bekommt als „Schutz der Einflußsphäre" in Vietnam neue Aktualität (siehe „Die Welt", Hamburg, vom 6. 1. 1967, S. 4).

[20] Siehe *Gar Alperovitz,* Atomare Diplomatie – Hiroshima und Potsdam. Aus dem Amerikanischen übersetzt von O. *Wolfbauer,* München 1966.

[21] Siehe ebenda, S. 65 ff. Um zu verhindern, daß die Sowjetunion, wie vereinbart, drei Monate nach der deutschen Kapitulation in den Krieg gegen Japan eintrat und damit Machtansprüche in Asien stellen konnte, wurden die Atombomben auf Japan geworfen, obgleich dies militärisch sinnlos war (vgl. ebenda, S. 99 ff., insbesondere S. 123 ff. und S. 265 ff.). Um die Sowjetunion nicht mißtrauisch zu machen, steht *Truman* in Potsdam zu den Vereinbarungen von Jalta. Das erklärt die früher bemerkte zwiespältige Haltung (siehe S. 237).

[22] Bericht an die Nation vom 9. 8. 1945 (siehe *G. Alperovitz,* aaO, S. 216).

[23] Ebenda, S. 51. Ganz in diesem Sinne hatten *Churchill* und *Stalin* sich in den letzten Kriegsmonaten über Einflußsphären geeinigt, die auch *Roosevelt* akzeptierte. Danach sollte die Sowjetunion in Rumänien einen Einfluß von 90 % erhalten im Austausch gegen 90 % Einfluß Großbritanniens in Griechenland. Der sowjetische Einfluß in Bulgarien und Ungarn sollte bei 80 % liegen, in Jugoslawien bei 50 % (siehe ebenda, S. 147 f.). *Truman* war jedoch nicht gewillt, die Länder dem sowjetischen Einfluß zu überlassen (siehe ebenda, S. 151 ff.), obgleich *Stalin,* als britische Truppen zur „Herstellung der Ordnung" in Griechenland eingesetzt wurden, sich strikt an seine Vereinbarungen mit *Churchill* gehalten hatte (siehe ebenda, S. 14).

die Vorstellung von der Sowjetunion und den Vereinigten Staaten „zukommenden Einflußsphären", die eine Kraftprobe zwischen beiden Ländern vermeidbar machen. Dies gilt insbesondere auch für Deutschland. Hier rät *Stimson* dringend zu einer Zusammenarbeit mit Rußland, die Deutschland als eine *„wirtschaftliche Einheit"* behandeln soll[24].

Schließlich erweist sich auch der *Marshall*-Plan nicht als Besonderheit der amerikanischen Politik in Europa, sondern als Teil einer ökonomischen Strategie, die schon vorher gegenüber Polen und der Sowjetunion angewandt worden ist, um amerikanische Vorstellungen durchzusetzen[25]. Es wird auch hier deutlich, gerade im Fall Polens, daß die Wirtschaftspolitik eine entscheidende Rolle spielt: Bei der Hilfe zur Gründung eines „wahrhaft unabhängigen demokratischen polnischen Staates" wird es für wichtig gehalten, darauf zu bestehen, „daß Polen eine Politik akzeptiert, die für uns (gemeint sind die Vereinigten Staaten – der Verf.) in Handel, Investitionen und dem Zugang zu Informationsquellen die gleichen Bedingungen schafft" [26].

3. Die Auswirkungen des Ost-West-Konflikts auf die deutschen Parteien

In den westlichen Demokratien sind die Parteien Kristallisationspunkte des politischen Wollens und legale Instrumente zur Erringung der politischen Macht. Im Extremfall steht dieser „instrumentale Charakter" im Vordergrund. Die Parteien werden zu Seismographen der politischen Bewegung und folgen – immer auf dem Wege zur Macht – den stärksten politischen Strömungen. Unter den extremen Bedingungen der Nachkriegszeit ist dies zunächst der wahrscheinlichste Weg.

Nach den bisherigen Überlegungen gibt es keinen Zweifel darüber, daß politische Macht in Deutschland ohne den Rückhalt bei den Besatzungsmächten nicht möglich ist. Das heißt jedoch nicht, daß man sich über die Stimmung in Deutschland hinwegsetzen kann. Denn die deutschen Parteien müssen sich nach dem ersten demokratischen Versuch in der Weimarer Republik und der folgenden Diskreditierung durch den Nationalsozialismus das Vertrauen der Massen erst erobern. Nichts aber könnte da mehr schaden als der Eindruck, daß die Alliierten nicht nur die Parteien lizensieren, sondern auch ihre Programme kontrollieren[1].

Auf diese Weise werden die deutschen Parteien zum Medium der deutschen und alliierten Ordnungsvorstellungen. Die Parteien können um so mehr eigenständiges politisches Gewicht entfalten, je demokratischer sich die Besatzungspolitik gebärdet. Mit der Isolierung einer Besatzungszone oder gar Aufgabe des demokratischen Kurses der Besatzungspolitik verlieren die Parteien an

---

[24] Vgl. *G. Alperovitz*, aaO, S. 56. [25] Siehe ebenda, S. 91 ff.

[26] Formulierung des amerikanischen Außenministeriums; zitiert ebenda, S. 95.

[1] Vgl. *G. Stolper*, Deutsche Wirklichkeit, aaO, S. 24 und S. 234 f.

eigenständigem politischem Gewicht. Trotzdem würde man es sich zu einfach machen, sie unter diesen Umständen nur als Werkzeuge der Besatzungsmacht und die in ihnen tätigen Politiker als korrupt und opportunistisch zu betrachten. Auch in der sowjetischen Besatzungszone hat der frühe Aufruf zur Gründung politischer Parteien sicher viel Enthusiasmus ausgelöst und viele Männer beflügelt, getreu ihren Überzeugungen, an einer neuen politischen Basis für Deutschland zu arbeiten.

Alle sind sich der verhängnisvollen Situation Deutschlands, ohnmächtig zwei großen Machtblöcken ausgeliefert zu sein, vollauf bewußt. Deshalb wird der „dritte Weg" zur politischen Maxime. Den deutschen Kommunisten wird sogar bescheinigt, daß sie in dieser Richtung zunächst den größten Eifer entfalten[2] – vielleicht, weil sie es besonders nötig haben, um in Deutschland glaubwürdig zu erscheinen.

Berlin, wo Ost und West am unmittelbarsten aufeinanderstoßen, wird zur ersten Drehscheibe einer neuen deutschen Politik[3]. Sie muß versuchen, aus den gegebenen Umständen das Beste zu machen. Die zunehmende Spannung zwischen Ost und West und die Isolierung der Kraftfelder zwingt auch die von einem dritten Weg träumenden politischen Gegner in Deutschland immer mehr in den Bannkreis der Machtblöcke, um politisch überhaupt noch wirksam bleiben zu können. Das ist die Tragik der deutschen Parteien in der Nachkriegszeit und jener Männer, die sich ihnen zur Verfügung stellen.

Viele resignieren. Nicht alle haben noch den Optimismus, den Mut und die Energie, der Besatzungsmacht, unter deren Einfluß sie zufällig geraten sind, den Rücken zu kehren, solange es noch möglich ist; denn das bedeutet Aufgabe der mit vielen Hoffnungen und Erwartungen – vielleicht auch manchen Illusionen – begonnenen politischen Arbeit. Allein dieses Eingeständnis verlangt so viel geistige Unabhängigkeit und Größe, die nur wenigen gegeben ist. Diese Einsicht gibt andererseits den Blick frei auf den Weg des Verhängnisses in einer isolierten Einflußzone: Ein Land, aus dem die oppositionellen Kräfte, die noch Geist, Mut, Energie und Optimismus genug entwickeln, auswandern, hat auch unter weniger extremen Bedingungen als im Deutschland der Nachkriegszeit denkbar schlechte Voraussetzungen für eine demokratische Entwicklung[4].

[2] Vgl. auch *O. K. Flechtheim*, aaO, Bd. 2, S. 2.

[3] Gerade hier aber ist der Einfluß der Alliierten auf die deutschen Parteien besonders stark: Die Alliierten „beeinflussen ihre Politik und ihre Taktik" (siehe *O. K. Flechtheim*, aaO, Bd. 1, Dokument 16, S. 74).

[4] Solche Einsichten sollten eigentlich in Deutschland weiter verbreitet sein, als es zuweilen den Anschein hat. Wie könnte es anders möglich sein, die Entwicklung des Nationalsozialismus zu erklären, ohne eine ganze Generation von Deutschen nicht pauschal zu verurteilen. Was hat all jener Scharfsinn, der heute – manchmal recht selbstgefällig – nach den Schuldigen sucht und sie nicht selten – wegen der Masse – beim Fußvolk des Nationalsozialismus, untergeordneten Funktionären und Parteigenossen vermutet, eigentlich während der Herrschaft des Nationalsozialismus in Deutschland getan?

Es scheint hier Probleme der Massenpsychologie zu geben, die noch nicht gelöst oder deren Lösungen noch wenig Verbreitung gefunden haben. Deshalb jedoch sind offenbar Fehler in der „Umerziehung" gemacht worden, die sich im Falle des Nationalsozialismus in einem gewissen Ressentiment gegen jene äußern, die emigriert und mit den Besatzungstruppen zurückgekehrt sind, und im Falle des geteilten Deutschland neuerdings Befürchtungen in der Bundesrepublik hervorrufen, im andern Teil Deutschlands könnte sich im Laufe der Jahre ein eigenes „Nationalgefühl" herausgebildet haben. Das wäre letztlich nichts anderes als ein Zusammengehörigkeitsgefühl der Masse jener „Brüder und Schwestern drüben", die ausgehalten, hart gearbeitet, auch etwas geleistet haben, dafür aber auf der anderen Seite nur Hohn und Spott zu ernten scheinen – und vielfach nur deshalb, weil die Autos nicht so schön und zahlreich sind und die Segnungen mit materiellen Gütern zu wünschen übriglassen.

Die Basis dieses Vergleichs wurde bereits offengelegt: Sie liegt in der Entscheidung der politischen Systeme, ihre Überlegenheit an den wirtschaftlichen Erfolgen zu messen. Da, wie bereits gezeigt worden ist, die Auseinandersetzungen zwischen Ost und West sich dieser Grundlage bedienen, sind die deutschen Parteien den beiden verbliebenen Polen unter den Alliierten ausgesetzt, und zwar um so intensiver, je geschlossener und isolierter diese Pole sind.

Zunächst gibt es Spannungen zwischen den deutschen Parteien und den Besatzungsmächten in allen Zonen. Selbst aus der amerikanischen Zone kommen noch im März 1947 Klagen „über die schlechte Resonanz, die die schwere Parteiarbeit in der Presse findet"[5]. Je autoritärer die Besatzungsmächte regieren, desto größer muß die Anpassung der Parteien sein; denn ein „Mißverständnis" mit der Besatzungsmacht kann ins Gefängnis führen[6]. Ein extremes Beispiel gibt es nicht nur in der sowjetisch besetzten Zone, sondern auch in den westlichen Zonen. Die Regierung *Hoffmann* im Saarland bezieht ihren Rückhalt von der französischen Besatzungsmacht und verschwindet, als Frankreich aufhört, eine eigenständige politische Kraft neben den Vereinigten Staaten zu sein. Je schwächer sich andererseits eine politische

---

[5] Erste Sitzung des Vorstandes der Arbeitsgemeinschaft CDU/CSU in Berlin vom 13.–15. 3. 1947, zitiert nach O. *K. Flechtheim,* aaO, Bd. 1, Dokument 2, S. 17. Die Parteien unterstanden einer sehr weitgehenden Kontrolle der Militärregierung. So mußte die CSU in Bayern u. a. einen halbmonatlichen eidesstattlichen Bericht der „sog. Bürgen und Repräsentanten der Partei" liefern über die erhaltenen Geldmittel und ihren Verwendungszweck, über die Zahl der geworbenen Mitglieder und über jeden vorgeschlagenen Wechsel der Richtlinien, der Satzung oder sonstiger Bestimmungen. Alle Organisationsunterlagen mußten auf Verlangen vorgelegt werden. Die örtliche Militärregierung konnte aus den verschiedensten Gründen die Erlaubnis für eine politische Versammlung verweigern. Für Schriften, Handzettel und Plakate war eine Lizenz erforderlich (siehe ebenda, Dokument 5, S. 28).

[6] Vgl. *K. Häuser,* in: *Stolper, Häuser, Borchardt,* aaO, S. 237.

Gruppe gegenüber den politischen Strömungen in Deutschland fühlt, desto mehr wird sie dazu geneigt sein, Rückhalt bei den Besatzungsmächten zu suchen. Das ist schon bei den Vertretern des wirtschaftlichen Liberalismus deutlich geworden, die sich in Deutschland in der Minderheit sehen [7].

Somit ist es selbstverständlich, daß die „Politik der Einflußzonen" auch Rückwirkungen auf das „innerdeutsche Leben" zeigt [8]. Die Abhängigkeit von den Besatzungsmächten wird von allen resignierend hingenommen [9]. Es fehlt auch nicht an Vorwürfen der Parteien untereinander, sich zur Durchsetzung eigener Interessen einer bestimmten Besatzungsmacht zu bedienen [10].

Angesichts des Kräfteverhältnisses ist es jedoch wahrscheinlicher, daß die Besatzungsmächte für ihre eigenen Ziele versuchen, die deutschen Parteien zu bemühen. „Die Deutschen wissen nur zu gut, daß sie den Eroberern auf Gnade und Ungnade ausgeliefert sind. Das mag die Aufgabe der Besatzung erleichtern, aber es vergiftet auch die ganze politische Atmosphäre und macht die Masse politisch indifferent und zynisch und ehrgeizige Lokalpolitiker zu willfährigen Werkzeugen der besonderen Weltanschauungen und Interessen der einzelnen Okkupationsmächte, mit der Nebenwirkung, daß manche der besten und würdigsten Glieder des Volkes – eine recht seltene Ware – vom öffentlichen Leben ferngehalten werden. Eine künftige Zentralregierung aus Delegierten der Länder (Ministerpräsidenten oder anderen) zusammenzusetzen, würde einen ungefähr ebenso einheitlichen und leistungsfähigen Körper schaffen, wie die Viermächte-Konferenz der Außenminister oder ihrer Vertreter es ist" [11].

Die einzelnen politischen Parteien haben sich zunächst offenbar noch eine gewisse Unbefangenheit gegenüber den Besatzungsmächten bewahren können. Es fehlt nicht an Ermahnungen, „daß man die Politik nicht mit Gefühlen machen soll, sondern mit dem Verstand" [12]. Er aber rät dazu, Politik wirklich nur als „Kunst des Möglichen" zu sehen – und nicht auch als Kunst, das Notwendige möglich zu machen. Deshalb besteht eine gewisse Scheu, sich in konkreten Programmen festzulegen [13], denn man möchte *„nach Lage der Dinge taktieren"* [14].

---

[7] Siehe S. 46 f. und 149 f.

[8] Das erfüllt die westdeutschen Sozialdemokraten im Oktober 1945 mit „tiefer Besorgnis". Siehe „Programmatische Erklärungen" von *Schumacher* vom 5. 10. 1945; zitiert nach O. *K. Flechtheim,* aaO, Bd. 3, Dokument 163, S. 4.

[9] Siehe z. B. Wirtschaftsrat, Wörtliche Berichte, aaO, 12. Vollversammlung v. 2. 3. 1948, S. 352.

[10] Siehe z. B. ebenda, 2. Vollversammlung vom 22.–24. 7. 1947, S. 37.

[11] *G. Stolper,* Deutsche Wirklichkeit, aaO, S. 234.

[12] Siehe Wirtschaftsrat, Wörtliche Berichte, aaO, 12. Vollversammlung vom 2. 3. 1948, S. 352 (Abgeordneter *Stricker,* Zentrum).

[13] So die SPD auf der ersten Parteikonferenz in Wennigsen bei Hannover vom 5.–7. 10. 1945; zitiert nach O. *K. Flechtheim,* aaO, Bd. 1, Dokument 14 a, S. 64.

[14] So der Vorsitzende der CSU, *J. Müller;* zitiert ebenda, Dokument 5, S. 30.

Dieses Taktieren muß die Partei offenhalten für die unumgänglichen Wünsche der Besatzungsmacht, aber auch für die Strömungen in Deutschland. Gerade dies aber erfordert, daß man dem Sozialismus wenigstens in Worten seinen Tribut zollt. Die ersten Parteiprogramme sind ein untrügbarer Spiegel der sozialistischen Neigungen in der deutschen Bevölkerung nach 1945.

Kein anderer jedoch als der erste Vorsitzende der SPD, *Kurt Schumacher*[15], gibt bereits 1945 eine differenzierte Analyse dieser Neigungen. Er nennnt sie „antikapitalistisch", aber nicht „sozialistisch, fortschrittlich"; denn dieser „Antikapitalismus" bedeutet „noch keine Bejahung des Sozialismus oder auch nur die Erkenntnis der Notwendigkeiten einer planmäßig gelenkten Wirtschaft". Allerdings werde „die planmäßige Lenkung der Wirtschaft nach den Bedürfnissen der Allgemeinheit, die sorgfältig abgestufte Reihenfolge in der Produktionsbelebung und -versorgung, das Zurückdrängen der aus dem Privateigentum erwachsenen Ansprüche, der Vorrang der allgemeinen Interessen ... grundsätzlich fast überall anerkannt".

Nach diesen Überlegungen überrascht es nicht, wenn alle Parteien, die nicht darauf verzichten möchten, eine „Massenpartei" oder „Volkspartei" zu werden, sich einen „antikapitalistischen" Anstrich geben. Das äußert sich in einem Werben um den „Mittelstand", um die kleinen Eigentümer, um die Besitzlosen, deren Eigentumserwerb man zu fördern verspricht. Diese Ziele werden in den ersten Parteiprogrammen sicherheitshalber mit sozialistisch und sozial gleichzeitig kombiniert, eventuell mit der Einschränkung, daß es sich um einen „christlichen Sozialismus" handeln soll. Selbstverständlich ist weiterhin die Bejahung des Gemeineigentums, wo es erforderlich ist, der Sozialisierung von wichtigen Unternehmen (zumindest im Bergbau) und die Beseitigung der Machtpositionen der Großindustrie.

Mit den so formulierten Zielen hoffen die Parteien auf den Zustrom von Mitgliedern und auf Anklang in der Bevölkerung; denn die meisten Parteien bestehen zunächst nur aus einzelnen Persönlichkeiten, die die eigentliche Partei erst aufbauen müssen. Die SPD hat ohne Zweifel noch am meisten von ihrem alten Parteiapparat über die Zeit des Nationalsozialismus hinaus erhalten können. Das gilt auch für die KPD, die sich zudem auf in der Sowjetunion geschulte und von ihr geförderte Funktionäre stützen kann.

Die deutsche Widerstandsbewegung hat im übrigen kaum Grundlagen für die zukünftigen Parteien geschaffen. Die gemeinsame Arbeit am Sturz des Nationalsozialismus war wichtiger gewesen als die Differenzierung zwischen einzelnen Gruppen. Die führenden Persönlichkeiten der Widerstandsbewegung hatten zudem, gerade was die Wirtschaft betrifft, wenig konkrete Vorstellungen. Man betont die Wirtschaftsgesinnung" gegenüber „blutlosem und

[15] Siehe Programmatische Erklärungen der SPD vom 5. 10. 1945; zitiert nach *O. K. Flechtheim*, aaO, Bd. 3, Dokument 163, S. 6.

fanatischem Theoretisieren“ [16]. Eine entscheidende Aufgabe sah man – ähnlich wie Vertreter eines „neuen Liberalismus“ – darin, den deutschen Industriegebieten eine Struktur zu geben, deren Vorbild Württemberg war [17], denn der dauernde Aufenthalt in der Großstadt ruiniere die Familie [18].

Mit diesen Vorstellungen läßt sich keine Massenpartei aufbauen. Die Zeitströmung in Deutschland bietet zunächst wenig Spielraum, unterschiedliche Vorstellungen über die Ordnung der Wirtschaft herauszustellen. Dem Bedürfnis der Parteien, sich zu differenzieren, wird vorwiegend auf weltanschaulichem Gebiet Rechnung getragen. Da man sich dem Bekenntnis zum Sozialismus nicht verschließen kann, andererseits in ihm aber doch Gefahren sieht, denen man angesichts der starken Zeitströmung auf ebenso breiter Basis entgegenwirken möchte, bietet sich das Christentum als weltanschauliche Basis an für einen nur wirtschaftlich interpretierten Sozialismus. Der „christliche Sozialismus“ wird so zu einer Alternative zu den traditionellen sozialistischen Gruppen, die sich an den Lehren von *Marx* und *Engels* orientieren. Dieser Sozialismus gilt als nicht „wahrhaft demokratisch“. Das Christentum soll ihn zu einer „freiheitlichen Ordnung“ läutern.

3.1. Das Ringen um einen „deutschen Weg“

Trotz aller Diffamierung des „Nationalismus“ durch den Nationalsozialismus und die Verdrängung „nationaler Gefühle“ im Gedanken eines einheitlichen Europa bleibt dieses Europa für die meisten Deutschen nur ein „Waisenhaus“. Die Deklarierung einer politischen Forderung als *„deutsch“* wirkt wie ein Gütesiegel angesichts der Versuche der Besatzungsmächte, das Leben in Deutschland nach ihren Vorstellungen umzugestalten. Bereits hinter der Vorstellung vom „dritten Weg“ zwischen Ost und West steckt ein *„deutscher* Weg“.

Sicher liegt hier auch eine Erklärung für die Abneigung gegen politische Emigranten. So muß sich die SPD bereits auf ihrem ersten Parteitag im Oktober 1945 mit der „Eingliederung der politischen Emigration in die innerdeutsche Parteiarbeit“ befassen [1]. Dazu heißt es: „In der Partei gibt es keine Animosität gegen die politische Emigration“. Die „Pflege der großen Tradition der *deutschen* Geisteskultur“ [2] wird im Antrag *Schumachers* an die britische Militärregierung auf Lizenzierung der SPD als einer der ersten

[16] Siehe *Wilhelm Ritter von Schramm* (Herausgeber), *Beck* und *Goerdeler:* Gemeinschaftsdokumente für den Frieden. München 1965, S. 122.

[17] Vgl. ebenda, S. 129.

[18] Vgl. ebenda, S. 101. Siehe S. 40 f. der bisherigen Ausführungen.

[1] Siehe O. *K. Flechtheim,* aaO, Bd. 1, Dokument 14 a, S. 68.

[2] Ähnlich ist in den „Kölner Leitsätzen“ der CDU „die deutsche, christliche und abendländische Überlieferung“ die Grundlage des kulturellen Schaffens (siehe ebenda, Bd. 2, Dokument 95, S. 32, Ziffer 7 und S. 34, Ziffer 10).

Punkte herausgestellt [3]. Die SPD fühlt sich in besonderem Maße als Sammelbecken „aller ehrlichen *deutschen* Demokraten“ [4], als „schicksalsentscheidende Kraft der *deutschen* Politik“ [5].

Besonders national gebärdet sich in den Westzonen die KPD [6] – doch keineswegs, um sich damit bei den Massen unbeliebt zu machen. Sie soll jedoch durch den Vorwurf der „Abhängigkeit von *außerdeutschen* Einflüssen“ abgewertet werden [7]. Ein ähnlicher Vorwurf trifft indirekt jene, die den von der amerikanischen Regierung „in bedenklicher Weise“ geförderten „föderalistischen Tendenzen in der deutschen Politik“ folgen [8]. Gerade dies aber tut die CDU, und erstaunlicherweise mit der Begründung, der „Zentralismus“ sei als *„undeutsch“* abzulehnen [9]. Andererseits bekennt man sich „zum demokratischen Staat, der christlich, *deutsch* und sozial ist“ [10].

An dem Bekenntnis der CDU zum Föderalismus wird bereits die schwache Position einer neuen politischen Bewegung gegenüber den Besatzungsmächten erkennbar, denen sie viel stärker ausgeliefert ist. Der Föderalismus ist deshalb mehr Anpassung als Repräsentation ursprünglichen politischen Wollens. Die traditionellen föderalistischen deutschen Kräfte bleiben außerhalb und sammeln sich in „heimatverbundenen“ Splitterparteien – und teilweise auch als „Union“ [11]. In einem Rückblick auf die Entwicklung der CDU heißt es deshalb auch [12]: „Es spricht für die politische Weisheit der Politiker der

---

[3] Siehe ebenda, Bd. 1, Dokument 14, S. 59.

[4] Ebenda, Dokument 14 a, S. 64.

[5] Siehe S. 248, Fußnote 8.

[6] Auf den *Marshall*-Plan reagierte sie im Wirtschaftsrat mit einem Antrag zu einem „Überfremdungsgesetz“. Als Begründung verwies sie u. a. auf „in Presse und Öffentlichkeit“ besprochene angebliche „Geheimverhandlungen“ von Vertretern der deutschen Wirtschaft mit ausländischen Interessenten. Diesen sollten – als Schutz vor einer Sozialisierung – Aktienmehrheiten der deutschen Schwerindustrie angeboten worden sein. Obgleich diesem Gerücht von dem betroffenen Vertreter der Wirtschaft sofort widersprochen wurde, bestand auch für den Sprecher der SPD „kein Zweifel, daß der Antrag der kommunistischen Fraktion einen überaus ernsten Fragenkomplex aufwirft“. Der Antrag sollte nur insofern ergänzt werden, als auch die „Überfremdung“ der deutschen Wirtschaft in der Ostzone einbezogen werden sollte (siehe dazu Wirtschaftsrat, Wörtliche Berichte, 14. Vollversammlung vom 21./22. 4. 1948, S. 512 und 15. Vollversammlung vom 28. 4. 1948, S. 531 ff.).

[7] Siehe S. 248.

[8] Siehe O. *K. Flechtheim*, aaO, Bd. 1, Dokument 16, S. 76.

[9] Siehe ebenda, Bd. 2, Dokument 95 („Kölner Leitsätze“ vom Juni 1945), S. 32, Ziffer 8.

[10] Zweite Fassung der „Kölner Leitsätze“, ebenda, Dokument 95 b, S. 34.

[11] So rief 1946 die „Niedersächsische Landespartei“ auf zur Bildung einer „Niederdeutschen Union“ mit „allen Parteien und Gruppen, Männern und Frauen ..., die zwar im einzelnen verschiedener Ansicht sein mögen, aber aus dem Bewußtsein der niederdeutschen Volks- und Schicksalsgemeinschaft heraus den Willen haben, über kleine Gegensätze hinweg für Volk und Heimat sich die Hände zu reichen“ (siehe ebenda, Dokument 137 a, S. 375).

[12] Ebenda, Bd. 1, Dokument 3, S. 18.

CDU[13] in den Anfangsjahren, daß sie nicht künstliche Zentralisierungsanstrengungen unternahmen, sondern sich auf die integrierende Wirkung gemeinsamer politischer Arbeit verließen". Dies erinnert an die amerikanische Vorstellung eines Aufbaus des politischen Lebens von unten her. Die CDU ist hier besonders konsequent und wird erst mit dem Parteitag vom 20. bis 22. 10. 1950 Bundespartei.

Für eine kurze Zeit mag nach dem Kriege in den politischen Gruppen die Hoffnung genährt worden sein, angesichts der deutschen Lage könne es zu einer gemeinsamen politischen Aufbauarbeit kommen. Zwischen den sozialistischen Kräften und den Unternehmern sind bereits einige Brücken geschlagen worden, um gemeinsam eine Front gegen die Demontagen zu bilden[14]. Die SPD wehrt sich aber gegen eine solche „Umarmung" und lehnt es ab, über die „Gemeinsamkeit der Aufgaben und über die Einigkeit zum Wiederaufbau nur zu reden, ohne ernsthafte Anstrengungen auf allen Seiten, die offenkundigen sozialen Ungerechtigkeiten zu beseitigen, als wichtigste Vorbedingung dieser Einigkeit"[15]. Diese „Vorbedingung" erweist sich jedoch als unerfüllbar.

3.2. Die sozialistischen Parteien

Es ist bereits angedeutet worden, daß nach 1945 der Wunsch nach der „Einheit der Arbeiterklasse" sowohl bei den deutschen Kommunisten als auch bei den Sozialdemokraten vorhanden ist[1]. Unter den Mitgliedern beider Parteien muß sich demnach Enttäuschung darüber verbreiten, daß die Sowjetunion sich zunächst zu einer getrennten Neugründung beider Parteien entschließt. Andererseits gibt es auch traditionelle Gegensätze zwischen KPD und SPD, ja sogar eine ausgesprochene „antibolschewistische" Tradition[2], so daß angesichts der Abhängigkeit von den Besatzungsmächten durchaus keine einheitliche Haltung zu erwarten ist.

Dies gilt insbesondere für die wichtigste Entscheidung der Nachkriegszeit, nämlich die für einen der Machtblöcke. Hier ist kaum anzunehmen, daß die recht starke Londoner Gruppe der Sozialdemokraten sich dem bereits festgestellten Mißtrauen aller westlichen Alliierten gegen die Sowjetunion ver-

---

[13] Auch die SPD konnte sich dieser „Weisheit" nicht ganz verschließen, wie *Clay* einem Gespräch zu entnehmen glaubte (siehe *L. D. Clay,* aaO, S. 422). Die Auseinandersetzung um Zentralismus und Föderalismus erreichte mit den Diskussionen um das Grundgesetz ihren Höhepunkt. Das Bekenntnis der CDU zum föderativen Prinzip trug ihr den Vorwurf der SPD ein, den Alliierten entgegenzukommen, um die Position der CDU zu stärken (vgl. ebenda, S. 419).

[14] Vgl. *Stolper, Häuser, Borchardt,* aaO, S. 332.

[15] Siehe *V. Agartz,* aaO, S. 4 f.

[1] Siehe S. 219; siehe weiterhin *O. K. Flechtheim,* aaO, Bd. 1, Dokument 14 a, S. 67.

[2] Siehe dazu *Helga Grebing,* Geschichte der deutschen Arbeiterbewegung. Ein Überblick. München 1965.

schließt. Stellt man dies in Rechnung, so erhält man vielleicht ein realistisches Bild der Situation innerhalb der großen sozialistischen Parteien. Die SPD, die sich mit sowjetischer Förderung in Berlin im „Zentralausschuß der Sozialdemokratischen Partei Deutschlands" um *Grotewohl* schart, dürfte von vornherein eine andere Ausrichtung erhalten als die SPD, die sich in der britischen Zone um *Schumacher* zusammenfindet[3].

So ist zwar der erste Parteitag der SPD nach 1945 vom 5.–7. 10. 1945 in Wennigsen bei Hannover[4] insofern ein gesamtdeutscher Parteitag, als Vertreter aus allen Zonen anwesend sind, der Form nach bleibt es jedoch ein Parteitag der britischen Zone. Die Militärregierung hat – vielleicht sogar in Übereinstimmung mit anderen Alliierten – entgegen den ursprünglichen Plänen nur eine „eintägige Konferenz der Delegierten aus der britischen Besatzungsmacht unter Hinzuziehung der Gäste aus London" angeordnet. „Außerdem wurden private Besprechungen Dr. *Schumachers* mit den anwesenden Delegierten aus den beiden anderen westlichen Zonen bewilligt". Dazu müssen auch die aus Berlin erschienenen Vertreter *(Grotewohl, Fechner* und *Dahrendorf)* gerechnet werden. Der Zentralausschuß in Berlin wird – wie es in dem Bericht von der Konferenz heißt – „ebenfalls von dem Stattfinden der Konferenz informiert"[5].

Diese als „technische Erschwerungen" umschriebenen Umstände des ersten Parteitages der SPD werfen schon ein Licht auf die Auswirkungen der verschiedenen Einflußsphären auf eine, verglichen mit anderen, noch relativ geschlossene und gut organisierte politische Gruppe wie die Sozialdemokraten. Der Zentralausschuß in Berlin ist nicht nur eine Arbeitsgemeinschaft mit den Kommunisten eingegangen, sondern gehört zusammen mit den anderen ostzonalen Parteien auch bereits der „Einheitsfront der antifaschistisch-demokratischen Parteien" an, einer Organisation, die die Sowjetunion als Schmelztiegel im Sinne ihrer eigenen Ordnungsvorstellungen ausersehen hat.

So überrascht es gar nicht, daß die Partei sich zwar „geschlossen für die Einheit Deutschlands" einsetzt, aber bereits beim nächstliegenden Schritt, der Einheit der Partei, die Geschlossenheit verliert. Die Berliner Vertreter drängen auf eine zentrale Leitung der SPD. Dazu soll der in Berlin bestehende Zentralausschuß durch Vertreter der Westzonen und des alten Parteivorstandes in London erweitert werden. Dieser Vorschlag findet jedoch keine Gegenliebe: „Die Delegierten der Westzone hielten den Zeitpunkt für die Schaffung einer Gesamtleitung der Partei, sei es auch nur mit provisorischem Charakter, noch nicht für gekommen. Die Besprechungen über diese

[3] Im Antrag *Kurt Schumachers* auf Lizenzierung der SPD in Hannover fehlt nicht der Hinweis, daß das Parteiprogramm dem „Programm der zweiten Internationale einschließlich der Labour-Party in England" entspricht (siehe O. *K. Flechtheim,* aaO, Bd. 1, Dokument 14, S. 59).

[4] Zu Vorgeschichte und Verlauf siehe ebenda, Dokument 14 a, S. 60 ff.

[5] Vgl. ebenda, Bd. 1, Dokument 14 a, S. 62 f.

Frage, die in kameradschaftlichem und parteigenössischem Geist geführt wurden, endeten mit einer von allen Beteiligten gebildeten[6] Vereinbarung"[7]. Danach soll das gemeinsame Programm der Partei und ihre gemeinsame neue Führung erst bestimmt werden, wenn Deutschland wieder eine Zentralregierung hat. Bis dahin soll der Berliner Zentralausschuß unter Führung von *Grotewohl* die sowjetische Besatzungszone und *Schumacher* die westlichen Zonen repräsentieren.

Diese „Vereinbarung" gewinnt an Aussagekraft, wenn man sie im Zusammenhang damit betrachtet, was der „erste Parteitag" zum Verhältnis zwischen SPD und KPD feststellt. Die Arbeitsgemeinschaft des Berliner Zentralausschusses mit der KPD wird zwar begrüßt als erfreulicher Schritt, Fehler der Vergangenheit zu vermeiden, dann jedoch eine ähnliche Entwicklung in den Westzonen für unmöglich erklärt: „Die Haltung des kommunistischen Parteiapparates hat die Hoffnung auf Überwindung der Spaltung vorderhand weitgehend zerstört". Es folgt eine Reihe von Vorwürfen gegen die KPD, so die Ausnützung der Zusammenarbeit mit der SPD zur Propaganda in den Westzonen, die „skrupellose Umwerbung früherer Nationalsozialisten" sowie „die unklare Haltung der Kommunisten in allen prinzipiellen Fragen sozialistischer Politik und ihre Abhängigkeit von *außerdeutschen Einflüssen*". Diese Vorwürfe schließen mit der indirekten Frage, „ob auch nur eine faktische Zusammenarbeit mit den Kommunisten möglich ist"[8].

Deutlicher kann man beinahe gar nicht in politisch vertretbarer Form zum Ausdruck bringen, daß eigentlich eine Zusammenarbeit mit den Sozialdemokraten, die auch nur gemeinsam mit den Kommunisten „taktieren", ebenfalls nicht möglich ist. Diese Distanzierung ist auch spürbar, wenn unter dem Titel „Zusammenschluß im sozialistischen Lager" die „geschlossene Kampffront des freiheitlichen und demokratischen Sozialismus" gefordert wird, zu dessen Sammelbecken man die SPD machen möchte[9].

---

[6] Sollte es hier „gebilligten" heißen oder wurde die Vereinbarung nur ganz formal von allen „gebildet", aber nicht „gebilligt"? Dies ist ein Grund mehr, sich daran zu erinnern, was an anderer Stelle über die Interpretation von Kommuniqués gesagt worden ist (siehe S. 228, Fußnote 10).

[7] O. K. *Flechtheim,* aaO, Bd. 1, S. 65.

[8] O. K. *Flechtheim,* aaO, Bd. 1, S. 67. In seinen „Programmatischen Erklärungen" vom 5. 10. 1945 sagt es *Schumacher* noch deutlicher: „Im Sinne der deutschen Politik ist die kommunistische Partei überflüssig. Ihr Lehrgebäude ist zertrümmert, ihre Linie durch die Geschichte widerlegt. Nachdem ihre Hoffnung, sich als führende Arbeiterpartei etablieren und zur einzigen Arbeiterpartei entwickeln zu können, von den Tatsachen so völlig unmöglich gemacht wird, muß sie nach dem großen Blutspender suchen. Das Rezept ist die Einheitspartei, die einen Versuch darstellt, der Sozialdemokratischen Partei eine kommunistische Führung aufzuzwingen. ...

So wird die Sozialdemokratische Partei zur schicksalsentscheidenden Kraft der deutschen Politik" (siehe ebenda, Bd. 3, Dokument 163, S. 7).

[9] Siehe ebenda, Bd. 1, Dokument 14 a, S. 66 f. Der Wunsch scheint auch von den Besatzungsmächten unterstützt worden zu sein (siehe S. 192 f.).

Auf diesem Hintergrund ist die Vereinigung von SPD und KPD in der sowjetischen Besatzungszone zur „Sozialistischen Einheitspartei" (SED) keine so große Überraschung mehr – es sei denn die Tatsache, daß der Beschluß zur Gründung der „Einheitspartei" mit dem Ziel, den Sozialismus in der „sozialen Demokratie" zu verwirklichen, bereits im Dezember 1945 gefaßt wird[10]. Die Gründung der SED findet vier Monate später statt. *Leonhard* bescheinigt den Deligierten an diesem „Vormittag des 21. April 1946" sogar „eine echte, spontane Begeisterung"[11].

Das ist der vorläufige Schlußpunkt einer von Anfang an unterschiedlich ausgerichteten Entwicklung im sozialistischen Lager. Auch hier zeigt sich offenbar, daß die Geschichte ebenfalls keine „Sprünge" macht. Was so aussieht, sind bereits vorhandene Gruppierungen, die lediglich durch veränderte politische Strömungen begünstigt werden und an der Oberfläche erscheinen. Gerade politische Gruppierungen sind keine „monolithischen Blöcke". Sie können nach außen so erscheinen, wenn eine starke politische Kraft oder der „Ernst der Lage" sie über einen Prozeß der Umformung und Anpassung zusammenschweißt oder nur zusammenhält.

Gestützt auf die Sowjetunion und die aus der Spaltung der Alliierten entstehende Isolierung der sowjetischen Besatzungszone setzt die SED den „Aufbau des Sozialismus" mit Gewalt durch. Damit wird den „Genossen", die im „bürgerlichen" Programm keinen Unterschied zu anderen Parteien sehen, und zum „Abwarten" ermahnt worden sind[12], die Wartezeit nicht unwesentlich verkürzt.

In der offiziellen Geschichtschreibung der DDR rühmt man dies heute als Zeichen von Kontinuität in der sozialistischen Politik; denn es habe nur die Alternative bestanden, die sowjetische Besatzungszone dem „Fortschritt" zu öffnen oder sie an das „bei der demokratischen Erneuerung zurückgebliebene" Westdeutschland zu koppeln[13]. Trotzdem wird es auch heute noch als „Zumutung" und „Verlogenheit" empfunden zu behaupten, die SED wolle alle Privatbetriebe enteignen und jegliches Privateigentum abschaffen.

Die westdeutschen Sozialisten müssen ohne Anlehnung an einen der Machtblöcke den „demokratischen Weg zum Sozialismus" gehen. Das sozialistische, britische Kraftfeld, von dem sie Unterstützung nicht nur erhoffen, sondern zugesagt erhalten haben, verliert seine Ausstrahlungskraft mit der Ost-West-Spaltung der Alliierten. Damit gewinnen die selbstkritischen Überlegungen des Parteiführers *Schumacher* entscheidende Bedeutung. Er rät seinen Parteigenossen bereits in seinen „Programmatischen Erklärungen" vom 5. 10. 1945, nicht da anzuknüpfen, wo man 1933 aufgehört habe, sondern das „theoretische Rüstzeug" und die „politischen Methoden" zu überprüfen[14].

---

[10] Vgl. *W. Leonhard*, aaO, S. 436. [11] Siehe ebenda, S. 447.

[12] Siehe ebenda, S. 403 f.

[13] Vgl. *Günter Benser* und *Heinz Heitzer*, Die nationale Politik der SED 1945 bis 1955. „Zeitschrift für Geschichtswissenschaft", O.-Berlin, Jg. 5 (1966), S. 717.

[14] Wörtlich heißt es: „Auch wir werden unser theoretisches Rüstzeug und unsere

Die SPD sieht sich in einem Zweifrontenkrieg zwischen der Unabhängigkeit von den Besatzungsmächten und dem Ziel, „das wirtschaftliche und politische Leben auf neuer sozialistischer Grundlage in Gang zu setzen und nicht nur den alten reaktionären und kapitalistischen Kräften einen neuen Start zu ermöglichen“ [15]. Die „Hausmacht“ soll die „Klasse der Industriearbeiter im eigentlichen Sinne“ bleiben. Entscheidende Erfolge sagt *Schumacher* aber erst voraus, wenn es darüber hinaus gelingt, „die mittelständischen Massen zu gewinnen“. Unterscheidungsmerkmal im „Klassenkampf“ soll nicht mehr das Eigentum an Produktionsmitteln schlechthin sein, sondern die Frage, ob es „im Sinne der kapitalistischen Ausbeutung angewendet wird oder nicht. ... Der kleine Eigentümer gehört nicht zu den Besitzverteidigern, sondern an die Seite der Besitzlosen“ [16].

3.3. Die „bürgerlichen“ Parteien

Die Aktivität des sozialistischen Lagers, begünstigt durch die teilweise noch erhaltene Parteiorganisation, die frühe Initiative der Sowjetunion zur Formung des politischen Lebens in ihrer Besatzungszone [1] sowie die sozialistische Zeitströmung, weckt schon früh den Wunsch aller anderen politischen Kräfte, ein Gegengewicht zu den traditionellen sozialistischen Gruppen zu schaffen. Es überrascht gar nicht, daß dieser Wunsch gerade in der sowjetischen Besatzungszone besonders stark ist [2], wo die Sowjetunion versucht, alle deutschen politischen Kräfte in einem kommunistisch gesteuerten einheitlichen Block zusammenzufassen.

3.3.1. Die CDU als Sammelbecken der nicht-marxistischen Kräfte

Aus dem Wunsch heraus, den Bemühungen der Sowjetunion um einen „antifaschistisch-demokratischen“ Block etwas entgegenzusetzen, entsteht am

---

politischen Methoden überprüfen müssen und im Zeitalter moderner geistiger Waffen manche alte Streitaxt und manchen angestaubten Morgenstern in die Ecke stellen müssen“ (siehe O. *K. Flechtheim,* aaO, Bd. 3, Dokument 163, S. 7).

[15] Siehe ebenda, Bd. 1, Dokument 16 (Gesamtüberblick über die politische Entwicklung in der West- und Ostzone 1945/46), S. 76.

[16] Auf diesem Wege helfen keine „Dogmen“, sondern in einer veränderten Welt nur „neue Untersuchungen und Fixierungen“; denn bereits *Marx* habe die Tradition aller toten Geschlechter als ein „Alp auf den Gehirnen der Lebenden“ erkannt und diese Gefahren am treffendsten mit dem Satz gekennzeichnet: „Mais, je ne suis pas Marxiste“ (siehe O. *K. Flechtheim,* Bd. 3, Dokument 163, S. 4 f.).

[1] In einem Rückblick klagt *Jakob Kaiser,* daß die SPD sich zu „eilfertig“ organisiert hat – ohne „reifere Prüfung der veränderten Umstände“ (siehe ebenda, Bd. 1, Dokument 21, S. 89).

[2] Vgl. ebenda und *W. Leonhard,* aaO, S. 412.

26. Juni 1945 in Berlin[3] die „Christlich-Demokratische Union Deutschlands". Sie wendet sich mit dem Gründungsentwurf an das gesamte deutsche Volk[4]. Christliche Sammlungsbewegungen gibt es auch in anderen Teilen Deutschlands[5], aber vorerst nur auf lokaler Ebene unter verschiedenen Namen, mehr als „geistige Strömung" als „im Gefüge einer einheitlichen Verbindung wirkend"[6]. Im Antrag auf Lizenzierung der „Christlich-Demokratischen Partei" in Köln[7] wird auch die Formel *„Christlich-Demokratische Einheitspartei"* verwendet.

Im Vordergrund steht überall die weltanschauliche Ausrichtung. Alle sich „zum Gesetz des christlichen Abendlandes bekennenden Kräfte" sollen über die konfessionellen Grenzen hinweg zusammengefaßt werden[8]. Eine „ehrliche Besinnung auf die christlichen und abendländischen Lebenswerte" wird als verbleibende Rettung in der Not betrachtet[9]. Die bayrische CSU glaubt die Wurzel ihrer christlichen Einheit in der „Bedrohung durch Marxismus und Liberalismus" zu erkennen[10]. Ökonomisch von Bedeutung ist das Bekenntnis zum Sozialismus in irgendeiner Form unter gleichzeitiger Betonung des Rechts auf Eigentum und gerechter Eigentumsverteilung. Es ist interessant, gerade in diesem Punkt die Variationen in den einzelnen Programmen zu verfolgen.

3.3.2. Der Weg der CDU vom Christlichen Sozialismus zur Sozialen Marktwirtschaft

Man merkt deutlich das Bemühen, die sozialistische Zeitströmung mit liberalen Grundsätzen zu verbinden. Von den frühen Programmen steht das Frankfurter[11] am weitesten links und zeigt viele Berührungspunkte zur SPD. Am interessantesten sind die „Kölner Leitsätze". Der „Vorläufige Entwurf zu einem Programm"[12] enthält noch das Bekenntnis zu einem „wahren christlichen Sozialismus, der nichts gemein hat mit falschen kollektivistischen Zielsetzungen, die dem Wesen des Menschen von Grund auf widersprechen". Weiter wird der feste Wille betont, „eine soziale Ordnung aufzurichten, die der demokratischen Überlieferung der deutschen Vergangenheit ebenso entspricht wie der Weite und dem Geiste des christlichen Naturrechts"[13].

---

[3] Siehe dazu O. *K. Flechtheim*, aaO, Bd. 1, Dokument 1, S. 8.
[4] Siehe O. *K. Flechtheim*, aaO, Bd. 2, Dokument 94, S. 27 ff.
[5] Siehe dazu ebenda, Bd. 1, Dokument 1, S. 5 ff.
[6] Ebenda, Dokument 2, S. 16.
[7] Siehe ebenda, Dokument 1 a, S. 14.
[8] Siehe *Jakob Kaiser*, ebenda, Dokument 21, S. 89.
[9] Vgl. ebenda, Bd. 2, Dokument 95 (Kölner Leitsätze), S. 31.
[10] Vgl. ebenda, Bd. 1, Dokument 5, S. 24.
[11] Siehe ebenda, Bd. 2, Dokument 96, S. 36 ff.
[12] O. *K. Flechtheim*, aaO, Dokument 95 a, S. 30 ff.
[13] Ebenda, S. 31.

In der „Zweiten Fassung der Kölner Leitsätze“ vom September 1945[14] fehlt bereits der „wahre christliche Sozialismus“[15]. Es bleibt der Wille zu einem „sozialen Volksstaat“[16] und die Feststellung, daß das „Gemeineigentum“ nach den Erfordernissen des „Allgemeinwohls“ erweitert werden kann und daß Post, Eisenbahn, Kohlenbergbau und Energieerzeugung“ grundsätzlich Angelegenheiten des öffentlichen Dienstes“ sind[17]. Weggefallen ist weiterhin der „antikapitalistische“ Zungenschlag des „Vorläufigen Entwurfs“, in dem der „Größenwahnsinn des Nationalsozialismus“ mit der „ehrgeizigen Herrschsucht des Militarismus und der großkapitalistischen Rüstungsmagnaten“ verbunden wird[18].

Die liberale Tendenz setzt sich im Programm von Neheim-Hüsten[19] vom 1. 3. 1946 verstärkt fort. Hier wird dem „wirtschaftlichen und sozialen Leben“ ein gesonderter Abschnitt gewidmet. „Ausgangspunkt aller Wirtschaft ist die Anerkennung der Persönlichkeit... Freiheit der Person auf wirtschaftschaftlichem und Freiheit auf politischem Gebiet hängen eng zusammen“. Es folgt eine Hervorhebung der wirtschaftlichen Freiheit, die zusammen mit der politischen vor einer Gefährdung durch „wirtschaftliche Kräfte“ in der Hand von Einzelpersonen, Gesellschaften, privaten und öffentlichen Organisationen geschützt werden soll. „Die Sicherung der wirtschaftlichen und politischen Freiheit des einzelnen, wie der Gesamtheit, verlangt Anerkennung des Privateigentums“. Die „sich aufdrängende Frage der Vergesellschaftung von Teilen der Wirtschaft“ wird als „zur Zeit nicht praktisch“ erklärt, „da die deutsche Wirtschaft nicht frei ist“[20]. Der einzige Mißklang in diesem liberalen Programm ist die Forderung nach „Vergesellschaftung der Bergwerke“. Dies ist jedoch weniger „sozialistisch“ als politisch zu interpretieren, denn dem Bergbau droht die Internationalisierung[21].

Der „dialektische Gegenschlag“ zu diesem liberalen Programm erfolgt ein Jahr später mit dem „Ahlener Wirtschaftsprogramm für Nordrhein-West-

[14] Ebenda, Dokument 95 b, S. 34 ff.

[15] Das ist nicht verwunderlich, denn wie man der Presse dieser Jahre entnehmen konnte, war „der führende Kopf der CDU“ *Konrad Adenauer,* gegen eine Verstaatlichung, weil er darin einen Schritt sah, „der zu einem totalitären Staate führen könne“ (siehe „Der Wirtschaftsspiegel“, Wiesbaden, Jg. 2 (1947), S. 93 (Tendenzen der Weltwirtschaft – Pro und contra Verstaatlichung).

[16] Siehe O. *K. Flechtheim,* aaO, Bd. 2, Dokument 95 b, S. 35, Ziffer 12.

[17] Ebenda, Ziffer 17.

[18] Ebenda, Dokument 95 a, S. 30.

[19] Siehe ebenda, Dokument 99 b, S. 50 ff.

[20] Siehe dazu ebenda, S. 51.

[21] Hier wird deutlich, daß das Programm in diesem Punkt nicht konsequent ist. Die erstaunliche Feststellung, daß die Vergesellschaftung erst erörtert werden könnte, wenn die Wirtschaft frei wäre, wird später näher erläutert (siehe Ahlener Programm, O. *K. Flechtheim,* aaO, Bd. 2, Dokument 100, S. 58): Die Verstaatlichung liefert die Wirtschaft noch stärker den Interessen der Siegermächte aus, weil sie auf den politisch geschwächten Staat noch leichter Druck ausüben können. Es ist dann jedoch nicht einzusehen, weshalb ausgerechnet die Verstaatlichung der Bergwerke gefordert wird.

falen" vom 3. 2. 1947[22]. Die Verfasser des Programms von Neheim-Hüsten haben nur eine rein formelle Einheit durchsetzen können sowie die – hier rein deklamatorisch wirkende[23] Identifizierung von wirtschaftlicher und politischer Freiheit[24]. Im übrigen ist es jedoch ein sozialistisches Programm, das nur noch in der Verstaatlichung des Bergbaus – nun aber aus grundsätzlichen, ordnungspolitischen Erwägungen – in dem Programm von Neheim-Hüsten einen Anknüpfungspunkt hat. Ein „Staatskapitalismus" soll jedoch dadurch vermieden werden, daß man das „machtverteilende Prinzip" bei der Vergesellschaftung anwenden will. „Unternehmungen monopolartigen Charakters" sollen gemischtwirtschaftlich – unter Beteiligung des Staates, der Genossenschaften und der Arbeitnehmer – betrieben werden. Lediglich im Bergbau sollen in besonderen Fällen auch Staatsbetriebe zugelassen sein. Privater Aktienbesitz soll bei „Unternehmen monopolartigen Charakters" in seiner Höhe gesetzlich begrenzt werden[25].

Vermutlich ist es kein Zufall, daß das zähe Ringen um die wirtschaftspolitischen Grundsätze gerade in Nordrhein-Westfalen zu so gegensätzlichen Positionen und Mehrheiten führt. Hier stoßen als Extreme die sozialistischen Neigungen der britischen Militärregierung und die wirtschaftlichen Interessen des mächtigen deutschen Industriezentrums aufeinander, um dessen wirtschaftliche Freiheit es letztlich geht. So scheint es bezeichnend zu sein, daß sich der im Februar 1946 gegründete „Zonenverband der CDU" der britischen Besatzungszone das „Ahlener Programm" gibt – wie es in einer offiziellen Entstehungsgeschichte der CDU heißt[26].

Der Versuch, eine kontinuierliche Entwicklung der Parteigrundsätze aufrechtzuerhalten trotz ordnungspolitisch entscheidender Variationen, wiederholt sich ein Jahr nach der Währungsreform in den „Düsseldorfer Leitsätzen" vom 15. 7. 1949[27]. Sie sind ebenfalls ein „Wirtschaftsprogramm" und müssen im Grundsätzlichen als Widerruf des Ahlener Wirtschaftsprogramms betrachtet werden. Ausgangspunkt ist die Währungsreform als ordnungspolitischer Wendepunkt, zu dem die „von der CDU vertretene Wirtschafts-

---

[22] Siehe ebenda, S. 53 ff.

[23] Das Programm beginnt mit den Sätzen: „Das kapitalistische Wirtschaftssystem ist den staatlichen und sozialen Lebensinteressen des deutschen Volkes nicht gerecht geworden. Nach dem furchtbaren politischen, wirtschaftlichen und sozialen Zusammenbruch als Folge einer verbrecherischen Machtpolitik kann nur eine Neuordnung von Grund aus erfolgen. Inhalt und Ziel dieser sozialen und wirtschaftlichen Neuordnung kann nicht mehr das kapitalistische Gewinn- und Machtstreben, sondern nur das Wohlergehen unseres Volkes sein. Durch eine gemeinwirtschaftliche Ordnung soll das deutsche Volk eine Wirtschafts- und Sozialverfassung erhalten, die dem Recht und der Würde des Menschen entspricht (siehe ebenda, S. 53 f.). Dabei könne es jedoch nicht darum gehen, den „privaten Kapitalismus" durch den „Staatskapitalismus" zu ersetzen (ebenda, S. 55).

[24] Siehe ebenda, S. 54.

[25] Siehe O. *K. Flechtheim*, aaO, Bd. 2, S. 56.

[26] Ebenda, Bd. 1, Dokument 1, S. 12.

[27] Siehe ebenda, Bd. 2, Dokument 101, S. 58 ff.

politik" führte. Wichtiger als die Währungsreform ist danach „die Inkraftsetzung marktwirtschaftlicher Grundsätze". Sie werden „durch die von der CDU vertretene ‚soziale Marktwirtschaft' am 20. Juni 1948 zur Grundlage der deutschen Wirtschaftspolitik gemacht" [28].

Die Soziale Marktwirtschaft wird im wesentlichen als Wirtschaftsordnung verstanden, die einen echten „Leistungswettbewerb" durch Herstellung *„freier Konkurrenz"* schafft, sie durch eine unabhängige Monopolkontrolle sichert und gleichzeitig die „unsozialen Auswüchse einer freien Wirtschaft" vermeidet. In diesem Zusammenhang wird deutlich zum ersten Mal auf ordoliberales Gedankengut zurückgegriffen. So sieht man die Soziale Marktwirtschaft im Gegensatz zur „sogenannten ‚freien Wirtschaft' liberalistischer Prägung" [29].

Der ordoliberale Geist äußert sich auch vorsichtig in den erstrebten „gesetzlichen Maßnahmen zur Vertiefung einer echten Verantwortung in der Wirtschaft". Zu diesem Zweck sollen die „bestehenden Gesetze, insbesondere das Konkursrecht, das Geschäftsaufsichtsverfahren und das Gesellschaftsrecht" einer Revision unterzogen werden [30]. Im übrigen entsprechen die Leitsätze dem Konzept der Sozialen Marktwirtschaft, wie es von *Müller-Armack* entwickelt worden ist [31] – angefangen bei der Verurteilung der „Planung und Lenkung der Wirtschaft", der man im „Ahlener Programm" noch einen gesonderten Abschnitt gewidmet hat [32], bis zur Reduktion des politischen Kampfes der Systeme auf die Erfolge der Wirtschaftspolitik. Es fehlt jedoch ein Hinweis auf die nützliche Rolle der Kartelle.

Zu den Unklarheiten und Widersprüchen der Sozialen Marktwirtschaft, die bereits offengelegt wurden, gesellt sich in den Düsseldorfer Leitsätzen die – sicher als Konzession an die innerparteiliche Opposition zu interpretierende – Bezugnahme auf das „Ahlener Programm". Man bemüht sich, seine Grundsätze als vorwiegend eigentumsrechtlich und gesellschaftspolitisch – also weniger ökonomisch – darzustellen. Die dort angegebenen „Mittel" sollen jedoch neben der neuen „Wirtschaftsordnung" zu „wahrer Wirtschaftsdemokratie" führen. Deshalb spricht man von „sozialer Marktwirtschaft" [33]. Sie erkennt die Grundsätze des Ahlener Programms an; sie werden jedoch „nach der marktwirtschaftlichen Seite hin ergänzt und fortentwickelt".

Diese großzügige Interpretation der Kontinuität verschafft der CDU ein umfangreiches wirtschaftspolitisches Instrumentarium, das zusätzlich bereichert wird aus anderen Parteien, die außerhalb der großen christlichen Sammlungsbewegung stehen.

---

[28] O. K. *Flechtheim,* aaO, Bd. 2, Dokument 101, S. 58.
[29] Ebenda, S. 60.
[30] Ebenda, S. 62.
[31] Siehe S. 90 ff.
[32] Siehe O. K. *Flechtheim,* aaO, Bd. 2, Dokument 100, S. 57.
[33] O. K. *Flechtheim,* aaO, Bd. 2, Dokument 101, S. 61.

3.3.3. FDP und Zentrum als „liberaler" und „sozialistischer" Außenseiter

Die Anhänger der FDP denken ökonomisch konservativ – wie *Clay* es ausdrückt – und sind eine „wahrhafte Partei des freien Unternehmertums"[34]. Man betont in den Richtlinien von 1946[35] den „freien Wettbewerb" als Grundlage der Wirtschaft, die ihre Freiheit jedoch nicht „sozial" mißbrauchen darf. „Die zur Überwindung von Notständen unentbehrliche Planung und Lenkung darf ... nicht bürokratisch sein, sondern muß in demokratischer Selbstverwaltung der Wirtschaft durch deren Organe unter kontrollierender Mitwirkung des Staates erfolgen".

Als „geistigen Überbau" behauptete die offizielle Darstellung[36] eine „enge Bindung zahlreicher führender Persönlichkeiten an die Gedanken des Neoliberalismus von *Röpke* und *Hayek*", die für die „geistige Entwicklung" der zunächst ohne festes Programm operierenden Partei entscheidend gewesen sein soll. „In den Reihen der FDP wurde, von einem ‚erneuten' oder ‚geläuterten' Liberalismus gesprochen". Damit meint man „die Abkehr vom ‚Laissez-faire' des Manchestertums und parallel dazu eine positive Einstellung zur Idee des Staates". Das gilt jedoch für den wirtschaftlichen Bereich nur insoweit, wie es „zur Aufrechterhaltung der Wettbewerbswirtschaft und ihres störungsfreien Ablaufs notwendig ist"[37]. Hinzu kommt ein „Bekenntnis zur sozialen Gesinnung im Wirtschaftsleben"[38] und die „Ideè der Betriebspartnerschaft". Daneben „gewinnt der Begriff der sozialen Sicherung des Individuums als Freiheit von Not eine in der liberalen Geistesgeschichte bisher nicht gekannte Bedeutung".

Trotz der obigen Anerkennung von *Clay* erfreut sich die FDP im übrigen wegen ihrer zentralistischen Einstellung und der Befürwortung einer *„Selbstverwaltung der Wirtschaft"* in eigener Sache kaum der Gunst der amerikanischen Militärregierung. Deshalb überzeugt die Klage: „Die freiheitlichen Elemente erfreuten sich, im Gegensatz zu den sozialistischen, nirgends einer Förderung von seiten der fremden Militärregierungen"[39].

Als „linker" Außenseiter der christlichen Sammlungsbewegung muß das Zentrum erwähnt werden. Hier findet sich nur der Rest der früheren Zentrumspartei zusammen, der nicht in der CDU aufgehen will. Man verbindet ein gewisses – auch im Ordoliberalismus zu bemerkendes – „Elitebewußtsein" mit dem „christlichen Sozialismus", wie er an anderer Stelle umrissen worden ist[40]. Der Ausgangspunkt im „ordo-Gedanken" der katholischen Sozial-

---

[34] Vgl. *L. D. Clay*, aaO, S. 93.

[35] Siehe *O. K. Flechtheim*, aaO, Bd. 2, Dokument 124, S. 272 ff.

[36] Siehe ebenda, Bd. 1, Dokument 8, S. 41.

[37] Siehe *O. K. Flechtheim*, aaO, Bd. 1, Dokument 8, S. 42 und Bd. 2, Dokument 131 (Wirtschaftsprogramm von 1953), S. 332 ff.

[38] Siehe dazu das Sozialprogramm von 1952 ebenda, Bd. 2, Dokument 128, S. 308 ff.

[39] Ebenda, Bd. 1, Dokument 9, S. 43.

[40] Siehe S. 20 ff.

lehre[41] ist ein Berührungspunkt zum Ordoliberalismus, übertrifft ihn jedoch in der konsequenten Form der Ablehnung von „Mechanismen", weil der Mensch „Ausgangspunkt, Träger und Ziel allen Geschehens" ist. „Ordnung und Ablauf des Wirtschaftsgeschehens darf nicht einseitig von den Leitern der Betriebe und Organisationen" bestimmt werden. „Paritätische Zusammenarbeit und dezentralisierte Selbstverwaltung" ist erforderlich[42] – der Grundgedanke des „Ständestaates" der katholischen Soziallehre.

Der ordoliberalen Einheit von Wirtschafts- und Sozialpolitik kommt das Zentrum am nächsten. Hierauf deutet schon die Forderung nach einer „sozialen Wirtschaftsordnung" hin[43]. Der sich aus „nackter Existenzangst" unter der Devise „Kampf ums Dasein" herdenmäßig sammelnde Mensch wird für die „Vermassung" hauptsächlich verantwortlich gemacht[44]. Deshalb ist zur Erreichung einer gesunden Eigentumsverteilung eine entsprechende Wirtschaftspolitik erforderlich, die den Vermögenszuwachs vorwiegend den Arbeitern und dem Mittelstand zukommen läßt. Vor einer Enteignung sollte man keineswegs zurückschrecken, wenn die Bedingungen der industriellen Produktion es erfordern. Dabei ist das „gemischtwirtschaftliche" oder genossenschaftliche Eigentum zu bevorzugen[45].

Die Eigentumspolitik erhält auch einen besonders wichtigen politischen Aspekt: Je mehr Menschen Eigentum besitzen, desto weniger werden sich bereitfinden, diese Institution abzuschaffen[46]. Während also die SPD die kleinen Eigentümer auf der Seite der besitzlosen und damit dem Sozialismus geneigten Menschen sehen möchte, will das Zentrum den entgegengesetzten Weg beschreiten und die Besitzlosen über eine Beteiligung am Eigentum vom Sozialismus fernhalten.

Ein weiterer Berührungspunkt zum Ordoliberalismus ist der ausgeprägte „Antikapitalismus", der ein starkes Mißtrauen gegen die Unternehmer und ihre politischen Ambitionen nährt. Hier scheint einer der Hauptgründe zu liegen, die eine Zusammenarbeit oder gar ein Aufgehen in der CDU verwehrt haben[47]. Man fühlt sich von Anfang an von der CDU überfahren und geht so weit, die „Harzburger Front" gegen die Regierung *Brüning* (1931/32) zu beschwören. Jene Kreise, die vor 1933 *Hitler* durch ihre „destruktive Politik" zur Macht verholfen haben, sollen keine „neuen parteipolitischen Chancen" erhalten. Gerade darin aber sieht man den „tiefsten Sinn" aller „Ein-

---

[41] Siehe O. *K. Flechtheim,* aaO, Bd. 2, Dokument 120 (Kultur-, Wirtschafts- und Sozialprogramm von 1946), S. 252.

[42] Ebenda, S. 257.

[43] Siehe ebenda, Bd. 2, Dokument 119 (Soester Programm von 1945), S. 245, Ziffer 2.

[44] Ebenda, Dokument 120, S. 250, Ziffer 5.

[45] Hier gibt es einen Berührungspunkt zum „Ahlener Programm" der CDU.

[46] Vgl. O. *K. Flechtheim,* aaO, Bd. 2, Dokument 120, S. 258 f.

[47] Siehe O. *K. Flechtheim,* aaO, Bd. 1, Dokument 7 (Gründung der Partei), S. 35 ff.

heitsbestrebungen". Gegen sie empört sich das „Elite-Bewußtsein" des Zentrums, dem „die innere Geschlossenheit in einer klaren, sauberen politischen Linie höher steht als die ‚schwankenden Gestalten' verkrachter Rechtspolitik vor 1933" und dem „die Tiefe mehr bedeutet als die Breite, die Idee mehr als die Zahl" [48].

3.3.4. Die Distanzierung vom Marxismus als gemeinsame Grundlage

Versucht man die herausgestellten Spielarten eines Sozialismus nichtmarxistischer Prägung im politischen Raum zum traditionellen Sozialismus abzugrenzen, so gelingt das am besten mit wirtschaftspolitischen Kriterien. Der Liberale Sozialismus ist von dem traditionellen Sozialismus am weitesten entfernt. Zwar gibt es Berührungspunkte in der Frage der Vergesellschaftung von Produktionsmitteln, der Liberale Sozialismus möchte dies aber nur zugestehen, um den Marktmechanismus in den übrigen, auf Privateigentum an Produktionsmitteln fußenden Bereichen um so effizienter zu machen (typisches Beispiel könnte *Alexander Rüstow* sein).

Für den traditionellen, marxistischen Sozialismus dagegen ist die Verstaatlichung von Produktionsmitteln die Voraussetzung für eine Planung und Lenkung der Wirtschaft nach von der Gesellschaft fixierten Zielen. Zwischen diesen beiden Polen bewegt sich der Christliche Sozialismus, dem die weltanschauliche Abgrenzung zum Marxismus am wichtigsten ist. Im wirtschaftlichen Bereich entscheidet man pragmatisch nach der ökonomischen Zweckmäßigkeit, unbelastet von ordnungspolitischen Erwägungen.

Alle genannten nicht-marxistischen Parteien vereint die weltanschauliche Distanzierung vom Marxismus. Das läßt vermuten, daß sie bei einer Entscheidung für einen der beherrschenden Machtblöcke eher zum Westen als zum Osten neigen werden. Damit sind solche Parteien im Einflußbereich der Sowjetunion von vornherein zur Bedeutungslosigkeit verurteilt. Die schlechteste Position gegenüber den Machtblöcken hat die CDU, weil sie, um überhaupt erst einmal zu einer politischen Einheit zu werden, zu sehr auf die „politische Weisheit" ihrer Führer angewiesen ist und deren geschicktes „Taktieren" [49]. Hinzu kommt, daß der Zweck der Blockbildung selbst bereits die Ausrichtung der deutschen politischen Kräfte auf die Ost-West-Spannung ist – ganz im Sinne der unter den Alliierten erfolgten Ausrichtung –, als Gegengewicht zu der starken sozialistischen Bewegung. Sie kann man andererseits nicht ignorieren.

---

[48] Ebenda, S. 36 f.

[49] Diese von dem Gründer der CSU ausgegebene Devise hat diese Partei in der Tat zu einem Musterbeispiel werden lassen: In ihrem Programm von 1946 findet sich eine Sammlung aller geläufigen Schlagworte, die den Eindruck erwecken, als sei die Partei gleichzeitig liberal, sozialistisch und antikapitalistisch (siehe *O. K. Flechtheim,* aaO, Bd. 2, Dokument 113, S. 216 f.).

So ist es durchaus überzeugend, wenn *Clay* die CDU als eine Verbindung von Katholiken und Protestanten charakterisiert, die sich auf den Glauben gründet, daß alle Christen sich angesichts der kommunistischen Bedrohung zusammenschließen müßten. Man lehne den Sozialismus ab, wolle aber das „kapitalistische System" durch staatliche und private Beteiligung in der Großindustrie modifizieren. Andererseits setze sich die CDU für ein freies Unternehmertum ein und für ein Vereinigtes Westeuropa [50]. Den Führer der CDU, *Adenauer*, kennzeichnet *Clay* als konservativ und als einen Befürworter des freien Unternehmertums [51].

Berücksichtigt man in diesem Bild von der CDU die von *Adenauer* selbst hervorgehobene „starke Bindung an die Amerikaner" [52], so erhält man einen Eindruck davon, inwieweit der keineswegs glatte Weg der CDU von den sehr stark sozialistisch geprägten Anfängen zu dem liberalen Wirtschaftsprogramm von Düsseldorf einem Manne zu verdanken ist, der mit sehr viel „politischer Weisheit", durch entschlossenes Auftreten und last not least durch seinen Rückhalt in der amerikanischen Besatzungspolitik die CDU entscheidend geprägt und sie zu einer echten Massenpartei gemacht hat. Dabei sieht *Adenauer* aber von vornherein voraus, daß dieses Ziel einer westlichen Ordnung nur in einem Westdeutschland als „integrierendem Teil West-Europas" zu verwirklichen ist. Es liegt nicht nur im Interesse dieses Teils von Deutschland, sondern auch im Interesse Englands und Frankreichs, Westeuropa unter ihrer Führung zusammenzuschließen und den „nicht russisch besetzten Teil Deutschlands politisch und wirtschaftlich zu beruhigen und wieder gesund zu machen" [53].

3.4. Die Differenzierung der westdeutschen Parteien nach wirtschaftspolitischen Kriterien

Die bisherige Untersuchung der beiden großen politischen Gruppen hat bereits deutlich werden lassen, daß die politischen Auseinandersetzungen zwischen den westdeutschen Parteien sich auf die Wirtschaftsprogramme konzentrieren. Diese Verlagerung des Schwerpunkts wird bei der CDU besonders deutlich – angefangen beim Programm von Neheim-Hüsten über das „Ahlener Wirtschaftsprogramm" bis zu den Düsseldorfer Leitsätzen von 1949, die wirtschaftspolitische Leitsätze sind.

3.4.1. Von der Sozialisierung zur Alternative „Planwirtschaft oder Marktwirtschaft"

Die drängendste politische und wirtschaftspolitische Frage ist zunächst die Sozialisierung. Durch die Ausrichtung der britischen Besatzungspolitik auf

[50] Vgl. *L. D. Clay*, aaO, S. 92.
[51] Ebenda, S. 412.
[52] Siehe S. 228.
[53] *K. Adenauer*, aaO, S. 40.

die amerikanischen Ordnungsvorstellungen verlieren die Sozialisierungswünsche der SPD ihren entscheidenden Rückhalt. Die Zurückhaltung der britischen Militärregierung wird oft genug beklagt. Die „Unmöglichkeit, in der Richtung sozialistischer Wirtschaftspolitik Fortschritte zu erzielen", führt im Herbst 1946 zu einer „ernsten prinzipiellen Aussprache über die sozialdemokratische Politik im besetzten Deutschland". Das Ergebnis ist die „Kölner Entschließung" vom 26. 9. 1946. In ihr machen die Sozialdemokraten ihre weitere Mitarbeit in der deutschen Verwaltung von einer Reihe von Voraussetzungen abhängig. Trotz der verbindlichen Erklärung der britischen „Arbeiterregierung" zur Sozialisierung sei nichts Entscheidendes geschehen. Der Versuch, die Sozialisierung zum Gegenstand eines Volksentscheids zu machen, sei von der britischen Militärregierung abgelehnt worden.

Insbesondere wird der CDU vorgeworfen, daß sie, gestützt auf „breite Schichten des Klerus, auf wichtige Verwaltungspositionen und auf die herrschende Schicht des Restkapitalismus", versuche, „die gegenwärtig den Deutschen gegebenen Möglichkeiten zu benutzen, um die politische und wirtschaftliche Machtposition des Besitzes zu behaupten und auszubauen". Man steigert sich sogar zu der Behauptung, daß es der Führung der CDU gelungen sei, „auch die Repräsentanten der sozial und politisch fortschrittlichen Kreise der CDU-Anhänger zur Unterstützung dieser Politik zu zwingen" [1].

Diese Klagen klingen um so unverständlicher, als ja andererseits die CDU darüber klagt, daß die Wirtschaftsministerien in den Ländern in den Händen der Sozialdemokraten sind [2]. Bemerkenswert ist zumindest, daß in den Erklärungen der Fraktionen anläßlich der ersten Vollversammlung des bizonalen Wirtschaftsrats die so heftig diskutierte Frage der Sozialisierung – außer von den Kommunisten – nicht angesprochen wird. Der Sprecher der CDU tut es indirekt, wenn er im Zusammenhang mit der von seiner Partei erstrebten „neuen Wirtschaftsordnung" auf das „Ahlener Programm" [3] verweist. Durch das Übereinkommen der britischen und amerikanischen Militärregierung, die Frage der Sozialisierung zurückzustellen, scheinen die prinzipiellen Diskussionen hierüber zu verstummen. Der SPD bleibt für ihre Vorstellung von der „Demokratisierung" der Wirtschaft die Konzentration auf die Mitbestimmung der Arbeitnehmer in den Betrieben oder der ordoliberale Weg einer Dezentralisierung des Eigentums, verbunden mit staatlicher Kontrolle von Unternehmen mit „monopolartigem" Charakter.

Um so entschiedener beschäftigt die Auseinandersetzungen zwischen den Parteien dafür ein anderer wichtiger Bestandteil sozialistischer Wirtschaftspolitik: die Planung und Lenkung der Wirtschaft. Hier müßte sich angesichts der sozialistischen Parteiprogramme die sozialistische oder liberale Grund-

---

[1] Vgl. O. *K. Flechtheim,* aaO, Bd. 1, Dokument 16, S. 76 f.

[2] Siehe S. 192, Fußnote 61.

[3] Siehe Wirtschaftsrat, Wörtliche Berichte, aaO, 1. Vollversammlung vom 25. 6. 1947, S. 8.

haltung beweisen. Die Entwicklung der wirtschaftspolitischen Einstellung innerhalb der CDU zeigt bereits am deutlichsten, wie die immer größere Zurückhaltung gegenüber der Sozialisierung auch mit einer zunehmenden Ablehnung der Planung und Lenkung der Wirtschaft verbunden ist.

3.4.2. Die Ablehnung eines wirtschaftspolitischen Kompromisses als ordnungspolitische Isolierung der Wirtschaftspolitik

Mit der Erhebung der Sozialen Marktwirtschaft zum offiziellen Programm ist der Höhepunkt erreicht. Die Planung und Lenkung der Wirtschaft ist als „Planwirtschaft“ zur abschreckenden Alternative der Marktwirtschaft abgestempelt worden, zu einem Mittel, das statt einer „freiheitlichen Ordnung ... mit zwingender Folgerichtigkeit die Diktatur oder das Chaos“ heraufbeschwört[4]. Damit sind die ordnungspolitischen Pole deutlich markiert und auf eine wirtschaftspolitische Alternative reduziert worden. Das ist genau die Alternative, die sich in der Politik der Alliierten auch bereits abgezeichnet hat. Die Bizone als Instrument der amerikanischen Besatzungspolitik ist keineswegs geeignet, diesen Gegensatz in Deutschland zu verwischen.

So sind bereits die frühen Beratungen des Wirtschaftsrates immer wieder mit diesen ordnungspolitischen Vorurteilen belastet. Die SPD versucht bei jedem Gesetzentwurf, so weit wie möglich die Planung zu betonen. Dagegen ist die CDU sehr hellhörig, wenn irgendwo etwas geplant werden soll[5]. Sie legt Wert darauf zu betonen, daß sie andere wirtschaftspolitische Vorstellungen als die SPD hat und ein Kompromiß unzweckmäßig sei[6].

Das wird bereits in der zweiten Vollversammlung indirekt deutlich, als die Direktoren der einzelnen deutschen Verwaltungen vom Wirtschaftsrat gewählt werden sollen[7]. Das Vorschlagsrecht hat jedoch der Exekutivrat. Aus nur durch den Einfluß der Besatzungsmächte zu erklärenden Gründen gibt es aber hier eine klare SPD-Mehrheit, im Wirtschaftsrat jedoch eine CDU-Mehrheit. Beide Parteien berufen sich auf ihren Anteil von 35 % an den Wählern und beharren darauf, ihre Gedanken zur Wirtschaft zu verwirklichen[8], obgleich sich die CDU auf das „Ahlener Programm“ beruft, in dem die Unterschiede zur SPD ja gar nicht so groß sind. Die SPD hat bisher neben den Wirtschaftsministern der Länder auch den Direktor der Wirtschaftsverwaltung gestellt *(Victor Agartz)* und will diese Position halten. Da das sich angesichts der Mehrheitsverhältnisse im Wirtschaftsrat nicht durch-

---

[4] Siehe O. *K. Flechtheim*, aaO, Bd. 2, Dokument 101, S. 60.

[5] Siehe dazu z. B. die Diskussion um das Bewirtschaftungs-Notgesetz (Wirtschaftsrat, Wörtliche Berichte, aaO, 7. Vollversammlung vom 29./30. 10. 1947, S. 157 ff., insbesondere S. 163 ff.).

[6] Siehe z. B. ebenda, 12. Vollversammlung vom 2. 3. 1948, S. 322.

[7] Siehe ebenda, 2. Vollversammlung vom 22./24. 7. 1947, S. 25 ff.

[8] Wirtschaftsrat, Wörtliche Berichte, aaO, 2. Vollversammlung vom 22./24. 7. 1947, S. 37.

setzen läßt, zieht die SPD alle ihre Kandidaten zurück. Gewählt wird dann der Kandidat der CDU/CSU *Semler*, den die Militärregierung später wegen antiamerikanischer Äußerungen entläßt[9]. Sein Nachfolger wird *Ludwig Erhard*.

Dazwischen liegt jedoch die entscheidende Umgestaltung der deutschen Verwaltung in der Bizone zur „Quasi-Regierung“ [10]. Bis dahin ist der Posten des Direktors für Wirtschaft nicht besetzt worden. Die Wahl *Erhards* löst keine großen Diskussionen mehr aus. „Die Fronten sind klar“ – wie es im Wirtschaftsrat kurz formuliert wird[11]. Eine gemeinsame Verantwortung der beiden größten Parteien – wie sie in „Zeiten einer äußersten und großen Not... vielfach in demokratischen Ländern üblich“ ist – wird zwar von der CDU noch als theoretisch möglich erwogen, aber als „im Augenblick nicht das Richtige“ abgelehnt; einmal wegen der wirtschaftspolitischen Unterschiede und zum anderen, weil im Falle eines Kompromisses der Eindruck entstehen müßte, beide Parteien hätten ihre Programme nicht erfüllen können[12].

Damit ist auch innerhalb der Westzonen eine Spaltung im politischen Wollen erfolgt, die die Wirtschaftspolitik zum Ausgangspunkt hat. Es soll eine Ordnung in „reiner Form“ verwirklicht werden, die am wirtschaftlichen Erfolg gleichzeitig überzeugend die andere Ordnung deklassiert. Die CDU findet mit Unterstützung der FDP und der Deutschen Partei (DP) die notwendige Mehrheit für ihre Politik. Das Zentrum enthält sich bei den notwendigen Neuwahlen zur Besetzung des neuen Verwaltungsrats mit einem „Oberdirektor“ an der Spitze ostentativ der Stimme, weil man der Auffassung ist, daß die im Wirtschaftsrat betriebene Politik „letzten Endes dazu führen muß, dem deutschen Volk ein falsches Bild vorzugaukeln, nämlich das Bild, als ob wir wirklich frei Entscheidungen treffen könnten“ [13]. Auch die Sprecher der anderen Parteien legen Wert auf die Feststellung, daß man lediglich aus Verantwortung für die Not des deutschen Volkes in der neuen, von den westlichen Alliierten befohlenen „Quasi-Regierung“ für Westdeutschland, mitarbeite[14].

Damit ist ganz deutlich, daß die Parteien des Wirtschaftsrats – wenn auch nur im Hinblick auf die deutsche Teilung – den Alliierten die Verantwortung zuweisen. Die gleichzeitig erfolgende ordnungspolitische Spaltung be-

---

[9] Siehe S. 235, Fußnote 5.

[10] Siehe S. 230 f., Fußnote 14.

[11] Siehe Wirtschaftsrat, Wörtliche Berichte, 12. Vollversammlung vom 2. 3. 1948, S. 331 (Abgeordneter *Schoettle* – SPD). Es handelt sich um die erste Sitzung nach der Reorganisation der deutschen Verwaltung.

[12] Siehe ebenda, S. 322 f. (Abgeordneter *Holzapfel* – CDU).

[13] Wirtschaftsrat, Wörtliche Berichte, aaO, 12. Vollversammlung vom 2. 3. 1948, S. 334 (Abgeordneter *Stricker*).

[14] Ebenda, S. 322 (Abgeordneter *Holzapfel* – CDU), S. 325 (Abgeordneter *Blücher* – FDP) und S. 330 (Abgeordneter *Schoettle* – SPD). *Schoettle* prägte für die Reden seiner Vorgänger das Wort „Quasi-Regierungserklärungen“.

stätigt jedoch nur die bereits beobachtete Tendenz zu einer „reinen Ordnung" ohne „systemfremde" Elemente, wie sie ein Kompromiß erfordern würde. Diese Situation ist nur ein Spiegelbild der Ausrichtung, die auch unter den Alliierten stattfindet. Die ordnungspolitische Spaltung veranschaulichen die Diskussionen um den *Marshall*plan recht gut[15]. Er verwirrt die in der Alternative Marktwirtschaft oder Planwirtschaft erstarrten Fronten nicht unbeträchtlich und ist der erste Prüfstein für die Haltbarkeit der Verbindung von wirtschaftlicher Effizienz und Ordnungsprinzipien. Hier scheiden sich bereits die Geister. Der Zweifel der „gläubigen" Liberalen an die Entschlossenheit der Alliierten, marktwirtschaftliche Prinzipien einzuführen, erhält weitere Nahrung. Die übrigen Liberalen geben sich redliche Mühe zu betonen, daß es sich bei der Planung und den Plänen, die die *Marshall*plan-Behörde auch von Deutschland verlangt, um gar keine Planung im verwerflichen Sinn handelt[16].

3.4.3. Die Währungsreform als ordnungspolitischer Wendepunkt

Mit der Reorganisation des Wirtschaftsrats im Februar 1948 beginnt die ordnungspolitisch entscheidende Phase der Wirtschaftspolitik in Westdeutschland. Bei der CDU ist jedoch zunächst eine Tendenz feststellbar, die Entscheidung noch hinauszuschieben. Man hat sich entschlossen, nicht politisch profilierte Persönlichkeiten an der Spitze der Verwaltung herauszustellen, wie es die Anordnung der Alliierten zugelassen hätte[17]. Die Verwaltung für Wirtschaft soll vorerst überhaupt keinen Leiter erhalten.

In diesem Punkte widersetzt sich jedoch die FDP, auf deren Mitarbeit die CDU angewiesen ist. Die FDP ist es, die in dieser Situation *Ludwig Erhard* als Kandidaten präsentiert[18], bei dem vorausgesetzt wird, daß ihn „alle

---

[15] Siehe S. 207 f.

[16] Im Wirtschaftsrat verweist man darauf, daß es sich nicht um ein starres Schema handelt, sondern nur um eine Orientierungshilfe für die amerikanischen Instanzen, (Wirtschaftliche Berichte, 14. Vollversammlung vom 21./22. 4. 1948, S. 434 f.). Dabei müßten sich die versammelten Wirtschaftspolitiker ja eigentlich fragen, ob die deutschen Instanzen solcher Hilfe nicht auch bedürfen. *Rasch* (Grundfragen der Wirtschaftsverfassung, aaO, S. 101 und Anmerkung 29, S. 168 f.) glaubt die Frage, ob der *Marshall*-Plan nicht „so etwas wie eine internationale Planwirtschaft" sei, „kaum bejahen" zu können; denn es handele sich nicht um eine „wirklich internationale Planung" oder eine „internationale Gesamtplanwirtschaft". Die Vereinigten Staaten hätten „keine Möglichkeit und sicher auch nicht den Wunsch, ihrerseits in die innere Wirtschaftspolitik der europäischen Länder unmittelbar einzugreifen"; dies, obgleich es sich, wie *Rasch* fortfährt, um „langfristige Investitionen" handelt, „deren wesentlich politischer Charakter unzweifelhaft ist".

[17] Vgl. *Wirtschaftsrat,* Wörtliche Berichte, aaO, 12. Vollversammlung vom 2. 3. 1948, S. 324 (Abgeordneter *Holzapfel* – CDU).

[18] Deshalb rühmt sich die FDP später in einem Rückblick auf die Entwicklung der Partei, daß die Wahl *Erhards* „weitgehend auf die Bestrebungen der liberalen Gruppe" im Wirtschaftsrat erfolgt (siehe *O. K. Flechtheim,* aaO, Bd. 1, Dokument 8,

aus seinen wirtschaftspolitischen Arbeiten" kennen[19]. Er scheint offenbar gerade der FDP der geeignete Mann zu sein, um die „große Wende des deutschen Schicksals" durch „eine im Grunde tiefgehende Änderung" der Wirtschaft, der Bewirtschaftung und des „Zwangssystems" herbeizuführen. Die Zurückhaltung der CDU wird im Wirtschaftsrat als „bewußte Taktik im Hinblick auf mögliche wirtschaftspolitische Entscheidungen" hingestellt, die erst abgewartet werden sollen[20].

An dieser Stelle ist es erforderlich, sich einen Eindruck von der damaligen wirtschaftlichen Lage in Deutschland zu verschaffen – fast drei Jahre nach Kriegsende. „Die deutsche Krise hat sich einem Höhepunkt zubewegt, hinter dem es nur heißen kann: Untergang oder Rettung, und die Mächte, die aus eigenem Willen ... die Verantwortung tragen, müssen sich über diese einzig mögliche Alternative klar sein". Es sollte ihnen klar werden, „daß ein System der Verzögerungen und Aushilfen nicht mehr ausreicht, um die Lage zu meistern" [21]. Die deutsche Bevölkerung muß mit einer täglichen Nahrung von 1550 Kalorien auskommen, während man in anderen Ländern 2800 Kalorien für das Minimum erachtet[22]. Das Horten von Waren bewegt sich ebenfalls einem Höhepunkt zu, weil jeder mit der Währungsreform rechnet.

Der „katastrophale und nachgerade unaufhaltsam erscheinende Verfall der deutschen Wirtschaftskraft" geht nach einem Urteil der führenden deutschen Wirtschaftswissenschaftler von Ende Dezember 1947[23] „weit über das Maß hinaus, das durch die unmittelbaren Kriegsfolgen und Reparationsforderungen bedingt ist ... Dieses Geschehen ist weder auf die im Ausland oft be-

---

S. 41). *Ludwig Erhard* selbst bezeichnet sich als „amerikanische Entdeckung" und als letztlich von „keiner Partei gekürt", „sondern es war fast so, daß ich mich in einer entscheidenden Stunde mit einer Partei verbündete und mit ihr zusammen die schweren Kämpfe durchstand" (siehe *Ludwig Erhard*, Deutsche Wirtschaftspolitik. Der Weg der Sozialen Marktwirtschaft. Frankfurt a. M., Düsseldorf, Wien 1962, S. 8).

[19] Wirtschaftsrat, Wörtliche Berichte, aaO, S. 327 (*Blücher* – FDP). Die Tätigkeit von *Ludwig Erhard* als Wirtschaftsminister in Bayern wurde nicht erwähnt. Sie hatte ein weniger glückliches Ende, was im Wirtschaftsrat erst später zur Sprache kam, als die SPD wegen der nach der Währungsreform einsetzenden Preissteigerungen einen Mißtrauensantrag stellte. Der bayrische Landtag setzte seinerzeit einen Untersuchungsausschuß ein. In seinem Bericht heißt es u. a.: Wirtschaftsminister *Erhard* habe sein Amt sehr nachlässig geführt, „sich zunächst um die wirtschaftspolitischen Strömungen gekümmert, und es versäumt, den Wirtschaftsapparat aufzubauen (zitiert ebenda, 20. Vollversammlung vom 17./20. 8. 1948, S. 795). Danach wurde *Erhard* Honorarprofessor in München (siehe dazu auch „Die Zeit", Hamburg, Nr. 49 vom 2. 12. 1966, S. 32 f. – *Kurt Simon, Erhards* große Stunden).

[20] Siehe Wirtschaftsrat, Wörtliche Berichte, aaO, S. 332 (*Schoettle*, SPD).

[21] Siehe ebenda, S. 326 (*Blücher*, FDP).

[22] Vgl. ebenda, S. 323 (*Holzapfel*, CDU).

[23] Siehe *Sanierung* der deutschen Wirtschaft. Grundsätze eines wirtschaftspolitischen Sofortprogramms (Thesen deutscher Hochschullehrer der Wirtschaftswissenschaften). In: Schriften des Vereins für Sozialpolitik. Gesellschaft für Wirtschafts- und Sozialwissenschaften. Neue Folge Bd. 1. Herausgegeben von *Gerhard Albrecht* und *Helmut Arndt*, Anhang, S. 125.

klagte Lethargie Deutschlands, noch auf ein Versagen der deutschen Behörden, noch auf ein unsoziales Verhalten der deutschen Landwirte und Gewerbetreibenden zurückzuführen. Entscheidend ist vielmehr neben den bekannten politischen Verhältnissen der Umstand, daß die Verzögerung der längst überfälligen Währungssanierung dazu gezwungen hat, die durch den Preisstop von 1936 eingeleitete Politik einer unorganischen Verkopplung von inflatorischer Kreditschöpfung und Befehlswirtschaft fortzuführen".

Aber auch die Wirtschaftspolitik der deutschen Verwaltung scheint durch die erwartete Geld- und Wirtschaftsreform gelähmt zu werden, wenn man den Diskussionen im Wirtschaftsrat folgt. Die deutsche Wirtschaft produziert, aus amerikanischen Heeresbeständen werden Konsumgüter eingeführt, aber den Verbraucher erreicht wenig davon. Gesetze, die der Wirtschaftsrat zur Auflösung der Horte beschlossen hat, bleiben in der Verwaltung ohne Echo. Das alles deute darauf hin, so wird im Wirtschaftsrat gefolgert, daß bewußt nichts getan werden soll; denn es bestehe eine „neue ‚Theorie' ", nach der „die Enthortung vielleicht die Währungsreform oder anderes aufs schwerste gefährden würde" [24]. Deshalb sei es besser, die Hortungsgewinne später wegzusteuern [25]. Diese „neue Theorie" hat der Direktor der Verwaltung für Wirtschaft, *Erhard*, dann später dem Wirtschaftsrat in etwas umschriebener und eingeschränkter Form selbst vorgetragen, als er dem Wunsch nachkommt, sein „wirtschaftspolitisches Programm" darzulegen [26]. Die „Hortung als solche, d. h. als volkswirtschaftliches Phänomen betrachtet", gilt als ein „Stück der ganzen Währungsreform". Ohne dieses „Polster" hätte die Währung „Schiffbruch erlitten" [27].

Es prallen auch in dieser Frage die unterschiedlichen Überzeugungen der beiden großen politischen Gruppen aufeinander. Die einen erhoffen eine Verbesserung von der Wiederherstellung der „staatlichen Autorität auf dem Gebiet der Bewirtschaftung" [28], die anderen sehen eine Lösung nur in der

---

[24] Siehe erste Lesung des Gesetzes zur Enthortung der gewerblichen Wirtschaft und zur Verhütung künftiger Warenhortung (Enthortungsgesetz), *Wirtschaftsrat*, Wörtliche Berichte, aaO, 13. Vollversammlung vom 16./17. 3. 1948, S. 400 *(Schoettle* – SPD).

[25] Vgl. ebenda, S. 403.

[26] Siehe ebenda, 14. Vollversammlung vom 21./22. 4. 1948, S. 440 f.

[27] Eine „radikale Entleerung" der „volkswirtschaftlichen Läger" würde notwendig dahin geführt haben, „daß der aus der Währungsreform frei gewordene Kaufkraftstrom ins Leere stößt. Damit wäre die Währung entweder vom ersten Tage an zum Scheitern verurteilt gewesen oder aber man hätte, wie es offenbar manche Leute wollen, mit Mitteln der staatlichen Bewirtschaftung und der staatlichen Preisbildung das Volk weiter unter der Knute und unter der Fron dieser Bürokratie halten müssen. Einen anderen Ausweg hätte es nicht gegeben..." (siehe *L. Erhard*, Deutsche Wirtschaftspolitik, aaO, S. 72 – Marktwirtschaft im Streit der Meinungen. Rede vor dem 2. Parteikongreß der CDU der britischen Zone am 28. 8. 1948).

[28] Siehe *Wirtschaftsrat*, Wörtliche Berichte, aaO, 7. Vollversammlung vom 29./30. 10. 1947, S. 155 (Direktor der Verwaltung für Wirtschaft, *Semler)* und 13. Vollversammlung vom 16./17. 3. 1948, S. 399 (*Kreyssig*, SPD).

Abschaffung der „Planwirtschaft“, weil der „Bewirtschaftungsapparat“ das nicht leisten könne, ohne alle Staatsbürger zu „Rechtsbrechern“ zu machen durch „Zwangsgesetze“, die den „Gedanken der rechtsstaatlichen Demokratie“ erschüttern[29]. So bleibt der deutschen Bevölkerung nichts anderes übrig, als alle ihre Hoffnungen mit der in Aussicht gestellten Währungs- und Wirtschaftsreform zu verbinden, die von Not und Elend, Bewirtschaftung sowie „Zwangs“- und „Planwirtschaft“ erlösen soll. Die „Zwangswirtschaft“ ist 1948 zusammengebrochen – wie der damalige Direktor der Verwaltung für Wirtschaft, *Ludwig Erhard,* später apodiktisch feststellt – und es kommt jemand, der die Freiheit wiederherstellt[30].

Am 20. Juni 1948 ist es dann soweit. Der Geldreform[31] folgt sechs Tage später als Markstein der weiteren Entwicklung das Gesetz über „Leitsätze für die Bewirtschaftung und Preispolitik nach der Geldreform“[32]. Hierin bringt der Wirtschaftsrat seinen Willen zum Ausdruck, die staatliche Lenkung in dafür reifen Wirtschaftszweigen sobald wie möglich aufzuheben. Soweit der Staat den Verkehr mit Waren und Leistungen nicht regelt, soll dem „Leistungswettbewerb“ sobald wie möglich Geltung verschafft werden. Die Monopole sind zu beseitigen und bis dahin staatlicher Aufsicht zu unterstellen. Der Entwurf eines entsprechenden Gesetzes soll dem Wirtschaftsrat alsbald vorgelegt werden[33].

Dieser Schritt ist zuvor auch mit einem seit Dezember 1947 bestehenden Wissenschaftlichen Beirat beraten worden. Er setzt sich in seinem bereits erwähnten Gutachten vom 18. 4. 1948 über „Maßnahmen der Verbrauchsregelung, der Bewirtschaftung und der Preispolitik nach der Währungsreform“ für eine „grundsätzliche Änderung der bisherigen Wirtschaftslenkung“ ein. Der Preis soll wieder „in möglichst weitem Umfang“ den volkswirtschaftlichen Prozeß steuern. Für eine Übergangszeit werden jedoch Sonderregelungen auf Einzelgebieten zugelassen, zum Beispiel bei Grundnahrungsmitteln und auf dem Wohnungsmarkt[34]. Um den Mangel an wichtigen Konsum-

---

[29] Vgl. ebenda, 12. Vollversammlung vom 2. 3. 1948, S. 326 f. *(Blücher,* FDP).

[30] Vgl. *Ludwig Erhard,* Widerstände und Hindernisse auf dem Wege zur sozialen Marktwirtschaft. In: Ordnungsprobleme der Wirtschaft. Wirtschaftswissenschaftliche Tagung, Bad Ischl 1955; in Verbindung mit *A. Mahr,* und *W. Weber* herausgegeben von *E. Lagler.* Wien 1957, S. 12.

[31] Ihre technische Durchführung ist hier uninteressant. Siehe dazu *Bank Deutscher Länder,* Geschäftsbericht für die Jahre 1948 und 1949. Frankfurt a. M. 1950, S. 45 ff.

[32] Erste, zweite und dritte Lesung dieses Gesetzes siehe *Wirtschaftsrat,* Wörtliche Berichte, aaO, 18. Vollversammlung vom 17./18. 6. 1948, S. 623 ff. sowie 652 ff. Zu der engen Zusammenarbeit zwischen der deutschen Verwaltung und den Alliierten siehe *Einwirkungen* der Besatzungsmächte auf die Westdeutsche Wirtschaft, aaO, S. 60 f. Die Alliierten widersetzen sich hauptsächlich den deutschen Wünschen nach einer Steuerreform zur Ankurbelung der unternehmerischen Initiative. Siehe aber auch S. 214 f. der vorhergehenden Ausführungen.

[33] Siehe Artikel 3 des Gesetzes.

[34] Siehe Wissenschaftlicher Beirat, Gutachten 1948 bis Mai 1950, aaO, S. 25 f.

gütern schnell zu beheben, wird ein Sonderprogramm für die Erzeugung verbilligter Konsumgüter, das *„Jedermann-Programm"* ins Leben gerufen[35] sowie zur besseren Marktübersicht der Verbraucher periodisch ein „Preisspiegel" veröffentlicht[36].

Wenn man heute diese Geschehnisse mit einem zeitlichen Abstand von zwanzig Jahren an Hand der Diskussionen im Wirtschaftsrat überblickt, die ja wohl im wesentlichen ein Stimmungsbild der Bevölkerung wiedergeben sowie einen Einblick in die politischen Hintergründe der wirtschaftspolitischen Entscheidungen vermitteln, so muß man sich in der Tat gegen den Eindruck wehren, als sei mit der Währungsreform eine bewußte Demonstration der Wunderwirkung marktwirtschaftlicher Prinzipien[37] geplant gewesen – auf dem erbärmlichen „planwirtschaftlichen" Hintergrund des ökonomischen Chaos.

Hier hat sich bereits ein „Wirtschaftswunder" vollzogen, wenn man sich an die Weltuntergangsstimmung erinnert, die noch drei Monate vorher im Wirtschaftsrat herrscht. Man scheint doch jenen in amerikanischen Expertenkreisen diskutierten Überlegungen gefolgt zu sein, nach denen eine Währungsreform erst auf einer soliden wirtschaftlichen Basis durchgeführt werden sollte[38].

Diese solide Basis wäre dann in der Tat inzwischen geschaffen worden. Die deutsche Wirtschaft verfügt über ein gutes Polster an Horten, im Wirtschaftsrat wird im März 1948 an die Alliierten appelliert, die Nahrungsmittelversorgung „im Laufe der nächsten Monate wenigstens auf 1800 oder 2000 Kalorien" aufzubessern, um überhaupt eine Aussicht zu haben, Demokratie und Wirtschaft aufbauen zu können[39]. Der Wirtschaftsrat ermächtigt weiterhin den Direktor der Verwaltung für Wirtschaft, umfangreiche weitere Verträge mit den Alliierten über die Lieferung von Konsumgütern abzuschließen[40]. Etwa gleichzeitig beginnt die Übernahme von Waren aus bereits früher abgeschlossenen Verträgen. Schließlich wäre die Währungsreform, wie der Di-

---

[35] Es war nach englischem Vorbild von der Bizonenverwaltung konzipiert worden (siehe *Stolper, Häuser, Borchardt,* aaO, S. 263). Siehe auch *L. Erhard,* Deutsche Wirtschaftspolitik, aaO, S. 80 ff. und S. 98.

[36] Siehe dazu *Ludwig Erhard,* Wohlstand für alle. Bearbeitet von *Wolfram Langer.* Düsseldorf 1957, S. 35.

[37] Insbesondere der Sozialen Marktwirtschaft. Die Ordoliberalen kritisieren später die Tendenz, Geld- und Wirtschaftsreform zu trennen und die Geldreform als erste große Leistung der Sozialen Marktwirtschaft herauszustellen (vgl. *Wilhelm Röpke,* Ein Jahrzehnt Sozialer Marktwirtschaft in Deutschland und seine Lehren. In: Schriftenreihe der Aktionsgemeinschaft Soziale Marktwirtschaft. Heft 1. Herausgegeben von *F. Böhm, W. Röpke* und *A. Rüstow.* Köln-Marienburg 1958, S. 9).

[38] Siehe S. 208 f.

[39] Siehe *Wirtschaftsrat,* Wörtliche Berichte, aaO, 12. Vollversammlung vom 2. 3. 1948, S. 323 *(Holzapfel,* CDU).

[40] Siehe ebenda, 13. Vollversammlung vom 16./17. 3. 1948, S. 392.

rektor der Verwaltung für Wirtschaft, *Erhard,* feststellt[41], ohne die enge Verbindung mit dem *Marshall*-Plan undenkbar gewesen – ja die „Währungs- und Wirtschaftsreform auf freiheitlicher Grundlage" hätte ohne amerikanische Unterstützung nicht durchgeführt und durchgestanden werden können[42].

Derart ökonomisch und politisch abgesichert, kann *Ludwig Erhard* bereits im April 1948 in seiner erwähnten programmatischen Erklärung nicht nur einen ordnungspolitischen Wandel in der Wirtschaftspolitik ankündigen, sondern auch das Ende einer Periode der einseitigen Bevorzugung des „sachlichen Produktionskapitals", insbesondere in industriellen Engpässen, wie der Grundstoffindustrie. Nunmehr soll es „hohe Zeit" sein, „das Steuer herumzuwerfen und durch eine ebenso planvolle Förderung der Verbrauchsgütererzeugung die noch stärker heruntergewirtschaftete menschliche Arbeitskraft zu höherer Leistung zu bringen ..., um erst wieder einen natürlichen Ausgleich und eine organische Entsprechung herbeizuführen" und der „weitgehenden Enteignung aller Nominaleinkommen aus laufender Arbeit" entgegenzuwirken[43].

Diese neue Politik zugunsten der Verbraucher offenbart jedoch noch eine andere Tatsache, die hier nicht unerwähnt bleiben darf. Das ist das Eingeständnis einer in den ersten Nachkriegsjahren entstandenen gesamtwirtschaftlichen Disproportionalität zum Nachteil der Verbrauchsgüterindustrie. Dafür gibt *Erhard* folgende Begründung: „Die starke Position der Rhein-Ruhr-Industrie darf in dem engeren Bereich der Vereinigten Zonen nicht zu einer Überbewertung der dort heimischen Industriesektoren und zu einer immer stärkeren einseitigen Forcierung gerade dieser schwerindustriellen Zweige führen"[44].

3.4.4. Das wirtschaftspolitische Konzept von Ludwig Erhard

Der, der kommt, um nach dem Zusammenbruch der „Zwangswirtschaft" im Jahre 1948 die Freiheit wiederherzustellen, ist *Ludwig Erhard*[45]. Seine Unterstützung durch die FDP, die für ihre politischen Vorstellungen als einzige Partei auf führende Vertreter des Ordoliberalismus verweist, müßte eine gewisse Garantie für eine ordoliberale Politik darstellen. Allerdings verbindet sich die Wiederherstellung der Freiheit im Jahre 1948 auch mit der Leitidee der Sozialen Marktwirtschaft, deren ordoliberaler Gehalt, wie sich ergeben hat, nicht sehr groß oder zumindest nur sehr abgeschwächt vorhanden ist. Deshalb ist es wichtig, in welchem Umfang es der neuen Wirtschaftspolitik seit 1948

[41] Ebenda, 14. Vollversammlung vom 21./22. 4. 1948, S. 436, 441, 443.

[42] Vgl. *L. Erhard,* Deutsche Wirtschaftspolitik, aaO, S. 8.

[43] Siehe *Wirtschaftsrat,* Wörtliche Berichte, aaO, 14. Vollversammlung vom 21./22. 4. 1948, S. 436 f.

[44] Ebenda, S. 437.

[45] Siehe S. 265. Seine Leistung wird später als einer der wenigen Fälle gerühmt, wo der Historiker feststellen kann, daß eine Entwicklung sich nicht ohne eine be-

gelingt, die Widersprüche und Unklarheiten der Sozialen Marktwirtschaft zugunsten einer konsequenten ordoliberalen Politik zu entscheiden.

In dem für den Ordoliberalismus wichtigsten Punkt, der Einheit von Wirtschafts- und Sozialpolitik, hat sich aber bereits sehr früh der „instrumentale Charakter“ der Marktwirtschaft, ganz im Sinne der Sozialen Marktwirtschaft, bei den liberalen Mitgliedern des Wirtschaftsrats durchgesetzt. Das gilt insbesondere für die FDP. Gemäß ihrem Sprecher ist es zunächst „wirkliche Sozialpolitik“ ..., „die Leistungsfähigkeit, den Leistungswillen bis zum äußersten anzureizen“[46]. Ganz in diesem Sinne trennt auch die CDU, die ja *Ludwig Erhard* auch als ihren Kandidaten präsentiert, zwischen den Erfordernissen einer „gesamtwirtschaftlichen Rationalisierung“, die im Vordergrund steht, und sozialpolitischen Maßnahmen, die entstehende Ungerechtigkeit ausgleichen[47].

Was die Planung und Lenkung der Wirtschaft angeht, hat *Erhard* bereits 1947 als bayrischer Wirtschaftsminister sehr deutliche Worte gesprochen. Solange die „äußere wirtschaftliche Not“ nicht überwunden ist, soll die Hauptaufgabe in einer „zentralen wirtschaftlichen Planung“ bestehen[48]. Vorsichtiger formuliert heißt es aber bereits in der programmatischen Erklärung vom März 1948 im Wirtschaftsrat[49], die entscheidende Ablehnung eines Wirtschaftssystems der Bewirtschaftung und des Preisstops bedeutet durchaus nicht „die Rückkehr zu den liberalistischen Wirtschaftsformen historischer Prägung und einem verantwortungslosen Freibeutertum einer vergangenen Zeit“, sondern nur den Übergang „in freiere marktwirtschaftliche Formen“.

Erhard ist keineswegs gewillt, „die orthodoxen Spielregeln“ einer Marktwirtschaft zu akzeptieren[50]. Er hält auch die „herkömmlichen Vokabeln, wie freie Marktwirtschaft oder Planwirtschaft“, für „in der Parteien Streit so stark abgenutzt und verwässert, daß sie für ernsthafte Darlegungen un-

---

stimmte Persönlichkeit vollzogen hätte (vgl. *A. Rüstow,* Die geschichtliche Bedeutung der Sozialen Marktwirtschaft, aaO, S. 74).

[46] *Wirtschaftsrat,* Wörtliche Berichte, aaO, 13. Vollversammlung vom 16./17. 3. 1948 (Beratung des Enthortungsgesetzes), S. 409 *(Blücher,* FDP).

[47] Vgl. ebenda (Beratung des Demontageausgleichsgesetzes), S. 386 *(Haffner,* CDU); dazu auch S. 389 *(Voß,* SPD).

[48] Siehe S. 93.

[49] Siehe *Wirtschaftsrat,* Wörtliche Berichte, aaO, 14. Vollversammlung vom 21./22. 4. 1948, S. 441.

[50] „Ich bin nicht willens, die orthodoxen Spielregeln einer Marktwirtschaft, nach denen nur Angebot und Nachfrage den Preis bestimmen, und der Wirtschaftspolitiker sich darum jeder Einmischung auf die Preise [Hier müßte es wohl korrekter heißen „Einwirkungen auf die Preise“ oder „Einmischung in die Preise“ – Einfügung des Verf.] zu enthalten habe, vorbehaltlos und in jeder Phase der Entwicklung zu akzeptieren. Hier bin ich sogar grundsätzlich anderer Meinung: ein *moderner und verantwortungsbewußter Staat* kann es sich einfach *nicht leisten,* noch einmal in die *Rolle des Nachtwächters zurückversetzt* zu werden“ *(L. Erhard,* Wohlstand für Alle, aaO, S. 243 f. Hervorhebung im Original). Damit werden offensichtlich sogar *nicht marktkonforme* staatliche Eingriffe für gerechtfertigt gehalten.

brauchbar geworden sind"[51]. Man kann nur gespannt darauf sein, wie die „nüchterne Einsicht" aus ordoliberalem Geist mit den eigenen Widersprüchen und denen der Tagespolitik fertig wird.

Schon in dem Bekenntnis zur zentralen Planung von 1947 zeigt sich jedoch gleichzeitig, in welche Verstrickungen ein Politiker geraten kann, der sich in den Jahren besonders um die „wirtschaftspolitischen Strömungen" kümmert[52]. Er muß sich aus „politischer Weisheit" zu Föderalismus und freiem Unternehmertum bekennen – zumal in *Bayern,* das nach amerikanischen Vorstellungen ein „Musterstaat" werden soll[53] –, darf aber auch dem Zentralismus keine Absage erteilen, was gegenüber der Bevölkerung in Deutschland und auch gegenüber der Vereinigung der westlichen Besatzungszonen in der Bi- und Trizone „politische Weisheit" nahelegt. Die Kompromißformel ist deshalb die Verbindung von „politischem Föderalismus und wirtschaftlichem Zentralismus"[54].

Das entspricht genau, wie bereits ausgeführt, dem politischen Konzept der amerikanischen Nachkriegspolitik und ist die Formel, die sich auch im Potsdamer Abkommen klar ergibt. In den Überlegungen *Erhards* zu dieser Formel spiegelt sich darüber hinaus auch noch die Verwirrung wider, die durch die neue amerikanische Politik gemäß der *Truman*-Doktrin entsteht; denn nun bekommt, wie gezeigt wurde, die politische Einheit wenigstens der Westzonen einen eigenständigen Wert. Darin liegt auch die neue Bedeutung der Bizone. Sie geht über die alte Formel politischer Föderalismus, wirtschaftlicher Zentralismus hinaus. Den dadurch entstehenden Widerspruch erklärt *Erhard* resignierend als Ergebnis der „wirtschaftlichen Not". Sie mag die ersten Schritte zur Bizone erklären, ist aber 1947, wenn man aus heutiger Sicht die alliierte Besatzungspolitik verfolgt, keineswegs eine ausreichende Begründung. Die neuen politischen Erfordernisse sieht *Konrad Adenauer* viel klarer, wenn er die Zukunftschancen der westlichen Besatzungszonen allein in einem auch politisch vereinten Westdeutschland als integrierendem Teil Westeuropas erkennt[55]. Die bis dahin vorwiegend wirtschaftlich gesehene deutsche Einheit erhält somit entscheidende Impulse.

Erhard hat sich nicht nur gegenüber den Alliierten, das heißt nach den bisherigen Ergebnissen gegenüber der amerikanischen Besatzungspolitik, zu behaupten. Hier dürften sogar die geringeren Schwierigkeiten liegen, da ihm offenbar ein Deutschland vorschwebt, das das „erste europäische, ‚amerikanische' Land" werden soll. Bis dahin gibt es aber noch „ungeheuer viel" von Amerika zu lernen, „vor allem auch in der geistigen Ausrichtung der Wirtschaft"[56].

---

[51] Siehe *Wirtschaftsrat,* Wörtliche Berichte, aaO, S. 441.

[52] Siehe oben Fußnote 19.

[53] Siehe S. 199.

[54] Siehe S. 106.

[55] Siehe S. 258.

[56] Siehe *L. Erhard,* Deutsche Wirtschaftspolitik, aaO, S. 237 f. (Rede bei der 5. Ordentlichen Mitgliederversammlung des BDI am 17. 5. 1954 in Essen).

Die Mängel, die hier gemeint sind, zeigen sich offenbar in dem Ringen um ein „Kartellgesetz“ [57]. Es ist einmal ein „Markstein in der Geschichte des deutschen Wiederaufbaus“ und Ausdruck ordoliberalen Geistes. Zum anderen schafft dieses Gesetz die Voraussetzung „für die Übernahme deutscher Verantwortung in Fragen der Dekonzentration“ [58]. *Erhard* ist ein Verteidiger der „freien Unternehmerwirtschaft“, aber gerade deshalb auch ein entschiedener Gegner aller Bestrebungen, den Wettbewerb zu beschränken. In Kartellen sieht *Erhard* „nichts Positives“ [59], sondern nur eine Art „Planwirtschaft“ der Unternehmer [60].

Der frühe Appell an die Unternehmer, für die Ordnung des Wettbewerbs genausoviel Begeisterung aufzubringen wie für die Wiederherstellung der wirtschaftlichen Freiheit [61], scheint wenig Anklang zu finden. *Erhard* bemerkt in der deutschen Unternehmerschaft Kräfte, „denen der Wettbewerb lästig zu werden beginnt, die die bequemen Pfründe der Planwirtschaft zurückersehnen und sich, sei es auch nur aus Ängstlichkeit und Unsicherheit, jedem neuen Gedanken versperren“ [62].

Der – ordoliberale – Gedanke der Wettbewerbsordnung gilt nicht nur als wirklichkeitsferne „Theorie“ von in weltfremden Ideologien befangenen Professoren [63], sondern auch als Ausdruck eines amerikanischen Befehls [64]. Eine ordoliberale Wirtschaftspolitik hat sich nicht nur gegen eine „kartellfreundliche Mehrheit“ im Bundesverband der Deutschen Industrie zu wehren, sondern auch gegen ein grundsätzliches Mißverständnis des Ordoliberalismus – so zum Beispiel, wenn ein Industrieverband in einem Protesttelegramm feststellt: „Es ist nicht zu verstehen, daß der Bundeswirtschaftsminister die Industrie gegen ihren Willen zur Wirtschaftsfreiheit führen und zwingen will“ [65].

Es kommt im Ringen um das vorgesehene „Gesetz gegen Wettbewerbsbeschränkungen“ zu einem offenen Konflikt mit der Wirtschaft [66]. *Erhard*

---

[57] Siehe dazu *Gutmann, Hochstrate, Schlüter,* aaO, S. 86 ff. sowie Gräfin von *Bethusy-Huc,* Demokratie und Interessenpolitik, Wiesbaden 1962, S. 36 ff.

[58] Siehe *L. Erhard,* Deutsche Wirtschaftspolitik, aaO, S. 152 (Rede auf dem Bundesparteitag der CDU in Goslar am 22. 10. 1950).

[59] Vgl. ebenda, S. 191 (Rede vor dem Schweizerischen Institut für Auslandsforschung am 6. 2. 1952).

[60] Vgl. ebenda, S. 112 f. (Kartelle im Blickpunkt der Wirtschaftspolitik. „Der Volkswirt“ vom 16. 12. 1949).

[61] Vgl. *L. Erhard,* Widerstände und Hindernisse, aaO, S. 12 ff.

[62] Siehe *L. Erhard,* Deutsche Wirtschaftspolitik, aaO, S. 120 (Offener Brief an O. A. Friedrich. „Die Welt“ vom 4. 1. 50).

[63] Vgl. ebenda, S. 202 (Offener Brief an den Präsidenten des BDI, Fritz Berg, vom 10. 7. 1952).

[64] Vgl. ebenda, S. 207.

[65] Siehe ebenda.

[66] Siehe *L. Erhard,* Deutsche Wirtschaftspolitik, aaO, S. 118 ff. (Offener Brief an *O. A. Friedrich* und mit ihm der deutschen Wirtschaft vom 4. 1. 1950) sowie S. 201 ff. (Offener Brief an den Präsidenten des BDI vom 10. 7. 1952).

zieht hier einen klaren Trennungsstrich zwischen der Verantwortung des Staates und der Unternehmer. Das Argument, „daß der Genehmigungszwang für Kartelle zu einer Alleinverantwortung des Staates im wirtschaftlichen Leben führe", hält *Erhard* für „mindestens sehr unklar". „Denn es darf wohl als selbstverständlich gelten, daß es vornehmlich die Aufgabe des Staates ist – und nur die Aufgabe des Staates sein darf –, die Grundlagen der wirtschaftlichen Verfassung und der volkswirtschaftlichen Ordnung zu schaffen und zu überwachen" [67]. Darüber hinaus wird nochmals die Auffassung bekräftigt, daß es sich mit einer „Marktwirtschaft durchaus vereinbaren lasse, – wenn notwendig – durch planende und lenkende Maßnahmen in den Wirtschaftsprozeß einzugreifen" [68].

Wie sich jedoch bereits zeigte, ist sowohl für eine strikte Ablehnung der Kartelle als auch für eine Betonung der staatlichen Lenkung des Wirtschaftsprozesses die Soziale Marktwirtschaft kein besonders geeigneter „geistiger Überbau". Der Bundeswirtschaftsminister ist deshalb nicht sehr gut gerüstet in einer Lage, „wo die verschiedensten Gruppen nach den verschiedensten Richtungen an ihm zerren, eine gerade, entschiedene, klare Linie durchzuhalten", wenn man der Beurteilung seiner Position durch Vertreter des Ordoliberalismus folgt [69].

Für *Erhard* ist besonders enttäuschend, daß gerade die Unternehmer, die der ihnen 1948 gewährten neuen Freiheit zujubelten, sich nun *gegen* den „freien Wettbewerb" und *für* die „wirtschaftliche Notwendigkeit der Kartelle" stark machen. Dagegen glaubt *Erhard* zu bemerken, daß sich die anfänglichen Widerstände von in anderen politischen Vorstellungen befangenen Gruppen legen. In dem leidenschaftlichen Kampf für und wider Kartelle möchte er die Entscheidung darüber sehen, ob sich die „freiheitliche Politik"

---

[67] Siehe ebenda, S. 271 (Rede in der Sitzung des Deutschen Bundestages am 24. 3. 1955). Dies ist eine eindeutige Absage an – auch der katholischen Soziallehre entgegenkommende – Bestrebungen, die Wirtschaft als „vierte Gewalt" zu etablieren (siehe dazu *Kurt Ballerstedt*, Rechtsstaat und Wirtschaftslenkung. „Archiv des öffentlichen Rechts". Tübingen N. F. Bd. 35 [1948/49], S. 1 ff.). Solchen Bestrebungen ist *Erhard* früher auch entgegengekommen; denn als Direktor der Verwaltung für Wirtschaft hat er zur „Auflockerung der Bewirtschaftung" und zur „Befriedung des wirtschaftlichen Lebens" einer „Teilung der Verantwortung der Zusammenarbeit zwischen Verwaltung und Wirtschaft" durch die „demokratische Selbstkontrolle innerhalb der Verbände" ein „Höchstmaß an Objektivität" bescheinigt (siehe Wirtschaftsrat, Wörtliche Berichte, aaO, 14. Vollversammlung vom 21./22. 4. 1948, S. 438; siehe dazu auch ebenda, 32. Vollversammlung vom 15. 2. 1949, S. 1400 ff. – Erste Lesung des Gesetzes über die Errichtung von Fachstellen im Bereich der gewerblichen Wirtschaft).

[68] Siehe *L. Erhard,* Deutsche Wirtschaftspolitik, aaO, S. 164 (Streitgespräch mit Prof. *Nölting* am 8. 12. 1951).

[69] Siehe *Alexander Rüstow,* Wirtschaftsordnung und Staatsform. In: Magna Charta der Sozialen Marktwirtschaft. Wortlaut der Vorträge, die auf dem Bundestag des Freiwirtschaftsbundes am 9. und 10. 11. 1951 in Heidelberg gehalten wurden *(Ernst Winkler* u. a.). Heidelberg-Ziegelhausen 1952, S. 19 f.

unverändert fortführen läßt oder „ob die Staatsführung den mannigfachen politischen Pressionen und Einflüsterungen unterliegt und da und dort die Ventile öffnet, Schutzbestrebungen einführt oder den Wettbewerb abmindert“ [70].

Um jedoch das Vertrauen der Unternehmer nicht zu verlieren, versucht *Erhard* auch zu beweisen, daß er „bis zu einem Höchstmaß an Entgegenkommen“ bereit ist [71]. Das bezieht sich hier auf die Ausnahmen vom generellen Kartellverbot. Ein Entgegenkommen scheint sich aber auch in der Frage der staatlichen Lenkung des Wirtschaftsprozesses abzuzeichnen [72]. Das „liberale Vorurteil“ gegen die „Wirtschaftslenkung“ durch den Staat ist ja bereits sowohl beim Ordoliberalismus als auch – in noch verstärkter Form – bei der Sozialen Marktwirtschaft herausgestellt worden.

Dieses Vorurteil scheint bei *Erhard* in der Verurteilung des „Glaubens an die Rechenhaftigkeit des wirtschaftlichen Geschehens“ [73] zum Ausdruck zu kommen. Deshalb wird bereits eine Volkswirtschaftliche Gesamtrechnung abgelehnt, obgleich nicht bestritten wird, „daß aus solcher Schau nützliche Einsichten und wertvolle Erkenntnisse“ zu gewinnen sind. „Nur haftet dem Begriff der Volkswirtschaftlichen Gesamtrechnung der penetrante Geruch der Erfüllung von Plan-Solls an und wird damit nur allzu leicht an Stelle eines Erkenntnismittels zur Rechengrundlage dirigistischer Wirtschaftsplanung“ [74]. Damit besteht die Gefahr, daß die Wirtschaftspolitik sich durch eine pauschale Ablehnung des von der ökonomischen Theorie bereitgestellten wirtschaftspolitischen Instrumentariums einer von Interessentenstandpunkten unabhängigen Grundlage für wirtschaftspolitische Entscheidungen verschließt und zu einer „punktuellen“ Wirtschaftspolitik Zuflucht nehmen muß – ein Angriffspunkt des Ordoliberalismus für seine Kritik am „Wirtschaftsstaat“.

4. Folgerungen aus der Entwicklung der Sozialen Marktwirtschaft zum Leitbild der westdeutschen Wirtschaftspolitik

Erst auf dem umrissenen Hintergrund der weltpolitischen Entwicklung sowie ihrer Ausstrahlungen ist es möglich, den richtigen Maßstab für die Be-

[70] Siehe *L. Erhard,* Widerstände und Hindernisse, aaO, S. 12 f.

[71] Vgl. *derselbe,* Deutsche Wirtschaftspolitik, aaO, S. 239 f. (Rede bei der 5. Ordentlichen Mitgliederversammlung des BDI am 17. 5. 1954).

[72] „Die Wirtschaftspolitik ist in einen Gegensatz von Staat und Unternehmertum geraten, der nun nach einer Entscheidung drängt“ (siehe *H. Gross,* Sozialismus in der Krise, aaO, S. 110).

[73] Vgl. *L. Erhard,* Deutsche Wirtschaftspolitik, aaO, S. 25 (Sprachverwirrung um die Wirtschaftsordnung. „Die Neue Zeitung“ vom 23. 6. 1947); siehe aber auch ebenda, S. 33 („Die Neue Zeitung“ vom 1. 12. 1947). Hier wird die Wiedergewinnung der „Rechenhaftigkeit“ der Wirtschaft als Vorteil der Marktwirtschaft gerühmt. Siehe auch S. 141.

[74] Vgl. *derselbe,* Wohlstand für Alle, aaO, S. 364.

urteilung der deutschen Wirtschaftspolitik nach 1945 zu erhalten. Die bisherigen Überlegungen haben deutlich gemacht, daß sie sich den weltpolitischen Spannungen nicht entziehen kann. Das gilt insbesondere für die sowjetische Besatzungszone, aber auch für die westlichen Zonen. Ihre Lage führt dazu, daß „die Besatzungsmächte von den entscheidenden Positionen her die Wirtschaft lenken und daher auch dort auf diese einwirken, wo ihr Einfluß nicht unmittelbar sichtbar ist“ [1]. Eine indirekte Einwirkung, die keineswegs unterschätzt werden sollte, ergibt sich aus der Anpassung der Menschen, die unter außergewöhnlichen Umständen leben müssen, an ihre Lage. Das ist bereits deutlich geworden an der „politischen Weisheit“ der Parteien, dem „Taktieren nach Lage der Dinge“ [2].

Das deshalb keineswegs überraschende Ergebnis des Soziologen über die geistigen Wandlungen in Westdeutschland nach 1945 lautet: „Die Jahre nach 1945 brachten im geistigen Leben Westdeutschlands eine breite Rezeption westeuropäisch-amerikanischen Gedankenguts, teils aus einem ursprünglichen Bedürfnis der Deutschen selbst, die verlorengegangenen Beziehungen zur internationalen wissenschaftlichen und künstlerischen Welt wiederherzustellen, teils als geplante „Umerziehung“ der Deutschen auf Grund von außen kommender Initiativen“ [3]. Was hier im Hinblick auf das geistige Leben, speziell auf die Soziologie festgestellt wird, gilt in noch viel stärkerem Maße für die Formung der deutschen „Wirtschaftsphilosophie“; denn wie sich bisher ergab, war sie eine wichtige Grundlage der amerikanischen politischen Strategie.

Das wirtschaftspolitische Ziel ist – auf einen einfachen Nenner gebracht – in östlicher und westlicher „Wirtschaftsphilosophie“ folgendermaßen mit dem gesellschaftlichen Ziel der Freiheit verknüpft: Die westliche – vorwiegend

[1] Einwirkungen der Besatzungsmächte auf die westdeutsche Wirtschaft, aaO, S. 8.

[2] Dazu seien nur noch zwei Beispiele aus dem Wirtschaftsrat zitiert: Der Direktor der Verwaltung für Wirtschaft, *Semler,* begrüßt die Reorganisation der deutschen Verwaltung in der Bizone als eine neue Phase der deutschen Verantwortung für die Wirtschaft. Die Freiheit der Entscheidung müsse aber erst errungen werden: „Das Maß der Freiheit, dessen wir für unser verantwortliches Handeln bedürfen, wird uns um so bereitwilliger von den Besatzungsmächten eingeräumt werden, je eher es uns gelingt, ihr Vertrauen zur Führung unserer Geschäfte zu erwerben“ (Wörtliche Berichte, aaO, 4. Vollversammlung vom 4./5. 9. 1947, S. 95). Eleganter kann man eine „freiwillige Anpassung“ nicht formulieren. Der Erfolg blieb nicht aus, denn die Überlassung von Konsumgütern aus amerikanischen Armee-Beständen erklärt *Semler* später (7. Vollversammlung vom 29./30. 10. 1947, S. 154), folgendermaßen: „Vielleicht gehe ich nicht fehl in der Annahme, daß dieser Entschluß der amerikanischen Regierung damit zusammenhängt, daß der Wirtschaftsrat mit der Politik, die er jetzt eingeschlagen hat und die wir, wie Ihnen allen bekannt ist, konsequent weiter verfolgen, den Wünschen und Empfehlungen der Militärregierung gefolgt ist“. Später muß *Semler* dann allerdings die Geduld ausgegangen sein, denn er wurde wie bereits erwähnt (siehe S. 235, Fußnote 5), wegen ausgesprochen antiamerikanischer Äußerungen entlassen. Vgl. auch S. 206, Fußnote 146.

[3] *H. Schelsky,* Ortsbestimmung der deutschen Soziologie, aaO, S. 54.

amerikanisch orientierte – „Wirtschaftsphilosophie“ erklärt „die Freiheit, die Freiheit des Menschen, die Freiheit der Entscheidung und die Freiheit der Entwicklung“ zum „Sinn“ und zur „Grundlage des wirtschaftlichen Geschehens“ [4]. In den üblichen Schlagworten hieße das: Freiheit bedeutet wirtschaftliche Freiheit. Sie ist nur in einer (freien) Marktwirtschaft gegeben, die gleichzeitig die einzige Gewähr dafür bietet, daß die ökonomischen Ziele erreicht werden. Notwendige Voraussetzung für Freiheit schlechthin und für Marktwirtschaft ist das Privateigentum an Produktionsmitteln. Die ökonomische – und auch politische – „Ausbeutung“ der Besitzlosen verhindert der Wettbewerb.

Die östliche „Wirtschaftsphilosophie“ verbindet dagegen generell Privateigentum an Produktionsmitteln mit Unfreiheit und „Ausbeutung“. Die Freiheit erfordert die „Vergesellschaftung der Produktionsmittel“ und die Beseitigung des „kapitalistischen“ Steuerungsmechanismus über den Markt. An seine Stelle tritt die bewußte zentrale Planung und Lenkung der Wirtschaft durch die Gesellschaft.

Der Ordoliberalismus nimmt hier eine Zwischenstellung ein. Er trifft sich zunächst mit der östlichen „Philosophie“ in der Freiheit von der Ausbeutung durch den „Kapitalismus“. Diese Freiheit soll jedoch über die Dezentralisierung des Eigentums und Schaffung von „Eigentum für alle“ erreicht werden, um auf diese Weise die Marktwirtschaft wieder von ihren „kapitalistischen Entartungen“ zu befreien. Die Übergänge sind jedoch recht fließend, wie sich bereits zeigte, denn *Rüstow* hält eine Vergesellschaftung von Produktionsmitteln ebenfalls für unvermeidlich. Über die „wirtschaftliche Philosophie“ ist es den Politikern möglich, den Ökonomen die Beweislast für die Überlegenheit der gesellschaftlichen Systeme aufzubürden.

Wie sich ergab [5], wird die Kopplung der gesellschaftlichen mit der wirtschaftlichen Ordnung durch den unbedingten Vorrang des wirtschaftlichen Bereichs während der ersten Nachkriegsjahre in den gesellschaftlichen Zielsetzungen begünstigt. Dieser Bereich scheint zudem die Möglichkeit zu bie-

[4] Siehe *Wirtschaftsrat,* Wörtliche Berichte, aaO, 18. Vollversammlung vom 17./18. 6. 1948, S. 631 (*Nagel,* CDU). Im obigen Sinne muß es wohl auch interpretiert werden, wenn ein vom Bundeswirtschaftsministerium finanziertes Lehrbuch über die Wirtschaft, das von den meisten Kultusministern als Lehrbuch für die Gemeinschaftskunde in der Oberstufe zugelassen worden ist, unter dem Titel erscheint: „Die Wirtschaft – Ein Entscheidungsbereich“ (siehe *Hans Joachim Störig,* Wirtschaft – Ein Entscheidungsbereich. Ein Beitrag zur politischen Bildung (2 Ausgaben. Für den Schüler 152 Seiten. Für den Lehrer mit Ergänzungen, Lösungen, Unterrichtsbeispielen – 405 Seiten). Es drängt sich unwillkürlich die Frage auf, was denn wohl in den übrigen Bereichen der Gesellschaft getan wird – zum Beispiel in dem der staatlichen Verwaltung. Damit enthüllt sich das liberale Mißtrauen gegen den Staat – hier den demokratischen – und wird an allen höheren Schulen mangels anderer Anleitung obligatorischer Lehrstoff. Das Lehrbuch war nach Auskunft des Verlages sofort nach Erscheinen vergriffen.

[5] Siehe S. 135 und S. 143 f.

ten, die Überlegenheit gesellschaftlicher Systeme in gewissem Umfang zu quantifizieren und wird in Ost und West als Beweismittel akzeptiert. Dies könnte jedoch für ein gesellschaftliches System auch ein unverzeihlicher Fehler sein, denn die Vorzüge von„ Systemen", die die Zeiten überdauern, pflegen meistens gerade darin zu bestehen, daß ihre Aussagen sich der Falsifizierung generell entziehen und den Schluß nahelegen, daß ein Widerspruch seine Ursache nicht im „System", sondern in der Wirklichkeit, das heißt letztlich im Menschen hat.

Ein gesellschaftliches System, das seine Überlegenheit von der ökonomischen Effizienz abhängig macht, kommt bereits in eine peinliche Lage, wenn ein anderes System sich auch als ökonomisch effizient erweisen sollte[6]. Die Politiker, aber besonders die Ökonomen, geraten dann in eine mißliche Situation, die sie zwingt, entweder „Selbstkritik" zu üben oder die Schuld im „System" zu suchen. Will man auf die ökonomische Effizienz nicht verzichten, so muß das „System" revidiert oder wenigstens uminterpretiert werden – was „politischer Weisheit" im allgemeinen am leichtesten fällt.

Solche Situationen werfen dann die Frage auf, ob die Wirtschaft und ihre Ordnung nur ein Mittel sein soll, um gesellschaftliche Ziele zu erreichen, oder bereits Selbstzweck ist. Bezogen auf die östliche und westliche „Wirtschaftsphilosophie" würde also die Frage aufgeworfen werden müssen, ob Planung ein Selbstzweck oder nur ein Mittel ist, um ökonomische Ziele möglichst schnell zu erreichen. Dasselbe gilt in der westlichen „Wirtschaftsphilosophie" für die wirtschaftliche Freiheit, die in der „freien Marktwirtschaft" oder im „freien Wettbewerb" zum Ausdruck kommt.

Der Wettkampf der Systeme auf ökonomischer Grundlage erweist sich als die stärkste Triebfeder bei der Durchsetzung der Sozialen Marktwirtschaft – einer „reinen Ordnungsidee" – als Leitbild für die westdeutsche Wirtschaftspolitik. Da sich auch in den gegenwärtigen wirtschaftspolitischen Erörterungen ohne Zweifel noch Erfahrungen aus den ersten Nachkriegsjahren niederschlagen, ist es reizvoll, die bisherigen Überlegungen über eine Zusammenfassung der wichtigsten Ergebnisse hinaus auch mit einem flüchtigen Blick auf die weitere wirtschaftliche Entwicklung abzuschließen.

4.1. Zusammenfassung der bisherigen Ergebnisse

Sowohl die Vereinigten Staaten – als Repräsentant der westlichen Alliierten – als auch die Sowjetunion machen nach 1945 den Versuch, die Überlegenheit ihrer politischen Systeme über die Leistungsfähigkeit ihrer Wirtschaft zu demonstrieren.

---

[6] Man denke an den oft erwähnten Schock, den die amerikanische Bevölkerung erlitt, als die Sowjetunion, deren wirtschaftliches System als ineffizient galt, als erster Staat ein Raumschiff um die Erde schickte, was auch als Ausdruck ökonomischer Effizienz gewertet wurde.

Das zwingt dazu, die jeweiligen Ordnungsprinzipien vor allem in der Wirtschaftspolitik zu betonen. Damit wiederholt sich jener Prozeß in etwas modifizierter Form, der durch Negierung „kapitalistischer" Ordnungsprinzipien eine neue, die sozialistische Ordnung schuf, die die großen wirtschaftlichen und vor allem sozialen Aufgaben, die der Industrialisierungsprozeß aufwarf, durch Abschaffung des Privateigentums und Ersetzung der kapitalistischen „anonymen Koordinierung" der Wirtschaft durch eine zentrale Planung gemäß gesellschaftlichen Zielen lösen wollte. Dies wiederum zwang das „kapitalistische System", um sich abzuheben und sozialistischen Anfängen zu wehren, seinerseits jede Planung und Lenkung der Wirtschaft durch den Staat als „befehlswirtschaftlich" zu negieren. Planung und Lenkung wurden auf diese Weise zur einzig möglichen ins Verderben führenden Alternative zur „freien Marktwirtschaft". Dieses „tertium non datur" regiert nach 1945 die Wirtschaftspolitik in Ost und West.

Die Anfänge dieser ordnungspolitischen Auseinandersetzung lassen sich in der unterschiedlichen Bedeutung, die die „wirtschaftliche Einheit" in der sowjetischen und amerikanischen Besatzungspolitik erhält, bereits im Potsdamer Abkommen verfolgen, ja sogar in der 1941 von *Roosevelt* und *Churchill* als Leitlinie für ihre gemeinsame Friedenspolitik formulierten Atlantic-Charta.

Die hier niedergelegte „Friedensstrategie", die auch die Sowjetunion zumindest formell anerkennt, geht offenbar davon aus, daß die sich aus dem zweiten Weltkrieg ergebende Machtverteilung von allen Mächten zu respektieren sei. Mit Hilfe der amerikanischen und sowjetischen „Wirtschaftsphilosophie" ergeben sich daraus folgende politische Erwartungen:

Die amerikanische, von *Roosevelt* verfolgte Politik glaubt zur Erhaltung und Erweiterung der Einflußsphären mit der Forderung nach *wirtschaftlicher* Einheit der Welt, ungeachtet der Ländergrenzen und Regierungsformen, auskommen zu können[1], um politische Freiheit und Demokratie zu sichern. Die wirtschaftliche Freiheit ist dagegen in der marxistischen Theorie die beste Garantie für die Zerstörung des kapitalistischen Systems und den Übergang zur „wirklichen" Freiheit im Sozialismus.

Wie gerade die Besatzungspolitik in Deutschland zeigt, müssen sich beide Seiten von einer solchen Friedensstrategie Erfolge versprochen haben – die Sowjetunion vielleicht beflügelt durch die amerikanische „*Morgenthau*-Doktrin" gegenüber Deutschland als weithin sichtbares Zeichen „kapitalistischer" Politik. Der anfängliche „demokratische Eifer", den die Sowjetunion in ihrer Besatzungszone zunächst entwickelt, ist erstaunlich.

---

[1] Die wirtschaftliche Einheit gilt auch als Grundlage für die Einheit Europas. Zu dem Verhältnis von wirtschaftlicher Einheit Europas und politischer Union siehe *A. Müller-Armack*, Wirtschaftsordnung und Wirtschaftspolitik, aaO, S. 458, 460 und 466 (Konzeption für die künftige europäische Integration).

Als Rückzugslinie bleibt für beide Seiten die Aufteilung nach Einflußzonen. Hier werden die unterschiedlichen Ordnungsvorstellungen ganz deutlich. Die Vereinigten Staaten verbinden die als einheitliche Wirtschaftsordnung zu interpretierende „wirtschaftliche Einheit" zunächst mit einem weitgehenden politischen Föderalismus. Demgegenüber ist wirtschaftliche Einheit für die Sowjetunion nur als gleichzeitige politische Einheit zu verstehen, denn es muß eine zentrale Instanz dasein, die die Wirtschaft nach den von der Gesellschaft, das heißt vom Staat, gesetzten Zielen plant und lenkt.

Die *Truman*-Doktrin verändert das amerikanische politische Konzept. Die politische Einheit erhält ein eigenständiges Gewicht, soweit sie geeignet erscheint, die Durchsetzung der amerikanischen Ordnungsprinzipien zu beschleunigen. Diese mit dem *Marshall*-Plan eng verbundene neue Strategie nimmt der sowjetischen Politik jede – durch eine sozialistische Strömung in Deutschland und Europa genährte – Hoffnung auf einen „demokratischen Weg zum Sozialismus" in ganz Europa. Es bleibt als Ausweg nur der Rückzug auf die zugestandenen Einflußzonen. Dies kommt auch der amerikanischen Besatzungspolitik mehr entgegen als ein sowjetisches Mitspracherecht über ganz Deutschland.

Dieser Isolierung der Einflußzonen hat sich die deutsche Politik und damit in erster Linie die Wirtschaftspolitik zu fügen. In beiden Teilen Deutschlands wird versucht, *„reine Ordnungssysteme"* zu verwirklichen. Dies zeigt sich in der sowjetischen Besatzungszone am deutlichsten, weil der Brachialgewalt vor indirekter Einwirkung der Vorzug gegeben wird und dank der Isolierung der Einflußzone auch gegeben werden kann. Andererseits erschweren die wenigen Anknüpfungspunkte an deutsche Traditionen eine indirekte Ordnungspolitik im sowjetischen Sinn.

Die Anknüpfung an traditionelle Ordnungsformen macht es schwierig, den Einfluß der amerikanischen Ordnungsvorstellungen auf die westdeutsche Wirtschaft zu verfolgen. Jede Einflußnahme kann als selbstverständliches Recht der Vereinigten Staaten aus der Verantwortung für die Wiederherstellung von Freiheit und Demokratie in Deutschland angesehen werden. Außerdem verzichtet die amerikanische Besatzungspolitik bewußt auf laute Propaganda und spektakuläre Maßnahmen, obgleich in Deutschland nach 1945 sozialistische Ordnungsvorstellungen bei der Bevölkerung durchaus die meisten Sympathien finden.

Dies konnte – abweichend von dem in späteren Jahren mit den Erfolgen der Sozialen Marktwirtschaft entstehenden Eindruck einer vorherrschenden und spontanen Hinwendung zu einer marktwirtschaftlichen Ordnung – in einem umfassenden Überblick über die deutschen Ordnungsvorstellungen der ersten Nachkriegsjahre gezeigt werden. Die Mehrheit der deutschen Bevölkerung kann sich den Wiederaufbau der deutschen Wirtschaft nur unter strenger Lenkung und Kontrolle des Staates vorstellen, der Opfer und Erträge der wirtschaftlichen Anstrengungen gerecht verteilt.

Auch die einzige ernsthaft diskutierte liberale Alternative zum „Kapitalismus" der Vergangenheit, der *Ordoliberalismus,* geht von einem starken Staat aus. Er soll Träger einer radikalen und revolutionären „Strukturpolitik" sein, die den radikalen und revolutionären sozialistischen Vorstellungen als durchaus vergleichbar erachtet wird. Von dieser „Strukturpolitik" wird erwartet, daß sie über eine konsequente Streuung des Eigentums für die „sozialen Voraussetzungen" einer Marktwirtschaft sorgt. Selbst eine Verstaatlichung von Produktionsmitteln wird in Fällen einer notwendigen „Monopolstruktur" nicht ausgeschlossen.

Das Leitbild für eine „aktive Wirtschaftspolitik" ist die „vollständige Konkurrenz" – aber nicht nur als Marktform und in der Interpretation der ökonomischen Theorie. Ausschlaggebend ist allein, ob der Preis für alle am wirtschaftlichen Geschehen Beteiligten ein Datum ist. Wo die Marktform dies nicht gewährleistet, hat der Staat die Preise zu kontrollieren und zu setzen, als ob Wettbewerb vorhanden wäre. Eine staatliche Wirtschaftslenkung wird nicht ausgeschlossen, jedoch mit großem Mißtrauen betrachtet.

Die *Soziale Marktwirtschaft,* wie sie *Müller-Armack* sieht, könnte man kurz als einen Versuch charakterisieren, einen „dritten Weg" neben Ordoliberalismus und Sozialismus zu finden. Sie knüpft zwar an den Ordoliberalismus – als einzige vertretbare Alternative zum Kapitalismus und Sozialismus – an, weicht jedoch in entscheidenden Punkten vom Ordoliberalismus ab. Es wird auf die radikale „Strukturpolitik" verzichtet und gerade ein Vorteil darin gesehen, an die alten Strukturen anknüpfen zu können. Sogar Kartellen wird eine Ordnungsfunktion zugebilligt. An die Stelle der „Strukturpolitik" tritt eine – marktwirtschaftlich zu gestaltende – Sozialpolitik. Aus den Verhältnissen der ersten Nachkriegsjahre heraus verständlich, gewinnt die Befreiung der Wirtschaft von staatlichen Fesseln größere Bedeutung als die Ordnung der Wirtschaft durch den Staat. Aus der Wirtschaftslenkung wird eine eindeutige Alternative zur Marktwirtschaft.

Dem gegenüber dem Ordoliberalismus verbesserten wirtschaftspolitischen Instrumentarium fehlt auf diese Weise eine von den Gruppeninteressen unabhängige Grundlage – um so mehr als ein „schwacher Staat" als Ausgangspunkt dient. Ein reibungsloser Ausgleich zwischen den Interessen der verschiedenen Gruppen erscheint deshalb nur gewährleistet, wenn eine „marktwirtschaftliche Wirtschaftspolitik" des Staates ihre Hauptaufgabe darin sieht, den Interessenausgleich durch eine ständige Förderung der wirtschaftlichen Expansion zu erleichtern.

Ihre eigentliche Bedeutung erhält die Soziale Marktwirtschaft als – eine der Ausgestaltung harrende – politische Leitidee, als „Gegenstoß des Liberalismus" zum Sozialismus. Sie trägt dem klassischen wirtschaftlichen Liberealismus Rechnung, indem sie den *Mut zur* (wirtschaftlichen) *Freiheit* betont, versucht aber auch die sozialistische „Zeitströmung" einzufangen, wenn ein Weg gewiesen werden soll, *mehr Freiheit* mit *mehr Sozialismus* zu verbinden.

Gleichzeitig gibt es jedoch eine Spielart der Sozialen Marktwirtschaft, die den starken Staat, die „Strukturpolitik" und die staatliche Wirtschaftslenkung stärker hervorhebt (zu den Vertretern dieser Richtung müßte man auch *Ludwig Erhard* zunächst zählen) und damit dem ordoliberalen Ausgangspunkt näherkommt, aber auch der vom Freiheitlichen Sozialismus vorgeschlagenen *„sozialistischen Marktwirtschaft"*. Auf der andern Seite entsteht in Kreisen der Unternehmer das „Wirtschaftsbild" einer *„sozialen Leistungswirtschaft"*. Es versucht, die traditionellen Formen der deutschen Wirtschaft zu erhalten, den *„Willen zur* (wirtschaftlichen) *Freiheit"* zu stärken sowie die Leistungssteigerung der deutschen Wirtschaft über eine marktwirtschaftliche Ordnung in den Vordergrund zu stellen.

Über die Durchsetzung der deutschen Ordnungsvorstellungen in den westlichen Besatzungszonen entscheidet in erster Linie die amerikanische Besatzungspolitik. Sie ist dem Ideal der „freien Unternehmerwirtschaft" verpflichtet – als Alternative zur Unfreiheit und zur kommunistischen „Zwangswirtschaft". Der amerikanische Einfluß formt auch die – zum „Taktieren nach Lage der Dinge" neigenden und „politischer Weisheit" gehorchenden – Parteien in den westlichen Besatzungszonen. Wie die westlichen Alliierten selbst geraten auch die deutschen Parteien als Träger eines eigenen politischen Willens in Deutschland in den Sog der Ost-West-Spannung.

Sie entscheidet auch darüber, welche der deutschen Ordnungsvorstellungen („soziale Erfindungen") verwirklicht werden. Der zunächst vorherrschende Wunsch nach einem *„dritten Weg"* zwischen Ost und West wird durch die politische Forderung nach *„reinen Ordnungsideen"* verdrängt. Orientierungsmaßstab für die westlichen Besatzungszonen ist der amerikanische Wunsch nach einer *„freien Unternehmerwirtschaft"* als Garant von Freiheit und Wohlstand sowie als Alternative zur kommunistischen Diktatur, die durch „Planwirtschaft" zum wirtschaftlichen Chaos führt.

Von den vielen deutschen Alternativen zum „Kapitalismus" der Vergangenheit – der Ausgangspunkt aller neuen Ordnungskonzepte – ist die Soziale Marktwirtschaft wie sie *Müller-Armack* entwickelt, als Leitbild einer „reinen Ordnungsidee", nämlich der Marktwirtschaft, den politischen Verhältnissen in den westlichen Besatzungszonen am besten gewachsen:

1. Die Soziale Marktwirtschaft folgt der den Ost-West-Gegensatz charakterisierenden Unterscheidung von freien und unfreien Gesellschaftssystemen durch vornehmlich wirtschaftspolitische Kriterien mit der herausgestellten Alternative *„Wirtschaftslenkung oder Marktwirtschaft"*.
2. Die Soziale Marktwirtschaft wird dem durch die amerikanische Entscheidung, Westdeutschland als Bollwerk gegen den Kommunismus aufzubauen und das westdeutsche wirtschaftliche Potential in der Auseinandersetzung zwischen Ost und West zu nutzen, in Westdeutschland entstehenden politischen Kräfteverhältnis besser gerecht als der Ordoliberalismus mit seiner radikalen und revolutionären „Strukturpolitik". Es erweist sich als politi-

scher Vorteil, an die vorhandene deutsche Wirtschaftsstruktur anzuknüpfen.

3. Diese Vorteile machen die Soziale Marktwirtschaft besser geeignet – als den nicht immer sehr wirklichkeitsnah erscheinenden Ordoliberalismus –, der großen politischen Sammlungsbewegung in Deutschland gegen den Sozialismus und Kommunismus, der CDU, als wirtschaftliches und politisches Leitbild zu dienen.

Die derart politisch begünstigte Soziale Marktwirtschaft wird schließlich der deutschen Öffentlichkeit mit einem – auf dem Hintergrund eines der „Planwirtschaft" zugeschriebenen wirtschaftlichen Chaos, das Wirtschaftsexperten zu einem nicht unwesentlichen Teil auf das Hinauszögern einer Sanierung des westdeutschen Geldwesens zurückführen – spektakulär zu nennenden Ereignis vorgestellt: Die lange erwartete Währungsreform und die mit ihr verbundene „Wirtschaftsreform" – der Übergang zu „freieren, marktwirtschaftlichen Formen" – prägt sich der deutschen Bevölkerung durch ein aus deutschen Horten und Einfuhren plötzlich vermehrtes Angebot an Verbrauchsgütern sowie die Herausstellung einer neuen Politik der Verbrauchsförderung – nach einer Periode begünstigter Kapitalbildung – als erstes Verdienst der Sozialen Marktwirtschaft ein.

Zusammen mit der amerikanischen Besatzungspolitik im Zeichen des *Marshall*-Plans und der *Truman*-Doktrin gelingt es, bei der deutschen Bevölkerung, gestützt auf eine Erhöhung des Lebensstandards, auch den *„Willen zur Freiheit"* wieder zu wecken, wie General *Clay* das Ziel der amerikanischen Besatzungspolitik in dieser Phase umschreibt. Der Höhepunkt dieser Politik ist die mit der – bis zur Schaffung eines ausreichenden Warenangebots hinausgezögerten – Währungsreform verknüpfte Wirtschaftsreform, der Übergang von der „Plan"- zur Marktwirtschaft. Die Düsseldorfer Leitsätze der CDU von 1949 lassen hier die Soziale Marktwirtschaft beginnen.

Trotz des verbesserten wirtschaftspolitischen Instrumentariums und der Hoffnungen, die der Ordoliberalismus mit ihr verbindet, ist sie ein schlechter „geistiger Überbau" für eine „aktive Wirtschaftspolitik" im ordoliberalen Sinn. Die zentrale Bedeutung der Wirtschaftspolitik in der Auseinandersetzung zwischen Ost und West schafft jene für die westdeutsche Wirtschaftspolitik charakteristische Atmosphäre, in der staatliche Eingriffe in die Wirtschaft sowie staatliche Wirtschaftslenkung mit dem Verdacht der „Illegalität" behaftet sind.

Wie stark die Ausstrahlung dieser politischen Situation in Westdeutschland ist, läßt sich vielleicht daran ermessen, daß selbst die westdeutschen Neomarxisten Einschränkungen zugunsten marktwirtschaftlicher Formen glauben machen zu müssen und daß der Freiheitliche Sozialismus für sein wirtschaftspolitisches Konzept mehr politische Vorteile erwartet, wenn er es unter Namen wie „gelenkte" oder „gesteuerte Marktwirtschaft" oder einfach „sozialistische Marktwirtschaft" oder „Marktwirtschaft von links", statt zum Beispiel als „freiheitliche Planwirtschaft" vorstellt. Demgegenüber versucht die Soziale Marktwirtschaft sich zunächst die Sympathien der Bevölkerung durch eine Verbindung von mehr Freiheit mit mehr Sozialismus sowie mit einer „sozial geplanten Marktwirtschaft" zu sichern.

Ein kurzer Ausblick auf die weitere wirtschaftspolitische Entwicklung deutet an, daß die Ordoliberalen sich bereits relativ früh in ihren mit der Sozialen Marktwirtschaft verbundenen Hoffnungen getäuscht sehen.

4.2. Ausblick auf die weitere wirtschaftspolitische Entwicklung

Wie sich zeigte, haben die Ordoliberalen in der Sozialen Marktwirtschaft zunächst eine Möglichkeit gesehen, ordoliberale Ordnungsvorstellungen im politischen Raum durchzusetzen. Relativ früh macht sich aber bereits eine gewisse Skepsis breit. Es sei an die Resignation von *Miksch* und *Eucken* erinnert, die sich vom Ordoliberalismus keinen Beitrag zur Tagespolitik erhoffen[1], sondern sich genötigt sehen, die Zeit abzuwarten – die kommen wird, „vielleicht in Jahrzehnten, vielleicht später".

4.2.1. Vom Ordoliberalismus zum Neoliberalismus

Die schnelle wirtschaftliche Aufwärtsentwicklung nach der Währungs- und Wirtschaftsreform hebt das Selbstvertrauen der Bevölkerung und die finanzielle Leistungsfähigkeit. Der wirtschaftliche Bereich entwickelt schnell eine eigene Dynamik. Während die Unternehmer die neu gewonnene Freiheit nützen, geschieht wenig, dem Staat die Stärke zu verleihen, die er braucht, um eine „aktive Politik der Wirtschaftsordnung" im ordoliberalen Sinne zu betreiben. Im Gegenteil, die Leitidee des „freien Unternehmertums" kann alle Ressentiments nutzen, die der traditionelle Liberalismus sowie der Nationalsozialismus gegen den Staat geweckt haben. Die Auflage der Alliierten für das westdeutsche Grundgesetz, den Einfluß der Bundesregierung auf den öffentlichen Sektor im engeren Sinn zu beschränken, hat ein übriges getan.

Der mit der Sozialen Marktwirtschaft verbundene wirtschaftliche Aufstieg stärkt zudem in der westdeutschen Bevölkerung wieder den „Willen zur Freiheit". Damit schwindet die oppositionelle Kraft, die sich als notwendig erwiesen hat, um die Widersprüche der Sozialen Marktwirtschaft zugunsten einer „aktiven Wirtschaftspolitik" aus ordoliberalem Geist aufzulösen. Nur so ist es zu erklären, daß der zunächst optimistische, ordoliberal denkende Wirtschaftsminister schon relativ bald das düstere Bild einer den „politischen Pressionen und Einflüsterungen" unterliegenden Staatsführung malt.

Es deutet sich hier eine Entwicklung an, die bereits auf internationaler Ebene ein Vorbild hat: Die Durchschlagskraft der Freiheit der Wirtschaft von

[1] Siehe S. 86.

staatlicher Reglementierung ist – zumal in einer schnell wachsenden Wirtschaft – wesentlich größer als die des Rufes nach einer Ordnung des Wettbewerbs. Dieselben Kräfte, die den Freiheitsgedanken begeistert aufnehmen, werden sich gegenüber der Wettbewerbsordnung bestenfalls zurückhaltend zeigen. So lebt die Freihandelsidee in den internationalen Organisationen weiter, der Versuch, in der Havanna-Charta auch eine internationale Wettbewerbsordnung zu schaffen, ist jedoch gescheitert.

Das Mißtrauen der Ordoliberalen entzündet sich im wesentlichen an den starken Widerständen gegen das Gesetz gegen Wettbewerbsbeschränkungen. Man appelliert an die Opferbereitschaft derjenigen, die von der „früheren unsozialen Marktwirtschaft" begünstigt worden sind, und hält die „Gerechtigkeitsforderung des Sozialismus ... im Prinzip für absolut gerechtfertigt" [2]. Der Weg der Sozialen Marktwirtschaft gilt jedoch als Weg zwischen dem „traditionellen big-business-Kapitalismus" und der Zentralverwaltungswirtschaft [3]. Das „Programm der wirtschaftlichen Befreiung" soll aber nur zu den „Vorarbeiten für eine soziale Marktwirtschaft" gehören. Wirklichkeit ist sie erst dann, wenn sie durch ein funktionsfähiges Währungssystem und die „Überwindung der Monopole" die notwendigen institutionellen Grundlagen erhält [4].

Da es an diesen Grundlagen noch mangelt, betrachten die Ordoliberalen die Entwicklung dessen, „was als soziale Marktwirtschaft von der Bundesregierung plakatiert worden ist", mit „großer Sorge" [5]. Die Monopolisierung der Wirtschaft wird dafür verantwortlich gemacht, daß der Staat zu ständigen Eingriffen gezwungen ist [6]. Deshalb warnt auch *Miksch* vor den Gefahren der Eigentumskonzentration, die die Wettbewerbsordnung unterminieren und sprengen kann [7]. *Rüstow* [8] kritisiert den „*Feudalismus* in der Marktwirtschaft", der sie zur „Plutokratie, zur Reichtums-Herrschaft" macht.

---

[2] Siehe *A. Rüstow*, Wirtschaftsordnung und Staatsform, aaO, S. 32.

[3] Vgl. ebenda, S. 22 f. Siehe dazu auch *derselbe*, Soziale Marktwirtschaft als Gegenprogramm gegen Kommunismus und Bolschewismus. In: Wirtschaft ohne Wunder. Volkswirtschaftliche Studien für das Schweizerische Institut für Auslandsforschung. Erlenbach-Zürich 1953, S. 97 ff. sowie *Wilhelm Röpke*, Die Laufbahn der Sozialen Marktwirtschaft. In: Wirtschaft, Gesellschaft und Kultur. Festgabe für *Alfred Müller-Armack*. Herausgegeben von *F. Greiss* und *F. W. Meyer*. Berlin 1961, S. 8.

[4] Siehe *Otto Lautenbach*, Magna Charta der sozialen Marktwirtschaft. In: Magna Charta der Sozialen Marktwirtschaft, aaO, S. 55.

[5] Siehe *Otto Lautenbach*, Begrüßung der Teilnehmer des Bundestages des Freiwirtschaftsbundes am 9. und 10. 11. 1951 in Heidelberg. In: Magna Charta der Sozialen Marktwirtschaft, aaO, S. 8.

[6] Vgl. *derselbe*, Magna Charta der sozialen Marktwirtschaft, aaO, S. 23.

[7] Siehe S. 72, Fußnote 153.

[8] Siehe *A. Rüstow*, Zwischen Kapitalismus und Kommunismus, aaO, S. 152. Siehe dazu in der neueren Literatur *Oswald von Nell-Breuning*, Neofeudalismus. „Die neue Ordnung in Kirche, Staat, Gesellschaft, Kultur". Paderborn Jg. 20 (1966), S. 114 ff.

Die Furcht vor dem „Wirtschaftsstaat" *Euckens*[9] scheint sich neu zu leben, wenn die *„punktuelle Politik"* in Westdeutschland kritisiert wird[10]. Die „soziale Marktwirtschaft" sei im Wahlkampf von 1949 zwar versprochen worden, es gäbe aber lediglich seit 1948 Versuche, sie durchzusetzen – gegen eine Reihe von Widerständen[11]. In dieser „punktuellen Politik" bestätigen sich Befürchtungen, die für eine „aktive Wirtschaftspolitik" im Zeichen der Sozialen Marktwirtschaft wegen der Alternative „Lenkungswirtschaft oder Marktwirtschaft" geäußert wurden[12].

An zwei Gruppen von Anhängern der Marktwirtschaft hält *Böhm*[13] eine Kritik für berechtigt: Es sind einmal jene „Neuliberalen", die die einer „marktwirtschaftlichen Ordnung anhaftenden Geburtsfehler" verkennen[14]. Zum andern sind es die „reinen Fachökonomen, die vielfach eine Haltung an den Tag legen, die zur Vermutung Anlaß gibt, daß sie sich in die modellgerechte marktwirtschaftliche Ordnung aus gar keinem anderen Grunde verliebt haben als deshalb, weil diese Ordnung so ungemein interessante technische Probleme aufgibt", an denen sich „theoretisch herumbasteln" läßt.

Das von den Besatzungsmächten beeinflußte Grundgesetz hat zudem auch institutionelle Schranken errichtet. Selbst ein Gremium wirtschaftlicher Experten, der Wissenschaftliche Beirat beim Bundesministerium für Wirtschaft, verweist – um Stellungnahme zur Frage staatlicher „Lenkungsmaßnahmen" in der Wirtschaft gebeten – auf „verfassungsrechtliche Gegebenheiten", die Zurückhaltung „gegenüber güterwirtschaftlichen Lenkungsmaßnahmen" angezeigt erscheinen lassen[15]. Eine verfassungsrechtliche Beurteilung ist nicht gerade eine Aufgabe für wirtschaftliche Experten. Darüber hinaus erweist sich die empfohlene Zurückhaltung auch als zu vorsichtig; denn das im Falle des „Investitionshilfegesetzes" vom 7. 1. 1952[16] angerufene Bundesverfas-

---

[9] Hieran erinnert insbesondere die spätere Prognose von *Anton Rheitinger* (Soziale Marktwirtschaft auf dem Prüfstand. Frankfurt a. M. 1958). Er spricht von „Schaufenstererfolgen" der Sozialen Marktwirtschaft, während „Strukturschäden und soziale Versäumnisse im Dunkeln bleiben". Den schwierigsten Teil des Weges habe die Soziale Marktwirtschaft noch zu bestehen, wenn sich die wirtschaftlichen Antriebskräfte verlangsamen oder stagnieren (ebenda, S. 79 f.).

[10] Diese Kritik erinnert an *A. Müller-Armacks* „Katalog marktkonformer Sozialmaßnahmen zur Ausgestaltung der Sozialmarktwirtschaft". Köln (Januar) 1951.

[11] Vgl. O. *Lautenbach*, Magna Charta der Sozialen Marktwirtschaft, aaO, S. 47.

[12] Siehe S. 114 ff.

[13] Vgl. *F. Böhm*, Freiheitsordnung und soziale Frage, aaO, S. 84 f.

[14] Siehe hierzu auch *Hans Köhler*, Über Freiheit oder Unfreiheit in der Wirtschaft. „Wirtschaftsdienst". Hamburg. Jg. 31 (1951), Heft VII, S. 11 ff. sowie *Hans Peter*, Freiheit der Wirtschaft. Kritik des Neoliberalismus. Köln 1953.

[15] Vgl. Wissenschaftlicher Beirat beim Bundeswirtschaftsministerium. 2. Band. Gutachten vom Juni 1950 bis November 1952. Herausgegeben vom Bundeswirtschaftsministerium. Göttingen 1953, S. 65, Ziffer 3 (Gutachten vom 10. 6. 1951).

[16] Einer „Investitionsumlenkung in die Engpaßbereiche" – sogar durch „Investitionsverbote" – verschließt sich der Beirat „unter den gegebenen Bedingungen" jedoch nicht (vgl. ebenda, Ziffer 5).

sungsgericht erklärt lenkende Eingriffe des Staates in die Wirtschaft als mit dem Grundgesetz vereinbar, wenn sie im Interesse des Gesamtwohls erforderlich sind[17].

Die von der Sozialen Marktwirtschaft noch nicht erfüllten Wünsche und Hoffnungen des Ordoliberalismus lassen die Befürchtung aufkommen, das Wort „sozial" in der Sozialen Marktwirtschaft könnte nur als „Etikett" benutzt werden für die „allen sattsam bekannte kapitalistische Wirtschaft des laissez-faire" – ein „schwerer Mißbrauch dieses schönen Schlagwortes"[18], nämlich der Sozialen Marktwirtschaft.

Die Ordoliberalen vergleichen ihre Lage mit der einer Armee, „die einen Teil ihrer Schützengräben im Angesicht des Feindes ausbauen muß" – eine Lage, die „höchste Eile und Arbeitsintensität zur Pflicht macht". Es wird zugestanden, daß der Bundeswirtschaftsminister sich zum ordoliberalen Programm bekannt hat, jedoch bedauert, „daß er bisher ganz überwiegend nur die Teile des Programms durchführen konnte, in denen es mit dem des alten Liberalismus übereinstimmt, während gerade diejenigen wichtigen Punkte, in denen sich der neue Liberalismus vom alten unterscheidet, und die das unterscheidende Beiwort einer sozialen Marktwirtschaft erst rechtfertigen könnten, bisher auf politische Widerstände und Hemmungen stießen"[19].

Erst mit der Verabschiedung des Gesetzes gegen Wettbewerbsbeschränkungen (GWB) vom 27. Juli 1957, das – wenn auch in sehr gemilderter Form – am Verbotsprinzip festhält, erzielen die Ordoliberalen einen sichtbaren politischen Erfolg. Das vorausgegangene jahrelange politische Ringen dämpft jedoch die Begeisterung[20]. Aber auch die in diesem Gesetz vermiedene Konkretisierung des erwünschten Wettbewerbs entspricht nicht dem an *Euckens* „vollständiger Konkurrenz" orientierten Ordoliberalismus.

In den Diskussionen um das „Kartellgesetz" steht zunächst der „Leistungswettbewerb" im Vordergrund. Es handelt sich um einen Begriff, der für die Juristen leichter zugänglich ist, weil er ihrem Denken entspringt[21], allerdings den ordnungspolitischen Anforderungen der Wirtschaftspolitik ebenfalls gerecht wird; denn der Ordoliberalismus identifiziert Leistungswettbewerb und vollständige Konkurrenz. Aber auch der „Leistungswettbewerb"

---

[17] Vgl. Bundesverfassungsgericht, Entscheidung vom 20. 7. 1954. Entscheidungen, Bd. 4, S. 7 ff., insbesondere Leitsatz 2.

[18] Vgl. *A. Rüstow*, Wirtschaftsordnung und Staatsform, aaO, S. 23 und S. 30.

[19] Siehe *derselbe*, Marktwirtschaft und Demokratie. In: Unternehmer, Marktwirtschaft und Sozialpolitik. Schriftenreihe der Arbeitsgemeinschaft Selbständiger Unternehmer, aaO, S. 38.

[20] So klagt *W. Röpke* (Laufbahn der sozialen Marktwirtschaft, aaO, S. 8), daß die Problematik von Konzentration und Wettbewerb zum Teil nur unbefriedigend gelöst worden sei.

[21] Siehe dazu *Burkhardt Röper*, Zur Verwirklichung des Leistungswettbewerbs. In: Schriften des Vereins für Sozialpolitik. Neue Folge Bd. 18. Zur Grundlegung wirtschaftspolitischer Konzeptionen. Herausgegeben von *H.-J. Seraphim*. Berlin 1960, S. 270 ff.

verschwindet aus den parlamentarischen Diskussionen, „weil sich für den Gesetzgeber erhebliche Definitionsschwierigkeiten ergaben". Man entschließt sich deshalb 1957, „um Mißverständnisse auszuräumen", nur noch von Wettbewerb zu sprechen[22].

So charakterisiert *Strickrodt* die Situation, die nach Verabschiedung des GWB bei der Interpretation des erforderlichen Wettbewerbs besteht, treffend als Durchsetzung der „Selbständigkeit des Unternehmervorgehens am Markte"[23]. Die Wettbewerbsordnung verliert nach Distanzierung der amerikanischen Besatzungspolitik von der *Morgenthau*-Doktrin auch an Bedeutung. Vielleicht ist es charakteristisch für das geringe Gewicht des Ordnungsgedankens, wenn es in einem bekannten deutschen Universallexikon unter dem Stichwort Soziale Marktwirtschaft heißt: „auf der Grundlage der *freien* Marktwirtschaft beruhende Wirtschaftsordnung der Bundesrepublik Deutschland"[24].

Die ausgebliebene Einigung über den Wettbewerb ist kein Hindernis, die wirtschaftspolitischen Diskussionen mit den Schlagwörtern „vollständige Konkurrenz" und „Leistungswettbewerb" zu führen. Er ist von besonderer Bedeutung, weil es letztlich die Juristen sind, die mit dem GWB und den Vorstellungen der Mandanten aus der Wirtschaftspraxis zurechtkommen müssen. Trotzdem fehlt es sogar an ernsthaften Versuchen, den Leistungswettbewerb zu konkretisieren[25]. Demgegenüber neigen die Ökonomen dazu, den Preiswettbewerb und die „vollständige Konkurrenz" als Orientierungsmaßstab zu benutzen[26]. Allerdings ist nur an eine Annäherung an die „vollständige Konkurrenz" gedacht, die jedoch so weit gehen soll wie möglich und hinsichtlich der optimalen Betriebsgrößen vertretbar[27]. Dieses Bestreben ist nur aus der Vorstellung zu erklären, auf diese Weise auch den von der öko-

---

[22] Vgl. ebenda, S. 275 f.

[23] *Georg Strickrodt*, Kritische Bestimmung der Wettbewerbssituation im Gesetz gegen Wettbewerbsbeschränkungen. In: Schriftenreihe „Der Betrieb". Düsseldorf 1960, S. 36.

[24] Der Neue Brockhaus. Allbuch in fünf Bänden und einem Atlas. Dritte, völlig neu bearbeitete Auflage. Wiesbaden 1962, Bd. 5 (Sie–Z), S. 49. Hervorhebung nicht im Original.

[25] Vgl. *Hans Ohm*, Definitionen des Leistungswettbewerbs und ihre Verwendungsfähigkeit für die praktische Wirtschaftspolitik. In: Zur Grundlegung wirtschaftspolitischer Konzeptionen. Herausgegeben von *H. J. Seraphim*. Schriften des Vereins für Sozialpolitik. N. F. Bd. 18. Berlin 1960, S. 254.

[26] Siehe Wissenschaftlicher Beirat beim Bundeswirtschaftsministerium, Gutachten zum Wettbewerbsproblem. Göttingen 1962 (Anlage zum Bericht der Bundesregierung über Änderungen des Gesetzes gegen Wettbewerbsbeschränkungen. Bundestagsdrucksache IV/617, S. 88 ff.), S. 9 f.

[27] Vgl. ebenda, S. 11. Etwas Ähnliches meint wohl auch *Ludwig Erhard*, wenn er „das Denkmodell eines reinen Wettbewerbs" als „weltfremd" ablehnt; denn „das theoretische Schema des völlig freien Wettbewerbs" sei in der Wirklichkeit „mit anderen Elementen gemischt und dadurch verwässert" (vgl. Wohlstand für Alle, aaO, S. 18 ff.).

nomischen Theorie nachgewiesenen Ergebnissen der vollständigen Konkurrenz so nah wie möglich zu kommen. Die liberale Illusion des Wettbewerbsautomatismus bleibt dadurch im wesentlichen erhalten [28].

Diese Gefahr besteht auch bei den weiteren Bemühungen, einen „praktikablen" Wettbewerbsbegriff zu schaffen, den „die Wirtschaft versteht" [29]. Wenn der ordoliberale Ausgangspunkt der Wirtschaftspolitik in den Hintergrund gedrängt wird, sind alle Konzepte der „workable competition" [30], der „funktionsfähigen Konkurrenz" [31], des „möglichen Wettbewerbs" [32], des „bestmöglichen Wettbewerbs" [33], der Unterscheidung von kurz- und langfristigen Wirkungen des Wettbewerbs [34] bis hin zum Konzept der „countervailing power" [35], dem „System der Gegenkräfte" [36], der Versuchung ausge-

---

[28] Das verhindert die Einbeziehung der Wirtschaft in das „Walten der allein legitimen demokratisch kontrollierten Macht", wie der Wissenschaftliche Beirat den demokratischen Staat umschreibt (Gutachten zum Wettbewerbsproblem, aaO, S. 14).

[29] Vgl. *Knut Borchardt* und *Wolfgang Fikentscher,* Wettbewerb, Wettbewerbsbeschränkung, Marktbeherrschung. In: Abhandlungen aus dem gesamten Handelsrecht, Bürgerlichen Recht und Konkursrecht. Beiheft der Zeitschrift für das gesamte Handelsrecht und Konkursrecht. Nr. 4, Stuttgart 1957, S. 10.

[30] Siehe dazu *John Maurice Clark,* Toward a Concept of Workable Competition. „The American Economic Review". Menasha/Wisc. Vol. 30 (1940/41), S. 241 ff. *Clark* empfindet diesen Begriff als Ausdruck einer „dynamischen Theorie des Wettbewerbs". Diese wiederum wurde von Kritikern als Gemeinplatz bezeichnet. „Dynamisch" sei nur ein Adjektiv, um eigene Theorien von denen anderer zu unterscheiden (vgl. „The American Economic Review". Menasha/Wisc. Papers and Proceedings. Vol. 45 (1955). Diskussionsbeitrag *Gardner Ackley,* S. 487).

[31] Hier handelt es sich praktisch um eine deutsche Übersetzung von *Clarks* „workable competition". Siehe dazu *Karl Kühne,* Funktionsfähige Konkurrenz. Monopolistische Restriktion und Wettbewerbsproblem in der modernen Wirtschaft. In: Volkswirtschaftliche Schriften. H. 38. Berlin 1958; *Erich Hoppmann,* Workable Competition (Funktionsfähige Konkurrenz). Die Entwicklung einer Idee über die Norm der Wettbewerbspolitik. „Zeitschrift des Bernischen Juristenvereins. Bern. Bd. 102 (1966), S. 249 ff.; *Theodor Wessels,* Über wirtschaftspolitische Konzeptionen des Wettbewerbs. In: Wirtschaft, Gesellschaft und Kultur. Festgabe für *Alfred Müller-Armack.* Herausgegeben von *F. Greiss* und *F. W. Meyer.* Berlin 1961, S. 19 ff.

[32] Siehe *Fritz Marbach,* Der „mögliche Wettbewerb" als schweizerische Lösung des Kartellproblems. „Schweizerische Zeitschrift für Volkswirtschaft und Statistik. Jg. 94 (1958), S. 133 ff.

[33] Siehe *Ernst J. Mestmäcker,* Problem des Bestmöglichen in der Wettbewerbspolitik. In: Probleme der normativen Ökonomik und der wirtschaftspolitischen Beratung. Herausgegeben von *E. v. Beckerath* und *H. Giersch.* Schriften des Vereins für Sozialpolitik. Neue Folge Bd. 29. Berlin 1963, S. 305 ff.

[34] Siehe *Hellmut St. Seidenfus,* Kurzfristige und langfristige Wirkungen des Wettbewerbs. Ein Beitrag zur rationalen Wirtschaftspolitik. In: Systeme und Methoden in den Wirtschafts- und Sozialwissenschaften. *E. v. Beckerath* zum 75. Geburtstag. Tübingen 1964, S. 673 ff.

[35] Siehe *J. K. Galbraith,* American Capitalism, aaO.

[36] Siehe *W. Vershofen,* Wettbewerb als System der Gegenkräfte, aaO. Dieses Konzept hat der Bundesverband der Deutschen Industrie bereits während der Diskussion um das GWB präsentiert. Es wurde schon angedeutet (siehe S. 112, Fuß-

setzt, dazu benutzt zu werden, um den Staat aus der Wirtschaft fernzuhalten. Dieser Tendenz ist andererseits durch die Institutionalisierung des Wettbewerbsschutzes im Bundeskartellamt ein – wenn auch relativ schwaches, weil von der Stärke des Staates in der Wirtschaft abgeleitetes – Gegengewicht erwachsen. Ihm wird die Aufgabe zugedacht, der Aufweichung des an der vollständigen Konkurrenz orientierten Wettbewerbsbegriffs entgegenzuwirken, um die Kontinuität der Auslegung der Bestimmungen des GWB aufrechtzuerhalten[37].

Auch bei den westdeutschen Sozialisten – soweit sie durch die SPD repräsentiert werden – zeigt sich eine immer stärkere Hinwendung zu liberalen Prinzipien. Als Ersatz für die alte Forderung nach Sozialisierung bleibt der Ruf nach Mitbestimmung der Arbeitnehmer in den Betrieben[38]. Die Wirtschaftslenkung schließlich wird im Freiheitlichen Sozialismus mit Rücksicht auf die politische Kräfteverteilung auch nur sehr vorsichtig herausgestellt[39]. Kaum noch sozialistisch dagegen ist die von *Karl Schiller* gefundene Formel für seine „Marktwirtschaft von links“[40]: „Wettbewerb so weit wie möglich, Planung so weit wie nötig“.

Dieser „Leitsatz“[41] geht über das vom Freiheitlichen Sozialismus geforderte „Subsidiaritätsprinzip“ als Maßstab für die Beurteilung staatlicher Eingriffe in die Wirtschaft hinaus und kommt der kritisierten Vorstellung von einer „Mechanik der sozialistischen Wirtschaft“[42] nahe: Ausgangspunkt ist die durch den Wettbewerb gesteuerte Marktwirtschaft. Bei „allen staatlichen und privaten Wettbewerbsbeschränkungen“ obliegt dem die Beweislast, der beschränken will. „Wenn der Staat einen Markt regulieren will, so soll er diese Ausnahme von der Wettbewerbsregel begründen“. Diese „Marktwirtschaft von links“ steht dem Ordoliberalismus näher als dem Freiheitlichen Sozialismus[43]. Mit dem Godesberger Programm der SPD von 1959 hat diese verstärkte Hinwendung zu liberalen Prinzipien auch einen offiziellen Niederschlag gefunden.

---

note 117), daß diese Vorstellung ihren eigentlichen Ursprung in der deutschen Kartell-Tradition hat sowie der Idee von der „Selbstverwaltung“ der Wirtschaft.

[37] Siehe dazu *Bernhard Griesbach*, Grundlagen für die Anwendung und Auslegung des Gesetzes gegen Wettbewerbsbeschränkungen. Betrachtungen aus der Sicht des Nationalökonomen. „Der Betriebsberater“. Heidelberg. Jg. 17 (1962), S. 1011 ff.

[38] Der erste Erfolg ist das Gesetz über die Mitbestimmung der Arbeitnehmer in den Aufsichtsräten und Vorständen der Unternehmen des Bergbaus sowie der Eisen und Stahl erzeugenden Industrie vom 21. 5. 1951. Es folgt das Betriebsverfassungsgesetz vom 11. 10. 1952.

[39] Siehe dazu S. 38.

[40] Siehe *K. Schiller*, Sozialismus und Wettbewerb, aaO, S. 2.

[41] Der Leitsatz entspringt mehr dem „Sinn für die Vorzüge des Kompromisses“. Siehe *K. Schiller*, Aufgaben und Versuche, aaO, S. 19.

[42] Siehe S. 27, Fußnote 9.

[43] So heißt es denn auch bei *Karl Schiller:* Mit der „These ‚Wettbewerb soweit wie möglich‘ geht der freiheitliche Sozialismus eine Strecke gemeinsam mit den neu-

4.2.2. Von der ersten zur zweiten Phase der Sozialen Marktwirtschaft

Ein deutlicher Hinweis darauf, daß die Soziale Marktwirtschaft der „Gesamtlebensordnung" nur ungenügend Rechnung trägt, ist die Forderung nach einer „zweiten Phase der Sozialen Marktwirtschaft", in der sie durch das „Leitbild einer neuen Gesellschaftspolitik" ergänzt werden soll[44]. Hier handelt es sich offenbar um die bereits im Jahre 1947 für notwendig erachtete neue „geistige Formung" als Ersatz für das mehr und mehr an Bedeutung verlierende „christlich-religiöse Erbe" des 19. Jahrhunderts. Die Aufgabe der „neuen Gesellschaftspolitik" wäre es dann, der Marktwirtschaft bewußt „kulturelle Lebensüberzeugungen" aufzuprägen – soweit dies möglich ist, „ohne in Konflikt mit der Eigenlogik der Marktwirtschaft zu kommen" [45].

Das neue gesellschaftspolitische Leitbild stellt Bundeskanzler *Ludwig Erhard* in seiner Regierungserklärung vom 10. 11. 1965 [46] der Öffentlichkeit als *„formierte Gesellschaft"* vor[47]. Sie ist die „gesellschaftliche Konsequenz der Sozialen Marktwirtschaft". Das Vorbild ist die „Leistungsgemeinschaft" der Nachkriegszeit[48]. Die zweite Phase der Sozialen Marktwirtschaft scheint die Kritik des Ordoliberalismus und am Ordoliberalismus neu zu beleben.

Diese „zweite Phase" befremdet die Ordoliberalen, die in der Sozialen Marktwirtschaft die politische Verwirklichung ordoliberaler Vorstellungen sahen und in *Ludwig Erhard* den „Bahnbrecher einer neuen liberalen Aera" feierten[49]. Der ursprüngliche ordoliberale Ausgangspunkt ist die Einheit von Wirtschafts- und Sozialpolitik sowie Gesellschaftspolitik. Aus dieser Sicht

---

liberalen Kämpfern, die gegen die dem Markte erwachsenen Wettbewerbsbeschränkungen aufgestanden sind und zu Felde ziehen" (Sozialismus und Wettbewerb, aaO, S. 250).

[44] Siehe *Alfred Müller-Armack,* Die zweite Phase der Sozialen Marktwirtschaft. Ihre Ergänzung durch das Leitbild einer neuen Gesellschaftspolitik. In: Studien zur Sozialen Marktwirtschaft. Institut für Wirtschaftspolitik an der Universität zu Köln. Untersuchungen. Herausgegeben von *A. Müller-Armack* und *F. W. Meyer.* Bd. 12. Köln 1960. Wiederabgedruckt in *derselbe,* Wirtschaftsordnung und Wirtschaftspolitik. Studien und Konzepte zur Sozialen Marktwirtschaft und zur Europäischen Integration. In: Beiträge zur Wirtschaftspolitik. Herausgegeben von *E. Tuchfeldt.* Bd. 4. Freiburg i.B. 1966, S. 267 ff.

[45] Siehe dazu S. 97 f.

[46] *Ludwig Erhard,* Regierungserklärung vor dem Deutschen Bundestag am 10. 11. 1965. Sonderdruck aus dem „Bulletin des Presse- und Informationsamtes der Bundesregierung" Nr. 179/1965.

[47] Die späte Aufnahme seiner Anregungen bedauert *Müller-Armack* ebenso wie die „nicht glückliche Form" in der dies geschehen ist (siehe Wirtschaftsordnung und Wirtschaftspolitik, aaO, Vorwort, S. 11).

[48] Diese Formulierung erinnert an das „Wirtschaftsbild" der „sozialen Leistungswirtschaft" (siehe S. 126 f.) und die „formierte Gesellschaft" an die von *Gross* geforderte „spontane Gemeinschaft" (siehe Sozialismus in der Krise, aaO, S. 106 ff.).

[49] Siehe *A. Hunold,* Sir *Robert Peel* und *Ludwig Erhard,* Bahnbrecher einer neuen liberalen Aera, aaO; *A. Rüstow,* Die geschichtliche Bedeutung der Sozialen Marktwirtschaft, aaO.

wäre die Soziale Marktwirtschaft als politische Realisierung des Ordoliberalismus ein Irrweg gewesen, wenn erst eine zweite Phase zur Verwirklichung der gesellschaftspolitischen Ziele erforderlich ist. Es besteht deshalb die Neigung, die „formierte Gesellschaft" keinesfalls als zweite Stufe oder gesellschaftspolitischen „Überbau" zuzulassen, sondern nur als ständigen Bestandteil marktwirtschaftlicher Ordnung[50].

Die Kritik am Ordoliberalismus entzündet sich sowohl an der „vollständigen Konkurrenz" [51] und an der Betonung der „Wettbewerbsordnung als Gestaltungsmittel der Wirtschaftspolitik" [52] als auch an der vermeintlichen „befehlswirtschaftlichen" Komponente im Ordoliberalismus[53]. Sogar Anklänge an *Karl Schillers* Formel „soviel Wettbewerb wie möglich, soviel Planung wie notwendig" [54] gelten als verdächtig[55].

Die Enttäuschung der Ordoliberalen über diese Entwicklung erreicht einen Höhepunkt im Vorwort zu Ordo Bd. 12 (1960/1961)[56], der *Walter Eucken* gewidmet ist. Der ordoliberale Unmut über die „neoliberalen" Tendenzen äußert sich in Hinweisen auf die Vorstellungen „in den Reihen führender Industrieller und insbesondere der Verbands-, vielleicht auch der Gewerkschaftsprominenz" [57]. Es fehlt auch nicht die Andeutung, daß die Unterstützung dieser Tendenzen „aus Sympathie, nicht aus Einsicht" erfolgt[58]. Als

---

[50] Siehe dazu *Wolfgang Frickhöfer,* Gesellschaftspolitik innerhalb und außerhalb der Marktwirtschaft. Sonderdruck aus dem Tagungsprotokoll Nr. 25 der Aktionsgemeinschaft Soziale Marktwirtschaft über ihre Tagung am 2. und 3. November 1965 in Bad Godesberg (Freie Gesellschaft und freie Marktwirtschaft).

[51] Wobei einmal übersehen wird, daß *Euckens* „vollständige Konkurrenz" dem Begriff der „workable competition" näher kommt als der „vollständigen Konkurrenz" der ökonomischen Theorie (siehe dazu S. 64 f.), zum anderen aber gerade die Betonung des „starken Staates" durch den Ordoliberalismus zum Vorwurf „befehlswirtschaftlicher" Elemente Anlaß gibt (siehe Fußnote 53).

[52] Zu dieser Gruppe der Kritiker müßte *Müller-Armack* selbst gerechnet werden (siehe dazu S. 95). Siehe weiterhin *F. Ottel,* Wirtschaftspolitik am Rande des Abgrundes, aaO, S. 117 ff.; *Edgar Salin,* Soziologische Aspekte der Konzentration. In: Die Konzentration in der Wirtschaft. Verhandlungen des Vereins für Sozialpolitik, Gesellschaft für Wirtschafts- und Sozialwissenschaften vom 18.–21. 9. 1960 in Bad Kissingen. Schriften des Vereins für Sozialpolitik. N. F. Bd. 22. Herausgegeben von *F. Neumark.* Berlin 1961, S. 16 ff.

[53] Siehe S. 117 und S. 192 Fußnote 61. Siehe weiterhin *F. Ottel,* Wirtschaftspolitik am Rande des Abgrundes, aaO, S. 121 ff. sowie *derselbe,* Untergang oder Metamorphose der Sozialen Marktwirtschaft. Stuttgart 1963, S. 28 f. Die Soziale Marktwirtschaft wird hier mit dem Ordoliberalismus identifiziert.

[54] Siehe dazu S. 287.

[55] Siehe *F. Ottel,* Wirtschaftspolitik am Rande des Abgrundes, aaO, S. 97 sowie *derselbe,* Untergang oder Metamorphose der Sozialen Marktwirtschaft, aaO, S. 108.

[56] Anlaß ist insbesondere *Salins* Kritik am Ordoliberalismus (siehe *E. Salin,* Soziologische Aspekte der Konzentration, aaO). Siehe *Franz Böhm,* Friedrich *A. Lutz* und *Fritz W. Meyer,* Vorwort zu Ordo Bd. 12 (1960/1961), S. XXXI ff.

[57] Vgl. ebenda, S. XXXVIII.

[58] Vgl. ebenda, S. XLI.

Konsequenz aus solchen Vorstellungen bleibt für die Ordoliberalen „im Grunde bloß der Übergang zur Zentralplanwirtschaft übrig“ [59].

Die Leidenschaftlichkeit dieser ordnungspolitischen Diskussionen – mit denen die Wirtschaftspolitik der Nachkriegszeit in Westdeutschland durch die unglückliche Lage Deutschlands im Schnittpunkt von Ost und West belastet ist – läßt Zweifel aufkommen, ob die Wirtschaftspolitik von der Wirtschaftswissenschaft immer den notwendigen Rückhalt bekommen hat [60]. Sie kann sich in einem demokratischen Staat dieser Verantwortung nicht entziehen und wäre berufen gewesen, etwaige „ideologische Reste“ der Wirtschaftspolitik aufzudecken. Letztlich „trägt die Wirtschaftswissenschaft die Schuld an derlei Fehlverhalten der Wirtschaftspolitik“ [61].

Die Wirtschaftswissenschaft selbst ist durch die moderne Wachstumstheorie in einen Umwälzungsprozeß gezwungen worden. Das stationäre Gleichgewicht der klassischen Lehre wird durch das Modell einer gleichmäßig wachsenden Wirtschaft ersetzt. Dieser Umwälzungsprozeß könnte Ausmaße annehmen – was *Bombach* [62], ein Wegbereiter der modernen Wachstumstheorie für möglich hält –, die eine Parallele finden in der Naturwissenschaft, nämlich in dem radikalen Bruch beim Übergang von der klassischen Physik zur modernen Atomphysik. Dabei scheint sich die Wirtschaftswissenschaft jedoch in der umgekehrten Richtung zu bewegen: Die klassische Mikroökonomie wird von der modernen Makroökonomie in den Hintergrund gedrängt.

Bombach [63] bemerkt 1964, daß sich auch eine Neuorientierung der Wirtschaftspolitik anbahnt. „Die Wachstumspolitik tritt neben die Konjunkturpolitik und verdrängt diese in einigen Ländern bereits von ihrem hohen Rang unter den fundamentalen wirtschaftspolitischen Aufgaben“. Jedoch habe sich noch nicht allgemein die Erkenntnis durchgesetzt, „daß Wachstumspolitik

---

[59] Vgl. ebenda, S. XL. Das Zitat fährt fort: „wenn man vermeiden will, daß unsere Gesellschafts- und Staatsordnung in eine pseudo-feudale Libertätenanarchie dilettantisierender Interessenhaufen mit dem Überbau einer durch pseudofeudale Querverbindungen bis ins Mark korrumpierten, ressortmäßig ebenfalls blind in der Gegend herumdilettierenden Staatsverwaltung absinkt“.

[60] *Müller-Armack* bedauert in einem Rückblick, daß die „geistige Durchdringung“ seiner Gedanken zur Sozialen Marktwirtschaft nicht „auch in einem weiteren Kreise“ gründlich erfolgt ist. „Nur allzu häufig begnügt man sich mit dem Hinweis auf das politische Gewicht dieser Konzeption, ohne bereit zu sein, an ihrer gedanklichen Fassung weiterzuarbeiten“ (siehe Wirtschaftsordnung und Wirtschaftspolitik, aaO, Vorwort, S. 11). *Müller-Armack* ermahnt die Ökonomen, der Tatsache eingedenk zu sein, daß ihre Wissenschaft „letztlich in pragmatischer Absicht betrieben werden muß, um wirksam zu sein“ (ebenda, S. 15).

[61] Vgl. *H. St. Seidenfus,* aaO, S. 677 f.

[62] *Gottfried Bombach,* Von der Neoklassik zur modernen Wachstums- und Verteilungstheorie (Vortrag gehalten an der Jahresversammlung der Schweizerischen Gesellschaft für Statistik und Volkswirtschaft am 8. 5. 1964 in Bern). „Schweizerische Zeitschrift für Volkswirtschaft und Statistik“. Bern. Jg. 100 (1964), S. 427.

[63] *G. Bombach,* Von der Neoklassik zur modernen Wachstums- und Verteilungstheorie, aaO, S. 401.

etwas anderes *ist* als eine Konjunkturpolitik mit dem Ziele der Stabilisierung der Beschäftigung auf hohem Niveau". Noch sei man „nicht ohne Widerstand bereit, die neue Lehre zu akzeptieren", was sich in den Auseinandersetzungen zwischen Frankreich und Deutschland um eine längerfristige Orientierung der Wirtschaftspolitik im Rahmen der EWG zeige[64]. Wiederum muß ein Lernprozeß durchlaufen werden, wie er einst auch notwendig war, bevor sich die Keynesianische Lehre in Wirtschaftspolitik umsetzen ließ. Hierbei sieht *Bombach*[65] nicht nur die Gefahr, daß die „Wirtschaftstheorie von heute" erst die „Wirtschaftspolitik von morgen" ist, sondern auch die Gefahr, daß die Wirtschaftstheorie die „Wirtschaft von gestern" beschreibt[66].

Der von *Bombach* angesprochene „Lernprozeß" scheint in Westdeutschland mit den Diskussionen um das Aktionsprogramm der EWG-Kommission von 1962 zu beginnen und sich später in den Erörterungen über ein „Stabilitätsgesetz"[67] als neue Grundlage der westdeutschen Wirtschaftspolitik fortzusetzen. Sie weisen wieder Elemente auf, die aus den wirtschaftspolitischen Diskussionen der ersten Nachkriegsjahre vertraut sind, als die Fronten sich noch nicht so scharf an der Frage Marktwirtschaft *oder* Planwirtschaft schieden und die Lenkung und Planung der Wirtschaft noch zum selbstverständlichen wirtschaftspolitischen Programm gehörte – wenn auch verbunden mit

---

[64] Hier ist es im wesentlichen auf Grund deutscher Interventionen bei den Vorschlägen der Kommission der Europäischen Wirtschaftsgemeinschaft zur Koordinierung der Wirtschaftspolitik (siehe *Europäische Wirtschaftsgemeinschaft*, Memorandum der Kommission über das Aktionsprogramm der Gemeinschaft für die zweite Stufe vom 24. 10. 1962. Dokument Nr. 3550/3/62) zu einem „Subtraktionsprozeß" gekommen, wie *Müller-Armack* die Entwicklung charakterisiert (siehe Wirtschaftsordnung des Gemeinsamen Marktes. In: Weltwirtschaftliche Probleme der Gegenwart. Verhandlungen auf der Tagung des Vereins für Sozialpolitik, Gesellschaft für Wirtschafts- und Sozialwissenschaften im Ostseebad Travemünde 1964. Herausgegeben von *E. Schneider*. Schriften des Vereins für Sozialpolitik. Neue Folge Bd. 35. Berlin 1965, S. 231 ff., insbesondere S. 240 f.). Dieser „Subtraktionsprozeß" führte von der „langfristigen Planung" über die „langfristige Programmierung" zur *„mittelfristigen Wirtschaftspolitik"*. Aber auch hier wurde von dem unter deutscher Leitung stehenden Ausschuß für mittelfristige Wirtschaftspolitik der EWG noch weiter „subtrahiert".

[65] *G. Bombach*, aaO, S. 427.

[66] Schon *Keynes* äußert sich sehr pessimistisch über diesen „time lag" (siehe S. 48, Fußnote 5) und folgert daraus: „... in der Zwischenzeit müssen wir, wenn wir irgend etwas Gutes tun wollen, unorthodox erscheinen, störend, gefährlich und ungehorsam gegenüber denen, die uns zeugten" *(J. M. Keynes*, Bin ich ein Liberaler? aaO, S. 254).

[67] Siehe *Deutscher Bundestag*, Drucksache V/890 und V/1678 – zunächst nur als „Gesetz zur Förderung der wirtschaftlichen Stabilität" bezeichnet. Siehe auch den Schriftlichen Bericht des Ausschusses für Wirtschaft und Mittelstandsfragen (15. Ausschuß, zu Drucksache V/1678) über den Entwurf eines Gesetzes zur Förderung der wirtschaftlichen Stabilität (Berichterstatter *Elbrächter*). In der Großen Koalition wurde daraus das „Gesetz zur Förderung der Stabilität und des Wachstums der Wirtschaft" vom 8. 6. 1967.

dem Bemühen, „liberale Planung“ von „sozialistischer Planung“ zu unterscheiden[68]. Es wird aber wieder wichtig, „in der Konkurrenz der Ideale den goldenen Mittelweg zu finden“[69].

Das inzwischen vom Deutschen Bundestag verabschiedete „Gesetz zur Förderung der Stabilität und des Wachstums der Wirtschaft“ trägt der ordnungspolitischen Situation der Nachkriegszeit weiterhin noch dadurch Rechnung, daß es der Öffentlichkeit als Verbesserung des *konjunkturpolitischen* Instrumentariums[70] vorgestellt worden ist, obgleich dem Staat auch die Verantwortung für ein „stetiges und angemessenes Wirtschaftswachstum“ (§ 1) übertragen wird; denn es hat sich generell die Überzeugung durchgesetzt, daß die „Selbststeuerungskräfte der Wirtschaft“ in einer „modernen, hochindustrialisierten, mit der Weltwirtschaft verflochtenen Volkswirtschaft“ unzureichend sind[71]. Mit der staatlichen Garantie für ein „stetiges und angemessenes Wirtschaftswachstum wird der Rahmen der Konjunkturpolitik gesprengt. Die im „Stabilitätsgesetz“ vorgesehene „Globalsteuerung“ der Wirtschaft ist nicht nur eine neue Form der Konjunkturpolitik, sondern der erste Schritt zu einer „langfristigen Wirtschaftspolitik“, vergleichbar den Versuchen in anderen westeuropäischen Ländern[72].

An dieser Entwicklung ist auf dem Hintergrund der Ergebnisse der vorhergehenden Analyse zweierlei von Bedeutung:

1. Das Nachlassen des wirtschaftlichen Wachstums dient als Begründung für ein neues wirtschaftspolitisches Instrumentarium[73].
2. Der Vorrang der Wirtschaftspolitik in der Politik der Nachkriegszeit könnte dadurch bestätigt werden, daß der erste westdeutsche Wirtschaftsminister – Symbol des „deutschen Wirtschaftswunders“ und der Sozialen

---

[68] Siehe *Deutscher Bundestag*, Sitzungsprotokolle. 5. Wahlperiode, 55. Sitzung vom 14. 9. 1966, S. 2658 B/C (Wirtschaftsminister *Schmücker).*

[69] Vgl. ebenda, S. 2659 B.

[70] Siehe dazu *Herbert Timm*, Wirksame konjunkturpolitische Instrumente. Bemerkungen zum sogenannten Stabilitätsgesetz. „Wirtschaftsdienst“. Hamburg. Jg. 47 (1967), S. 350 ff.

[71] Vgl. Schriftlicher Bericht des Ausschusses für Wirtschaft und Mittelstandsfragen über den Entwurf eines Gesetzes zur Förderung der wirtschaftlichen Stabilität (zu Bundestagsdrucksache V/1678), aaO, S. 3.

[72] Siehe dazu *Karlheinz Kleps*, Langfristige Wirtschaftspolitik in Westeuropa. Die neuen wirtschaftspolitischen Konzeptionen und ihre Problematik. In: Beiträge zur Wirtschaftspolitik. Bd. 5. Herausgegeben von *E. Tuchfeldt.* Freiburg im Breisgau 1966.

[73] Die Forderungen nach „mehr wirtschaftspolitischen Interventionen und mehr Planung“ kommen nun gerade aus der Wirtschaft (siehe „Die Zeit“, Hamburg, vom 23. 6. 1967, S. 37 – Zeitraffer. Es handelt sich um eine Forderung des Vorstandsvorsitzenden der Rheinischen Stahlwerke, *Söhngen).* Siehe dazu auch *Walter G. Hoffmann,* Strukturwandlungen und Wirtschaftswachstum. In: Jahrbuch des Instituts für christliche Sozialwissenschaften der Westfälischen Wilhelms-Universität Münster (Wissenschaft-Ethos-Politik. Festschrift zum 60. Geburtstag von Bischof *Josef Höffner).* Bd. VII und VIII (1966/1967). Münster 1966, S. 469.

Marktwirtschaft – als Bundeskanzler schließlich auch die Richtlinien für die gesamte Politik festlegt. Das Nachlassen des wirtschaftlichen Wachstums führt jedoch zu einer politischen Krise, die auch dem Bundeskanzler *Ludwig Erhard* zum Verhängnis wird[74]. In dieser Situation scheint sich mit der „Großen Koalition" jener wirtschaftspolitische Kompromiß anzubahnen, der in den ersten Nachkriegsjahren als ungeeignete Lösung abgelehnt worden ist[75].

4.2.3. Die „Sachlogik" der Wirtschaft als ordnungspolitisches Hindernis

Noch deutlicher als die westdeutsche Entwicklung im Zeichen der Sozialen Marktwirtschaft – einer „reinen Ordnungsidee" – zeigt die Entwicklung im östlichen Teil Deutschlands im Zeichen des „demokratischen Zentralismus"[76] – der anderen „reinen Ordnungsidee" –, daß die „Sachlogik" der Wirtschaft für die Verwirklichung solcher „reinen Ordnungsideen" Grenzen setzt, wenn die wirtschaftliche Effizienz Vorrang haben soll. Sowohl in den Diskussionen um das westdeutsche „Stabilitätsgesetz" als auch in der Einführung des „Neuen ökonomischen Systems" in der DDR gibt es Hinweise auf Konzessionen zugunsten der wirtschaftlichen Effizienz auf Kosten der „Verwirklichung einer reinen Ordnungsidee"[77]. Diese Entwicklung gibt dem Politiker und dem Ökonomen Gelegenheit zu einer Neuorientierung.

---

[74] Dies erinnert an *Euckens* Kennzeichnung des „Wirtschaftsstaats" (siehe S. 61 f.).

[75] Mit der „konzertierten Aktion", der „aufgeklärten Marktwirtschaft" (Wirtschaftsminister *Schiller*) der Großen Koalition werden jedoch auch wieder Gefahren sichtbar, denen der Ordoliberalismus in der Sozialen Marktwirtschaft unterlegen ist – im Interesse eines schnellen und reibungslosen wirtschaftlichen Wachstums: Das „Stabilitätsgesetz" hat sich zu einem „Gesetz zur Förderung der Stabilität und des Wachstums der Wirtschaft gewandelt. Als soziale Ergänzung dient das Schlagwort von der „sozialen Symmetrie" – vergleichbar der Auflösung der ordoliberalen Einheit von Wirtschafts- und Sozialpolitik durch die sozialpolitische Ergänzung der Marktwirtschaft. Der „sozialen Symmetrie" jedoch steht gegenüber die Forderung nach einem Abbau der „Sozial-Subventionen" im Interesse des wirtschaftlichen Wachstums – vergleichbar der Forderung nach einer „marktwirtschaftlichen Gestaltung" der Sozialpolitik in der Sozialen Marktwirtschaft. Für die „soziale Symmetrie" wird ebenso wie für die umfassende „Strukturpolitik" des Ordoliberalismus entscheidend sein, inwieweit mit den politischen Kräften, die für eine Förderung des wirtschaftlichen Wachstums zu gewinnen sind, auch bei der Herstellung der „sozialen Symmetrie" gerechnet werden kann.

[76] Siehe dazu *Hannelore Hamel,* Das sowjetische Herrschaftsprinzip des demokratischen Zentralismus in der Wirtschaftsordnung Mitteldeutschlands. In: Wirtschaft und Gesellschaft in Mitteldeutschland. Bd. 5. Berlin 1966.

[77] Die ordnungspolitische Problematik einer solchen Entwicklung äußert sich in Diskussionen über eine Annäherung der politischen Systeme. Siehe dazu *Paul K. Hensel,* Strukturgegensätze oder Angleichungstendenzen der Wirtschafts- und Gesellschaftssysteme von Ost und West? In: Ordo. Bd. 12 (1960/1961), S. 305 ff.; *Jan Tinbergen,* Kommt es zu einer Annäherung zwischen kommunistischen und freiheitlichen Wirtschaftsordnungen? In: Hamburger Jahrbuch für Wirtschafts- und Gesellschaftspolitik. Tübingen. 8. Jahr (1963), S. 11 ff.; *Peter Thal,* Ideengeschichtliche

Die deutsche Politik nach dem zweiten Weltkrieg, die, wie sich zeigte, für die Differenzierung im Ost-West-Konflikt auf wirtschaftspolitische Kriterien zurückgriff – und deshalb auf die Verwirklichung „reiner Ordnungsideen" im wirtschaftlichen Bereich Wert legen mußte –, erhält eine Chance zum Abbau politischer Differenzen[78] oder wird vor die Notwendigkeit gestellt, die politische Differenzierung auf nicht-wirtschaftliche Kriterien zu verlagern[79].

Wenn sich andererseits die die Nachkriegszeit beherrschende Alternative „Wirtschaftslenkung oder Marktwirtschaft" als „ideologischer Rest" der Vergangenheit erweist, dann wird der Ökonom von der Bürde entlastet, über die Überlegenheit gesellschaftlicher und politischer Systeme durch wirtschaftliche Erfolge entscheiden zu müssen. Dies gibt die Möglichkeit zu geistiger und ökonomischer Neubesinnung.

Es öffnet sich erneut der Blick für die bereits angesprochenen[80] außerökonomischen Quellen der ordnungspolitischen Spaltung. Dem Bericht über einen Kongreß der „Allgemeinen Gesellschaft für Philosophie in Deutschland" ist zu entnehmen, daß die gesamte zeitgenössische Philosophie „unter dem Dualismus zweier unversöhnlicher geistesgeschichtlicher Richtungen leidet"[81]. Angesichts dieser Lage beschäftigen sich die Philosophen mit „Sprachphilosophie"[82], weil in einer Zeit, die die Menschen durch *Ökonomie* und

---

und theoretische Aspekte des Gegensatzes zwischen ökonomischem Liberalismus und sozialistischer Planwirtschaft. „Wirtschaftswissenschaft". O.-Berlin. Jg. 10 (1966), S. 1585 ff. Zu der ordnungspolitischen Problematik siehe auch *Hans Albert*, Rationalität und Wirtschaftsordnung. Grundlagenprobleme einer rationalen Ordnungspolitik. In: Gestaltungsprobleme der Weltwirtschaft, aaO, S. 86 ff. sowie *derselbe*, Ökonomische Ideologie und politische Theorie, aaO.

78 Vielleicht ist es kein Zufall, wenn gerade in Frankreich ein Ökonom den Versuch machte, eine ordnungspolitische Analyse auf dem Hintergrund der Weltpolitik zu machen: Siehe *Francois Perroux*, Feindliche Koexistenz? Ins Deutsche übertragen von *W. Fritsch* (Originaltitel: La Coexistence Pacifique. Paris 1958). Vorwort von *F. Neumark*. Stuttgart 1961. Sicher liegt es nicht nur an der Verbreitung der englischen Sprache, wenn französische Literatur in Deutschland so wenig bekannt ist – wie *Neumark* in seinem Vorwort meint (S. VII), sondern an der unterschiedlichen „geistigen Sprache". Das demonstriert der deutsche Verlag überzeugend, wenn er den französischen Titel des Buches „La Coexistence *Pacifique*" mit *„Feindliche* Koexistenz?" übersetzt.

79 So zog der geschäftsführende Vorsitzende der CDU, *Dufhues*, aus der großen Koalition in einem Interview die Folgerung, die Unterschiede zwischen den „Christlichen Demokraten auf der einen und den Sozialisten auf der anderen Seite" müßten nun „klarer als zuvor gemacht werden". Das bedeutet: „Vor allem in der *Gesellschaftspolitik* müssen wir unseren eigenen Weg weitergehen und jede Aufweichung oder Auflösung abwehren" (siehe „Die Welt", Hamburg, vom 24. 12. 1966, S. 3 – *Dufhues* lehnt Öffnung nach links ab).

80 Siehe S. 19.

81 Siehe „Die Zeit", Hamburg, Nr. 45 vom 4. 11. 1966, S. 17. (Philosophen suchen eine Sprache).

82 Aus ihr soll zumindest in der westlichen Welt die Philosophie „zu einem guten

Politik voneinander getrennt habe, die Besinnung auf die Sprache verbindend wirken könne[83].

Hier erfährt es der Ökonom ganz deutlich, daß er an der Teilung Schuld ist. Welch vornehme Zurückhaltung der Philosophie, den Geist der Politik und Ökonomie zu überlassen. Kein Wort wird darüber verloren, daß auch die Philosophie – und vielleicht ist das gerade aller Übel Anfang – unversöhnlich in einem Dualismus befangen ist. Die Beschäftigung mit der Sprachphilosophie erscheint wie die Flucht vor der eigentlichen Aufgabe[84]. Dem derart zur Beschäftigung mit der geistigen Sphäre gedrängten Ökonomen bleibt nichts anderes, als an den Gesetzen der „traditionellen Logik" zu zweifeln[85]. Die auf ihr beruhende christlich-abendländische Geistesentwicklung scheint der modernen Kriegstechnik zu gleichen: Auf eine Rakete folgt eine Antirakete usw... Dem marxistischen „Entwicklungsgesetz" folgt ein „antimarxistisches Entwicklungsgesetz"[86]. So kommt man kaum über *Marx* hinaus.

Teil" bestehen. Es wird von einer „Konjunktur des Sprachproblems" gesprochen *(Bodo Marquard).*

[83] So Kongreß-Präsident *Gademer* als Begründung für das Kongreß-Thema (siehe „Die Welt", Hamburg, vom 1. 11. 1966, S. 9 – Was verbindet *Heidegger* mit *Wittgenstein?).*

[84] Aus der christlichen Mythologie weiß man, daß die Einheit der Sprache gerade an einer großen Aufgabe zerbrochen ist. Sie wiederum legt es nahe, den sich mit dem Sprachproblem beschäftigenden Philosophen mit einem Architekten zu vergleichen, der Häuser bauen soll, sich aber in einer Reflektion über das Wesen der Ziegelsteine verliert. Der Philosoph *Karl Jaspers* gehört offensichtlich nicht zu den philosophischen „Konjunkturrittern". Sein Buch „Wohin treibt die Bundesrepublik?" (Tatsachen. Gefahren. Chancen. München 1966) ist ein erster Versuch, den Bann zu brechen, der über Deutschland liegt. Die Einsicht des Philosophen, daß beide deutsche Staaten ein Geschöpf der Alliierten sind (S. 175), ist sicher vielen ein Dorn im Auge, die sich in dem Glauben wiegen, dieser westdeutsche Staat sei allein deutschem Fleiß und deutscher Gründlichkeit zu verdanken, in einer „Leistungsgemeinschaft" als „deutsche Wertarbeit" entstanden. Die Kritik an *Jaspers* erfand deshalb vielleicht ein sehr verwunderliches Argument: Der Philosoph habe sein Wissen nur aus der Presse bezogen. Woher, so müßte man erstaunt fragen, soll ein Wissenschaftler, der das Tagesgeschehen um sich herum noch als wichtig genug erachtet, um sich damit zu beschäftigen, seine Kenntnisse über dieses Geschehen nehmen, wenn nicht aus der freien Presse eines freien und demokratischen Staates? Diese Kritiker gestehen doch ungewollt ein Unwohlsein mit dem Bild ein, das ihnen aus dieser Presse entgegenschaut.

[85] *Popper* macht es sich deshalb recht einfach, die Dialektik als „etwas Fundamentales" und der Logik Ähnliches abzulehnen, weil die Dialektik einen Angriff gegen die „traditionelle Logik" darstellt, nämlich das sogenannte „Gesetz vom Widerspruch" (siehe dazu *Karl R. Popper,* Was ist Dialektik? In: Logik der Sozialwissenschaften. Herausgegeben von *E. Topitsch.* Neue Wissenschaftliche Bibliothek. Soziologie. Köln. Berlin 1965, S. 266, 273 f. und 280). Eine Logik, die nur zwischen Eseln und Pferden zu unterscheiden vermag und Maulesel als das eine oder andere definiert, ist für alle Wissenschaften unbrauchbar, in denen es nun einmal Maulesel gibt. Es besteht die Gefahr, daß die zuständige Wissenschaft hier nach dem einfachen Rezept verfährt, daß nicht ist, was nicht sein darf. Damit wären die anderen wissenschaftlichen Disziplinen gezwungen, sich ihre eigene „Logik" zu schaffen.

[86] Siehe dazu *Walt W. Rostow,* Stadien wirtschaftlichen Wachstums. Eine Alter-

Diese „Anti-Logik" ist der Ökonom versucht als „Interessenten-Logik" einzustufen. Sie kennt nur zwei Kategorien: Was ihr nutzt und was ihr nicht nutzt[87]. Das wird einfach negiert. Wenn dieser einfache Prozeß sich über Jahrhunderte vollzieht und die „traditionelle Logik" unbesehen von Generation zu Generation vererbt wird – vielleicht wegen des wirtschaftlichen Erfolges, ist man nach den bisherigen Erfahrungen mit dem menschlichen Geist geneigt zu vermuten –, müßte sich ein ungefähres Bild von der geistigen Situation der Gegenwart ergeben.

Der wirtschaftliche Bereich scheint in dieser Entwicklung in der Tat eine wichtige Rolle zu spielen, weil die wirtschaftliche Unabhängigkeit des Bürgertums in der europäischen Entwicklung die Grundlage für die politische und geistige Befreiung vom autoritären Staat geschaffen hat – aber auch den Anspruch auf eine Sonderstellung der wirtschaftlichen Freiheit. Die Befreiung des Ökonomen von der Bürde, die Überlegenheit politischer Systeme – die nur aus der europäischen Geistesentwicklung heraus zu erklären sind – durch wirtschaftliche Erfolge einer bestimmten, diesen Systemen zugeordneten Wirtschaftsordnung beweisen zu müssen, läßt wieder Raum für eine neue gesellschaftliche Gewichtung des staatlichen und wirtschaftlichen Bereichs.

In einer modernen, industriellen Gesellschaft, die ihren Staat auf eine reine „Regierungsmaschine", auf eine „politische Herrschaft der Technik"[88] und somit auf einen „technischen Staat" zu reduzieren scheint, dürften ordnungspolitische Diskussionen auch in der Wirtschaftspolitik eine immer schlechtere Grundlage finden. Der ständige Einsatz dieses Apparates zur Erzielung materieller, wirtschaftlicher Erfolge[89] ruft gerade die Gefahr herauf, Gesellschaften als reine „Leistungsgemeinschaften" wie ein modernes Heer zu organisieren, in dem die Leistungsfähigkeit wichtiger ist als die individuelle Freiheit des Einzelnen. Gerade in entwickelten Ländern mit einer „reifen Wirtschaft" ist das gesellschaftliche Ziel eines „stetigen, angemessenen wirtschaftlichen Wachstums" keine ganz ungefährliche Zielsetzung. „Der Gesellschaftspolitiker wird mit Recht fragen, um wieviel denn die Wirtschaft noch wachsen muß, damit er ohne das schlechte Gewissen, die zukünftige materielle Basis der Wirtschaft zu ruinieren, darauf pochen kann, daß Schulen und Universitäten einen selbständigen Wert darstellen"[90] und keinesfalls Gegenstand

---

native zur marxistischen Entwicklungstheorie. Übersetzung aus dem Englischen von *Elisabeth Müller* (Titel des Originals: The Stages of Economic Growth. Cambridge 1960). Göttingen o. J.

[87] Auf diesem Hintergrund liegt es nahe, auch in einem Zwei-Parteien-System die institutionelle Fortsetzung dieser einfachen „geistigen Struktur" zu sehen.

[88] Siehe *Helmut Schelsky,* Zukunftsaspekte der industriellen Gesellschaft (1953). In: Auf der Suche nach Wirklichkeit. Gesammelte Aufsätze. Düsseldorf-Köln 1965, S. 100 f.

[89] Die bilderreiche Sprache der christlichen Mythologie charakterisiert diese Haltung mit dem „Tanz um das goldene Kalb".

[90] *W. G. Hoffmann,* Strukturwandlungen und Wirtschaftswachstum, aaO, S. 470.

einer „marktwirtschaftlichen Konjunkturpolitik" sein dürfen. Die Soziale Marktwirtschaft, die dazu neigt, Wachstumspolitik zur besten Sozialpolitik zu erheben, bedarf für solche Zukunftsaufgaben sicher einer neuen „geistigen Durchdringung". Dabei wäre – zumindest für die hochentwickelten Industrieländer – auch die Frage zu prüfen, ob die Freiheit *von* der Wirtschaft nicht wichtiger ist als die Freiheit *in* der Wirtschaft[91]. Das würde die Lösung jenes Zielkonflikts erleichtern, der aufgrund der Erfordernisse der modernen Wirtschaft in marktwirtschaftlich orientierten Ländern für die Wirtschaftspolitik zu bestehen scheint.

[91] Siehe dazu *R. Blum,* Der Wettbewerb im wirtschaftspolitischen Konzept. „Zeitschrift für die gesamte Staatswissenschaft". Tübingen. Bd. 121 (1965), S. 80 ff.

LITERATURVERZEICHNIS

Abendroth, Wolfgang, Aufstieg und Krise der deutschen Sozialdemokratie. Das Problem der Zweckentfremdung einer politischen Partei durch die Anpassungstendenz von Institutionen an vorgegebene Machtverhältnisse. Frankfurt a. M. 1964.

Adenauer, Konrad, Erinnerungen 1945–1953. Stuttgart 1965.

Agartz, Victor, Sozialistische Wirtschaftspolitik. In: Schriftenreihe Volk und Zeit. Karlsruhe o. J. (1946/47).

Albert, Hans, Ökonomische Ideologie und Politische Theorie. Das ökonomische Argument in der ordnungspolitischen Debatte. Mit einem Geleitwort von *G. Weisser.* Göttingen 1954.

–, –, Rationalität und Wirtschaftsordnung. Grundlagenprobleme einer rationalen Ordnungspolitik. In: Gestaltungsprobleme der Weltwirtschaft. *Andreas Predöhl* aus Anlaß seines 70. Geburtstages gewidmet. Herausgegeben von *Harald Jürgensen.* Göttingen 1964, S. 86 ff.

Albrecht, Gerhard, Arndt, Helmut (Herausgeber), Zur Vorgeschichte der Gründung des „Vereins für Sozialpolitik – Gesellschaft für Wirtschafts- und Sozialwissenschaften". In: Schriften des Vereins für Sozialpolitik. N. F. Bd. 1 (Verhandlungen auf der Tagung der Volks- und Betriebswirte in Marburg/Lahn 15. und 16. 9. 1948). Herausgegeben von *Gerhard Albrecht* und *Helmut Arndt.* Berlin und München 1949.

–, –, Sanierung der deutschen Wirtschaft. Grundsätze eines wirtschaftspolitischen Sofortprogramms. In: Schriften des Vereins für Sozialpolitik – Gesellschaft für Wirtschafts- und Sozialwissenschaften. Zur Vorgeschichte der Gründung des Vereins für Sozialpolitik – Gesellschaft für Wirtschafts- und Sozialwissenschaften". In: Schriften des Vereins für Sozialpolitik. N. F. Bd. 1 (Verhandlungen auf der Tagung der Volks- und Betriebswirte in Marburg/Lahn 15. und 16. 9. 1948). Herausgegeben von *Gerhard Albrecht* und *Helmut Arndt.* Berlin und München 1949. S. 125 ff.

Alexandrowicz, Charles H., International Economic Organizations. In: The Library of World Affairs. Nr. 19. London 1952.

Alperovitz, Gar, Atomare Diplomatie – Hiroshima und Potsdam. Aus dem Amerikanischen von *Oscar Wolfbauer* (Original: Atomic Diplomacy. New York 1965). München 1966.

Amonn, Alfred, u. a., Konkurrenz und Planwirtschaft. Beiträge zur theoretischen Nationalökonomie. Bern 1946.

Arbeitsgemeinschaft Selbständiger Unternehmer (Herausgeber), Unternehmer, Marktwirtschaft und Sozialpolitik. Vier Vorträge, gehalten auf der Jahreshauptversammlung der Arbeitsgemeinschaft selbständiger Unternehmer am 30. 3. 1951 in Wiesbaden. Herausgegeben von der Arbeitsgemeinschaft selbständiger Unternehmer im Selbstverlag. In: Schriftenreihe „Der selbständige Unternehmer". Heft 3. o. O., o. J.

Armstrong, Anne, Bedingungslose Kapitulation. Die teuerste Fehlentscheidung der Neuzeit. Wien 1965.

Baade, Fritz und *Emmet, Christopher,* Zerstörung auf unsere Kosten. Amerika protestiert gegen die Demontagen! Wie die Demontage von Fabriken in Deutschland der Inflation in den Vereinigten Staaten hilft und den Marshallplan sabotiert. Mit einem Vorwort von *Herbert Hoover.* Hamburg 1948.

Baade, Fritz, Die Wandlung der amerikanischen Wirtschaftspolitik gegenüber Deutschland. „Wirtschaftsdienst". Herausgegeben vom Hamburger Weltwirtschafts-Archiv unter Mitarbeit des Institut für Weltwirtschaft an der Universität Kiel. Hamburg. Jg. 29 (1949), H. 2, S. 9 ff.

–, –, How Deadly is German Competition. „The Economic Digest". London. Vol. 4 (1951), S. 334 ff.

Ballerstedt, Kurt, Rechtsstaat und Wirtschaftslenkung. „Archiv des Öffentlichen Rechts". Tübingen. N. F. Bd. 35 (1948/49), S. 1 ff.

Bank Deutscher Länder, Monatsberichte. Frankfurt a. M. Jg. 1 (1948/49) S. 1 ff.

Beckerath, Erwin von, Der Einfluß der Wirtschaftstheorie auf die Wirtschaftspolitik. In: Logik der Sozialwissenschaften. Herausgegeben von *Ernst Topitsch.* Neue Wissenschaftliche Bibliothek (Soziologie). Köln, Berlin 1965, S. 497 ff.

–, –, (Herausgeber), *Meyer, Fritz W., Müller-Armack, Alfred,* Wirtschaftsfragen der freien Welt. Zum 60. Geburtstag von Bundeswirtschaftsminister *Ludwig Erhard.* Frankfurt a. M. 1957.

Benser, Günter, Heizer, Heinz, Die nationale Politik der SED 1945 bis 1955. Zeitschrift für Geschichtswissenschaft. O-Berlin. Jg. 5 (1966), S. 709 ff.

Bethusy-Huc, Gräfin von, Demokratie und Interessenpolitik. Wiesbaden 1962.

Beveridge, William H., Full Employment in a free Society. New York 1945.

Blum, Reinhard, Der Wettbewerb im wirtschaftspolitischen Konzept. „Zeitschrift für die gesamte Staatswissenschaft." Tübingen. Bd. 121 (1965), S. 80 ff.

Boarman, Patrick, N. (Bearbeiter), Der Christ und die Soziale Marktwirtschaft. Stuttgart 1955.

Boettcher, Erik, Phasentheorie der wirtschaftlichen Entwicklung. Ein Ansatz zu einer dynamischen Theorie der Wirtschaftsordnung. In: Hamburger Jahrbuch für Wirtschafts- und Gesellschaftspolitik. Tübingen. 4. Jahr (1959) – Zur Ordnung von Wirtschaft und Gesellschaft. Festausgabe für *Eduard Heimann* zum 70. Geburtstage –, S. 23 ff.

Böhm, Franz, Wettbewerb und Monopolkampf. Berlin 1933.

–, –, Die Ordnung der Wirtschaft als geschichtliche Aufgabe und rechtsschöpferische Leistung. Nebst Einleitung der Herausgeber. In: Ordnung der Wirtschaft. Herausgegeben von *F. Böhm, W. Eucken, H. Großmann-Doerth.* H. 1. Stuttgart und Berlin 1937.

–, –, Der Wettbewerb als Instrument staatlicher Wirtschaftslenkung. In: Der Wettbewerb als Mittel volkswirtschaftlicher Leistungssteigerung und Leistungsauslese. Schriften der Akademie für Deutsches Recht, Gruppe Wirtschaftswissenschaft, H. 6. Herausgegeben von *G. Schmölders.* Berlin 1942, S. 51 ff.

–, –, Recht und wirtschaftliche Macht. „Der Wirtschaftsspiegel". Wirtschaftspolitische Halbmonatsschrift. Herausgegeben von *Hans W. Doeblin.* Wiesbaden Jg. 1 (1946), Heft Nov./Dez., S. 4 f.

–, –, Das Reichsgericht und die Kartelle. In: Ordo. Jahrbuch für die Ordnung von Wirtschaft und Gesellschaft. Godesberg. Bd. 1 (1948), S. 197 ff.

–, –, Die Aufgaben der freien Marktwirtschaft. In: Schriftenreihe der Hochschule für Politische Wissenschaften. München. Heft 14. München 1951.

–, –, Freiheitsordnung und soziale Frage. In: Grundsatzfragen der Wirtschaftsordnung. Ein Vortragszyklus veranstaltet von der Wirtschafts- und Sozialwissenschaftlichen Fakultät der Freien Universität Berlin. Sommersemester 1953. Wirtschaftswissenschaftliche Abhandlungen. Volks- und Betriebswirtschaftliche Schriftenreihe der Wirtschafts- und Sozialwissenschaftlichen Fakultät der Freien Universität Berlin. Heft 2. Berlin 1954, S. 71 ff.

–, –, *Lutz, Friedrich A., Meyer, Fritz W.* Vorwort zu Ordo. Jahrbuch für die Ordnung von Wirtschaft und Gesellschaft. Düsseldorf und München. Bd. 12 (1960/1961), S. XXXI ff.

Bombach, Gottfried, Von der Neoklassik zur modernen Wachstums- und Verteilungstheorie (Vortrag gehalten auf der Jahresversammlung der Schweizerischen Gesellschaft für Statistik und Volkswirtschaft am 8. 5. 1964 in Bern). „Schweizerische Zeitschrift für Volkswirtschaft und Statistik". Bern. Jg. 100 (1964), S. 399 ff.

Borchardt, Knut, Fikentscher, Wolfgang, Wettbewerb, Wettbewerbsbeschränkung und Marktbeherrschung. In: Abhandlungen aus dem gesamten Handelsrecht, Bürgerlichen Recht und Konkursrecht. Beiheft der Zeitschrift für das gesamte Handelsrecht und Konkursrecht, Heft 4. Stuttgart 1957.

Borkenau, Franz, Der Europäische Kommunismus. Seine Geschichte von 1947 bis zur Gegenwart. München 1952.

Braunthal, Gerard, The Federation of German Industry in Politics. Ithaca N. Y. 1965.

Brown, Lewis H., A Report on Germany. New York 1947.

Brzezinski, Zbigniew K., Huntington, Samuel P., Politische Macht: USA / UdSSR. Aus dem Amerikanischen von *F. Becker.* Köln 1966.

Christmann, Alfred, Wirtschaftliche Mitbestimmung im Meinungsstreit. Bd. 1. Herausgegeben und eingeleitet von *Otto Kunze* (Wirtschaftswissenschaftliches Institut der Gewerkschaften) Köln 1964.

Clark, John Maurice, Toward a Concept of Workable Competition. „The American Economic Review". Menasha (Wisc.) Vol. 30 (1940/41), S. 241 ff.

Clay, Lucius D., Decision in Germany. New York 1950.

Cornides, Wilhelm, Volle, Hermann, Um den Frieden in Deutschland. Dokumente zum Problem der deutschen Friedensordnung 1941–1948 mit einem Bericht über die Londoner Außenministerkonferenz vom 25. November bis 15. Dezember 1947. In: Dokumente und Berichte des Europa-Archivs, Bd. 6. Oberursel (Taunus) 1948.

Deuerlein, Ernst, Die Einheit Deutschlands. Ihre Erörterung und Behandlung auf den Kriegs- und Nachkriegskonferenzen 1941–1949. Darstellung und Dokumente. Frankfurt a. M., Berlin 1957.

–, –, DDR. Geschichte und Bestandsaufnahme. In: dtv dokumente, Nr. 347. München 1966.

Djilas, Milovan, Gespräche mit Stalin. Aus dem Amerikanischen übersetzt von *H. Junius.* Stuttgart, Hamburg (Ausgabe Deutscher Bücherbund). O. J. (1962).

Dörge, Friedrich-Wilhelm, Der neu-liberale Interventionismus im Wandel zweier Jahrzehnte. In: H.-D. Ortlieb (Herausgeber). Wirtschaftsordnung und Wirtschaftspolitik ohne Dogma. Hamburg 1954, S. 124 ff.

Doernberg, Stefan, Kurze Geschichte der DDR. Zweite durchgesehene und überarbeitete Auflage. Berlin-O. 1965.

Dürr, Ernst-Wolfram, Wesen und Ziele des Ordoliberalismus. Winterthur 1954.

Ehmke, Horst, Wirtschaft und Verfassung. Die Verfassungsrechtsprechung des Supreme Court zur Wirtschaftsregulierung. In: Berkeley – Kölner Rechtsstudien. Kölner Reihe, Bd. 2. Karlsruhe 1961.

Einwirkungen, (siehe unter Institut für Besetzungsfragen).

Erhard, Ludwig, Politischer Föderalismus und wirtschaftlicher Zentralismus. Aufgaben und Grenzen zentraler Wirtschaftsverwaltungsstellen. „Der Wirtschaftsspiegel". Wiesbaden. Herausgegeben von *Hans Doeblin*. Jg. 2 (1947), S. 1 ff.

–, –, Widerstände und Hindernisse auf dem Wege zur sozialen Marktwirtschaft. Wirtschaftswissenschaftliche Tagung Bad Ischl 1955. In Verbindung mit *A. Mahr* und *W. Weber* herausgegeben von *Ernst Lagler*. Wien 1957, S. 11 ff.

–, –, Wohlstand für Alle. Bearbeitet von *Wolfram Langer*. Düsseldorf 1957.

–, –, Deutsche Wirtschaftspolitik. Der Weg der Sozialen Marktwirtschaft. Frankfurt a. M., Düsseldorf, Wien 1962.

–, –, Regierungserklärung vor dem Deutschen Bundestag am 10. 11. 1965. Sonderdruck aus dem „Bulletin des Presse- und Informationsamtes der Bundesregierung" Nr. 179/1965.

Erler, Georg, Grundprobleme des Internationalen Wirtschaftsrechts. In: Göttinger Rechtswissenschaftliche Studien, Bd. 15. Göttingen 1956.

Eucken, Walter, Staatliche Strukturwandlungen und die Krise des Kapitalismus. „Weltwirtschaftliches Archiv". Zeitschrift des Instituts für Weltwirtschaft an der Universität Kiel. Hamburg. Bd. 36 (1932/II), S. 297 ff.

–, –, Die Grundlagen der Nationalökonomie. 5. veränderte Auflage. Godesberg 1947.

–, –, Bemerkungen zur Währungsfrage (Gutachten für OMGUS, Finance Devision). In: Zur Vorgeschichte der Deutschen Mark. Die Währungsreformpläne 1945 bis 1948. Eine Dokumentation unter Mitwirkung von *Wolfram Kunze*, herausgegeben und eingeleitet von *Hans Möller*. Veröffentlichungen der List Gesellschaft e. V., Bd. 22 (Reihe B: Studien zur Ökonomik der Gegenwart). Basel, Tübingen 1961. Dokument 19, S. 202 ff.

–, –, Nationalökonomie wozu? Zweite erweiterte Auflage. Godesberg 1947.

–, –, Die soziale Frage. In: Synopsis. Festgabe für Alfred Weber. Heidelberg 1948, S. 111 ff.

–, –, Die Wettbewerbsordnung und ihre Verwirklichung. In: Ordo. Bd. II (1949), S. 1 ff.

–, –, Technik, Konzentration und Ordnung der Wirtschaft. In: Ordo. Bd. 3 (1950), S. 3 ff.

–, –, Deutschland vor und nach der Währungsreform. In: Vollbeschäftigung, Inflation und Planwirtschaft. Herausgegeben von *A. Hunold*. Erlenbach-Zürich 1951, S. 134 ff.

–, –, Grundsätze der Wirtschaftspolitik. Herausgegeben von *Edith Eucken* und *Paul K. Hensel*. Bern und Tübingen 1952. Als gekürzte Ausgabe auch erschienen in: rowohlts deutsche enzyklopädie, Bd. 81. Hamburg 1959.

Europäische Wirtschaftsgemeinschaft, Memorandum der Kommission über das Aktionsprogramm der Gemeinschaft für die zweite Stufe vom 24. 10. 1962 (Dokument 3550/3162). Brüssel.

Faust, Fritz, Das Potsdamer Abkommen und seine völkerrechtliche Bedeutung. Frankfurt a. M., Berlin 1964.

Fikentscher, Wolfgang, (siehe unter *Borchardt, Knut*).

Fischer, Curt, Die deutsche Wirtschaftsordnung nach der Währungsreform. „Der Wirtschaftsspiegel". Wiesbaden. Herausgegeben von *Hans W. Doeblin*. Jg. 3 (1948), S. 1 ff.

Flechtheim, Ossip K., Dokumente zur parteipolitischen Entwicklung in Deutschland seit 1945. Drei Bände. Berlin 1962.
Bd. 1: A. Neubildung der deutschen Parteien nach 1945.
B. Die Stellung der Parteien in der Verfassung und im Recht.
C. Satzungen der deutschen Parteien.

Bd. 2: Programmatik der deutschen Parteien. Erster Teil.
Bd. 3: Programmatik der deutschen Parteien. Zweiter Teil.

Forschungsbeirat, Forschungsbeirat für Fragen der Wiedervereinigung Deutschlands beim Bundesminister für Gesamtdeutsche Fragen. Tätigkeitsberichte (1. 1952 und 1953, 2. 1954–1956, 3. 1957–1961, 4. 1961–1965). Herausgegeben vom Bundesminister für Gesamtdeutsche Fragen. Bonn und Berlin.

Frickhöfer, Wolfgang, Gesellschaftspolitik innerhalb und außerhalb der Marktwirtschaft. Sonderdruck aus dem Tagungsprotokoll Nr. 25 der Aktionsgemeinschaft Soziale Marktwirtschaft über ihre Tagung am 2. und 3. November 1965 in Bad Godesberg (Freie Gesellschaft und freie Marktwirtschaft).

Gablentz, Otto Heinrich v. d., Über Marx hinaus. Berlin 1946.

Gabriel, Siegfried L., Zur Interpretation des Artikels 65 des Montanvertrags. „Weltwirtschaftliches Archiv". Zeitschrift des Instituts für Weltwirtschaft an der Universität Kiel. Hamburg. Bd. 86 (1961/1), S. 1 ff.

Galbraith, John Kenneth, Recovery in Europe. National Planning Association, Planning Pamphlets No. 53. Washington 1947 (fotomechanische Wiedergabe der Bibliothek des Instituts für Weltwirtschaft an der Universität Kiel).

–, –, American Capitalism. The Concept of Countervailing Power. Boston 1952 (deutsche Ausgabe: Der amerikanische Kapitalismus im Gleichgewicht der Wirtschaftskräfte. Stuttgart, Wien, Zürich 1956).

Gerschenkron, Alexander, Russia and the International Trade Organization. „The American Economic Review". Papers and Proceedings. Menasha/Wisc. Vol. XXXVII (1947), S. 624 ff.

Gestaltungsprobleme, (siehe unter *Jürgensen, Harald)*.

Gestrich, Hans, Kredit und Sparen. 2. Auflage. Godesberg 1947.

Giersch, Herbert, Allgemeine Wirtschaftspolitik. 1. Bd. Grundlagen. In: Die Wirtschaftswissenschaften. Wiesbaden 1961.

Gilbert, Milton, Diskussionsbeitrag zu *Paul Hoffmann*, Business Plans for Postwar Expansion. „The American Economic Review". Menasha/Wisc. Vol. XXXV (1945), S. 90 f.

Gleitze, Bruno, Niveauentwicklung und Strukturwandlung des Sozialprodukts Mitteldeutschlands. „Konjunkturpolitik". Berlin. Jg. 5 (1959), S. 374 ff.

–, –, Die Industrie der Sowjetzone unter dem gescheiterten Siebenjahresplan. In: Wirtschaft und Gesellschaft in Mitteldeutschland. Band 2. Berlin 1964.

Goodrich, Leland M., Hambro, Edvard, Charter of the United Nations. Commentary and Documents. Second and revised Edition. Boston 1949 (World Piece Foundation).

Grebing, Helga, Geschichte der Arbeiterbewegung. Ein Überblick. München 1966.

Griesbach, Bernhard, Grundlagen für die Anwendung und Auslegung des Gesetzes gegen Wettbewerbsbeschränkungen. Betrachtung aus der Sicht des Nationalökonomen. „Der Betriebsberater". Heidelberg. Jg. 17 (1962), S. 1011 ff.

Gross, Herbert, Die Zukunft der Wirtschaft. Gedanken zu den Formen des Wirtschaftslebens. Recklinghausen 1946.

–, –, Verteidigung der freien Marktwirtschaft vom Standpunkt des Arbeiters aus. In: Schriftenreihe der Industrie- und Handelskammer Bonn. Heft 5. Bonn 1949.

–, –, Moderne Meinungspflege. Für die Praxis der Wirtschaft. Mit einem Geleitwort von *Rudolf Mueller*. Düsseldorf 1951.
Sozialismus in der Krise. Frankfurt a. M. 1952.

Grossmann-Doerth, Hans, Rechtsfolgen vertragswidriger Andienung. Marburg 1934.

Grundlegung, (siehe unter *Seraphim, Hans-Jürgen)*.

Grundsatzfragen der Wirtschaftsordnung, Ein Vortragszyklus veranstaltet von der Wirtschafts- und Sozialwissenschaftlichen Fakultät der Freien Universität Berlin. Sommersemester 1953. Wirtschaftswissenschaftliche Abhandlungen. Volks- und Betriebswirtschaftliche Schriftenreihe der Wirtschafts- und Sozialwissenschaftlichen Fakultät der Freien Universität Berlin. Heft 2. Berlin 1954, S. 9 ff.

Gutmann, Gernot, Hochstrate, Hans-Joachim, Schlüter, Rolf, Die Wirtschaftsverfassung der Bundesrepublik Deutschland. Entwicklung und ordnungspolitische Grundlagen. In: Schriften zum Vergleich wirtschaftlicher Lenkungssysteme. Heft 4. Stuttgart 1964.

Haberler, Gottfried, Amerika und die europäische Integration. Einige grundsätzliche Bemerkungen (Revidierte Fassung zweier Vorträge) „Außenwirtschaft“. Zürich und St. Gallen. Jg. 16 (1961), S. 233 ff.

Häuser, Karl, (siehe unter *Stolper, Gustav).*

Hamel, Hannelore, Das sowjetische Herrschaftsprinzip des demokratischen Zentralismus in der Wirtschaftsordnung Mitteldeutschlands. Bd. 5. Berlin 1966.

Hayek, Friedrich A. von, The Road to Serfdom. London 1944. (Der Weg zur Knechtschaft, übersetzt von *Eva Röpke,* herausgegeben und eingeleitet von *Wilhelm Röpke.* Erlenbach-Zürich 1945).

–, –, Wirtschaftssysteme und Gesellschaftssysteme. Tübingen 1954.

–, –, Freedom and the Economic System. Chikago 1948.

Heimann, Eduard, Sozialistische Wirtschafts- und Arbeitsordnung. Zweite Auflage. In: Schriften zur Zeit. Offenbach a. M. 1948 (erste Auflage 1932).

Hellwig, Fritz, Der echte Unternehmer in der Marktwirtschaft. In: Unternehmer, Marktwirtschaft und Sozialpolitik. 4 Vorträge, gehalten auf der Jahreshauptversammlung der Arbeitsgemeinschaft selbständiger Unternehmer am 30. 3. 1951 in Wiesbaden. Herausgegeben von der Arbeitsgemeinschaft selbständiger Unternehmer im Selbstverlag. Schriftenreihe: „Der selbständige Unternehmer“. Heft 3. o. O., o. J., S. 3 ff.

Hensel, Paul K. Strukturgegensätze oder Angleichungstendenzen der Wirtschafts- und Gesellschaftssysteme von Ost und West? In: Ordo. Bd. 12 (1960/61), S. 305 ff.

Hoffmann, Paul G., Business Plans for Postwar Expansion. Objectives and Guides to Policy. Beitrag zu dem Generalthema: „Expanding Civilian Production and Employment after the War. „The American Economic Review“. Menasha/Wisc. Papers and Proceedings. Vol. XXXV (1945), S. 85 ff.

Hoffmann, Walther G., Die Idee der internationalen wirtschaftlichen Interessensolidarität. In: Gestaltungsprobleme der Weltwirtschaft. *Andreas Predöhl* aus Anlaß seines 70. Geburtstages gewidmet. Herausgegeben von *Harald Jürgensen.* Göttingen 1964 (Gleichzeitig Aufsatzteil von H. 3 des „Jahrbuchs für Sozialwissenschaft“, Bd. 14 (1963), S. 29 ff.

–, –, Strukturwandlungen und Wirtschaftswachstum. In: Jahrbuch des Instituts für christliche Sozialwissenschaften der Westfälischen Wilhelms-Universität Münster. Bd. VII und VIII (1966/1967): Wissenschaft – Ethos – Politik. Festschrift zum 60. Geburtstag von Bischof *Joseph Höffner,* Münster 1966, S. 465 ff.

Hoppmann, Erich, Workable Competition (Funktionsfähiger Wettbewerb). Die Entwicklung einer Idee über die Norm der Wettbewerbspolitik. „Zeitschrift des Bernischen Juristenvereins“. Bern. Bd. 102 (1966). S. 249 ff.

Hunold, Albert, Sir *Robert Peel* und *Ludwig Erhard* Bahnbrecher einer neuen liberalen Aera. In: Wirtschaftsfragen der freien Welt. Zum 60. Geburtstag von Bundesminister *Ludwig Erhard.* Herausgegeben von *E. von Beckerath, F. W. Meyer, A., Müller-Armack.* Frankfurt a. M. 1957, S. 57 ff.

–, –, (Herausgeber), Vollbeschäftigung, Inflation und Planwirtschaft. Erlenbach-Zürich 1951.

Huntington, Samuel F., (siehe unter *Brzezinskij, Zbigniew*).

Institut für Besetzungsfragen, Einwirkungen der Besatzungsmächte auf die westdeutsche Wirtschaft. Dargestellt im Auftrag des deutschen Büros des Ministerpräsidenten (nur für den Dienstgebrauch). Tübingen (Mai) 1949.

Jaspers, Karl, Wohin treibt die Bundesrepublik? Tatsachen. Gefahren. Chancen. München 1966.

Jöhr, Walter Adolf, Das Modell der vollkommenen Konkurrenz. Seine Funktion und seine Stellung in der Nationalökonomie. In: Konkurrenz und Planwirtschaft. Beiträge zur theoretischen Nationalökonomie. Bern 1946, S. 19 ff.

–, –, Ist freiheitlicher Sozialismus möglich? Bern 1948.

Jürgensen, Harald (Herausgeber), Gestaltungsprobleme der Weltwirtschaft. *Andreas Predöhl* aus Anlaß seines 70. Geburtstages gewidmet (gleichzeitig Aufsatzteil von H. 3 des „Jahrbuch der Sozialwissenschaft". Bd. 14 (1963). Göttingen 1964.

Keynes, John Maynard, The Economic Consequences of the Peace. London 1920.

–, –, Bin ich ein Liberaler? Ansprache an die liberale Sommerschule in Cambridge 1929. Wiedergegeben in: Politik und Wissenschaft. Männer und Probleme. Ausgewählte Aufsätze von *J. M. Keynes*. Übertragen durch *Eduard Rosenbaum*. Tübingen, Zürich 1956, S. 246 ff.

Klein, Lawrence R., The Keynesian Revolution. New York, London, Toronto 1947.

Kleps, Karlheinz, Langfristige Wirtschaftspolitik in Westeuropa. Die neuen wirtschaftspolitischen Konzeptionen und ihre Problematik. In: „Beiträge zur Wirtschaftspolitik". Bd. 5. Herausg. von *E. Tuchfeldt*. Freiburg im Breisgau 1965.

Klink, Dieter, Die Entwicklung der sozialistischen Wirtschaftskonzeption. In: Grundfragen moderner Wirtschaftspolitik. Schriftenreihe zur Förderung der politischen Wissenschaft. Bd. 1. Frankfurt 1957, S. 329 f.

Koch, Harald, Freie Marktwirtschaft oder freie Gemeinwirtschaft? In: Jahrbuch des Zentralverbandes Deutscher Konsumgenossenschaften. Hamburg, Jg. 3 (1949), S. 30 ff.

Köhler, Hans, Über Freiheit oder Unfreiheit in der Wirtschaft. „Wirtschaftsdienst". Hamburg. Jg. 31 (1951), H. 7, S. VII/11 ff.

Konkurrenz, (siehe unter *Amonn, Alfred*).

Kretzschmar, Winfried W., Auslandshilfe als Mittel der Außenwirtschafts- und Außenpolitik. In: Dokumente und Berichte, Bd. 21. Herausgegeben vom Forschungsinstitut der Deutschen Gesellschaft für auswärtige Politik. München 1964.

Kromphardt, Wilhelm, Marktspaltung und Kernplanung in der Volkswirtschaft. In: Dortmunder Schriften zur Sozialforschung. H. 3. Dortmund 1947.

Kühne, Karl, Funktionsfähige Konkurrenz. Monopolistische Restriktion und Wettbewerbsproblem in der modernen Wirtschaft. In: Volkswirtschaftliche Schriften. H. 39. Berlin 1958.

Küng, Emil, Zur Lehre von den Marktformen und Marktbeziehungen. Die Annäherung des Konkurrenzmodells an die Wirklichkeit. In: Konkurrenz und Planwirtschaft. Beiträge zur Theoretischen Nationalökonomie. Bern 1946, S. 69 ff.

Kunze, Otto (Herausgeber), Wirtschaftliche Mitbestimmung im Meinungsstreit (Wirtschafttswissenschaftliches Institut der Gewerkschaften). 2 Bände. Köln 1964.
Bd. 1: Bearbeitet von *Alfred Christmann*.
Bd. 2: Dokumentation. Bearbeitet von *Alfred Christmann* und *Gerhard Leminsky*.

Lagler, Ernst (Herausgeber), *Messner, Johannes,* Wirtschaftliche Entwicklung und soziale Ordnung. *Ferdinand Degenfeld-Schonburg* zum 70. Geburtstag gewidmet. Wien 1952.

Lampert, Heinz, Die Wirtschafts- und Sozialordnung der Bundesrepublik Deutschland. In: Geschichte und Staat, Bd. 107/108. München, Wien 1965.

Lamprecht, A., Wirtschaftsmacht und Wirtschaftstheorie. „Kartell-Rundschau". Monatsschrift für Recht und Wirtschaft im Kartell- und Konzernwesen. Berlin. Jg. 27 (1929), S. 321 ff.

Lange, Oskar, On the Economic Theory of Socialism. In: *Oskar Lange, Fred M. Taylor,* On the Economic Theory of Socialism. Herausgegeben von *B. Lippincott.* Minneapolis (Minnesota) 1938, S. 55 ff. Second Printing 1948.

Lautenbach, Otto, Begrüßung der Teilnehmer auf dem Bundestag des Freiwirtschaftsbundes am 9. und 10. November 1951 in Heidelberg. In: Magna Charta der sozialen Marktwirtschaft. Wortlaut der Vorträge, die auf dem Bundestag des Freiwirtschaftsbundes am 9./10. 1951 in Heidelberg gehalten wurden. Heidelberg-Ziegelhausen 1952.

–, –, Magna Charta der Sozialen Marktwirtschaft. In: Magna Charta der Sozialen Marktwirtschaft. Wortlaut der Vorträge, die auf dem Bundestag des Freiwirtschaftsbundes am 9./10. 1951 in Heidelberg gehalten wurden. Heidelberg-Ziegelhausen1952, S. 47 ff.

Leonhard, Wolfgang, Die Revolution entläßt ihre Kinder. Köln 1955.

Leontief, Wassily, Input – Output Analysis and its Use in Peace and War Economies. Recent Developments in the Study of Interindustrial Relations. „The American Economic Review" Menasha/Wisc. Papers and Proceedings. Vol. XXXIX (1949), S. 211 ff.

Lerner, Abba P. The Economics of Control. Principles of Welfare Economics. New York 1944.

Löwenthal, Richard, West- und Osteuropa. Schnittpunkt der Großmachtinteressen. Referat im Seminar für Europakunde. Bericht in „Beiträge zur Europakunde" 7 (1966), S. 48 ff. (Beilage zu „europäische Gemeinschaft" vom 7. 7. 1966. Herausgegeben vom Presse- und Informationsdienst der Europäischen Gemeinschaften). Bad Godesberg.

Lutz, Friedrich A., Grundprobleme der Geldverfassung. In: Ordnung der Wirtschaft, Bd. 2. Stuttgart 1936. (Wiederabdruck in: Geld und Währung. Gesammelte Abhandlungen 1962, S. 28 ff.).

–, –, Geldpolitik und Wirtschaftsordnung. In: Ordo. Bd. 2 (1949), S. 207 ff.

–, –, Geld und Währung. Gesammelte Abhandlungen. Tübingen 1962.
(siehe auch unter *Böhm, Franz).*

Mackenroth, Gerhard, Sozialistische Wirtschaftsverfassung (Möglichkeiten, Formen und Grenzen). „Weltwirtschaftliches Archiv". Zeitschrift des Instituts für Weltwirtschaft an der Universität Kiel Hamburg. Bd. 63 (1949/II), S. 178 ff.

Mackenroth, Gerhard, Predöhl, Andreas, Deutschland und die wirtschaftliche Einheit Europas. Ökonomisches Manifest zum Marshall-Plan. Rendsburg o. J. (1948).

Magna Charta (siehe unter *Winkler, Ernst).*

Marbach, Fritz, Der „mögliche Wettbewerb" als schweizerische Lösung des Kartellproblems. „Schweizerische Zeitschrift für Volkswirtschaft und Statistik". Jg. 94 (1958), S. 133 ff.

Mason, Edward S., Controlling World Trade. Cartels and Commodity Agreements. Committee for Economic Development. Research Study. New York, London 1946.

Meinhold, Wilhelm, Die Wirtschaftspolitik Westdeutschlands unter dem Gesichtspunkt der Wirtschaftsordnung. In: Wirtschaftssysteme des Westens. Herausgegeben von *R. Frei* (2 Bände). Veröffentlichungen der List Gesellschaft. Bd. 7. Basel und Tübingen 1959, Vol. 2, S. 25 ff.

Mestmäker, Ernst J., Probleme des Bestmöglichen in der Wettbewerbspolitik. In: Probleme der normativen Ökonomik und der wirtschaftspolitischen Beratung. Herausgegeben von *E. von Beckerath* und *A. Giersch.* Schriften des Vereins für Sozialpolitik. Neue Folge Bd. 29. Berlin 1963, S. 305 ff.

Meyer, Fritz W., (siehe unter *Böhm, Franz*).

Miksch, Leonhard, Wettbewerb als Aufgabe. Grundsätze einer Wettbewerbsordnung. 2. erweiterte Auflage. Godesberg 1947. (1. Auflage 1937).

Miksch, Leonhard, Die Wirtschaftspolitik des Als Ob. „Zeitschrift für die gesamte Staatswissenschaft". Tübingen Bd. 105 (1949), S. 310 ff.

Mitscherlich, Alexander, Entwicklungsgrundlagen eines freien Sozialismus. In: *A. Mitscherlich, A. Weber,* Freier Sozialismus. Heidelberg 1946, S. 9 ff.

Mitscherlich, Alexander, Weber, Alfred, Freier Sozialismus. Heidelberg 1946.

Möller, Hans (Herausgeber), Zur Vorgeschichte der Deutschen Mark. Die Währungsreformpläne 1945–1948. Eine Dokumentation unter Mitwirkung von *Wolfram Kunze,* herausgegeben und eingeleitet von *Hans Möller.* In: Veröffentlichungen der List Gesellschaft e. V., Bd. 22 (Reihe B. Studien zur Ökonomik der Gegenwart). Basel und Tübingen 1961.

Mötteli, Carlo, Licht und Schatten der Sozialen Marktwirtschaft. Leitbild und Wirklichkeit der Bundesrepublik Deutschland. Erlenbach-Zürich und Stuttgart 1961.

Molitor, Bruno, Soziale Marktwirtschaft. In: Hamburger Jahrbuch für Wirtschafts- und Gesellschaftspolitik. Tübingen. Herausgegeben von *H.-D. Ortlieb.* 3. Jahr (1958), S. 57 ff.

Morgenthau, Henry jr., Germany is our Problem, New York, London 1945.

Müller-Armack, Alfred, Zur Diagnose unserer wirtschaftlichen Lage. Bielefeld 1947.

–, –, Wirtschaftslenkung und Marktwirtschaft. Hamburg 1947.

–, –, Gegenstoß des Liberalismus. „Wirtschaftszeitung". Düsseldorf. Nr. 30 vom 25. 7. 1947.

–, –, Die Wirtschaftsordnung sozial gesehen. In: Ordo. Bd. 1 (1948), S. 125 ff.

–, –, Das Grundproblem unserer Wirtschaftspolitik. Rückkehr zur Marktwirtschaft. „Finanzarchiv" Tübingen. Neue Folge Bd. 11 (1948), S. 57 ff.
S. 181 ff.

–, –, Soziale Irenik. „Weltwirtschaftliches Archiv". Hamburg. Bd. 64 (1950/I),

–, –, Katalog marktkonformer Sozialmaßnahmen zur Ausgestaltung der Sozialmarktwirtschaft. Köln (Januar) 1951.

–, –, Stil und Ordnung der Sozialen Marktwirtschaft. In: Wirtschaftliche Entwicklung und Soziale Ordnung. *Ferdinand Degenfeld-Schonburg* zum 70. Geburtstag gewidmet. Wien 1952.

–, –, Wirtschaftspolitik in der Sozialen Marktwirtschaft. In: *P. Boarmann,* Der Christ und die Soziale Marktwirtschaft. Stuttgart 1955.

–, –, Artikel Soziale Marktwirtschaft. Handwörterbuch der Sozialwissenschaften. Bd. 9. Stuttgart, Tübingen, Göttingen 1956, S. 390 ff.

–, –, Die zweite Phase der Sozialen Marktwirtschaft. Ihre Ergänzung durch das Leitbild einer neuen Gesellschaftspolitik. In: Studien zur Sozialen Marktwirtschaft (Institut für Wirtschaftspolitik an der Universität zu Köln). Untersuchungen. Herausgegeben von *A. Müller-Armack* und *F. W. Meyer.* Bd. 12. Köln 1960. Wiederabdruck in: *derselbe,* Wirtschaftsordnung und Wirtschaftspolitik. Studien und Konzepte zur Sozialen Marktwirtschaft und zur Europäischen Integration. In: Beiträge zur Wirtschaftspolitik. Herausgegeben von *E. Tuchfeldt*, Bd. 4. Freiburg im Breisgau 1966, S. 267 ff.

–, –, Wirtschaftsordnung des Gemeinsamen Marktes. In: Weltwirtschaftliche Probleme der Gegenwart. Verhandlungen auf der Tagung des Vereins für Sozialpolitik, Gesellschaft für Wirtschafts- und Sozialwissenschaften im Ostseebad Travemünde. Herausgegeben von *E. Schneider*, Schriften des Vereins für Sozialpolitik. Neue Folge Bd. 35. Berlin 1965, S. 231 ff.

–, –, Wirtschaftsordnung und Wirtschaftspolitik. Studien und Konzepte zur Sozialen Marktwirtschaft und zur Europäischen Integration. In: Beiträge zur Wirtschaftspolitik. Herausgegeben von *E. Tuchfeldt*. Bd. 4. Freiburg im Breisgau 1966.

Murphy, Robert, Diplomat unter Kriegern. Zwei Jahrzehnte Weltpolitik in besonderer Mission. (Übersetzung von: Diplomat among Warriors. Garden City, N. Y. 1964) Berlin 1965.

Naphtali, Fritz (Herausgeber), Wirtschaftsdemokratie, ihr Wesen, Weg und Ziel. Im Auftrage des Allgemeinen Deutschen Gewerkschaftsbundes herausgegeben von *Fritz Naphtali*. Berlin 1928.

Nawroth, Egon Edgar, Die Sozial- und Wirtschaftsphilosophie des Neoliberalismus. In: Sammlung Politeia. Veröffentlichungen des internationalen Instituts für Sozialwissenschaft und Politik. Universität Freiburg/Schweiz. Herausgegeben von *A. F. Utz*. Bd. XIV. Heidelberg und Löwen 1961.

–, –, Die wirtschaftspolitischen Ordnungsvorstellungen des Neoliberalismus. In: FIW-Schriftenreihe. (Forschungsinstitut für Wirtschaftsverfassung und Wettbewerb e. V. Köln) H. 3. Köln, Berlin, Bonn, München 1962.

Nell-Breuning, Oswald von, Gemeinsames und Trennendes in den Hauptrichtungen der Wirtschaftswissenschaft und Wirtschaftspolitik. In: Grundsatzfragen der Wirtschaftsordnung. Ein Vortragszyklus veranstaltet von der Wirtschafts- und Sozialwissenschaftlichen Fakultät der Freien Universität Berlin. Sommersemester 1953. Wirtschaftswissenschaftliche Abhandlungen. Volks- und Betriebswirtschaftliche Schriftenreihe der Wirtschafts- und Sozialwissenschaftlichen Fakultät der Freien Universität Berlin. Heft 2. Berlin 1954, S. 215 ff.

–, –, Berufsständische Ordnung und Monopolismus. In: Ordo. Bd. 3 (1950), S. 211 ff.

–, –, Neofeudalismus. In: „Die neue Ordnung in Kirche, Staat, Gesellschaft, Kultur". Albertus-Magnus-Akademie zu Walberberg b. Bonn. Paderborn. Jg. 20 (1960), S. 114 ff.

Nettl, J. P., The Eastern Zone and Soviet Policy in Germany 1945–1950. London, New York, Toronto 1951.

Neumark, Fritz, Vorwort zu *Perroux, Francois* (siehe da).

Nölting, Erik, Freiheit und Bindung in der sozialistischen Wirtschaft (Referat auf der wirtschaftspolitischen Tagung am 19./20. Juni 1947 in Bad Wildungen). *A. Weber* und *E. Nölting*, Sozialistische Wirtschaftsordnung. Beiträge zur Diskussion. Hamburg 1948, S. 13 ff.

OEEC, Der Europäische Wirtschaftsrat. Handbuch 1956. Herausgegeben vom Bundesministerium für Wirtschaftliche Zusammenarbeit. Bad Godesberg 1956.

Österreichisches Institut für Wirtschaftsforschung, Der Internationale Währungsfonds und die Internationale Bank für Wiederaufbau und Wirtschaftsförderung. Das Abkommen von Bretton Woods im englischen Originaltext mit deutscher Übersetzung und Kommentar. Wien 1946.

Ohm, Hans, Definition des Leistungswettbewerbs und ihre Verwendungsfähigkeit für die praktische Wirtschaftspolitik. In: Zur Grundlegung wirtschaftspolitischer Konzeptionen. Schriften des Vereins für Sozialpolitik. Neue Folge Bd. 18, Berlin 1960, S. 239 ff.

Oppenheimer, Franz, Kapitalismus, Kommunismus und wissenschaftlicher Sozialismus. Berlin, Leipzig 1919.

Ordo, Jahrbuch für die Ordnung von Wirtschaft und Gesellschaft. Herausgegeben von *Franz Böhm, F. W. Meyer* und *F. A. Hayek.* (Godesberg), Düsseldorf und München. Bd. 1 (1948) ff.

Ortlieb, Heinz-Dietrich, Wandlungen des Sozialismus. Fünf Aufsätze zur Gegenwartslage des Sozialismus. Hamburg 1947.

–, –, Das Problem der Wirtschaftsdemokratie und seine Wandlung. „Gewerkschaftliche Monatshefte". Zeitschrift für soziale Theorie und Praxis. Herausgegeben vom Bundesvorstand des Deutschen Gewerkschaftsbundes. Köln. Jg. 1 (1950), S. 54 ff.

Krise des Sozialismus? „Gewerkschaftliche Monatshefte". Köln. Jg. 1 (1950), S. 539 ff.

–, –, (Herausgeber), Wirtschaftsordnung und Wirtschaftspolitik ohne Dogma. Fünfzehn Vorträge und Aufsätze. In: Veröffentlichungen der Akademie für Gemeinwirtschaft Hamburg. Stuttgart und Düsseldorf 1954.

Die Krise des Marxismus. In: Wirtschaftsordnung und Wirtschaftspolitik ohne Dogma, aaO, S. 53 ff.

Dogmatismus unser wirtschaftspolitisches Schicksal? In: Wirtschaftsordnung und Wirtschaftspolitik ohne Dogma, aaO, S. 103 ff.

Ottel, Fritz, Wo stehen wir? Die Wirtschaftsordnung nach dem zweiten Weltkrieg. Düsseldorf 1954.

–, –, Wirtschaftspolitik am Rande des Abgrundes. Frankfurt a.M. 1957.

–, –, Untergang oder Metamorphose der Sozialen Marktwirtschaft. Stuttgart 1963.

Perroux, François, Feindliche Koexistenz? Ins Deutsche übertragen von *W. Fritsch* (Originaltitel: La Coexistence Pacifique. Paris 1958). Vorwort von *F. Neumark.* Stuttgart 1961.

Peter, Hans, Freiheit der Wirtschaft. Kritik des Neoliberalismus. Köln 1953.

Polikeit, Georg, Die sogenannte DDR. Zahlen, Daten, Realitäten. Jugendheim/Bergstr. 1966.

Popper, Karl R., Was ist Dialektik? In: Logik der Sozialwissenschaften. Herausgegeben von *E. Topitsch.* Neue Wissenschaftliche Bibliothek. Soziologie. Köln, Berlin 1965, S. 262 ff.

Predöhl, Andreas, Außenwirtschaft – Weltwirtschaft, Handelspolitik und Währungspolitik. In: Grundriß der Sozialwissenschaften, Bd. 17. Göttingen 1949.

–, –, Das Ende der Weltwirtschaftskrise. Eine Einführung in die Probleme der Weltwirtschaft. In: rowohlts deutsche enzyklopädie, Bd. 161. Reinbek bei Hamburg 1962.

–, –, Zur Theorie der weltwirtschaftlichen Entwicklung. In: Entwicklungstheorie und Entwicklungspolitik. *Gerhard Mackenroth* zum Gedächtnis von seinen Freunden und Schülern. Herausgegeben von *Erik Boettcher.* Bd. 1 der Reihe „Die Einheit der Gesellschaftswissenschaften". Studien in den Grenzbereichen der Wirtschafts- und Sozialwissenschaften. Tübingen 1964, S. 157 ff.
(siehe auch unter *Mackenroth, Gerhard).*

Preiser, Erich, Die soziale Problematik der Marktwirtschaft. In: Schriftenreihe der Hochschule für politische Wissenschaften. München. Heft 15. München 1951.

Pütz, Theodor, Wirtschaftspolitik, Wirtschaftsordnung und Wirtschaftsplanung. In: Wirtschaftliche Entwicklung und soziale Ordnung. *Ferdinand Degenfeld-Schonburg* zum 70. Geburtstag gewidmet. Herausgegeben von *Ernst Lagler* und *Johannes Messner.* Wien 1952, S. 288 ff.

Rasch, Harold, Das Ende der kapitalistischen Rechtsordnung. Heidelberg 1946.

–, –, Grundfragen der Wirtschaftsverfassung. Godesberg 1948.

Reithinger, Anton, Soziale Marktwirtschaft auf dem Prüfstand. Frankfurt a. M. 1958.

Ritschl, Hans, Wirtschaftsordnung und Wirtschaftspolitik. „Weltwirtschaftliches Archiv". Hamburg. Bd. 67 (1960/II), S. 218 ff.

–, –, Zur Kritik des Neoliberalismus. „Gewerkschaftliche Monatshefte". Köln. Jg. 1 (1950), I. Teil: S. 58 ff.; II. Teil: S. 125 ff.

Rittig, Gisbert, Sozialismus und Liberalismus. Annäherung oder Distanz ihrer wirtschaftspolitischen Anschauungen? In: Die Neue Gesellschaft. Herausgegeben von *F. Bauer, W. Eichler, E. Potthoff* und *O. Stammer.* Bielefeld. Jg. 1 (1954), Heft 1, S. 42 ff.

Röper, Burkhardt, Zur Verwirklichung des Leistungswettbewerbs. In: Schriften des Vereins für Sozialpolitik. Neue Folge Bd. 18. Zur Grundlegung wirtschaftspolitischer Konzeptionen. Herausgegeben von *H.-J. Seraphim.* Berlin 1960, S. 216 ff.

Röpke, Wilhelm, Die Gesellschaftskrisis der Gegenwart. Erlenbach-Zürich 1942.

–, –, Die Lehre von der Wirtschaft. 9. durchgesehene Auflage. Erlenbach-Zürich und Stuttgart 1961.

–, –, Civitas Humana. Grundfragen der Gesellschafts- und Wirtschaftsreform. 3. Auflage. Erlenbach-Zürich 1949 (1. Auflage 1944).

–, –, Die natürliche Ordnung. Die neue Phase der wirtschaftspolitischen Diskussion. „Kyklos" Bern, Vol. 2 (1948), Fasc. 3, S. 211 ff.

–, –, Klein- und Mittelbetrieb in der Volkswirtschaft. In: Ordo. Bd. 1 (1948), S. 155 ff.

–, –, Maß und Mitte. Zürich 1950.

–, –, Ist die deutsche Wirtschaftspolitik richtig? Analyse und Kritik. Stellungnahme zur deutschen Wirtschaftslage und Wirtschaftspolitik. (Gutachten im Auftrage der Bundesregierung) Stuttgart 1950.

–, –, Das deutsche Wirtschaftsexperiment. Beispiel und Lehre. In: *A. Hunold* (Herausgeber), Vollbeschäftigung, Inflation und Planwirtschaft. Erlenbach-Zürich 1951, S. 261 ff.

–, –, Zentralisierung und Dezentralisierung als Leitlinien der Wirtschaftspolitik. In: *E. Lagler* und *J. Messner,* Wirtschaftliche Entwicklung und soziale Ordnung. Ferdinand Degenfeld-Schonburg zum 70. Geburtstag gewidmet. Wien 1952, S. 11 ff.

–, –, Ein Jahrzehnt Sozialer Marktwirtschaft in Deutschland und seine Lehren. In: Schriftenreihe der Aktionsgemeinschaft Soziale Marktwirtschaft, Heft 1. Herausgegeben von *F. Böhm, W. Röpke* und *A. Rüstow.* Köln-Marienburg 1958.

–, –, Die Laufbahn der Sozialen Marktwirtschaft. In: Wirtschaft, Gesellschaft und Kultur. Festgabe für *Alfred Müller-Armack.* Herausgegeben von *F. Greiss* und *F. W. Meyer,* Berlin 1961, S. 3 ff.

Rohr, Donald, The Origins of Social Liberalism in Germany. Chicago, London 1963.

Rostow, Walt W., Stadien wirtschaftlichen Wachstums. Eine Alternative zur marxistischen Entwicklungstheorie. Übersetzungen aus dem Englischen von *Elisabeth Müller* (Titel des Originals: The Stages of Economic Growth. Cambridge 1960). Göttingen o. J. (1960).

Rüstow, Alexander, Diskussionsbeitrag auf der Tagung des Vereins für Socialpolitik in Dresden 1932. Siehe Verhandlungen des Vereins für Socialpolitik in Dresden 1932. Deutschland und die Weltkrise. Herausgegeben von *F. Boese.* Schriften des Vereins für Socialpolitik. Bd. 187. München und Leipzig 1932, S. 62 ff.

–, –, Das Versagen des Wirtschaftsliberalismus. 2. Auflage. Düsseldorf 1950.

–, –, Zwischen Kapitalismus und Kommunismus. In: Ordo. Bd. 2 (1949), S. 100 ff.

–, –, Ortsbestimmung der Gegenwart. 3 Teile. Erlenbach-Zürich.
Teil I: Ursprung der Herrschaft. 1950.
Teil II: Weg der Freiheit. 1952.
Zweite erweiterte Auflage 1963.
Teil III: Herrschaft und Freiheit. 1957.

–, –, Marktwirtschaft und Demokratie. In: Unternehmer, Marktwirtschaft und Sozialpolitik. Vier Vorträge, gehalten auf der Jahreshauptversammlung der Arbeitsgemeinschaft selbständiger Unternehmer am 30. 5. 1951 in Wiesbaden. Herausgegeben von der Arbeitsgemeinschaft selbständiger Unternehmer im Selbstverlag. In: Schriftenreihe „Der selbständige Unternehmer". Heft 3, o. O., o. J., S. 35 ff.

–, –, Wirtschaftsordnung und Staatsform. In: Magna Charta der Sozialen Marktwirtschaft. Wortlaut der Vorträge, die auf dem Bundestag des Freiwirtschaftsbundes am 9./10. 1951 in Heidelberg gehalten wurden. Heidelberg-Ziegelhausen 1952, S. 19 ff.

–, –, Soziale Marktwirtschaft als Gegenprogramm gegen Kommunismus und Bolschewismus. In: Wirtschaft ohne Wunder. Volkswirtschaftliche Studien für das Schweizerische Institut für Auslandsforschung. Erlenbach-Zürich 1953, S. 97 ff.

–, –, Die geschichtliche Bedeutung der Sozialen Marktwirtschaft. In: Wirtschaftsfragen der freien Welt. Zum 60. Geburtstag von Bundeswirtschaftsminister *Ludwig Erhard*. Herausgegeben von *E. von Beckerath, F. W. Meyer, A. Müller-Armack*, Frankfurt a. M. 1957, S. 73 ff.

Saekel, Bruno, Marshall Sokolowskijs sieben Punkte. „Der Wirtschaftsspiegel". Wiesbaden. Jg. 2 (1947), S. 65 ff.

Salin, Edgar, Ein dritter Weg? (Bemerkungen zu *Röpkes* Gesellschaftskrisis der Gegenwart und *Marbachs* Theorie des Mittelstandes). „Zeitschrift für Schweizerische Statistik und Volkswirtschaft". Bern. Jg. 78 (1942), S. 237 ff.

Salin, Edgar, Nochmals: ein dritter Weg? (Bemerkungen zu *Joseph A. Schumpeters* Capitalism, Socialism and Democracy). „Zeitschrift für schweizerische Statistik und Volkswirtschaft". Bern. Jg. 80 (1944), S. 114 ff.

–, –, Wirtschaft und Wirtschaftslehre nach zwei Weltkriegen. „Kyklos". Internationale Zeitschrift für Sozialwissenschaften. Bern. Vol. 1 (1947), S. 26 ff.
Soziologische Aspekte der Konzentration. In: Die Konzentration in der Wirtschaft. Verhandlungen des Vereins für Socialpolitik, Gesellschaft für Wirtschafts- und Sozialwissenschaften, vom 18.–21. 9. 1960 in Bad Kissingen, Schriften des Vereins für Sozialpolitik. N. F. Bd. 22. Herausgegeben von *F. Neumark*, Berlin 1961, S. 16 ff.

Sanierung der deutschen Wirtschaft (siehe unter *G. Albrecht* und *H. Arndt).*

Schelsky, Helmut, Ortsbestimmung der deutschen Soziologie. 2. Auflage. Düsseldorf-Köln, 1959.

–, –, Zukunftsaspekte der industriellen Gesellschaft (1953). In: Auf der Suche nach Wirklichkeit. Gesammelte Aufsätze. Düsseldorf-Köln 1965, S. 88 ff.

Schiller, Karl, Sozialismus und Wettbewerb. In: Grundfragen moderner Wirtschaftspolitik. Herausgegeben von *G. Schmidt, K. Schiller* und *H. Potthoff*, Frankfurt a. M., o. J.

–, –, Aufgaben und Versuche. Zur neuen Ordnung von Gesellschaft und Wirtschaft. Reden und Aufsätze. Hamburg 1953.

Schmalenbach, Eugen, Der freien Wirtschaft zum Gedächtnis. Zweite Auflage. Köln und Opladen 1949.

Schmid, Carlo (Herausgeber), *Schiller, Karl, Potthoff, Erich,* Grundfragen moderner

Wirtschaftspolitik. In: Schriftenreihe der Gesellschaft zur Förderung der Politischen Wissenschaften, Bd. 1. Frankfurt a. M., o. J.

Schmölders, Günter, Geschichte der Volkswirtschaftslehre. Überblick und Leseproben. In: rowohlts deutsche enzyklopädie, Bd. 163/164. Reinbek b. Hamburg 1962.

–, –, (Herausgeber), Der Wettbewerb als Mittel volkswirtschaftlicher Leistungssteigerung und Leistungsauslese. In: Schriften der Akademie für deutsches Recht. Gruppe Wirtschaftswissenschaft H. 6. Berlin 1942. Herausgegeben von *G. Schmölders.*

Schramm, Wilhelm Ritter v. (Herausgeber), *Beck* und *Goerdeler:* Gemeinschaftsdokumente für den Frieden. München 1966.

Schumpeter, Joseph, Kapitalismus, Sozialismus und Demokratie. Einleitung von *Edgar Salin.* Übersetzung aus dem Englischen (Capitalism, Socialism and Democracy). New York 1942) von *Susanne Preiswerk.* Bern, Winterthur 1946. In: Mensch und Gesellschaft. Bd. VII.

–, –, The March into Socialism. Beitrag zu „American Capitalism: Where are we going?" In: „The American Economic Review." Menasha/Wisc. Papers and Proceedings. Vol. XL (1950), S. 446 ff.

Ten Great Economists from *Marx* to *Keynes.* Vorwort von *Elisabeth Boody-Schumpeter.* New York 1951. (London 1952.)

Seidenfus, Hellmut St., Kurzfristige und langfristige Wirkungen des Wettbewerbs. Ein Beitrag zur rationalen Wirtschaftspolitik. In: Systeme und Methoden in den Wirtschafts- und Sozialwissenschaften. *E. von Beckerath* zum 75. Geburtstag. Tübingen 1964, S. 673 ff.

Seraphim, Hans-Jürgen, Kritische Bemerkungen zur Begriffs- und Wesensbestimmung der Sozialen Marktwirtschaft. In: Wirtschaftsfragen der freien Welt. Zum 60. Geburtstag von Bundeswirtschaftsminister *Ludwig Erhard.* Frankfurt a. M. 1957, S. 184 ff.

Smith, Adam, Der Reichtum der Nationen. Nach der Übersetzung von *Max Stirner* und der englischen Ausgabe von Cannan (1904), herausgegeben von *Heinrich Schmidt.* 2 Bände. Leipzig 1924.

Soziale Leistungswirtschaft, (siehe unter *Westdeutsches Institut* für Wirtschaftsforschung).

Stackelberg, Heinrich v., Möglichkeiten und Grenzen der Wirtschaftslenkung. In: Ordo. Bd. 2 (1949), S. 193 ff.

–, –, Grundlagen der theoretischen Volkswirtschaftslehre. Mit einem Vorwort herausgegeben von *V. F. Wagner.* 2. photomechanisch gedruckte Auflage. Tübingen und Zürich 1951.

Stalin, Joseph, Über den großen Vaterländischen Krieg der Sowjetunion. 3. Ausgabe. Moskau 1946.

Störig, Hans Joachim, Wirtschaft – Ein Entscheidungsbereich. Ein Beitrag zur politischen Bildung. (2 Ausgaben: Für den Schüler – 152 Seiten; für den Lehrer mit Ergänzungen, Lösungen, Unterrichtsbeispielen – 405 Seiten). Frankfurt, Oldenburg, München 1966.

Stolper, Gustav, Die deutsche Wirklichkeit. Ein Beitrag zum künftigen Frieden Europas. (Aus dem Englischen übersetzt von *Toni Stolper),* Hamburg 1949.

Stolper, Gustav, Häuser, Karl, Borchardt, Knut, Deutsche Wirtschaft sein 1870 (fortgeführt von *K. Häuser* und *K. Borchardt*). Mit einem Vorwort von *Toni Stolper.* Tübingen 1964.

Stolper, Wolfgang, The Labor Force and Industrial Development in Sovjet Germany. „Quarterly Journal of Economics". Cambridge/Mass. Vol. LXXI (1957), S. 518 ff.

–, –, The National Product of East Germany. „Kyklos". Basel. Vol. XII (1959),

S. 131 ff. (Übersetzung in: „Konjunkturpolitik". Berlin. Jg. 5. (1959), S. 354 ff.).

–, –, Germany between East and West. National Planning Association. Washington 1960.

–, –, *Roskamp, Karl W.*, The Structure of the East German Economy. With the Assistance of *Karl W. Roskamp*. Cambridge/Mass. 1960.

Strickrodt, Georg, Kritische Bestimmung der Wettbewerbssituation im Gesetz gegen Wettbewerbsbeschränkungen. In: Schriftenreihe „Der Betrieb". Düsseldorf 1960.

Thal, Peter, Ideengeschichtliche und theoretische Aspekte des Gegensatzes zwischen ökonomischem Liberalismus und sozialistischer Planwirtschaft. „Wirtschaftswissenschaft". O.-Berlin. Jg. 10 (1966), S. 585 ff.

Thalheim, Karl C., Die Rezeption des Sowjetmodells in Mitteldeutschland. in: Die Wirtschaftssysteme der Staaten Osteuropas und der Volksrepublik China. Untersuchungen der Entstehung, Entfaltung und Wandlung sozialistischer Wirtschaftssysteme. 2 Bände. 1. Band herausgegeben von *G. Jahn, W. M. v. Bissing.* Schriften des Vereins für Sozialpolitik. Neue Folge Bd. 23/I. Berlin 1961, S. 267 ff.

–, –, Die Wirtschaft der Sowjetunion in Krise und Umbau. In: Wirtschaft und Gesellschaft in Mitteldeutschland. Herausgegeben vom Forschungsbeirat für Fragen der Wiedervereinigung Deutschlands beim Bundesminister für Gesamtdeutsche Fragen. Bd. 1. Berlin 1964.

Tiburtius, Joachim, Christliche Wirtschaftsordnung, ihre Wurzeln und ihr Inhalt. Berlin, o. J. (1947).

Timm, Herbert, Wirksame konjunkturpolitische Instrumente. Bemerkungen zum sogenannten Stabilitätsgesetz. „Wirtschaftsdienst". Hamburg, Jg. 47 (1967), S. 350 ff.

Tinbergen, Jan, Kommt es zu einer Annäherung zwischen kommunistischen und freiheitlichen Wirtschaftsordnungen? In: Hamburger Jahrbuch für Wirtschafts- und Gesellschaftspolitik. Tübingen. 8. Jahr (1963), S. 11 ff.

Topitsch, Ernst (Herausgeber), Logik der Sozialwissenschaften. In: Neue Wissenschaftliche Bibliothek. Soziologie. Köln, Berlin 1965.

Truman, Harry S., Memoiren. Bd. 1: Das Jahr der Entscheidungen (1945). New York 1955.

United Nations, National and International Measures for Full Employment. Report by a Group of Experts appointed by the Secretary-General. United Nations. Lake Success, New York, Dezember 1949.

–, –, United Nations Conference on Trade and Employment. Held at Havana, Cuba (21. 11. 47–24. 3. 48). Final Act and Related Documents. Havana/Cuba 1948.

Unternehmer, Marktwirtschaft und Sozialpolitik (siehe unter Arbeitsgemeinschaft Selbständiger Unternehmer).

Upgren, Arthur R., Objectives and Guides to Policy. Beitrag zu dem Generalthema „Expanding Civilian Production and Employment after the War". „The American Economic Review". Papers and Proceedings. Vol. XXXV (1945), S. 67 ff.

Vershofen, Wilhelm, Wirtschaftswettbewerb als System der Gegenkräfte. Gutachten zum Entwurf eines Gesetzes gegen Wettbewerbsbeschränkungen. Bundesverband der Deutschen Industrie. (Ausschuß für Wettbewerbsordnung). Drucksache Nr. 32. Bergisch-Gladbach 1955.

Viner, Jacob, Vollbeschäftigung um jeden Preis. In: *A. Hunold* (Herausgeber), Vollbeschäftigung, Inflation und Planwirtschaft, Erlenbach-Zürich 1951, S. 313 ff.

Vollbeschäftigung (siehe unter *Hunold, Albert).*

Vosgerau, Hans-Jürgen, Über optimales wirtschaftliches Wachstum. Ein Beitrag zur makroökonomischen Theorie des Investitionsoptimums. In: Veröffentlichungen der List Gesellschaft e. V. Bd. 43. Reihe B. Studien zur Ökonomie der Gegenwart. Basel, Tübingen 1965.

Wagner, Adolph, Allgemeine oder theoretische Volkswirtschaftslehre. 2. vielfach verbesserte und stark vermehrte Ausgabe. Leipzig und Heidelberg 1879.

Wallich, Henry C., Triebkräfte des deutschen Wiederaufstiegs (deutsche Übersetzung von Karl Lanz nach dem englischen Manuskript „The Mainsprings of the German Revival"), Frankfurt a. M. 1955.

Warburg, James P., Germany – Nation or No-Man's Land. With an Article by *N. Shuster.* Foreign Policy Association Headline Series No. 60. New York 1946.

–, –, Deutschland – Brücke oder Schlachtfeld. Übersetzt von *G. Strohm* (Originaltitel: Germany – Bridge or Battleground. New York, London, Toronto 1947). Stuttgart 1949.

Weber, Adolf, Geld, Banken, Börsen. 5. verbesserte und ergänzte Auflage. München 1935.

Weber, Alfred, Freier Sozialismus. Ein Aktionsprogramm. In: *Alexander Mitscherlich* und *A. Weber,* Freier Sozialismus. Heidelberg 1946, S. 37 ff.

–, –, Bürokratie, Planwirtschaft und Sozialismus (Vortrag anläßlich eines Empfanges beim „Hamburger Echo" am 7. Juni 1947). In: *A. Weber* und *E. Nölting,* Sozialistische Wirtschaftsordnung. Beiträge zur Diskussion. Hamburg 1948, S. 5 ff.

–, –, Sozialistische Marktwirtschaft. „Gewerkschaftliche Monatshefte" Köln Jg. 1 (1950), S. 393 ff.

Weber, Alfred, Nölting, Erik, Sozialistische Wirtschaftsordnung. Beiträge zur Diskussion. Hamburg 1948.

Weber, Max, Wirtschaft und Gesellschaft. Teil 3. Typen der Herrschaft. In: Grundriß der Sozialökonomik. 3. Abteilung. Tübingen 1922.

Weisser, Gerhard, Freiheitlich-sozialistische Stilelemente im Leben der Arbeiterschaft. Eine soziologische Untersuchung. Göttingen 1948.

–, –, Leitsätze zur Ordnung der Wirtschaft nach der Währungssanierung. „Finanzarchiv". Tübingen. Neue Folge Bd. 11 (1949), S. 429 ff.

–, –, Die Überwindung des Ökonomismus in der Wirtschaftswissenschaft. In: Grundsatzfragen der Wirtschaftsordnung. Ein Vortragszyklus veranstaltet von der Wirtschafts- und Sozialwissenschaftlichen Fakultät der Freien Universität Berlin. Sommersemester 1953. Wirtschaftswissenschaftliche Abhandlungen. Volks- und Betriebswirtschaftliche Schriftenreihe der Wirtschafts- und Sozialwissenschaftlichen Fakultät der Freien Universität Berlin. Heft 2. Berlin 1954, S. 9 ff.

–, –, Artikel Freiheitlicher Sozialismus. In: Handwörterbuch der Sozialwissenschaften. Bd. 9. Stuttgart, Tübingen, Göttingen 1956, S. 509 ff.

Welter, Erich, Falsch und richtig planen. Heidelberg 1954.

Wessels, Theodor, Wettbewerbsprinzip und Nachkriegswirtschaft. In: *G. Schmölders* (Herausgeber), Der Wettbewerb als Mittel volkswirtschaftlicher Leistungssteigerung und Leistungsauslese. Berlin 1942, S. 209 ff.

–, –, Über wirtschaftspolitische Konzeptionen des Wettbewerbs. In: Wirtschaft, Gesellschaft und Kultur. Festgabe für *Alfred Müller-Armack.* Herausgegeben von *F. Greiß* und *F. W. Meyer.* Berlin 1961, S. 19 ff.

Westdeutsches Institut für Wirtschaftsforschung, Soziale Leistungswirtschaft. Das uns fehlende Wirtschaftsbild: Durch Freiheit und Verantwortung zu sozialen und technischen Höchstleistungen. Herausgegeben vom Westdeutschen Institut für Wirtschaftsforschung e. V. Düsseldorf. Stuttgart 1949.

Willgeroth, Hans, Die Krisis der sozialen Sicherheit und das Lohnproblem. In: Ordo. Bd. 7 (1955), S. 145 ff.

Winkler, Ernst u. a., Magna Charta der sozialen Marktwirtschaft. Wortlaut der Vorträge, die auf dem Bundestag des Freiwirtschaftsbundes am 9./10. 1951 in Heidelberg gehalten wurden. Heidelberg-Ziegelhausen 1952.

Wirtschaftsfragen (siehe unter *Beckerath, Erwin v.*).

Wirtschaftspolitische Gesellschaft von 1947, Ein Deutsches Programm. Wortlaut der Referate, gehalten auf der Kundgebung der Wirtschaftspolitischen Gesellschaft von 1947 am 20. und 21. Oktober 1948 in Frankfurt a. M. (Wiedergabe der stenographischen Aufnahme).

–, –, Deutsche Initiative. Wortlaut der Referate, gehalten auf der Kundgebung der Wirtschaftspolitischen Gesellschaft von 1947 am 19. und 20. Oktober 1950 in Frankfurt a. M. (Wiedergabe der stenographischen Aufnahme) Heidelberg-Ziegelhausen 1951.

Wirtschaftsrat (Herausgeber), Wörtlicher Bericht über die Vollversammlung des Wirtschaftsrats des Vereinigten Wirtschaftsgebietes (amerikanisches und britisches Besatzungsgebiet in Deutschland). 1.–40. Vollversammlung. Frankfurt am Main.

„Wirtschaftsspiegel“, „Der Wirtschaftsspiegel“. Wirtschaftspolitische Halbmonatsschrift. Herausgeber: *Hans W. Doeblin.* Wiesbaden Jg. 1 (1946) ff.

Wissenschaftlicher Beirat, Der Wissenschaftliche Beirat bei der Verwaltung für Wirtschaft des Vereinigten Wirtschaftsgebietes, Gutachten 1948 bis Mai 1950. Herausgegeben vom Bundesminister für Wirtschaft. Göttingen o. J.

–, –, Der Wissenschaftliche Beirat beim Bundeswirtschaftsministerium. 2. Band. Gutachten vom Juni 1950 bis November 1952. Herausgegeben vom Bundeswirtschaftsministerium. Göttingen 1953.
3. Band. Gutachten vom Dezember 1952 bis November 1954. Herausgegeben vom Bundeswirtschaftsministerium. Göttingen 1955.

–, –, Der Wissenschaftliche Beirat beim Bundeswirtschaftsministerium, Gutachten zum Wettbewerbsproblem. Göttingen 1962 (Anlage zum Bericht der Bundesregierung über Änderungen des Gesetzes gegen Wettbewerbsbeschränkungen. Bundestagsdrucksache IV/617, S. 88 ff.

Wöchentliche Berichte (siehe unter Wirtschaftsrat).

Wszelaki, Jan, The Economics of Competitive Coexistence. Communist Economic Strategy: The Role of East-Central Europe. National Planning Association. Washington 1959.

Zaubermann, Alfred, Industrial Progress in Poland, Czechoslovakia, and East Germany 1937–1962. London, New York, Toronto 1964.

Zimmermann, L.-J., Geschichte der theoretischen Volkswirtschaftslehre (ins Deutsche übertragen nach der dritten holländischen Auflage 1953 von *Wilhelm Hankel*). Köln-Deutz 1954.

Zöllner, Detlev, Ordo und die Soziale Marktwirtschaft. In: „Sozialer Fortschritt“. Herausgegeben von der Gesellschaft für Sozialen Fortschritt e. V. Bonn. Jg. 6 (1957), H. 4, S. 77 ff.

Zur Vorgeschichte der Gründung des „Vereins für Sozialpolitik“ (siehe unter *G. Albrecht* und *H. Arndt).*

Namenregister

SCHRIFTEN ZUR ANGEWANDTEN WIRTSCHAFTSFORSCHUNG

11 Horst Siebert

Zur Theorie des regionalen Wirtschaftswachstums

1967. XI, 182 Seiten. Brosch. DM 36.50, Lw. DM 41.–

12 Dieter Klement

Strukturwandlungen des Kapitalstocks nach Anlagearten in Deutschland seit der Mitte des 19. Jahrhunderts

1967. XIV, 98 Seiten, 18 Tabellen. Brosch. DM 12.–

13 Reinhard Thül

Ein interregionales Programmierungsmodell für die Westfälische Zementindustrie

1968. VI, 186 Seiten. Mit 5 Abbildungen und 14 Tabellen im Text und einem Tabellenanhang. Brosch. DM 24.–, Lw. DM 29.–

14 **Beiträge zur Wachstumstheorie**

Herausgegeben von W. G. Hoffmann
1969. VII, 58 Seiten, 5 Abbildungen. Brosch. DM 9.80

15 Joachim Klaus

Preisniveau und Wirtschaftswachstum

Die Berücksichtigung des Preisniveaus in der kapitalorientierten Wachstumstheorie
1969. XV, 242 Seiten. Mit 38 Abbildungen. Brosch. DM 30.–, Lw. DM 35.–

16 Jürgen Kromphardt

Strukturwandel und Einkommensverteilung in der Nachkriegszeit

17 Helmut Schneider

Das allgemeine Gleichgewicht in der Marktwirtschaft

Eine mikroökonomische Analyse mit Hilfe der Theorie der strategischen Spiele
1969. X, 256 Seiten. Mit 59 Abb. u. 1 Ausschl.tafel. Brosch. DM 52.–, Lw. DM 57.–

19 Bernhard Gahlen

Die Überprüfung produktionstheoretischer Hypothesen für Deutschland (1850–1913)

Eine kritische Untersuchung
1968. XII, 284 Seiten u. 37 Tab. als Ausschl.tafeln. Brosch. DM 38.–, Lw. DM 45.–

J. C. B. MOHR (PAUL SIEBECK) TÜBINGEN